Pflegeversicherung

Pflegeversicherung

Fünfte, neubearbeitete
und erweiterte Auflage

Einführung

Lexikon

Gesetzestext SGB XI
mit Begründung und Rundschreiben der Pflegekassen

Nebengesetze

Materialien

Thomas Klie

Vincentz Verlag · Hannover

Die Deutsche Bibliothek – CIP-Einheitsaufnahme

Pflegeversicherung : Einführung, Lexikon, Gesetzestext SGB XI mit Begründung und Rundschreiben der Pflegekassen, Nebengesetze, Materialien / Thomas Klie. – 5., neubearb. und erw. Aufl. – Hannover : Vincentz, 1999

ISBN 3-87870-604-9

© Vincentz Verlag, Hannover 1999

Das Werk ist urheberrechtlich geschützt. Jede Verwertung außerhalb der engen Grenzen des Urheberrechtsgesetzes ist ohne Zustimmung des Verlages unzulässig und strafbar.

Dies gilt insbesondere für die Vervielfältigungen, Übersetzungen, Mikroverfilmungen und Einspeicherung und Verarbeitung in elektronischen Systemen.

Druck: poppdruck, Langenhagen
ISBN 3-87870-604-9

Inhaltsverzeichnis

Vorwort 6

Einführung 9

Lexikon 45

SGB XI – Text,
Begründung, Rundschreiben 101
4. SGB XI-Änderungsgesetz-Entwurf 334

Nebengesetze 335

Materialien 463

Aus dem Vorwort zur 1. Auflage

Nun kam sie doch, die Pflegeversicherung; viele hatten schon nicht mehr mit ihr gerechnet. Die Pflegeversicherung wird die Landschaft der stationären und ambulanten Pflege grundlegend verändern. Alle Akteure sind aufgerufen, sich intensiv auf die Implementation der Pflegeversicherung einzustellen. Seitens der Pflegekassen und Medizinischen Dienste laufen die Vorbereitungen auf Hochtouren. Dies gilt teilweise auch für Verbände der Leistungserbringer. Dies gilt aber auch für die einzelnen Einrichtungen vor Ort, die Pflegeberufe und nicht zuletzt die Angehörigen und ihre Vereinigungen.

Freiburg, im Juli 1994

Aus dem Vorwort zur 2. Auflage

Die Pflegeversicherung ist das fast alles beherrschende Thema in der ambulanten und stationären Pflege. Sie verlangt von allen Beteiligten erhebliche Anpassungs- und Umstellungsleistungen. Das Informationsbedürfnis in Fragen der Pflegeversicherung ist groß. Dem Bedürfnis soll in dieser handlichen Ausgabe zur Pflegeversicherung für diejenigen Rechnung getragen werden, die in kompakter Form rechtliche Grundlagen, offizielle Begründungen und eine schnelle Orientierung wünschen.

In der zweiten Auflage ist die problemorientierte Einführung in die Pflegeversicherung erheblich erweitert. In einem Pflegeversicherungslexikon werden kurz und bündig wichtige Begriffe im Zusammenhang mit der Pflegeversicherung erläutert und Hinweise auf die jeweiligen Rechtsgrundlagen gegeben. Der Gesetzestext des SGB XI ist zusammen mit den wesentlichen Auszügen aus der Regierungsbegründung und aus den Rundschreiben der Pflegekassen abgedruckt. Auf diese Weise kann der Leser auch ohne großen Kommentar die wichtigsten Hintergründe und Verlautbarungen zu den einzelnen Vorschriften auffinden. Neben dem Text des SGB XI werden die als Nebengesetze bezeichneten wichtigen anderen sozialleistungsrechtlichen aber auch ordnungsrechtlichen Gesetze in Auszügen abgedruckt. Auf diese Weise können Querbezüge hergestellt und die zusammenzudenkenden Leistungen des SGB V, SGB XI und BSHG nachgeschlagen werden.

Freiburg, im Juli 1995
Thomas Klie

Aus dem Vorwort zur 3. Auflage

Die II. Stufe der Pflegeversicherung ist zum 1. Juli 1996 inkraftgetreten. Durch Übergangsregelungen wurden die Schwierigkeiten der kurzfristigen Anpassung für die stationären Pflegeeinrichtungen abgefedert. Für die Eingliederungshilfe gab es einige „Trostpflaster", die ihre Randstellung bzw. Diskriminierung im System der Pflegeversicherung etwas relativieren.

Durch Änderungen im BSHG wurden ergänzende Sozialhilfeleistungen für Pflegebedürftige sichergestellt, deren Ausmaß aber durch Deckelungen begrenzt wird.

Freiburg, im Juli 1996
Thomas Klie

Aus dem Vorwort zur 4. Auflage

In der 4. Auflage dieses kompakten Buches zur Pflegeversicherung wurde das Lexikon aktualisiert und erweitert, wurden die Gesetzesänderungen aus dem Gesetz zur Reform der Sozialhilfe, der Heimgesetznovelle sowie dem 2. NOG berücksichtigt, für die Umsetzung der Pflegeversicherung wichtige Materialien aktualisiert und ergänzt, u. a. durch die Begutachtungsrichtlinien. Durch eine synoptische Darstellung sowohl der Empfehlung zu den Rahmenverträgen gemäß § 75 Abs. 5 SGB XI als auch der Vereinbarungen zu Grundsätzen und Maßstäben der Qualitätssicherung gemäß § 80 SGB XI wird eine transparente Darstellung der im Detail differierenden, aber überwiegend deckungsgleichen Rahmenbedingungen und Qualitätsanforderungen geboten, die hoffentlich für den Leser von Nutzen sind.

Freiburg, im Juli 1997
Thomas Klie

Vorwort zur 5. Auflage

Vier Jahre nach Inkrafttreten der Pflegeversicherung zeigen sich sowohl erste Wirkungen, aber auch anhaltende Umsetzungsprobleme im Konzept des SGB XI: Die Pflegebedürftigen, insbesondere die Bezieher von Geldleistungen, scheinen zufrieden, die Pflegedienste unzufrieden und in Heimen beginnt erst jetzt der Ernst der Pflegeversicherung: Die Notwendigkeit, leistungsgerechte Vergütungen auszuhandeln und Rah-

Vorwort

men- und Versorgungsverträge abzuschließen. In vieler Hinsicht kann vom „dilatorischen Umgang" mit dem SGB XI gesprochen werden, von einer zögerlichen Umsetzung, gerade im Vergütungsrecht. Und schon werden von der neuen Bundesregierung grundsätzliche Überlegungen angestellt, wie das Recht der sozialen Sicherung bei Pflegebedürftigkeit weiterentwickelt oder umgestellt werden kann: Abkehr vom Konzept der Sozialversicherung? Die Aussagen im Koalitionsvertrag der neuen Bundesregierung sehen lediglich eine immanente, im Konzept der Pflegeversicherung verbleibende Reform vor, die aber ab Januar 1999 intensiv beraten werden wird.

In dieser Zeit neuerlicher Diskussionen um Umsetzung und Reform der Pflegeversicherung erscheint die fünfte Auflage dieser kompakten Ausgabe zur Pflegeversicherung. In der überarbeiteten Einführung werden die Wirkungen der Pflegeversicherung, so sie sich in den ersten Untersuchungen darstellen, referiert. Das Lexikon wurde überarbeitet und erweitert. Die Rechtsänderungen im SGB XI, aber auch die ganz aktuellen Änderungen durch das sogenannte Vorschaltgesetz, das im wesentlichen das Krankenversicherungsrecht betrifft, werden aufgenommen. Die Materialien enthalten weiter die offenbar von vielen Nutzern geschätzten Synopsen zu den Rahmenverträgen und Qualitätsvereinbarungen. Beispielhaft wird der inzwischen vorliegende Rahmenvertrag aus Bayern abgedruckt. Die bedeutsame Rechtsprechung des Bundessozialgerichts zum Pflegebedürftigkeitsbegriff wird mit einem Urteil vom 19.02.98 gewürdigt. Darüber hinaus sind die Koalitionsvereinbarungen mit den für die Pflegeversicherung relevanten Aussagen dokumentiert. So mag die fünfte Auflage als aktuelle Begleitung bei der Umsetzung der Pflegeversicherung und der Diskussion um eine Weiterentwicklung des Pflegeversicherungsrechts dienen.

Stud. soz.-päd. Kerstin Decker und Birgit Schößwender habe ich zu danken für die redaktionelle Mitarbeit und die Ausmerzung von Fehlern in der letzten Auflage.

Thomas Klie,
Freiburg, im Dezember 1998

Hinweis:
Die in der folgenden Einführung mit einem vor dem Begriff stehenden ↑ Pfeil gekennzeichneten Worte werden im Lexikon (ab Seite 45) erklärt.

Einführung

Die lange Geschichte um die Pflegeversicherung

Fast 20 Jahre währte die Diskussion um die Reform der sozialen Sicherung bei ↑ Pflegebedürftigkeit. Bislang war das Risiko der ↑ Pflegebedürftigkeit in der Bundesrepublik Deutschland im Sozialleistungsrecht nur mangelhaft gesichert, es fehlte an einer Sicherung dieses Risikos für weite Teile der Bevölkerung. Als skandalös wurde es betrachtet, daß etwa 70 % der stationär gepflegten Personen auf (ergänzende) Sozialhilfe angewiesen waren, bei den häuslich Versorgten sollen es bis zu 25 % gewesen sein. In der Diskussion um die Verbesserung des Schutzes bei ↑ Pflegebedürftigkeit unterscheidet *Igl* fünf Phasen[1]. Die erste Phase, beginnend etwa ab Mitte der siebziger Jahre, war gekennzeichnet durch eine Aufarbeitung des Problems, wobei Ausgangspunkt der Diskussion die Situation älterer pflegebedürftiger Menschen in ↑ Heimen war. In einer zweiten Phase wurden Vorschläge an den Gesetzgeber gerichtet, wie er das Risiko ↑ Pflegebedürftigkeit durch sozialrechtliche Regelungen absichern könnte. Zu nennen sind hier die Vorschläge des Deutschen Vereins für öffentliche und private Fürsorge 1984 und der Vorschlag der Spitzenverbände der Freien Wohlfahrtspflege 1983. In einer dritten Phase befaßten sich sowohl Landesregierungen als auch Bundesregierung sowie Bundestagsfraktion mit Gesetzesentwürfen, wobei die Bundestagsfraktion der Grünen seinerzeit den ersten Entwurf zu einem Leistungsgesetz einbrachte. In einer vierten Phase ab 1989 wurde im Rahmen der Reform des Krankenversicherungsrechts durch das Gesundheitsreformgesetz eine Einstiegslösung eingeführt, wonach ↑ häusliche Pflegehilfen für ↑ Schwerpflegebedürftige sowie Leistungen der ↑ Kurzzeitpflege für krankenversicherte Personen eingeräumt wurden. Hiermit war der Durchbruch aus der ↑ Sozialhilfe in das Sozialversicherungsrecht geschaffen. In der fünften und letzten Phase wurde z. T. ausgesprochen kontrovers über die unterschiedlichen Lösungsmodelle gestritten: Sozialversicherungslösungsweg oder Privatversicherung? Insbeson-

---
[1] Igl, Leistung bei Pflegebedürftigkeit, München 1992, S. 1 ff.

Einführung

re die Bundestagsfraktion der FDP, aber zunächst auch das Land Baden-Württemberg favorisierten eine private Pflichtversicherung. Die beiden großen Parteien CDU und SPD setzten sich schließlich mit der sozialversicherungsrechtlichen Lösung durch. Der Vorschlag einer steuerfinanzierten Regelung, der seinerzeit von den Grünen eingebracht wurde, wurde in dieser fünften Phase nicht mehr ernsthaft in Erwägung gezogen. Gescheitert wäre die Pflegeversicherung beinahe an der sogenannten 'Feiertagsfrage', d. h. an der Frage der Kompensation für die Beiträge auf Arbeitgeberseite. Leistungsbeginn für die ambulanten, teilstationären und Kurzzeitpflegeleistungen war der 1. 4. 1995, für die ↑ vollstationäre Pflege der 1. 7. 1996. Erst Ende Mai 1996 kam die Einigung über die 2. Stufe Pflegeversicherung zustande, durch ↑ Übergangsregelungen wurden die Anpassungsprobleme deutlich entschärft.

Pflegeversicherung weiterhin umstritten

Die Pflegeversicherung ist sowohl von der Konzeption als auch im Hinblick auf die eingeräumten Leistungsansprüche weiterhin umstritten. Auf der einen Seite wird sie weiterhin für unnötig gehalten[2]. So werden nicht die Pflegebedürftigen, sondern Staat und Erben als Gewinner der Pflegeversicherung ausgemacht. Andererseits wird gegen das Konzept der Pflegeversicherung eingewandt, daß sie eine Reihe von Brüchen mit den Funktionsprämissen des bisher geltenden Sozialversicherungssystems aufweise. Die Pflegeversicherung sähe einen neuen Leistungstyp vor, nämlich pauschalierte und damit rationierte Geld- und Sachleistungen. Unter den Stichworten 'Grundleistungen' und 'Wahlleistungen' sind in der gesetzlichen Krankenversicherung ähnliche Modelle in der Diskussion – mit der Konsequenz, daß in Zukunft ein voller Versicherungsschutz nur noch jenen Versicherten zusteht, die sich über die Grundsicherung hinaus (private) Zusatzversicherungen leisten können. Als weiteres neues Gestaltungselement wird der Abschied vom Solidaritätsprinzip ausgemacht. Jeder Versicherte erhalte bei ↑ Pflegebedürftigkeit dieselben Leistungen, un-

---

[2]) vgl. Coeppicus, ZRP 1994, S. 33 ff.
[3]) vgl. Landenberger, Sozialpolitik und Pflegeversicherung, unveröffentl. Manuskript, München 1994

geachtet persönlicher Einkommens- und Vermögensverhältnisse. Dies führe zur Inkaufnahme von Mitnahmeeffekten und zur Umverteilung von unten nach oben[3]. Inwieweit die Pflegeversicherung auch für künftige Jahrzehnte eine demokratieverträgliche Lösung des Pflegeproblems darstellt, wird angesichts der demographischen Verschiebungen grundsätzlich in Frage gestellt. Durch die ausschließlich über die Gesellschaft (rein) umlagefinanzierte Pflegeversicherung und ihre Auswirkungen werde die Gesellschaft über einen billigen Eintrittspreis in eine Risikofalle gelockt, die spätestens mit der Überlastung der nächsten Generation zuschnappe. Die Möglichkeit, die Gesellschaft bei wachsener Altersquote über die Generationen hinweg einigermaßen gleichmäßig und damit tragbar zu belasten, werde verbaut, je länger dieses einseitige Finanzierungssystem bereits laufe. Die Pflegeversicherung gaukele vor, sie könne allein und vollständig auch das weit in der Zukunft liegende Pflegerisiko gesellschaftlich abdecken. Als Faktoren, die insbesondere zu einer zusätzlichen Beitragsbelastung führen werden, werden u. a. benannt: eine verbesserte Lohnstruktur zugunsten der Pflege, der Wegfall der „verdeckten Pflegearmut" (Dunkelziffer), die Erzeugung von Mitnahme- und Ausnutzungseffekten, die Zunahme von Einpersonenhaushalten, die Abnahme der häuslichen Pflegebereitschaft der jüngeren Generation, Vergütungsangleichung für die häusliche Pflege und der medizinische Fortschritt. Dies führe zur Beitragssatzsteigerung, die die nachfolgende Generation belaste und zu einer „zunehmenden Vergiftung der Beziehungen zwischen der jüngeren und der älteren Generation" führen könnte[4]. Schließlich werden auch verfassungsrechtliche Bedenken angemeldet. In der vorgesehenen Form würden Familien mit ↑ Kindern dreifach belastet. Die Familien leisteten einen Großteil der Pflege selbst, aber auch für die häusliche Pflege durch die Frauen werde in der Versicherung ein vergleichsweise geringer Satz veranschlagt. Ähnlich wie die Rentenfinanzierung verstoße auch die Pflegeversicherung auf der Beitragsseite gegen Art. 3 Abs. 1 i.V.m. Art. 6 Abs. 1 GG[5].

---

[4]) vgl. Spiegelhalter, Caritas 1993, S. 2 ff.
[5]) vgl. Bundesverfassungsgericht, Urteil vom 07.07.1992, AZ: 1 BvR 761/91; vgl. zur Problematik der Rentenfinanzierung: Borchert, Renten vor dem Absturz, Frankfurt 1993

Einführung

Konzeption der Pflegeversicherung

Die Pflegeversicherung ist konzipiert als eine gesetzliche Sozialversicherung mit Beitragspflicht. Sie entspricht damit den übrigen Zweigen der Sozialversicherung und ihrer Umlagefinanzierung. Der ↑ Beitragssatz wird wie in der Renten-, Kranken- und Arbeitslosenversicherung je zur Hälfte von Arbeitnehmern und Arbeitgebern getragen. Der Arbeitgeberanteil wird jedoch kompensiert durch die landesrechtlich festzulegenden „Feiertagsregelungen", so daß tatsächlich die Pflegeversicherung allein von den Versicherten getragen wird. Auch die Rentner sind beitragspflichtig, wobei hier der Rententräger den Arbeitgeberanteil übernimmt. Die Versicherungspflicht besteht bis zur ↑ Beitragsbemessungsgrenze, d. h. Besserverdienende können bzw. müssen sich in einer privaten Pflegeversicherung gegen die Risiken der ↑ Pflegebedürftigkeit versichern. Die Pflegeversicherung deckt nicht das volle Risiko bei ↑ Pflegebedürftigkeit ab, sondern ist ein Grundsicherungs- bzw. Zuschußmodell: Das Pflegeversicherungsgesetz läßt Raum für zusätzliche private Absicherung, aber auch ergänzende Leistungen der ↑ Sozialhilfe. Als Leistungen werden sowohl Geld- als auch Sachleistungen mit einem gewissen Wahlrecht für die Betroffenen gewährt. Die Pflegeversicherung macht damit eine Grundsatzdebatte über das Verhältnis von Geld- und Sachleistungen unabdingbar[6]. Die Geldleistung, die am ehesten den Konsumentenstatus der Pflegebedürftigen realisieren helfen würde, wird gegenüber den Sachleistungen diskriminiert, sowohl von der Höhe her als auch bezüglich möglicher Zuzahlungen im Rahmen der ↑ Sozialhilfe. Etwa 80 % wählen seit Inkrafttreten der Pflegeversicherung die Geldleistungen, der Gesetzgeber ging von einem Verhältnis 50 : 50 aus.

Die Pflegeversicherung folgt dem Prinzip der Wettbewerbsneutralität und Marktöffnung, indem es bedarfssteuernde Instrumente nicht vorsieht und jeden Pflegeanbieter, der qualitätsgesicherte Leistungen erbringen kann, zum Markt der Pflegeleistungen zuläßt. Das Gesetz sieht nicht mehr den Vorrang der freigemeinnützigen, sondern

---

[6] vgl. Evers, Die Pflegeversicherung. Ein mixtum compositum im Prozeß der politischen Umsetzung in: Sozialer Fortschritt 1995, S. 23 (24).

unter dem Signum der Wahrung der „Vielfalt der Träger" vor, daß freigemeinnützige und private Träger gegenüber den öffentlichen Vorrang genießen. Die begrenzte Marktöffnung (Zulassung von ↑ Pflegediensten nur bei Einhaltung der vorgeschriebenen Standards) begrenzt die politische und planerische Einflußnahme auf den Pflegesektor und erfordert sowohl eine Zivilisierung der Märkte als auch eine Kultivierung des Marktverhaltens[7]. Entgegen den ursprünglichen Entwürfen werden die Dienste und Einrichtungen nunmehr nach einem dualen Modell finanziert: Die Länder sollen die ersparten Anwendungen im Sozialhilfebereich, deren Höhe sehr unterschiedlich eingeschätzt wird, als Investitionsförderung für Einrichtungen und Dienste für Pflegebedürftige einsetzen. § 9 SGB XI legt die Länder weitgehend auf eine Objektförderung fest, trotzdem hat das Land Nordrhein-Westfalen zusätzlich ein vermögensunabhängiges ↑ Pflegewohngeld eingeführt, das die Heimbewohner von ↑ Sozialhilfe unabhängig machen soll. Hierin sieht Igl eine der offenen Flanken des Pflegeversicherungsgesetzes[8]. Den Ländern steht die Wahl des rechtlichen Instrumentariums für die Regelung der Investitionsförderung ebenso frei wie die Ausgestaltung der gegebenen Aufgaben und die Festlegung des Umfangs der zu übernehmenden Investitionskosten. Die Landesgesetze sehen entsprechend unterschiedliche Lösungen vor. Es konkurrieren im wesentlichen Konzepte der Objektförderung mit denen einer Subjektförderung (↑ Pflegewohngeld).

Zuständig für die Durchführung des Gesetzes sind die gesetzlichen ↑ Pflegekassen. Sie befinden sich unter dem Dach der gesetzlichen Krankenkassen. Durch Landes- und Bundesausgleich werden Ausgabenunterschiede unter ihnen ausgeglichen.

Die Pflegeversicherung setzt weiterhin auf die familiäre Pflege und weiß sich ihrer Förderung verpflichtet. Die nicht durch die Pflegeversicherung gedeckten Bedarfe sollen im wesentlichen durch Angehörige, freiwillige Helfer und Ehrenamtliche gedeckt werden.

---

[7] vgl. Evers, a. a. O.; Klie, Grundsätze und Maßstäbe zur Qualitätssicherung gemäß § 80 SGB XI, in: Deutscher Verein (Hg.), Von der Sozialhilfe zur Pflegeversicherung, Frankfurt 1995, S. 118-125

[8] Igl, Die soziale Pflegeversicherung in: NJW 1994, S. 3185 (3186)

Einführung

Außer dem Appell in § 8 SGB XI sieht der Gesetzgeber wenig Anreize für die Förderung entsprechenden Engagements vor, das zu fördern und zu moderieren Aufgabe der durch die Pflegeversicherung entmachteten ↑ Kommunen bleibt.

Grundsätze der Pflegeversicherung

Im ersten Kapitel des Pflegeversicherungsgesetzes werden z. T. hochambitionierte Grundsätze festgeschrieben. Es handelt sich hierbei um programmatische Regelungen, die zwar ohne unmittelbaren normativen Gehalt sind, aber sowohl als Auslegungshilfe für die einzelnen leistungsrechtlichen Vorschriften dienen, als auch als Maßstäbe für die Beurteilung der ↑ Qualität der Pflege und hauswirtschaftlichen Leistungen[9] herangezogen werden müssen. So sollen die Leistungen der Pflegeversicherung der ↑ Selbstbestimmung des Pflegebedürftigen dienen und ihm ein Leben ermöglichen, das der Würde des Menschen entspricht. Dem Pflegebedürftigen wird ein Wahlrecht zwischen Einrichtungen und Diensten eingeräumt, und seinen Wünschen bei der Gestaltung der Hilfe soll, soweit sie angemessen sind, entsprochen werden. Ein bedingter Vorrang der häuslichen Pflege vor der stationären wird eingeräumt, wenngleich dieser eher rhetorischer Art bleibt. Ebenso wie in § 11 SGB V wird im Pflegeversicherungsgesetz der Vorrang von ↑ Prävention und ↑ Rehabilitation vor Pflege festgeschrieben. Die ↑ Pflegekassen sollen bei den zuständigen Leistungsträgern darauf hinwirken, daß frühzeitig geeignete Maßnahmen der ↑ Prävention und ↑ Rehabilitation eingeleitet werden, damit der Eintritt von ↑ Pflegebedürftigkeit nach Möglichkeit vermieden wird. Durch die getrennte Finanzierungsstruktur zwischen gesetzlicher Krankenkasse und ↑ Pflegekassen wird allerdings die Förderung und der Ausbau der ↑ Rehabilitation strukturell nicht gefördert. Es fehlt an einem in sich geschlossenen Regelungskonzept, das den Vorrang der ↑ Rehabilitation vor Pflege tatsächlich realisieren hilft (vgl. auch Schulin, a.a.O., S. 438). Die Eigenverantwortung der Versicherten stellt die Pflegeversicherung ebenso heraus wie die gemeinsame Verantwortung der Bevölkerung und der beteiligten Mitspieler (Länder, ↑ Kom-

---

[9]) vgl. Schulin, Die soziale Pflegeversicherung des SGB XI, Grundstrukturen und Probleme, NZS 1994, S. 433 (437)

munen, Einrichtungen und Dienste sowie ↑ Pflegekassen). Dabei soll auch gerade die Weiterentwicklung der pflegerischen Versorgungsstrukturen und die Förderung neuer Formen von ambulanter, teilstationärer und ↑ Kurzzeitpflege durch die ↑ Pflegekassen und gemeinsame Aktionen gefördert werden. „Neue Fürsorglichkeit braucht das Land": In diesem Sinn soll die Pflegeversicherung auch eine neue Kultur des Helfens mitgestalten. Tatsächlich geht die Pflegeversicherung jedoch von einer vereinfachten Struktur der Hilfe und Pflege aus: Hier die wohlorganisierten Leistungsanbieter in unterschiedlicher Trägerschaft (privat-gewerblicher Bereich, öffentlicher und frei-gemeinnütziger Bereich) einerseits und familiäre Leistungen andererseits. Die „mixed economy of care" ist aber differenzierter aufgebaut. Der Bereich, der zwischen den zugelassenen Leistungsanbietern und dem unmittelbaren Familienkreis angesiedelt ist, das freiwillige Engagement in einem Feld gemeinschaftlicher und solidarischer Hilfe und Angebote eigener Art und Ansätze, die auch, aber nicht ausschließlich privat-gewerblich geprägt sind. Dienste vom Typus „Ihr für uns" auf der Ebene „kleiner Lebenskreise" fehlen im Konzept der Pflegeversicherung und werden durch sie, wie viele behindertenspezifische ↑ Pflegedienste, gefährdet[10]. Neben diesen Grundsätzen sieht die Pflegeversicherung im Hinblick auf die pflegerischen und hauswirtschaftlichen Leistungen vor, daß sie dem allgemein anerkannten ↑ Stand von Medizin und Pflege entsprechen. Die allgemeine Standardanknüpfung ist einerseits zu begrüßen, wenngleich auffällt, daß gegenüber den Standardanknüpfungen in der Krankenversicherung nicht auf den aktuellen, sondern den allgemein anerkannten Stand abgestellt wird. Eine Gefahr der Formulierung 'allgemein anerkannter Stand der Medizin und Pflege' liegt darin, daß in der Diskussion über Pflegequalität technisch-medizinische Aspekte zu hoch, andere schwerer beschreibbare und berechenbare Aspekte der Hilfe und Zuwendung eher zu gering gewertet werden. Die allgemeinen Grundsätze, Zielformulierungen und Standardanknüpfungen sind trotz ihrer Verankerung im ersten Kapitel des Gesetzes nicht unverbindlich. Sie formulieren unter Qualitätsgesichtspunkten die Erfordernisse für die zu erbringende Pflege und bilden damit die Maßstäbe für gute Pflege-

---

[10] vgl. Evers, a.a.O., S. 26

Einführung

leistungen, die die jeweiligen Einrichtungen und Dienste, aber auch Familien zu erbringen haben. Die Übersicht auf der nächsten Seite formuliert die genannten Grundsätze als Pflegeziele.

Wer ist pflegebedürftig?

Die Pflegebedürftigkeitsdefinition des Pflegeversicherungsgesetzes orientiert sich im wesentlichen an der alten Formulierung des § 69 Bundessozialhilfegesetz (BSHG). Allerdings werden beim Pflegebedarf auch hauswirtschaftliche Bedarfe mitberücksichtigt. Dies war bislang im BSHG nicht der Fall, allerdings in den §§ 53 ff. SGB V[11]. Weiterhin gilt, daß leistungsberechtigende ↑ Pflegebedürftigkeit nur bei Vorliegen einer ↑ Krankheit und ↑ Behinderung und der darauf beruhenden ↑ Pflegebedürftigkeit besteht. ↑ Pflegebedürftigkeit ist damit weiterhin kein Aliud gegenüber ↑ Krankheit und ↑ Behinderung. Sie ist vielmehr eine besondere Bedarfssituation infolge von ↑ Krankheit und/oder ↑ Behinderung. Ein eigenständiger, pflegewissenschaftlicher Pflegebedürftigkeitsbegriff hat keinen Eingang in die Pflegeversicherung gefunden. Auch wenn der Pflegebedürftigkeitsbegriff des SGB XI an einer defizit orientierten Beschreibung von ↑ Verrichtungen des täglichen Lebens festhält, so ist die Orientierung an Pflegemodellen bei der Begutachtung begrüßenswert. Bedenklich ist allerdings, daß nur ein Teil der pflegefachlich bedeutsamen Hilfebedarfe bei Feststellung der ↑ Pflegebedürftigkeit zu berücksichtigen ist. Insofern ist allein der Pflegebedürftigkeitsbegriff schon wenig vereinbar mit dem allgemein anerkannten Stand in der pflegewissenschaftlichen Diskussion. Andere ↑ Verrichtungen als die genannten werden nicht berücksichtigt, zumindestens nicht im Rahmen der Pflegeversicherung. Gerade bei der Feststellung des Pflegebedarfs dementiell Erkrankter zeigt sich, daß der Bedarf dieser Hauptgruppe der Pflegebedürftigen im Pflegebedürftigkeitsbegriff der Pflegeversicherung nur selektiv abgebildet und berücksichtigt wird. Das BSG deutete in seiner Rechtsprechung zunächst an, daß es aus verfassungsrechtlichen Gründen Anlaß zu einer erweiterten Auslegung des Pflegebedürftigkeitsbegriffes sieht (BSG Urt. v. 17. 4. 96, 3 RK 28/95). Die weitere Rechtsprechung

---

[11]) so auch ausdrücklich: Bundessozialgericht, Urteil vom 30.09.1993, AZ: 4 RK 1/92.

Einführung

Pflegeziele	SGB XI	Hinweise
möglichst selbständiges und selbstbestimmtes Leben, das der Würde des Menschen entspricht	§ 2 Abs. 1	Selbstbestimmung
auf religiöse Bedürfnisse Rücksicht nehmen		
angemessenen Wünschen bei der Gestaltung der Hilfe soll (wenn möglich) entsprochen werden	§ 2 Abs. 2 (§ 33 SGB I)	
Unterstützung, damit der Pflegebedürftige möglichst lange in seiner häuslichen Umgebung bleiben kann	§ 3	Vorrang der Häuslichen Pflege
aktive Mitwirkung	§ 6 Abs. 1	Mitwirkung des Pflegebedürftigen
aktivierende Pflege	§ 6 Abs. 2	
unterstützen und fördern der Bereitschaft zu humaner Pflege und Betreuung	§ 8 Abs. 2	Gemeinsame Verantwortung aller Beteiligten
hinwirken auf eine neue Kultur des Helfens und der mitmenschlichen Zuwendung		
Ausbau und Weiterentwicklung durch neue Formen der teilstationären Pflege und der Kurzzeitpflege		
humane und aktivierende Pflege	§ 11 Abs. 1	Pflichten der Beteiligten
entsprechend dem allgemein anerkannten Stand der medizinisch-pflegerischen Erkenntnisse pflegen, versorgen, betreuen		Pflichten der Pflegeeinrichtungen
Hilfe besteht in der Unterstützung, in der teilweisen oder vollständigen Übernahme der Verrichtungen	§ 14 Abs. 3	Begriff der Pflegebedürftigkeit
Beaufsichtigung oder Anleitung mit dem Ziel der eigenständigen Übernahme der Verrichtungen		
der Gefahr der Vereinsamung entgegenwirken	§ 28 Abs. 1	Leistungsgrundsätze
Aktivierung des Pflegebedürftigen, um vorhandene Fähigkeiten zu erhalten, verlorene zurückzugewinnen		
Kommunikationsbedürfnisse berücksichtigen		

nach: Vogel; Häusliche Pflege 1994, S. 347 ff.

Einführung

Begriff „Grundpflege"	Hilfeleistungen bei den personenbezogenen Grundbedürfnissen des täglichen Lebens, die der Pflegebedürftige nicht (mehr) selbst wahrnehmen oder nur mit dieser Unterstützung verrichten kann. Dies sind Aktivitäten bei der Körperpflege, bei der Ernährung und im Zusammenhang mit der Mobilität des Pflegebedürftigen. Im Bereich der Körperpflege nennt der Gesetzgeber das Waschen, Duschen, Baden, die Zahnpflege, das Kämmen, Rasieren und die Darm- oder Blasenentleerung. Zur Ernährung zählt das mundgerechte Zubereiten und die Aufnahme der Nahrung. Mit dem Aufstehen und Zu-Bett-Gehen, An- und Auskleiden, Gehen, Stehen, Treppensteigen und dem Verlassen und Wiederaufsuchen der Wohnung wird der Bereich der Mobilität umschrieben (§ 14 Abs. 4 Nr. 1 bis 3 SGB XI).
Begriff „hauswirtschaftliche Versorgung"	Hilfeleistungen bei den Grundbedürfnissen des täglichen Lebens hinsichtlich der Ernährung (Einkaufen, Kochen, Spülen), der Wäsche (Wechseln und Waschen der Wäsche, Kleidung) und des Lebensraumes (Reinigen und Beheizen der vom Pflegebedürftigen bewohnten Räume), die der Pflegebedürftige nicht (mehr) selbst wahrnehmen kann (§ 14 Abs. 4 Nr. 4 SGB XI).

des Bundessozialgerichtes hat diese Erwartungen aber nicht erfüllt, sie bleibt streng am engen Pflegebedürftigkeitsbegriff des § 14 SGB XI, sieht sich den stabilitätspolitischen Zielen, die mit der Pflegeversicherung verbunden werden, verpflichtet und hält sie für zulässigerweise limitierend. Gleichwohl ergeben sich Aufweichungen am Rande, so durch die mögliche Einbeziehung von behandlungspflegerischen Maßnahmen im weiteren Sinne. Abzuwarten bleibt, wie sich die Rechtsprechung des Bundessozialgerichtes zu demenzspezifischen Pflegebedarfen entwickeln wird. Hier liegen noch keine Urteile vor und hier könnte sich das Bundessozialgericht zu einer den Pflegebedürftigkeitsbegriff korrigierenden Auslegung gezwungen sehen. Weitere Konkretisierungen zu den Maßstäben der Qualität und Qualitätsprüfungen enthalten die ↑ Qualitätsvereinbarungen gem. § 80 SGB XI. Sie wurden inzwischen für den ambulanten und stationären Bereich von einem der Vertragspartner gekündigt, ohne daß ersichtlich neu verhandelt würde. ↑ Qualitätsvereinbarungen begegnen unter verfassungsrechtlichen Gesichtspunkten erheblichen Bedenken, da sie sich als Verträge zu Lasten Dritter darstellen können, wenn sie Verbindlichkeit gegenüber Einrichtungen beanspruchen, die am Abschluß der Vereinbarungen nicht mit beteiligt waren.

Ausdrücklich spricht der § 68 Abs. 1 S. 2 BSHG von „anderen ↑ Verrichtungen", die der Sozialhilfeträger ggf. bei der Feststellung der ↑ Pflegebedürftigkeit mitzuberücksichtigen hat. In der ambulanten Pflege werden sozialbetreuende Maßnahmen nicht durch die Pflegeversicherung finanziert, anders im stationären Bereich: hier wurde mit dem ersten Änderungsgesetz zum SGB XI die ↑ soziale Betreuung mit in das Leistungsspektrum der Pflegeversicherung aufgenommen, auch wenn die durch die ↑ soziale Betreuung berücksichtigten Bedarfe bei der Feststellung der ↑ Pflegebedürftigkeit grundsätzlich weiterhin keine Rolle spielen, jedoch finden sie bei der Festlegung von ↑ Pflegeklassen in Heimen Eingang in die Begutachtung. Das Pflegeversicherungsgesetz kennt drei ↑ Pflegestufen. Kriterien für die Zuordnung zu einer der ↑ Pflegestufen sind die Häufigkeit des Hilfebedarfs und ein zeitlicher Mindestaufwand. Diese sollen nicht in einer gleichförmigen Betrachtung der einzelnen Pflegetage ermittelt werden, viel-

Einführung

Stufe I **erhebliche Pflege-** **bedürftige**	Personen, die bei der Körperpflege, der Ernährung oder der Mobilität für wenigstens zwei Verrichtungen aus einem oder mehreren Bereichen mindestens einmal täglich der Hilfe bedürfen und zusätzlich mehrfach in der Woche Hilfen bei der hauswirtschaftlichen Versorgung. Im Schnitt 90 Min. Pflegebedarf täglich.
Stufe II **Schwer-** **pflegebedürftige**	Personen, die bei der Körperpflege, der Ernährung oder der Mobilität mindestens dreimal täglich zu verschiedenen Tageszeiten der Hilfe bedürfen und zusätzlich mehrfach in der Woche Hilfen bei der hauswirtschaftlichen Versorgung. Im Schnitt 3 Stunden Pflegebedarf täglich.
Stufe III **Schwerstpflege-** **bedürftige**	Personen, die bei der Körperpflege, der Ernährung oder der Mobilität täglich rund um die Uhr, auch nachts, der Hilfe bedürfen und zusätzlich mehrfach in der Woche Hilfen bei der hauswirtschaftlichen Versorgung. Im Schnitt 5 Stunden Pflegebedarf täglich.
Regelung **für Kinder**	Für die Zuordnung ist der zusätzliche Hilfebedarf gegenüber einem gesunden gleichaltrigen Kind maßgebend.

mehr soll eine längere, mindestens einwöchige Betrachtung der Situation erforderlich sein, um den verschiedenen Befindlichkeiten der Pflegebedürftigen Rechnung zu tragen und eine Regelmäßigkeit des Pflegeaufwands zu konstruieren.

Die Kriterien der einzelnen ↑ Pflegestufen gelten grundsätzlich für alle Leistungsbereiche. Damit wurde die bisher ausgesprochen uneinheitliche Handhabung der Zuordnung von Pflegebedürftigen zu bestimmten ↑ Pflegestufen bundeseinheitlich geregelt. Durch bundeseinheitliche ↑ Begutachtungsrichtlinen für die Medizinischen Dienste soll eine einheitliche Begutachtungspraxis gewährleistet werden. Ob sich die vom Gesetzgeber gewählte Hierarchie der ↑ Pflegestufen langfristig bewähren wird, und ob sie Anreize für die ↑ Rehabilitation auslösen wird, darf bezweifelt werden. Künftig wird bei der Feststellung der Pflegebedürftigkeit den Pflegefachkräften ein besonderes Gewicht zukommen. Regelmäßig werden sie es sein, die die Fachkompetenz haben, um den Pflegebedarf aus-zumachen. Das Bundessozialgericht hat in seinem Urteil vom 30. 9. 1993 (siehe Fußnote 11) schon nach alter Rechtslage die Bedeutung der Pflegefachkräfte bei der Feststellung der ↑ Pflegebedürftigkeit herausgehoben.

Die Leistungen

Das Pflegeversicherungsgesetz kennt folgende Leistungen:

- ↑ Pflegesachleistung für ambulante Pflege, § 36;
- ↑ Pflegegeld für selbstbeschaffte Pflegehilfen, § 37;
- Kombination von Geld- und Sachleistungen, § 38;
- häusliche Pflege bei ↑ Verhinderung der Pflegeperson, § 39;
- ↑ Pflegehilfsmittel und technische Hilfen, § 40;
- ↑ Tagespflege und ↑ Nachtpflege, § 41;
- ↑ Kurzzeitpflege, § 42;
- ↑ vollstationäre Pflege, § 43;
- Leistungen zur sozialen Sicherung der Pflegeperson, § 44;
- ↑ Pflegekurse für Angehörige und ehrenamtliche ↑ Pflegepersonen, § 45.

Die nachfolgende Übersicht gliedert diese Leistungen noch einmal im Überblick:

Einführung

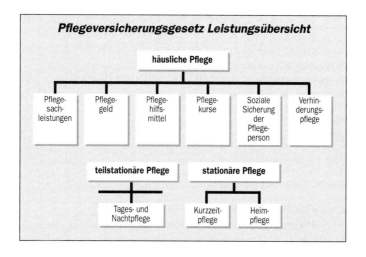

Bei Entgeltleistungen staffelt sich das monatliche ↑ Pflegegeld von DM 400,– bis DM 1.300,–. Bei den ambulanten Pflegeleistungen reichen die Sachleistungen von DM 750,– bis DM 2.800,– (in besonderen Härtefällen bis zu DM 3.750,–). Bei stationärer Pflege übernimmt die Pflegekasse die pflegebedingten Aufwendungen bis zu DM 2.800,– monatlich, durchschnittlich allerdings nur DM 2.500,–, in besonderen Härtefällen bis zu DM 3.300,–. Gerade im stationären Bereich findet sich in der Pflegeversicherung ein Kostenbegrenzungsinstrument durch die Festsetzung von durchschnittlichen Pflegekosten und die Begrenzung von Härtefällen auf bis zu 5 % der Pflegebedürftigen der ↑ Pflegestufe III. Bei der Inanspruchnahme von ↑ Pflegegeld sind die Pflegebedürftigen verpflichtet, in regelmäßigen Abständen einen Pflegedienst in Anspruch zu nehmen, der sie bzw. die pflegenden Angehörigen oder andere ↑ Pflegepersonen hinsichtlich einer fach- und sachgerechten Pflege berät und ggf. auch Überforderungssituationen feststellen kann[12], § 37 Abs. 3 SGB XI.

---

[12]) vgl. zur Problematik dieser Regelung: Klie, Impulse 1994, Heft 2, S. 21 ff.

Einführung

Leistungsarten	Stufe I bis zu	Stufe II bis zu	Stufe III bis zu
Pflegesachleistungen monatlich (in besonderen Härtefällen) 3750 DM	750 DM	1800 DM	2800 DM
Pflegegeld monatlich	400 DM	800 DM	1300 DM
Urlaubs- und Verhinderungspflege für bis zu vier Wochen im Jahr (Voraussetzung: vorherige zwölfmalige Pflege)	2800 DM	2800 DM	2800 DM
Tages- und Nachtpflege in einer teilstationären Vertragseinrichtung, monatlich	750 DM	1500 DM	2100 DM
Kurzzeitpflege für bis zu vier Wochen im Jahr in einer vollstationären Einrichtung	2800 DM	2800 DM	2800 DM
Vollstationäre Pflege (Pflegeheim) bis 31. 12. 99 Härtefall	2000 DM	2500 DM	2800 DM 3300 DM

Einführung

Pflegeeinrichtungen

Ambulant

An der Gewährung von Sachleistungen dürfen grundsätzlich nur Pflegeeinrichtungen teilnehmen, die von den ↑ Pflegekassen zur Leistungserbringung zugelassen sind. Hier werden bestimmte Kriterien festgelegt. Für ambulante Pflegeeinrichtungen gilt:

Sie müssen
- selbständig wirtschaftende Einrichtungen sein,
- unter ständiger Verantwortung einer ausgebildeten ↑ Pflegefachkraft stehen,
- Pflegebedürftige in ihrer Wohnung pflegen und hauswirtschaftlich versorgen.

Dies bedeutet, daß ↑ ambulante ↑ Pflegedienste zumindest unter betriebswirtschaftlichen Gesichtspunkten wirtschaftlich selbständig geführt werden (etwa eigene Kostenstelle). Dies kann insbesondere für ↑ Heime, die sich an der „ambulanten Versorgung" von HeimbewohnerInnen im Altenheim- oder Altenwohnheimteil beteiligen oder auch im Stadtteil pflegen, eine interne Umstellung erforderlich machen. Die Frage, wer als ausgebildete Pflegefachkraft anzusehen ist, ist durch das 1. Änderungsgesetz zum SGB XI geklärt worden: verantwortliche Pflegefachkräfte sind Krankenschwestern/Krankenpfleger, Kinderkrankenschwestern/Kinderkrankenpfleger und AltenpflegerInnen mit entsprechender Berufserfahrung und -weiterbildung. In ambulanten Pflegeeinrichtungen, die überwiegend behinderte Menschen pflegen und betreuen, werden auch entsprechend ausgebildete ↑ HeilerziehungspflegerInnen und HeilerzieherInnen als ↑ Pflegefachkräfte anerkannt, § 71 SGB XI.

Eine weitere Voraussetzung für ↑ ambulante ↑ Pflegedienste ist, daß sie ein breites Leistungsspektrum anbieten, d. h. sowohl pflegen als auch hauswirtschaftlich versorgen müssen. Dies führt insbeson-

---

[13]) Schulin, a.a.O., S. 439

re für traditionelle Sozialstationen dazu, daß sie Umstrukturierungen vornehmen müssen, etwa durch Zusammenschluß von Sozialstation und Nachbarschaftshilfeorganisation.

Stationär

Für stationäre Einrichtungen gelten folgende Anforderungen:
- auch sie müssen selbständig wirtschaftende Einrichtungen sein,
- bei ihnen müssen die Pflegebedürftigen unter ständiger Verantwortung einer ausgebildeten ↑ Pflegefachkraft gepflegt werden,
- sie haben ganztägig oder nur tagsüber oder nachts Unterbringung und Versorgung anzubieten.

Alle Pflegeeinrichtungen, die diese Voraussetzungen erfüllen und die Qualitätsmaßstäbe, die in den ↑ Rahmenverträgen niedergelegt sind, einhalten und sich darüber hinaus an Qualitätssicherungsmaßnahmen beteiligen, haben Anspruch auf Zulassung durch die ↑ Pflegekassen. Die den ↑ Zulassungsanspruch einräumende Norm § 72 Abs. 3 S. 1 2. Halbs. SGB XI wird von Schulin als in ihrer Radikalität für das gesamte Sozialversicherungsrecht als bisher einmalig angesehen[13]. Die Zulassung erfolgt durch einen ↑ Versorgungsvertrag, der schriftlich abzuschließen ist. Die Versorgungsverträge orientieren sich an ↑ Rahmenverträgen, die auf Landesebene von den Landesverbänden der ↑ Pflegekassen mit den Vereinigungen der Träger der ambulanten und stationären Pflegeeinrichtungen abgeschlossen werden. In den ↑ Rahmenverträgen gemäß § 75 SGB XI werden sowohl der Inhalt der Pflegeleistung beschrieben, Maßstäbe und Grundsätze für die personelle Ausstattung der Pflegeeinrichtungen festgelegt, örtliche und regionale Einzugsbereiche der Pflegeeinrichtungen formuliert sowie ↑ Prüfrechte zwischen den Beteiligten vereinbart. Auf Bundesebene wurden Empfehlungen für die Rahmenvereinbarungen auf Landesebene formuliert (s. Materialien). Mit dieser Vertrags- oder auch Einkaufsregelung gewinnen die ↑ Pflegekassen einen starken Einfluß auf die Anbieter, die allerdings im Verhältnis zueinander in stärkerer Weise eine gewisse Wettbewerbsgerechtigkeit genießen.

Einführung

Pflegeheime: Leistungen und Kostenträger

Leistungen	*Kostenträger*
bis 2800 DM monatlich Allgemeine Pflegeleistungen (inkl. allgemeine Pflege, hauswirtschaftliche Versorgung, soziale Betreuung und Behandlungspflege). (im Jahr max. 30.000 DM) Härtefall: bis 3.300 DM monatlich	*Pflegekassse gesetzliche: §§ 46 ff. private: § 110*
Erforderlicher Pflegemehraufwand oberhalb der Leistungsgrenze des SGB XI	*Pflegebedürftiger bzw. Zusatzversicherung oder Sozialhilfeträger*
Hotelkosten (Unterkunft und Verpflegung)	*Pflegebedürftiger bzw. private Zusatzversicherung oder Sozialhilfeträger*
Investitionen	*Land nach Maßgabe der Landesgesetze, gegebenenfalls Pflegebedürftiger oder Sozialhilfeträger*
Ärztliche Leistungen, incl. Heilmittel, Hilfsmittel.	*Krankenkasse*
Sozialtherapeutische Angebote, soweit sie nicht Bestandteil der sozialen Betreuung sind.	*Pflegebedürftiger oder Sozialhilfeträger (gem. §§ 39, 40 BSHG)*
Zusatzleistungen (pflegerischbetreuend und/oder Komfortleistungen bei Unterkunft und Verpflegung)	*Pflegebedürftiger ggf. private Zusatzversicherung*

Pflegevergütung

Die zugelassenen ↑ Pflegeheime und ↑ Pflegedienste erhalten eine leistungsgerechte Vergütung für die allgemeinen Pflegeleistungen (↑ P flegevergütung), sowie bei stationärer Pflege ein angemessenes Entgelt für Unterkunft und Verpflegung. Leistungsgerechte Vergütung bedeutet eine Abkehr vom Selbstkostenprinzip, wenngleich von den

↑ Pflegediensten nicht verlangt werden kann, daß sie ihre Leistungen unter den Gestehungskosten anbieten. Auch muß ihnen ein Gewinn bzw. die Rücklagenbildung zugestanden werden. Die Maßstäbe für die Pflegeleistungen, die leistungsgerecht zu vergüten sind, sind aus den Grundsätzen des Pflegeversicherungsgesetzes zu entnehmen (siehe oben), d. h. es müssen standardge-rechte Pflegeleistungen finanziert werden. Keine Berücksichtigung in der ↑ Pflegevergütung finden ↑ Investitionskosten, § 82 SGB XI.

Für die ambulanten Dienste enthält das Pflegeversicherungsgesetz unterschiedliche Möglichkeiten der Vereinbarung über die ↑ Pflegevergütung: Die Vergütung kann je nach Art und Umfang der Pflegeleistung nach dem erforderlichen Zeitaufwand, aber auch unabhängig vom Zeitaufwand nach Leistungskomplexen, in Ausnahmefällen auch nach Einzelleistungen bemessen und bei bestimmten Leistungen auch mit Pauschalen vergütet werden, § 89 Abs. 3 SGB XI. Das Bundesministerium für Arbeit und Sozialordnung ist darüber hinaus ermächtigt, ↑ Gebührenordnungen für ambulante Pflegeleistungen zu erlassen, die allerdings eine leistungsgerechte Vergütung sicherstellen müssen. Überwiegend wurden Leistungskomplexe verhandelt, siehe zu der Höhe der jeweiligen Vergütung nachfolgende Übersicht. Die ↑ Gebührenordnung muß allerdings regionale Unterschiede berücksichtigen.

Für den stationären Bereich erfolgt die Finanzierung getrennt nach Pflegeleistungen, Unterkunft und Verpflegung (Hotelkosten) und ↑ Zusatzleistungen. In den Pflegesatzverfahren werden die zwei erstgenannten Leistungskomplexe gemeinsam verhandelt und in der ↑ Pflegesatzvereinbarung festgelegt. Die Kosten für Unterkunft und Verpflegung hat der betroffene Pflegebedürftige selbst zu zahlen, ggf. übernimmt der Sozialhilfeträger die Kosten anteilig. ↑ Zusatzleistungen i. S. besonderer Komfortleistungen bei Unterkunft und Verpflegung sowie zusätzlich pflegerisch betreuende Leistungen hat der Betroffene selbst zu zahlen, ggf. tritt eine ↑ private Pflegeversicherung ein. Problematisch ist die Abgrenzung zwischen Leistungen der Grundpflege, die von der Pflegeversicherung zu tragen sind, Leistungen der sozialen Betreuung bzw. Hilfen bei der Lebensführung und privat zu tragenden ↑ Zusatzleistungen. Einzelzimmer im Pflegeheim können nach den

Einführung

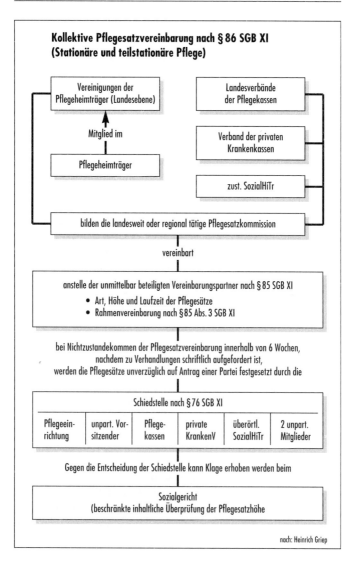

Qualitätsmaßstäben gemäß § 80 SGB XI grundsätzlich **nicht** zu den ↑ Zusa tzleistungen gezählt werden, sicher aber besondere „Serviceleistungen", wie Chaffeurdienste etc. Neben den genannten Finanzierungszweigen ist je nach Landesrecht ein Investitionszuschuß für Pflegeeinrichtungen vorgesehen. Wird dieser nicht gewährt, so kann zusätzlich zum ↑ Pflegesatz vom Bewohner ein Investitionsaufschlag verlangt werden, der ggf. vom Sozialhilfeträger zu übernehmen ist. Das an sich umfassende Wahlrecht der Versicherten in bezug auf die Pflegeeinrichtungen wird durch die Tatsache sehr eingeschränkt, daß wegen unterschiedlicher Investitionskostenfinanzierung die Entgelte für die ↑ Pflegeheime und damit die Eigenanteile der Versicherten an den Investitionskosten entsprechend unterschiedlich sind. Die Sozialhilfeträger ihrerseits werden nur bereit sein, die Pflegesätze „anzuerkennen", in denen die Investitionsaufwendungen streng limitiert sind[14]. Grundsätzlich unberührt von der Pflegeversicherung bleiben die ↑ Kr ankenkassenleistungen für Maßnahmen der ↑ Rehabilitation und der ärztlichen Behandlung, zu denen grundsätzlich auch die ärztlichen Assistenzleistungen (↑ Behandlungspflege) gehören. Übergangsweise wurden die Kosten für die ↑ Behandlungspflege in den stationären Pflegeeinrichtungen mit in die allgemeinen Pflegeleistungen integriert. Dies gilt bis zum 31. 12. 1999. Bis dann soll die zwischen Krankenkassen und ↑ Pflegekassen umstrittene Frage der Zuständigkeit geklärt werden.

Nicht als ↑ stationäre Pflegeeinrichtungen gelten Altenheime und Altenwohnheime. Diese Einrichtungen müssen ihre ↑ Pflegedienste wie ↑ ambulante ↑ Pflegedienste führen und sich um eine entsprechende Zulassung bemühen. Sie müssen ihren Bewohnern darüber hinaus eine sogenannte ›eigene ↑ Häuslichkeit‹ anbieten, das heißt diese müssen zumindestens hinsichtlich der Gestaltung ihres Tagesablaufs (Teilnahme an der Verpflegung, hauswirtschaftliche Versorgung) unabhängig sein. ↑ Behindertenheime werden grundsätzlich nicht als vollstationäre Pflegeeinrichtungen angesehen. Möglich ist allerdings die Integration von vollstationären Pflegestationen im Sinne des § 71 SGB XI in Behindertenheimen (↑ Zusatzleistungen Eingliederungs-

---

[14]) Pöld in: LPK SGB XI § 93a BSHG Rz 4

hilfen). Pflegebedürftige Bewohner von ↑ Behindertenheimen erhalten einen Zuschuß in Höhe von 10 % des für den jeweiligen Behinderten vom Sozialhilfeträger gezahlten ↑ Pflegesatzes, höchstens jedoch DM 500,- pro Monat.

Das Pflegeversicherungsgesetz sieht Verfahren bei Nichteinigung in den ↑ Pflegesatzkommissionen vor. Kommt eine ↑ Pflegesatzvereinbarung innerhalb von sechs Wochen nicht zustande, nachdem eine Vertragspartei schriftlich zu Pflegesatzverhandlungen aufgefordert hat, setzt eine ↑ Schiedsstelle auf ↑ Antrag einer Vertragspartei die Pflegesätze unverzüglich fest, § 85 Abs. 5 SGB XI. Pflegeeinrichtungen, die auf eine vertragliche Regelung der ↑ Pflegevergütung verzichten, können den Preis für ihre ambulanten oder stationären Leistungen unmittelbar mit dem Pflegebedürftigen vereinbaren. Maximal werden ihnen jedoch nur 80 % des Betrages, den die Pflegekasse für den einzelnen Pflegebedürftigen nach Art und Schwere seiner ↑ Pflegebedürftigkeit zu leisten hat, erstattet. Darüber hinaus ist eine weitergehende Kostenerstattung durch einen Sozialhilfeträger ausgeschlossen.

Qualitätssicherung

Die Pflegeversicherung hat dem Thema ≠ Qualitätssicherung zu einer Konjunktur verholfen. Die Pflegeversicherung verpflichtet die Pflegeeinrichtungen explizit, daß sie sich an Maßnahmen der ≠ Qualitätssicherung beteiligen. Das Gesetz läßt es offen, um welche Maßnahmen es sich hierbei handelt. Hierbei muß es sich jedoch um sogenannte 'externe Qualitätssicherungsmaßnahmen' handeln. Darüber hinaus schreiben die ≠ Rahmenverträge vor, daß die Dienste und Einrichtungen über ein internes Qualitätssicherungssystem verfügen müssen. Schließlich sind ≠ Prüfrechte und Prüfverfahren vorgesehen, die auf Veranlassung der ≠ Landesverbände der Pflegekassen durch die Medizinischen Dienste oder Sachverständige wahrgenommen werden, § 80 Abs. 2 SGB XI. Die Prüfungen haben sich dabei auf die ≠ Qualität der Pflege, der Versorgungsabläufe und der Pflegeergebnisse, d. h. auf Struktur-, Prozeß- und Ergebnisqualität zu erstrecken. Die Vereinbarungen zu Grundsätzen und Maßstäben zu Qualität und Qualitätssi-

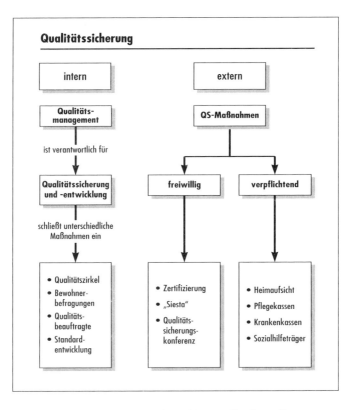

cherung wurden 1995 und 96 abgeschlossen. Für den vollstationären und ambulanten Bereich wurden sie von einem der Vertragsparteien bereits wieder gekündigt. In jedem Fall ist ihre rechtliche Verbindlichkeit fraglich, da für diese Art von „untergesetzlichen Normen", die verfassungsrechtliche Legitimation fehlt. Gleichwohl beinhalten die Vereinbarungen wichtige Hinweise auf Qualitätsniveaus und lassen den Einrichtungen und Diensten recht viel Spielraum für die Entwicklung und Einführung eigener Qualitätssicherungssysteme[15].

---

[15]) vgl. zu den verfassungsrechtlichen Bedenken: Klie in: LPK SGB XI § 80 BSHG Rz. 8

Einführung

Vorstehende Übersicht macht das Verhältnis zwischen den unterschiedlichen Qualitätssicherungsansätzen und Aufgaben deutlich. Wichtig wird sein, daß die ↑ Qualitätssicherung nach dem SGB XI abgestimmt wird mit den Aktivitäten anderer „Qualitätssicherer", wie etwa der ↑ Heimaufsicht nach dem ↑ Heimgesetz, den Krankenkassen und Sozialhilfeträgern, die ihrerseits Aufgaben der Prüfung der ↑ Qualität wahrzunehmen haben. Erfolgreiche ↑ Qualitätssicherung im Sinne der Qualitätsentwicklung und der Förderung des Qualitätswettbewerbs, der durch die Pflegeversicherung intendiert ist, setzt die Motivation zu freiwilliger Qualitätsentwicklung voraus.

Die Medizinischen Dienste der Pflegeversicherung sind im Auftrag der Pflegekassen dabei, flächendeckend Qualitätsprüfungen vorzunehmen. Auch wenn sie hierzu rechtlich nicht befugt sind, ergeben sich aus diesen Prüfungen interessante Ergebnisse und Einblicke in eine durchaus nicht qualitätsgesicherte Pflege in ambulanten Diensten und Pflegeheimen.

Verhältnis zu anderen Gesetzen

1. SGB V

Weitgehend unberührt von der Pflegeversicherung bleiben die Leistungen der Krankenkasse im Rahmen der Krankenbehandlung gemäß § 27 ff. SGB V. Insbesondere wird die ↑ häusliche Krankenpflege gemäß § 37 SGB V weiterhin in vollem Umfang zu gewähren sein, allerdings ist es den Krankenkassen verwehrt, im Rahmen der sogenannten 'Sicherungspflege' gemäß § 37 Abs. 2 SGB V Leistungen der ↑ Grundpflege und hauswirtschaftlichen Versorgung als Mehrleistungen zu erbringen. Durch das 2. NOG wurde § 37 SGB V zwar unberührt gelassen. Rahmenverträge auf Bundesebene werden jedoch die Leistungsinhalte der häuslichen Krankenpflege gegenüber der bisherigen Praxis zu begrenzen suchen, § 132a SGB V. Wichtig sind weiterhin die Leistungen im Rahmen der ambulanten ↑ Rehabilitation (§ 32 SGB V ↑ Heilmittel), das heißt Leistungen der Ergotherapie, Physiotherapie und Logopädie. Nur durch die Realisierung dieser Leistungsansprüche kann der Grundsatz ↑ Rehabilitation vor Pflege auch tatsäch-

Leistungsübersicht ambulante Rehabilitation

Leistung	*Gesetz*
Rehabilitationsmaßnahmen im Rahmen der Ärztlichen Heilbehandlung (incl. Psychotherapie).	*§ 28 SGB V*
ambulante Rehabilitation als Heilmittel – Physiotherapie – Ergotherapie – Logopädie etc. nach Maßgabe der Heilmittelrichtlinien	*§ 32 SGB V*
Hilfsmittel – Krankenfahrstühle – behindertengerechte Betten etc. im Rahmen des Hilfsmittelverzeichnisses	*§ 33 SGB V*
Häusliche Krankenpflege im Zusammenhang mit ambulanter Rehabilitation zur Krankenhausvermeidung	*§ 37 SGB V*
Rehabilitationsmaßnahmen, in stationären Einrichtungen	*§ 40 SGB V*
ambulante Rehabilitation als Heilmittel ergänzende Leistungen zur Rehabilitation, z. B. Gedächtnistraining, Bewegungstraining, Sport, etc. (Ermessensleistung)	*§ 43 SGB V*
ambulante Rehabilitation im Rahmen von Erprobungsregelungen	*§ 67 SGB V*

lich realisiert werden. Auch Pflegebedürftige haben weiterhin Anspruch auf ↑ Hilfsmittel im Sinne des § 33 SGB V, die neben den Hilfsmitteln gemäß § 40 SGB XI zu gewähren sind. Die Abgrenzung zwischen Hilfsmitteln im Sinne des SGB XI und medizinischen Hilfsmitteln im Sinne des § 33 SGB V bereitet insbesondere im stationären Bereich zunehmend Probleme, da die Krankenkassen versuchen, die Ausstattung mit medizinischen Hilfsmitteln den Heimträgern aufzuerlegen.

Einführung

Hier bildet sich zwischenzeitlich eine Rechtsprechung der Sozialgerichte heraus, die Versicherten in Heimen die Versorgung mit Hilfsmitteln im Sinne des § 33 SGB V ausdrücklich zuspricht. Bedenken begegnen vorgesehene Bestimmungen in den Rahmenverträgen, die die Pflegeeinrichtungen verpflichten, typische medizinische ↑ Hilfsmittel vorzuhalten. Umstritten sind insbesondere Dekubitus-Matratzen, Krankenfahrstühle, Deltaräder.

Im Bereich der ambulanten Pflege bleiben die Krankenkassen weiterhin zuständig für die ↑ Behandlungspflege gem. § 37 Abs. 2 SGB V. Im stationären Bereich haben die ↑ Pflegekassen im Rahmen der allgemeinen Pflegeleistungen die Kosten für die ↑ Behandlungspflege mitzuübernehmen, wobei im einzelnen noch festgelegt werden muß, um welche behandlungspflegerischen Leistungen es sich handelt und bis zu welchem Umfang sie in die allgemeinen Pflegeleistungen integriert werden. Welche behandlungspflege-rischen Maßnahmen erfaßt werden, wird in Rahmenverträgen festgelegt. Ob im Einzelfall auch zum Regelangebot der ↑ Heime gehörende Maßnahmen wie etwa Infusionstherapie oder paren-terale Ernährung zu den in die allgemeinen Pflegeleistungen integrierten Maßnahmen der ↑ Behandlungspflege gehören, bedarf der Klärung in Rahmen- und Versorgungsverträgen. Die Leistungen nach § 37 Abs. 1 SGB V zur Krankenhausvermeidung werden von den allgemeinen Pflege-leistungen nicht erfaßt.[16]

Der Ausschluß der Krankenversicherten, die in ↑ Pflegeheimen leben, von Leistungen der ↑ Behandlungspflege wirft dann verfassungsrechtliche Fragen auf, wenn sie durch die Integration der ↑ Behandlungspflege in die allgemeinen Pflegeleistungen sozialhilfeberechtigt werden bzw. die Leistungen der ↑ Pflegekassen für die allgemeinen Pflegeleistungen nicht mehr ausreichen. Die Regelung bezüglich der ↑ Behandlungspflege gelten nur bis zum 31. 12. 1999.

---

[16]) vgl. hierzu: Klie: Altenheim 1995, S. 70–83

2. BSHG

Die Leistungen des Bundessozialhilfegesetzes sind gegenüber den Leistungen der Pflegeversicherung nachrangig. Dies kann bedeuten, daß bisher im Rahmen der ↑ Eingliederungshilfe erbrachte Leistungen nunmehr nach dem Pflegeversicherungsgesetz mit einer gewissen Veränderung der Leistungsinhalte erbracht werden. Grundsätzlich bleiben aber gerade die ↑ Eingliederungshilfe, aber gegebenenfalls auch die Hilfe zur Weiterführung des Haushalts von der Pflegeversicherung unberührt. Leistungen der Hilfe zur Pflege gemäß § 69 ff. BSHG werden einerseits bei dem Personenkreis gewährt, der nicht den Grad der ↑ Pflegebedürftigkeit erreicht hat, den die Pflegeversicherung für die ↑ Pflegestufe I vorsieht (erhebliche ↑ Pflegebedürftigkeit). Andererseits kommen Leistungen im Rahmen der Hilfe zur Pflege in Betracht, soweit der Pflegebedarf nicht durch die Leistungen des Pflegeversicherungsgesetzes allein gedeckt werden kann. Dabei handelt es sich sowohl um den quantitativ als auch qualitativ über die Leistungen des SGB XI hinausgehenden Pflegebedarf[17]. Nur soweit gleichartige Leistungen nach dem Pflegeversicherungsgesetz gewährt werden, besteht ein ↑ Nachrang der ↑ Sozialhilfe. Geht der Bedarf des Pflegebedürftigen über die Leistungen der Pflegeversicherung hinaus, so besteht ein weitergehender Anspruch gegenüber dem Sozialhilfeträger. Hierbei ist allerdings gegebenenfalls die Mehrkostenklausel in § 3 BSHG zu berücksichtigen, die bei einem unverhältnismäßigen, durch die ↑ Sozialhilfe zu tragenden Mehraufwand zum Verweis auf die Unterbringung in einer Pflegeeinrichtung führen kann. Insbesondere die zeitintensiven ↑ Pflegeeinsätze bei Schwerstbehinderten und ↑ Schwerstpflegebedürftigen können auf diese Weise von manchem Sozialhilfeträger in Frage gestellt werden. Dabei ist allerdings zu berücksichtigen, daß im Sozialhilferecht weiterhin der Bedarfsdeckungsgrundsatz und das Individualisierungsprinzip gilt. Durch die Sozialhilfereform 1996 wurde der Vorrang ambulant vor stationär nochmals relativiert, indem bei zumutbarer Heimbetreuung ein Kostenvergleich zwischen ambulanter und stationärer Versorgung angestellt werden muß, § 3a BSHG. Im Hinblick auf stationäre Einrichtun-

---
[17] vgl. Klie, Forum Sozialstation 1995, Heft 71, 12/94

Einführung

gen tritt der Sozialhilfeträger in jedem Fall für die Hotelkosten ein, soweit sie der Pflegebedürftige nicht aus eigenem Einkommen bestreiten kann, ggf. auch für notwendige Pflegeleistungen, die über den Rahmen der von der Pflegeversicherung garantierten Grundleistungen hinausgehen. Der Sozialhilfeträger hat in drei Bedarfskonstellationen mit Leistungsverpflichtungen zu rechnen, die über die der ↑ Pflegekassen hinausgehen:

I. Quantitativer Mehrbedarf

Die Leistungen der Pflegeversicherung im ambulanten oder stationären Bereich reichen für die Deckung des anerkannten Pflegebedarfes nicht aus.

Beispiel:

- Im ambulanten Bereich benötigt der Pflegebedürftige etwa mehr Stunden an Pflege durch ↑ Pflegedienste, als dies durch die Sachleistung der Pflegeversicherung finanzierbar ist.
- Im stationären Bereich reichen etwa die Leistungen der Pflegeversicherung nicht aus, um die ausgehandelten Pflegesätze hinsichtlich der allgemeinen Pflegeleistungen voll zu finanzieren.
- Die Leistungen der Pflegekasse für die Finanzierung von ↑ Pflegehilfsmittel gem. § 40 SGB XI reicht nicht aus, der Sozialhilfeträger tritt gem. § 68 BSHG ein.

II. Qualitativer Mehrbedarf

§ 68 Abs. 1 Satz 2 BSHG sieht die Hilfen zur Pflege auch bei anderen ↑ Behinderungen als den in § 14 SGB XI genannten sowie für andere ↑ Verrichtungen vor. Somit können sich sowohl im ambulanten als auch im stationären Bereich die BSHG-Leistungen auf eine andere Personengruppe und auf einen anderen Hilfebedarf beziehen, etwa kommunikative Bedarfe.

III. Andere Leistungen, § 69 b

Zusätzlich zu den akzessorischen Leistungen des BSHG zum SGB XI sieht das BSHG andere Leistungen vor, die weitergehender sind als die des Pflegeversicherungsrechtes, ohne an einen anderen Pflegebedürftigkeitsbegriff anzuknüpfen. Hierbei handelt es sich etwa um familienentlastende Hilfen.

Ab 1. 1. 1999 müssen die Einrichtungen, die sozialhilfeberechtigte Personen betreuen oder beherrbergen, sog. Leistungs-, Vergütungs- und ↑ Qualitätsvereinbarungen gem. § 93 BSHG abschließen. In diesen müssen die Leistungen beschrieben, verpreist und mit Qualitätsniveaus versehen werden. Auch sind in den ↑ Qualitätsvereinbarungen Qualitätssicherungsmaßnahmen und Prüfrechte der Sozialleistungsträger oder Sachverständiger vorzusehen.

3. Heimgesetz

Unberührt von dem Pflegeversicherungsgesetz bleibt das ↑ Heimgesetz. Dies gilt insbesondere für alle Mindeststandards, etwa baulicher und personeller Art. Seit 1997 gilt das Heimgesetz auch für Kurzzeitpflegeeinrichtungen. Eine Erlaubnispflicht gemäß § 6 Heimgesetz wurde durch eine Anzeigepflicht ersetzt. Das ↑ Heimgesetz geht dem Pflegeversicherungsgesetz vor. Änderungen haben sich im Heimvertragsrecht ergeben, insbesondere hinsichtlich der notwendigen Aufschlüsselung der Leistungen und Entgelte sowie einem hinsichtlich der durch die Pflegeversicherung finanzierten Leistungen vereinfachten Entgelterhöhungsverfahren. Das vereinfachte Entgelterhöhungsverfahren bezieht sich jedoch nur auf die allgemeinen Pflegeleistungen und Hotelkosten, nicht auf die ↑ Investitionskosten und gilt nur für Heimbewohner, die in den Genuß der Leistungen der Pflegeversicherung kommen. Die anderen Leistungen folgen weiterhin § 4 c ↑ Heimgesetz.

Die Bestimmungen des ↑ Heimgesetzes und seiner Verordnung gehen denen der Pflegeversicherung grundsätzlich weiterhin vor. Dies gilt auch für die ↑ Heimpersonalverordnung, die verbindliche Personalqualifikation und Verhältniszahlen von Ausgebildeten zu nicht Ausgebildeten vorsieht.[18]

---

[18] vgl. Klie: Altenheim 1996, S. 572

Einführung

Die Heimpersonalverordnung war am Ende der vergangenen Legislaturperiode in die Diskussion geraten, insbesondere vom damals zuständigen Bundesministerium für Arbeit und Sozialordnung wurde die Aufhebung des Fachkräfteschlüssels 50:50 verlangt. Hier hat man sich vorläufig auf ein Moratorium verständigt und den Heimaufsichtsbehörden das Recht eingeräumt, bis September 2000 im Einzelfall Angleichungsfristen einzuräumen.

Wirkungen der Pflegeversicherung

Die Wirkungen der Pflegeversicherung lassen sich bislang nur skizzenweise beschreiben. Im ambulanten Bereich präferieren die meisten Pflegebedürftigen weiterhin die Geldleistungen, wobei sich ein leichter Trend zur Inanspruchnahme von Kombileistungen, d. h. der Kombination von Sach- und Geldleistungen herauskristallisiert. Die Empfänger von Geldleistungen sind offenbar in hohem Maße mit den Leistungen der Pflegeversicherung zufrieden, geben an, keine wesentlichen Hilfen entbehren zu müssen. Dies gilt aber im wesentlichen in den „Pflegehaushalten", in denen mehrere Personen leben und die Pflege durch Familienangehörige oder Partner sichergestellt wird. In sog. „prekären Netzwerkkonstellationen" werden weit mehr Sachleistungen gewählt und die Zufriedenheit mit Leistungen der Pflegeversicherung sinkt deutlich ab gegenüber denen, die Geldleistungen beziehen. Dies mag vor allem damit zu begründen sein, daß Personen in prekären Netzwerkkonstellationen mit ihrer Pflegebedürftigkeit weitgehend auf sich gestellt sind und dann die begrenzten Sachleistungen nicht ausreichen und häufig auch nicht bedarfs- und bedürfnisgerecht sind mit ihren Verengungen auf bestimmte verrichtungsbezogene Dienstleistungen. Auch die (berechtigterweise) hohen Kosten für die Dienstleistungen stoßen nicht auf Akzeptanz. Die ambulante Pflege ist nur begrenzt im echten Sinne marktfähig[19]. Die ambulanten Pflegedienste ihrerseits sehen sich insbesondere durch Restriktionen im Krankenversicherungsrecht und dort in § 37 SGB V starken Rationalisierungen gegenüber, die zu erheblichen wirtschaft-

---

[19] vgl. Blinkert, B./Klie, Th., Pflege im sozialen Wandel. Die Situation der Pflegebedürftigen nach Einführung der Pflegeversicherung, Hannover 1999

lichen Einbußen führen. Im Bereich der Tagespflege haben sich die Erwartungen an die Inanspruchnahme der familienentlastenden Hilfen nicht erfüllt. Mit von Ort zu Ort und von Einrichtung zu Einrichtung erheblichen Unterschieden stehen Einrichtungen der Tagespflege eher vor kulturellen Akzeptanzschwierigkeiten, die aber ihre unter fachlichen Gesichtspunkten unbestrittene Erforderlichkeit nicht in Frage stellt. Interessant erscheinen hier Erfahrungen der Verkoppelung von freiwilligem und bürgerschaftlichem Engagement in Tagespflegeeinrichtungen mit professioneller Hilfe, wie etwa in den baden-württembergischen BETA-Projekten[20]. Im Bereich der Kurzzeitpflege geht der Trend immer weiter zu den fachlich eher problematischen eingestreuten Kurzzeitpflegebetten, ohne daß die an sich mit Konzepten der Kurzzeitpflege verbundenen rehabilitativen Orientierungen und fachlichen Ausstattungsstandards erfüllt werden können. Nur sehr selten bewähren sich auch ökonomisch solitäre Kurzzeitpflege-Einrichtungen. Gerade aber bei den eingestreuten Kurzzeitpflegeplätzen bewahrheitet sich offenbar die „Gefahr", daß Kurzzeitpflegegäste eher schneller als später zu Heimbewohnern werden. Die Pflegeheime waren weniger rechtlich als tatsächlich bis Ende des Jahres 1998 von Übergangsregelungen um die weitgehenden mit der Einführung der Pflegeversicherung verbundenen Umstellungen in ihrem Leistungs- und Vergütungssystem verschont worden. Nun müssen endgültig leistungsgerechte Vergütungen ausgehandelt werden. Es ist aber keineswegs zu erwarten, daß dies in absehbarer Zeit flächendeckend gelingt. Schon die Rahmenverträge auf Landesebene beherzigen nur ausgesprochen begrenzt die leistungsrechtlichen Vorgaben des SGB XI. Deckelungen, zunächst in Übergangsregelungen und dann bis Ende 1998 im Sozialhilferecht, haben Entgeltanpassungen, entsprechend dem gestiegenen Lohnkostenniveau etwa, verhindert. Dies hat z. T. zu Rationalisierungsmaßnahmen in Heimen geführt. Weit schwerer wogen in vielen Heimen anderweitige Umstellungserfordernisse, etwa im Management, in der Regiekostenberechung oder überhaupt in der noch nicht abgeschlossenen Umstellung vom Selbstkostendeckungs-

---

[20]) Steiner-Hummel, I./Zellhuber, B., Beratungsstelle für pflegende Angehörige und Gerontopsychiatrie in der Stadt Augsburg, Gesamtbericht des 3jährigen Modellprojekts „Leben und Pflegen", Hg.: KDA, Köln 1991

prinzip hin zur leistungsbezogenen Kostenrechnung. In einigen Heimen wurden tiefgreifende „Anpassungsmaßnahmen" an die Pflegeversicherung durchgeführt, so etwa Auflösung der Sozialdienste, Entlassung von Ergotherapeuten etc. – Maßnahmen, die sich möglicherweise als folgenschwere Fehler herausstellen könnten. Mit der Einführung der Pflegeversicherung verbunden waren Medienberichterstattungen über Substandards in Pflegeheimen, insbesondere in München in Zusammenhang mit dem sog. Münchner Heimskandal. Diese Medienberichterstattung steht z. T. in einer alten Tradition skandalträchtiger Berichterstattung über Heime. Sie verweist aber z. T. auch zu Recht auf verbreitete Substandards, die allerdings nicht erst seit Einführung der Pflegeversicherung zu beklagen sind. Qualitätsmängel wurden auch recht weitgehend und flächendeckend vom Medizinischen Dienst der Krankenversicherungen festgestellt, der sich vermehrt Prüfaufgaben nach § 80 SGB XI widmet, ohne dabei allerdings immer den rechtlichen Ermächtigungsrahmen hinreichend zu berücksichtigen. Die Qualitätssicherungsbemühungen, zu denen auch die Heime angehalten sind, sind höchst unterschiedlich zu bewerten. Manche Heime sehen sich ermutigt, Zertifizierungsprozesse zu durchlaufen, es bewähren sich Ansätze von regionalen Qualitätsverbünden. Insgesamt kann noch nicht von flächendeckend niveauvollen Qualitätssicherungsbemühungen gesprochen werden, die garantieren, daß der im SGB XI vorausgesetzte allgemeine Stand der Pflege mit seinen pflegewissenschaftlichen Implikationen berücksichtigt und beherzigt wird. Als ungeklärt erweist sich zunehmend das Verhältnis vom Heimgesetz zum SGB XI, sowohl in Fragen der Personalausstattung als auch in Fragen der Qualitätssicherung.

Unter fiskalischen Gesichtspunkten haben sich die mit der Pflegeversicherung verbundenen Befürchtungen, sie sei so nicht finanzierbar, nicht bewahrheitet. Vielmehr konnten die Pflegekassen zweistellige Milliardenbeträge als Rücklagen bilden, die im wesentlichen darauf zurückzuführen sind, daß die Pflegebedürftigen weit mehr Geld- als Sachleistungen wählen. Auch der verzögerte Leistungsbeginn, zeitlich versetzt nach Beginn der Beitragspflicht, hat zu einem gewissen Polster geführt, das unterschiedliche Begehrlichkeiten ausgelöst hat.

Eines der Ziele, das mit der Pflegeversicherung verbunden wurde, war die Entlastung der Sozialhilfeträger und die „Befreiung" von Heimbewohnern vom Sozialhilfestatus. Ersteres wurde durchaus wirksam erreicht: Über dem erwarteten Ziel von 60 % Einsparungen konnten die Sozialhilfeträger offenbar bis zu 70 % Sozialhilfeausgaben im Bereich der Hilfe zur Pflege einsparen[21]. Durch die weitere Umwandlung von Einrichtungen der Eingliederungshilfe in Pflegeeinrichtungen, die nicht selten rechtlichen Bedenken begegnet, versuchen Sozialhilfeträger noch weitergehend Einsparressourcen auszuschöpfen. Anders verhält es sich mit der Erwartung, Pflegeheimbewohner könnten vollständig von der Sozialhilfe frei werden. Hier wurden die Erwartungen deutlich unterschritten: Man rechnete damit, daß man weitere 70 % der Heimbewohner von der Sozialhilfe „befreien" könnte, bei lediglich 20 % konnte dieses Ziel erreicht werden. D. h. die weitaus meisten Heimbewohner sind weiterhin auf ergänzende Sozialhilfe angewiesen.

Was die Begutachtungsaktivitäten des MDK angeht, so ist durch die 1997 verabschiedeten Begutachtungsrichtlinien ein deutlicher Vereinheitlichungseffekt eingetreten. Gleichwohl begegnen auch die Begutachtungsrichtlinien und noch mehr eine ärztlich dominierte Begutachtungspraxis fachlichen Bedenken, die zunehmend auch von den Sozialgerichten aufgegriffen werden. Wiederholt haben Sozialgerichte die fehlende Berücksichtigung fachpflegerischen Sachverstandes bei den Pflegebegutachtungen moniert, etwa bei der Feststellung, Darlegung und Begründung des Pflegebedarfes[22].

Insgesamt ist es gelungen, die Pflegeversicherung einzuführen, flächendeckende Begutachtungen sicherzustellen, Leistungen zu gewähren. Gleichwohl gilt es auch zu konstatieren, daß die ordnungspolitischen Zielsetzungen, die mit der Pflegeversicherung verbunden wurden, z. T. eher nicht erreicht werden: So etwa die Beeinflussung von häuslichen Pflegearrangements, die Befreiung von Heimbewohnern von der Sozialhilfe, die Sicherstellung der Pflege in prekären Haushalts- und Netzwerkkonstellationen. Mangelhaft ist weiterhin das im

---

[21]) Rothgang, H., Ziele und Wirkungen der Pflegeversicherung. Eine ökonomische Analyse, Frankfurt 1997
[22]) LSG Niedersachsen Urt. vom 20.10.98 Az. L 3 P 41/97

Pflegeversicherungsgesetz angelegte Koordinations- und Kooperationsversprechen eingelöst: Die Pflegeberatung kann nicht gegenüber allen Versicherten in der geforderten Weise garantiert werden, Case und Care Management-Stellen fehlen auf regionaler Ebene, die die Pflegebedürftigen in die Lage versetzen, gut informiert und reflektierte Entscheidungen zu treffen.

Perspektiven und Reformüberlegungen

Die neue Bundesregierung hat sich grundsätzlich zum Konzept der Pflegeversicherung bekannt, will die stabilitätspolitischen Ziele weiterverfolgen, gleichwohl insbesondere im Bereich der Demenz zu einer angemesseneren Berücksichtigung von bisher ausgeklammerten Pflegebedarfen gelangen. Kurzfristig ist an einen Anhebung der Tagespflegeleistungen und an die Kostenübernahme für Pflegekontrollbesuche durch die Pflegekassen gedacht. Geplant wird weiter eine Revision der Pflegebedürftigkeitsbegriffe zugunsten demenztypischer Hilfebedarfe, ein Altenpflegesetz sowie ein Altenhilfestrukturgesetz, das Planung, Vernetzung und Beratung vor Ort sicherstellen soll. Weitergehend wird diskutiert wird über die Umstellung von der dualen auf die monistische Finanzierung. Ins Gespräch gebracht wurden darüber hinaus eine Abkehr vom Sozialversicherungssystem hin zu einem steuerfinanzierten Leistungsgesetz, das unter dem Gesichtspunkt der Umverteilung gerechter wäre: Immerhin gelingt es erst Beziehern von monatlichen Einkommen von etwa 3.300 DM im Pflegeheim sozialhilfefrei zu bleiben. Die Bundesländer Bayern und Baden-Württemberg haben bereits in der neuen Legislaturperiode ein Pflegezukunftssicherungsgesetz in die Diskussion gebracht. Danach sollen die Überschüsse in einen Kapitalstock mit Namen „Generationsreserve" eingebracht werden. Dieses Kapital soll rentabel angelegt und durch weitere Überschüsse ausgebaut werden. Ab dem Jahre 2025 sollen die Erträge dann zur Beitragssatzstabilisierung eingesetzt werden. Jedenfalls sieht die Initiative eine pauschale Berücksichtigung von Pflegebedarfen psychisch kranker und geistig behinderter Menschen vor, die insbesondere den Demenzkranken gilt. Finanzielle Hürden der

Inanspruchnahme von Tagespflege sollten abgebaut und die Pflegepflichteinsätze in ihrer Finanzierung umgestellt werden[23]. Weitergehende Forderungen zur Novellierung des Pflegeversicherungsrechts beziehen sich auf die Beratungsinfrastruktur, die vereinheitlicht und über eine Poolfinanzierung als regionale Care und Case Management-Infrastruktur sicherzustellen wäre. Die nicht nur rechtliche, sondern tatsächliche Eröffnung der Pflegestufen und Pflegeklassendynamik in Pflegeheimen, die eine dem Bedarf der jeweiligen Heimbewohner entsprechende Finanzierung von Pflegeheimplätzen ermöglichen würde, soll eröffnet werden. Weitergehende Perspektiven sehen eine Abkehr vom Sachleistungs- zu einem budgetorientierten System vor. Auch eine Umkehrung des Finanzierungsprinzips der Pflegeversicherung, weg von der Sockelfinanzierung hin zu einer bedarfsgerechten Finanzierung von hohen Pflegebedarfen bei privat zu erbringender Sockelfinanzierung, steht in der Diskussion[24].

Schlußbemerkung

Die Pflegeversicherung ist noch jung. Lange nicht alle Vorgaben wurden bisher umgesetzt und ernstgenommen. Insofern liegt noch viel Implementationsarbeit vor allen Akteuren. Gleichzeitig ist die Pflegeversicherung schon wieder in der Diskussion, die einerseits gekennzeichnet ist durch kurzfristige Anpassungsforderungen für bislang diskriminierte Gruppen von Pflegebedürftigen und anderen Hindernissen einer bedarfsgerechten Gewährungspraxis der Leistungen der Pflegeversicherung. Die Diskussion ist andererseits geprägt von der Sorge, daß die Pflegeversicherung so wie bisher in ihrer Finanzierung nicht zukunftssicher ist. Gerade mit Blick auf die Zukunft wird die Frage nach der gerechten Verteilung der knappen Mittel der Pflegeversicherung neu diskutiert werden müssen. Für die Dienste und Einrichtungen bleiben die Rahmenbedingungen in mancher Hinsicht ungewiß.

---

[23]) vgl. Care Konkret vom 18. Dez. 98, Seite 1
[24]) vgl. hierzu Klie/Schmidt, TUP 1999, S. 55

Einführung

Lexikon

Pflegeversicherung von A – Z

Abgrenzungsverordnung
Die Pflegeversicherung kommt nur für den pflegebedingten Aufwand, nicht für die Investitions- und Hotelkosten auf. Zur genauen Abgrenzung der allgemeinen Pflegeleistungen von den Leistungen der Unterkunft und Verpflegung, den Zusatzleistungen sowie den Investitionsaufwendungen wird eine Abgrenzung durch Rechtsverordnung gemäß § 83 Abs. 1 Ziff. 2 erfolgen. Inzwischen wurde darauf verzichtet, die Abgrenzung durch Rechtsverordnung vorzunehmen. Es liegt ein Diskussionsentwurf für eine Orientierungshilfe zur Zuordnung von Personal und Sachmitteln zu den Finanzierungsquellen nach dem SGB XI in vollstationären Einrichtungen vor, der jedoch nicht verabschiedet werden soll.

– § 83 Abs. 1 Ziff. 2 SGB XI –

Ärzte
Die behandelnden Ärzte sind verpflichtet, wenn der Pflegebedürftige einwilligt, die Pflegekassen über den Eintritt der Pflegebedürftigkeit zu benachrichtigen, § 7 Abs. 2 SGB XI. Die behandelnden Ärzte können weiterhin in die Begutachtung des Medizinischen Dienstes einbezogen werden, § 18 Abs. 3 SGB XI.

– §§ 7, 18 SGB XI –

Aktivierende Pflege
Die Pflegeeinrichtungen sind verpflichtet, ihre Pflegeleistungen an dem Prinzip der aktivierenden Pflege zu orientieren. Allerdings wird bei der Feststellung des Pflegebedarfs der besondere Zeitbedarf für bestimmte „aktivierende" Pflegehandlungen nicht berücksichtigt. Die aktivierende Pflege wird somit nicht als eine zusätzliche Pflegeleistung gewährt. Vielmehr hat sich die Pflege generell am Prinzip der aktivierenden Pflege zu orientieren. Unter aktivierender Pflege wird eine Pflegepraxis verstanden, die Selbständigkeit und Unabhängigkeit des Patienten fördert. Sie berücksichtigt die Ressourcen des Pflegebedürftigen und hat die Erhaltung bzw. Wiedergewinnung der Selbständigkeit zum Ziel. Die Abgren-

A – Lexikon

zung aktivierender Pflege zur medizinischen Rehabilitation wirft Probleme auf, da die aktivierende Pflege zumindest auch rehabilitativ wirkt, wenn nicht selbst unverzichtbarer Bestandteil medizinischer Rehabilitation ist.

– § 11 Abs. 1 SGB XI –

Ambulante Pflegedienste

Ambulante Pflegedienste sind selbständig wirtschaftende Einrichtungen, die unter ständiger Verantwortung einer ausgebildeten Pflegefachkraft Pflegebedürftige in ihrer Wohnung pflegen und hauswirtschaftlich versorgen.

– § 71 SGB XI –

Anleitung

In Abgrenzung zu „Unterstützung", zu „Übernahme" und „Beaufsichtigung" stellt die Anleitung eine eigenständige Hilfeform der Pflege dar, mit der das Ziel verfolgt wird, daß der Pflegebedürftige eigenständig in die Lage versetzt wird, die „anerkannten" Verrichtungen selbst zu übernehmen. Insofern kann die Anleitung im Sinne des § 14 Abs. 3 SGB XI sich anders als die anderen Hilfen für Pflegebedürftige in ihrem Schwerpunkt auch auf Kommunikation, Motivation und „indirekte Pflegeleistungen" beziehen. Ein entsprechender Bedarf ist bei der Pflegebedürftigkeitsfeststellung zu berücksichtigen. Die Pflegebedürftigkeitsrichtlinien berücksichtigen diese im Gesetz angelegte Auslegung nicht.

– § 14 Abs. 3 SGB XI –

Antrag

Die Leistungen der Pflegeversicherung werden auf Antrag und nicht auf ärztliche Verordnung hin gewährt. Frühester Zeitpunkt für den Leistungsbeginn ist das Vorliegen der Anspruchsvoraussetzungen. Da der Medizinische Dienst der Krankenkassen für die Begutachtung in aller Regel einige Zeit benötigt und die Pflegekassen erst auf der Grundlage des Gutachtens entscheiden können, wird – bei Sachleistungen – der Pflegedienst, die pflegebedürftige Person oder der Sozialhilfeträger vorleisten müssen. In Pflegeverträgen sollte geregelt werden, wer das Risiko bei Ablehnung der Anträge auf Pflegeleistungen trägt.

– § 33 SGB XI –

Arbeitsgemeinschaft, örtliche und regionale

Die Pflegekassen sollen zur Durchführung der ihnen übertragenen Aufgaben örtliche und regionale Arbeitsgemeinschaften bilden, in denen alle an der pflegerischen, gesundheitlichen und sozialen Versorgung Beteiligten mitwirken. Es handelt sich dabei sinnvollerweise um regionale Koordinierungsgremien. Bestehende Arbeitsgemeinschaften können auch für die Aufgaben der Arbeitsgemeinschaften nach § 12 Abs. 1 genutzt werden.

– § 12 SGB XI –

Arbeitslosenversicherungsleistungen für Pflegepersonen

Pflegepersonen, die die Voraussetzungen für soziale Sicherungsleistungen erfüllen, erhalten bei einer Rückkehr in das Erwerbsleben Übergangsgeld gemäß § 48 AFG.

– § 44 SGB XI –

Assistenzmodell

Als besondere Form häuslicher Pflege für körperbehinderte pflegebedürftige Menschen hatten sich Modelle der sog. ‚selbstorganisierten Pflege' entwickelt: Hier fungierten die Behinderten als Arbeitgeber. Diese können jedoch nicht über die Pflegesachleistungen gemäß § 36 SGB XI finanziert werden. Durch das erste Änderungsgesetz zum SGB XI wird den Assistenzmodellen, die bereits vor dem 1. Mai 1996 bestanden haben, Bestandsschutz eingeräumt. Weiterhin wurde durch eine Ergänzung des § 69 c Abs. 4 BSHG sichergestellt, das der Sozialhilfeträger auch bei einer Inanspruchnahme des Pflegegeldes für selbstorganisierte Pflege bei voller Anrechnung des Pflegegeldes Pflegesachleistungen, d. h. auch selbstbeschaffte Pflegekräfte finanzieren kann ggf. muß.

– § 36 SGB XI; § 69 c Abs. 4 BSHG –

Aufsicht über Pflegekassen

Für die Rechtsaufsicht über die Pflegekassen sind die nach Landesrecht zuständigen obersten Verwaltungsbehörden der Länder zuständig. In der Regel sind dies die Gesundheitsministerien.

– § 52 SGB XI i. V. m. § 208 SGB V –

Ausgelagerte Häuslichkeit

Die Ersatzkassen haben bisher als sog. ‚Ersatzhäuslichkeit' und die Ortskrankenkassen, regional höchst unterschiedlich, die sog. ‚ausgelagerte Häuslichkeit' als Unterfall der Krankenhausvermeidungspflege gemäß § 37 Abs. 1 SGB V anerkannt. Die ärztliche Versorgung, spezielle Pflege sowie grundpflegerische und hauswirtschaftliche Versorgung findet hier nicht im eigenen Haushalt des Betroffenen sondern in einer Kranken-

A – Lexikon

wohnung, Kurzzeitpflegeeinrichtung oder in einer anderen ‚ausgelagerten Häuslichkeit' statt.

Mit zunehmender Rationierung der Leistungen der Häuslichen Krankenpflege gem. § 37 SGB V werden Leistungen in „Ersatzhäuslichkeiten" kaum mehr erbracht. Durch die Möglichkeit, gem. § 39 a SGB V Hospize anteilig über die Krankenkassen zu finanzieren, sehen die Krankenkassen erst recht keine Notwendigkeit für eine ehemals praktizierte weite Auslegung der „Häuslichkeit".

– § 37 Abs. 1 SGB V –

Auslandsaufenthalt

Die Leistungsansprüche ruhen grundsätzlich, wenn sich der Versicherte im Ausland aufhält (Exportverbot für Pflegeleistungen und Pflegegeld). Durch das 1. Änderungsgesetz zum SGB XI wird nunmehr gewährleistet, daß bei einem vorübergehenden Auslandsaufenthalt bis zu sechs Wochen im Kalenderjahr das Pflegegeld weiter gewährt wird. Für die Pflegesachleistungen gem § 36 SGB XI gilt dies nur, wenn der Pflegebedürftige von der Pflegekraft, die ansonsten die Pflegesachleistungen erbringt, während des Auslandsaufenthalt begleitet wird. In der Praxis wird auch die Versorgung durch Kooperationspartner zugelassener Pflegedienste im Ausland akzeptiert, wenn diese den Qualitätsanforderungen des § 80 SGB XI genügen. Im Hinblick auf die Zielsetzung des § 39 SGB XI kommt der Bezug von Pflegeleistungen bei Verhinderung der Pflegeperson ebenfalls als Auslandsleistung in Betracht.

– § 34 Abs. 1 Nr. 1 SGB XI –

Ausschuß für Fragen der Pflegeversicherung

Das Bundesministerium für Arbeit und Sozialordnung bildet einen Ausschuß für Fragen der Pflegeversicherung, dem inzwischen über 100 Mitglieder angehören. Der Ausschuß berät die Bundesregierung in allen Angelegenheiten, die einer leistungsfähigen und wirtschaftlichen Versorgung der Pflegebedürftigen dienen. Er hat lediglich beratende Funktion und keine entscheidende.

– § 10 SGB XI –

Außergewöhnliche Belastungen

Einkommensteuerrechtlich können Pflegekosten als außergewöhnliche Belastungen steuerlich geltend gemacht werden. Es bestehen zwei Optionen: Entweder werden die Pflegekosten abzüglich der zumutbaren Belastung in voller Höhe abzugsfähig und müssen dann entsprechend nachgewiesen werden oder aber es wird der Behinderten- oder Pflegepauschalbetrag je nach Pflegebedürftigkeit in Höhe von bis zu DM 7200,– jährlich geltend gemacht.

– §§ 33, 33 a) EStG –

Ausgleichsfonds

Das Bundesversicherungsamt verwaltet ein Sondervermögen, aus dem der monatliche und jährliche Finanzausgleich zwischen den Pflegekassen erfolgt. Pflegekassen mit geringeren Ausgaben als Einnahmen können diese nicht sparen, sondern müssen Überschüsse in den Ausgleichsfonds einzahlen.

– §§ 63, 65 ff. SGB XI –

Beaufsichtigung

Als Hilfeform kennt § 14 Abs. 3 SGB XI die Beaufsichtigung des Pflegebedürftigen bei einer anerkannten Verrichtung. Der Begriff der „Beaufsichtigung" entspricht einerseits nicht pflegefachlichen Standards, da es sich in der Sache zumeist um Anleitung, Begleitung, Tagesstrukturierung und Risikovorsorge handelt. Unter Bedarfsgesichtspunkten spielt die „Beaufsichtigung" gerade bei dementiell Erkrankten eine große Rolle. Strittig ist die Frage, ob ein „Beaufsichtigungsbedarf" nur anerkennungsfähig ist, wenn er sich auf die anerkannten Verrichtungen des § 14 bezieht oder auch darüber hinaus.

– § 14 Abs. 3 SGB XI –

Begutachtungsrichtlinien

Im März 1997 wurde die Begutachtungsanleitung durch die Begutachtungsrichtlinien ersetzt, die eine gleichmäßige Begutachtung durch die medizinischen Dienste der Krankenversicherung gewährleisten sollen. Sie enthalten detailliert Hinweise zur Begutachtung, insbesondere einen sogenannten Zeitkorridor für die Übernahme typischer Pflegetätigkeiten. Bei der Begutachtungsanleitung handelt es sich um „Binnenrecht" der Pflegekassen, das die medizinischen Dienste bindet, jedoch nicht die Gerichte. Sie unterliegt daher der vollständigen Überprüfung durch die Gerichte. Begutachtungsrichtlinien sollen gleichwohl sicherstellen, daß unter Rechtmäßigkeitsgesichtspunkten eine gleichmäßige Beurteilung bei der Begutachtung der Pflegebedürftigen bundesweit gewährleistet wird.

– 53 a SGB XI –

B – Lexikon

Behandlungspflege

Die sogenannte 'Behandlungspflege' gehörte bis zum 1. Änderungsgesetz generell nicht zu den Leistungen der Pflegeversicherung. Für den Bereich der ambulanten Pflege gilt dies auch weiter, nicht jedoch für die teilstationären Einrichtungen der Tages- und Nachtpflege, Einrichtungen der Kurzzeitpflege sowie Einrichtungen der vollstationären Pflege. Hier werden Leistungen der Behandlungspflege mit in das Leistungspaket der Pflegeversicherung integriert, wobei sowohl Umfang als auch Modalitäten der Leistungserbringung (Kooperation mit Ärzten, haftungsrechtliche Fragen) klärungsbedürftig sind. Die Regelung gilt nur für den Zeitraum vom 1.7.1996 bis zum 31.12.1999. Bis zum 1.1.2000 soll die Frage der Leistungsträgerschaft geklärt werden. Im ambulanten Bereich bleibt es unverändert bei der Leistungspflicht der Krankenkassen für den Bereich der sogenannten 'Behandlungspflege'. Durch die Rechtsprechung des Bundessozialgerichts wird zwischen der sogenannten einfachen und der qualifizierten Behandlungspflege unterschieden: Die einfache Behandlungspflege soll zumindest bei tatsächlicher Übernahme durch Pflegepersonen bei der Feststellung des Pflegebedarfs nach §§ 14, 15 SGB XI berücksichtigt werden. Es handelt sich hierbei um medizinisch-pflegerische Maßnahmen, die von Nichtfachkräften übernommen werden können. Das Bundessozialgericht läßt die Berücksichtigung von Behandlungspflege im „weiten Sinne" bei der Feststellung der Pflegebedürftigkeit in engen Grenzen zu. (BSG-Urteil vom 19.02.1998, Az. B3P 7/97 R).

– § 37 Abs. 2 SGB V; §§ 42, 43, 51 SGB XI; Art. 7 a PflVG –

Behindertenheime

Einrichtungen der beruflichen und sozialen Eingliederung, der schulischen Ausbildung oder Erziehung Kranker oder Behinderter sind grundsätzlich keine Pflegeeinrichtungen i. S. des § 71 SGB XI. Pflegebedürftige in Behinderteneinrichtungen haben jedoch Anspruch auf pauschalierte Leistungen der Pflegeversicherung: Die Pflegekassen haben sich an den Kosten der Eingliederungshilfe in Einrichtungen der Behindertenhilfe mit 10 % (höchstens DM 500,– pro Monat) zu beteiligen. Die konzeptionelle Variante, in Einrichtungen der Behindertenhilfe die Pflege durch ambulante Dienste sicherzustellen, wird durch § 71 Abs. 4 SGB XI ausgeschlossen. Dies gilt jedoch nur für Einrichtungen der Eingliederungshilfe, nicht etwa für Altenwohnheime, Einrichtungen des betreuten Wohnens oder vergleichbare Einrichtungen. Zur Sicherstellung des spezifischen Versorgungsbedarfes von pflegebedürftigen Behinderten und zur Erhaltung des bisherigen Leistungsstandards werden zum Teil Pauschalen für die in der Eingliederungshilfe spezifischen Leistungen zusätzlich zur Leistung der vollstationären Pflege auf der Grundlage einer Empfehlung des Bundesgesundheitsministeriums gewährt.

– §§ 43 a, 71 Abs. 4 SGB XI –

Behinderung

Die Pflegebedürftigkeit muß als Ursache eine körperliche, seelische oder geistige Krankheit oder Behinderung haben. Pflegebedürftigkeit ist damit ein besonderer Bedarfszustand infolge von Krankheit und/oder Behinderung. Das Gesetz geht damit nicht von dem Konzept einer Pflegebedürftigkeit, die auf Altersgebrechlichkeit beruht, aus. Die Behinderungsbedingtheit der Pflegebedürftigkeit macht überdies deutlich, daß weiterhin Leistungen der sozialen und medizinischen Rehabilitation gewährt werden können, ggf. müssen.

– § 14 SGB XI –

Beihilfeberechtigte

Beihilfeberechtigte (Beamte) erhalten die ihnen jeweils zustehenden Leistungen zur Hälfte, in der gesetzlichen Pflegeversicherung zahlen sie den hälftigen Beitragssatz. Für sie reicht ein ergänzender Teilkostentarif bei einer privaten Pflegeversicherung aus.

– § 28 Abs. 2 SGB XI –

Beitragsbemessungsgrenze

Die Beitragsbemessungsgrenze ist mit der der gesetzlichen Krankenversicherung identisch, 6375,– DM monatlich (1999).

– § 20 SGB XI –

Beitragssatz

Der Beitragssatz beträgt in der Zeit vom 01. Januar 1995 bis zum 30. Juni 1996 bundeseinheitlich 1 %, in der Zeit ab 01. Juli 1996 bundeseinheitlich 1.7 % der beitragspflichtigen Einnahmen der Mitglieder.

– §§ 55, 70 SGB XI –

Beitragssatzstabilität

Mit dem Pflegeversicherungsgesetz wurden auch stabilitätspolitische Ziele verfolgt. So wurde der im einzelnen umstrittene Grundsatz der Beitragssatzstabilität ins Gesetz geschrieben. Danach haben die Pflegekassen sicherzustellen, daß ihre Leistungsausgaben die Beitragseinnahmen nicht überschreiten. Vereinbarungen über die Höhe von Vergütungen,

B – Lexikon

die dem Grundsatz der Beitragssatzstabilität widersprechen, sollen unwirksam sein. Da die Leistungen der Pflegeversicherung von der Konzeption her nur Zuschüsse zu den leistungsgerechten Entgelten darstellen, vermögen die Regelungen zur Beitragssatzstabilität nicht recht zu überzeugen.

– § 70 SGB XI –

Beratung

Die Pflegekasse hat die Versicherten und ihre Angehörigen in allen mit der Pflegebedürftigkeit zusammenhängenden Fragen, insbesondere über die Leistungen der Pflegekassen sowie über die Leistungen und Hilfen anderer Sozialleistungsträger, zu unterrichten und zu beraten. Eine ähnliche Verpflichtung obliegt dem Sozialhilfeträger gemäß § 8 BSHG.

– § 7 SGB XI –

Betriebskostenzuschüsse

Betriebskostenzuschüsse, die zu den laufenden Aufwendungen einer Pflegeeinrichtung gewährt werden, sind von der Pflegevergütung abzuziehen. Damit werden Landes- und kommunale Zuschüsse zu den Personalkosten im für die Pflegeversicherung relevanten Leistungsbereich mit der Pflegeversicherung abgebaut (werden). Die Anrechnung der Betriebskostenzuschüsse stellt ein Mittel dar, die Wettbewerbsneutralität des Pflegeversicherungsgesetzes zu gewährleisten.

– § 82 Abs. 5 SGB XI –

Buchführungsverordnung

Die Bundesregierung ist ermächtigt, Rechnungs- und Buchführungsvorschriften für die Pflegeeinrichtungen zu erlassen. Dies geschah durch die sog. 'Pflegebuchführungsverordnung'.

– § 83 Abs. 1 Ziff. 3 SGB XI ; PflegebuchfVO–

Bundesverbände der Pflegekassen

Die Aufgaben der Bundesverbände der Pflegekassen werden durch die Bundesverbände der Krankenkassen sowie die Verbände der Ersatzkassen wahrgenommen (zu den Aufgaben vgl. § 217 SGB V). Ihnen sind im SGB XI die Aufgaben des Erlasses von Pflegebedürftigkeitsrichtlinien, § 17 SGB XI, übertragen.

– § 53 SGB XI –

Bundesversicherungsamt

Das Bundesversicherungsamt führt den Finanzausgleich zwischen den Pflegekassen durch, dabei findet ein Monats- und ein Jahresausgleich statt.

– § 66 Abs. 1 S. 1 SGB XI –

Datenschutz

Das SGB XI enthält bereichsspezifische Datenschutzregelungen, die dem Standard des Sozialdatenschutzes im SGB XI entsprechen. Besondere Datenschutzregelungen bestehen für den Medizinischen Dienst, für den ein strenger Zweckbindungsgrundsatz niedergelegt wurde. Wegen der besonderen organisatorischen Konstellation zwischen Pflege- und Krankenkassen, § 46 Abs. 1 SGB XI, ist eine Ermächtigung eingeräumt worden, daß diese Kassen bestimmte Daten gemeinsam verarbeiten und nutzen können, § 96 SGB XI.

Datenschutzprobleme besonderer Art ergeben sich bei der Einschaltung von Pflegediensten gemäß § 37 Abs. 3 SGB XI (Pflege-TÜV). Hier wurde durch das 1. Änderungsgesetz eine Verpflichtung des Pflegebedürftigen niedergelegt, daß er der Weiterleitung der Daten durch den medizinischen Dienst an die Pflegekasse, soweit dies erforderlich ist und dem Grundsatz der Verhältnismäßigkeit entspricht, zustimmen muß, wenn er weiterhin Pflegegeld erhalten will.

– §§ 37 Abs. 3, 93 ff. SGB XI –

Dynamisierung der Leistungen

Die Höhe der Leistungen muß sich an den Rahmen des geltenden Beitragssatzes und der sich daraus ergebenden Einnahmenentwicklung anpassen. Vergütungsverträge, die den Grundsatz der Beitragsstabilität nicht berücksichtigen, sind gemäß § 70 Abs. 2 SGB XI nichtig.

– § 30 SGB XI –

Eigenleistung

Der Versicherte muß den von der Pflegeversicherung nicht gedeckten Pflege- und Betreuungsbedarf der ambulanten Pflege in der Regel selbst sicherstellen. Bei der Beschaffung von Pflegehilfsmitteln sind Zuzahlungen erforderlich. Bei vollstationärer Pflege übernimmt die Pflegekasse die pflegebedingten Anwendungen nur bis zu dem festgelegten Betrag von DM 2 800,– (DM 2 500,– im Jahresmittel der jeweiligen Pflegekasse). Ist

E – Lexikon

der Versicherte nicht in der Lage, die Eigenleistungen aus den eigenen Mitteln zu erbringen, müssen Unterhaltsverpflichtete für ihn eintreten, ersatzweise der Sozialhilfeträger.

– § 4 SGB XI –

Eingliederungshilfe

Die Leistungen der Eingliederungshilfe bleiben gemäß §§ 39 ff. BSHG grundsätzlich von denen der Pflegeversicherung unberührt. Wurden jedoch bisher im Rahmen der Eingliederungshilfe Pflegeleistungen für pflegebedürftige Behinderte erbracht, so ist der Versicherte verpflichtet, die Pflegeleistungen durch die Pflegeversicherung in Anspruch zu nehmen. Der fachliche Grundsatz „Reha vor Pflege" wird durch die gesetzliche Subsidiarität der Sozialhilfeleistungen gegenüber den Versicherungsleistungen durchbrochen. Neben den Pflegeleistungen nach dem SGB XI sind weiterhin Leistungen der sozialen Eingliederungshilfe gemäß §§ 39, 40 BSHG möglich. Sie dienen insbesondere der sozialen Betreuung von behinderten Menschen, auch von hochbetagten Behinderten. Treffen Pflegeleistungen mit Leistungen der Eingliederungshilfe zusammen, sollen die Pflegekassen und die Sozialhilfeträger Kostenteilungsabkommen schließen. Auch in vollstationären Pflegeeinrichtungen kommen sogenannte „Zusatzleistungen Eingliederungshilfe" gemäß §§ 39, 49 BSHG in Betracht, um den spezifischen Eingliederungshilfebedarf von Pflegebedürftigenheimen zu befriedigen.

Großen Bedenken begegnet die Praxis, Einrichtungen, die als Einrichtungen der Eingliederungshilfe geführt wurden, in Pflegeeinrichtungen umzuwandeln, um die Sozialhilfeträger zu entlasten. Insbesondere damit tatsächlich verbundene Umsiedlungsaktionen von Heimbewohnern, die, der Finanzierungslogik folgend, aus ihren bisherigen sozialen Zusammenhängen „gerissen" werden, lassen sich in der Regel nicht mit § 2 Abs. 1 HeimG vereinbaren. Im SGB XI bestehende Optionen für eine flexible Finanzierung, die zum einen sowohl vollstationäre Pflege im Sinne des § 43 SGB XI als auch Eingliederungshilfe gem. § 40 BSHG zuläßt, werden in der Praxis nur selten genutzt, obwohl sie möglich wären.

– § 13 Abs. 4 SGB XI –

Einzelpersonen

Zur Gewährung häuslicher Pflege und zur hauswirtschaftlichen Versorgung können die Pflegekassen auch Verträge mit geeigneten einzelnen Pflegekräften abschließen. Der Abschluß der Verträge steht im Ermessen der Pflegekassen. Hinsichtlich der Qualität der Pflegeleistungen gelten für die einzelnen Pflegepersonen grundsätzlich die gleichen Anforderungen wie für Pflegedienste (hinsichtlich Prozeß- und Ergebnisqualität). Ein eigenes Beschäftigungsverhältnis zwischen Pflegebedürftigen und Pflegekraft darf jedoch nicht eingegangen werden, Ausnahme: Assistenzmodelle mit Bestandsschutz.

– §§ 36, 77 SGB XI –

Entgelterhöhung

In vollstationären Einrichtungen, aber auch in ambulanten Pflegediensten werden die Entgelte für die von den Pflegebedürftigen in Anspruch genommenen Dienstleistungen in den Pflegesatzvereinbarungen und Versorgungsverträgen zwischen Einrichtungsträger und Pflegekassen festgelegt. Sie gelten über den jeweiligen Pflege- bzw. Heimvertrag unmittelbar auch gegen den Pflegebedürftigen. Entgelterhöhungen bezüglich der allgemeinen Pflegeaufwendungen folgen streng akzessorisch dem Pflegeversicherungsrecht. Dies gilt nicht für Investitionskosten im Heimbereich. Hier folgen die Entgelterhöhungsverfahren nicht dem § 4 e HeimG, sondern den Regelungen des § 4 c HeimG. Die Rechtsprechung verlangt bei den Erhöhungsverfahren gem. § 4 c HeimG vom Heimträger eine dezidierte Darlegung der zur Erhöhung berechtigenden Faktoren. Allgemeine Verweise auf Kostensteigerungen, Tarifabschlüsse etc. reichen nicht und berechtigen Heimbewohner und ihre Erben ggf. zu Rückforderungen.

– §§ 4 c, 4 e HeimG –

Fachkraft

§ 71 SGB XI legt nunmehr fest, wer als ausgebildete Pflegefachkraft i. S. des SGB XI zu gelten hat: Hierunter fallen grundsätzlich nur Krankenschwestern, Krankenpfleger sowie AltenpflegerInnen mit Berufserfahrung und Weiterbildung. Bei ambulanten Pflegeeinrichtungen, die überwiegend behinderte Menschen pflegen und betreuen, gelten jedoch auch nach Landesrecht ausgebildete Heilerziehungspflegerinnen und Heilerziehungspfleger sowie Heilerzieherinnen und Heilerzieher als ausgebildete Pflegefachkraft, § 71 Abs. 3 SGB XI.

– § 71 SGB XI –

Familienversicherung

Für unterhaltsberechtigte Familienangehörige (Ehepartner, Kinder) besteht unter den gleichen Voraussetzungen Anspruch auf beitragsfreie Familienversicherung, wie dies in der gesetzlichen Krankenversicherung der Fall ist.

– § 25 SGB XI –

F – Lexikon

Fehlbelegung

Mit der Pflegeversicherung ist auch beabsichtigt, Fehlbelegungen im Krankenhausbereich abzubauen. So sind nach dem neu eingefügten § 17 a) KHG die Krankenhausträger verpflichtet, sicherzustellen, daß keine Patienten in das Krankenhaus aufgenommen werden oder dort verbleiben, die nicht oder nicht mehr der stationären Krankenhausbehandlung bedürfen. Nicht mehr benötigte Krankenhausplätze sollen in Pflegeeinrichtungen umgewidmet werden, § 6 Abs. 3 KHG. Diese müssen jedoch den Voraussetzungen des Heimgesetzes genügen. Überdies muß sichergestellt werden, daß die krankenhausbehandlungsbedürftigen Patienten auch weiterhin ihren Anspruch auf Krankenhausbehandlung realisieren können. Nicht selten werden Alterspatienten aus den Krankenhäusern entlassen, ohne daß die Rehabilitation etwa abgeschlossen oder überhaupt erst begonnen wurde.

– § 17 a) KHG –

Finanzausgleich

Zwischen allen Pflegekassen findet ein Finanzausgleich statt, den das Bundesversicherungsamt durchführt. Pflegekassen, die Überschüsse aus den Beitragseinnahmen aufweisen, haben diese in einen Ausgleichsfonds einzuzahlen. Die Problematik des Finanzausgleichs liegt u. a. darin, daß die Krankenkassen für den Ausbau der Rehabilitation nicht belohnt werden, da die Einsparungen ihrer Pflegekassen sich nicht auszahlen, sondern als Überschüsse in den Finanzausgleich eingebracht werden müssen.

– § 66 SGB XI –

Gebührenordnung

Das Bundesministerium für Arbeit und Sozialordnung kann eine allgemein verbindliche Gebührenordnung für die Vergütung der ambulanten Pflegeleistungen erlassen. Eine solche Gebührenordnung hätte Vorrang vor den Pflegesatzvereinbarungen gemäß § 75 SGB XI.

– § 90 SGB XI –

Grundpflege

Die Grundpflege, fachlich richtiger: allgemeine Pflege, umfaßt Hilfeleistungen im Bereich der Körperpflege, im Bereich der Ernährung und der Mobilität. Die im Rahmen des SGB XI erbrachte Grundpflege darf sich nur auf die Verrichtungen beziehen, die in § 14 SGB XI anerkannt wurden.

– § 36 SGB XI –

Lexikon – H

Gruppenpflegesätze

Die Pflegesatzkommissionen gemäß § 85 SGB XI können einheitliche Gruppenpflegesätze für Gruppen gleichartiger oder vergleichbarer Pflegeeinrichtungen aushandeln. Dazu benötigt die Pflegesatzkommission jedoch die Zustimmung der jeweils betroffenen Pflegeheimträger.

– § 86 Abs. 2 SGB XI –

Härtefallregelungen

Liegt ein außergewöhnlich hoher Pflegeaufwand vor, der das übliche Maß der Pflegestufe III übersteigt, dann hat der Pflegebedürftige Anspruch auf Leistungen der Pflegekasse bis zu DM 3 750,– im Monat im Rahmen der häuslichen Pflege, § 36 Abs. 4 SGB XI. Im Rahmen der stationären Pflege stehen ihm bis zu DM 3 300,– monatlich zur Verfügung. Bei den sog. „Härtefällen" handelt es sich nicht um eine eigene Pflegeklasse, lediglich der Zuschuß für den Pflegebedürftigen wird erhöht. Allerdings wird die Ausnahmeregelung begrenzt auf max. 5 % der Pflegebedürftigen der Pflegestufe III, § 43 Abs. 2 a. E. Die Pflegekassen legen in Richtlinien die Voraussetzung der Härtefallregelung fest.

– §§ 36 Abs. 4, 43 Abs. 2 SGB XI –

Häusliche Krankenpflege

Die Leistungen der häuslichen Krankenpflege gemäß § 37 SGB V bleiben von der Pflegeversicherung unberührt. Erhält der Versicherte Leistungen im Rahmen der Krankenhausvermeidungspflege gemäß § 37 Abs. 1 SGB V, so ruht insoweit sein Anspruch auf Leistungen nach dem SGB XI. Leistungen der sogenannten 'Behandlungspflege" gemäß § 37 Abs. 2 SGB V werden neben den Leistungen der Pflegekasse gewährt. Durch das 2. NOG wurde zwar der Leistungsanspruch gemäß § 37 BSHG unberührt gelassen, durch auf Bundesebene abzuschließende Rahmenvereinbarungen gemäß § 132 a BSHG sollen jedoch mögliche Leistungsinhalte der häuslichen Krankenpflege zentral festgelegt und gegenüber der bisherigen Gewährungspraxis deutlich eingeschränkt werden. Durch die Rahmenverträge dürfen jedoch die Leistungsansprüche der Versicherten auf einen Leistungsstandard, der § 2 SGB V entspricht, nicht ausgehöhlt werden. Kurz vor ihrer Verabschiedung befinden sich Richtlinien gem. § 92 SGB V, in denen die Leistungen der Häuslichen Krankenpflege und ihr Umfang festgelegt werden sollen. Diese Richtlinien begegnen in ihrem Entwurfsstadium sowohl fachli-

H – Lexikon

chen als auch rechtlichen Bedenken, letzteren, da sie kaum eine zulässige Legitimation für weitgehende Leistungseinschränkungen und -begrenzungen darstellen.

– § 37 SGB V –

Häuslichkeit

Ambulante Pflege kann nur im eigenen Haushalt des Pflegebedürftigen erbracht werden. Die Spitzenverbände der Pflegekassen haben aus ihrer Sicht eine Definition der eigenen Häuslichkeit vorgenommen. Danach soll Voraussetzung sein, daß der Pflegebedürftige über eine eigene Kochmöglichkeit verfügt, eine eigene Naßzelle besitzt sowie die Möglichkeit zur selbständigen Wäscheversorgung und Zimmerreinigung hat, und zwar unabhängig davon, ob auch eine eigene Wohnung eingerichtet ist oder ob die Wohnung mit anderen im Rahmen von Küchen und Nebenraumbenutzung geteilt wird. Wenn er diese Möglichkeiten nicht nutze, müsse er frei wählen zwischen sämtlichen angebotenen Leistungen einer Einrichtung, also Pflegeleistung, hauswirtschaftliche Versorgung und Mahlzeiten. Die Definitionsproblematik ergibt sich insbesondere in dem Bereich der Altenheime. Durch die Umstellung der Verträge und Einräumung von Wahlmöglichkeiten können die von den Krankenkassen aufgestellten Anforderungen erfüllt werden. Für den Begriff der eigenen Häuslichkeit in § 37 SGB V gilt ebenfalls ein anderer Häuslichkeitsbegriff, da das Ziel der häuslichen Krankenpflege in der Krankenhausvermeidung und in der günstigen ärztlichen Versorgung und nicht in der Heimvermeidung liegt. Durch die Neufassung des § 26 Abs. 1 S. 1 SGB XI wird klargestellt, daß der Pflegebedürftige nicht nur in seinem 'eigenen Haushalt', sondern z. B. auch in einem Altenwohnheim Anspruch auf ambulante Pflege hat. Dies gilt jedoch nicht für Einrichtungen der Eingliederungshilfe gemäß § 71 Ab. 4 SGB XI.

– § 36 SGB XI, § 37 SGB V –

Häusliche Pflegehilfe

Häusliche Pflegehilfe wird durch geeignete Pflegekräfte erbracht, die entweder von der Pflegekasse (Ausnahme) oder bei ambulanten Pflegediensten angestellt sind und mit den Pflegekassen einen Versorgungsvertrag gemäß § 72 SGB XI abgeschlossen haben. Im Einzelfall können auch Einzelpersonen zugelassen werden, § 77 SGB XI.

– §§ 72, 77 SGB XI –

Haushaltshilfe

Anspruch auf Haushaltshilfe – unabhängig von den hauswirtschaftlichen Hilfen im Rahmen des § 36 SGB XI – besteht ggf. bei Abwesenheit der

Hauptpflegeperson gemäß § 38 SGB V (nur Satzungsleistung der Krankenkassen) für sozialhilfeberechtigte Personen gemäß § 11 Abs. 3 (Haus- und Putzhilfe) oder § 70 BSHG (Hilfe zur Weiterführung des Haushalts). Die Kosten für eine Haushaltshilfe können von Steuerpflichtigen als Sonderausgaben oder aber bis zu DM 1 800,– jährlich als abzugsfähige außergewöhnliche Belastung geltend gemacht werden.

– §§ 37, 38 SGB V, §§ 11, 70 BSHG, § 33 a) EStG –

Hauswirtschaftliche Versorgung

Hauswirtschaftliche Versorgung umfaßt Hilfeleistungen wie das Einkaufen, Kochen, Reinigen der Wohnung (übliche Größe), Spülen, Wechseln und Waschen der Wäsche und Kleidung sowie das Beheizen. Leistungen der hauswirtschaftlichen Versorgung sollen bei der Bedarfsstellung grundsätzlich nachgeordnet bleiben, können jedoch sowohl in Pflegestufe I als auch II dominieren, wenn die jeweiligen zeitlichen Mindestgrenzen für die Grundpflege überschritten wurden, § 15 Abs. 3 SGB XI.

– §§ 36, 14 SGB V –

HeilerziehungspflegerInnen

HeilerziehungspflegerInnen und HeilerzieherInnen gelten grundsätzlich nicht als Pflegefachkräfte i. S. des § 71 SGB XI. Eine Ausnahme besteht nur bei ambulanten Pflegediensten, die überwiegend behinderte Menschen pflegen und betreuen. Hier können HeilerziehungspflegerInnen und HeilerzieherInnen mit einer praktischen Berufserfahrung von zwei Jahren innerhalb der letzten fünf Jahre als ausgebildete Pflegefachkraft fungieren.

– § 71 SGB XI –

Heilmittel

Dem Grundsatz „Rehabilitation vor Pflege" folgend sind vor den Pflegeleistungen nach dem SGB XI die Leistungen der ambulanten Rehabilitation auszuschöpfen. Sie werden ambulant gemäß § 32 SGB V gewährt. Zu den Heilmitteln gehören Ergotherapie, Physiotherapie, Logopädie und ggf. die medizinische Fußpflege. Die Voraussetzungen der Zulassung zur Abgabe von Heilmitteln richten sich nach § 124 SGB V. Die im Einzelfall zu gewährenden Heilmittel und die mit dem Einsatz von Heilmitteln zu verfolgenden Ziele ergeben sich aus den Heilmittelrichtlinien.

– § 32 SGB V –

H – Lexikon

Heim

Der Heimbegriff i. S. des § 1 HeimG weicht von dem Einrichtungsbegriff in § 71 SGB V deutlich ab. Es ist für den Heimbegriff i. S. des Heimgesetzes nicht erforderlich, daß es sich um eine vollstationäre Pflegeeinrichtung handelt. Auch Altenheime, Altenwohnheime und ggf. Einrichtungen des betreuten Wohnens fallen unter das Heimgesetz und unterliegen damit der Heimaufsicht, wenn sie neben der Zurverfügungstellung der Wohnung auch die Gewähr für weitere Leistungen bieten (etwa Verpflegung, soziale Betreuung, Beratung).

– § 1 HeimG –

Heimaufsicht

Die Heimaufsicht bleibt auch nach Inkrafttreten des SGB XI als Qualitätssicherungsbehörde für die vollstationären Einrichtungen gemäß § 71 SGB V zuständig. Sinnvollerweise sind die Aufsichtsmaßnahmen der Heimaufsicht mit denen der Landesverbände der Pflegekassen gemäß § 80 Abs. 2 SGB XI abzustimmen. Die Aufsichtsrechte der Heimaufsicht sind weitergehend als die der Landesverbände der Pflegekassen und beziehen sich auf das gesamte Leistungsspektrum der Heime und nicht nur auf die der Pflege und hauswirtschaftlichen Versorgung.

– § 9 HeimG –

Heimgesetz

Das Heimgesetz ist ein Beratungs- und Aufsichtsgesetz für Einrichtungen der stationären Alten- und Behindertenhilfe. Es unterstellt die Heime einer weitgehenden Aufsicht. Durch die Heimgesetznovelle 1997 wurde die Erlaubnispflicht zugunsten einer Anzeigepflicht mit Verbotsvorbehalt aufgegeben. Auch wurden Kurzzeitpflegeeinrichtungen der Geltung des Heimgesetzes unterworfen. Das Heimgesetz statuiert zahlreiche Mindestanforderungen, insbesondere im baulichen Bereich, aber auch hinsichtlich der Mitwirkung der Bewohner, der Sicherung von Finanzierungsbeiträgen und der personellen Ausstattung. Das Ziel des Heimgesetzes liegt in dem Schutz der Interessen und Bedürfnisse der HeimbewohnerInnen vor Beeinträchtigungen. Die Regelungen des Heimgesetzes gehen denen des SGB XI vor. Im Zusammenhang mit der Verabschiedung des Pflegeversicherungsgesetzes wurde insbesondere vom Bundesministerium für Arbeit und Sozialordnung die Frage diskutiert, ob auch nach Geltung des SGB XI ein Heimgesetz benötigt werde. Angesichts der Parallelität der Aufgaben von Medizinischen Diensten einerseits und Heimaufsicht andererseits ist eine enge Koordination und Ko-

operation sinnvoll, wie sie auf Landesebene teilweise beschlossen wurde (Beispiel Hamburg).
– Heimgesetz –

Heim-Personal-Verordnung

Die Heim-Personal-Verordnung regelt die qualifikatorischen Anforderungen an Leitungskräfte im Heim (Heimleitung, Pflegedienstleitung) und enthält verbindliche Aussagen zum Verhältnis von Fachkräften zu anderen Pflegekräften. Zu den Fachkräften zählen nicht die KrankenpflegehelferInnen und AltenpflegehelferInnen. Das Verhältnis Fachkraft/Hilfskraft muß 50 % betragen, bezogen auf Einrichtungsteile, die eine Arbeitseinheit bilden. Der Fachkraftbegriff in der Heim-Personal-Verordnung ist ein anderer als der des § 71 SGB XI. Die Heim-Personal-Verordnung gilt auch bei anderen Personalausstattungskonzeptionen der Pflegeversicherung als vorrangiges Ordnungsrecht fort.

Eine 1998 verabschiedete Novelle eröffnet eine Angleichungsfrist für die Heime bis zum 30.09.2000, die aber nur eingeräumt werden kann, wenn dies mit den Interessen und Bedürfnissen der Heimbewohner vereinbar ist.
– Heim-Personal-Verordnung –

Heimvertrag

Die Heime sind verpflichtet, mit den BewohnerInnen Heimverträge abzuschließen. In ihnen sind die Leistungen genau zu beschreiben und die zu den einzelnen Leistungsbereichen gehörenden Entgelte auszuweisen. Der Abschluß von Heimverträgen ist auch dann von Nöten, wenn die Leistungen des Heimes überwiegend als Sachleistungen von Sozialleistungsträgern erbracht werden. Hier müssen die Leistungsinhalte und -entgelte denen der Rahmen- bzw. Versorgungsverträge entsprechen. Frei sind die Heime im Abschluß ihrer Verträge bezüglich der Investitionskosten und in Alten- und Altenwohnheimen.
– §§ 4 ff. HeimG –

Hilfsmittel

Medizinische Hilfsmittel im Sinne des § 33 SGB V werden Pflegebedürftigen im Sinne des § 14 SGB XI uneingeschränkt gewährt. Abzugrenzen von den medizinischen Hilfsmitteln sind die Pflegehilfsmittel gem. § 40 SGB XI. Zu den medizinischen Hilfsmitteln gehören Körperersatzstücke, Krankenfahrstühle, Inkontinenzunterlagen etc. Sie sind auch für Pflegebedürftige in Heimen zu gewähren. Von Heimen kann nicht verlangt werden, daß sie medizinische Hilfsmittel auf eigene Kosten bzw. über die

Pflegeversicherung finanziert vorhalten. Die Krankenkassen haben eine ausgesprochen restriktive Gewährungspraxis begonnen, der zunehmend durch sozialgerichtliche Rechtsprechung entgegengetreten wird.

Hospiz

Die Hospizarbeit sieht ihren Auftrag in der medizinischen, pflegerischen und psychosozialen Begleitung Sterbender und ihrer Angehörigen, sowohl als ambulante Hospizarbeit als auch in stationären Hospizen. Gerade die psychosoziale Betreuung findet leistungsrechtlich kaum eine Anerkennung. Eine neue leistungsrechtliche Grundlage hat durch das 2. NOG die stationäre Hospizarbeit erfahren, die nunmehr nicht mehr in analoger Anwendung des § 37 Abs. 1 SGB V, sondern auf Grundlage des § 39 a SGB V finanziert werden kann.

– § 39 a SGB V –

Investitionskosten

Die Länder sind verantwortlich für die Vorhaltung einer leistungsfähigen, zahlenmäßig ausreichenden und wirtschaftlichen pflegerischen Versorgungsstruktur und sollen zur finanziellen Förderung der Investitionskosten die Einsparungen in der Sozialhilfe nutzen, § 9 SGB XI. Im einzelnen werden landesrechtliche Regelungen erlassen, dies geschieht angesichts der Ungewissheit der Einsparungen in der Sozialhilfe jedoch noch sehr zurückhaltend. Zu den Investitionen zählen alle Maßnahmen, die dazu bestimmt und geeignet sind, die für den Betrieb der Pflegeeinrichtung notwendigen Gebäude und sonstigen abschreibungsfähigen Anlagegüter herzustellen, anzuschaffen, wiederzubeschaffen, zu ergänzen, instandzuhalten oder instandzusetzen. Investitionskosten, die nicht von den Ländern getragen werden, können bei durch die Länder geförderten Einrichtungen nach Zustimmung, bei den nichtgeförderten Einrichtungen nach Anzeige an die zuständigen Landesbehörden dem Pflegebedürftigen in Rechnung gestellt werden. Für die neuen Bundesländer regelt Art. 52 die Bereitstellung besonderer Finanzhilfen in Höhe von insgesamt DM 8.4 Milliarden.

– §§ 9, 82 f. SGB XI, Art. 52 PflVG –

Kinder

Bei Kindern ist für die Zuordnung zu einer Pflegestufe der zusätzliche Hilfebedarf gegenüber einem gesunden gleichaltrigen Kind maßgebend. Es wird davon ausgegangen, daß Kinder in dem folgenden angegebenen Alter folgende Verrichtungen eigenständig beherrschen:

Körperpflege

Waschen	–	7 Jahre
Duschen	–	12 Jahre
Baden	–	12 Jahre
Zähneputzen	–	7 Jahre
Kämmen	–	8 Jahre
Blasen– u. Darmentleerung	–	6 Jahre

Ernährung

mundgerechte Zubereitung	–	7 Jahre
Aufnahme der Nahrung	–	3 Jahre

Mobilität

Aufstehen/Zubettgehen	–	14 Jahre
An- und Auskleiden	–	6 Jahre
Stehen	–	1.5 Jahre
Gehen	–	1.75 Jahre
Treppensteigen	–	3.5 Jahre
Wiederaufsuchen der Wohnung	–	6.5 Jahre

(vgl. Begutachtungsrichtlinien)

Die pflegefachliche und -wissenschaftliche Begründung dieser „Kompetenzliste" ist stark umstritten.

– § 15 Abs. 2 SGB XI –

Körperpflege

Zu den notwendigen Verrichtungen im Bereich der Körperpflege zählen Waschen, Duschen, Baden, Zahnpflege, Kämmen, Rasieren und die Darm- und Blasenentleerung.

– § 14 SGB XI –

Kombinationsleistungen

Geld- und Sachleistungen können miteinander kombiniert werden. Nimmt der Pflegebedürftige die Sachleistung nur teilweise in Anspruch, so erhält er daneben ein anteiliges Pflegegeld. An die Kombinationswahl ist der Pflegebedürftige grundsätzlich sechs Monate gebunden.

– § 38 SGB XI –

K – Lexikon

Kombination von Geldleistung und Sachleistung
Beispiel: Pflegestufe I

Bei Bezug von Sachleistungen im Wert von

750 DM =	100 %	==>	0 %	Pflegegeld =	0 DM
675 DM =	90 %	==>	10 %	Pflegegeld =	40 DM
600 DM =	80 %	==>	20 %	Pflegegeld =	80 DM
525 DM =	70 %	==>	30 %	Pflegegeld =	120 DM
450 DM =	60 %	==>	40 %	Pflegegeld =	160 DM
375 DM =	50 %	==>	50 %	Pflegegeld =	200 DM
300 DM =	40 %	==>	60 %	Pflegegeld =	240 DM
225 DM =	30 %	==>	70 %	Pflegegeld =	280 DM
150 DM =	20 %	==>	80 %	Pflegegeld =	320 DM
70 DM =	10 %	==>	90 %	Pflegegeld =	360 DM
0 DM =	0 %	==>	100 %	Pflegegeld =	400 DM

Kommunen

Die Kommunen werden im SGB XI nur an wenigen Stellen genannt, so etwa in § 8 Abs. 2 SGB XI, wo es um die gemeinsame Verantwortung für eine leistungsfähige, regional gegliederte und ortsnahe sowie aufeinander abgestimmte pflegerische Versorgung der Bevölkerung geht. In den Landespflegegesetzen werden den Kommunen jedoch weitergehende Aufgaben vom Land gewissermaßen heruntergelegiert, so die Investitionsförderung. Den Kommunen kommen darüber hinaus marktergänzende und regulative Aufgaben zu, etwa in der Unterstützung lokaler Pflegekonferenzen, bei der Beteiligung an Qualitätssicherungsmaßnahmen, der Unterstützung und gezielten Investitionen in komplementäre und innovative Angebote sowie die Förderung bürgerschaftlichen Engagements i. S. einer neuen Kultur der Hilfe.

– § 8 SGB XI –

Kommunikation

Kommunikative Bedürfnisse der Pflegebedürftigen sind bei der Leistungserbringung zu berücksichtigen, werden jedoch bei der Feststellung des Pflegebedarfs nicht besonders gewichtet. Die kommunikativen Bedürfnisse sind jedoch bei der Feststellung der Pflegebedürftigkeit im Rahmen der §§ 69 ff. BSHG (andere Verrichtungen) sowie bei der Eingliederungshilfe für den Umfang der Leistungsgewährung relevant.

– § 28 Abs. 4 SGB XI –

Kostenerstattungsanspruch

Hat die zugelassene Pflegeeinrichtung keine Vergütungsvereinbarung mit den Pflegekassen abgeschlossen, dann haben die Pflegebedürftigen nur einen eingeschränkten Kostenerstattungsanspruch (80 % der maßgeblichen Pflegeleistung) gegenüber der Pflegekasse. Nehmen die Einrichtungen am Kostenerstattungsverfahren teil, so haben sie dennoch Versorgungsverträge gemäß § 72 SGB XI abzuschließen.

– § 91 SGB XI –

Krankenkassenbeiträge für Pflegepersonen

Im Rahmen der Leistungen zur sozialen Sicherung der Pflegepersonen werden Krankenkassenbeiträge nicht übernommen.

– § 44 SGB XI –

Krankenkassenleistungen

Die Krankenkassenleistungen im Rahmen der Krankenbehandlung gehen denen des SGB XI vor. Dies gilt insbesondere für die Leistungen der ärztlichen Heilbehandlung, ärztliche Assistenztätigkeiten (Behandlungspflege), Hilfsmittel, Rehabilitation und Prävention.

Auch in Heimen haben Heimbewohner grundsätzlich Anspruch auf Krankenkassenleistungen. Dies gilt allemal für die ärztliche Behandlung, aber auch für die Gewährung von Heil- und Hilfsmitteln. Ein Anspruch auf Leistungen der medizinischen Behandlungspflege durch Pflegekräfte ist bis zum 31.12.99 in die allgemeinen Pflegeleistungen gem. § 43 SGB XI integriert.

– § 13 SGB XI –

Krankheit

Die Pflegebedürftigkeit muß als Ursache eine körperliche, seelische oder geistige Krankheit oder Behinderung haben (siehe Behinderung). Pflegebedürftigkeit ist damit krankheits- oder behinderungsbedingt. Die Definition macht deutlich, daß Leistungen im Rahmen des Krankenkassenrechts nicht ausgeschlossen sind als Leistungen neben dem SGB XI.

– § 14 SGB XI –

Kultur der Hilfe

In § 8 Abs. 2 SGB XI werden alle an der Umsetzung des Pflegeversicherungsgesetzes Beteiligten „aufgerufen", auf eine neue Kultur der Hilfe hinzuwirken. Damit ist sowohl die Würdigung unterschiedlichster Formen gegenseitiger Hilfe gemeint als auch die öffentliche Wertschätzung und Förderung sozialer Unterstützungsformen.

– § 8 Abs. 2 SGB XI –

Kurzzeitpflege

In Situationen, in denen weder häusliche Pflege noch teilstationäre Pflege möglich ist, hat die pflegebedürftige Person Anspruch auf Leistungen im Rahmen der Kurzzeitpflege. Der Anspruch auf Kurzzeitpflege ist auf vier Wochen pro Kalenderjahr beschränkt. Die Aufwendungen der Pflegekasse für Kurzzeitpflege dürfen DM 2 800,– pro Kalenderjahr nicht übersteigen. Umstritten ist die Frage, ob in den DM 2 800,– die Hotelkosten einbezogen sind oder nicht.

– § 42 SGB XI –

Landesmittel

Die Länder tragen im Rahmen der Landespflegegesetze die Investitionskosten für die Einrichtungen. Die pflegebedürftigen Personen, aber auch die Sozialhilfeträger sollen auf diese Weise von den Investitionskosten entlastet werden.

– § 9 SGB XI –

Landesverbände der Pflegekassen

Die Aufgaben der Landesverbände der Pflegekassen werden von den Landesverbänden der Ortskrankenkassen, der Betriebskrankenkassen und der Innungskassen sowie den Verbänden der Ersatzkassen wahrgenommen. Die Landesverbände der Pflegekassen sind zuständig für den Abschluß der Rahmenverträge gemäß § 75 SGB XI, sie bilden gemeinsam mit den Vereinigungen der Träger der Pflegeeinrichtungen eine Schiedsstelle, § 76 SGB XI, und können Qualitätssicherungsmaßnahmen und Prüfungen durch die medizinischen Dienste veranlassen.

– § 80 Abs. 2 SGB XI –

Landespflegeausschüsse

Auf Landesebene werden Landespflegeausschüsse gebildet, die in Fragen der Finanzierung und des Betriebs von Pflegeeinrichtungen beraten. Der Ausschuß kann einvernehmlich Empfehlungen abgeben, insbesondere zum Aufbau und zur Weiterentwicklung eines regional und fachlich gegliederten Versorgungssystems einander ergänzender Pflegedienste und Pflegeheime.

– § 92 SGB XI –

Landespflegegesetze

Die Länder sind ermächtigt, zur Regelung der Investitionskostenzuschüsse Landespflegegesetze zu erlassen. Diese regeln in recht unterschiedlicher Weise die Investitionsförderung, teilweise 100 %, teilweise 60 %, teilweise Delegation an die Kommunen; überall werden Investitionskostenförderungen an Bedarfspläne (s. Pflegeheimverzeichnis) geknüpft. Einige Bundesländer sehen ein Pflegewohngeld vor – eine »Subjektförderung«.

– § 9 SGB XI, Landespflegegesetze –

Leistungsart

Die Leistungen der Pflegeversicherung werden gewährt als Dienstleistungen, Sachleistungen, Geldleistungen und Kostenerstattung für den Bedarf an Grundpflege und hauswirtschaftlicher Versorgung.

– § 4 SGB XI –

Leistungsgerechte Entgelte

Die Pflegekassen sind verpflichtet, leistungsgerechte Entgelte für die Pflegedienste und Einrichtungen zu zahlen. Sie müssen den Einrichtungen und Diensten bei wirtschaftlicher Betriebsführung ermöglichen, ihren Versorgungsauftrag zu erfüllen.

Bis Ende 1998 wurden nirgendwo in der Bundesrepublik leistungsgerechte Entgelte ausgehandelt. Insofern ist von einem „dilatorischen" Umgang mit den Vorgaben des SGB XI zu sprechen.

– § 84 SGB XI –

Leistungskomplexe

Die Rahmenverträge gemäß § 75 SGB XI sehen zum Teil Leistungskomplexe vor, die Tätigkeiten beinhalten, die nach allgemeiner Lebenspraxis oder nach fachlichem Standard miteinander verbunden sind, z. B. große Toilette, kleine Toilette. Sie bilden damit auch die Grundlage für die Abrechnung ambulanter Pflegeleistungen. Als Alternative bieten sich einzelleistungsbezogene Vergütungen auf der Grundlage von Gebührenordnungen an.

Sowohl die sog. „Module" als auch eine einzelleistungsbezogene Vergütung folgt dem Vergütungskonzept des Kassenarztrechts. Es führt im Bereich der Pflege dazu, daß vielfach die individuellen Bedarfskonstellationen, die sich aus dem jeweils lebensweltlich geprägten Pflegearrangement ergeben, nicht hinreichend berücksichtigt werden können.

– §§ 75, 89 SGB XI –

L – Lexikon

Leistungsverträge

Ab dem 01.01.1999 sind die Einrichtungen, die sozialhilfeberechtigte Personen aufnehmen, verpflichtet, Leistungs-, Vergütungs- und Qualitätsvereinbarungen gem. § 93 BSHG abzuschließen, in denen dezidiert Leistungsinhalte und deren Qualität zu beschreiben sind. Dies gilt etwa für Einrichtungen, die Pflegebedürftige der Pflegestufe 0 aufnehmen, die ergänzende Leistungen der Eingliederungshilfe abgeben sowie für den Bereich der Hotelkosten.

– § 93 BSHG –

Medizinischer Dienst (MDK)

Der Medizinische Dienst der Krankenkassen (vormals vertrauensärztlicher Dienst) führt die Erstuntersuchung des Hilfesuchenden durch. Er prüft, ob und in welchem Umfang Maßnahmen zur Beseitigung, Minderung oder Verhütung einer Verschlimmerung der Pflegebedürftigkeit einschließlich der medizinischen Rehabilitation geeignet und zumutbar sind. Der Medizinische Dienst stuft den Pflegebedürftigen in eine der Pflegestufen ein und empfiehlt einen Pflegeplan. Die Feststellung der Möglichkeiten der medizinischen Rehabilitation, die Krankheits- und Behinderungsbedingtheit der Pflegebedürftigkeit sowie die Notwendigkeit des Einsatzes medizinischer Hilfsmittel beurteilen Ärzte, die Feststellung der Pflegebedürftigkeit liegt in den Händen von Fachpflegekräften, ggf. sind Sozialarbeiter für besondere psychosoziale Aspekte der Pflegebedürftigkeit heranzuziehen. Der Medizinische Dienst hat sich bei Inanspruchnahme von Pflegegeld auch mit der Frage auseinanderzusetzen, ob die Pflege durch Pflegepersonen sichergestellt wird. Die Landesverbände der Pflegekassen können den MDK mit Prüfungen der Pflegeeinrichtungen beauftragen, § 80 Abs. 2 SGB XI.

§ 10 SGB XI	... Ausschuß für Fragen der Pflegeversicherung beim BMA: **Einbindung des MDS**
§ 12 SGB XI	... Bildung regionaler Arbeitsgemeinschaften: **Fakultative Beteiligung der MDK**
§ 17 SGB XI	... beschließen Richtlinien für die Merkmale der Pflegebedürftigkeit, der Pflegestufen und zum Verfahren der Feststellung der Pflegebedürftigkeit: **Beteiligung des MDS**
§ 18 SGB XI	... Verfahren zur Feststellung der Pflegebedürftigkeit: **Prüfung durch die MDK**

§ 40 Abs. 1 SGB XI	... überprüfen die Notwendigkeit der Versorgung mit den beantragten Pflegehilfsmitteln: **unter Beteiligung der MDK**
§ 72 SGB XI	... Zulassung zur Pflege durch Versorgungsvertrag: **Beratung der Pflegekassen**
§ 75 Abs. 1 SGB XI	... Rahmenverträge über die pflegerische Versorgung: **Beteiligung der MDK**
§ 75 Abs. 5 SGB XI	... Empfehlungen zum Inhalt der Verträge nach § 75 Abs. 1: **Beteiligung des MDS**
§ 80 Abs. 1 SGB XI	... einheitliche Grundsätze und Maßstäbe für die Qualität und Qualitätssicherung: **Zusammenarbeit mit dem MDS**
§ 80 Abs. 2 SGB XI	... Prüfung der Pflegequalität aller Pflegedienste im Auftrag der Landesverbände der Pflegekassen: **Durchführung durch die MDK**
§ 92 Abs. 2 SGB XI	... Zusammensetzung des Landespflegeausschusses: **Mitberatung durch die MDK**
§ 109 SGB XI	... Pflegestatistiken: **Auskunftsverpflichtung der MDK**

– §§ 18, 80 SGB XI –

Medizinischer Dienst der Spitzenverbände (MDS)

Der Medizinische Dienst der Spitzenverbände der Krankenkassen bildet gewissermaßen den Bundesverband der MDKs und hat auch Aufgaben der Sicherstellung einer einheitlichen Begutachtungspraxis, der Fortbildung, der Beratung der Kranken- und Pflegekassen. Er ist beteiligt an der Aufstellung der Maßstäbe und Grundsätze zur Qualität gem. § 80 Abs.1 SGB XI.

– § 275 SGB V –

Menschenwürde

Die Leistungen der Pflegeversicherung sollen den Pflegebedürftigen helfen, ein Leben zu führen, das der Würde des Menschen entspricht. Die Pflegeeinrichtungen haben eine humane Pflege zu gewährleisten, § 11 Abs. 1 S. 2 SGB XI. Eine die Würde des Pflegebedürftigen achtende und herstellende Pflege, die die Individualität der pflegebedürftigen Menschen beachtet, ihnen ermöglicht, soweit wie möglich sozial integriert zu leben und die Privatsphäre und Intimitätsbedürfnisse respektiert, wird zur zentralen Zielorientierung der Pflegeleistungen nach dem Pflegeversicherungsgesetz. Für die Beurteilung der Qualität der Pflege ist die Beachtung der Menschenwürde in der alltäglichen Pflege von eminenter Bedeutung.

– § 2 Abs. 1 SGB XI –

Mitwirkungspflicht

Die pflegebedürftigen Personen sind verpflichtet, sich an Maßnahmen der medizinischen Rehabilitation und aktivierenden Pflege zu beteiligen, um die Pflegebedürftigkeit zu überwinden, zu mindern oder eine Verschlimmerung zu verhindern, § 6 Abs. 2 SGB XI. Eine allgemeine Pflicht zur Aktivierung kann aus dieser Mitwirkungspflicht jedoch nicht abgeleitet werden, da neben dem Grundsatz der Förderung der Selbständigkeit auch die Selbstbestimmung zu achten ist, die den Pflegebedürftigen auch das Recht einräumt, ihr Leben angesichts der Pflegebedürftigkeit so zu gestalten, wie sie es wünschen. Auch gerät der Rehabilitations- und Aktivierungsanspruch angesichts von Sterbeprozessen an seine Grenzen. Eine Mitwirkungspflicht im Antragsverfahren ergibt sich aus §§ 60 ff. SGB I (Angabe von Tatsachen, Bereitschaft, sich untersuchen zu lassen). Die Mitwirkungspflicht gemäß §§ 60 ff. SGB I erstreckt sich nicht auf die Verpflichtung, den Pflegedienst bei einem Einsatz gemäß § 37 Abs. 3 SGB XI zu gestatten, die Pflegekassen über die Ergebnisse des Pflegeeinsatzes zu unterrichten.

– § 6 Abs. 2 SGB XI, §§ 60 ff. SGB I –

Mobilität

Die notwendigen Verrichtungen im Bereich der Mobilität sind das selbständige Aufstehen und Zubettgehen, An- und Auskleiden, Gehen, Stehen, Treppensteigen und das Verlassen und Wiederaufsuchen der Wohnung.

Die physiologisch gebotene Mobilität und die Mobilität etwa bei Demenzkranken, die nicht „verrichtungsbezogen" ist, wird im Rahmen der Pflegebedürftigkeitsfeststellung nach dem SGB XI nicht berücksichtigt. Gerade hieran entzündet sich berechtigte Kritik am Pflegebedürftigkeitsbegriff.

– § 14 SGB XI –

Nachrang

Die Leistungen der Pflegeversicherung sind subsidiär gegenüber den Pflegeleistungen im Entschädigungsrecht (BVG, Unfallversicherung) und im Krankenkassenrecht (häusliche Krankenpflege).

Das Nachrang-Prizip im BSHG begründet die Subsidiarität der Sozialhilfe gegenüber anderen Sozialleistungen, Selbsthilfemöglichkeiten des Hilfeempfängers, Unterhaltsverpflichtungen von Angehörigen und dem Einsatz der eigenen Arbeitskraft.

– § 13 SGB XI, § 2 BSH –

Nachtpflege

Nachtpflege wird gewährt bei kurzfristiger Verschlimmerung der Pflegebedürftigkeit, zum Zweck der Entlastung der Pflegeperson oder bei besonderem Bedarf an Maßnahmen zur Rehabilitation, die im häuslichen Bereich nicht möglich sind. Die Nachtpflege gehört zu den teilstationären Leistungen des SGB XI.

– § 41 SGB XI –

Öffentliche Träger

Die Pflegekassen sollen Versorgungsverträge vorrangig mit frei gemeinnützigen und privaten Trägern abschließen, § 72 Abs. 3 S. 2 SGB XI. Öffentliche Träger dürfen nur nachrangig oder bei nichtgedecktem Bedarf in die Leistungserbringung nach dem SGB XI herangezogen werden. Als öffentliche Träger gelten Einrichtungen der Kommunen, des Landes, des Bundes. Werden kommunale Einrichtungen jedoch in der Rechtsform eines gemeinnützigen Vereins betrieben oder einer GmbH, so zählen sie ebenfalls zu den frei gemeinnützigen Trägern. Der Gesetzgeber hat allein auf die Rechtsform, nicht auf die hinter den Trägern stehenden Gesellschafter o.ä. abgestellt.

– § 72 Abs. 3 S. 2 SGB X –

Pflegebedürftigkeit

Pflegebedürftig i. S. des SGB XI ist, wer aufgrund einer Krankheit und/oder Behinderung Hilfe bei den regelmäßig wiederkehrenden Verrichtungen des täglichen Lebens benötigt. Nach dem SGB XI erhalten alle Personen Leistungen, die einen erheblichen Pflegebedarf haben. Die Pflegebedürftigkeit wird in drei Stufen unterteilt, maßgeblich für die Zuordnung ist der im Einzelfall erforderliche Hilfebedarf und die Häufigkeit der benötigten Hilfen. Für die nicht erheblich pflegebedürftigen Personen tritt ggf. der Sozialhilfeträger ein. Es wird bei der Feststellung der Pflegebedürftigkeit nicht der gesamte Pflegebedarf, sondern nur der im SGB XI anerkannte

P – Lexikon

berücksichtigt. Die Pflegebedürftigkeitsfeststellung im Rahmen des SGB XI ist für die Sozialhilfeträger bindend. (Siehe Abb. auf Seite 17 und auf Seite 34.)

– § 14 SGB XI –

Pflegebedürftigkeitsrichtlinien

Die Spitzenverbände der Pflegekassen haben gemäß § 17 SGB XI das Recht, Pflegebedürftigkeitsrichtlinien zu erlassen. Derzeit gelten die Pflegebedürftigkeitsrichtlinien vom 06.09.1994. In ihnen wird im einzelnen festgelegt, wie die Feststellung der Pflegebedürftigkeit zu erfolgen hat, welche regelmäßig wiederkehrenden Verrichtungen im Ablauf des täglichen Lebens bei der Feststellung der Pflegebedürftigkeit zu berücksichtigen sind, wie groß der durchschnittliche Zeitaufwand für die Pflege je Pflegestufe beschaffen sein muß und wie das Verfahren der Feststellung durchzuführen ist. Bei den Richtlinien handelt es sich um sogenanntes 'Binnenrecht', das der sozialgerichtlichen Kontrolle unterliegt. Entsprechend hat das Bundessozialgericht die Richtlinien gemäß § 53 SGB V (Schwerpflegebedürftigkeit) seinerzeit in Teilen für rechtswidrig erklärt.

– § 17 SGB XI i. V. m. § 213 SGB V –

Pflegeberatung

Das SGB XI enthält an vielen Stellen Verpflichtungen zum Angebot von Pflegeberatung. Adressaten der Verpflichtung sind einerseits die Pflegekassen gemäß § 7 sowie § 72 Abs. 3 SGB XI. Darüber hinaus obliegt den Pflegediensten im Rahmen ihrer Dienstleistungserbringung und bei Durchführung der Pflegepflichteinsätze gemäß § 37 Abs. 3 SGB XI eine Beratungspflicht. Auch den Medizinischen Diensten der Krankenversicherung obliegt ein Beratungsauftrag bei der Feststellung der Pflegebedürftigkeit und der Aufstellung eines Pflegeplanes gemäß § 18 SGB XI. Schließlich sind Adressaten einer Pflegeberatungspflicht die Sozialämter im Rahmen ihrer Aufgaben gemäß § 37 SGB V. Kommunale und freie gemeinnützige Beratungsstellen übernehmen darüber hinaus Beratungsaufgaben im Zusammenhang mit Pflegebedürftigkeit ebenso wie Angehörigenberatungsstellen. Angesichts dieser unterschiedlichen Adressaten von Pflegeberatungsverpflichtungen ist eine Koordination und Kooperation dringend erforderlich aber leider keineswegs gewährleistet.

– §§ 7, 18, 37 Abs. 3, 72 Abs. 3 SGB XI, §§ 8, 68, 75 BSHG –

Pflegedienste

Pflegedienste sind ambulante Pflegeeinrichtungen. Sie müssen selbständig wirtschaftende Einrichtungen sein, unter ständiger Verantwortung einer ausgebildeten Pflegekraft stehen und Pflegebedürftige in ihrer Wohnung pflegen und hauswirtschaftlich versorgen. Nähere Angaben zur „Strukturqualität" der Pflegedienste enthalten die Vereinbarungen zu § 80 SGB XI (Maßstäbe der Qualität) und die Rahmenvereinbarungen gemäß § 75 SGB XI.

– § 71 SGB XI –

Pflegedokumentation

Pflegedienste und -einrichtungen sind verpflichtet, eine Pflegedokumentation zu führen. Die Verpflichtung zur Führung einer Pflegedokumentation wird einerseits in den Maßstäben zur Qualitätssicherung gemäß § 80 Abs. 1 SGB XI sowie in den Rahmenvereinbarungen gemäß § 75 SGB XI niedergelegt. Sie ergibt sich darüber hinaus aus § 85 Abs. 3 SGB XI.

– § 80 Abs. 1 SGB XI, § 85 Abs. 3 SGB XI –

Pflegeeinsätze

Die Pflegesachleistungen werden in Pflegeeinsätzen gewährt. Eine Anzahl von Pflegeeinsätzen je Pflegestufe ist im Gesetz nicht festgelegt. Das Gesetz bestimmt nur den maximalen Geldwert der Pflegesachleistungen: Pflegestufe I bis zu DM 750,–; Pflegestufe II bis zu DM 1 800,–; Pflegestufe III bis zu DM 2 800,– (in Härtefällen bis zu DM 3 750,–), § 36 SGB XI.

Bei Bezug von Pflegegeld sind die pflegebedürftigen Personen verpflichtet, in der Pflegestufe I und II halbjährlich, bei Pflegestufe III vierteljährlich einen Pflegeeinsatz eines Pflegedienstes ihrer Wahl abzurufen, der sie hinsichtlich der Durchführung und Sicherstellung der Pflege beraten soll, § 37 Abs. 2 SGB XI.

– §§ 36, 37 Abs. 3 SGB XI –

Pflegefachkraft

In den Pflegeeinrichtungen muß die ständige Verantwortung einer Pflegekraft sichergestellt sein. Als Pflegefachkraft kommen in Betracht: Krankenschwestern/-pfleger und AltenpflegerInnen; HeilerziehungspflegerInnen und HeilerzieherInnen nur in ambulanten Diensten, die überwiegend behinderte Menschen pflegen und betreuen. Die verantwortliche Pflegefachkraft muß neben ihrem Berufsabschluß Berufserfahrung vorweisen können sowie eine Weiterbildung für Aufgaben, für die sie Verantwortung trägt: Anleitung der anderen Pflegekräfte, Pflegekonzeption, Pflegeplanung, Anamnese und –aufsicht, Anleitung von nicht professionellen Pflegekräften, Qualitätssicherung in der Pflege. Die Anforderungen an eine verantwortliche Pflegefachkraft werden im einzelnen in den Maßstäben gemäß § 80 Abs. 1 SGB XI sowie in den Rahmenverträgen gemäß § 75 SGB XI niedergelegt.

– § 71 SGB XI –

„Pflegefall"

Erstmals durch das Pflegeversicherungsgesetz ist der Begriff „Pflegefall" zum Rechtsbegriff geworden: In § 6 Abs. 3 KHG heißt es, daß durch die Krankenhausplanung das Ziel verfolgt werden soll, die Krankenhäuser von Pflegefällen zu entlasten. Der Begriff „Pflegefall" ist fachlich überholt, entspricht nicht den Grundsätzen des SGB XI (Reha und Prävention vor Pflege) und sollte aus dem Sprachgebrauch in der Behinderten- und Altenpflege gestrichen werden. Bei den sogenannten „Pflegefällen" i. S. des § 6 Abs. 3 KHG handelt es sich um Patienten, die nicht mehr krankenhausbehandlungsbedürftig sind, aber ggf. durchaus medizinischer Behandlung und Rehabilitation bedürfen.

– § 6 Abs. 3 KHG –

Pflegegeld

Pflegegeld wird gewährt, wenn der Pflegebedürftige in seiner häuslichen Umgebung oder in einem anderen Haushalt von einer Pflegeperson gepflegt wird und die Pflege auf diese Weise sichergestellt ist. Die Höhe des Pflegegeldes ist abhängig vom Grad der Pflegebedürftigkeit und beträgt je Kalendermonat in der Pflegestufe I DM 400,-, in der Pflegestufe II DM 800,– und in der Pflegestufe III DM 1 300,-, § 37 SGB XI.

Für pflegebedürftige Personen, die nicht Mitglied in der gesetzlichen Pflegeversicherung sind, gibt es anstelle des Pflegegeldes gemäß § 37 bei entsprechenden Einkommens- und Vermögensgrenzen Pflegegeld gemäß § 69 a) BSHG. Das Pflegegeld nach BSHG entspricht in der Höhe dem nach dem SGB XI. Bezieher von Pflegesachleistungen gemäß § 36 SGB XI erhalten bei Sozialhilfeberechtigung ein „zusätzliches" Pflegegeld nach § 69 a) BSHG, das jedoch um bis zu 2/3 gekürzt werden kann. Eine Aufstockung des Pflegegeldes nach § 36 SGB XI durch Pflegegeld nach § 69 a) BSHG ist ausgeschlossen: Das Pflegegeld der Pflegekassen wird auf das Pflegegeld im Rahmen der Sozialhilfe voll angerechnet.

– § 69 a) BSHG –

Pflegegutachten

Bei der Begutachtung der Pflegebedürftigkeit hat der Medizinische Dienst Pflegefachkräfte miteinzubeziehen, § 18 Abs. 6 SGB XI. Pflegerischer Fachsachverstand ist für die Beurteilung der Pflegebedürftigkeit notwendig, ärztlicher ist für sich genommen nicht ausreichend. Ggf. sind neben den Pflegefachkräften noch andere Fachkräfte, die nicht unbedingt dem Medizinischen Dienst angehören, an der Begutachtung zu beteiligen.

Die Gerichte bestellen Sachverständige für Pflegegutachten im Rahmen sozialgerichtlicher Verfahren, wenn die Gutachten des MDK angezweifelt werden. Hier werden zunehmend Pflegefachkräfte, etwa Lehrer an Altenpflegeschulen, bestellt. Die Sachverständigen sind ihrerseits nicht an die Begutachtungsrichtlinien und auch nicht an die von den MDKs benutzten Vordrucke gebunden.

– 18 Abs. 6 SGB XI –

Pflegeheime

Pflegeheime sind stationäre Pflegeeinrichtungen. Sie müssen selbständig wirtschaftende Einrichtungen sein. Die von ihnen betreuten pflegebedürftigen Personen müssen unter ständiger Verantwortung einer ausgebildeten Pflegefachkraft gepflegt werden und ganztägig (vollstationär) oder nur tagsüber oder nur nachts (teilstationär) untergebracht und verpflegt werden können, § 71 SGB XI. Der Pflegeheimbegriff des SGB XI deckt sich nicht mit dem Pflegeheimbegriff nach der Heim-Mindest-Bauverordnung, §§ 23 ff. HeimMindBauVO. Einrichtungen, die die Voraussetzungen für stationäre Pflegeeinrichtungen i. S. des § 71 SGB XI nicht erfüllen (Altenheime, Altenwohnheime, Behindertenheime) können durchaus Einrichtungen i. S. der §§ 100, 103 BSHG sowie Heime i. S. des § 1 HeimG sein.

– § 71 SGB XI –

Pflegeheimverzeichnis

Die Länder gewähren ihre Investitionskostenzuschüsse in der Regel nur Einrichtungen, für die ein Bedarf festgestellt wurde. Einrichtungen, die in einem entsprechenden regionalen Bedarfsplan berücksichtigt wurden, werden zumeist in Pflegeheimverzeichnisse aufgenommen, vgl. § 3 LPflG-BW. Die Aufnahme in ein Pflegeheimverzeichnis ist Voraussetzung für die Inanspruchnahme von Investitionskostenzuschüssen. In wieweit sich der Grundsatz der Wettbewerbsneutralität des SGB XI mit einer bedarfsorientierten Planung und Investitionskostenförderung verträgt, ist strittig.

– § 3 LPflG-BW –

Pflegehilfsmittel

Die Pflegekassen gewähren Hilfsmittel bzw. erstatten Aufwendungen für zum Verbrauch bestimmte Hilfsmittel. Sie sind pauschaliert und dürfen monatlich einen Betrag von DM 60,– nicht übersteigen. Was zu den Pflegehilfsmitteln gehört, wird in einer Rechtsverordnung gemäß § 40

Abs. 5 SGB XI näher bestimmt. Hier erfolgt auch die Abgrenzung zu den Hilfsmitteln i. S. des § 33 SGB V. Zu den Pflegehilfsmitteln gehören: Tupfer, Desinfektionsmittel, Unterlagen, Pflegebetten, Hausnotrufanlagen.

– § 40 SGB XI –

Pflegehilfsmittelverzeichnis

Ein Pflegehilfsmittelverzeichnis im Anhang zum Hilfsmittelverzeichnis der Krankenversicherung gemäß § 128 SGB V verzeichnet die Pflegehilfsmittel der Pflegekassen. Ebenso wie bei den Hilfsmitteln i. S. des § 33 SGB V sind Festbeträge vorgesehen.

– § 40 SGB XI –

Pflegekassen

Die Träger der sozialen Pflegeversicherung sind die Pflegekassen. Alle gesetzlichen Krankenkassen beherbergen unter ihrem Dach eine Pflegekasse. Die Direktionsaufgaben sowie die Vertretung der Pflegekassen auf Landes- und Bundesebene erfolgen durch die Landes- und Spitzenverbände der Krankenkassen.

– § 46 SGB XI –

Pflegeklassen

Während der Medizinische Dienst die Pflegebedürftigen Stufen zuordnet, eine bedarfsorientierte Festlegung der zu beanspruchenden Pflegeleistungen, sieht § 84 Abs. 2 SGB XI in stationären Pflegeeinrichtungen vor, daß die Pflegebedürftigen nach Art und Schwere der Pflegebedürftigkeit entsprechend ihrem Versorgungsaufwand in Pflegeklassen eingeteilt werden. Hier ist der den Einrichtungen entstehende Versorgungsaufwand maßgeblich, nicht der individuell festgestellte Pflegebedarf, der noch nicht notwendigerweise Aussagen über das Ausmaß der Pflegeintensität enthält. Durch die abweichende Zuordnung von Pflegeheimbewohnern zu den Pflegestufen nicht entsprechenden Pflegeklassen können ggfs. auch nicht verrichtungsbezogene Hilfebedarfe im Heim ihre Anerkennung finden. MDK und Pflege(dienst)leitung haben einvernehmlich eine von den Pflegestufen abweichende Pflegeklassenzuordnung vorzunehmen, über die sodann die Pflegekasse zu entscheiden hat. Bisher wird die ökonomisch ausgesprochen bedeutsame Dynamik zwischen Pflegeklassen und Pflegestufen so gut wie nicht genutzt, die Pflegekassen weigern sich, aber zahlreiche sozialgerichtliche Verfahren sind anhängig.

– § 84 Abs. 2 SGB XI –

Pflegekonferenzen

Auf kommunaler Ebene haben sich sog. „Pflegekonferenzen" bewährt, in denen sowohl Planungs- als auch Qualitätssicherungsaufgaben wahrgenommen werden und unter Beteiligung aller Pflegedienste, -einrichtungen und -kostenträger sowie der Kommunen und ggf. engagierter Bürger Fragen bedarfsgerechter Pflegeinfrastruktur und ihrer Weiterentwicklung beraten werden. In Nordrhein-Westfalen ist die Einrichtung von Pflegekonferenzen gesetzlich verbindlich gemacht worden

– § (PflG-NRW –

Pflegekurse

Die Pflegekassen sollen für Angehörige und ehrenamtlich Pflegende Schulungskurse unentgeltlich anbieten, um soziales Engagement im Bereich der Pflege zu fördern und zu stärken. Die Pflegekassen können diese Kurse entweder selbst durchführen oder aber geeignete andere Einrichtungen mit der Durchführung beauftragen (Sozialstationen, Schulungseinrichtungen, Wohlfahrtsverbände). Die Landesverbände der Pflegekassen können für eine einheitliche Durchführung der Pflegekurse Rahmenvereinbarungen abschließen.

– § 45 SGB XI –

Pflegepersonen

Pflegepersonen i. S. des § 19 SGB XI sind Personen, die nicht erwerbsmäßig einen Pflegebedürftigen wenigstens 14 Stunden wöchentlich in seiner häuslichen Umgebung pflegen. Die Pflegepersonen erhalten zu ihrer sozialen Sicherung Beiträge zur Renten-, Unfallversicherung sowie Leistungen der Arbeitslosenversicherung. Weiterhin haben sie Anspruch auf Pflegekursangebote.

Die Gewährung von Pflegegeld gemäß § 37 SGB XI wird davon abhängig gemacht, daß die Pflege durch Pflegepersonen sichergestellt wird. Pflegepersonen i. S. des § 37 können jedoch auch erwerbsmäßig tätige Pflegekräfte sein, die von den Pflegebedürftigen selbst bezahlt werden. Pflegepersonen sind nur dann den Pflegekassen namentlich zu nennen, wenn sie soziale Sicherungsleistungen gem. § 44 SGB XI wünschen.

– §§ 19, 37 SGB XI –

Pflegeplan

Der Medizinische Dienst hat im Rahmen des Verfahrens zur Feststellung der Pflegebedürftigkeit gemäß § 18 den Pflegekassen einen individuellen Pflegeplan zu empfehlen, § 18 Abs. 5 SGB XI. Der individuelle Pflegeplan soll Auskunft über die im Bereich der Grundpflege und hauswirtschaftlichen Versorgung im Einzelfall erforderlichen Hilfen und über notwendige Hilfsmittel und technische Hilfen geben, Vorschläge über Maßnahmen zur Rehabilitation sowie eine Prognose über die Weiterentwicklung der Pflegebedürftigkeit sowie die sich daraus ergebende Notwendigkeit von Wiederholungsuntersuchungen enthalten. Es handelt sich bei dem Pflegeplan damit nicht um eine individuelle Pflegeplanung i. S. der Pflegeprozessplanung.

– § 18 Abs. 3 SGB XI –

Pflegesachleistungen

Pflegesachleistungen umfassen die Grundpflege und hauswirtschaftliche Versorgung als häusliche Pflegehilfe, § 36 SGB XI. Sie werden bis zu einem bestimmten Geldwert gewährt: Pflegestufe I bis zu DM 750,–; Pflegestufe II bis zu DM 1 800,–; Pflegestufe III bis zu DM 2 800,– (in Härtefällen bis zu DM 3 750,–). Reichen die Pflegesachleistungen nach dem SGB XI nicht aus, so können sozialhilfeberechtigte Personen „weitergehende Pflegesachleistungen" beim Sozialhilfeträger gemäß § 69 b) BSHG beantragen.

– § 36 SGB XI –

Pflegesatz

Die Vergütung der ambulanten, teilstationären und stationären Pflegeleistungen wird zwischen dem Einrichtungsträger und den zuständigen Pflegekassen als Pflegesatz ausgehandelt. Im stationären Bereich umfassen die auszuhandelnden Pflegesätze nur die Vergütung der allgemeinen Pflegeleistungen. Pflegesätze sind die Entgelte der Heimbewohner oder ihrer Kostenträger für die voll- und teilstationären Leistungen des Pflegeheims. Der Pflegesatz vergütet konkrete voll- oder teilstationäre Pflegeleistungen, differenziert nach dem Versorgungsaufwand, den der Pflegebedürftige nach der Art und Schwere seiner Pflegebedürftigkeit benötigt. Hierzu werden die Pflegesätze nach drei Vergütungsklassen abgestuft, die den Pflegestufen gemäß § 15 SGB XI entsprechen. Die Pflegesätze müssen leistungsgerecht sein. Sie müssen für alle Versicherten nach einheitlichen Grundsätzen bemessen werden, eine Differenzierung nach Kostenträgern ist unzulässig. Sie müssen einer Pflegeeinrichtung bei wirtschaftlicher Betriebsführung ermöglichen, ihren Versorgungsauftrag zu erfüllen. Die Pflegesätze werden prospektiv festgelegt, Überschüsse verbleiben der Einrichtung, Verluste sind von ihr zu tragen.

– §§ 84, 85 SGB XI –

Pflegesatzkommission

Die Pflegesätze werden für die Einrichtungen zwischen dem Träger und der Pflegekasse oder sonstigen Leistungsträgern vereinbart. Die Einrichtungsträger können sich bei den Pflegesatzverhandlungen auch durch ihren Verband vertreten lassen oder ihre Pflegesätze durch die Pflegesatzkommission aushandeln lassen. Auf Landesebene werden regionale oder landesweite Pflegesatzkommissionen gebildet.

– § 86 SGB XI –

Pflegesatzvereinbarung

Der Träger eines Pflegeheims vereinbart mit den Pflegekassen und ggf. den anderen Leistungsträgern einen Pflegesatz. Die Pflegesatzvereinbarung ist vor Beginn der jeweiligen Wirtschaftsperiode des Pflegeheims zu treffen. Für einen rechtswirksamen Abschluß der Pflegesatzvereinbarung ist die Zustimmung der Vertragsparteien nötig, die an der Pflegesatzverhandlung teilgenommen haben. Auf Kostenträgerseite reicht es, wenn die Mehrheit der Kostenträger der Vereinbarung zustimmt, d. h. einzelne Pflegekassen bzw. Sozialhilfeträger können überstimmt werden. Die Regelung über die Pflegesatzverfahren und Pflegesatzvereinbarung für Pflegeheime gelten im wesentlichen entsprechend auch für die Vergütungsregelungen für ambulante Pflegeleistungen, § 89 Abs. 3 S. 2.

– § 85 SGB XI –

Pflegestandard

Als Pflegestandards werden fachliche Aussagen über das akzeptierbare Niveau der Pflegeleistungen verstanden, deren meßbare Elemente 'Kriterien' genannt werden. Hinsichtlich des Abstraktions- bzw. Konkretisierungsniveaus von Standards werden unterschieden: Universalstandards (etwa ethische Regeln), Richtlinienstandards (etwa Maßstäbe gemäß § 80 Abs. 1 SGB XI), allgemeine Handlungsstandards (Pflegestandards im engeren Sinn, bezogen auf typische Pflegehandlungen und -arbeitsabläufe), spezielle Handlungsstandards (im individuellen Pflegeprozeßplan niedergelegte Aussagen zum Soll der Pflege). Eine am allgemein anerkannten Stand von Medizin und Pflege orientierte Pflege muß den Universal- und Richtlinienstandards genügen. Allgemeine Handlungs- und spezielle Handlungsstandards sind jeweils in der Einrichtung bzw. im Dienst aufzustellen. Eine Verpflichtung zur Formulierung von allgemeinen Handlungsstandards enthält das SGB XI nicht.

– § 11 Abs. 1 SGB XI –

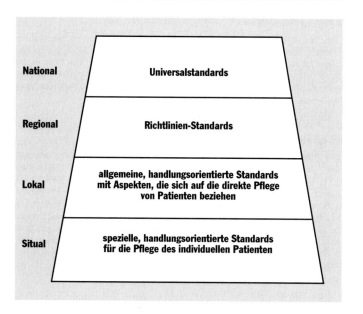

Pflegestatistik

Die Bundesregierung kann eine jährliche Erhebung über ambulante und stationäre Pflegeeinrichtungen anordnen. Eine Bundespflegestatistik kann sich sowohl auf die Pflegeeinrichtungen, das Pflegepersonal, die sachliche und organisatorische Ausstattung, die pflegebedürftigen Personen sowie auf die in Anspruch genommenen Pflegeleistungen und deren Kosten beziehen. Bezüglich der Situation Pflegebedürftiger und der Ursachen von Pflegebedürftigkeit kann eine gesonderte Erhebung angeordnet werden, die sich auf die Ursachen der Pflegebedürftigkeit, auf den Betreuungsbedarf, die Einbeziehung Ehrenamtlicher sowie auf Maßnahmen der Prävention und Rehabilitation beziehen kann. Die Träger der Pflegeeinrichtungen und die Medizinischen Dienste sind gegenüber den statistischen Landesämtern auskunftspflichtig.

– § 109 SGB XI –

Lexikon – P

Pflegestufen

Für die Gewährung von Leistungen nach dem SGB XI werden die Pflegebedürftigen einer von drei Pflegestufen zugeordnet:

Pflegestufe I	–	erheblich Pflegebedürftige;
Pflegestufe II	–	schwer Pflegebedürftige;
Pflegestufe III	–	Schwerstpflegebedürftige.

Pflegebedürftige, die keiner der Stufen gemäß § 15 SGB XI zuzuordnen sind, Pflegestufe 0, haben ggf. Anspruch auf Leistungen gemäß § 68 ff. BSHG. Die Pflegestufen sind recht grob eingeteilt, das Pflegevorsorgegesetz etwa in Österreich kennt sieben Pflegestufen.

– § 15 SGB XI –

Pflegetagebuch

Wichtige Grundlage für die einzelfallorientierte Feststellung des tatsächlichen Pflegeaufwandes sind sogenannte Pflegetagebücher, in denen über einen längeren Zeitraum der tägliche Zeitaufwand für die einzelnen Pflegetätigkeiten festgehalten wird. Das Pflegetagebuch kann insbesondere von Angehörigen und Pflegepersonen geführt werden, um den Pflegezeitbedarf des Pflegebedürftigen gegenüber den Pflegekassen abzubilden, siehe Materialien, Seite ●●●●.

– § 15 SGB XI –

Pflegevergütung

Pflegeheime und Pflegedienste erhalten für die Erbringung von allgemeinen Pflegeleistungen eine Pflegevergütung, die von den Pflegebedürftigen oder deren Kostenträgern zu tragen ist. In den Pflegevergütungen dürfen keine Investitionsaufwendungen berücksichtigt werden. Diese sind den Pflegebedürftigen ggf. gesondert in Rechnung zu stellen, wenn sie nicht durch Landes- oder kommunale Investitionszuschüsse gedeckt werden.

– §§ 82 ff. SGB XI –

Pflegevertrag

Anders als im Heimvertragsrecht gibt es für die ambulanten Pflegedienste keine allgemeine Verpflichtung, einen (schriftlichen) Pflegevertrag mit den pflegebedürftigen Personen abzuschließen, wenngleich einige Landespflegegeldgesetze (Hamburg) und Rahmenverträge die Verpflichtung zum Abschluß schriftlicher Pflegeverträge enthalten. Tatsächlich aber kommt ein eigenständiger Pflegevertrag als Dienstvertrag zwischen Pflegebedürftigem und Pflegedienst zustande. Den Pflegediensten ist es sehr anzuraten, in einem Pflegevertrag die Leistungen genau zu beschreiben, Regelungen für Leistungsstörungen vorzusehen und die Kostentragungspflicht bei Ausfall des Leistungsträgers zu bestimmen. Nach Einschätzung der Verbraucherzentrale Hamburg genügen ebenso wie viele Heimverträge auch die gebräuchlichen Pflegeverträge häufig nicht den Standards des Verbraucherschutzes.

Pflegewohngeld

Das Landespflegegesetz Nordrhein-Westfalen sieht für einkommensschwache Personen ein Pflegewohngeld vor, das sie bei Aufenthalt in einer stationären Pflegeeinrichtung sozialhilfeunabhängig machen soll. Es ist nicht an die Leistungen der Unterhaltspflichtigen gebunden und geht den Leistungen des BSHG vor. Es handelt sich hierbei um eine Subjektförderung, die die Objektförderung (Investitionskostenzuschüsse an Einrichtungen und Dienste) ergänzt.

– LandespflegeG Nordrhein-Westfalen –

Pflegezusatzversicherung

Neben der privaten Pflegeversicherung, die entsprechende Leistungen wie die der sozialen Pflegeversicherung vorsieht, bieten die privaten Pflegeversicherungsunternehmen Pflegezusatzversicherungen an. Unterschieden werden:

– Pflegetagegeldversicherung;

– Pflegekostenversicherung;

– Pflegerenten- bzw. Pflegerentenzusatzversicherung.

Bei der Pflegekostenversicherung werden bei Pflegebedürftigkeit die Kosten für die stationäre, teilstationäre und ambulante Pflege durch Fachpersonal zu einem bestimmten Prozentsatz ersetzt, bei den meisten Versicherungsgesellschaften zu 80 %. Erstattet werden die Kosten für Essen und Unterkunft.

Bei der Pflegerentenversicherung handelt es sich um ein Angebot der privaten Lebensversicherer. Hier werden drei Versicherungsarten kombiniert: Risikolebensversicherung, Pflegerentenversicherung und Rentenversicherung. Der Kunde erhält bei Pflegebedürftigkeit von der Versicherungsgesellschaft eine Rente. Bei Vertragsabschluß wird ein fester Beitrag vereinbart, der frühestens sechs Monate, nachdem der Versicherte pflegebedürftig geworden ist, gezahlt wird. Er muß zu diesem Zeitpunkt mindestens der Pflegestufe I gemäß § 14 SGB XI angehören.

Bei der Pflegetagegeldversicherung wird ein Pflegetagegeld festgelegt, das dann gezahlt wird, wenn ein Arzt die Pflegebedürftigkeit festgestellt hat. Je nach Versicherungsunternehmen können bis zu DM 51,- pro Tag vereinbart werden.

Pflichtpflegeeinsätze

Beziehen pflegebedürftige Personen ausschließlich Pflegegeld gemäß § 37 SGB XI, sind sie verpflichtet, bei den Pflegestufen I und II mindestens einmal halbjährlich, bei Pflegestufe III mindestens einmal vierteljährlich den Pflegeeinsatz einer zugelassenen Pflegeeinrichtung in Anspruch zu nehmen. Die Pflegebedürftigen sind verpflichtet, in die Weitergabe der Informationen einzuwilligen, die die Pflegedienste an die Pflegekassen weiterleiten. Bei diesen Informationen darf es sich aber nur um Daten handeln, die erforderlich und geeignet sind, um die Pflegekassen in die Lage zu versetzen, ihre Leistungen ggf. bedarfsgerecht anzupassen. Die Aufhebung des Datenschutzes gefährdet ggf. Ziel und Zweck der in § 37 Abs. 3 SGB XI vorgesehenen Pflegeberatung.

– § 37 Abs. 3 SGB XI –

Pflichtversicherte Mitglieder

Die Versicherungspflicht in der gesetzlichen Pflegeversicherung richtet sich nach der gesetzlichen Krankenversicherung.

– §§ 21 ff. SGB XI –

Prävention

In § 5 SGB XI ist der Grundsatz der Prävention vor Pflege niedergelegt. Vorbeugende Maßnahmen (etwa Mobilitätstraining, gesundheitsbewußtes Verhalten, richtige Ernährung, Kuren) gehen den Leistungen der Pflegekassen vor. In Betracht kommen insbesondere Leistungen nach §§ 20 ff. SGB V. Die Medizinischen Dienste der Krankenkassen haben bei der Feststellung der Pflegebedürftigkeit Präventions- und Rehabilitationsmöglichkeiten zu eruieren. Auf vom MDK festgestellte, geeignete, notwendige und zumutbare Leistungen der Prävention und Rehabilitation haben Versicherte einen Anspruch gemäß § 18 Abs. 1 SGB XI.

– §§ 5, 18, 32 SGB XI –

Preisvergleichsliste

Zur Förderung des Wettbewerbs haben die Pflegekassen den Pflegebedürftigen mit dem Bescheid über die Bewilligung von Leistungen nach dem SGB XI eine Preisvergleichsliste über Leistungen der zugelassenen Pflegeeinrichtungen zur Verfügung zu stellen. Die Verpflichtung zur Erstellung von Preisvergleichslisten wurde mit dem 1. SGB XI-Änderungsgesetz eingeführt. Im Widerspruch zu diesem Instrument der Wettbewerbs-

P – Lexikon

förderung steht die in einigen Bundesländern fehlende Preisdifferenzierung für Pflegedienste.

– § 72 Abs. 3 SGB XI –

Private Pflegepflichtversicherung

Diejenigen, die nicht in einer gesetzlichen sozialen Pflegeversicherung Mitglied sind, sind verpflichtet, sich in einer privaten Pflegeversicherung gegen das Risiko der Pflegebedürftigkeit zu versichern. Anders als die soziale Pflegeversicherung gewährt die private Pflegeversicherung im Fall der Pflegebedürftigkeit lediglich Geldleistungen, die jedoch denen der sozialen Pflegeversicherung entsprechen müssen.

Private Pflegeversicherung

In der gesetzlichen Pflegeversicherung versicherungsfrei sind Personen, die eine private Kranken(-kosten)versicherung abgeschlossen haben. Sie haben bei ihrem privaten Versicherungsunternehmen eine Pflegeversicherung abzuschließen, die den Leistungen der sozialen Pflegeversicherung entspricht. Freiwillige Mitglieder der gesetzlichen Krankenversicherungen können statt der sozialen (gesetzlichen) eine private Pflegeversicherung wählen. Die privaten Pflegeversicherungen können mehr Leistungen als die gesetzlichen vorsehen.

– § 110 SGB XI –

Prüfrechte

Den Landesverbänden der Pflegekassen steht eine Reihe von Prüfrechten zu. So können sie gemäß § 79 SGB XI Wirtschaftlichkeitsprüfungen durchführen lassen. Hinsichtlich der Qualität der Pflegeleistungen können sie die Medizinischen Dienste der Krankenversicherung oder bestellte Sachverständige beauftragen, § 80 Abs. 2 SGB XI. Darüber hinaus können die Rahmenverträge gemäß § 75 Abs. 2 SGB XI Regelungen über den Umfang, die Kosten und die Durchführung von Prüfungen enthalten.

– §§ 75, 79, 80 SGB XI –

Qualität

Die Pflegeeinrichtungen sind verpflichtet, ihre Pflegeleistungen so zu erbringen, daß sie den Maßstäben zur Qualität der ambulanten und stationären Pflege gemäß § 80 Abs. 1 SGB XI entsprechen. Qualität wird definiert: Als Gesamtheit von Eigenschaften und Merkmalen eines Produkts oder einer Dienstleistung, die sich auf deren Eignung zur Erfüllung festgelegter oder vorausgesetzter Erfordernisse beziehen (DIN Iso 9004/8402). Die vorausgesetzten Erfordernisse für die Qualität der Pflegeleistungen ergeben sich aus den §§ 2 ff. SGB XI: Förderung der Selbständigkeit, aktivierende Pflege, Einbeziehung von Pflegepersonen und Ehrenamtlichen, Berücksichtigung des allgemein anerkannten Standes von Medizin und Pflege etc. Im einzelnen festgelegt werden die Qualitätsmerkmale in den Rahmen- und Versorgungsverträgen.

– § 80 SGB XI –

Qualitätssicherung

Die Pflegeeinrichtungen sind verpflichtet, sich an Maßnahmen zur Qualitätssicherung zu beteiligen. Bei der Qualitätssicherung geht es um die Prüfung, ob das vorausgesetzte Niveau von Pflegeleistungen tatsächlich erreicht oder eingehalten wird. Bei den Maßnahmen zur Qualitätssicherung werden interne und externe Qualitätssicherungsmaßnahmen unterschieden. Bei den internen handelt es sich um innerbetriebliche Maßnahmen im Rahmen des Qualitätsmanagements, bei externen um freiwillige oder obligatorische Prüfungen der Qualität von „anderen" Institutionen wie TÜV, Heimaufsicht, MDK. Unabhängig von der Berechtigung der Landesverbände der Pflegekassen, Prüfungen durch den MDK durchführen zu lassen, sind die Pflegeeinrichtungen verpflichtet, sich an Maßnahmen zur Qualitätssicherung zu beteiligen. Dies können einrichtungsübergreifende Qualitätszirkel, Zertifizierungsmaßnahmen, kommunale Qualitätssicherungskonferenzen oder andere geeignete Maßnahmen sein.

– § 80 SGB XI –

Qualitätsvereinbarungen

Gem. § 80 Abs. 1 SGB XI verabschieden die Spitzenverbände der Pflegekassen, die „Verbände" der Sozialhilfeträger sowie Bundesvereinigungen der Leistungserbringer gemeinsam Maßstäbe und Maßnahmen zu Qualität und Qualitätssicherung in sog. Qualitätsvereinbarungen. Entsprechende Qualitätsvereinbarungen liegen vor, wurden jedoch für den vollstationären und für den ambulanten Bereich von einem der Vereinbarungspartner gekündigt. Die Rechtsqualität der Qualitätsvereinbarungen ist umstritten. Sie stellen unter verfassungsrechtlichen Gesichtspunkten keine ausreichende Legitimationsgrundlage für die Festlegung weitreichender Qualitätsstandards dar, die auch für Einrichtungen und Dienste gelten, die nicht an dem Abschluß der Qualitätsvereinbarungen beteiligt waren. Inhaltlich enthalten die Qualitätsvereinbarungen bei manchen handwerklichen Unzulänglichkeiten im wesentlichen fachlich anerkannte Standards im Sinne der §§ 11, 28 SGB XI.

– § 80 SGB XI –

R – Lexikon

Rahmenverträge

Die Landesverbände der Pflegekassen schließen mit den Vereinigungen der Träger der ambulanten und stationären Pflegeeinrichtungen Rahmenverträge über den Inhalt der Pflegeleistung, die Festlegung von örtlichen und regionalen Einzugsbereichen, Abrechnungen und Prüfungen ab. An dem Abschluß der Rahmenverträge sind die zuständigen Sozialhilfeträger zu beteiligen. Durch die Rahmenverträge soll eine wirksame und wirtschaftliche pflegerische Versorgung sichergestellt werden.

– § 75 SGB XI –

Rehabilitation

In § 5 SGB XI ist der Grundsatz 'Rehabilitation vor Pflege' niedergelegt. Bei der Feststellung der Pflegebedürftigkeit haben die Medizinischen Dienste der Krankenversicherung zu prüfen, welche Leistungen zur Rehabilitation geeignet, notwendig und zumutbar sind, die Pflegebedürftigkeit zu überwinden, zu lindern oder ihrer Verschlimmerung vorzubeugen. Auf die im Verfahren zur Feststellung der Pflegebedürftigkeit festgestellten geeigneten Rehabilitationsmaßnahmen haben die Versicherten Anspruch gemäß § 18 Abs. 1 SGB XI, ohne daß es einer weiteren ärztlichen Verordnung bedarf. Der Anspruch ergibt sich direkt aus § 18 Abs. 1 SGB XI. Zu den Rehabilitationsleistungen können gehören: Rehabilitationskuren, Aufenthalte in Spezialeinrichtungen zur Rehabilitation gemäß § 40 SGB V, ambulante Rehabilitationsleistungen (Heilmittel, Hilfsmittel gemäß §§ 32, 33 SGB V), ergänzende Maßnahmen zur Rehabilitation gemäß § 43 SGB V.

Rentenüberleitung

Eines der Ziele, das mit der Einführung der Pflegeversicherung verbunden wurde, war es, die Abhängigkeit pflegebedürftiger Menschen von der Sozialhilfe zu vermeiden bzw. zu verringern. Bislang wurde bei sozialhilfeberechtigten Personen die Rente auf den Sozialhilfeträger übergeleitet, der im sog. 'Bruttoverfahren' den Einrichtungsträgern die gesamten Heimkosten erstattete. Nunmehr haben die Rentenversicherungsträger grundsätzlich direkt an den Pflegebedürftigen zu zahlen, der den durch die Pflegekassen nicht gedeckten Betrag an allgemeinen Pflegeleistungen, die Hotelkosten sowie die Zusatzleistungen und Investitionskosten selbst zu tragen hat. Die Pflegeversicherung führt damit das sog. 'Nettoverfahren' ein, nach dem der Bedürftige grundsätzlich als Kunde auftritt und bei Sozialhilfebedürftigkeit der Sozialhilfeträger lediglich den nicht gedeckten Teil der Heimkosten übernimmt. Eine gemeinsame Empfehlung zur Umsetzung des SGB XI ab Inkrafttreten der Stufe II PflegeVG zwischen den Trägern der Pflegeeinrichtung und den Sozialhilfeträgern sowie Rentenversicherung sieht eine Übergangsregelung, ein sog. 'modifiziertes Nettoverfahren' vor.

– § 4 e Abs. 3 HeimG, § 91 SGB XI –

Rentenversicherung für Pflegepersonen

Pflegepersonen i. S. des § 19 SGB XI haben Anspruch auf Übernahme der Beiträge zu einer gesetzlichen Rentenversicherung, wenn sie regelmäßig nicht mehr als 30 Stunden wöchentlich erwerbstätig sind. Die Höhe der Beiträge richtet sich nach dem Schweregrad der Pflegebedürftigkeit und dem Umfang der von der Pflegeperson übernommenen Pflegetätigkeit.

– §§ 19, 44 SGB XI, § 166 SGB VI –

Rentenversicherungsbeiträge

Pflegepersonen, die neben der Pflege regelmäßig nicht mehr als 30 Stunden wöchentlich erwerbstätig sind und mindestens 14 Stunden pro Woche eine pflegebedürftige Person pflegen, haben Anspruch auf Beitragszahlungen der Pflegekasse an die gesetzliche Rentenversicherung für ihre Alterssicherung, § 44 SGB XI. Die Höhe der Beiträge richtet sich nach dem Schweregrad der Pflegebedürftigkeit und dem daraus ergebenden Umfang notwendiger Pflegetätigkeit. Die nachfolgende Übersicht zeigt, in welcher Höhe die Pflegekasse im Einzelfall Beiträge zur Rentenversicherung abführt und welcher Rentenertrag sich daraus für die Pflegeperson ergeben kann:

Pflegestufe des Pflegebedürftigen	wöchentlicher Pflegeaufwand von mindestens ... Stunden	Beitragsabführung auf der Basis von ... % der Bezugsgröße		Beitragshöhe in DM		Ergibt pro Jahr Pflegetätigkeit eine monatliche Rente von ... DM	
		West	Ost	West	Ost	West	Ost
III	28	80 % = 3 136,-	2 464,-	602,11	473,09	33,37	25,02
	21	60 % = 2 352,-	1 848,-	451,58	354,82	25,03	18,77
	14	40 % = 1 568,-	1 232,-	301,06	236,54	16,08	12,51
II	21	53,33 % = 2 090,-	1 643,-	401,41	315,59	22,25	16,68
	14	35,55 % = 1 394,-	1 095,-	267,60	210,26	14,83	11,12
I	14	26,66 % = 1 045,-	821,-	200,70	157,70	11,12	8,34

Zugrundegelegt wurde ein Beitragssatz von 19.2 % und die Bezugsgröße für 1994 West DM 3 920,– und Ost DM 3 080,–.

Risikoausgleich

Versicherungsunternehmen, die eine private Pflegeversicherung betreiben, müssen sich am Ausgleich der Versicherungsrisiken beteiligen und dazu ein Ausgleichssystem schaffen und erhalten. Der Risikoausgleich für die privaten Pflegeversicherungen entspricht vom Anliegen her dem Ausgleichsfonds für die gesetzlichen.

– § 111 SGB XI –

Schiedsstelle

Auf Landesebene bilden die Landesverbände der Pflegekassen und die Vereinigung der Träger der Pflegeeinrichtungen für jedes Land gemeinsam eine Schiedsstelle, § 76 SGB XI. Kommt eine Pflegesatzvereinbarung innerhalb von sechs Wochen nicht zustande, nachdem eine Vertragspartei schriftlich dazu aufgefordert hat, setzt die Schiedsstelle auf Antrag einer Vertragspartei die Pflegesätze unverzüglich fest. Gegen die Festsetzung der Schiedsstelle ist der Rechtsweg zu den Sozialgerichten gegeben. Für den Bereich der Sozialhilfe sieht § 94 BSHG die Einrichtung entsprechender Schiedsstellen vor.

– § 85 Abs. 5 SGB XI –

Schwerpflegebedürftige

Schwerpflegebedürftige sind Personen, die bei der Körperpflege, der Ernährung oder der Mobilität mindestens dreimal täglich der Hilfe bedürfen und zusätzlich mehrfach in der Woche Hilfen bei der hauswirtschaftlichen Versorgung benötigen, Pflegestufe II. Vorausgesetzter Zeitaufwand für die Pflege bei Einsatz von Pflegepersonen: durchschnittlich drei Stunden pro Tag.

– § 15 SGB XI –

Schwerstpflegebedürftige

Schwerstpflegebedürftige sind Personen, die bei der Körperpflege, der Ernährung oder der Mobilität täglich rund um die Uhr, auch nachts, der Hilfe bedürfen und zusätzlich mehrfach in der Woche Hilfen bei der hauswirtschaftlichen Versorgung benötigen, Pflegestufe III. Vorausgesetzter durchschnittlicher Zeitbedarf bei Einsatz von Pflegepersonen: fünf Stunden pro Tag.

– § 15 SGB XI –

Selbstbestimmung

Die Leistungen der Pflegeversicherung sollen den pflegebedürftigen Personen helfen, trotz ihres Hilfebedarfs ein möglichst selbständiges und selbstbestimmtes Leben zu führen. Zur Sicherung der Selbstbestimmung gehört das Wunsch- und Wahlrecht bezüglich der Pflegedienste und –einrichtungen. Darüber hinaus muß bei der Leistungsgewährung darauf geachtet werden, daß die Hilfe nicht bevormundend geschieht. Der Hilfebedürftige selbst soll im „Rahmen angemessener Wünsche" bestimmen, wie die Pflege und die hauswirtschaftliche Versorgung gestaltet wird. Er soll darüber hinaus Hinweise und Hilfen erhalten, wie er trotz Hilfeabhängigkeit ein selbstbestimmtes Leben führen kann, etwa durch die Zurverfügungstellung von Hilfsmitteln etc.

– § 2 Abs. 1 SGB XI –

Sicherstellungsauftrag

Die Pflegekassen haben im Rahmen ihrer Leistungsverpflichtung eine bedarfsgerechte und gleichmäßige, dem allgemein anerkannten Stand medizinisch-pflegerischer Erkenntnisse entsprechende, pflegerische Versorgung dem Versicherten zu gewährleisten, § 69 SGB XI. Aus diesem Sicherstellungsauftrag ergibt sich einerseits die Verpflichtung, durch die Vergütungsregelungen und Pflegesätze eine Leistungsgewährung zu ermöglichen, die dem allgemein anerkannten Stand der Medizin und Pflege entspricht. Unter anderem haben die Pflegekassen dafür Sorge zu tragen, daß sie genügend Vertragsunternehmen haben, die die Pflegeleistungen für sie erbringen. Reichen diese nicht aus, so sind sie ggf. gehalten, selbst Pflegekräfte anzustellen. Bedarfssteuernde und –lenkende Instrumentarien kennt das SGB XI nicht. Die Frage der Infrastrukturplanung ist in den Landespflegeausschüssen zu beraten.

– § 69 SGB XI –

Sozialarbeit

Sozialarbeit mit pflegebedürftigen Personen wird im Bereich der ambulanten Dienste nicht als besondere Leistung durch die Pflegeversicherung finanziert. Hier sind die zahlreichen koordinierenden, beratenden Funktionen der Sozialarbeit (Case Management) in den sog. 'Overhead-Kosten' unterzubringen. In den stationären und teilstationären Einrichtungen sind die Leistungen der sozialen Betreuung in die allgemeinen Pflegeleistungen integriert worden, so daß die direkt im Rahmen der allgemeinen Pflege miterbrachten psychosozialen Betreuungsleistungen auch nach Einführung der II. Stufe der Pflegeversicherung erhalten bleiben können, allerdings im Rahmen der festgelegten Leistungsobergrenzen. Sozialarbeit

S – Lexikon

als Querschnittsaufgabe (Gemeinwesenarbeit, Förderung, Begleitung von Ehrenamtlichen, Zusammenarbeit mit Gerichten, gesetzlichen Betreuern, etc.) bleibt eine Aufgabe, die über die Regie- bzw. Overhead-Kosten abzusichern ist. Sozialhilferechtlich möglich bleiben zusätzliche sozialtherapeutische sowie Gruppenangebote über §§ 39, 40, 75 BSHG.

– §§ 8, 39, 40, 75 BSHG –

Soziale Betreuung

Leistungen der sozialen Betreuung sind in die allgemeinen Pflegeleistungen im stationären Bereich integriert. Damit können auch SozialarbeiterInnen und SozialpädagogInnen weiterhin in ihren personenbezogenen Aufgaben über die Pflegeversicherung finanziert werden. Soziale Betreuung als Querschnittsaufgabe ist über die Overheadkosten sowohl im ambulanten als auch im stationären Bereich abzusichern.

– § 43 SGB XI; §§ 39, 40, 75 BSHG –

Soziale Sicherung von Pflegepersonen

Pflegepersonen gemäß § 19 erhalten, wenn sie nicht mehr als 30 Stunden wöchentlich erwerbstätig sind, Leistungen zur sozialen Sicherung. Es sind ggf. Beiträge zu einer gesetzlichen Rentenversicherung zu entrichten, die Pflegepersonen genießen Unfallversicherungsschutz und sie haben Anspruch auf Unterhaltsgeld gemäß § 46 AFG, wenn sie in das Erwerbsleben zurückkehren wollen. Um die Leistungen zur sozialen Sicherung zu erhalten, hat die Pflegekasse bzw. das private Versicherungsunternehmen die Pflegeperson den zuständigen Renten- und Unfallversicherungsträgern zu melden.

– § 44 SGB XI –

Sozialhilfe

Die Sozialhilfeleistungen sind gegenüber den Leistungen des SGB XI subsidiär. Nicht berührt werden Leistungen im Rahmen der Eingliederungshilfe. Treffen Pflegeleistungen mit Leistungen der Eingliederungshilfe oder mit weitergehenden Pflegeleistungen nach dem BSHG zusammen, sollen sogenannte 'Kostenteilungsabkommen' zwischen den Leistungsträgern vereinbart werden, § 13 Abs. 4 SGB XI. Die Sozialhilfeleistungen gehen quantitativ und qualitativ über die Leistungen des SGB XI hinaus. Die Leistungen nach dem BSHG sind, soweit es sich um Sachleistungen handelt, nicht in der Höhe begrenzt. Gemäß § 68 haben auch die Pflegebedürftigen Anspruch auf Leistungen der Hilfe zur Pflege, die der Pflegestufe 0 angehören (einfache Pflegebedürftigkeit). Auch sind im Rahmen der Hilfe zur Pflege andere Verrichtungen im Ablauf des täglichen Lebens bei der Feststellung des Pflegebedarfs und der Gewährung entsprechender Hilfen zu berücksichtigen. Über den Leistungsrahmen der Pflegeversicherung hinaus werden notwendige Pflegemehraufwendungen übernommen sowie Aufwendungsersatz und Beihilfe für Pflegepersonen gewährt, Kommunikationshilfen und weitere Hilfsmittel sowie Wohnungsanpassungsmaßnahmen im Bedarfsfall übernommen. Die Bezieher von Sachleistungen nach § 36 SGB XI erhalten ebenfalls ein zusätzliches Pflegegeld gemäß § 69 a) BSHG, das um bis zu 2/3 gekürzt werden kann.

– § 13 SGB XI, §§ 39, 40, 68 ff. BSHG –

Stand von Medizin und Pflege

Die Pflegeeinrichtungen sind verpflichtet, die Pflegeleistungen so zu erbringen, daß sie dem allgemein anerkannten Stand von Medizin und Pflege entsprechen. In dem Bereich der Pflegeversicherungsleistungen kann es sich nur um den allgemein anerkannten Stand der Pflege handeln, da medizinische Leistungen im Rahmen des SGB XI nicht miterbracht werden. Der allgemein anerkannte Stand ergibt sich aus Pflegewissenschaft und Lehre, aus den Ausbildungs- und Prüfungsordnungen sowie den Richtlinienstandards gemäß § 80 SGB XI. Durch eine gewisse Rückständigkeit der deutschen Pflegewissenschaft kann nicht für alle Bereiche der Pflege auf einen allgemein anerkannten Stand zurückgegriffen werden.

– §§ 11, 28 SGB XI –

Standardpflegesatzmodell

Als Grundlage für die Pflegesatzermittlung wurde von den überörtlichen Sozialhilfeträgern und den Pflegekassen ein sogenanntes Standardpflegesatzmodell in die Diskussion gebracht, das als Grundlage für eine bundeseinheitliche Standardfestlegung und einheitliche Pflegesätze dienen sollte. Eine strikte Anwendung des Standardpflegesatzmodells hätte zur erheblichen Nivellierung von Standardunterschieden zwischen den Bundesländern und zu Leistungsnivellierungen angesichts der unterschiedlichen Bedarfe von Heimbewohnergruppen geführt.

Stationäre Pflegeeinrichtungen

Stationäre Pflegeeinrichtungen (Pflegeheime) sind selbständig wirtschaftende Einrichtungen, in denen Pflegebedürftige unter ständiger Verantwortung einer ausgebildeten Pflegekraft gepflegt werden und ganztägig (vollstationär) oder nur tagsüber oder nur nachts (teilstationär) untergebracht und verpflegt werden können. Altenheime und Altenwohneime sowie Behindertenheime gehören nicht zu den stationären Pflegeeinrichtungen gemäß § 71 SGB XI. Stationäre Pflegeeinrichtungen unterfallen regelmäßig dem Heimgesetz, wenngleich nicht als stationäre Pflegeeinrichtungen zu qualifizierende Altenheime und Behindertenheime nicht automatisch

S – Lexikon

aus der Geltung des Heimgesetzes herausfallen. Sie sind vielmehr regelmäßig Heime i. S. des § 1 HeimG.

– § 71 SGB XI –

Steuern

Der Bezug von Pflegeleistungen (Pflegesachleistungen, Pflegegeld, Pflegezulagen) ist für die Pflegebedürftigen einkommensteuerfrei.

– § 3 Nr. 1 a), Nr. 6, Nr. 7, Nr. 11 EStG –

Steuerpflicht von Pflegegeldeinkünften

Einnahmen in Höhe des gesetzlichen Pflegegeldes sind steuerfrei, wenn der Pflegebedürftige das Pflegegeld für die häusliche Pflege an Familienangehörige oder an Personen weitergibt, die ihm gegenüber durch die Pflege eine sittliche Verpflichtung erfüllen.

– § 37 SGB XI –

Tagespflege

Bei kurzfristiger Verschlimmerung der Pflegebedürftigkeit, zum Zweck der Entlastung der Pflegeperson oder bei besonderem Bedarf an Maßnahmen zur Rehabilitation, die im häuslichen Bereich nicht möglich sind, haben Pflegebedürftige Anspruch auf teilstationäre Pflege in Einrichtungen der Tagespflege. Für Einrichtungen der Tagespflege gelten besondere Qualitätsanforderungen gemäß § 80 SGB XI. Die Pflegekasse übernimmt für die teilstationäre Pflege je Kalendermonat folgende Aufwendungen: Pflegestufe I bis zu DM 750,-; Pflegestufe II bis zu DM 1 500,-; Pflegestufe III bis zu DM 2 100,-.

– § 41 SGB XI –

Technische Hilfsmittel

Pflegebedürftige Personen haben ggf. Anspruch auf technische Hilfsmittel (z. B. Pflegebetten, Hausnotrufanlagen). Sie sollen in allen geeigneten Fällen vorrangig leihweise überlassen werden. Der Anspruch auf technische Hilfsmittel umfaßt auch die notwendige Änderung, die Instandsetzung der Ersatzbeschaffung von Hilfsmitteln sowie die Ausbildung in ihrem Gebrauch. Die Versicherten haben eine Zuzahlung von 10 %, höchstens jedoch von DM 50,– je Hilfsmittel an die abgebende Stelle zu leisten. Die Verträge über Pflegehilfsmittel werden von den Spitzenverbänden der Pflegekassen mit den Leistungserbringern oder deren Verbänden auf Bundesebene abgeschlossen. Bestimmte Pflegehilfsmittel werden durch Festbeträge vergütet, vgl. § 78 SGB XI.

– § 40 SGB XI –

Teilstationäre Pflege

Pflegebedürftige haben Anspruch auf teilstationäre Pflege in Einrichtungen der Tages- und Nachtpflege. Für teilstationäre Einrichtungen gelten gesonderte Qualitätsanforderungen gemäß § 80 SGB XI. Die Pflegekasse übernimmt für die teilstationäre Pflege je Kalendermonat folgende Aufwendungen: Pflegestufe I bis zu DM 750,–; Pflegestufe II bis zu DM 1 500,–; Pflegestufe III bis zu DM 2 100,–. Die Nachfrage nach Tagespflegeeinrichtungen bleibt deutlich hinter den Erwartungen zurück. Trotz Bekanntheit von Tagespflegeeinrichtungen werden sie von pflegenden Angehörigen und Pflegebedürftigen kaum in Anspruch genommen. Einige Landespflegegesetze sehen einkommens- und vermögensunabhängige Leistungen für die Pflegenden vor, die § 41 SBG XI ergänzen.

– § 41 SGB XI –

Umwidmung von Krankenhausbetten

Im Rahmen der Krankenhausbedarfsplanung soll im Zusammenhang mit der Einführung der Pflegeversicherung darauf hingewirkt werden, daß Fehlbelegungen in den Krankenhäusern abgebaut werden. Die Krankenhäuser werden aufgefordert, Krankenhausteile ggf. umzuwandeln in Pflegeeinrichtungen. Der Gesetzgeber ging von einem mittel- und langfristigen Einsparvolumen von DM 2.7 Milliarden aus und bezifferte die Fehlbelegungsquote mit etwa 5 % der Pflegetage in Krankenhäusern.

– § 6 KGH –

Unfallversicherung für Pflegepersonen

Pflegepersonen werden bei pflegerischen Tätigkeiten in den Unfallschutz einbezogen, Voraussetzung ist jedoch, daß die Pflegekassen die Pflegepersonen der Versicherung melden.

– § 44 SGB XI –

Unterhaltsgeld

Pflegepersonen, die nach Beendigung der Pflege wieder in das Erwerbsleben eintreten möchten, haben ggf. Anspruch auf Unterhaltsgeld gemäß § 153 SGB.

– § 44 SGB XI –

Unterkunftskosten

Die Kosten für Unterkunft und Verpflegung (Hotelkosten) im Pflegeheim hat der Pflegebedürftige selbst zu tragen. Die Sätze für die sogenannten 'Hotelkosten' werden von den Pflegesatzparteien ausgehandelt. Zu den Kosten der Unterkunft und Verpflegung gehören nicht die Aufwendungen

U – Lexikon

für Investitionen. Kann der Pflegebedürftige die Hotelkosten nicht aus eigenem Einkommen und Vermögen bestreiten, hat er ggf. Anspruch auf Leistungen nach dem BSHG. Die Hotelkosten werden auch bei vollständiger Übernahme der Pflegekosten durch die Pflegeversicherung als Hilfen in besonderen Lebenslagen gewährt, § 27 Abs. 3 BSHG.

– § 87 SGB XI –

Urlaub der Pflegepersonen

Ist eine Pflegeperson wegen Erholungsurlaub, Krankheit oder aus anderen Gründen an der Pflege gehindert, übernimmt die Pflegekasse die Kosten für eine Ersatzpflegekraft für maximal vier Wochen im Kalenderjahr. Die Aufwendungen der Pflegekasse dürfen hierfür im Einzelfall DM 2 800,– im Jahr nicht überschreiten. Die Vorschrift dient der Ermöglichung eines Erholungsurlaubs, der für die Erhaltung der Pflegebereitschaft und –fähigkeit von Angehörigen von großer Bedeutung ist.

– § 39 SGB XI –

Vergütungsverträge

Die Vergütung der ambulanten Pflegeleistungen und der hauswirtschaftlichen Versorgung wird zwischen dem Träger des Pflegedienstes und den Leistungsträgern in Vergütungsverträgen vereinbart. Sie muß leistungsgerecht sein und den Pflegediensten bei wirtschaftlicher Betriebsführung ermöglichen, ihren Versorgungsauftrag zu erfüllen. Dienste, die auf einen Vergütungsvertrag verzichten oder mit denen eine solche Regelung nicht zustandekommt, können den Preis für ihre ambulanten und stationären Leistungen unmittelbar mit dem Pflegebedürftigen vereinbaren. Die Pflegebedürftigen haben dann nur noch einen Kostenerstattungsanspruch in Höhe von 80 % der Beträge gemäß § 36 Abs. 3, 39 SGB XI. Über einen Versorgungsvertrag, § 72 SGB XI, müssen jedoch auch die Pflegedienste verfügen, die keinen Vergütungsvertrag abschließen.

– §§ 84 ff. SGB XI –

Verhinderung der Pflegeperson

Die Pflegekasse übernimmt bei Verhinderung der Pflegeperson die Kosten für eine Ersatzpflegekraft für längstens vier Wochen je Kalenderjahr. Die Aufwendungen der Pflegekassen für die Pflegevertretung dürfen DM 2 800,– im Kalenderjahr nicht überschreiten.

– § 39 SGB XI –

Verrichtungen

Der Begriff der Pflegebedürftigkeit wird auf bestimmte regelmäßig wiederkehrende Verrichtungen im Ablauf des täglichen Lebens abgestellt. Die für die Feststellung der Pflegebedürftigkeit maßgeblichen „Verrichtungen" werden im Gesetz genau genannt, § 14 Abs. 4. Weitergehende Verrichtungen dürfen bei der Feststellung der Pflegebedürftigkeit gemäß § 18 SGB XI nicht berücksichtigt werden. Demgegenüber hat der Sozialhilfeträger ggf. auch andere als die in § 14 Abs. 4 SGB XI genannten Verrichtungen zu berücksichtigen und entsprechende Hilfen zu leisten, § 68 Abs. 1 a.E. Das Bundessozialgericht hat in seinem Urteil vom 17. 4. 1996 die Frage aufgeworfen, ob die Privilegierung bestimmter Verrichtungen und die Diskriminierung von Hilfebedarfen, die sich auf nicht anerkannte Verrichtungen beziehen, mit Artikel 3 Grundgesetz vereinbar ist. Zu problematisieren ist insbesondere die selektive Anerkennung besonderer Bedarfskonstellationen bei behinderten Kindern sowie bei Demenzkranken.

– § 14 SGB XI, § 68 Abs. 1 S. 2 BSHG –

Versicherungsfreiheit

Personen, die in einer privaten Krankenversicherung Mitglied sind und einen gleichwertigen Versicherungsvertrag bei ihrer privaten Krankenversicherung abschließen, sind versicherungsfrei in der sozialen Pflegeversicherung. Die Versicherungsfreiheit besteht auch für freiwillige Mitglieder der Krankenversicherung, wenn sie eine adäquate private Pflegeversicherung abschließen.

– § 22 SGB XI –

Versichertenverzeichnis

Die Pflegekasse hat ein Versichertenverzeichnis zu führen. Die Versicherten erhalten eine Versichertennummer, die ggf. mit der Krankenversichertennummer übereinstimmt.

– § 99 SGB XI –

Versorgungsvertrag

Die Zulassung von Pflegediensten und Einrichtungen zur ambulanten und stationären Pflege geschieht durch den Versorgungsvertrag. In dem Versorgungsvertrag sind Art, Inhalt und Umfang der allgemeinen Pflegeleistungen festzulegen, die von der Pflegeeinrichtung während der Dauer des Vertrages für den Versicherten zu erbringen sind. Der Versorgungsvertrag wird zwischen dem Träger der Pflegeeinrichtung (ggf. Verband) und den Landesverbänden der Pflegekassen im Einvernehmen mit den überörtli-

V – Lexikon

chen Trägern der Sozialhilfe abgeschlossen. Die Pflegeeinrichtungen müssen den Anforderungen des § 71 SGB XI genügen und Gewähr für eine qualitätsgesicherte Leistungserbringung bieten. Erfüllen Pflegeeinrichtungen die Voraussetzungen des § 71 SGB XI, so haben sie einen Anspruch auf Zulassung, § 72 Abs. 3 S. 1 2. Halbs. SGB XI. Ein Überangebot von Pflegediensten und -einrichtungen steht einem Anspruch auf Abschluß eines Versorgungsvertrages nicht entgegen. Die Pflegeversicherung geht von Überkapazitäten aus und will den Wettbewerb zwischen den Pflegeeinrichtungen fördern. Für Rechtsstreitigkeiten aus den Versorgungsverträgen sind die Sozialgerichte zuständig. Jede Vertragspartei kann den Versorgungsvertrag mit einer Frist von einem Jahr ganz oder teilweise kündigen.

– § 72 SGB XI –

Vollstationäre Pflege

Pflegebedürftige haben Anspruch auf Pflege in vollstationären Einrichtungen (Pflegeheime), wenn häusliche oder teilstationäre Pflege nicht möglich ist oder wegen der Besonderheit des Einzelfalls nicht in Betracht kommt. Die Pflegekasse übernimmt die allgemeinen Pflegeleistungen bis zu DM 2 800,– monatlich bzw. DM 30 000,– jährlich (monatlich im Schnitt DM 2 500,– pro Bewohner). In Härtefällen stehen monatlich bis zu DM 3 300,– zur Verfügung. Die allgemeinen Pflegeleistungen umfassen die Grundpflege, hauswirtschaftliche Versorgung und die Versorgung mit Pflegehilfsmitteln. Wählen Pflegebedürftige vollstationäre Pflege, ohne daß die Anspruchsvoraussetzungen vorliegen, erhalten sie einen Zuschuß zu den pflegebedingten Aufwendungen in Höhe des für ihre Pflegestufe vorgesehenen Wertes der Sachleistungen gemäß § 36 Abs. 3 SGB XI.

– § 43 SGB XI –

Vorläufige Leistungen der Rehabilitation

Die Pflegekasse kann ambulante medizinische Leistungen zur Rehabilitation ausnahmsweise vorläufig erbringen, wenn eine sofortige Leistungserbringung erforderlich und der zuständige Leistungsträger nicht bereit und in der Lage ist, die Leistungen zu erbringen. Die Pflegekasse hat zuvor den Rehabilitationsträger, etwa Krankenkasse, zu unterrichten, ihn auf die Eilbedürftigkeit hinzuweisen. Nur, wenn dieser nicht rechtzeitig tätig wird, kann die Pflegekasse die Leistungen vorläufig erbringen.

– § 32 SGB XI –

Vorrang ambulant vor stationär

Leistungen der ambulanten und der teilstationären Pflege sowie der Kurzzeitpflege gehen den Leistungen der vollstationären Pflege vor. Erst wenn ambulante Leistungen und die der teilstationären Versorgung nicht mehr ausreichen, haben Versicherte Anspruch auf vollstationäre Pflege. Besteht die sogenannte Pflegeheimbedürftigkeit noch nicht, kann der Versicherte nach § 43 Abs. 4 SGB XI vollstationäre Pflege in Anspruch nehmen, erhält jedoch nur einen Zuschuß in Höhe der ihm zustehenden ambulanten Pflegeleistungen gemäß § 36 SGB XI. Relativiert wird der Vorrang ambulant vor stationär durch § 3 a BSHG, der bei zumutbarer „Heimunterbringung" einen strikten Kostenvergleich zwischen ambulanter und stationärer Pflege anstellt und bei unverhältnismäßigen Mehrkosten die ambulante Versorgung ausschließt.

– § 3 SGB XI –

Vorrang Rehabilitation vor Pflege

Die Pflegekassen müssen im Einzelfall prüfen, welche Leistungen zur Rehabilitation geeignet und zumutbar sind, um Pflegebedürftigkeit zu überwinden, zu mindern oder ihre Verschlimmerung zu verhüten. Die Medizinischen Dienste der Krankenversicherung haben bei der Begutachtung der Pflegebedürftigkeit die Rehabilitationsmöglichkeiten zu eruieren. Die Pflegekassen haben die Versicherten zu beraten und bei der Geltendmachung von Rehabilitationsansprüchen zu unterstützen. Sie können gemäß § 32 SGB XI selbst vorläufig Leistungen der Rehabilitation erbringen.

– § 31 SGB XI –

Vorversicherungszeit

Antragsberechtigt sind Versicherte erst, wenn sie eine bestimmte Zeit als Mitglied in der Familienversicherung oder als Weiterversicherte in der Pflegeversicherung absolviert haben. Die Länge der Vorversicherungszeit ergibt sich aus § 33 Abs. 2 SGB XI.

– § 33 SGB XI –

Weiterversicherung

Für bestimmte Personen besteht die Möglichkeit, sich in der gesetzlichen Pflegeversicherung weiterzuversichern. Dies gilt bei Beendigung der Familienversicherung für die Kinder oder Ehegatten, für Personen, die wegen Verlegung ihres Wohnsitzes ins Ausland aus der Versicherungspflicht ausscheiden. Der Beitragssatz bemißt sich nach den Einnahmen zum Lebensunterhalt, bei Auslandsaufenthalten ist nur ein Mindestbetrag zu zahlen.

– § 36 SGB XI –

W – Lexikon

Wettbewerb

Das Pflegeversicherungsgesetz folgt dem Prinzip der Wettbewerbsneutralität und der Marktöffnung. Alle „qualitätsgesicherten" Einrichtungen und Dienste haben Anspruch auf Zulassung zum Markt der Pflegeleistungen, § 72 Abs. 3 SGB XI. Öffentliche Träger allerdings haben nur einen Anspruch auf Zulassung, wenn nicht in ausreichendem Maß freigemeinnützige oder gewerbliche Anbieter zur Verfügung stehen. Der Grundsatz der Wettbewerbsneutralität darf durch bestimmte „Qualitätsfestlegungen" in den Rahmenverträgen gemäß § 75 SGB XI nicht konterkariert werden. Eine Vorrangstellung der freigemeinnützigen Träger wurde im Pflegeversicherungsgesetz nicht verankert.

Nicht vereinbar mit dem Grundsatz der Wettbewerbsneutralität sind bedarfsrichtwertorientierte Investitionsförderungen nach den Landespflegegesetzen. Sie begegnen unter dem Gesichtspunkt der Gleichbehandlung erheblichen Bedenken und offenbaren eine Inkonsistenz des Finanzierungssystems der Pflegeversicherung.

– §§ 2, 72 Abs. 3 SGB XI –

Wirtschaftlichkeitsgebot

Die Leistungen der Pflegeversicherung müssen wirksam und wirtschaftlich erbracht werden. Sie dürfen das Maß des Notwendigen nicht übersteigen. Zur Überprüfung der Wirtschaftlichkeit steht den Landesverbänden der Pflegekassen das Recht zu, sachverständige Wirtschaftlichkeitsprüfungen durchführen zu lassen, § 79 SGB XI.

– §§ 84 Abs. 2, 89 Abs. 1 SGB XI –

Wirtschaftlichkeitsprüfungen

Die Landesverbände der Pflegekassen können die Wirtschaftlichkeit und Wirksamkeit der ambulanten, teilstationären und vollstationären Pflegeleistungen durch von ihnen bestellte Sachverständige prüfen lassen. Bestehen Anhaltspunkte der Unwirtschaftlichkeit, so sind die Landesverbände der Pflegekassen zur Einleitung einer Wirtschaftlichkeitsprüfung verpflichtet. Die Kosten der Wirtschaftlichkeitsprüfungen werden nach Maßgabe der Rahmenverträge gemäß § 75 SGB XI getragen, in der Regel geteilt.

– § 79 SGB XI –

Wirtschaftliche Selbständigkeit

Pflegeeinrichtungen müssen gemäß § 71 wirtschaftlich selbständig sein. Für die wirtschaftliche Selbständigkeit reicht ein eigener Finanzierungskreis oder eine Kostenstellenrechnung für den gesonderten Leistungsbereich (ambulante Dienste) aus. Gerade in stationären Alten- und Behinderteneinrichtungen, die sich an der ambulanten Versorgung beteiligen wollen, ergeben sich aus dem Gebot der wirtschaftlichen Selbständigkeit Umstellungserfordernisse in der Buchführung.

– § 71 SGB XI –

Wohnumfeld

Die Pflegekassen können Zuschüsse bis zu DM 5 000,– je Maßnahme zur Verbesserung des individuellen Wohnumfeldes gewähren, etwa Anpassungsmaßnahmen in der Küche, Treppenlifter, Handläufe. Weitergehende Leistungen kommen gemäß § 40 BSHG in Betracht.

– § 40 Abs. 4 SGB XI –

Wunsch- und Wahlrecht

Die Pflegebedürftigen können zwischen Einrichtungen und Diensten verschiedener Träger wählen. Von Vermittlungsstellen und den Pflegekassen dürfen den Pflegebedürftigen so nicht bestimmte Dienste vorgeschrieben werden. Das Wunsch- und Wahlrecht besteht auch in Einrichtungen des betreuten Wohnens und Altenwohnheimen, die über eigene Pflegedienste verfügen.

– § 2 Abs. 2 SGB XI –

Zeitkorridore

In Anlage zu den Begutachtungsrichtlinien werden Orientierungswerte zur Pflegezeitbemessung für die in § 14 SGB XI genannten Verrichtungen der Grundpflege (sog. „Zeitkorridore") mitgeteilt, die bis zum 31.12.99 befristet für die MDKs bei der Feststellung der Pflegebedürftigkeit gelten sollen. Diese Zeitkorridore entbehren jeder pflegefachlichen und wissenschaftlichen Begründung, auch wenn behauptet wird, sie würden auf der langjährigen Erfahrung der MDKs in der Begutachtungspraxis beruhen. Allein ihr Zustandekommen, indem deutlich fiskalische Gesichtspunkte zum Tragen kamen, entkleidet sie ihrer fachlichen Autorität. Unter dem Gesichtspunkt der Gleichbehandlung von Pflegebedürftigen ist die Aufstellung von vereinheitlichenden Zeitkorridoren allerdings von Sozialgerichtsbarkeit mehrfach gefordert worden. In der Praxis begründen sie eine Art Argumentationslast, wenn Pflegebedarfe abweichend von Zeitkorridoren festgestellt werden sollen.

– § 53a SGB XI –

Z – Lexikon

Zulassungsanspruch

Dienste und Einrichtungen, die die Voraussetzungen des § 71 SGB XI erfüllen und ebenso den Qualitätsanforderungen gemäß § 80 SGB XI Rechnung tragen, haben einen Anspruch auf Zulassung, der ggf. auch gerichtlich vor den Sozialgerichten durchgesetzt werden kann. Bedarfsgesichtspunkte dürfen bei der Frage der Zulassung nicht herangezogen werden.

– § 72 Abs. 3 SGB XI –

Zusatzleistungen

Bei der pflegerischen Betreuung, bei Unterkunft und Verpflegung in Heimen ist es möglich, daß die Einrichtungen und Dienste weitergehende Leistungen, die über die notwendigen hinausgehen, anbieten. Es handelt sich dabei um besondere Komfortleistungen oder zusätzliche pflegerische betreuende Leistungen. Die Zusatzleistungen (auch 'Gourmetleistungen' genannt) müssen mit dem Pflegebedürftigen schriftlich vereinbart worden sein. Das Leistungsangebot und die Leistungsbedingungen sind den Landesverbänden der Pflegekassen und den Sozialhilfeträgern mitzuteilen. Unter betriebswirtschaftlichen Gesichtspunkten werfen Zusatzleistungen erhebliche Probleme auf, da Zusatzleistungen so berechnet werden müssen, daß die anteiligen Personal-, Regie- und ggf. Investitionskosten bei der In-Rechnung-Stellung der Zusatzleistungen berücksichtigt und bei den Regelleistungen „herausgerechnet" werden. Nicht zu den Zusatzleistungen gehören Leistungen der Krankenkassen (Behandlungspflege, Rehabilitation) sowie Leistungen der sozialen Beteuung im Rahmen der Eingliederungshilfe, die von der Einrichtung erbracht werden. Als „Zusatzleistung Eingliederungshilfe" werden Leistungen gemäß §§ 39, 40 BSHG bezeichnet, die den besonderen Bedarf an Leistungen für Hilfen zur sozialen Rehabilitation Behinderter in vollstationären Pflegeeinrichtungen garantiert.

– § 88 SGB XI –

Einführung

Einführung zu diesem Kapitel

Um eine schnelle Übersicht zu ermöglichen und um aufwendiges Hin- und Herblättern zu vermeiden, ist für dieses Kapitel folgender Aufbau gewählt worden:

Jeweils in der Abfolge der einzelnen Paragraphen ist zuerst der Gesetzestext des Pflegeversicherungsgesetzes (SGB XI) abgedruckt, danach jeweils – wenn vorhanden und hier für sehr wichtig erachtet – **die Begründung der Bundesregierung** zu diesen Paragraphen aus dem Juni 1993 (Bundestags-Drucksache 12/5262), die **Begründung** der Fraktionen der CDU/CSU und FDP zum ersten **Änderungsgesetz** (Bundestags-Drucksache 13/3696), die **Empfehlungen** der Ausschüsse (federführender Ausschuß für Arbeit und Sozialpolitik (**AS**), Ausschuß für Familie und Senioren (**FS**), Gesundheitsausschuß (**G**), Ausschuß für Innere Angelegenheiten (**In**), Finanzausschuß (**Fz**)) zum ersten **Änderungsgesetz** (Bundesrats-Drucksache 228/1/96) und danach noch jeweils – wenn vorhanden – die Stellungnahme des Verbandes der Angestellten-Krankenkassen e. V. aus dem **gemeinsamen Rundschreiben** zum leistungsrechtlichen Teil des PflegeVG vom 29. September 1994 zu diesem Paragraphen. So sind neben dem Gesetzestext, soweit jeweils vorhanden, vier weitere interessante Informationsquellen zur Bewertung der Inhalte jedes einzelnen Paragraphen direkt erschlossen und verfügbar.

„Sozialgesetzbuch (SGB) Elftes Buch (XI) Soziale Pflegeversicherung"

Zuletzt geändert am 5. Juni 1998 (BGBL. I, S.1229)

Inhaltsübersicht

Erstes Kapitel
Allgemeine Vorschriften

§ 1	Soziale Pflegeversicherung	109
§ 2	Selbstbestimmung	110
§ 3	Vorrang der häuslichen Pflege	111
§ 4	Art und Umfang der Leistungen	112
§ 5	Vorrang von Prävention und Rehabilitation	115
§ 6	Eigenverantwortung	117
§ 7	Aufklärung, Beratung	117
§ 8	Gemeinsame Verantwortung	119
§ 9	Aufgaben der Länder	121
§ 10	Aufgaben des Bundes	121
§ 11	Rechte und Pflichten der Pflegeeinrichtungen	123
§ 12	Aufgaben der Pflegekassen	125
§ 13	Verhältnis der Leistungen der Pflegeversicherung zu anderen Sozialleistungen	126

Zweites Kapitel
Leistungsberechtigter Personenkreis

§ 14	Begriff der Pflegebedürftigkeit	131
§ 15	Stufen der Pflegebedürftigkeit	137
§ 16	Verordnungsermächtigung	142
§ 17	Richtlinien der Pflegekassen	142
§ 18	Verfahren zur Feststellung der Pflegebedürftigkeit	144
§ 19	Begriff der Pflegepersonen	148

Drittes Kapitel
Versicherungspflichtiger Personenkreis

§ 20	Versicherungspflicht in der sozialen Pflegeversicherung für Mitglieder der gesetzlichen Krankenversicherung	154
§ 21	Versicherungspflicht in der sozialen Pflegeversicherung für sonstige Personen	156
§ 22	Befreiung von der Versicherungspflicht	157
§ 23	Versicherungspflicht für Versicherte der privaten Krankenversicherungsunternehmen	158
§ 24	Versicherungspflicht der Abgeordneten	160
§ 25	Familienversicherung	160
§ 26	Weiterversicherung	162
§ 27	Kündigung eines privaten Pflegeversicherungsvertrages	163

Viertes Kapitel
Leistungen der Pflegeversicherung

Erster Abschnitt
Übersicht über die Leistungen

§ 28	Leistungsarten, Grundsätze	164

Zweiter Abschnitt
Gemeinsame Vorschriften

§ 29	Wirtschaftlichkeitsgebot	168
§ 30	Dynamisierung	169
§ 31	Vorrang der Rehabilitation vor Pflege	169
§ 32	Vorläufige Leistungen zur Rehabilitation	171
§ 33	Leistungsvoraussetzungen	172
§ 34	Ruhen der Leistungsansprüche	175
§ 35	Erlöschen der Leistungsansprüche	181

Dritter Abschnitt
Leistungen

Erster Titel
Leistungen bei häuslicher Pflege

§ 36	Pflegesachleistung	181
§ 37	Pflegegeld für selbst beschaffte Pflegehilfen	186
§ 38	Kombination von Geldleistung und Sachleistung (Kombinationsleistung)	193

Inhaltsübersicht

§ 39 Häusliche Pflege bei Verhinderung der Pflegepersonen 196
§ 40 Pflegehilfsmittel und technische Hilfen 199

Zweiter Titel
Teilstationäre Pflege und Kurzzeitpflege
§ 41 Tagespflege und Nachtpflege 216
§ 42 Kurzzeitpflege 220

Dritter Titel
Vollstationäre Pflege
§ 43 Inhalt der Leistung 224

Vierter Titel
Pflege in vollstationären Einrichtungen der Behindertenhilfe
§ 43a Inhalt der Leistung 229

Vierter Abschnitt
Leistungen für Pflegepersonen
§ 44 Leistungen zur sozialen Sicherung der Pflegepersonen 230
§ 45 Pflegekurse für Angehörige und
ehrenamtliche Pflegepersonen 234

Fünftes Kapitel
Organisation

Erster Abschnitt
Träger der Pflegeversicherung
§ 46 Pflegekassen 236
§ 47 Satzung 238

Zweiter Abschnitt
Zuständigkeit, Mitgliedschaft
§ 48 Zuständigkeit für Versicherte einer Krankenkasse
und sonstige Versicherte 239
§ 49 Mitgliedschaft 240

Dritter Abschnitt
Meldungen
§ 50 Melde- und Auskunftspflichten bei Mitgliedern
der sozialen Pflegeversicherung 241
§ 51 Meldungen bei Mitgliedern
der privaten Pflegeversicherung 243

Vierter Abschnitt
Wahrnehmung der Verbandsaufgaben

§ 52 Aufgaben auf Landesebene 244
§ 53 Aufgaben auf Bundesebene 244
§ 53a Zusammenarbeit der Medizinischen Dienste 245

Sechstes Kapitel
Finanzierung

Erster Abschnitt
Beiträge

§ 54 Grundsatz 246
§ 55 Beitragssatz, Beitragsbemessungsgrenze 246
§ 56 Beitragsfreiheit 247
§ 57 Beitragspflichtige Einnahmen 248
§ 58 Tragung der Beiträge bei versicherungspflichtig
 Beschäftigten 250
§ 59 Beitragstragung bei anderen Mitgliedern 251
§ 60 Beitragszahlung 253

Zweiter Abschnitt
Beitragszuschüsse

§ 61 Beitragszuschüsse für freiwillige Mitglieder der
 gesetzlichen Krankenversicherung und Privatversicherte 254

Dritter Abschnitt
Verwendung und Verwaltung der Mittel

§ 62 Mittel der Pflegekasse 257
§ 63 Betriebsmittel 258
§ 64 Rücklage 258

Vierter Abschnitt
Ausgleichsfonds, Finanzausgleich

§ 65 Ausgleichsfonds 259
§ 66 Finanzausgleich 259
§ 67 Monatlicher Ausgleich 260
§ 68 Jahresausgleich 260

Inhaltsübersicht

Siebtes Kapitel
Beziehungen der Pflegekassen zu den Leistungserbringern

Erster Abschnitt
Allgemeine Grundsätze

| § 69 | Sicherstellungsauftrag | 262 |
| § 70 | Beitragssatzstabilität | 262 |

Zweiter Abschnitt
Beziehungen zu den Pflegeeinrichtungen

§ 71	Pflegeeinrichtungen	263
§ 72	Zulassung zur Pflege durch Versorgungsvertrag	271
§ 73	Abschluß von Versorgungsverträgen	277
§ 74	Kündigung von Versorgungsverträgen	280
§ 75	Rahmenverträge und Bundesempfehlungen über die pflegerische Versorgung	283
§ 76	Schiedsstelle	287

Dritter Abschnitt
Beziehungen zu sonstigen Leistungserbringern

| § 77 | Häusliche Pflege durch Einzelpersonen | 288 |
| § 78 | Verträge über Pflegehilfsmittel | 290 |

Vierter Abschnitt
Wirtschaftlichkeitsprüfungen und Qualitätssicherung

§ 79	Wirtschaftlichkeitsprüfungen	293
§ 80	Qualitätssicherung	295
§ 81	Verfahrensregelungen	298

Achtes Kapitel
Pflegevergütung

Erster Abschnitt
Allgemeine Vorschriften

§ 82	Finanzierung der Pflegeeinrichtungen	299
§ 82 a	Ausbildungsvergütung	301
§ 83	Verordnung zur Regelung der Pflegevergütung	303

Zweiter Abschnitt
Vergütung der stationären Pflegeleistungen

§ 84	Bemessungsgrundsätze	304
§ 85	Pflegesatzverfahren	306
§ 86	Pflegesatzkommission	309
§ 87	Unterkunft und Verpflegung	310
§ 88	Zusatzleistungen	310

Dritter Abschnitt
Vergütung der ambulanten Pflegeleistungen

| § 89 | Grundsätze für die Vergütungsregelung | 311 |
| § 90 | Gebührenordnung für ambulante Pflegeleistungen | 313 |

Vierter Abschnitt
Kostenerstattung, Landespflegeausschüsse

| § 91 | Kostenerstattung | 314 |
| § 92 | Landespflegeausschüsse | 315 |

Neuntes Kapitel
Datenschutz und Statistik

Erster Abschnitt
Informationsgrundlagen

Erster Titel
Grundsätze der Datenverwendung

§ 93	Anzuwendende Vorschriften	317
§ 94	Personenbezogene Daten bei den Pflegekassen	317
§ 95	Personenbezogene Daten bei den Verbänden der Pflegekassen	318
§ 96	Gemeinsame Verarbeitung und Nutzung personenbezogener Daten	319
§ 97	Personenbezogene Daten beim Medizinischen Dienst	320
§ 98	Forschungsvorhaben	321

Zweiter Titel
Informationsgrundlagen der Pflegekassen

| § 99 | Versichertenverzeichnis | 321 |
| § 100 | Nachweispflicht bei Familienversicherung | 322 |

Inhaltsübersicht

§ 101 Pflegeversichertennummer 322
§ 102 Angaben über Leistungsvoraussetzungen 322
§ 103 Kennzeichen für Leistungsträger und Leistungserbringer 322

Zweiter Abschnitt
Übermittlung von Leistungsdaten
§ 104 Pflichten der Leistungserbringer 323
§ 105 Abrechnung pflegerischer Leistungen 323
§ 106 Abweichende Vereinbarungen 324
§ 106a Mitteilungspflichten 325

Dritter Abschnitt
Datenlöschung, Auskunftspflicht
§ 107 Löschen von Daten 325
§ 108 Auskünfte an Versicherte 326

Vierter Abschnitt
Statistik
§ 109 Pflegestatistiken 326

Zehntes Kapitel
Private Pflegeversicherung

§ 110 Regelungen für die private Pflegeversicherung 329
§ 111 Risikoausgleich 331

Elftes Kapitel
Bußgeldvorschrift

§ 112 Bußgeldvorschrift 332

Erstes Kapitel
Allgemeine Vorschriften

§ 1 *Soziale Pflegeversicherung*

(1) Zur sozialen Absicherung des Risikos der Pflegebedürftigkeit wird als neuer eigenständiger Zweig der Sozialversicherung eine soziale Pflegeversicherung geschaffen.

(2) In den Schutz der sozialen Pflegeversicherung sind kraft Gesetzes alle einbezogen, die in der gesetzlichen Krankenversicherung versichert sind. Wer gegen Krankheit bei einem privaten Krankenversicherungsunternehmen versichert ist, muß eine private Pflegeversicherung abschließen.

(3) Träger der sozialen Pflegeversicherung sind die Pflegekassen; ihre Aufgaben werden von den Krankenkassen (§ 4 des Fünften Buches) wahrgenommen.

(4) Die Pflegeversicherung hat die Aufgabe, Pflegebedürftigen Hilfe zu leisten, die wegen der Schwere der Pflegebedürftigkeit auf solidarische Unterstützung angewiesen sind.

(5) Die Leistungen der Pflegeversicherung werden in Stufen eingeführt: die Leistungen bei häuslicher Pflege vom 1. April 1995, die Leistungen bei stationärer Pflege vom 1. Juli 1996 an.

(6) Die Ausgaben der Pflegeversicherung werden durch Beiträge der Mitglieder und der Arbeitgeber finanziert. Die Beiträge richten sich nach den beitragspflichtigen Einnahmen der Mitglieder. Für versicherte Familienangehörige werden Beiträge nicht erhoben.

§ 2 Selbstbestimmung

(1) Die Leistungen der Pflegeversicherung sollen den Pflegebedürftigen helfen, trotz ihres Hilfebedarfs ein möglichst selbständiges und selbstbestimmtes Leben zu führen, das der Würde des Menschen entspricht. Die Hilfen sind darauf auszurichten, die körperlichen, geistigen und seelischen Kräfte der Pflegebedürftigen wiederzugewinnen oder zu erhalten.

(2) Die Pflegebedürftigen können zwischen Einrichtungen und Diensten verschiedener Träger wählen. Ihren Wünschen zur Gestaltung der Hilfe soll, soweit sie angemessen sind, im Rahmen des Leistungsrechts entsprochen werden.

(3) Auf die religiösen Bedürfnisse der Pflegebedürftigen ist Rücksicht zu nehmen. Auf ihren Wunsch hin sollen sie stationäre Leistungen in einer Einrichtung erhalten, in der sie durch Geistliche ihres Bekenntnisses betreut werden können.

(4) Die Pflegebedürftigen sind auf die Rechte nach den Absätzen 2 und 3 hinzuweisen.

Aus dem Rundschreiben der Pflegekassen

1. Allgemeines

Die Leistungen der Pflegeversicherung sollen helfen, dem Pflegebedürftigen trotz seines Hilfebedarfs eine möglichst weitgehende Selbständigkeit bei den Aktivitäten des täglichen Lebens zu fördern, zu erhalten bzw. wiederherzustellen.

2. Rechtsfolgen

(1) Der Eintritt von Pflegebedürftigkeit hat in aller Regel zur Folge, daß der Pflegebedürftige Einschränkungen in der freien Gestaltung seines Lebens hinnehmen muß. Die Leistungen der Pflegeversicherung sind daher so zu gestalten und einzusetzen, daß sie mit dazu beitragen, die Möglichkeiten zu einer selbstbestimmten Lebensführung im Rahmen der dem Pflegebedürftigen verbliebenen Leistungsfähigkeit zu nutzen. Das erfordert ein den individuellen Bedürfnissen des Versicherten Rechnung tragendes Leistungsangebot.

(2) Eine wesentliche Voraussetzung zur Führung eines selbstbestimmten menschenwürdigen Lebens bei Pflegebedürftigkeit ist das der Pflegeversicherung innenwohnende Prinzip des Wunsch- und Wahlrechts der Pflegebedürftigen hinsichtlich der Leistung. Die Leistung darf mithin den Pflegebedürftigen nicht bevormunden. Das Wunsch- und Wahlrecht des Pflegebedürftigen wird allerdings insoweit eingegrenzt, als die Solidargemeinschaft nur für angemessene Wünsche im Rahmen des vorgesehenen Leistungsrechts einzustehen hat.

(3) Den religiösen Bedürfnissen des Pflegebedürftigen soll Rechnung getragen werden. Dabei soll insbesondere bei einer Heimunterbringung sichergestellt werden, daß das religiöse Bekenntnis des Pflegebedürftigen geachtet wird und eine seelsorgerische Betreuung erfolgen kann.

(4) Um zu gewährleisten, daß Pflegebedürftige ihre Wünsche äußern und auch tatsächlich von ihrem Wunsch- und Wahlrecht Gebrauch machen können, obliegt den Pflegekassen die Verpflichtung, die Pflegebedürftigen über ihre Rechte nach den Absätzen 2 und 3 zu informieren (§ 7 SGB XI, § 13 ff. SGB I).

§ 3 Vorrang der häuslichen Pflege

Die Pflegeversicherung soll mit ihren Leistungen vorrangig die häusliche Pflege und die Pflegebereitschaft der Angehörigen und Nachbarn unterstützen, damit die Pflegebedürftigen möglichst lange in ihrer häuslichen Umgebung bleiben können. Leistungen der teilstationären Pflege und der Kurzzeitpflege gehen den Leistungen der vollstationären Pflege vor.

Aus dem Rundschreiben der Pflegekassen

1. Allgemeines

Die Vorschrift stellt eines der wesentlichen Ziele der Pflegeversicherung heraus, in besonderem Maße die häusliche Pflege zu unterstützen und zu fördern. Sie bestimmt den Vorrang der häuslichen (§§ 36 bis 40 SGB XI) und teilstationären (§ 41 SGB XI) Pflege sowie der Kurzzeitpflege (§ 42 SGB XI) gegenüber den Leistungen der vollstationären (§ 43 SGB XI) Pflege.

2. Rechtsfolgen

(1) Der Vorrang der häuslichen Pflege führt nicht zu einer eingeschränkten Berücksichtigung der individuellen Pflegesituation bei der Leistung. Be-

rechtigten Wünschen (vgl. § 2 Abs. 2 SGB XI, § 33 SGB I) des Pflegebedürftigen ist Rechnung zu tragen. Der Vorrang häuslicher Pflege hat dort seine Grenzen, wo bedingt durch die familiären oder sozialen Verhältnisse eine angemessene Versorgung und Betreuung im häuslichen Bereich nicht sichergestellt ist. Wird festgestellt, daß die häusliche Pflege nicht in geeigneter Weise sichergestellt ist, so ist darauf hinzuwirken, daß diese zweckentsprechend erfolgt (vgl. zu § 37 SGB XI, Ziff. 1 und 3).

(2) Aus dem Vorrang der häuslichen Pflege folgt, daß auch teilstationäre Leistungen (§ 41 SGB XI) und Kurzzeitpflege (§ 42 SGB XI) gegenüber den Leistungen bei nicht nur vorübergehender vollstationärer Pflege (§ 43 SGB XI) vorrangig sind. Diese Leistungen ergänzen oder ersetzen die häusliche Pflege. Sie stellen sicher, daß die enge Beziehung des Pflegebedürftigen zu seiner Familie und seinem Wohnbereich aufrechterhalten bleibt.

§ 4 Art und Umfang der Leistungen

(1) Die Leistungen der Pflegeversicherung sind Dienst-, Sach- und Geldleistungen für den Bedarf an Grundpflege und hauswirtschaftlicher Versorgung sowie Kostenerstattung, soweit es dieses Buch vorsieht. Art und Umfang der Leistungen richten sich nach der Schwere der Pflegebedürftigkeit und danach, ob häusliche, teilstationäre oder vollstationäre Pflege in Anspruch genommen wird.

(2) Bei häuslicher und teilstationärer Pflege ergänzen die Leistungen der Pflegeversicherung die familiäre, nachbarschaftliche oder sonstige ehrenamtliche Pflege und Betreuung. Bei teil- und vollstationärer Pflege werden die Pflegebedürftigen von Aufwendungen entlastet, die für ihre Versorgung nach Art und Schwere der Pflegebedürftigkeit erforderlich sind (pflegebedingte Aufwendungen), die Aufwendungen für Unterkunft und Verpflegung tragen die Pflegebedürftigen selbst.

(3) Pflegekassen, Pflegeeinrichtungen und Pflegebedürftige haben darauf hinzuwirken, daß die Leistungen wirksam und wirtschaftlich erbracht und nur im notwendigen Umfang in Anspruch genommen werden.

§ 4 Art und Umfang der Leistungen

Aus der Begründung der Bundesregierung

Die Vorschrift beschreibt die Leistungsarten, deren Umfang sowie die Eigenleistungen der Versicherten.

Zu Absatz 1

Die Leistungen der Pflegeversicherung werden als Dienst-, Sach- und Geldleistungen sowie in Form der Kostenerstattung, soweit eine solche in diesem Buch vorgesehen ist, erbracht. Die Leistungen sollen dazu beitragen, den Bedarf der Pflegebedürftigen an Grundpflege und hauswirtschaftlicher Versorgung zu decken. Zur Grundpflege gehören pflegerische nichtmedizinische Leistungen, z. B. Hilfen bei der Körperpflege und der Hygiene, beim Betten und Lagern sowie bei der Nahrungsaufnahme. Die hauswirtschaftliche Versorgung umfaßt diejenigen Tätigkeiten, die der allgemeinen Wirtschafts- und Lebensführung dienen, insbesondere das Reinigen der Wohnung und die Versorgung mit Wäsche. Die Behandlungspflege hat insbesondere medizinische Hilfeleistungen wie Injektionen, Verbändewechsel oder Verabreichung von Medikamenten zum Gegenstand und ist keine Leistung der Pflegeversicherung; sie wird weiterhin im Rahmen der gesetzlichen Krankenversicherung erbracht.

Zu Absatz 2

Mit den Leistungen der Pflegeversicherung wird eine Vollversorgung der Pflegebedürftigen weder angestrebt noch erreicht. Die Pflegeversicherung stellt eine soziale Grundsicherung in Form von unterstützenden Hilfeleistungen dar, die Eigenleistungen der Versicherten nicht entbehrlich machen. Im ambulanten Bereich obliegt es den Versicherten, einen durch die Leistungen der Pflegeversicherung nicht gedeckten Pflege- und Betreuungsbedarf selbst sicherzustellen. Derzeit erbringen Sozialstationen durchschnittlich täglich 1 bis 2 Einsätze je betreuter Person. In dieser Zahl sind jedoch auch die Einsätze enthalten, die im Rahmen der Behandlungspflege nach § 37 SGB V erbracht werden. Damit ist davon auszugehen, daß die vorgesehenen Leistungen (bis zu 75 Einsätze im Monat) grundsätzlich dem Bedarf gerecht werden. Reichen die Leistungen der Pflegeversicherung im Einzelfall nicht aus, muß der Pflegebedürftige die weitergehenden Leistungen mit eigenen Mitteln bezahlen, gegebenenfalls führt dieser weitergehende Bedarf zu Leistungen der Hilfe zur Pflege nach dem Bundessozialhilfegesetz.

Bei vollstationärer Pflege besteht die Eigenleistung des Versicherten in der Übernahme der Kosten für Unterkunft und Verpflegung. Dies ist zumutbar, da der Versicherte diese Kosten außerhalb der Einrichtung auch selbst zu tragen hätte. Der Anteil des Pflegesatzes, der auf Unterkunft und Verpflegung entfällt, kann mit etwa einem Drittel angesetzt werden, wenn man

§ 4 Art und Umfang der Leistungen

davon ausgeht, daß die Investitionen im Pflegesatz nicht mehr enthalten sein werden. Auch hier gilt, daß der Pflegebedürftige gegebenenfalls Leistungen der Sozialhilfe (Hilfe zum Lebensunterhalt) in Anspruch nehmen muß.

Zu Absatz 3

Absatz 3 enthält allgemeine Grundsätze der Leistungserbringung. Im Interesse der Solidargemeinschaft werden alle Beteiligten zur Wirtschaftlichkeit verpflichtet. Die Vorschrift macht deutlich, daß der notwendige Standard pflegerischer Leistungen gewährleistet wird, Leistungen im Übermaß jedoch ausgeschlossen sind.

Aus der Begründung zum ersten Änderungsgesetz

Zu Absatz 2 Satz 2

Die Änderung enthält eine redaktionelle Folgeänderung im Hinblick auf die Änderungen in den §§ 41 und 43.

Aus dem Rundschreiben der Pflegekassen

1. Leistungsarten/-inhalt

Die Leistungen der Pflegeversicherung werden als Dienst-, Sach- und Geldleistungen (§§ 36 bis 45 SGB XI) sowie als Kostenerstattung (§ 91 SGB XI) erbracht. Sie sollen dazu beitragen, den Bedarf des Pflegebedürftigen an Grundpflege und hauswirtschaftlicher Versorgung zu decken.

Zur Grundpflege gehören die notwendigen pflegerischen nichtmedizinischen Hilfeleistungen bei den in § 14 Abs. 4 Nr. 1 bis 3 SGB XI aufgeführten Verrichtungen; ggf. auch die therapieunterstützenden Maßnahmen sowie die Beaufsichtigung und Anleitung durch die Pflegeperson mit dem Ziel der eigenständigen Übernahme dieser Verrichtungen durch die pflegebedürftige Person.

Die Behandlungspflege (z. B. medizinische Hilfeleistungen wie Injektion und Verbandwechsel) stellt keine Leistung der Pflegeversicherung dar; sie wird weiterhin durch die gesetzliche Krankenversicherung erbracht (§ 37 SGB V gilt; vgl. § 34 SGB XI).

Zur hauswirtschaftlichen Versorgung gehören insbesondere die im § 14 Abs. 4 Nr. 4 SGB XI aufgelisteten Tätigkeiten.

Zur Abgrenzung zwischen Grund-/Behandlungspflege und hauswirtschaftlicher Versorgung wird noch gesondert Stellung genommen.

2. Leistungsumfang

Die Leistungen der Pflegeversicherung unterstützen die familiäre und nachbarschaftliche Pflege. Die Pflegeversicherung stellt eine soziale Grundsicherung in Form von unterstützenden Hilfeleistungen dar, die Eigenleistungen der Versicherten nicht entbehrlich machen. So obliegt es den Versicherten, einen durch die Leistungen der Pflegeversicherung nicht gedeckten Pflege- und Betreuungsbedarf selbst sicherzustellen. Reichen die Mittel des Pflegebedürftigen hierfür nicht aus, führt dies ggf. zu einem Leistungsanspruch nach dem BSHG, BVG, LAG.

3. Wirtschaftlichkeit

Bei den Leistungen der Pflegeversicherung ist auf die Notwendigkeit und Wirtschaftlichkeit zu achten. Leistungen, die diese Voraussetzungen nicht erfüllen, sind nicht bewilligungsfähig und dürfen die Leistungserbringer nicht zu Lasten der Pflegeversicherung bewirken (vgl. § 29 SGB XI).

§ 5 *Vorrang von Prävention und Rehabilitation*

(1) Die Pflegekassen wirken bei den zuständigen Leistungsträgern darauf hin, daß frühzeitig alle geeigneten Maßnahmen der Prävention, der Krankenbehandlung und der Rehabilitation eingeleitet werden, um den Eintritt von Pflegebedürftigkeit zu vermeiden.

(2) Die Leistungsträger haben im Rahmen ihres Leistungsrechts auch nach Eintritt der Pflegebedürftigkeit ihre medizinischen und ergänzenden Leistungen zur Rehabilitation in vollem Umfang einzusetzen und darauf hinzuwirken, die Pflegebedürftigkeit zu überwinden, zu mindern sowie eine Verschlimmerung zu verhindern.

Vgl. auch §§18, 31, 32 SGB XI.

§ 5 Vorrang von Prävention und Rehabilitation

Aus dem Rundschreiben der Pflegekassen

1. Aufgaben der Pflegekassen

(1) Die Pflegekassen sind verpflichtet, im konkreten Bedarfsfall bei den zuständigen Leistungsträgern (z. B. Krankenkassen und Rentenversicherungsträgern) frühzeitig darauf hinzuwirken, daß die in deren Leistungsrahmen fallenden Maßnahmen der Prävention, der Krankenbehandlung und der Rehabilitation eingeleitet werden, um den Eintritt von Pflegebedürftigkeit zu vermeiden, die Pflegebedürftigkeit zu überwinden, zu mindern oder eine Verschlimmerung zu verhindern.

(2) Kenntnis von notwendigen Maßnahmen der Prävention, der Krankenbehandlung und der Rehabilitation erhalten die Pflegekassen insbesondere durch das Gutachten des MDK sowie durch den behandelnden Arzt oder das behandelnde Krankenhaus. Ggf. gibt die Pflegekasse diese Information an den zuständigen Leistungsträger weiter.

2. Aufgaben anderer Leistungsträger

(1) Der Eintritt von Pflegebedürftigkeit – sowohl unterhalb der Pflegestufe I als auch nach den Pflegestufen I bis III (vgl. § 15 Abs. 1 SGB XI) – oder eine drohende Pflegebedürftigkeit hat für sich alleine noch nicht zur Folge, daß die gegen andere Leistungsträger bestehenden Leistungsansprüche ruhen oder wegfallen. Vielmehr haben die Leistungsträger auch bei drohender oder eingetretener Pflegebedürftigkeit ihre medizinischen und ergänzenden Leistungen mit dem Ziel einzusetzen, die Pflegebedürftigkeit zu vermeiden, zu mindern, zu überwinden oder ihre Verschlimmerung zu verhindern. Voraussetzung ist aber, daß die speziellen Leistungsvoraussetzungen vorliegen (vgl. für den Bereich der GKV z. B. die im gemeinsamen Rundschreiben zu den leistungsrechtlichen Vorschriften des GRG vom 9. 12. 1988 aufgeführten einzelnen Leistungsvoraussetzungen sowie für den Bereich der RV § 10 SGB VI).

(2) Der weiter bestehenden Leistungspflicht der gesetzlichen Krankenversicherung trägt die Ergänzung des § 11 Abs. 2 SGB V Rechnung. Zur Abgrenzung hinsichtlich des Begriffs „aktivierender Pflege" siehe § 28 SGB XI.

(3) Zum Vorrang von Rehabilitations- vor Pflegeleistungen und zur vorläufigen Erbringung von Leistungen zur Rehabilitation durch die Pflegekasse siehe §§ 31 und 32 SGB XI.

§ 6 Eigenverantwortung

(1) Die Versicherten sollen durch gesundheitsbewußte Lebensführung, durch frühzeitige Beteiligung an Vorsorgemaßnahmen und durch aktive Mitwirkung an Krankenbehandlung und medizinischer Rehabilitation dazu beitragen, Pflegebedürftigkeit zu vermeiden.

(2) Nach Eintritt der Pflegebedürftigkeit haben die Pflegebedürftigen an Maßnahmen der medizinischen Rehabilitation und der aktivierenden Pflege mitzuwirken, um die Pflegebedürftigkeit zu überwinden, zu mindern oder eine Verschlimmerung zu verhindern.

Aus dem Rundschreiben der Pflegekassen

1. Mitwirkungspflicht

Diese Bestimmung hebt – wie in § 1 SGB V für den Bereich der gesetzlichen Krankenversicherung – die Verpflichtung der Versicherten hervor, durch eine gesundheitsbewußte Lebensführung sowie durch die Inanspruchnahme von Vorsorge- und Behandlungsmaßnahmen dazu beizutragen, Pflegebedürftigkeit zu vermeiden. Diese Pflicht zur Mitwirkung besteht im Rahmen der §§ 60 ff. SGB I auch nach eingetretener Pflegebedürftigkeit, wenn erfolgversprechende Maßnahmen möglich sind, mit denen das Ausmaß der Pflegebedürftigkeit verringert, eine Verschlimmerung verhütet oder sogar die Pflegebedürftigkeit überwunden werden kann.

§ 7 Aufklärung, Beratung

(1) Die Pflegekassen haben die Eigenverantwortung der Versicherten durch Aufklärung und Beratung über eine gesunde, der Pflegebedürftigkeit vorbeugende Lebensführung zu unterstützen und auf die Teilnahme an gesundheitsfördernden Maßnahmen hinzuwirken.

(2) Die Pflegekassen haben die Versicherten und ihre Angehörigen in den mit der Pflegebedürftigkeit zusammenhän-

§ 7 Aufklärung, Beratung

genden Fragen, insbesondere über die Leistungen der Pflegekassen sowie über die Leistungen und Hilfen anderer Träger, zu unterrichten und zu beraten. Mit Einwilligung des Versicherten haben der behandelnde Arzt, das Krankenhaus, die Rehabilitations- und Versorgungseinrichtungen sowie die Sozialleistungsträger unverzüglich die zuständige Pflegekasse zu benachrichtigen, wenn sich der Eintritt von Pflegebedürftigkeit abzeichnet oder wenn Pflegebedürftigkeit festgestellt wird. Für die Beratung erforderliche personenbezogene Daten dürfen nur mit Einwilligung des Versicherten erhoben, verarbeitet und genutzt werden.

Aus dem Rundschreiben der Pflegekassen

1. Aufklärung und Beratung

(1) Die Pflegekassen haben die Aufgabe, das von den Versicherten nach § 6 SGB XI erwartete eigenverantwortliche Handeln zu fördern. Die Pflegekassen haben die Pflicht zur Aufklärung, Beratung und Auskunft nach den §§ 13 bis 15 SGB I. Inhalt und Umfang dieser Aufgaben entsprechen dem auf diesen Gebieten von der GKV zu erfüllenden Auftrag. Als Aufklärungsmaßnahmen kommen insbesondere Beiträge in Mitgliederzeitschriften und die Herausgabe von Informationsbroschüren in Betracht. Ggf. ist die Beantragung einer Leistung nach § 20 Abs. 3 SGB V zu empfehlen.

(2) Bei der Beratung sind die Angehörigen und beteiligte Dritte im Bedarfsfall einzubeziehen. Die ist insbesondere gegeben, wenn
– die Pflege ehrenamtlich (z. B. von Angehörigen oder Nachbarn) erbracht wird,
– die Art oder Schwere der Erkrankung eine Kontaktaufnahme mit dem Pflegebedürftigen erschwert,
– eine Leistungspflicht nach § 44 SGB XI besteht.

(3) Die Beratung/Auskunft soll möglichst frühzeitig erfolgen, damit ein nahtloser Übergang zur Pflege, insbesondere im häuslichen Bereich, sowie die bestmögliche frühzeitige Nutzung aller zur Verfügung stehenden Pflegeleistungen gewährleistet ist.

Information durch Dritte

Mit Einwilligung des Versicherten haben der behandelnde Arzt, das Krankenhaus, die Rehabilitations- und Vorsorgeeinrichtungen sowie die

Sozialleistungsträger unverzüglich die zuständige Pflegekasse zu benachrichtigen, wenn sich der Eintritt von Pflegebedürftigkeit wegen der Art, Schwere oder Dauer einer Krankheit oder Behinderung abzeichnet oder wenn Pflegebedürftigkeit festgestellt wird. Nach Eingang dieser Information ist die Pflegekasse verpflichtet,

– den Versicherten und seine Angehörigen aufzuklären und zu beraten,
– auf die in Frage kommenden Leistungen anderer Leistungsträger (z. B. geeignete Maßnahmen zur Rehabilitation) hinzuweisen,
– die anderen Leistungsträger entsprechend zu unterrichten und
– auf das Stellen von Leistungsanträgen sowohl bei ihr als auch bei anderen Leistungsträgern hinzuwirken (siehe auch §§ 5, 18 Abs. 1 – letzter Halbsatz –, 31 und 32 SGB XI).

§ 8 Gemeinsame Verantwortung

(1) Die pflegerische Versorgung der Bevölkerung ist eine gesamtgesellschaftliche Aufgabe.

(2) Die Länder, die Kommunen, die Pflegeeinrichtungen und die Pflegekassen wirken unter Beteiligung des Medizinischen Dienstes eng zusammen, um eine leistungsfähige, regional gegliederte, ortsnahe und aufeinander abgestimmte ambulante und stationäre pflegerische Versorgung der Bevölkerung zu gewährleisten. Sie tragen zum Ausbau und zur Weiterentwicklung der notwendigen pflegerischen Versorgungsstrukturen bei; das gilt insbesondere für die Ergänzung des Angebots an häuslicher und stationärer Pflege durch neue Formen der teilstationären Pflege und Kurzzeitpflege sowie für die Vorhaltung eines Angebots von die Pflege ergänzenden Maßnahmen der medizinischen Rehabilitation. Sie unterstützen und fördern darüber hinaus die Bereitschaft zu einer humanen Pflege und Betreuung durch hauptberufliche und ehrenamtliche Pflegekräfte sowie durch Angehörige, Nachbarn und Selbsthilfegruppen und wirken so auf eine neue Kultur des Helfens und der mitmenschlichen Zuwendung hin.

§ 8 Gemeinsame Verantwortung

Aus der Begründung der Bundesregierung

Zu Absatz 1

Die Vorschrift macht deutlich, daß auch nach Einführung der Pflegeversicherung eine umfassende pflegerische Versorgung nur im Zusammenwirken vieler gesellschaftlicher Kräfte und Institutionen sichergestellt werden kann. Es ist dazu notwendig, daß sich neben den freigemeinnützigen, privaten und öffentlichen Trägern von Einrichtungen, den Pflegekassen und den Ländern auch Angehörige und ehrenamtlich Tätige wie Nachbarn und Mitglieder von Selbsthilfeorganisationen sowie sonstige kirchliche oder weltanschaulich geprägte karitative Organisationen für die Pflegebedürftigen engagieren.

Zu Absatz 2

Dieses Buch weist in Ausfüllung der gemeinsamen Verantwortung für die Pflegebedürftigen den Pflegeeinrichtungen die konkrete Versorgung im Einzelfall, den Pflegekassen die Sicherstellung der Versorgung ihrer Versicherten und den Ländern die Pflicht zu, auf eine ausreichende pflegerische Infrastruktur hinzuwirken.

Pflegekassen, Pflegeeinrichtungen und Länder fördern im Zusammenwirken mit allen gesellschaftlichen Kräften die strukturellen Rahmenbedingungen für eine lückenlose pflegerische Versorgung und unterstützen die Bereitschaft zur Pflege.

Die Förderung beschränkt sich nicht allein auf bewährte Maßnahmen der Pflege und Betreuung. Sie hat vielmehr auch innovative Tendenzen und Erkenntnisse zu berücksichtigen, die zu einer Verbesserung der Pflegesituation beitragen. Neben dieser allein auf die Voraussetzungen und die Durchführung einer wirksamen Pflege gerichteten Förderung sind der weitere Ausbau und die Gestaltung attraktiver Lebens- und Wohnsituationen für ältere Menschen durch die Länder und Kommunen von erheblicher Bedeutung. Es gilt, der sozialen Isolation älterer, häufig alleinstehender Menschen vorzubeugen und ihnen Perspektiven und Möglichkeiten für eine selbständige Lebensführung auch im Alter bei Krankheit und Gebrechlichkeit zu eröffnen. Denkbar sind etwa neue Formen des betreuten Wohnens, die insbesondere durch Aufrechterhaltung und Intensivierung sozialer Kontakte sowie durch Hilfen bei der Bewältigung des Alltages dazu beitragen, Pflegebedürftigkeit zu vermeiden, hinauszuschieben, zu verringern oder deren Verschlimmerung zu verhüten.

Im Sinne einer neuen Kultur des Helfens – für die mit der Einführung der sozialen Pflegeversicherung die rechtlichen Grundlagen geschaffen werden – gilt es zudem, das Bewußtsein für die Bedeutung einer humanen, zuwendungsorientierten Pflege und Betreuung für die zukünftige gesellschaftliche Entwicklung in Deutschland zu verstärken. Nur bei zunehmender Bereitschaft zur Pflege und Betreuung und bei einer angemessenen Anerkennung für die Leistungen hauptberuflicher und ehrenamtlicher Pflegekräfte kann die Situation Pflegebedürftiger weiter verbessert werden. Zu diesem Zwecke erscheint insbesondere eine Ausdehnung des Angebotes ehrenamtlicher Dienste wünschenswert.

§ 9 Aufgaben der Länder

Die Länder sind verantwortlich für die Vorhaltung einer leistungsfähigen, zahlenmäßig ausreichenden und wirtschaftlichen pflegerischen Versorgungsstruktur. Das Nähere zur Planung und zur Förderung der Pflegeeinrichtungen wird durch Landesrecht bestimmt. Zur finanziellen Förderung der Investitionskosten der Pflegeeinrichtungen sollen Einsparungen eingesetzt werden, die den Trägern der Sozialhilfe durch die Einführung der Pflegeversicherung entstehen.

S. Landespflegegesetze

Aus der Begründung der Bundesregierung

Die Vorschrift beschreibt die Aufgaben der Länder und des Bundes im Hinblick auf koordinierende und beratende Funktionen beim Aufbau einer effektiven Pflegeinfrastruktur. Dazu werden in den Ländern landesweite oder regionale Pflegeausschüsse eingerichtet.

§ 10 Aufgaben des Bundes

(1) Beim Bundesministerium für Arbeit und Sozialordnung wird ein Ausschuß für Fragen der Pflegeversicherung gebildet, dem die beteiligten Bundesressorts, die zuständigen obersten Landesbehörden, die kommunalen Spitzenverbände auf Bundesebene und die Bundesarbeitsgemeinschaft der überörtlichen Träger der Sozialhilfe, die Spitzenverbände der gesetzli-

§ 10 Aufgaben des Bundes

chen Krankenversicherung, der Medizinische Dienst der Spitzenverbände der Krankenkassen, der Verband der privaten Krankenversicherung e.V. und die Bundesarbeitsgemeinschaft der Freien Wohlfahrtspflege angehören. Das Bundesministerium für Arbeit und Sozialordnung beruft darüber hinaus Bundesverbände der Behinderten, der privaten ambulanten Dienste und der privaten Alten- und Pflegeheime in den Ausschuß.

(2) Dem Ausschuß obliegt die Beratung der Bundesregierung in allen Angelegenheiten, die einer leistungsfähigen und wirtschaftlichen Versorgung der Pflegebedürftigen dienen, insbesondere mit dem Ziel, die Durchführung dieses Buches zwischen Bund und Ländern abzustimmen und die soziale und private Pflegeversicherung zu verbessern und weiterzuentwikkeln.

(3) Den Vorsitz und die Geschäfte führt das Bundesministerium für Arbeit und Sozialordnung.

(4) Das Bundesministerium für Arbeit und Sozialordnung berichtet den gesetzgebenden Körperschaften des Bundes im Abstand von drei Jahren, erstmals im Jahre 1997, über die Entwicklung der Pflegeversicherung, den Stand der pflegerischen Versorgung in der Bundesrepublik Deutschland und die Umsetzung der Empfehlungen und Vorschläge des Ausschusses für Fragen der Pflegeversicherung.

Aus der Begründung der Bundesregierung

Beim Bundesministerium für Arbeit und Sozialordnung wird ein Ausschuß für Fragen der Pflegeversicherung gebildet, in den die an der pflegerischen Versorgung beteiligten Organisationen, vertreten durch ihre Bundesverbände, einbezogen werden. Die Hauptaufgabe des Ausschusses – etwa nach dem Vorbild des Beirates für Rehabilitation nach § 35 SchwbG – besteht darin, einen organisatorischen Rahmen zu bilden für eine wirksame Koordinierung auf der Bundesebene und Verbindung zu halten zu anderen Bereichen der Gesundheits- und Sozialpolitik und zur internationalen Entwicklung.

Aus der Begründung zum ersten Änderungsgesetz

Zu Absatz 1

Redaktionelle Klarstellung, daß nicht jeder Bundesverband einen Anspruch auf Teilnahme an den Sitzungen des Bundes-Pflegeausschusses hat. Die bisherige Fassung des § 10 Abs. 1 wurde von einigen Verbänden entgegen dem Sinn und Zweck der Regelung dahingehend ausgelegt, daß das Bundesarbeitsministerrium kein Auswahlermessen bezüglich der Berufung von Bundesverbänden der Behinderten, der Verbände der privaten ambulanten Dienste sowie der Bundesverbände der privaten Alten- und Pflegeheime habe. Zur Vermeidung unnötiger gerichtlicher Verfahren und um die Arbeits- und Beschlußfähigkeit des Gremiums, dem bereits 52 Institutionen und Verbände angehören, zu gewährleisten, soll der Absatz 1 neu gefaßt werden.

§ 11 Rechte und Pflichten der Pflegeeinrichtungen

(1) Die Pflegeeinrichtungen pflegen, versorgen und betreuen die Pflegebedürftigen, die ihre Leistungen in Anspruch nehmen, entsprechend dem allgemein anerkannten Stand medizinisch-pflegerischer Erkenntnisse. Inhalt und Organisation der Leistungen haben eine humane und aktivierende Pflege unter Achtung der Menschenwürde zu gewährleisten.

(2) Bei der Durchführung dieses Buches sind die Vielfalt der Träger von Pflegeeinrichtungen zu wahren sowie deren Selbständigkeit, Selbstverständnis und Unabhängigkeit zu achten. Dem Auftrag kirchlicher und sonstiger Träger der freien Wohlfahrtspflege, kranke, gebrechliche und pflegebedürftige Menschen zu pflegen, zu betreuen, zu trösten und sie im Sterben zu begleiten, ist Rechnung zu tragen. Freigemeinnützige und private Träger haben Vorrang gegenüber öffentlichen Trägern.

(3) Die Bestimmungen des Heimgesetzes bleiben unberührt.

§ 12 Aufgaben der Pflegekassen

Aus der Begründung der Bundesregierung

Zu Absatz 1

Absatz 1 legt den Qualitätsanspruch fest, dem die Pflegeeinrichtungen in der ambulanten und in der stationären Pflege genügen müssen. Die Anbindung an den jeweiligen Stand medizinisch-pflegerischer Erkenntnisse macht deutlich, daß dieser Qualitätsanspruch nicht statisch die derzeit geltenden Grundsätze der Pflege festschreibt, sondern daß die Einrichtungen die von ihnen zu erbringende Pflege gegebenenfalls der Entwicklung dieser Erkenntnisse anpassen müssen. Die Qualität der Pflege wird somit nicht durch den Grundsatz der Wirtschaftlichkeit oder der Beitragssatzstabilität negativ beeinflußt. Die Vorschrift hebt die Verpflichtung der Einrichtung hervor, die Pflege so zu gestalten und zu organisieren, daß die Menschenwürde des Pflegebedürftigen gewahrt wird.

Zu Absatz 2

In der Vorschrift findet der Grundsatz der Trägervielfalt Niederschlag. Sie berücksichtigt die historisch gewachsene Situation des Nebeneinanders von öffentlichen, freigemeinnützigen und privaten Pflegeheimen und Pflegediensten. In der Vergangenheit haben es insbesondere kirchliche Träger als ihre wesentlichen Aufgaben verstanden, in Ausübung tätiger Nächstenliebe gebrechliche, kranke und pflegebedürftige Menschen zu pflegen, zu betreuen und zu trösten, Seelsorge zu leisten und sie im Sterben zu begleiten. Dieses Selbstverständnis hat sich in langer Tradition geformt und soll durch die Pflegeversicherung nicht beeinträchtigt werden. Dies gilt nicht nur für kirchliche Träger, sondern auch für die nicht den Kirchen zugeordneten Träger der freien Wohlfahrtspflege, deren karitatives Wirken in der Vergangenheit wesentlich zur pflegerischen Versorgung der Bevölkerung beigetragen hat. Die Regelung macht deutlich, daß auch künftig der Beitrag der kirchlichen und der übrigen Träger der freien Wohlfahrtspflege unverzichtbar bleibt.

Zu Absatz 3

Die Vorschrift stellt das Verhältnis der Regelungen des Elften Buches zu denen des Heimgesetzes klar.

Aus dem Bericht des AS-Ausschusses
BT-Drucksache 12/5952

Zu Absatz 1

Die Einfügung verdeutlicht, daß sich die Versorgung nicht auf eine »Satt-Sauber-Pflege« beschränkt, sondern darauf ausgerichtet sein muß, den Pflegebedürftigen in seine Pflege und Betreuung aktiv einzubeziehen, um insbesonders den Willen und die Fähigkeit zur Selbsthilfe zu fördern und zu unterstützen.

§ 12 Aufgaben der Pflegekassen

(1) Die Pflegekassen sind für die Sicherstellung der pflegerischen Versorgung ihrer Versicherten verantwortlich. Sie arbeiten dabei mit allen an der pflegerischen, gesundheitlichen und sozialen Versorgung Beteiligten eng zusammen und wirken darauf hin, daß Mängel der pflegerischen Versorgungsstruktur beseitigt werden. Die Pflegekassen sollen zur Durchführung der ihnen gesetzlich übertragenen Aufgaben örtliche und regionale Arbeitsgemeinschaften bilden. § 94 Abs. 2 bis 4 des Zehnten Buches gilt entsprechend.

(2) Die Pflegekassen wirken mit den Trägern der ambulanten und der stationären gesundheitlichen und sozialen Versorgung partnerschaftlich zusammen, um die für den Pflegebedürftigen zur Verfügung stehenden Hilfen zu koordinieren. Sie stellen insbesondere sicher, daß im Einzelfall ärztliche Behandlung, Behandlungspflege, rehabilitative Maßnahmen, Grundpflege und hauswirtschaftliche Versorgung nahtlos und störungsfrei ineinandergreifen.

Vgl. auch § 69 SGB XI

Aus der Begründung der Bundesregierung

Zu Absatz 1

Die Regelung überträgt die Sicherstellung der pflegerischen Versorgung der Versicherten den Pflegekassen. Dieser Auftrag wird in § 69 näher konkretisiert. Die Pflegekassen schließen zu diesem Zweck Verträge mit Leistungserbringern. Zur Erfüllung der damit in Zusammenhang stehenden Aufgaben ist es zweckmäßig, daß die Pflegekassen, gegebenenfalls auch ihre Verbände, Arbeitsgemeinschaften bilden. Diese dienen auch der gegenseitigen Unterrichtung, Abstimmung und Förderung der engen Zusammenarbeit.

§ 13 Verhältnis der Leistungen der Pflegeversicherung zu anderen Sozialleistungen

Zu Absatz 2

Um die im Einzelfall notwendigen Hilfen zur Pflege besser aufeinander abstimmen zu können und für den Pflegebedürftigen eine optimale Versorgung zu erreichen, sollen die Pflegekassen im Zusammenwirken mit den Trägern der ambulanten und der stationären gesundheitlichen und sozialen Versorgung koordinierende Funktionen wahrnehmen. Dazu gehört beispielsweise, daß die Pflegekasse

– auf reibungsloses Zusammenwirken von ärztlicher Behandlung, Maßnahmen der Rehabilitation, der Behandlungspflege mit Grundpflege und hauswirtschaftlicher Versorgung,

– bei vorübergehender Unterbrechung der häuslichen Pflege auf reibungslose Zusammenarbeit zwischen Trägern vollstationärer, teilstationärer und ambulanter Pflege,

– zur Vermeidung langer Wartezeiten auf den Einsatz ortsnaher Pflegeeinrichtungen

hinwirkt. Sie soll z. B. sicherstellen, daß für einen Pflegebedürftigen, der sowohl Maßnahmen der Behandlungspflege (zu Lasten der Krankenkasse) als auch der Grundpflege (zu Lasten der Pflegekasse) benötigt, nicht mehrere Pflegekräfte zum Einsatz kommen, sondern alle Leistungen von einer Pflegekraft oder einer Sozialstation erbracht werden.

Erfahrungen, insbesondere im Rahmen von Modellvorhaben des Bundesministeriums für Arbeit und Sozialordnung zur Verbesserung der ambulanten Versorgung Pflegebedürftiger, haben gezeigt, daß durch Koordinierung der Zusammenarbeit die Effizienz der pflegerischen Versorgung erheblich verbessert werden kann. Vor allem die Nutzung des vorhandenen Pflegepotentials kann so gesteigert werden, um möglichen Engpässen entgegenzuwirken. Die Formen der Zusammenarbeit werden wegen ihrer vielfältigen Ausgestaltungsmöglichkeiten, insbesondere im Hinblick auf örtliche Besonderheiten, nicht näher festgelegt.

§ 13 Verhältnis der Leistungen der Pflegeversicherung zu anderen Sozialleistungen

(1) Den Leistungen der Pflegeversicherung gehen die Entschädigungsleistungen wegen Pflegebedürftigkeit

1. nach dem Bundesversorgungsgesetz und nach den Gesetzen, die eine entsprechende Anwendung des Bundesversorgungsgesetzes vorsehen,

2. aus der gesetzlichen Unfallversicherung und
3. aus öffentlichen Kassen auf Grund gesetzlich geregelter Unfallversorgung oder Unfallfürsorge

vor.

(2) Die Leistungen der häuslichen Krankenpflege nach § 37 des Fünften Buches bleiben unberührt.

(3) Die Leistungen der Pflegeversicherung gehen den Fürsorgeleistungen zur Pflege
1. nach dem Bundessozialhilfegesetz,
2. nach dem Lastenausgleichsgesetz, dem Reparationsschädengesetz und dem Flüchtlingshilfegesetz,
3. nach dem Bundesversorgungsgesetz (Kriegsopferfürsorge) und nach den Gesetzen, die eine entsprechende Anwendung des Bundesversorgungsgesetzes vorsehen,

vor. Leistungen zur Pflege nach diesen Gesetzen sind zu gewähren, wenn und soweit Leistungen der Pflegeversicherung nicht erbracht werden oder diese Gesetze dem Grunde oder der Höhe nach weitergehende Leistungen als die Pflegeversicherung vorsehen. Die Leistungen der Eingliederungshilfe für Behinderte nach dem Bundessozialhilfegesetz, dem Bundesversorgungsgesetz und dem Achten Buch bleiben unberührt, sie sind im Verhältnis zur Pflegeversicherung nicht nachrangig; die notwendige Hilfe in den Einrichtungen nach § 71 Abs. 4 ist einschließlich der Pflegeleistungen zu gewähren.

(4) Treffen Pflegeleistungen mit Leistungen der Eingliederungshilfe oder mit weitergehenden Pflegeleistungen nach dem Bundessozialhilfegesetz zusammen, sollen die Pflegekassen und der Träger der Sozialhilfe vereinbaren, daß im Verhältnis zum Pflegebedürftigen nur eine Stelle die Leistungen übernimmt und die andere Stelle die Kosten der von ihr zu tragenden Leistungen erstattet.

§ 13 Verhältnis der Leistungen der Pflegeversicherung zu anderen Sozialleistungen

(5) Die Leistungen der Pflegeversicherung bleiben als Einkommen bei Sozialleistungen, deren Gewährung von anderen Einkommen abhängig ist, unberücksichtigt. Satz 1 gilt entsprechend bei Vertragsleistungen aus privaten Pflegeversicherungen, die der Art und dem Umfang nach den Leistungen der sozialen Pflegeversicherung gleichwertig sind. Rechtsvorschriften, die weitergehende oder ergänzende Leistungen aus einer privaten Pflegeversicherung von der Einkommensermittlung ausschließen, bleiben unberührt.

Aus dem Rundschreiben der Pflegekassen

1. Nachrangigkeit von Leistungen der Pflegeversicherung

Die Leistungen der Pflegeversicherung sind gegenüber gesetzlichen Entschädigungsleistungen nachrangig. Das Zusammentreffen der Leistungsansprüche wird im § 34 SGB XI geregelt. Das dort normierte Ruhen der Leistungen der Pflegekasse stellt sicher, daß der Pflegebedürftige insgesamt die höchste ihm zustehende Leistung erhält (siehe zu § 34 SGB XI, Ziffer 2).

2. Nebeneinander von Leistungen der Pflegeversicherung und der GKV

(1) Die häusliche Krankenpflege nach § 37 Abs. 1 SGB V umfaßt neben der Behandlungspflege auch die im Einzelfall notwendige Grundpflege und hauswirtschaftliche Versorgung. Die Erbringung dieser Leistung führt nach § 34 Abs. 2 SGB XI zum Ruhen des Anspruchs auf Leistungen bei häuslicher Pflege nach den §§ 36 bis 39 SGB XI. Demgegenüber wird die häusliche Krankenpflege nach § 37 Abs. 2 Satz 1 SGB V neben den Leistungen nach den §§ 36 bis 39 SGB XI erbracht. Soweit die Satzung der Krankenkasse bestimmt, daß zusätzlich zur Behandlungspflege auch Grundpflege und hauswirtschaftliche Versorgung erbracht wird, endet dieser satzungsgemäße Leistungsanspruch mit Eintritt der Pflegebedürftigkeit im Sinne des SGB XI (§ 37 Abs. 2 Satz 4 SGB V), so daß insoweit Leistungen der Krankenkasse und der Pflegekasse nicht zusammentreffen.

(2) Die Haushaltshilfe nach § 38 SGB V aufgrund der gesetzlichen Ausgestaltungsmodalitäten umfassend und ohne besondere Abgrenzungsregelungen zu erbringen. Sie beinhaltet generell die Versorgung des gesamten Haushalts und schließt etwa bei der Beschaffung und Zubereitung der Mahlzeiten alle üblicherweise im Haushalt zu versorgenden Personen ein. Der Inhalt der häuslichen Pflege wird nach §§ 36 bis 39 SGB XI im Gegen-

satz hierzu auf die im Einzelfall notwendige Grundpflege und hauswirtschaftliche Versorgung begrenzt. Soweit die hauswirtschaftliche Versorgung bereits im Rahmen der Erbringung von Haushaltshilfe nach § 38 SGB V zur Verfügung gestellt wird, besteht somit keine Notwendigkeit für eine hauswirtschaftliche Versorgung im Rahmen der häuslichen Pflege. Diese ist dann allein auf grundpflegerische Leistungen auszurichten. Anspruch auf Pflegegeld besteht neben Haushaltshilfe.

(3) Weitere Erläuterungen siehe auch zu § 34 SGB XI, Ziffer 3.

3. Vorrangigkeit von Leistungen der Pflegeversicherung

(1) Die Leistungen der Pflegeversicherung gehen den von einer Bedürftigkeitsprüfung abhängigen Sozialleistungen zur Pflege grundsätzlich vor. Soweit gegenüber der Pflegekasse kein Leistungsanspruch besteht, weil die Pflegebedürftigkeit

- voraussichtlich für weniger als 6 Monate besteht (Ausnahme: Kürzere verbleibende Lebensspanne) oder
- unterhalb der Pflegestufe I (§ 15 Abs. 1 Nr. 1 SGB XI) liegt oder
- für andere Verrichtungen als nach § 14 Abs. 4 SGB XI besteht,

bleibt der Anspruch auf die fürsorgerischen Leistungen erhalten (§ 68 Abs. 1 Satz 2 BSHG, § 26 c Abs. 1 Satz 2 BVG).

(2) Unberührt vom Anspruch auf Leistungen gegenüber der Pflegekasse bleibt auch der Anspruch auf Eingliederungshilfe nach den §§ 39 ff. BSHG und dem SGB VIII sowie der Anspruch nach den §§ 68 ff. BSHG, soweit die Leistungen der Pflegeversicherung den Bedarf im Einzelfall nicht abdecken (siehe zu § 4 SGB XI, Ziffer 2).

4. Zusammentreffen von Leistungen der Pflegeversicherung mit Leistungen nach dem BSHG bzw. SGB VIII

Soweit Pflegeleistungen nach diesem Gesetz mit Leistungen der Eingliederungshilfe oder mit weitergehenden Pflegeleistungen nach dem BSHG zusammentreffen, sollten zur Vermeidung verschiedener Zuständigkeiten auf der Landes- bzw. Ortsebene die Träger der Pflegekassen und die Träger der Sozialhilfe Vereinbarungen dahingehend treffen, daß nur ein Träger die Leistungen insgesamt übernimmt und der jeweils zuständige andere Träger die von ihm zu tragenden Kosten der Leistung erstattet (vgl. § 88 SGB X).

Nichtanrechnung der Leistungen der Pflegeversicherung als Einkommen

Das an Pflegebedürftige gezahlte Pflegegeld nach § 37 SGB XI und das Pflegegeld aus der PKV stellt keine Einnahmen zum Lebensunterhalt und kein Gesamteinkommen dar, das bei der Prüfung der Familienversicherung nach § 10 SGB V und bei der Anwendung der Härtefall- und Überforderungsklauseln nach §§ 61, 62 SGB V zu berücksichtigen ist. Gleiches gilt in bezug auf die Pflegeperson, und zwar ungeachtet dessen, ob der Pflegebedürftige das Pflegegeld in voller Höhe oder nur teilweise an die Pflegeperson weiterleitet (vgl. auch Artikel 26 Nr. 1 PflegeVG; Urteil des BSG vom 8. 12. 1992 – 1 RK 11/92 –, USK 9273; Gemeinsames Rundschreiben der Spitzenverbände der Krankenkassen vom 23. 8. 1989, Ziffer 1 Abs. 2, Ziffer 5). Etwas anderes gilt nur dann, wenn die Pflege im Rahmen eines zwischen Pflegebedürftigen und Pflegeperson bestehenden Beschäftigungsverhältnisses erbracht wird. Ggf. bestimmt sich die notwendige Berücksichtigung bei der Anwendung der §§ 10, 61 und 62 SGB V nach dem vom Pflegebedürftigen gezahlten Arbeitsentgelt im Sinne des § 14 SGB IV, und nicht danach, inwieweit dieses tatsächlich aus dem Pflegegeld bestritten wird.

Zweites Kapitel
Leistungsberechtigter Personenkreis

Erläuterungen zum Zweiten Kapitel – Leistungsberechtigter Personenkreis

Allgemeines

Im Zweiten Kapitel wird der Begriff der Pflegebedürftigkeit definiert und damit der Personenkreis der Pflegebedürftigen bestimmt, der Leistungen nach diesem Gesetz erhält. Außerdem wird der Begriff der Pflegepersonen umschrieben, deren soziale Sicherung verbessert werden soll.

Nach der Schwere der Pflegebedürftigkeit werden drei Pflegestufen unterschieden, die sich am Umfang des Hilfebedarfs des einzelnen Pflegebedürftigen orientieren. Bei Kindern wird der zusätzliche Hilfebedarf gegenüber einem gesunden, gleichaltrigen Kind berücksichtigt.

Näheres zur Abgrenzung des Personenkreises der Pflegebedürftigen regeln die Spitzenverbände der Pflegekassen durch Richtlinien. Das Bundesministerium für Arbeit und Sozialordnung wird ermächtigt, Näheres durch Rechtsverordnung zu regeln.

Die Beurteilung der Pflegebedürftigkeit obliegt dem Medizinischen Dienst der Krankenkassen.

§ 14 Begriff der Pflegebedürftigkeit

(1) Pflegebedürftig im Sinne dieses Buches sind Personen, die wegen einer körperlichen, geistigen oder seelischen Krankheit oder Behinderung für die gewöhnlichen und regelmäßig wiederkehrenden Verrichtungen im Ablauf des täglichen Lebens auf Dauer, voraussichtlich für mindestens sechs Monate, in erheblichem oder höherem Maße (§ 15) der Hilfe bedürfen.

(2) Krankheiten oder Behinderungen im Sinne des Absatzes 1 sind:
1. Verluste, Lähmungen oder andere Funktionsstörungen am Stütz- und Bewegungsapparat,
2. Funktionsstörungen der inneren Organe oder der Sinnesorgane,
3. Störungen des Zentralnervensystems wie Antriebs-, Gedächtnis- oder Orientierungsstörungen sowie endogene Psychosen, Neurosen oder geistige Behinderungen.

(3) Die Hilfe im Sinne des Absatzes 1 besteht in der Unterstützung, in der teilweisen oder vollständigen Übernahme der Verrichtungen im Ablauf des täglichen Lebens oder in Beaufsichtigung oder Anleitung mit dem Ziel der eigenständigen Übernahme dieser Verrichtungen.

(4) Gewöhnliche und regelmäßig wiederkehrende Verrichtungen im Sinne des Absatzes 1 sind:
1. im Bereich der Körperpflege das Waschen, Duschen, Baden, die Zahnpflege, das Kämmen, Rasieren, die Darm- oder Blasenentleerung,
2. im Bereich der Ernährung das mundgerechte Zubereiten oder die Aufnahme der Nahrung,
3. im Bereich der Mobilität das selbständige Aufstehen und Zu-Bett-Gehen, An- und Auskleiden, Gehen, Stehen, Treppensteigen oder das Verlassen und Wiederaufsuchen der Wohnung,

§ 14 Begriff der Pflegebedürftigkeit

4. im Bereich der hauswirtschaftlichen Versorgung das Einkaufen, Kochen, Reinigen der Wohnung, Spülen, Wechseln und Waschen der Wäsche und Kleidung oder das Beheizen.

Aus der Begründung der Bundesregierung

Zu Absatz 1

Allgemeines

Der Begriff der Pflegebedürftigkeit knüpft an die geltenden Regelungen im § 53 SGB V an. Im Mittelpunkt der Definition steht die Hilflosigkeit des Pflegebedürftigen für die gewöhnlichen und regelmäßig wiederkehrenden Verrichtungen des täglichen Lebens. Neu ist die Ausweitung auf einen größeren Personenkreis: Über den Kreis der Schwer- und Schwerstpflegebedürftigen hinaus werden jetzt auch die erheblich Pflegebedürftigen in den Kreis der leistungsberechtigten Personen einbezogen. Die Hilflosigkeit muß nicht mehr – wie im SGB V – in sehr hohem Maße, sondern nur in erheblichem Maße bestehen.

Die Ausweitung auf den Kreis der erheblich Pflegebedürftigen trägt dem Umstand Rechnung, daß die Pflegeversicherung eine breite Absicherung des allgemeinen Lebensrisikos der Pflegebedürftigkeit bieten muß, und zwar in dem Umfang, wie der Pflegebedürftige zu Recht eine solidarische Hilfe der Gemeinschaft erwarten kann. Die Beschränkung der Hilfeleistung auf die Gruppe der Schwer- und Schwerstpflegebedürftigen durch das SGB V wurde diesem Anspruch nicht gerecht; sie war nur unter dem Gesichtspunkt eines Schrittes oder einer Initialzündung vertretbar.

Andererseits kann aber der zu schützende Personenkreis nicht uferlos ausgedehnt werden. Geringfügige, gelegentliche oder nur kurzfristig erforderliche Hilfeleistungen unterhalb der Schwelle der erheblichen Hilfebedürftigkeit müssen nicht von der Solidargemeinschaft finanziert werden. Für diesen Hilfebedarf kann und soll der einzelne – entsprechend dem Grundsatz der Subsidiarität solidarischer Hilfen gegenüber der Eigenverantwortung – selbst einstehen. Das ist auch deshalb gerechtfertigt, weil bei höherem Ausmaß der Pflegebedürftigkeit keine Vollversorgung durch die Pflegeversicherung vorgesehen ist, sondern auch hier eine beachtliche Eigenbeteiligung des Pflegebedürftigen und seiner Familie weiterhin notwendig ist.

§ 14 Begriff der Pflegebedürftigkeit

Definition

Leistungen bei Pflegebedürftigkeit werden aufgrund von Regelungen im sozialen Entschädigungsrecht (§ 35 BVG), in der gesetzlichen Unfallversicherung (§ 558 RVO), in der Beamtenversorgung (§ 34 BeamtVG), in der Sozialhilfe (§§ 68, 69 BSHG), nach dem Lastenausgleichsgesetz (§ 267 LAG), nach beihilferechtlichen Vorschriften (§ 6 der Beihilfevorschriften des Bundes) sowie nach den Pflegegesetzen der Länder Berlin, Brandenburg, Bremen und Rheinland-Pfalz erbracht. Die in diesen Regelungen verwendeten Definitionen der Begriffe Pflegebedürftigkeit bzw. Hilflosigkeit sind nicht einheitlich und zumeist sehr wenig konkret. Deshalb wird der Inhalt der Anspruchsvoraussetzungen teils in Verwaltungsvorschriften und Richtlinien, teils durch die sehr stark am Einzelfall orientierte Rechtsprechung ausgefüllt. Es haben sich voneinander abweichende Inhalte gleicher oder ähnlich lautender Begriffe entwickelt.

Nunmehr wird der Begriff der Pflegebedürftigkeit erstmals durch eindeutige Kriterien definiert, um über die Anspruchsvoraussetzungen von Beginn an Rechtssicherheit zu schaffen. Damit werden einerseits durch einzelfallorientierte Entscheidungen verursachte Ausuferungen vermieden und andererseits ungerechtfertigte Leistungsverweigerungen verhindert. Wenn sich aus den Erfahrungen der praktischen Durchführung die Notwendigkeit ergeben sollte, ist eine weitere Konkretisierung durch eine Rechtsverordnung möglich (§ 16). Daneben sind Richtlinien der Pflegekassen (§ 17) vorgesehen.

Kein allumfassender Begriff

Es ist jedoch nicht vorgesehen, einen in allen genannten Bereichen einheitlichen Begriff der Pflegebedürftigkeit und einheitliche Leistungsvoraussetzungen einzuführen. Insbesondere soll nicht in die entschädigungsrechtlichen Systeme (Bundesversorgungsgesetz, gesetzliche Unfallversicherung, Beamtenversorgung) eingegriffen werden.

Für die übrigen bundesrechtlichen Regelungen, die Leistungen bei Pflegebedürftigkeit vorsehen, wird eine Vereinheitlichung angestrebt. So wird im Bundessozialhilfegesetz der Begriff der Pflegebedürftigkeit in § 69 dem in diesem Buch verwendeten Begriff angepaßt (Artikel 18). Damit wird erreicht, daß für das Pflegegeld nach dem Bundessozialhilfegesetz sowie für die Leistungen nach diesem Buch gleiche Anspruchsvoraussetzungen bestehen. Das gilt auch für die Beihilfe der Beamten.

Neue Elemente

Die nunmehr vorgesehene Definition des Begriffs der Pflegebedürftigkeit enthält zwar Elemente aus den bisherigen Regelungen und verwertet die dazu ergangene Rechtsprechung, geht jedoch darüber hinaus. Bisher

§ 14 Begriff der Pflegebedürftigkeit

wurden bei der Feststellung der Pflegebedürftigkeit nur die rein personenbezogenen Verrichtungen berücksichtigt. Künftig soll auch der Hilfebedarf in der hauswirtschaftlichen Versorgung einbezogen werden. Denn auch Defizite in diesem Bereich führen zu einer Einschränkung und können insbesondere bei alleinstehenden Pflegebedürftigen stationäre Pflege notwendig machen.

Üblicherweise gehen die Leistungen der Krankenversicherung der Feststellung von Pflegebedürftigkeit zeitlich voraus. Erst dann, wenn sich durch ärztliche Behandlung einschließlich der Rehabilitation die erhebliche Hilfebedürftigkeit bei den wiederkehrenden Verrichtungen des täglichen Lebens nicht beseitigen läßt, ist Pflegebedürftigkeit im Sinne der Pflegeversicherung gegeben. Verrichtungen im Ablauf des täglichen Lebens sind nicht nur täglich notwendige Verrichtungen. Hierzu zählen auch Verrichtungen, die zwar nicht täglich, aber doch mit gewisser Regelmäßigkeit im Alltag des Pflegebedürftigen anfallen.

Dauer

Pflegebedürftigkeit ist dadurch gekennzeichnet, daß Hilfebedürftigkeit auf Dauer besteht. Der Einschub „voraussichtlich für mindestens sechs Monate" präzisiert den Begriff „auf Dauer" in mehrfacher Hinsicht.

Zum einen wird festgelegt, daß nur Zeiträume von mehr als sechs Monaten die Voraussetzung „auf Dauer" erfüllen. Zum anderen wird verdeutlicht, daß bereits vor Ablauf von sechs Monaten eine Entscheidung über das Vorliegen von Pflegebedürftigkeit getroffen werden kann, wenn vorhersehbar ist, daß der Zustand der Hilfebedürftigkeit länger als sechs Monate andauern wird. Beispiele für solche Krankheitsbilder sind die dauernde Hilfebedürftigkeit bei einer schweren Krebserkrankung oder bei einer Rückenmarkverletzung mit Lähmung der Arme und Beine. Hier steht frühzeitig fest, daß trotz des Einsatzes aller medizinischer Behandlungsmöglichkeiten einschließlich der Rehabilitation erhebliche Pflegebedürftigkeit für das weitere Leben bestehen bleiben wird. Pflegebedürftigkeit auf Dauer ist hier auch dann gegeben, wenn die verbleibende Lebensspanne möglicherweise weniger als sechs Monate beträgt.

Vor Ablauf von sechs Monaten ist auch dann die Anerkennung von Pflegebedürftigkeit möglich, wenn vorhersehbar ist, daß das Ausmaß der Hilfebedürftigkeit zwar vermindert werden kann, Hilfebedürftigkeit in erheblichem oder höherem Maße aber über den Zeitraum von sechs Monaten hinaus andauern wird. Für die Feststellung der konkreten Pflegestufe (§ 15) ist in diesen Fällen von dem nach sechs Monaten voraussichtlich noch bestehenden Hilfebedarf auszugehen. Ist eine weitere Besserung des Zustandes des Pflegebedürftigen zu erwarten, hat der Medizinische Dienst durch Nachuntersuchungen in geeigneten Zeitabständen zu prüfen, ob die zuerkannte Pflegestufe noch vorliegt.

Zu Absatz 2

Ursachen der Pflegebedürftigkeit sind Krankheiten und Behinderungen. Die Aufzählung der in Betracht kommenden Krankheits- und Behinderungsgruppen macht deutlich, daß nichtmedizinische Ursachen nicht ausreichen, um Pflegebedürftigkeit im Sinne des Gesetzes anzuerkennen. Die Aufzählung soll es dem begutachtenden Arzt erleichtern, unter Verwertung des Krankheitsbildes einerseits und der Behandlungs- und Rehabilitationsmöglichkeiten andererseits zu der notwendigen Gesamtbeurteilung zu kommen.

Zu Absatz 3

Die Hilfeleistung im Sinne der Pflegeversicherung ist in zweifacher Weise möglich:

Besteht Pflegebedürftigkeit als Folge organischer Erkrankungen oder Behinderungen, hat die Pflegeperson für den Pflegebedürftigen die Verrichtungen des täglichen Lebens unmittelbar zu erledigen, dazu gehören z. B. die Hilfen beim Aufstehen und Zu-Bett-Gehen oder das Kochen für den Pflegebedürftigen.

Psychisch kranke, demente und hirnverletzte Menschen sind häufig in der Lage, diese Verrichtungen selbst auszuführen. Es fehlt ihnen jedoch die Fähigkeit, die Notwendigkeit der genannten Verrichtungen zu erkennen und sie in sinnvolles Handeln umzusetzen. Die tägliche Verrichtung unterbleibt deshalb, so daß die Gefahr der Verwahrlosung besteht; andere gefährden sich wegen fehlender Einsicht bei den Verrichtungen des täglichen Lebens durch unsachgemäßen Umgang z. B. mit Strom, Wasser oder offenem Feuer.

Für diesen Personenkreis ist die Anleitung und Beaufsichtigung bei den Verrichtungen des täglichen Lebens erforderlich. Die Anleitung hat zum Ziel, die Erledigung der täglich wiederkehrenden Verrichtungen durch den Pflegebedürftigen im Sinne der Motivierung zur Selbsthilfe sicherzustellen. Durch die Beaufsichtigung wird verhindert, daß sich der Pflegebedürftige gefährdet. Dieser Aufwand ist für die Pflegeperson häufig höher anzusetzen als die Pflegeleistungen bei organisch kranken oder behinderten Personen. Dies gilt besonders dann, wenn die Beaufsichtigung ununterbrochen während des Tages, der Nacht und am Wochenende notwendig ist.

Eine Anleitung im Sinne der aktivierenden Pflege ist auch bei Pflegebedürftigkeit als Folge organischer Erkrankungen und Behinderungen angezeigt, wenn es darum geht, die Möglichkeiten des Einsatzes verbleibender Teilfunktionen zu erlernen.

§ 14 Begriff der Pflegebedürftigkeit

Allerdings kommt es bei der Feststellung der Pflegebedürftigkeit und der Zuordnung in eine Pflegestufe nur auf die erforderliche Anleitung und Beaufsichtigung an, die für die in Absatz 4 genannten gewöhnlichen und regelmäßig wiederkehrenden Verrichtungen im Ablauf des täglichen Lebens benötigt wird. Eine darüber hinausgehende Betreuung und allgemeine Beaufsichtigung gehört nicht zu den maßgeblichen Hilfeleistungen.

Zu Absatz 4

Absatz 4 konkretisiert die Verrichtungen des täglichen Lebens, die bei der Begutachtung und Abstufung der Pflegebedürftigkeit zu berücksichtigen sind. Die Verrichtungen sind in vier Gruppen unterteilt: Körperpflege, Ernährung, Mobilität und hauswirtschaftliche Versorgung. Andere Bedarfsbereiche – z. B. die Kommunikation – können keine eigenständige Berücksichtigung finden, da die Kommunikation für gesunde, kranke und pflegebedürftige Menschen grundsätzlich in gleicher Weise notwendig und eine Abstufung daher nicht möglich ist.

- Die notwendigen Verrichtungen der Körperpflege werden einzeln aufgezählt. In die Begutachtung sollen auch die Verrichtungen einbezogen werden, die nicht mehrfach in der Woche, aber dennoch regelmäßig ausgeführt werden müssen, z. B. Nagelpflege oder Haarewaschen. Auch Hilfebedarf bei der Körperpflege, der sich aus Störungen der Feinregulation der Nerven oder der Muskulatur ergibt, ist zu berücksichtigen, z. B. beim Rasieren oder Zähneputzen.

- Bei der Ernährung setzen die gewöhnlichen und regelmäßig wiederkehrenden Verrichtungen bei der mundgerechten Zubereitung der Nahrung ein. Dazu zählt z. B. das Zubereiten belegter Brote, das Zerkleinern der Nahrungsmittel und das Bereitstellen behindertengerechter Geschirre oder Eßbestecke. Zur Nahrungszufuhr gehört die Sondenernährung mit ausschließlich flüssigen Nahrungsmitteln z. B. bei Erkrankungen des Magens oder Darms und das Füttern der Pflegebedürftigen.

- Bei der Mobilität des Pflegebedürftigen ist der Hilfebedarf innerhalb und außerhalb der Wohnung entscheidend.

Innerhalb der Wohnung sind alle Hilfeleistungen zu prüfen, die zur Aktivierung des Pflegebedürftigen beitragen. Dazu gehören insbesondere das Verlassen und Wiederaufsuchen des Bettes, Mobilitätshilfen bei bettlägerigen Menschen, das An- und Ausziehen sowie Hilfen beim Gehen, z. B. zur Küche oder zum Badezimmer. Das Leben des Pflegebedürftigen soll aber nicht auf die Wohnung beschränkt bleiben. Der Pflegebedürftige muß vielmehr die Möglichkeit haben, seine Wohnung zu verlassen, um Ärzte, Kankengymnasten, Sprachtherapeuten, Apotheken oder Behörden aufzusuchen.

Es sollen nur solche Verrichtungen außerhalb der Wohnung in die Begutachtung einbezogen werden, die für die Aufrechterhaltung der Lebensführung zu Hause unumgänglich sind und das persönliche Erscheinen des Pflegebedürftigen notwendig machen. Weitere Hilfen – z. B. bei Spaziergängen oder Besuchen von kulturellen Veranstaltungen – sind zwar wünschenswert, können aber durch die Pflegeversicherung nicht finanziert werden. Vorrangig sind hierbei Hilfen durch Angehörige, ehrenamtliche Helfer oder soziale Hilfsdienste notwendig.

– Zur hauswirtschaftlichen Versorgung gehören insbesondere Hilfen beim Einkaufen, beim Kochen oder beim Reinigen der Wohnung.

Hilfebedarf allein bei der hauswirtschaftlichen Versorgung führt jedoch nicht zur Anerkennung der erheblichen Pflegebedürftigkeit. Vielmehr ist erforderlich, daß Hilfebedarf in den einzelnen Bereichen der Körperpflege, Ernährung oder Mobilität und zusätzlicher Hilfebedarf bei der hauswirtschaftlichen Versorgung besteht. Unter dieser Voraussetzung ist die hauswirtschaftliche Versorgung Bestandteil der Pflege. Da hauswirtschaftliche Versorgung schon heute in erheblichem Umfang von ambulanten Pflegediensten erbracht wird, wird durch diese Regelung der gängigen Praxis Rechnung getragen.

Vgl. auch Begutachtungsrichtlinien, S. 477

§ 15 Stufen der Pflegebedürftigkeit

(1) Für die Gewährung von Leistungen nach diesem Gesetz sind pflegebedürftige Personen (§ 14) einer der folgenden drei Pflegestufen zuzuordnen:

1. Pflegebedürftige der Pflegestufe I (erheblich Pflegebedürftige) sind Personen, die bei der Körperpflege, der Ernährung oder der Mobilität für wenigstens zwei Verrichtungen aus einem oder mehreren Bereichen mindestens einmal täglich der Hilfe bedürfen und zusätzlich mehrfach in der Woche Hilfen bei der hauswirtschaftlichen Versorgung benötigen.

2. Pflegebedürftige der Pflegestufe II (Schwerpflegebedürftige) sind Personen, die bei der Körperpflege, der Ernährung oder der Mobilität mindestens dreimal täglich

§ 15 Stufen der Pflegebedürftigkeit

zu verschiedenen Tageszeiten Hilfe bedürfen und zusätzlich mehrfach in der Woche Hilfen bei der hauswirtschaftlichen Versorgung benötigen.

3. Pflegebedürftige der Pflegestufe III (Schwerstpflegebedürftige) sind Personen, die bei der Körperpflege, der Ernährung oder der Mobilität täglich rund um die Uhr, auch nachts, der Hilfe bedürfen und zusätzlich mehrfach in der Woche Hilfen bei der hauswirtschaftlichen Versorgung benötigen.

Für die Gewährung von Leistungen nach § 43a reicht die Feststellung, daß die Voraussetzungen der Pflegestufe 1 erfüllt sind.

(2) Bei Kindern ist für die Zuordnung der zusätzliche Hilfebedarf gegenüber einem gesunden gleichaltrigen Kind maßgebend.

(3) Der Zeitaufwand, den ein Familienangehöriger oder eine andere nicht als Pflegekraft ausgebildete Pflegeperson für die erforderlichen Leistungen der Grundpflege und hauswirtschaftlichen Versorgung benötigt, muß wöchentlich im Tagesdurchschnitt

1. in der Pflegestufe I mindestens 90 Minuten betragen; hierbei müssen auf die Grundpflege mehr als 45 Minuten entfallen,
2. in der Pflegestufe II mindestens drei Stunden betragen; hierbei müssen auf die Grundpflege mindestens zwei Stunden entfallen,
3. in der Pflegestufe III mindestens fünf Stunden betragen; hierbei müssen auf die Grundpflege mindestens vier Stunden entfallen.

§ 15 Stufen der Pflegebedürftigkeit

Aus der Begründung der Bundesregierung

Zu Absatz 1

Für die Zwecke der Leistungsgewährung sind die Erscheinungsformen der Pflegebedürftigkeit in drei Pflegestufen einzuteilen. Maßgeblich sind der Umfang und die Häufigkeit der benötigten Hilfen bei der Körperpflege, der Ernährung oder der Mobilität. Zusätzlich wird in allen Pflegestufen Hilfebedarf für die hauswirtschaftliche Versorgung vorausgesetzt. Der Bedarf an hauswirtschaftlicher Versorgung steigt nicht zwangsläufig mit zunehmender Pflegebedürftigkeit. Beachtlich ist nur der Hilfebedarf, der notwendig bleibt, wenn der Pflegebedürftige zumutbare Aktivierungsmöglichkeiten ausgeschöpft hat. Eine Höherstufung in eine andere Pflegestufe ist – ebenso wie die erstmalige Feststellung der Pflegebedürftigkeit – nur möglich, wenn der jeweilige Pflegebedarf auf Dauer, d. h. voraussichtlich für mindestens sechs Monate, besteht.

Zu Nummer 1

Pflegebedürftige der Pflegestufe I (erhebliche Pflegebedürftigkeit) haben mindestens einmal täglich Hilfebedarf bei der Körperpflege, der Ernährung oder der Mobilität. Zusätzlich werden mehrfach in der Woche Hilfen bei der hauswirtschaftlichen Versorgung benötigt.

Bei psychisch kranken, dementen und hirnverletzten Menschen ist mindestens einmal täglich die Notwendigkeit der Beaufsichtigung oder Anleitung zu den Verrichtungen des täglichen Lebens Voraussetzung für die Anerkennung der Pflegestufe I.

Zur Pflegestufe I gehört auch der Personenkreis, der zweimal täglich – z. B. am Morgen und am Abend – Hilfebedarf hat.

Fallbeispiele:

a) Es besteht eine fortgeschrittene Gelenksentzündung und -abnutzung mit Unfähigkeit zum Bücken und Heben der Arme über Schulterhöhe.

 Hilfebedarf besteht bei der Körperpflege (Waschen, Duschen, Baden), der Mobilität (An- und Ausziehen, Verlassen der Wohnung) sowie bei der hauswirtschaftlichen Versorgung (z. B. Reinigen der Böden und Fenster, Tragen von schweren Einkaufstaschen).

 Der tägliche Hilfebedarf am Körper entsteht am Morgen und am Abend; tagsüber ist Selbständigkeit gegeben.

b) Im Verlauf einer schweren psychischen Erkrankung war zwei Jahre lang die Unterbringung in einem psychiatrischen Krankenhaus erforderlich. Dann war die Entlassung möglich, aber eine noch bestehende Antriebsstörung führt dazu, daß das Aufstehen und Zu-Bett-Gehen, die Körperpflege und die hauswirtschaftliche Versorgung unregelmä-

§ 15 Stufen der Pflegebedürftigkeit

ßig vorgenommen werden. Zusätzlich besteht Angst vor dem Verlassen der Wohnung.

Der Hilfebedarf besteht am Morgen und am Abend bei der Anleitung und Beaufsichtigung zur Körperpflege (Waschen, Duschen, Baden), der Mobilität (An- und Ausziehen, Verlassen der Wohnung) und der hauswirtschaftlichen Versorgung. Ein- bis zweimal in der Woche ist die Begleitung zum Einkaufen und zum Hausarzt erforderlich.

Zu Nummer 2

Pflegebedürftige der Pflegestufe II (Schwerpflegebedürftige) haben mindestens dreimal täglich zu verschiedenen Tageszeiten Hilfebedarf. In der Regel wird dies am Morgen, am Mittag und am Abend der Fall sein. Hierzu gehören Hilfen beim Aufstehen, Anziehen, Ausziehen und Zu-Bett-Gehen sowie bei der Vor- und Zubereitung der Mahlzeiten.

Psychisch kranke, demente und hirnverletzte Menschen werden dieser Pflegestufe zugeordnet, wenn sie mindestens dreimal täglich, insbesondere am Morgen, am Mittag und am Abend der Beaufsichtigung und Anleitung bei den regelmäßig wiederkehrenden Verrichtungen des täglichen Lebens bedürfen. Dies kann auch dann zutreffen, wenn sie einen Teil des Tages beispielsweise in einer Werkstatt für Behinderte verbringen.

Fallbeispiele:

a) Als Folge eines Schlaganfalls besteht eine schwere Lähmung der rechten Körperhälfte.

   Hilfebedarf entsteht bei der Körperpflege (Waschen, Duschen, Baden), der Mobilität (An- und Ausziehen, Aufsuchen der Toilette) und der Ernährung (mundgerechte Zubereitung der Nahrung).

   Zusätzlich zu den Hilfeleistungen der Stufe I sind damit auch tagsüber Hilfen notwendig, z. B. bei der Ernährung und dem Aufsuchen der Toilette. Die hauswirtschaftliche Versorgung muß nahezu vollständig übernommen werden.

Zu Nummer 3

Pflegebedürftige der Pflegestufe III (Schwerstpflegebedürftige) sind rund um die Uhr bei der Körperpflege, der Nahrungsversorgung oder der Mobilität hilfebedürftig. Der Hilfebedarf besteht regelmäßig auch in der Nacht. Die Zuordnung erfolgt auch dann, wenn eine ununterbrochene Bereitschaft der Pflegeperson zur Hilfeleistung erforderlich ist. Der Pflegebedürftige kann nicht alleine gelassen werden.

Bei psychisch kranken, dementen oder hirnverletzten Menschen sind die Voraussetzungen dann erfüllt, wenn der Bedarf an Beaufsichtigung oder

§ 15 Stufen der Pflegebedürftigkeit

Anleitung so groß ist, daß der Pflegebedürftige rund um die Uhr, d. h. auch in der Nacht, beaufsichtigt oder angeleitet werden muß.

Fallbeispiele:

a) Als Folge einer fortgeschrittenen, nicht mehr zu behandelnden Krebserkrankung besteht eine allgemeine Körperschwäche mit Auszehrung. Durch das Krebswachstum sind lebenswichtige Funktionen (Atmung, Kreislauf, Stoffwechsel) gefährdet.

   Der Hilfebedarf besteht in nahezu allen Bereichen der Körperpflege, der Mobilität und Ernährung. Die Pflege ist rund um die Uhr notwendig, um z. B. bei Atemnot oder Erbrechen zu jeder Zeit Hilfe leisten zu können.

b) Als Folge einer fortgeschrittenen Abbauerkrankung des Gehirns (Alzheimersche Erkrankung) werden vertraute Gegenstände – wie z. B. Kleidungsstücke oder Einrichtungsgegenstände der Wohnung – hinsichtlich Art und Zweckbestimmung nicht mehr erkannt. Die selbständige Nutzung der Wohnung ist nicht mehr möglich, da der Pflegebedürftige sich im Umgang mit Strom, Wasser, Scheren und anderen Haushaltsgegenständen gefährdet. Auch Treppen und Fenster werden zu Gefahrenquellen. Zeitweise – besonders in der Nacht – besteht starke Unruhe. Der Pflegebedürftige erkennt dann häufig auch seine Angehörigen nicht mehr und versucht die Wohnung zu verlassen.

   Der Hilfebedarf besteht in Anleitung und Beaufsichtigung in nahezu allen Bereichen der Körperpflege, der Mobilität und Ernährung. Die Pflege ist rund um die Uhr notwendig, um z. B. in der Nacht das Umherirren in der Stadt oder die Selbstgefährdung durch alltägliche Gebrauchsgegenstände zu verhindern.

Zu Absatz 2

Pflegebedürftige Kinder sind zur Feststellung des Hilfebedarfs mit einem gesunden Kind gleichen Alters zu vergleichen. Maßgebend für die Begutachtung eines Antrages auf Pflegeleistungen bei einem Säugling oder Kleinkind ist nicht der natürliche, altersbedingte Pflegeaufwand, sondern nur der darüber hinausgehende Hilfebedarf bei der Ernährung, der Körperpflege und – bei Kindern jenseits des Säuglingsalters – der Mobilität. Der leistungsberechtigte Personenkreis ist klein (0,5 bis 0,6 v. H. eines Geburtsjahrganges), darf aber im Zeitalter einer intensiven medizinischen Versorgung auch von Säuglingen und Kleinkindern nicht vernachlässigt werden. Erheblicher Pflegebedarf entsteht z. B. bei kleinen Frühgeborenen nach Intensivbehandlung und operierten Säuglingen. Diese Kinder benötigen unter Umständen bis zu acht Mahlzeiten pro Tag und haben im Vergleich zu einem gesunden Säugling einen deutlich erhöhten Aufwand bei der Körperpflege.

Aus der Begründung zum ersten Änderungsgesetz

Zu Absatz 3

Klarstellung, daß bei der Berechnung des Mindestzeitaufwandes Zeiten für Krankenpflege unberücksichtigt bleiben und allein auf den zeitlichen Aufwand für Grundpflege und hauswirtschaftliche Versorgung im Sinne des § 14 abzustellen ist.

Vgl. auch Begutachtungsrichtlinien, S. 477

§ 16 Verordnungsermächtigung

Das Bundesministerium für Arbeit und Sozialordnung wird ermächtigt, im Einvernehmen mit dem Bundesministerium für Familie, Senioren, Frauen und Jugend und dem Bundesministerium für Gesundheit durch Rechtsverordnung mit Zustimmung des Bundesrates Vorschriften zur näheren Abgrenzung der in § 14 genannten Merkmale der Pflegebedürftigkeit, der Pflegestufen nach § 15 sowie zur Anwendung der Härtefallregelung des § 36 Abs. 4 und des § 43 Abs. 3 zu erlassen.

§ 17 Richtlinien der Pflegekassen

(1) Die Spitzenverbände der Pflegekassen beschließen im Interesse einer einheitlichen Rechtsanwendung gemeinsam und einheitlich unter Beteiligung des Medizinischen Dienstes der Spitzenverbände der Krankenkassen Richtlinien zur näheren Abgrenzung der in § 14 genannten Merkmale der Pflegebedürftigkeit, der Pflegestufen nach § 15 und zum Verfahren der Feststellung der Pflegebedürftigkeit. Sie haben die Kassenärztliche Bundesvereinigung, die Bundesverbände der Pflegeberufe und der Behinderten, die Bundesarbeitsgemeinschaft der Freien Wohlfahrtspflege, die Bundesar-

beitsgemeinschaft der überörtlichen Träger der Sozialhilfe, die kommunalen Spitzenverbände auf Bundesebene, die Bundesverbände privater Alten- und Pflegeheime sowie die Verbände der privaten ambulanten Dienste zu beteiligen. Die Spitzenverbände der Pflegekassen beschließen unter Beteiligung des Medizinischen Dienstes der Spitzenverbände der Krankenkassen gemeinsam und einheitlich Richtlinien zur Anwendung der Härtefallregelungen des § 36 Abs. 4 und des § 43 Abs. 3.

(2) Die Richtlinien nach Absatz 1 werden erst wirksam, wenn das Bundesministerium für Arbeit und Sozialordnung sie genehmigt. Die Genehmigung gilt als erteilt, wenn die Richtlinien nicht innerhalb eines Monats, nachdem sie dem Bundesministerium für Arbeit und Sozialordnung vorgelegt worden sind, beanstandet werden. Beanstandungen des Bundesministeriums für Arbeit und Sozialordnung sind innerhalb der von ihm gesetzten Frist zu beheben.

S. Pflegebedürftigkeitsrichtlinien, S. 464

Aus der Begründung der Bundesregierung

Um bundesweit eine einheitliche Beurteilungspraxis bei den Medizinischen Diensten und Pflegekassen zu erreichen, verpflichtet Satz 1 die Spitzenverbände zum gemeinsamen und einheitlichen Erlaß von Richtlinien zur Abgrenzung des Personenkreises der Pflegebedürftigen und zum Verfahren der Feststellung der Pflegebedürftigkeit. Satz 2 regelt, welche Institutionen zu beteiligen sind. Die Richtlinien konkretisieren die in Pflegestufe I bis III erforderlichen Hilfen.

Die Richtlinien regeln auch das Verfahren zur Feststellung der Pflegebedürftigkeit. Dazu gehören Hinweise zur Untersuchung des Pflegebedürftigen in seiner häuslichen Umgebung einschließlich der Feststellung der für die sozialmedizinische Beurteilung erforderlichen tatsächlichen Umstände, zur Prüfung des Bedarfs an Pflegehilfsmitteln und technischen Hilfe (§ 40) sowie Hinweise zur Feststellung von Möglichkeiten der Rehabilitation zur Minderung oder Beseitigung der Pflegebedürftigkeit und zur Feststellung von Möglichkeiten der Prävention zur Verhütung einer Verschlimmerung der Pflegebedürftigkeit.

§ 18 Verfahren zur Feststellung der Pflegebedürftigkeit

Der Gesetzgeber geht davon aus, daß zunächst die Spitzenverbände der Pflegekassen die Richtlinien erlassen und dabei ihre Erfahrungen verwerten, die sie mit der Begutachtungspraxis im Zusammenhang mit den Pflegeleistungen nach den §§ 53 bis 57 SGB V in den vergangenen Jahren gesammelt haben. Sollte sich mit Hilfe der Richtlinien keine befriedigende Beurteilungspraxis erreichen lassen, kann das Bundesministerium für Arbeit und Sozialordnung mit einer Rechtsverordnung nach § 16 steuernd eingreifen.

S. Materialien, S. 464

§ 18 Verfahren zur Feststellung der Pflegebedürftigkeit

(1) Die Pflegekassen haben durch den Medizinischen Dienst der Krankenversicherung prüfen zu lassen, ob die Voraussetzungen der Pflegebedürftigkeit erfüllt sind und welche Stufe der Pflegebedürftigkeit vorliegt. Im Rahmen dieser Prüfungen hat der Medizinische Dienst auch Feststellungen darüber zu treffen, ob und in welchem Umfang Maßnahmen zur Beseitigung, Minderung oder Verhütung einer Verschlimmerung der Pflegebedürftigkeit einschließlich der medizinischen Rehabilitation geeignet, notwendig und zumutbar sind; insoweit haben Versicherte einen **Anspruch** gegen den zuständigen Träger auf Leistungen zur ambulanten medizinischen Rehabilitation mit Ausnahme von Kuren.

(2) Der Medizinische Dienst hat den Versicherten in seinem Wohnbereich zu untersuchen. Erteilt der Versicherte dazu nicht sein Einverständnis, kann die Pflegekasse die beantragten Leistungen verweigern. Die §§ 65, 66 des Ersten Buches bleiben unberührt. Die Untersuchung im Wohnbereich des Pflegebedürftigen kann ausnahmsweise unterbleiben, wenn auf Grund einer eindeutigen Aktenlage das Ergebnis der medizinischen Untersuchung bereits feststeht. Die Untersuchung ist in angemessenen Zeitabständen zu wiederholen.

§ 18 Verfahren zur Feststellung der Pflegebedürftigkeit

(3) Der Medizinische Dienst soll, soweit der Versicherte einwilligt, die behandelnden Ärzte des Versicherten, insbesondere die Hausärzte, in die Begutachtung einbeziehen und ärztliche Auskünfte und Unterlagen über die für die Begutachtung der Pflegebedürftigkeit wichtigen Vorerkrankungen sowie Art, Umfang und Dauer der Hilfebedürftigkeit einholen.

(4) Die Pflege- und Krankenkassen sowie die Leistungserbringer sind verpflichtet, dem Medizinischen Dienst die für die Begutachtung erforderlichen Unterlagen vorzulegen und Auskünfte zu erteilen. § 276 Abs. 1 Satz 2 und 3 des Fünften Buches gilt entsprechend.

(5) Der Medizinische Dienst hat der Pflegekasse das Ergebnis seiner Prüfung mitzuteilen und Maßnahmen zur Rehabilitation, Art und Umfang von Pflegeleistungen sowie einen individuellen Pflegeplan zu empfehlen. Beantragt der Pflegebedürftige Pflegegeld, hat sich die Stellungnahme auch darauf zu erstrecken, ob die häusliche Pflege in geeigneter Weise sichergestellt ist.

(6) Die Aufgaben des Medizinischen Dienstes werden durch Ärzte in enger Zusammenarbeit mit Pflegefachkräften und anderen geeigneten Fachkräften wahrgenommen. Der Medizinische Dienst ist befugt, den Pflegefachkräften oder sonstigen geeigneten Fachkräften, die nicht dem Medizinischen Dienst angehören, die für deren jeweilige Beteiligung erforderlichen personenbezogenen Daten zu übermitteln.

S. Begutachtungsrichtlinien, S. 477

Aus der Begründung der Bundesregierung

Die Vorschrift regelt das Verfahren zur Feststellung der Pflegebedürftigkeit durch die Pflegekassen. Es wird durch einen Antrag des Pflegebedürftigen auf eine Leistung eingeleitet (§ 33 dieses Buches. § 16 SGB I). Die Anspruchsvoraussetzungen sind durch die Pflegekasse von Amts wegen zu prüfen (§§ 20 und 21 SGB X). Auch ohne Antrag hat die Pflegekasse schon dann tätig zu werden, wenn sie von dritter Seite erfährt, daß Pflegebedürftigkeit droht oder eingetreten ist (vgl. § 7 Abs. 2).

§ 18 Verfahren zur Feststellung der Pflegebedürftigkeit

Zu Absatz 1

Die Feststellung der Pflegebedürftigkeit und der Stufe der Pflegebedürftigkeit ist ebenso wie die Prüfung des Vorliegens der sonstigen Anspruchsvoraussetzungen Aufgabe der Pflegekassen.

Absatz 1 schreibt die Einschaltung des Medizinischen Dienstes in das Verfahren zur Prüfung der Pflegebedürftigkeit zwingend vor. Entsprechend dem Grundsatz, daß Rehabilitation Vorrang vor Leistungen der Pflegeversicherung hat, prüft der Medizinische Dienst gleichzeitig Rehabilitationsmöglichkeiten (Absatz 2 Satz 3, § 31) und auch die Notwendigkeit der Versorgung mit Pflegehilfsmitteln und technischen Hilfen (§ 40). Er stellt einen Pflegeplan auf, der den konkreten Hilfebedarf und die erforderlichen Hilfsmaßnahmen aufzeigen soll, wie sie sich aufgrund des medizinischen Befundes und der häuslichen Situation des Pflegebedürftigen ergeben.

Die Einschaltung des Medizinischen Dienstes kann unterbleiben, wenn die Anspruchsvoraussetzungen auch ohne eine Begutachtung von vornherein verneint werden können. Das entbindet aber nicht von der Einschaltung im Sinne des weitergehenden Prüfungsauftrages, was Rehabilitation und Inhalt der Pflege angeht.

Zu Absatz 2

Die Erstuntersuchung (Satz 1), aber auch die Wiederholungsuntersuchungen (Satz 4) hat der Medizinische Dienst im Wohnbereich des Pflegebedürftigen vorzunehmen. Dies schließt nicht aus, daß ein Antragsteller, der sich noch im Krankenhaus befindet, bereits dort untersucht werden kann. Die Einbeziehung des häuslichen Umfeldes in die Prüfung kann dann im nachhinein erfolgen, wobei es genügt, daß hierzu eine Pflegefachkraft oder ein Sozialarbeiter tätig wird. In Ausnahmefällen, in denen eine bestimmte Pflegebedürftigkeitsstufe aus medizinischer Sicht schon nach Aktenlage unzweifelhaft feststeht, z. B. bei schwer Krebskranken, genügt es, daß die Begutachtung des häuslichen Umfeldes durch eine Pflegefachkraft oder einen Sozialarbeiter erfolgt.

Bei der Untersuchung im Wohnbereich des Pflegebedürftigen sind neben den medizinischen Aspekten auch Feststellungen zur häuslichen Pflege- und Versorgungssituation und zum sozialen Umfeld des Pflegebedürftigen zu treffen. Es ist auch auf besondere Belastungen bei der Pflegetätigkeit aufgrund der Gesamtsituation zu achten.

Läßt der Pflegebedürftige sich nicht in seiner häuslichen Umgebung untersuchen, kann die Pflegekasse die Leistungen verweigern (Satz 2). Verweigert ein bereits anerkannter Pflegebedürftiger eine Untersuchung, die für die Feststellung einer höheren Pflegestufe erforderlich ist, führt die Verweigerung nicht zum Wegfall der Leistungen nach der niedrigeren, be-

§ 18 Verfahren zur Feststellung der Pflegebedürftigkeit

reits anerkannten Pflegestufe, es sei denn, am Fortbestehen dieser Pflegestufe bestehen Zweifel.

Im Rahmen der Feststellungen von Rehabilitationsmöglichkeiten nach Absatz 2 Satz 3 ist auch zu prüfen, ob durch rehabilitative Maßnahmen die Pflege für die Pflegeperson erleichtert werden kann.

Die Untersuchung des Pflegebedürftigen in seiner häuslichen Umgebung ist in angemessenen Zeitabständen zu wiederholen (Satz 4). Die Angemessenheit der Zeitabstände richtet sich insbesondere nach dem vom Medizinischen Dienst ermittelten Befund und der über die weitere Entwicklung der Pflegebedürftigkeit abgegebenen Prognose.

Zur Überprüfung der Notwendigkeit und Dauer der Pflege sind Rahmenverträge der Landesverbände der Pflegekassen und Bundesempfehlungen der Spitzenverbände vorgesehen (§ 75 Abs. 2 Nr. 4 und Abs. 5).

Zu Absatz 3

Nach Absatz 3 soll der Medizinische Dienst sich ein umfassendes Bild von dem Pflegebedürftigen machen. Der Medizinische Dienst soll, soweit nicht schon der Antragsteller mit seinem Antrag entsprechende ärztliche Atteste vorgelegt hat, mit Einwilligung des Versicherten ärztliche Auskünfte und Unterlagen über die für die Begutachtung der Pflegebedürftigkeit wichtigen Vorerkrankungen sowie über Art, Umfang und Dauer der Hilfebedürftigkeit einholen. Dadurch sollen auch unnötige, für den Pflegebedürftigen lästige Doppeluntersuchungen vermieden werden (§ 96 SGB X). Die Einwilligung des Versicherten nach Absatz 3 bedarf der Schriftform (§ 100 Abs. 1 Satz 2 SGB X), soweit nicht wegen besonderer Umstände eine andere Form angemessen ist.

Zu Absatz 4

Absatz 4 regelt im Interesse einer sachgerechten Begutachtung und Beratung durch den Medizinischen Dienst die Verpflichtung der Krankenkassen und Pflegekassen sowie der Leistungserbringer, dem Medizinischen Dienst die für seine Tätigkeit erforderlichen Unterlagen, die der Versicherte freiwillig über seine bestehenden Mitwirkungspflichten (§§ 60, 65 SGB I) hinaus seiner Krankenkasse oder Pflegekasse überlassen hat, dürfen an den Medizinischen Dienst nur dann weitergeleitet werden, wenn der Versicherte hierzu seine Einwilligung gegeben hat. Die Einwilligung bedarf grundsätzlich der Schriftform, soweit nicht wegen besonderer Umstände eine andere Form angemessen ist (§ 67 Satz 2 SGB X). Im übrigen hat der Pflegebedürftige ein Recht zur Akteneinsicht (§ 25 SGB X).

§ 19 Begriff der Pflegepersonen

Zu Absatz 5

Absatz 5 bestimmt, daß der Medizinische Dienst das Ergebnis seiner Prüfung der Pflegekasse mitzuteilen hat. Dazu gehört nicht nur die Angabe darüber, ob Pflegebedürftigkeit und welche Pflegestufe der Pflegebedürftigkeit im konkreten Fall vorliegen. Es sind auch der medizinische Befund mitzuteilen sowie die Feststellungen zur tatsächlich gegebenen Versorgungssituation des Pflegebedürftigen, insbesondere auch zu seiner Wohnsituation. Der individuelle Pflegeplan soll Auskunft über die im Bereich der Grundpflege und hauswirtschaftlichen Versorgung im Einzelfall erforderlichen Hilfen und über notwendige Hilfsmittel und technische Hilfen (§ 40) geben, Vorschläge über Maßnahmen zur Rehabilitation sowie eine Prognose über die weitere Entwicklung der Pflegebedürftigkeit sowie Aussagen über die sich daraus ergebende Notwendigkeit von Wiederholungsuntersuchungen enthalten.

Zu Absatz 6

Satz 1 dieser Vorschrift schreibt die Beteiligung von in der Pflege geschulten Fachkräften bei der Aufgabenerfüllung des Medizinischen Dienstes vor. Kranken- und Altenpfleger verfügen aufgrund ihrer Ausbildung und ihrer beruflichen Erfahrung über spezifisches Wissen, das bei den Begutachtungs- und Entscheidungsprozessen des Medizinischen Dienstes genutzt werden soll. Pflegefachkräfte sollen besonders bei der Aufstellung eines Pflegeplanes beteiligt sowie bei der Begutachtung der Aktivierungsmöglichkeit des Pflegebedürftigen und Empfehlungen zur häuslichen oder stationären Pflege herangezogen werden. Die Pflegefachkräfte sind vom Medizinischen Dienst der Krankenkassen einzustellen oder im Wege von Beraterverträgen als Sachverständige zu beschäftigen. Zu den sonstigen geeigneten Fachkräften, die der Medizinische Dienst im Rahmen seiner Aufgabenerfüllung beteiligen kann, gehören insbesondere auch Sozialarbeiter.

Satz 2 stellt klar, daß der Medizinische Dienst auch bei der Beauftragung Dritter für den notwendigen Schutz personenbezogener Daten zu sorgen hat (vgl. § 11 BDSG).

§ 19 Begriff der Pflegepersonen

Pflegepersonen im Sinne dieses Buches sind Personen, die nicht erwerbsmäßig einen Pflegebedürftigen im Sinne des § 14 in seiner häuslichen Umgebung pflegen. Leistungen zur sozialen Sicherung nach § 44 erhält eine Pflegeperson nur dann, wenn sie eine pflegebedürftige Person wenigstens 14 Stunden wöchentlich pflegt.

S. auch §§ 44, 45 SGB XI

Aus der Begründung der Bundesregierung

Diese Vorschrift definiert den Personenkreis der Pflegepersonen, für den nach § 44 und den dort genannten Vorschriften die soziale Absicherung verbessert wird.

Pflegepersonen sind nur diejenigen, die einen Pflegebedürftigen im Sinne des § 14 wenigstens 14 Stunden wöchentlich nicht erwerbsmäßig zu Hause pflegen.

Zwei Pflegepersonen, die sich die Pflege eines Pflegebedürftigen teilen, können beide sozial abgesichert werden, wenn wegen der Schwere der Pflegebedürftigkeit beide wenigstens 14 Stunden wöchentlich pflegen. Die vorgesehenen Beiträge der Pflegeversicherung an die Rentenversicherung werden gesplittet.

Der Mindestumfang von 14 Stunden wöchentlich kann auch bei Inanspruchnahme der Pflegesachleistungen nach den §§ 36 und 38 sowie bei Tages- oder Nachtpflege (§ 41) gegeben sein. Bei der Feststellung der Mindeststundenzahl wird nicht nur die Arbeitszeit gerechnet, die auf Grundpflege und hauswirtschaftliche Versorgung entfällt und für die Feststellung des Grades der Pflegebedürftigkeit nach den §§ 14 und 15 maßgeblich ist, sondern auch die Zeit, die benötigt wird für die ergänzende Pflege und Betreuung im Sinne von § 4 Abs. 2 Satz 1. Auch Berufstätige können Pflegepersonen im Sinne dieser Vorschrift sein, wenn eine angemessene Versorgung und Betreuung des Pflegebedürftigen trotz der Berufstätigkeit sichergestellt werden kann (vgl. § 37 Abs. 1 Satz 2). Die Notwendigkeit einer Verbesserung der Alterssicherung der Pflegepersonen besteht allerdings nur, wenn wegen der Pflege keine oder nur eine halbtägige Erwerbstätigkeit ausgeübt wird.

Die Abgrenzung zwischen erwerbsmäßiger Pflegetätigkeit im Rahmen eines Beschäftigungsverhältnisses oder einer selbständigen Erwerbstätigkeit einerseits und ehrenamtlicher Pflegetätigkeit mit finanzieller Anerkennung andererseits erfolgt nach den allgemeinen Regeln des SGB IV. In der Regel wird davon auszugehen sein, daß in den Fällen, in denen ein im Haushalt lebender Familienangehöriger, z. B. die Ehefrau oder Tochter, die häusliche Pflege sicherstellt, ein Beschäftigungsverhältnis auch dann nicht vorliegt, wenn der Pflegebedürftige das ihm zustehende Pflegegeld an die

§ 19 Begriff der Pflegepersonen

Pflegeperson weiterreicht. Die in § 44 vorgesehen soziale Absicherung der Pflegepersonen wäre nicht erforderlich, wenn sich die Pflege meist im Rahmen von sozialversicherungspflichtigen Beschäftigungsverhältnissen vollziehen würde.

Ist aufgrund der konkreten Umstände des Einzelfalles von einem Beschäftigungsverhältnis auszugehen, erhält also der Pflegebedürftige Pflege im Rahmen eines von ihm begründeten Beschäftigungsverhältnisses mit einer Pflegekraft, so erfolgt die soziale Absicherung nicht nach den §§ 19 und 44. Vielmehr hat der Pflegebedürftige die soziale Absicherung der Pflegekraft wie jeder andere Arbeitgeber sicherzustellen. Die Pflegepersonen im Sinne dieser Vorschrift sind in der Regel Familienangehörige, aber auch Nachbarn, Freunde und sonstige ehrenamtliche Helfer.

Jugendliche im Freiwilligen Sozialen Jahr und Zivildienstleistende, die eine Pflegetätigkeit ausüben, sind keine Pflegepersonen im Sinne dieser Vorschrift.

Zur Verbesserung der häuslichen Pflege sieht § 45 unentgeltliche Pflegekurse vor.

Aus der Begründung des ersten Änderungsgesetzes

Zu Satz 2

Die Regelung dient der begrifflichen Klarstellung.

Drittes Kapitel
Versicherungspflichtiger Personenkreis

Erläuterungen zum Dritten Kapitel – Versicherungspflichtiger Personenkreis

Allgemeines

a) Das Dritte Kapitel enthält Regelungen über den in der sozialen Pflegeversicherung versicherungspflichtigen und versicherungsfreien Personenkreis sowie die Voraussetzungen der beitragsfreien Familienversicherung in der sozialen Pflegeversicherung. Versicherungspflicht in der sozialen Pflegeversicherung besteht für alle Personen, die in der gesetzlichen Krankenversicherung Mitglied sind.

Wer nicht gesetzlich, sondern privat krankenversichert ist, ist in der sozialen Pflegeversicherung versicherungsfrei, wird aber verpflichtet, bei dem Krankenversicherungsunternehmen, bei dem er Mitglied ist, zur Absicherung des Pflegefallrisikos einen Versicherungsvertrag abzuschließen. Dieser Vertrag muß einen der sozialen Pflegeversicherung gleichwertigen Versicherungsschutz bieten.

Die Umschreibung des Personenkreises, der insgesamt zur Vorsorge gegen das Pflegefallrisiko verpflichtet wird, entspricht dem Grundsatz „Pflegeversicherung folgt Krankenversicherung".

b) Da das Risiko Pflegebedürftigkeit heute als allgemeines Risiko anerkannt wird, ist es sozialpolitisch nicht nur gerechtfertigt, sondern auch erforderlich, möglichst für die gesamte Bevölkerung eine angemessene Absicherung für das Pflegefallrisiko zu erreichen. Das wünschenswerte Ziel einer absolut vollständigen Vorsorgepflicht für alle Bürger ließe sich jedoch nur mit einem unverhältnismäßig hohen Verwaltungsaufwand verwirklichen. Es wäre erforderlich, tatsächlich jeden Bürger namentlich zu erfassen und nicht nur zu kontrollieren, daß er die Vorsorgepflicht auch tatsächlich einlöst, sondern daß er auch den Versicherungsschutz auf Dauer aufrecht erhält.

Der mit einer umfassenden Versicherungspflicht verbundene Verwaltungsaufwand wäre gesamtwirtschaftlich gesehen nicht zu vertreten. Daher wird festgelegt, daß Versicherte der gesetzlichen Krankenversicherung,

Versicherungspflichtiger Personenkreis

die den gesetzlichen Krankenkassen ja namentlich bekannt sind, hinsichtlich des Pflegerisikos Mitglied der bei der Krankenkasse errichteten Pflegekasse werden sollen. Mitglieder der privaten Krankenversicherung werden verpflichtet, den Krankenversicherungsschutz bei ihrem Versicherungsunternehmen um den Pflegever- sicherungsschutz zu erweitern.

c) Die Anknüpfung der Versicherungspflicht gegen das Pflegefallrisiko an das Bestehen eines gesetzlichen oder privaten Krankenversicherungsschutzes stellt nicht nur eine Lösung dar, die den mit der Erfassung des versicherungspflichtigen Personenkreises verbundenen Melde- und Kontrollaufwand auf ein Minimum reduziert. Der Lösungsweg „Pflegeversicherung folgt Krankenversicherung" ist auch der sachlich richtige Weg, weil sich über ihn zugleich die angestrebte breite Absicherung des Pflegefallrisikos erreichen läßt. Denn mehr als 98 v. H. der Bevölkerung sind gegenwärtig entweder in der gesetzlichen Krankenversicherung oder bei einem privaten Krankenversicherungsunternehmen versichert.

d) Der Grundsatz „Pflegeversicherung folgt Krankenversicherung" ist auch aus gesundheits- und sozialpolitischen Gründen gerechtfertigt. Krankheit und Pflegebedürftigkeit sind eng verwandt und häufig nur sehr schwer voneinander abzugrenzen. Das eröffnet die Gefahr zahlreicher Streitigkeiten darüber, ob noch Krankheit und damit Krankenbehandlungsbedürftigkeit vorliegt oder ob der Pflegefall schon eingetreten ist mit der Konsequenz, daß nun die Pflegeversicherung leistungspflichtig wird. Derartige Streitigkeiten werden vermieden, wenn beide Risiken möglichst „unter einem Dach" versichert werden. Dann werden die Probleme der Abgrenzung nicht auf dem Rücken des Versicherten ausgetragen.

Deshalb ist es auch gerechtfertigt und geboten, zur Durchführung der privaten Pflege-Pflichtversicherung den betreffenden Personenkreis an das Versicherungsunternehmen zu binden, bei dem bereits Krankenversicherungsschutz besteht.

e) Soweit es sich um die Zuordnung der in der GKV Versicherten zur sozialen Pflegeversicherung handelt, ergibt sich die Gesetzgebungskompetenz des Bundes aus Artikel 74 Nr. 12 GG. Die Schaffung eines „neuen, eigenständigen Zweiges der Sozialversicherung" als solche begegnet keinen verfassungsrechtlichen Bedenken. Grundsätzlich liegt es in der Gestaltungsfreiheit des Gesetzgebers, den Mitgliederkreis der gesetzlichen Pflegeversicherung so abzugrenzen, wie es für die Begründung einer leistungsfähigen Solidargemeinschaft erforderlich ist (vgl. BVerfGE §§ 44, 70, 90). Die Einbeziehung nicht nur der GKV-Pflichtversicherten, sondern auch der dort freiwillig Versicherten erscheint unbedenklich. Wenn das Risiko der Pflegebedürftigkeit als ein allgemeines Risiko anerkannt und deshalb eine allgemeine Versicherungspflicht gegen dieses Risiko als notwendig erachtet wird, so erscheint es sachgerecht, der sozialen Pflegeversicherung, die unter dem Dach der GKV errichtet wird, alle diejenigen zuzuweisen, die auch in der GKV gegen Krankheit versichert sind. Die Tatsache, daß es sich bei den freiwillig Versicherten der GKV durchweg um Besserverdienende handelt, für die eine Pflicht zur Krankenversicherung nicht besteht, steht dieser Zuordnung nicht entgegen. Denn auch für diejenigen Besserverdienenden, die von ihrer Befreiungsmöglichkeit von der GKV Gebrauch gemacht haben und sich privat krankenversichert haben, wird eine Versicherungspflicht gegen Pflegebedürftigkeit begründet, allerdings – systemgerecht – in der privaten Pflegeversicherung.

f) Soweit es um die in der privaten Krankenversicherung Versicherten und deren Zuordnung zur privaten Pflege-Pflichtversicherung geht, ergibt sich die Gesetzgebungskompetenz des Bundes aus Artikel 74 Nr. 7 i. V. m. Nr. 11 GG. Der Gesetzgeber kann in legitimer Weise zur Durchsetzung einer grundsätzlich allgemeinen Versicherungspflicht gegen Pflegebedürftigkeit die potentiell hilfsbedürftigen Personen auch in der Weise in die Pflicht nehmen, daß sie dann, wenn sie das Krankheitsrisiko privat abgesichert haben, auch das Pflegefallrisiko privat absichern müssen.

g) Der Grundsatz „Pflegeversicherung folgt Krankenversicherung" hat in strenger Durchführung die Konsequenz, daß diejenigen, die weder gesetzlich noch privat versichert sind, von der Pflegeversicherungspflicht nicht erfaßt werden.

Bei diesem Personenkreis dürfte es sich überwiegend um solche Personen handeln, die nicht erwerbstätig sind und über keine Einkünfte verfügen, die für die Beitragspflicht in der Sozialversicherung maßgeblich wären. Sie wären meldetechnisch kaum erfaßbar, die Feststellung der Beitragspflicht und der Beitragsbemessungsgrundlage wäre bei dieser Gruppe besonders schwierig, der Beitragseinzug wäre mit hohen Nebenkosten verbunden. Diese Gründe sprechen dafür, den Grundsatz der Vorsorgepflicht für alle Bürger nicht bis zur letzten Konsequenz zu verfolgen, sondern nur die bereits Krankenversicherten zur Erweiterung ihres Versicherungsschutzes im Hinblick auf das Pflegefallrisiko zu verpflichten.

§ 20 Versicherungspflicht in der sozialen Pflegeversicherung für Mitglieder der gesetzlichen Krankenversicherung

(1) Versicherungspflichtig in der sozialen Pflegeversicherung sind die versicherungspflichtigen Mitglieder der gesetzlichen Krankenversicherung. Dies sind:

1. Arbeiter, Angestellte und zu ihrer Berufsausbildung Beschäftigte, die gegen Arbeitsentgelt beschäftigt sind; für die Zeit des Bezugs von Kurzarbeiter- oder Winterausfallgeld nach dem Dritten Buch bleibt die Versicherungspflicht unberührt,

2. Personen in der Zeit, für die sie Arbeitslosengeld, Arbeitslosenhilfe oder Unterhaltsgeld nach dem Dritten Buch beziehen, auch wenn die Entscheidung, die zum Bezug der Leistung geführt hat, rückwirkend aufgehoben oder die Leistung zurückgefordert oder zurückgezahlt worden ist; ab Beginn des zweiten Monats bis zur zwölften Woche einer Sperrzeit (§ 144 des Dritten Buches) gelten die Leistungen als bezogen,

3. Landwirte, ihre mitarbeitenden Familienangehörigen und Altenteiler, die nach § 2 des Zweiten Gesetzes über die Krankenversicherung der Landwirte versicherungspflichtig sind,

4. selbständige Künstler und Publizisten nach näherer Bestimmung des Künstlersozialversicherungsgesetzes,

5. Personen, die in Einrichtungen der Jugendhilfe, in Berufsbildungswerken oder in ähnlichen Einrichtungen für Behinderte für eine Erwerbstätigkeit befähigt werden sollen,

6. Teilnehmer an berufsfördernden Maßnahmen zur Rehabilitation sowie an Berufsfindung oder Arbeitserprobung, es sei denn, die Maßnahmen werden nach den Vorschriften des Bundesversorgungsgesetzes erbracht,

§ 20 Versicherungspflicht in der sozialen Pflegeversicherung für Mitglieder der gesetzlichen Krankenversicherung

7. Behinderte, die in nach dem Schwerbehindertengesetz anerkannten Werkstätten für Behinderte oder in nach dem Blindenwarenvertriebsgesetz anerkannten Blindenwerkstätten oder für diese Einrichtungen in Heimarbeit tätig sind,

8. Behinderte, die in Anstalten, Heimen oder gleichartigen Einrichtung in gewisser Regelmäßigkeit eine Leistung erbringen, die einem Fünftel der Leistung eines voll erwerbsfähigen Beschäftigten in gleichartiger Beschäftigung entspricht; hierzu zählen auch Dienstleistungen für den Träger der Einrichtung,

9. Studenten, die an staatlichen oder staatlich anerkannten Hochschulen eingeschrieben sind, soweit sie nach § 5 Abs. 1 Nr. 9 des Fünften Buches der Krankenversicherungspflicht unterliegen,

10. Personen, die zu ihrer Berufsausbildung ohne Arbeitsentgelt beschäftigt sind oder die eine Fachschule oder Berufsfachschule besuchen oder eine in Studien- oder Prüfungsordnungen vorgeschriebene berufspraktische Tätigkeit verrichten (Praktikanten); Auszubildende des Zweiten Bildungsweges, die sich in einem nach dem Bundesausbildungsförderungsgesetz förderungsfähigen Teil eines Ausbildungsabschnittes befinden, sind Praktikanten gleichgestellt,

11. Personen, die die Voraussetzungen für den Anspruch auf eine Rente aus der gesetzlichen Rentenversicherung erfüllen und diese Rente beantragt haben, soweit sie nach § 5 Abs. 1 Nr. 11 oder 12 des Fünften Buches der Krankenversicherungspflicht unterliegen.

(2) Als gegen Arbeitsentgelt beschäftigte Arbeiter und Angestellte im Sinne des Absatzes 1 Nr. 1 gelten Bezieher von Vorruhestandsgeld, wenn sie unmittelbar vor Bezug des Vorruhestandsgeldes versicherungspflichtig waren und das Vorruhestandsgeld mindestens in Höhe von 65 vom Hundert des

Bruttoarbeitsentgelts im Sinne des § 3 Abs. 2 des Vorruhestandsgesetzes gezahlt wird. Satz 1 gilt nicht für Personen, die im Ausland ihren Wohnsitz oder gewöhnlichen Aufenthalt in einem Staat haben, mit dem für Arbeitnehmer mit Wohnsitz oder gewöhnlichem Aufenthalt in diesem Staat keine über- oder zwischenstaatlichen Regelungen über Sachleistung bei Krankheit bestehen.

(3) Freiwillige Mitglieder der gesetzlichen Krankenversicherung sind versicherungspflichtig in der sozialen Pflegeversicherung.

(4) Nehmen Personen, die mindestens zehn Jahre nicht in der sozialen Pflegeversicherung oder der gesetzlichen Krankenversicherung versicherungspflichtig waren, eine dem äußeren Anschein nach versicherungspflichtige Beschäftigung oder selbständige Tätigkeit von untergeordneter wirtschaftlicher Bedeutung auf, besteht die widerlegbare Vermutung, daß eine die Versicherungspflicht begründende Beschäftigung nach Absatz 1 Nr. 1 oder eine versicherungspflichtige selbständige Tätigkeit nach Absatz 1 Nr. 3 oder 4 tatsächlich nicht ausgeübt wird. Das gilt insbesondere für eine Beschäftigung bei Familienangehörigen.

§ 21 *Versicherungspflicht in der sozialen Pflegeversicherung für sonstige Personen*

Versicherungspflicht in der sozialen Pflegeversicherung besteht auch für Personen mit Wohnsitz oder gewöhnlichem Aufenthalt im Inland, die

1. nach dem Bundesversorgungsgesetz oder nach Gesetzen, die eine entsprechende Anwendung des Bundesversorgungsgesetzes vorsehen, einen Anspruch auf Heilbehandlung oder Krankenbehandlung haben,

2. Kriegsschadenrente oder vergleichbare Leistungen nach dem Lastenausgleichsgesetz oder dem Reparationsschädengesetz oder laufende Beihilfe nach dem Flüchtlingshilfegesetz beziehen,
3. ergänzende Hilfe zum Lebensunterhalt im Rahmen der Kriegsopferfürsorge nach dem Bundesversorgungsgesetz oder nach Gesetzen beziehen, die eine entsprechende Anwendung des Bundesversorgungsgesetzes vorsehen,
4. laufende Leistungen zum Unterhalt und Leistungen der Krankenhilfe nach dem Achten Buch beziehen,
5. krankenversorgungsberechtigt nach dem Bundesentschädigungsgesetz sind,
6. in das Dienstverhältnis eines Soldaten auf Zeit berufen worden sind,

wenn sie gegen das Risiko Krankheit weder in der gesetzlichen Krankenversicherung noch bei einem privaten Krankenversicherungsunternehmen versichert sind.

§ 22 Befreiung von der Versicherungspflicht

(1) Personen, die nach § 20 Abs. 3 in der sozialen Pflegeversicherung versicherungspflichtig sind, können auf Antrag von der Versicherungspflicht befreit werden, wenn sie nachweisen, daß sie bei einem privaten Versicherungsunternehmen gegen Pflegebedürftigkeit versichert sind und für sich und ihre Angehörigen, die bei Versicherungspflicht nach § 25 versichert wären, Leistungen beanspruchen können, die nach Art und Umfang den Leistungen des Vierten Kapitels gleichwertig sind. Die befreiten Personen sind verpflichtet, den Versicherungsvertrag aufrechtzuerhalten, solange sie krankenversichert sind. Personen, die bei Pflegebedürftigkeit Beihilfeleistungen

erhalten, sind zum Abschluß einer entsprechenden anteiligen Versicherung im Sinne des Satzes 1 verpflichtet.

(2) Der Antrag kann nur innerhalb von drei Monaten nach Beginn der Versicherungspflicht bei der Pflegekasse gestellt werden. Die Befreiung wirkt vom Beginn der Versicherungspflicht an, wenn seit diesem Zeitpunkt noch keine Leistungen in Anspruch genommen wurden, sonst vom Beginn des Kalendermonats an, der auf die Antragstellung folgt. Die Befreiung kann nicht widerrufen werden.

§ 23 Versicherungspflicht für Versicherte der privaten Krankenversicherungsunternehmen

(1) Personen, die gegen das Risiko Krankheit bei einem privaten Krankenversicherungsunternehmen mit Anspruch auf allgemeine Krankenhausleistungen versichert sind, sind vorbehaltlich des Absatzes 2 verpflichtet, bei diesem Unternehmen zur Absicherung des Risikos der Pflegebedürftigkeit einen Versicherungsvertrag abzuschließen und aufrechtzuerhalten. Der Vertrag muß ab dem Zeitpunkt des Eintritts der Versicherungspflicht für sie selbst und ihre Angehörigen, für die in der sozialen Pflegeversicherung nach § 25 eine Familienversicherung bestünde, Vertragsleistungen vorsehen, die nach Art und Umfang den Leistungen des Vierten Kapitels gleichwertig sind. Dabei tritt an die Stelle der Sachleistungen eine der Höhe nach gleiche Kostenerstattung.

(2) Der Vertrag nach Absatz 1 kann auch bei einem anderen privaten Versicherungsunternehmen abgeschlossen werden. Das Wahlrecht ist innerhalb von sechs Monaten auszuüben. Die Frist beginnt mit dem Eintritt der individuellen Versicherungspflicht. Das Recht zur Kündigung des Vertrages wird durch den Ablauf der Frist nicht berührt.

(3) Personen, die nach beamtenrechtlichen Vorschriften oder Grundsätzen bei Pflegebedürftigkeit Anspruch auf Beihilfe haben, sind zum Abschluß einer entsprechenden anteiligen beihilfekonformen Versicherung im Sinne des Absatzes 1 verpflichtet, sofern sie nicht nach § 20 Abs. 3 versicherungspflichtig sind. Die beihilfekonforme Versicherung ist so auszugestalten, daß ihre Vertragsleistungen zusammen mit den Beihilfeleistungen, die sich bei Anwendung der in § 14 Abs. 1 und 5 der Beihilfevorschriften des Bundes festgelegten Bemessungssätze ergeben, den in Absatz 1 Satz 2 vorgeschriebenen Versicherungsschutz gewährleisten.

(4) Die Absätze 1 bis 3 gelten entsprechend für

1. Heilfürsorgeberechtigte, die nicht in der sozialen Pflegeversicherung versicherungspflichtig sind,
2. Mitglieder der Postbeamtenkrankenkasse und
3. Mitglieder der Krankenversorgung der Bundesbahnbeamten.

(5) Die Absätze 1, 3 und 4 gelten nicht für Personen, die sich auf nicht absehbare Dauer in stationärer Pflege befinden und bereits Pflegeleistungen nach § 35 Abs. 6 des Bundesversorgungsgesetzes, nach § 558 Abs. 2 Nr. 2 der Reichsversicherungsordnung, nach § 34 des Beamtenversorgungsgesetzes oder nach den Gesetzen erhalten, die eine entsprechende Anwendung des Bundesversorgungsgesetzes vorsehen, sofern sie keine Familienangehörigen haben, für die in der sozialen Pflegeversicherung nach § 25 eine Familienversicherung bestünde.

(6) Das private Krankenversicherungsunternehmen oder ein anderes die Pflegeversicherung betreibendes Versicherungsunternehmen sind verpflichtet,

1. für die Feststellung der Pflegebedürftigkeit sowie für die Zuordnung zu einer Pflegestufe dieselben Maßstäbe wie in der sozialen Pflegeversicherung anzulegen und

2. die in der sozialen Pflegeversicherung zurückgelegte Versicherungszeit des Mitglieds und seiner nach § 25 versicherten Familienangehörigen auf die Wartezeit anzurechnen.

Aus der Begründung zum ersten Änderungsgesetz

Zu Absatz 3 Satz 2

Die Regelung dient der Klarstellung, daß bei der Bemessung der Vertragsleistungen, die in dem Teilkostentarif zugesagt werden, bundeseinheitlich die in § 14 Abs. 1 Unterscheidung der Beihilfevorschriften des Bundes festgelegten Beihilfebemessungssätze zu berücksichtigen sind. Abweichende Bemessungssätze in Beihilfevorschriften einzelner Bundesländer sind insoweit unbeachtlich, sie führen nicht zu einer höheren Vertragsleistung der privaten Pflege-Pflichtversicherung.

§ 24 Versicherungspflicht der Abgeordneten

Mitglieder des Bundestages, des Europäischen Parlaments und der Parlamente der Länder (Abgeordnete) sind unbeschadet einer bereits nach § 20 Abs. 3 oder § 23 Abs. 1 bestehenden Versicherungspflicht verpflichtet, gegenüber dem jeweiligen Parlamentspräsidenten nachzuweisen, daß sie sich gegen das Risiko der Pflegebedürftigkeit versichert haben. Das gleiche gilt für die Bezieher von Versorgungsleistungen nach den jeweiligen Abgeordnetengesetzen des Bundes und der Länder.

§ 25 Familienversicherung

(1) Versichert sind der Ehegatte und die Kinder von Mitgliedern, wenn diese Familienangehörigen

1. ihren Wohnsitz oder gewöhnlichen Aufenthalt im Inland haben,
2. nicht nach § 20 Abs. 1 Nr. 1 bis 8 oder 11 oder nach § 20 Abs. 3 versicherungspflichtig sind,

§ 25 Familienversicherung

3. nicht nach § 22 von der Versicherungspflicht befreit oder nach § 23 in der privaten Pflegeversicherung pflichtversichert sind,
4. nicht hauptberuflich selbständig erwerbstätig sind und
5. kein Gesamteinkommen haben, das regelmäßig im Monat ein Siebtel der monatlichen Bezugsgröße nach § 18 des Vierten Buches überschreitet; bei Renten wird der Zahlbetrag berücksichtigt.

§ 7 Abs. 1 Satz 3 und 4 und Abs. 2 des Zweiten Gesetzes über die Krankenversicherung der Landwirte gilt entsprechend.

(2) Kinder sind versichert:
1. bis zur Vollendung des 18. Lebensjahres,
2. bis zur Vollendung des 23. Lebensjahres, wenn sie nicht erwerbstätig sind,
3. bis zur Vollendung des 25. Lebensjahres, wenn sie sich in Schul- oder Berufsausbildung befinden oder ein freiwilliges soziales Jahr im Sinne des Gesetzes zur Förderung eines freiwilligen sozialen Jahres oder ein freiwilliges ökologisches Jahr im Sinne des Gesetzes zur Förderung eines freiwilligen ökologischen Jahres leisten; wird die Schul- oder Berufsausbildung durch Erfüllung einer gesetzlichen Dienstpflicht des Kindes unterbrochen oder verzögert, besteht die Versicherung auch für einen der Dauer dieses Dienstes entsprechenden Zeitraum über das 25. Lebensjahr hinaus.
4. ohne Altersgrenze, wenn sie wegen körperlicher, geistiger oder seelischer Behinderung außerstande sind, sich selbst zu unterhalten; Voraussetzung ist, daß die Behinderung zu einem Zeitpunkt vorlag, in dem das Kind nach Nummer 1, 2 oder 3 versichert war.

§ 10 Abs. 4 und 5 des Fünften Buches gilt entsprechend.

(3) Kinder sind nicht versichert, wenn der mit den Kindern verwandte Ehegatte des Mitglieds nach § 22 von der Versicherungspflicht befreit oder nach § 23 in der privaten Pflegeversicherung pflichtversichert ist und sein Gesamteinkommen regelmäßig im Monat ein Zwölftel der Beitragsbemessungsgrenze übersteigt und regelmäßig höher als das Gesamteinkommen des Mitglieds ist; bei Renten wird der Zahlbetrag berücksichtigt.

(4) Die Versicherung nach Absatz 2 Nr. 1, 2 und 3 bleibt bei Personen, die aufgrund gesetzlicher Pflicht mehr als drei Tage Wehrdienst oder Zivildienst leisten oder die im Rahmen einer besonderen Auslandsverwendung im Sinne des Soldatengesetzes freiwillig Wehrdienst leisten, für die Dauer des Dienstes bestehen.

§ 26 Weiterversicherung

(1) Personen, die aus der Versicherungspflicht nach § 20 oder § 21 ausgeschieden sind und in den letzten fünf Jahren vor dem Ausscheiden mindestens 24 Monate oder unmittelbar vor dem Ausscheiden mindestens zwölf Monate versichert waren, können sich auf Antrag in der sozialen Pflegeversicherung weiterversichern, sofern für sie keine Versicherungspflicht nach § 23 Abs. 1 eintritt. Dies gilt auch für Personen, deren Familienversicherung nach § 25 erlischt oder nur deswegen nicht besteht, weil die Voraussetzungen des § 25 Abs. 3 vorliegen. Der Antrag ist in den Fällen des Satzes 1 innerhalb von drei Monaten nach Beendigung der Mitgliedschaft, in den Fällen des Satzes 2 nach Beendigung der Familienversicherung oder nach Geburt des Kindes bei der zuständigen Pflegekasse zu stellen.

(2) Personen, die wegen der Verlegung ihres Wohnsitzes oder gewöhnlichen Aufenthaltes ins Ausland aus der Versi-

cherungspflicht ausscheiden, können sich auf Antrag weiterversichern. Der Antrag ist bis spätestens einen Monat nach Ausscheiden aus der Versicherungspflicht bei der Pflegekasse zu stellen, bei der die Versicherung zuletzt bestand. Die Weiterversicherung erstreckt sich auch auf die nach § 25 versicherten Familienangehörigen, die gemeinsam mit dem Mitglied ihren Wohnsitz oder gewöhnlichen Aufenthalt in das Ausland verlegen. Für Familienangehörige, die im Inland verbleiben, endet die Familienversicherung nach § 25 mit dem Tag, an dem das Mitglied seinen Wohnsitz oder gewöhnlichen Aufenthalt ins Ausland verlegt.

§ 27 Kündigung eines privaten Pflegeversicherungsvertrages

Personen, die nach den §§ 20 oder 21 versicherungspflichtig werden und bei einem privaten Krankenversicherungsunternehmen gegen Pflegebedürftigkeit versichert sind, können ihren Versicherungsvertrag mit Wirkung vom Eintritt der Versicherungspflicht an kündigen. Das Kündigungsrecht gilt auch für Familienangehörige, wenn für sie eine Familienversicherung nach § 25 eintritt.

Viertes Kapitel
Leistungen der Pflegeversicherung

Erster Abschnitt
Übersicht über die Leistungen

§ 28 Leistungsarten, Grundsätze

(1) Die Pflegeversicherung gewährt folgende Leistungen:
1. Pflegesachleistung (§ 36),
2. Pflegegeld für selbst beschaffte Pflegehilfen (§ 37),
3. Kombination von Geldleistung und Sachleistung (§ 38),
4. häusliche Pflege bei Verhinderung der Pflegepersonen (§ 39),
5. Pflegehilfsmittel und technische Hilfen (§ 40),
6. Tagespflege und Nachtpflege (§ 41),
7. Kurzzeitpflege (§ 42),
8. vollstationäre Pflege (§ 43),
9. Pflege in vollstationären Einrichtungen der Behindertenhilfe (§ 43a),
10. Leistungen zur sozialen Sicherung der Pflegepersonen (§ 44),
11. Pflegekurse für Angehörige und ehrenamtliche Pflegepersonen (§ 45).

(2) Personen, die nach beamtenrechtlichen Vorschriften oder Grundsätzen bei Krankheit und Pflege Anspruch auf Beihilfe oder Heilfürsorge haben, erhalten die jeweils zustehenden Leistungen zur Hälfte; dies gilt auch für den Wert von Sachleistungen.

(3) Die Pflegekassen und die Leistungserbringer haben sicherzustellen, daß die Leistungen nach Absatz 1 nach allgemein anerkanntem Stand medizinisch-pflegerischer Erkenntnisse erbracht werden.

(4) Die Pflege soll auch die Aktivierung des Pflegebedürftigen zum Ziel haben, um vorhandene Fähigkeiten zu erhalten und, soweit dies möglich ist, verlorene Fähigkeiten zurückzugewinnen. Um der Gefahr einer Vereinsamung des Pflegebedürftigen entgegenzuwirken, sollen bei der Leistungserbringung auch die Bedürfnisse des Pflegebedürftigen nach Kommunikation berücksichtigt werden.

Aus der Begründung der Bundesregierung

Zu Absatz 1

Die Vorschrift enthält eine Übersicht über die Leistungen der Pflegeversicherung, ohne selbst bereits Ansprüche zu begründen. Die konkreten Leistungsvoraussetzungen ergeben sich aus den Einzelvorschriften des Zweiten Kapitels (Leistungsberechtigter Personenkreis) und aus den folgenden Vorschriften dieses Kapitels.

Zu Absatz 3

Um die Qualität der Pflegeleistungen zu sichern, wird festgelegt, daß die Leistungen nach dem anerkannten Stand medizinisch-pflegerischer Erkenntnisse erbracht werden müssen. Hierfür haben die Pflegekassen und die Leistungserbringer im Interesse der Pflegebedürftigen Sorge zu tragen. Diese Verpflichtung ist daher Inhalt des in § 69 festgelegten Sicherstellungsauftrags. Darüber hinaus sieht § 80 die Festlegung von Grundsätzen und Maßstäben für die Qualität und die Qualitätssicherung sowie Qualitätsprüfungen vor.

Zu Absatz 4

Die Pflege soll als aktivierende Pflege erbracht werden, die vorhandene und wieder erlernbare Fähigkeiten des pflegebedürftigen Menschen fördert und sichert. Selbständigkeit und Selbsthilfefähigkeit des Pflegebedürftigen sind zu unterstützen und der Pflegebedürftige zur Mithilfe bei der Ausführung aller Pflegeleistungen anzuleiten. Aktivierende Maßnahmen sollen alle körpernahen Verrichtungen einbeziehen, aber auch die hauswirtschaftliche Versorgung, die Organisation des Tagesablaufs und die Gestal-

§ 28 Leistungsarten, Grundsätze

tung der Wohnung oder des Pflegeheimes. Die Angehörigen des Pflegebedürftigen sollen sich an der aktivierenden Pflege beteiligen.

Die aktive Einbeziehung des Pflegebedürftigen ist eine wesentliche Voraussetzung, Pflegebedürftigkeit zu überwinden, den Pflegezustand zu verbessern oder einer Verschlimmerung vorzubeugen. Dazu gehört z. B. die Ermunterung und ggf. Hilfestellung beim bettlägerigen Pflegebedürftigen zum Aufstehen und Umhergehen, die geistige Anregung insbesondere bei alleinstehenden, vereinsamten Menschen, die Anleitung zum selbständigen Essen statt passiver Nahrungsaufnahme, zur Selbsthilfe beim Blutdruckmessen und zum Umgang mit Inkontinenzartikeln. Im Tagesablauf sind die Wünsche des Pflegebedürftigen unter anderem beim Wecken und Zubettgehen zu berücksichtigen. Bei der Pflege geht es nicht nur um die Erbringung der erforderlichen Pflegeleistungen an dem Pflegebedürftigen, vielmehr steht der pflegebedürftige Mensch selbst im Mittelpunkt. Die Pflege muß daher personen- und zuwendungsorientiert sein, sie erfordert individuelles Vorgehen und persönliche Anteilnahme und Ansprache. Beim Umgang mit dem Pflegebedürftigen sind seine Fähigkeiten, Gewohnheiten, Wünsche und Ängste zu berücksichtigen und seine gesamte Persönlichkeit zu achten.

Bei der Pflege ist gleichzeitig auf das Kommunikationsbedürfnis des Pflegebedürftigen einzugehen. In Fällen, in denen eine Vereinsamungstendenz des Pflegebedürftigen beobachtet wird, sollte sich die Pflegekraft auch um die Vermittlung von Gesprächsmöglichkeiten für den Pflegebedürftigen mit ehrenamtlichen Kräften anderer sozialer Dienste bemühen. Den besonderen Bedürfnissen seelisch oder geistig Behinderter ist Rechnung zu tragen.

Aus dem Rundschreiben der Pflegekassen

1. Leistungsarten

§ 28 Abs. 1 SGB XI enthält die enumerative Übersicht über die Leistungen der Pflegeversicherung, ohne selbst eine anspruchsbegründende Bestimmung zu sein. Die konkreten Leistungsvoraussetzungen ergeben sich aus den §§ 14 bis 18 SGB XI sowie den §§ 28 Abs. 2 bis 45 SGB XI, ferner § 91 SGB XI.

Zu beachten ist, daß der Anspruch auf die vollstationäre Pflege nach § 43 SGB XI erst ab 1. 7. 1996 besteht (§ 1 Abs. 5 SGB XI sowie Artikel 68 Abs. 3 PflegeVG).

2. Heilfürsorge- und Beihilfeberechtigte

(1) Heilfürsorge- und Beihilfeberechtigte erhalten von ihren Dienstherren keine Zuschüsse zu den Beiträgen zur sozialen Pflegeversicherung,

sondern die Leistungen der Heilfürsorge und Beihilfe. Damit sie ebenso wie Arbeitnehmer nur zur Hälfte mit Beiträgen zur sozialen Pflegeversicherung belastet werden, sieht § 59 Abs. 1 Satz 2 i. V. m. § 55 Abs. 1 SGB XI die alleinige Beitragspflicht dieses Personenkreises in Höhe des halben Beitragssatzes zur Pflegeversicherung vor. Dementsprechend erhalten sie – unabhängig ob in der GKV freiwillig oder pflichtversichert – die ihnen nach den §§ 36 bis 43 SGB XI zustehenden Leistungen nur zur Hälfte; dies gilt auch für den Wert von Sachleistungen (vgl. § 28 Abs. 2 SGB XI).

(2) Die Absenkung der Leistungen auf die Hälfte gilt auch für die beitragsfrei mitversicherten Familienversicherten, die nach dem Beihilferecht berücksichtigungsfähig sind. Bei der Absenkung wird nicht danach differenziert, wie hoch der Beihilfesatz bei der jeweiligen Person ist.

3. Aktivierende Pflege

(1) Die von Pflegekräften, Pflegeeinrichtungen und Pflegepersonen erbrachte Pflege soll auch die Aktivierung des Pflegebedürftigen zum Ziel haben, um vorhandene Fähigkeiten zu erhalten und, soweit dies möglich ist, verlorene Fähigkeiten zurückzugewinnen. Sie fördert und sichert vorhandene und wieder erlernbare Fähigkeiten des pflegebedürftigen Menschen, unterstützt seine Selbständigkeit und Selbsthilfefähigkeit und leitet den Pflegebedürftigen an, bei der Ausführung aller Pflegeleistungen mitzuhelfen. Aktivierende Maßnahmen sollen alle körpernahen Verrichtungen einbeziehen, aber auch die hauswirtschaftliche Versorgung, die Organisation des Tagesablaufs und die Gestaltung der Wohnung oder des Pflegeheimes. Die Angehörigen sollen sich an der aktivierenden Pflege beteiligen.

(2) Die aktive Einbeziehung des Pflegebedürftigen ist eine wesentliche Voraussetzung, Pflegebedürftigkeit zu überwinden, den Pflegezustand zu verbessern oder einer Verschlimmerung vorzubeugen. Dazu gehört z. B. die Ermunterung und ggf. Hilfestellung beim bettlägerigen Pflegebedürftigen zum Aufstehen und Umhergehen, die geistige Anregung insbesondere bei alleinstehenden, vereinsamten Menschen, die Anleitung zum selbständigen Essen statt passiver Nahrungsaufnahme, zur Selbsthilfe beim Blutdruckmessen und beim Umgang mit Inkontinenzartikeln.

(3) Die aktivierende Pflege stellt keine besondere – bei Vorliegen der Voraussetzungen nach §§ 14, 15 SGB XI – von der Pflegekasse zu gewährende Leistung dar, sondern ist Ziel und Bestandteil der nach den §§ 36 ff. SGB XI zu gewährenden Pflege. Sie findet deshalb auch keine besondere Berücksichtigung bei der Bestimmung der Pflegebedürftigkeit und der Pflegestufe.

(4) Soweit die Pflege durch Pflegebedürftige selbst sichergestellt (Pflegegeld nach § 37 SGB XI) wird, ist in den von den Pflegekassen durch-

zuführenden Pflegekursen darauf hinzuwirken, daß auch Angehörige und sonstige ehrenamtlich tätige Pflegepersonen aktivierend pflegen.

4. Kommunikationsbedürfnis

Maßnahmen zur Förderung der Kommunikation stellen keine besonderen – bei Vorliegen der Voraussetzungen nach §§ 14, 15 SGB XI – von der Pflegekasse zu gewährenden Leistungen dar. Allerdings ist bei der Pflege gleichzeitig auf das Kommunikationsbedürfnis des Pflegebedürftigen einzugehen. In Fällen, in denen eine Vereinsamungstendenz des Pflegebedürftigen beobachtet wird, soll sich die Pflegekraft deshalb auch um die Vermittlung von Gesprächsmöglichkeiten für den Pflegebedürftigen insbesondere mit ehrenamtlichen Kräften bemühen. Hierbei ist den besonderen Bedürfnissen seelisch oder geistig Behinderten Rechnung zu tragen.

Zweiter Abschnitt
Gemeinsame Vorschriften

§ 29 *Wirtschaftlichkeitsgebot*

(1) Die Leistungen müssen wirksam und wirtschaftlich sein; sie dürfen das Maß des Notwendigen nicht übersteigen. Leistungen, die diese Voraussetzungen nicht erfüllen, können Pflegebedürftige nicht beanspruchen, dürfen die Pflegekassen nicht bewilligen und dürfen die Leistungserbringer nicht zu Lasten der sozialen Pflegeversicherung bewirken.

(2) Leistungen dürfen nur bei Leistungserbringern in Anspruch genommen werden, mit denen die Pflegekassen oder die für sie tätigen Verbände Verträge abgeschlossen haben.

§ 30 Dynamisierung

Die Bundesregierung wird ermächtigt, durch Rechtsverordnung mit Zustimmung des Bundesrates die Höhe der Leistungen sowie die in § 37 Abs. 3 festgelegten Vergütungen im Rahmen des geltenden Beitragssatzes (§ 55 Abs. 1) und der sich daraus ergebenden Einnahmenentwicklung anzupassen.

Aus der Begründung der Bundesregierung

Mit der vorgesehenen Dynamisierung der Leistungen der sozialen Pflegeversicherung soll erreicht werden, daß die Höhe der Leistungen der Entwicklung der Beitragseinnahmen Rechnung trägt.

Eine Änderung der Leistungen erfolgt nicht automatisch und nicht in regelmäßigen Zeitabständen. Die Leistungshöhe wird unter Beachtung des Grundsatzes der Beitragssatzstabilität durch Rechtsverordnung angepaßt. Der Verordnungsgeber wird verpflichtet, bei der Anpassung der Höhe der Leistungen den Grundsatz des Vorrangs der häus- lichen vor der stationären Pflege zu beachten.

Aus der Begründung zum ersten Änderungsgesetz

Mit dieser Änderung wird eine Dynamisierung des Betrages sichergestellt, den die ambulanten Pflegeeinrichtungen als Vergütung für die Pflege-Pflichteinsätze nach § 37 Abs. 3 beanspruchen können.

§ 31 Vorrang der Rehabilitation vor Pflege

(1) Die Pflegekassen prüfen im Einzelfall, welche Leistungen zur Rehabilitation geeignet und zumutbar sind, Pflegebedürftigkeit zu überwinden, zu mindern oder ihre Verschlimmerung zu verhüten. Werden Leistungen nach diesem Buch gewährt, ist bei Nachuntersuchungen die Frage geeigneter und zumutbarer Leistungen zur Rehabilitation mit zu prüfen.

(2) Die Pflegekassen haben bei der Einleitung und Ausführung der Leistungen zur Pflege sowie bei Beratung, Auskunft

§ 31 Vorrang der Rehabilitation vor Pflege

und Aufklärung mit den Trägern der Rehabilitation eng zusammenzuarbeiten, um Pflegebedürftigkeit zu vermeiden, zu überwinden, zu mindern oder ihre Verschlimmerung zu verhüten.

(3) Wenn eine Pflegekasse feststellt, daß im Einzelfall Leistungen zur Rehabilitation angezeigt sind, hat sie dies dem zuständigen Träger der Rehabilitation unverzüglich mitzuteilen.

(4) Die Pflegekassen unterstützen die Versicherten auch bei der Inanspruchnahme von Leistungen zur Rehabilitation, insbesondere bei der Antragstellung.

Aus dem Rundschreiben der Pflegekassen

1. Feststellungspflicht

(1) Die Pflegekassen haben (wie der MDK nach § 18 Abs. 1 SGB XI) bei der Beantragung von Leistungen nach dem SGB XI bzw. bei ihnen z. B. nach § 7 Abs. 2 SGB XI bekanntwerdender drohender oder bestehender Pflegebedürftigkeit zu prüfen, ob und ggf. welche Leistungen zur Rehabilitation geeignet und zumutbar sind, eine Pflegebedürftigkeit zu überwinden, zu mindern oder ihre Verschlimmerung zu verhüten. Hinsichtlich der Zumutbarkeit solcher Leistungen sind die §§ 63 und 65 SGB I zu beachten. Die Prüfpflicht für die Pflegekasse besteht auch während der Leistungserbringung, wenn sich Anhaltspunkte für die Zweckmäßigkeit einer solchen Prüfung ergeben (z. B. bei einer Veränderung der bei der Leistungsentscheidung vorgelegenen Ausgangssituation) und im Zusammenhang mit Wiederholungsuntersuchungen nach § 18 Abs. 2 letzter Satz SGB XI (siehe zu § 18 SGB XI, Ziffer 2).

(2) Bei der Prüfpflicht der Pflegekasse handelt es sich nicht um eine abschließende Prüfung und Festlegung in Frage kommender Rehabilitationsmaßnahmen, sondern um einen allgemeinen Vorschlag in Betracht kommender Maßnahmen. Die Prüfung, Entscheidung und Einleitung der Rehabilitationsmaßnahmen obliegen den zuständigen Rehabilitationsträgern, in der Regel der Kranken- und Rentenversicherung bzw. der Sozialhilfe im Rahmen der Eingliederungshilfe.

2. Zusammenarbeit

Wie auch im § 5 SGB XI normiert, bedarf es einer engen Zusammenarbeit der Pflegekasse mit den in Frage kommenden Leistungsträgern, sobald die Pflegekasse erkennt, daß Rehabilitationsmaßnahmen in Betracht kommen können. Sie hat den Rehabilitationsträger unverzüglich zu verständigen. Eine Einwilligung des Versicherten ist hierfür nicht notwendig, um die sofortige Einleitung der Maßnahme nicht zu verzögern.

3. Unterstützungspflicht

Die Pflegekassen unterstützen die Versicherten erforderlichenfalls bei der Beantragung von Leistungen zur Rehabilitation beim zuständigen Leistungsträger (vgl. auch § 16 Abs. 3 SGB I). Die Pflicht des Rehabilitationsträgers zur Hilfe bei der Antragstellung bleibt unberührt.

4. Leistungspflicht der Krankenversicherung

Die Krankenversicherung hat auch nach eingetretener Pflegebedürftigkeit ihre medizinischen und ergänzenden Leistungen nach § 11 Abs. 2 SGB V einzusetzen, um Pflegebedürftigkeit zu beseitigen, zu mindern oder eine Verschlimmerung zu verhüten.

§ 32 Vorläufige Leistungen zur Rehabilitation

(1) Die Pflegekasse kann ambulante medizinische Leistungen zur Rehabilitation ausnahmsweise vorläufig erbringen, wenn eine sofortige Leistungserbringung erforderlich ist, um eine unmittelbar drohende Pflegebedürftigkeit zu vermeiden, eine bestehende Pflegebedürftigkeit zu überwinden, zu mindern oder eine Verschlimmerung der Pflegebedürftigkeit zu verhüten, und sonst die sofortige Einleitung der Maßnahmen gefährdet wäre.

(2) Die Pflegekasse hat zuvor den zuständigen Träger zu unterrichten und auf die Eilbedürftigkeit der Leistungsgewährung hinzuweisen; wird dieser nicht rechtzeitig tätig, erbringt die Pflegekasse die Leistungen vorläufig.

Aus dem Rundschreiben der Pflegekassen

1. Allgemeines

Um einen für den Rehabilitationserfolg schädlichen Zeitverlust zu vermeiden, haben die Pflegekassen die Möglichkeit, ambulante medizinische

Rehabilitationsleistungen vorläufig zu erbringen, wenn andernfalls die sofortige Einleitung der Leistungen gefährdet wäre. Eine Vorleistung wird aber in der Praxis kaum Bedeutung erlangen, da im allgemeinen die Krankenkassen für die Erbringung ambulanter Rehabilitationsleistungen zuständig sind und die Sicherstellung dieser Leistungen im Hinblick auf die organisatorische Verbindung zwischen Krankenkasse und Pflegekasse gewährleistet ist.

§ 33 Leistungsvoraussetzungen

(1) Versicherte erhalten die Leistungen der Pflegeversicherung auf Antrag. Die Leistungen werden **ab Antragstellung** gewährt, frühestens jedoch von dem Zeitpunkt an, in dem die Anspruchsvoraussetzungen vorliegen. Wird der Antrag später als einen Monat nach Eintritt der Pflegebedürftigkeit gestellt, werden die Leistungen vom Beginn des Monats der Antragstellung an gewährt.

(2) Anspruch auf Leistungen besteht:

1. in der Zeit vom 1. Januar 1996 bis 31. Dezember 1996, wenn der Versicherte vor der Antragstellung mindestens ein Jahr,
2. in der Zeit vom 1. Januar 1997 bis 31. Dezember 1997, wenn der Versicherte vor der Antragstellung mindestens zwei Jahre,
3. in der Zeit vom 1. Januar 1998 bis 31. Dezember 1998, wenn der Versicherte vor der Antragstellung mindestens drei Jahre,
4. in der Zeit vom 1. Januar 1999 bis 31. Dezember 1999, wenn der Versicherte vor der Antragstellung mindestens vier Jahre,
5. in der Zeit ab 1. Januar 2000, wenn der Versicherte in den letzten zehn Jahren vor der Antragstellung mindestens fünf Jahre

als Mitglied versichert oder nach § 25 familienversichert war. Zeiten der Weiterversicherung nach § 36 Abs. 2 werden bei der Ermittlung der nach Satz 1 erforderlichen Vorversicherungszeit mitberücksichtigt. Für versicherte Kinder gilt die Vorversicherungszeit nach Satz 1 als erfüllt, wenn ein Elternteil sie erfüllt.

(3) Personen, die wegen des Eintritts von Versicherungspflicht in der sozialen Pflegeversicherung aus der privaten Pflegeversicherung ausscheiden, ist die dort ununterbrochen zurückgelegte Versicherungszeit auf die Vorversicherungszeit nach Absatz 2 anzurechnen.

(4) Absatz 2 gilt nicht für Personen, für die auf Grund der Regelung des Artikels 28 des Gesetzes zur Sicherung und Strukturverbesserung der gesetzlichen Krankenversicherung vom 21. Dezember 1992 (BGBl. I S. 2266) zum 1. Januar 1997 Versicherungspflicht in der gesetzlichen Krankenversicherung und damit nach § 20 Versicherungspflicht in der sozialen Pflegeversicherung eintritt.

Aus der Begründung der Bundesregierung

Zu Absatz 1

Die Leistungsgewährung wird, wie dies auch bei sonstigen Sozialversicherungsleistungen in aller Regel der Fall ist, davon abhängig gemacht, daß ein Antrag gestellt wird. Leistungen der Pflegeversicherung stellen insoweit keine Ausnahme dar. Antragsberechtigt ist der versicherte Pflegebedürftige, in den Fällen der §§ 44 und 46 in Verbindung mit § 19 die Pflegeperson, ansonsten ein von diesen Personen Bevollmächtigter.

Grundsätzlich werden die Leistungen ab Antragstellung gewährt. Wenn also die Feststellung der Pflegebedürftigkeit einige Zeit in Anspruch nimmt, werden auch rückwirkend bis zum Zeitpunkt der Antragstellung Geldleistungen erbracht. Liegt bei Antragstellung noch keine Pflegebedürftigkeit vor, sondern tritt sie erst danach ein, werden die Leistungen erst ab Eintritt der Pflegebedürftigkeit gewährt. Bei Antragstellung nach Eintritt der Pflegebedürftigkeit – dies dürfte der Regelfall sein – wird ab Beginn des Antragsmonats geleistet, wenn der Antrag später als einen Monat nach Eintritt der Pflegebedürftigkeit gestellt wurde (Satz 3).

§ 33 Leistungsvoraussetzungen

Zu Absatz 2

Zielsetzung des Pflege-Versicherungsgesetzes ist es, alle bereits Pflegebedürftigen sofort bei Inkrafttreten des Gesetzes in den Versicherungsschutz einzubeziehen. Um die Solidargemeinschaft der Versicherten nicht zu überfordern, kann aber auf Dauer nicht von einer Vorversicherungszeit abgesehen werden. Es wäre sozialpolitisch nicht befriedigend, wenn jeder, der in die Bundesrepublik Deutschland zuwandert und Mitglied in der gesetzlichen Krankenversicherung und damit Versicherter der sozialen Pflegeversicherung wird, sofort volle Leistungen der Pflegeversicherung für sich oder einen mitversicherten Familienangehörigen erhalten könnte, obwohl er noch keine oder nur eine geringe Vorleistung in Form von Beiträgen erbracht hat. Daher wird nach Absatz 2 die Vorversicherungszeit beginnend mit dem 1. Januar 1996 stufenweise eingeführt. Die Vorversicherungszeit beträgt zunächst ein Jahr und wird jährlich zum 1. Januar um ein weiteres Jahr verlängert. Ab dem 1. Januar 2000 erhält nur noch derjenige Leistungen, der eine Vorversicherungszeit von fünf Jahren nachweisen kann. Ab diesem Zeitpunkt wird durch eine zehnjährige Rahmenfrist gewährleistet, daß auch bei mittelfristigen Unterbrechungen des Versicherungsschutzes (z. B. bei einem bis zu fünfjährigen Auslandsaufenthalt) ein anschließender Leistungsbezug möglich ist. Im übrigen werden Zeiten der freiwilligen Weiterversicherung bei Auslandsaufenthalt nach § 26 bei der Ermittlung der Vorversicherungszeit mit berücksichtigt. Dies gilt auch für Zeiten der pauschalierten Beitragszahlung für Rentenempfänger nach dem Bundesversorgungsgesetz oder nach den Gesetzen, die eine entsprechende Anwendung des Bundesversorgungsgesetzes vorsehen. Auch von Geburt oder frühem Kindesalter an pflegebedürftige Kinder, die z. B. wegen einer schweren Behinderung erheblich mehr als die übliche Pflege eines Kindes benötigen, sind vom Versicherungsschutz erfaßt, wenn ein Elternteil die Vorversicherungszeit erfüllt (Satz 3).

Zu Absatz 3

Tritt Versicherungspflicht in der sozialen Pflegeversicherung ein, z. B. durch die Aufgabe einer selbständigen Tätigkeit und Aufnahme einer sozialversicherungspflichtigen Beschäftigung, besteht nach § 27 die Möglichkeit, einen bestehenden Kranken- und Pflegeversicherungsvertrag zu kündigen. Um Nachteile des einzelnen im Hinblick auf die in der sozialen Pflegeversicherung vorgesehene Vorversicherungszeit zu vermeiden, ist vorgesehen, die Zeit in der ein privater Pflegeversicherungsvertrag ununterbrochen bestanden hat, auf die Vorversicherungszeit in der sozialen Pflegeversicherung anzurechnen. Entsprechend soll auch bei einem Wechsel von der sozialen zur privaten Pflegeversicherung die in der sozialen Pflegeversicherung zurückgelegte Vorversicherungszeit auf die im privaten Versicherungsvertrag vorgesehene Wartezeit angerechnet werden.

§ 34 Ruhen der Leistungsansprüche

(1) Der Anspruch auf Leistungen ruht:
1. solange sich der Versicherte im Ausland aufhält. Bei vorübergehenden Auslandsaufenthalt von bis zu sechs Wochen im Kalenderjahr ist das Pflegegeld nach § 37 oder anteiliges Pflegegeld nach § 38 weiter zu gewähren. Für die Pflegesachleistung gilt dies nur, soweit die Pflegekraft, die ansonsten die Pflegesachleistung erbringt, den Pflegebedürftigen während des Auslandsaufenthaltes begleitet.
2. soweit Versicherte Entschädigungsleistungen wegen Pflegebedürftigkeit unmittelbar nach § 35 des Bundesversorgungsgesetzes oder nach den Gesetzen, die eine entsprechende Anwendung des Bundesversorgungsgesetzes vorsehen, aus der gesetzlichen Unfallversicherung oder aus öffentlichen Kassen auf Grund gesetzlich geregelter Unfallversorgung oder Unfallfürsorge erhalten. Dies gilt auch, wenn vergleichbare Leistungen aus dem Ausland oder von einer zwischenstaatlichen oder überstaatlichen Einrichtung bezogen werden.

(2) Der Anspruch auf Leistungen bei häuslicher Pflege ruht darüber hinaus, soweit im Rahmen des Anspruchs auf häusliche Krankenpflege (§ 37 des Fünften Buches) auch Anspruch auf Grundpflege und hauswirtschaftliche Versorgung besteht, sowie für die Dauer des stationären Aufenthalts in einer Einrichtung im Sinne des § 71 Abs. 4, soweit § 39 nichts Abweichendes bestimmt. Pflegegeld nach § 37 oder anteiliges Pflegegeld nach § 38 ist in den ersten vier Wochen einer vollstationären Krankenhausbehandlung oder einer stationären medizinischen Rehabilitationsmaßnahme weiter zu zahlen.

(3) Die Leistungen zur sozialen Sicherung nach § 44 ruhen nicht für die Dauer der häuslichen Krankenpflege, bei vorübergehendem Auslandsaufenthalt von bis zu sechs Wochen

§ 34 Ruhen der Leistungsansprüche

im Kalenderjahr sowie in den ersten vier Wochen einer vollstationären Krankenhausbehandlung oder einer stationären medizinischen Rehabilitationsmaßnahme.

Aus der Begründung der Bundesregierung

Zu Absatz 1

Die Vorschrift regelt das Ruhen der Leistungen.

Zu Nummer 1

Der Anspruch auf Leistungen ruht, solange Versicherte sich im Ausland aufhalten. Ebenso wie in der gesetzlichen Krankenversicherung ist ein Leistungstransfer in das Ausland grundsätzlich nicht möglich. Eine Ausnahme ist nur gegeben, wenn über- und zwischenstaatliche Regelungen dies ausdrücklich vorsehen. Bei Aufenthalt in einem Vertragsstaat oder im EG-Ausland haben Versicherte gegenüber dem dortigen Sozialleistungsträger Anspruch auf die in dem jeweiligen Sozialleistungssystem vorgesehenen Leistungen bei Pflegebedürftigkeit (sogenannte Sachleistungsaushilfe).

Auch das Pflegegeld (§ 37) wird nicht exportiert. Das Pflegegeld ist keine Geldleistung im eigentlichen Sinne. Vielmehr ist es zweckgebunden zur Sicherstellung der Pflege durch selbst beschaffte Pflege und ersetzt nur die eigentliche Leistung, nämlich die Sachleistung (sogenanntes Sachleistungssurrogat). Die Sicherstellung der Pflege durch den Pflegebedürftigen ist eine Voraussetzung des Bezugs von Pflegegeld. Wenn die häusliche Pflege nicht sichergestellt ist, was nur bei einer Pflege im Inland durch die Pflegekasse laufend kontrolliert werden kann, besteht nur der Anspruch auf die Sachleistung. Pflegebedürftigen, die diese Kontrolle unmöglich machen, z. B. durch Aufenthalt an einem unbekannten Ort oder durch Verweigerung des Zutritts in die Wohnung, kann das Pflegegeld verweigert werden.

Zu Nummer 2

Diese Regelung legt fest, daß Entschädigungsleistungen, die wegen Pflegebedürftigkeit gewährt werden, grundsätzlich Vorrang vor den Leistungen der sozialen Pflegeversicherung haben. Leistungen nach diesem Gesetz werden daher von dem einzelnen nur beansprucht werden können, wenn und soweit er nicht entsprechende Entschädigungsleistungen wegen Pflegebedürftigkeit

§ 34 Ruhen der Leistungsansprüche

- nach dem Bundesversorgungsgesetz, z. B. Pflegezulage nach § 35 Abs. 1 BVG oder die Kostenübernahme bei stationärer Pflege nach § 35 Abs. 6 BVG, oder
- Pflegeleistungen aus der gesetzlichen Unfallversicherung, z. B. Hauspflege, Anstaltspflege oder Pflegegeld, oder
- Leistungen aus der Unfallversorgung nach öffentlichem Dienstrecht, z. B. nach dem Beamten- oder Soldatenversorgungsgesetz oder nach dem Deutschen Richtergesetz,

erhält. Nummer 2 gilt jedoch nicht für sogenannte Fürsorgeleistungen wie die Hilfe zur Pflege nach § 26 c BVG, die im Rahmen der Kriegsopferfürsorge geleistet wird. Sie sind nachrangig, da sie nur bei Bedürftigkeit des Pflegebedürftigen und seiner nahen Angehörigen, das heißt nach einer Prüfung der Einkommens- und Vermögensverhältnisse, gewährt werden.

In Fällen, in denen die Leistungen der sozialen Pflegeversicherung an den Pflegebedürftigen bei häuslicher Pflege ruhen, bleibt der Rechtsanspruch der Pflegeperson auf die Entrichtung von Beiträgen zur gesetzlichen Rentenversicherung durch die Pflegekasse unberührt, da entsprechende Beitragsleistungen an die Rentenversicherung im Entschädigungsrecht nicht vorgesehen sind.

Zu Absatz 2

Bei Ansprüchen auf häusliche Krankenpflege, für die Dauer einer Krankenhausbehandlung oder einer stationären Rehabilitationsmaßnahme erhält der Pflegebedürftige Leistungen der Grundpflege, hauswirtschaftliche Versorgung und Versorgung mit Pflegehilfsmitteln durch den jeweils zuständigen Leistungsträger. Leistungen der sozialen Pflegeversicherung werden daher in diesen Fällen nicht benötigt.

Für Zeiten des Ruhens der Leistungen nach Absatz 1 Nr. 1 und Absatz 2 entrichtet die soziale Pflegeversicherung auch keine Beiträge zur Rentenversicherung der Pflegepersonen. Ein kurzfristiges Ruhen der Beitragszahlung führt aber zu keinen Lücken in der Alterssicherung der Pflegepersonen, da rentenrechtlich bereits für einen Beitragstag ein voller Monat gezählt wird (§ 122 Abs. 1 SGB IV).

Ein Ruhen der Leistungsansprüche führt nicht zu einem Ruhen der Beitragspflicht. Eine Ausnahme hierzu enthält § 57 Abs. 4 für Personen, die stationär gepflegt werden und nach § 35 Abs. 6 BVG leistungsberechtigt sind.

Die Ruhensvorschrift schließt nicht aus, daß einem Pflegebedürftigen, der sich noch im Krankenhaus befindet, bereits vor seiner Entlassung z. B. ein Pflegebett in der häuslichen Umgebung aufgestellt wird. Auch eine Teilnahme der künftigen Pflegeperson an einem Pflegekurs ist möglich.

§ 34 Ruhen der Leistungsansprüche

Aus der Begründung zum ersten Änderungsgesetz

Zu Absatz 1 Nr. 1

Die Änderung stellt klar, daß Pflegebedürftige auch weiterhin Auslandsreisen von üblicher Dauer bis zu sechs Wochen im Kalenderjahr durchführen können, ohne daß dies zum Wegfall des Pflegegeldes führt. Damit wird die Regelung, die die Pflegekassen in der Praxis bereits durchgeführt haben, ausdrücklich ins Gesetz aufgenommen.

Zu Absatz 2 Satz 1

Die Änderung ist eine Folgeänderung zu § 71 Abs. 4. Durch die Regelung wird das Ruhen der Leistungen der Pflegeversicherung nur für die Zeiträume angeordnet, in denen sich Pflegebedürftige in einer der genannten stationären Einrichtungen tatsächlich aufhalten. Die Regelung schließt damit nicht aus, daß Pflegebedürftige, die eine der in § 71 Abs. 4 aufgeführten Einrichtungen täglich von zu Hause aus besuchen, für ihre Pflege zu Hause volle Leistungen der Pflegeversicherung erhalten können. Dies gilt auch für die Fälle, in denen z. B. pflegebedürftige Behinderte, die regelmäßig nur an Werktagen internatsmäßig untergebracht sind, sich am Wochenende und/oder in den Ferien zu Hause aufhalten und in dieser Zeit Pflegeleistungen benötigen.

Zu Absatz 2 Satz 2

Mit Rücksicht darauf, daß in vielen Fällen, insbesondere bei behinderten Kindern oder bei altersverwirrten Menschen, die Pflegebereitschaft der häuslich Pflegenden auch bei Krankenhaus- oder stationärem Rehabilitationsaufenthalt fortbesteht, soll das Pflegegeld bei stationären Behandlungsmaßnahmen bis zur Dauer von vier Wochen weitergezahlt werden. Damit wird für die von den Pflegekassen bereits praktizierte Regelung im Gesetzestext eine eindeutige Rechtsgrundlage geschaffen.

Aus dem Rundschreiben der Pflegekassen

1. Auslandsaufenthalt

(1) Der Anspruch auf Leistungen nach dem SGB XI ruht, solange sicher Versicherte im Ausland nicht nur vorübergehend aufhalten. Dies gilt ungeachtet dessen, ob sie bei Beginn des Auslandsaufenthalts bereits pflegebedürftig waren oder während eines dortigen Aufenthalts pflegebedürftig werden.

(2) Vom Ruhen des Leistungsanspruchs wird insofern auch das Pflegegeld nach § 37 SGB XI erfaßt. Es stellt ein Sachleistungssurrogat zur Sicherstellung der Pflege durch selbstbeschaffte Pflegepersonen dar.

§ 34 Ruhen der Leistungsansprüche

(3) Der Leistungsanspruch nach dem SGB XI ruht jedoch nicht bei einem vorübergehenden Auslandsaufenthalt. Als vorübergehend gilt in analoger Anwendung des § 18 Abs. 3 SGB V ein Zeitraum von längstens 6 Wochen im Kalenderjahr. Für diese Zeit kann Pflegegeld und Pflegesachleistung beansprucht werden.

(4) Der Leistungsanspruch bei vorübergehendem Auslandsaufenthalt von längstens 6 Wochen entsteht mit jedem Kalenderjahr neu. Hieraus folgt, daß

– ein am 31.12. eines Jahres bestehender oder an diesem Tag – wegen Ablaufs der 6 Wochen – endender,

– ein vor dem 31.12. eines Jahres abgelaufener

Leistungsanspruch bei Vorliegen der Anspruchsvoraussetzungen – ab 01.01. des Folgejahres für sechs Wochen weiterbesteht oder wiederauflebt.

(5) Hinsichtlich der Rechtslage bezüglich der Leistungsansprüche bei Aufenthalt in EU- bzw. Abkommenstaaten wird die Deutsche Verbindungsstelle – Krankenversicherung – Ausland – in einem gesonderten Rundschreiben Stellung nehmen.

2. Bezug von Entschädigungsleistungen

(1) Wie in § 13 Abs. 1 SGB XI bereits normiert, sind die Leistungen der Pflegeversicherung gegenüber gesetzlichen Entschädigungsleistungen nachrangig. § 34 Abs. 1 Nr. 2 SGB XI konkretisiert dies dahingehend, daß der Leistungsanspruch nach dem SGB XI in Höhe der Entschädigungsleistungen ruht. Zum Ruhen des Leistungsanspruchs nach dem SGB XI führen Entschädigungsleistungen wegen Pflegebedürftigkeit

– nach dem BVG, z. B. Pflegezulage nach § 35 Abs. 1 BVG oder die Kostenübernahme bei stationärer Pflege nach § 35 Abs. 6 BVG, oder

– aus der gesetzlichen Unfallversicherung, z. B. Hauspflege, Anstaltspflege oder Pflegegeld nach § 558 RVO oder

– aus der Unfallversorgung nach öffentlichem Dienstrecht, z. B. nach dem Beamten- oder Soldatenversorgungsgesetz oder nach dem Deutschen Richtergesetz, oder

– aus dem Ausland oder von einer zwischenstaatlichen oder überstaatlichen Einrichtung.

(2) Das Ruhen des Leistungsanspruchs nach dem SGB XI wegen Bezugs von Entschädigungsleistungen tritt nur in Höhe der bezogenen Entschädigungsleistungen ein. Ist der Leistungsanspruch nach den §§ 36 bis 43 SGB XI höher, ist der Differenzbetrag von der Pflegekasse zu erbringen. Vom Ruhen ausgenommen bleibt in solchen Fällen regelmäßig der Anspruch

§ 34 Ruhen der Leistungsansprüche

der Pflegeperson auf die Entrichtung von Beiträgen zur gesetzlichen RV nach § 44 SGB XI, da entsprechende Beitragsleistungen an die RV im Entschädigungsrecht nicht vorgesehen sind. Unberührt bleibt auch der Anspruch auf die Leistungen nach § 45 SGB XI.

(3) Die Ruhensbestimmung des § 34 Abs. 1 Nr. 2 SGB XI gilt nicht in bezug auf die (nachrangigen) Leistungen der Kriegsopferfürsorge (z. B. die Hilfe zur Pflege nach § 26 c BVG).

3. Bezug von häuslicher Krankenpflege, Haushaltshilfe, Krankenhausbehandlung oder Rehabilitationsmaßnahmen

(1) Während des Bezuges von häuslicher Krankenpflege nach § 37 Abs. 1 SGB V, während einer vollstationären Krankenhausbehandlung oder einer stationären medizinischen Rehabilitationsmaßnahme (z. B. der gesetzlichen KV oder RV) ruht der Leistungsanspruch nach den §§ 36 bis 43 SGB XI (Besonderheit beim Bezug von Pflegegeld siehe zu § 37 SGB XI, Ziffer 2 Abs. 2) insoweit, als der Pflegebedürftige die Leistungen der Grundpflege und hauswirtschaftlichen Versorgung sowie die Versorgung mit Pflegehilfsmitteln durch den jeweils zuständigen Leistungsträger bzw. von der stationären Einrichtung bereits erhält (Ausnahme: Beim Bezug von häuslicher Krankenpflege nach § 37 Abs. 1 SGB V ruht der Anspruch auf Pflegehilfsmittel und technische Hilfen nach § 40 SGB XI mangels eines adäquaten Leistungsanspruchs gegenüber der gesetzlichen KV nicht).

(2) Vom Ruhen ausgenommen ist in den Fällen des Bezuges häuslicher Krankenpflege der Anspruch der Pflegeperson auf die Entrichtung von Beiträgen zur gesetzlichen RV nach § 44 SGB XI. Dies gilt selbst dann, wenn die Pflegekasse nach Eintritt des Pflegefalls wegen des Bezugs von häuslicher Krankenpflege nach § 37 Abs. 1 SGB V im Anschluß an eine vollstationäre Behandlungs-/Rehabilitationsmaßnahme noch keine Leistungen nach den §§ 36 bis 43 SGB XI erbringen konnte.

(3) Der Bezug häuslicher Krankenpflege nach § 37 Abs. 2 Satz 1 SGB V (Behandlungspflege) führt dagegen nicht zum Ruhen der Leistungen nach den §§ 36 bis 39 SGB XI (siehe zu § 13 SGB XI, Ziffer 2). Ferner schließt die Ruhensvorschrift nicht aus, daß einem Pflegebedürftigen, der sich noch im Krankenhaus befindet, bereits vor seiner Entlassung z. B. ein Pflegebett in der häuslichen Umgebung aufgestellt wird (§ 40 SGB XI). Auch eine Teilnahme der künftigen Pflegeperson an einem Pflegekurs zu Lasten der Pflegekasse ist nicht ausgeschlossen (§ 45 SGB XI).

(4) Zum Ruhen der Leistungen nach den §§ 36–39 SGB XI bei Bezug von Haushaltshilfe wird auf die Hinweise zu § 13 SGB XI, Ziffer 2, verwiesen.

§ 35 Erlöschen der Leistungsansprüche

Der Anspruch auf Leistungen erlischt mit dem Ende der Mitgliedschaft, soweit in diesem Buch nichts Abweichendes bestimmt ist.

Dritter Abschnitt
Leistungen

Erster Titel
Leistungen bei häuslicher Pflege

§ 36 Pflegesachleistung

(1) Pflegebedürftige haben bei häuslicher Pflege Anspruch auf Grundpflege und hauswirtschaftliche Versorgung als Sachleistung (häusliche Pflegehilfe). Leistungen der häuslichen Pflege sind auch zulässig, wenn Pflegebedürftige nicht in ihrem eigenen Haushalt gepflegt werden; sie sind nicht zulässig, wenn Pflegebedürftige in einer stationären Pflegeeinrichtung oder in einer Einrichtung im Sinne des § 71 Abs. 4 gepflegt werden. Häusliche Pflegehilfe wird durch geeignete Pflegekräfte erbracht, die entweder von der Pflegekasse oder bei ambulanten Pflegeeinrichtungen, mit denen die Pflegekasse einen Versorgungsvertrag abgeschlossen hat, angestellt sind. Auch durch Einzelpersonen, mit denen die Pflegekasse einen Vertrag nach § 77 Abs. 1 abgeschlossen hat, kann häusliche Pflegehilfe als Sachleistung erbracht werden.

(2) Grundpflege und hauswirtschaftliche Versorgung umfassen Hilfeleistungen bei den in § 14 genannten Verrichtungen.

§ 36 Pflegesachleistung

(3) Der Anspruch auf häusliche Pflegehilfe umfaßt je Kalendermonat:
1. für Pflegebedürftige der Pflegestufe I Pflegeeinsätze bis zu einem Gesamtwert von 750 Deutsche Mark,
2. für Pflegebedürftige der Pflegestufe II Pflegeeinsätze bis zu einem Gesamtwert von 1 800 Deutsche Mark,
3. für Pflegebedürftige der Pflegestufe III Pflegeeinsätze bis zu einem Gesamtwert von 2 800 Deutsche Mark.

(4) Die Pflegekassen können in besonders gelagerten Einzelfällen zur Vermeidung von Härten Pflegebedürftigen der Pflegestufe III weitere Pflegeeinsätze bis zu einem Gesamtwert von 3 750 Deutsche Mark monatlich gewähren, wenn ein außergewöhnlich hoher Pflegeaufwand vorliegt, der das übliche Maß der Pflegestufe III weit übersteigt, beispielsweise wenn im Endstadium von Krebserkrankungen regelmäßig mehrfach auch in der Nacht Hilfe geleistet werden muß. Die Ausnahmeregelung des Satzes 1 darf bei der einzelnen Pflegekasse für nicht mehr als drei vom Hundert der bei ihr versicherten Pflegebedürftigen der Pflegestufe III, die häuslich gepflegt werden, Anwendung finden.

Aus der Begründung der Bundesregierung

Die meisten Pflegebedürftigen empfinden es als wichtig, so lange wie möglich in vertrauter Umgebung gemeinsam mit den Angehörigen leben zu können. Die häusliche Pflege muß daher Vorrang vor einer stationären Unterbringung haben. Entsprechend diesem Ansatz bilden die Leistungen zur Verbesserung der Bedingungen der häuslichen Pflege den Schwerpunkt.

Zu Absatz 1

Mit der Pflegesachleistung wird dem einzelnen Pflegebedürftigen nicht nur die benötigte personelle Hilfe unmittelbar zur Verfügung gestellt, sie führt auch zu einer spürbaren Entlastung der Angehörigen, die die Pflege im häuslichen Bereich sicherstellen. Indem geeignete Pflegekräfte unterstützend im häuslichen Bereich tätig werden, kann auch rechtzeitig einer Überforderung der Pflegepersonen entgegengewirkt werden. Es dürfen nur

§ 36 Pflegesachleistung

Pflegekräfte einer zugelassenen ambulanten Pflegeeinrichtung in Anspruch genommen werden oder Einzelpersonen, mit denen die Pflegekasse einen Vertrag geschlossen hat.

Zu Absatz 2

Bei den Leistungen der Grundpflege und hauswirtschaftlichen Versorgung, die von den Pflegekräften zu erbringen sind, handelt es sich im einzelnen um die in § 14 Abs. 4 aufgeführten Verrichtungen. Darüber hinausgehende Leistungen sind nicht zu erbringen. Die Pflege soll als aktivierende Pflege erbracht werden (vgl. Begründung zu § 28 Abs. 3).

Zu Absatz 3

Da mit zunehmendem Grad der Pflegebedürftigkeit auch der Umfang des Pflegebedarfs steigt, ist die Anzahl der möglichen Pflegeeinsätze nach dem Umfang der Pflegebedürftigkeit gestaffelt. Es wird nicht vorgeschrieben, wie der jeweilige Pflegeeinsatz auf die einzelnen Leistungen der Grundpflege und hauswirtschaftlichen Versorgung aufzuteilen ist. Dies richtet sich vielmehr nach den konkreten Erfordernissen in der Versorgungssituation des einzelnen Pflegebedürftigen. Die Pflegeeinsätze können flexibel abgerufen werden. Für die Anzahl und den Gesamtwert der Pflegeeinsätze sind jedoch gesetzliche Obergrenzen festgelegt, um die Kostenbelastung der Pflegeversicherung in Grenzen zu halten. In der Regel werden die ambulanten Leistungen zur Deckung des Pflegebedarfs ausreichen. Soweit höherer Pflegebedarf besteht, der von dem einzelnen nicht finanziert werden kann, sind die Aufwendungen hierfür von dem Sozialhilfeträger unter den Voraussetzungen der Regelungen des Bundessozialhilfegesetzes ergänzend zu übernehmen. Zudem bleibt bei pflegebedürftigen Behinderten der Anspruch auf die für sie sehr wesentliche Eingliederungshilfe nach dem Bundessozialhilfegesetz ungeschmälert erhalten. Im übrigen haben die Pflegebedürftigen ihre Versorgung durch familiäre, nachbarschaftliche oder sonstige ehrenamtliche Pflege und Betreuung zu ergänzen (§ 4 Abs. 2). Die Grundsicherung im Rahmen dieses Gesetzes läßt Raum für eine zusätzliche private Absicherung.

Fahrtkosten, die bei den Einsätzen notwendig werden, werden nicht gesondert erstattet.

Aus der Begründung zum ersten Änderungsgesetz

Zu Absatz 1 Sätze 1 und 2

Mit dieser Änderung wird klargestellt, daß Leistungen bei häuslicher Pflege auch dann möglich sind, wenn Pflegebedürftige nicht in ihrem eigenen Haushalt gepflegt werden. Diese Leistungen sind nur dann ausge-

§ 36 Pflegesachleistung

schlossen, wenn Pflegebedürftige in einer stationären Pflegeeinrichtung oder einer der in § 71 Abs. 4 aufgeführten stationären Einrichtungen leben und dort gepflegt werden. Zur Vermeidung von Mißbrauch haben die Pflegekassen vor der Gewährung von Leistungen der häuslichen Plege in Fällen, in denen Pflegebedürftige in einem Heim betreut und gepflegt werden, im Einzelfall zu prüfen, ob es sich bei der Einrichtung um eine stationäre Einrichtung handelt, in der häusliche Pflege zu Lasten der Pflegeversicherung nicht erbracht werden kann.

Die Regelung eröffnet lediglich einen Anspruch gegen die Pflegeversicherung; sie begründet keinen Rechtsanspruch in der Sozialhilfe auf Aufstockung von Leistungen.

Zu Absatz 4 Satz 2

Mit dieser Regelung wird ein verwaltungsfreundliches Verfahren festgelegt, mit dem sichergestellt werden soll, daß durch die Härtefallregelung bundesweit nicht mehr als drei vom Hundert der Schwerstpflegebedürftigen (Pflegestufe III) begünstigt werden.

Aus dem Rundschreiben der Pflegekassen

1. Leistungserbringer

Die in ihrem oder einem anderen Haushalt lebenden Pflegebedürftigen erhalten die Grundpflege und hauswirtschaftliche Versorgung (häusliche Pflegehilfe) als Sachleistung durch geeignete Pflegekräfte. Diese Pflegekräfte müssen mittelbar oder unmittelbar in einem Vertragsverhältnis zur Pflegekasse stehen. In Frage kommen Pflegekräfte,

– die bei der Pflegekasse angestellt sind (§ 77 Abs. 2 SGB XI),

 die bei einer ambulanten Pflegeeinrichtung nach den §§ 71 Abs. 1, 72 SGB XI angestellt sind,

– mit denen die Pflegekasse einen Vertrag nach § 77 Abs. 1 SGB XI abgeschlossen hat.

2. Leistungsinhalt

(1) Bei den Leistungen der Grundpflege und hauswirtschaftlicher Versorgung, die von den Pflegefachkräften zu erbringen sind, handelt es sich im einzelnen um Hilfeleistungen bei den in § 14 Abs. 4 SGB XI aufgeführten Verrichtungen. Darüber hinausgehende Leistungen sind nicht zu erbringen. Die Pflege soll als aktivierende Pflege (siehe zu § 28 SGB XI, Ziffer 3) erbracht werden.

(2) Die häusliche Pflegehilfe wird nicht dadurch ausgeschlossen, daß der Pflegebedürftige in einem Altenwohnheim, einem Wohnheim für Behin-

§ 36 Pflegesachleistung

derte oder einer vergleichbaren Behinderteneinrichtung wohnt; dies setzt voraus, daß der Bewohner die Möglichkeit hat, in der Einrichtung seinen Haushalt selbst zu führen.

(3) Der Anspruch auf häusliche Pflege ist jedoch ausgeschlossen, wenn es sich bei der Einrichtung, in der sich der Pflegebedürftige aufhält, um ein Pflegeheim nach § 71 Abs. 2 i. V. m. § 72 SGB XI oder um eine vergleichbare Einrichtung (z. B. Pflegeabteilung) handelt. In diesem Fall besteht der Anspruch auf Leistungen nach § 43 SGB XI ab 01.07.1996.

3. Leistungshöhe

(1) Der Gesamtwert der von der Pflegekasse zu erbringenden Pflegesachleistung ist im Kalendermonat

– bei der Pflegestufe I auf 750,00 DM,

– bei der Pflegestufe II auf 1800,00 DM,

– bei der Pflegestufe III auf 2800,00 DM (in Härtefällen auf 3750,00 DM)

begrenzt. Die Aufteilung dieser Beträge auf die einzelnen Leistungen der Grundpflege und hauswirtschaftlichen Versorgung richtet sich nach den konkreten Erfordernissen in der Versorgungssituation des einzelnen Pflegebedürftigen. Insofern können die Pflegesätze flexibel abgerufen werden. Soweit ein höherer Pflegebedarf besteht, der vom Pflegebedürftigen nicht finanziert werden kann, sind die Aufwendungen hierfür vom Sozialhilfeträger unter den Voraussetzungen des BSHG ergänzend zu übernehmen. Ferner bleibt bei pflegebedürftigen Behinderten der Anspruch auf die für sie sehr wesentliche Eingliederungshilfe nach dem BSHG bzw. dem SGB VIII ungeschmälert erhalten. Im übrigen müssen die Pflegebedürftigen ihre Versorgung durch familiäre, nachbarschaftliche oder sonstige ehrenamtliche Pflege und Betreuung ergänzen (§ 4 Abs. 2 SGB XI).

(2) Fahrkosten, die bei den Einsätzen der Pflegekräfte notwendig werden, sind nicht gesondert zu erstatten, sie sind Bestandteil des Vertragspreises.

(3) Die Pflegesachleistung kann neben der häuslichen Pflege bei Verhinderung der Pflegeperson (§ 39 SGB XI) und neben einer teilstationären Pflege (§ 41 Abs. 3 SGB XI gilt) in Anspruch genommen werden. Hinsichtlich der Kombinationsleistungen siehe § 38 SGB XI.

(4) Besteht der Anspruch auf die häusliche Pflegehilfe nicht für einen vollen Kalendermonat, wird die Leistung nach § 36 Abs. 3 SGB XI (abweichend zum Pflegegeld, siehe § 37 Abs. 2 SGB XI) nicht entsprechend gekürzt.

Beispiel:
- Monatliche Pflegesachleistung gem. § 36 Abs. 3 Nr. 1 SGB XI ab 1. 4. 95 DM 750,00.
- Ab 14. 5. 95 ruht der Leistungsanspruch gem § 34 Abs. 2 SGB XI.
- Für die Zeit vom 1. 5.–13. 5. 95 besteht ein Leistungsanspruch für Pflegeeinsätze bis zu einem Gesamtwert von DM 750,00.

Dies gilt auch in Fällen der Internatsunterbringung (vgl. zu § 37 Ziff. 1 Abs. 3).

(5) Die Höhe des Leistungsanspruchs (ggf. in Verbindung mit der Entscheidung über die Anerkennung der Pflegebedürftigkeit und dessen Stufe) ist dem Pflegebedürftigen und ggf. der Pflegeeinrichtung bekanntzugeben.

4. Härtefall-Regelung

(1) In besonders gelagerten Einzelfällen können die Pflegekassen zur Vermeidung von Härten den Pflegebedürftigen der Pflegestufe III (Schwerstpflegebedürftige) weiter Pflegeeinsätze bis zu einem Gesamtwert von 3750,00 DM im Monat gewähren, wenn ein außergewöhnlich hoher Pflegeaufwand vorliegt. Beim Härtefall ist die Kombinationsleistung nicht möglich.

(2) Zur einheitlichen Anwendung werden die Spitzenverbände der Pflegekassen Härtefall-Richtlinien beschließen, die bei Vorliegen des in § 36 Abs. 4 Satz 1 SGB XI genannten Tatbestandes anzuwenden sind.

§ 37 Pflegegeld für selbst beschaffte Pflegehilfen

(1) Pflegebedürftige können anstelle der häuslichen Pflegehilfe ein Pflegegeld beantragen. Der Anspruch setzt voraus, daß der Pflegebedürftige mit dem Pflegegeld dessen Umfang entsprechend die erforderliche Grundpflege und hauswirtschaftliche Versorgung in geeigneter Weise selbst sicherstellt. Das Pflegegeld beträgt je Kalendermonat:

1. für Pflegebedürftige der Pflegestufe I 400 Deutsche Mark,
2. für Pflegebedürftige der Pflegestufe II 800 Deutsche Mark,

§ 37 Pflegegeld für selbst beschaffte Pflegehilfen

3. für Pflegebedürftige der Pflegestufe III 1 300 Deutsche Mark.

(2) Besteht der Anspruch nach Absatz 1 nicht für den vollen Kalendermonat, ist der Geldbetrag entsprechend zu kürzen; dabei ist der Kalendermonat mit 30 Tagen anzusetzen.

(3) Pflegebedürftige, die Pflegegeld nach Absatz 1 beziehen, sind verpflichtet,

1. bei Pflegestufe I und II mindestens einmal halbjährlich,
2. bei Pflegestufe III mindestens einmal vierteljährlich

einen Pflegeeinsatz durch eine Pflegeeinrichtung, mit der die Pflegekasse einen Versorgungsvertrag abgeschlossen hat, abzurufen. Die Pflegeeinsätze dienen der Sicherung der Qualität der häuslichen Pflege und der regelmäßigen Hilfestellung und Beratung der häuslich Pflegenden. Die Vergütung des Pflegeeinsatzes ist von dem Pflegebedürftigen zu tragen. Sie beträgt in den Pflegestufen I und II bis zu 30 Deutsche Mark und in der Pflegestufe III bis zu 50 Deutsche Mark. Die Pflegedienste haben mit Einverständinis des Pflegebedürftigen der zuständigen Pflegekasse die bei dem Pflegeeinsatz gewonnenen Erkenntnisse zur Qualität der Pflegesituation und zur Notwendigkeit einer Verbesserung mitzuteilen. Die Spitzenverbände der Pflegekassen stellen ihnen für diese Mitteilung ein einheitliches Formular zur Verfügung; der Pflegebedürftige erhält vom Pflegedienst eine Durchschrift der Mitteilung. Ruft der Pflegebedürftige den Pflegeeinsatz nicht ab oder wird das Einverständnis nach Satz 4 nicht erteilt, hat die Pflegekasse das Pflegegeld angemessen zu kürzen und im Wiederholungsfall zu entziehen.

Aus der Begründung der Bundesregierung

Zu Absatz 1

Pflegegeld wird gewährt, wenn der Pflegebedürftige in seiner häuslichen Umgebung oder in dem Haushalt einer Pflegeperson gepflegt wird. Die

§ 37 Pflegegeld für selbst beschaffte Pflegehilfen

Pflege kann durch Angehörige, sonstige ehrenamtliche Pflegepersonen oder durch erwerbsmäßige Pflegekräfte erbracht werden. Im Interesse des Pflegebedürftigen wird jedoch gefordert, daß der Pflegebedürftige mit dem Pflegegeld die erforderliche Grundpflege und hauswirtschaftliche Versorgung in geeigneter Weise selbst sicherstellen kann (Satz 2). Der Medizinische Dienst hat dies im Rahmen der Begutachtung nach § 18 im häuslichen Bereich des Pflegebedürftigen mit zu prüfen.

Die Geldleistung stärkt die Eigenverantwortlichkeit und Selbstbestimmung des Pflegebedürftigen, der mit der Geldleistung seine Pflegehilfen selbst gestalten kann.

Die Höhe des Pflegegeldes ist abhängig vom Grad der Pflegebedürftigkeit. Das Pflegegeld soll kein Entgelt für die von der Pflegeperson oder den Pflegepersonen erbrachten Pflegeleistungen darstellen. Es setzt vielmehr den Pflegebedürftigen in den Stand, Angehörigen und sonstigen Pflegepersonen eine materielle Anerkennung für die mit großem Einsatz und Opferbereitschaft im häuslichen Bereich sichergestellte Pflege zukommen zu lassen. Das Pflegegeld bietet somit einen Anreiz zur Erhaltung der Pflegebereitschaft der Angehörigen, Freunde oder Nachbarn. Die Geldleistung stellt ein Sachleistungssurrogat dar (s. o. zu § 34).

Häusliche Pflege wird nicht dadurch ausgeschlossen, daß der Pflegebedürftige in einem Altenwohnheim, Altenheim, einem Wohnheim für Behinderte oder einer vergleichbaren Behinderteneinrichtung wohnt. Benötigt der Pflegebedürftige in einer solchen Einrichtung Pflegeleistungen, soll es ihm möglich sein, mit Hilfe des Pflegegeldes die Pflege selbst durch ehrenamtliche Pflegepersonen oder durch den Einkauf professioneller Hilfe sicherzustellen. Dabei ist es auch möglich, daß der Pflegebedürftige mit dem Pflegegeld Pflegeleistungen bezahlt, die von der Einrichtung selbst erbracht werden, sofern ein entsprechender Vertrag nach § 77 geschlossen wird. Er kann gegebenenfalls auch Sachleistungen nach § 36 durch zugelassene ambulante Pflegedienste in Anspruch nehmen. Leistungen zur Verbesserung des individuellen Wohnumfeldes nach § 40 Abs. 5 können jedoch in diesen Fällen nicht beansprucht werden, denn eine pflege- und behindertengerechte Ausstattung dieser Einrichtungen ist nicht Aufgabe der Pflegeversicherung.

Der Anspruch auf häusliche Pflege ist jedoch ausgeschlossen, wenn es sich bei der Einrichtung, in der sich der Pflegebedürftige aufhält, um eine nach § 72 zugelassene Pflegeeinrichtung handelt. In diesem Fall ist nach dem 1. Januar 1996 ein Anspruch auf stationäre Pflege möglich.

Zu Absatz 2

Diese Vorschrift regelt die Möglichkeit der Kürzung des monatlichen Betrages des Pflegegeldes. Tritt Pflegebedürftigkeit im Laufe eines Monats

§ 37 Pflegegeld für selbst beschaffte Pflegehilfen

ein, wird das Pflegegeld anteilig nach Tagen gezahlt. Gleiches gilt für die Dauer der Inanspruchnahme von häuslicher Krankenpflege oder wenn der Pflegebedürftige nicht in seiner häuslichen Umgebung gepflegt wird, weil er z. B. stationärer Pflege bedarf.

Zu Absatz 3

Pflegebedürftige, die allein die Pflegegeldleistung beziehen, werden mit dieser Regelung verpflichtet, je nach dem Grad der Pflegebedürftigkeit einmal halbjährlich bei Stufe I und Stufe II und einmal vierteljährlich bei Stufe III einen Pflegeeinsatz einer zugelassenen Pflegeeinrichtung, z. B. einer Sozialstation, in Anspruch zu nehmen. Diese regelmäßige Einschaltung professioneller Pflegekräfte dient der Entlastung der pflegenden Familienangehörigen und sichert die Qualität der häuslichen Pflege. Defizite in der häuslichen Pflege können frühzeitig entdeckt und ihnen entgegengewirkt werden. Die Pflegefachkraft, die beispielsweise rechtzeitig eine gesundheitliche Überforderung der Pflegeperson bemerkt, kann durch Beratung und Hilfestellung, durch Hinweise auf Pflegekurse, Tagespflege usw. auf eine Entlastung der Pflegeperson hinwirken, damit die häusliche Pflege weiterhin ermöglichen und die Aufnahme des Pflegebedürftigen in einer stationären Einrichtung verhindern.

Der Pflegebedürftige hat den entsprechenden Pflegeeinsatz nachzuweisen, indem er der Pflegekasse eine Rechnung über die Kosten des Einsatzes vorlegt.

Kommt er seiner Nachweispflicht nicht nach, wird das Pflegegeld gekürzt. Auf den Nachweis hin erhält der Pflegebedürftige die Kosten des Einsatzes insoweit erstattet, als ihm wieder das volle Pflegegeld ausgezahlt wird.

Aus der Begründung zum ersten Änderungsgesetz

Zu Absatz 1 Satz 2

Die Streichung dient der Klarstellung. Aus der Verwendung des Begriffs „Pflegeperson" ist in der Praxis teilweise abgeleitet worden, das Pflegegeld könne nur gewährt werden, wenn die Pflege durch Angehörige, sonstige ehrenamtliche Pflegepersonen oder durch nicht erwerbsmäßige Pflegekräfte erbracht wird, obwohl bereits die Gesetzesbegründung klar zum Ausdruck gebracht hatte, daß die Pflegegeldzahlung auch dann in Betracht kommt, wenn die häusliche Pflege durch erwerbsmäßige Pflegekräfte erbracht wird. Entscheidend ist allein, daß der Pflegebedürftige mit dem Pflegegeld die erforderliche Grundpflege und hauswirtschaftliche Versorgung in geeigneter Weise selbst sicherstellen kann.

§ 37 Pflegegeld für selbst beschaffte Pflegehilfen

Zu Absatz 3 Satz 2

Die Regelung verdeutlicht zum einen die Zielsetzung der Pflege-Pflichteinsätze und konkretisiert zum anderen die Pflichten der Pflegedienste sowie der Pflegebedürftigen im Zusammenhang mit diesen Pflegeeinsätzen. Die bisherige Formulierung hat nicht nur im Hinblick auf die Zielsetzung der Pflege-Pflichteinsätze zu Mißverständnissen, sondern auch zu verfahrensmäßigen Schwierigkeiten bei der Umsetzung der Regelung geführt.

Das Verfahren wird nunmehr wie folgt aussehen: Der Pflegebedürftige, der die Kosten des Pflegeeinsatzes selbst zu tragen hat, erhält zunächst das volle Pflegegeld, daraus hat er den Pflegeeinsatz zu finanzieren. Mit der Durchführung des Pflege-Pflichteinsatzes kann der Pflegebedürftige einen zugelassenen Pflegedienst seiner Wahl beauftragen. Um sicherzustellen, daß Pflegebedürftige nicht mit überhöhten Kosten belastet werden, legt das Gesetz eine Höchstgrenze für die Vergütung fest, die die Pflegeeinrichtung für den Einsatz fordern kann. Die Beträge von 30 DM und 50 DM sind mit Rücksicht auf die Leistungen, die im Rahmen dieses Pflege-Pflichteinsatzes zu erbringen sind, angemessen festgesetzt.

Der Pflegedienst wird verpflichtet, die bei dem Pflegeeinsatz gewonnenen Erkenntnisse an die Pflegekasse des Pflegebedürftigen weiterzugeben. Zur Verfahrenserleichterung haben die Spitzenverbände der Pflegekassen ein einheitliches Meldeformular zu entwickeln und den Pflegediensten, mit denen sie einen Versorgungsvertrag abgeschlossen haben, zur Verfügung zu stellen. Die Mitteilung sollte Hinweise über eine Veränderung des Pflegezustandes oder der Pflegesituation des Pflegebedürftigen enthalten sowie die Einschätzung des Pflegedienstes über mögliche Maßnahmen der Prävention und Rehabilitation. Die Mitteilung ist nur mit Einverständnis des Pflegebedürftigen zulässig. Weist der Pflegebedürftige nicht nach, daß er den notwendigen Pflegeeinsatz abgerufen hat oder erteilt er dem Pflegedienst nicht den Auftrag zur Mitteilung an die zuständige Pflegekasse, wird das Pflegegeld gekürzt.

Aus dem Rundschreiben der Pflegekassen

1. Leistungsvoraussetzungen

(1) Pflegegeld wird für einen zurückliegenden Zeitraum gewährt, wenn der Pflegebedürftige in seiner häuslichen Umgebung (dies kann der eigene Haushalt, der Haushalt der Pflegeperson oder ein Haushalt sein, in den der Pflegebedürftige aufgenommen wurde) gepflegt wird. Unbeachtlich ist, ob die Pflege durch Angehörige, sonstige ehrenamtliche Pflegepersonen, erwerbsmäßige Pflegekräfte oder eine vom Pflegebedürftigen angestellte Pflegeperson erbracht wird. Voraussetzung ist aber, daß der Pflegebedürfti-

§ 37 Pflegegeld für selbst beschaffte Pflegehilfen

ge mit dem Pflegegeld dessen Umfang entsprechend die erforderliche Grundpflege und hauswirtschaftliche Versorgung in geeigneter Weise sicherstellen kann. Ist dies – z. B. nach einer Feststellung des MDK nach § 18 Abs. 5 Satz 2 SGB XI – nicht der Fall, kann das Pflegegeld nicht gezahlt werden. Ggf. obliegt der Pflegekasse (z. B. nach § 4 Abs. 3 SGB XI) die Verpflichtung darauf hinzuwirken, daß der Pflegebedürftige eine wirksame und wirtschaftliche Pflegeleistung erhält.

(2) Das Pflegegeld stellt ein Sachleistungssurrogat dar, mit der der Pflegebedürftige in die Lage versetzt werden soll, Angehörigen und sonstigen Pflegepersonen eine materielle Anerkennung für die mit großem Einsatz und Opferbereitschaft im häuslichen Bereich sichergestellte Pflege zukommen zu lassen.

(3) Die häusliche Pflege wird nicht dadurch ausgeschlossen, daß der Pflegebedürftige in einem Altenwohnheim, einem Wohnheim für Behinderte oder einer vergleichbaren Behinderteneinrichtung wohnt; dies setzt voraus, daß der Bewohner die Möglichkeit hat, in der Einrichtung seinen Haushalt selbst zu führen. Bei Pflegebedürftigen, die nicht gänzlich im häuslichen Bereich, sondern während bestimmter Zeiträume in Internaten – also außerhalb der Familie – betreut werden, kann ebenfalls die Leistung beansprucht werden, weil dennoch der Pflegeaufwand in der Familie beträchtlich ist.

(4) Der Anspruch auf das Pflegegeld ist jedoch ausgeschlossen, wenn es sich bei der Einrichtung, in der sich der Pflegebedürftige aufhält, um ein Pflegeheim nach § 71 Abs. 2 i. V. m. §72 SGB XI oder um eine vergleichbare Einrichtung handelt. In diesem Fall besteht der Anspruch auf Leistungen nach § 43 SGB XI ab 01.07.1996.

2. Leistungshöhe

(1) Die Höhe des Pflegegeldes ist abhängig vom Grad der Pflegebedürftigkeit und beträgt je Kalendermonat
– bei der Pflegestufe I 400,00 DM
– bei der Pflegestufe II 800,00 DM
– bei der Pflegestufe III 1300,00 DM

(2) Besteht der Anspruch auf das Pflegegeld nicht für einen vollen Kalendermonat (z. B. bei Eintritt von Pflegebedürftigkeit im Laufe des Kalendermonats), wird das Pflegegeld anteilig gekürzt. Bei Durchführung einer vollstationären Krankenhausbehandlung/Rehabilitationsmaßnahme erfolgt für die ersten vier Wochen keine Kürzung der Leistung. Die Vier-Wochen-Frist beginnt mit dem Aufnahmetag. Bei einer Kürzung setzt die Leistung mit dem Entlassungstag wieder ein.

§ 37 Pflegegeld für selbst beschaffte Pflegehilfen

(3) Bei einer anteiligen Kürzung des Pflegegeldes ist der Kalendermonat mit 30 Tagen anzusetzen. Dies hat zur Folge, daß der 31. eines Monats unberücksichtigt bleibt und für den Februar stets 30 Tage zu berücksichtigen sind.

Beispiel 1:

Pflegegeld in der Pflegestufe III ab 21.02.1996:

$$\text{Pflegegeld für 2/96:} \quad \frac{1300 \times 10}{30} = 433,33 \text{ DM}$$

Beispiel 2:

Pflegegeld in der Pflegestufe III

Krankenhaus-
behandlung vom   21.04.95 – 25.05.95

Pflegegeld
für 4/95 =   01.04.95 – 30.4.95   1300,00 DM
für 5/95 =   01.05.95 – 18.05.95 $\frac{1300 \times 18}{30}$ = 780,00 DM

19.5.95 – 24.5.95   kein Pflegegeld

25.5.95 – 31.5.95 $\frac{1300 \times 6}{30}$ = 260,00 DM

Beispiel 3:

Pflegegeld in der Pflegestufe III

Krankenhaus-
behandlung   20.05.95 – 25.06.95

Pflegegeld
für 5/95 =   01.05.95 – 31.5.95   1300,00 DM
für 6/95 =   01.06.95 – 16.06.95 $\frac{1300 \times 16}{30}$ = 693,33 DM

17.6.95 – 24.6.95   kein Pflegegeld

25.6.95 – 30.6.95 $\frac{1300 \times 6}{30}$ = 260,00 DM

Beispiel 4:

Pflegegeld in der Pflegestufe III ab 31. 5. 1995:

Kein Pflegegeld für 5/95

3. Professioneller Pflegeeinsatz

(1) Pflegebedürftige, die ausschließlich das Pflegegeld beziehen, sind verpflichtet, je nach dem Grad ihrer Pflegestufe einmal halbjährlich (Pflegestufe I und II) bzw. vierteljährlich (Pflegestufe III) einen Pflegeeinsatz durch eine Vertrags-Pflegeeinrichtung in Anspruch zu nehmen. Diese regelmäßige Einschaltung professioneller Pflegekräfte dient der Beratung der pflegenden Familienangehörigen und sichert die Qualität der häuslichen Pflege. Insofern steht nicht die Kontrolle sondern die Qualitätssicherung im Vordergrund. Der bei dem Einsatz zu erstellende Nachweis sollte mit den Pflegekräften des professionellen Dienstes abgesprochen werden und spätestens nach Ablauf von 7 Monaten (einschließlich 1 Monat „Karenz") nach Leistungsbeginn bzw. dem letzten professionellen Einsatz der Pflegekasse vorliegen. Hierauf sollte bereits im Bewilligungsbescheid aufmerksam gemacht werden. Bei bestehender Krankenhausbehandlung/stationärer Rehabilitationsmaßnahme kann eine längere Frist akzeptiert werden. Die Kosten dieses Pflegeeinsatzes gehen zu Lasten des Pflegebedürftigen.

(2) Die Pflegekassen haben im Rahmen ihrer Verpflichtung zur Aufklärung und Beratung (§ 7 SGB XI) darauf hinzuwirken, daß die Leistung vom Pflegebedürftigen in Anspruch genommen wird. Kommt der Pflegebedürftige seiner Nachweispflicht nicht nach, hat die Pflegekasse zu prüfen, ob die Pflege sichergestellt oder ggf. auf die Sachleistung umzustellen ist (§§ 60–62, 65, 66, 67 SGB I).

§ 38 *Kombination von Geldleistung und Sachleistung (Kombinationsleistung)*

Nimmt der Pflegebedürftige die ihm nach § 36 Abs. 3 und 4 zustehende Sachleistung nur teilweise in Anspruch, erhält er daneben ein anteiliges Pflegegeld im Sinne des § 37. Das Pflegegeld wird um den Vomhundertsatz vermindert, in dem der Pflegebedürftige Sachleistungen in Anspruch genommen hat. An die Entscheidung, in welchem Verhältnis er Geld- und Sachleistung in Anspruch nehmen will, ist der Pflegebedürftige für die Dauer von sechs Monaten gebunden.

§ 38 Kombination von Geldleistung und Sachleistung

Aus der Begründung der Bundesregierung

Schöpft der Pflegebedürftige den ihm nach dem Grad seiner Pflegebedürftigkeit zustehenden Umfang der Sachleistung nicht aus, so hat er daneben Anspruch auf anteiliges Pflegegeld. Der Anteil berechnet sich nach dem Verhältnis zwischen dem jeweiligen Höchstbetrag der Sachleistung und dem tatsächlich in Anspruch genommenen Betrag. Entsprechend diesem Verhältnis ist das Pflegegeld anteilig auszuzahlen.

Beispiele:

1. Ein Pflegebedürftiger der Pflegestufe I nimmt Sachleistungen im Werte von *500 DM* in Anspruch. Der ihm zustehende Höchstbetrag beläuft sich auf *750 DM*, er hat somit die Sachleistungen zu rund 66 v. H. ausgeschöpft. Vom entsprechenden Pflegegeld steht ihm dann noch rund 33 v. H. (*von 400 DM*), also *133 DM* zu.
2. Ein Pflegebedürftiger der Pflegestufe II hat Sachleistungen in Höhe von *800 DM* in Anspruch genommen, der Höchstbetrag beläuft sich auf *1 500 DM*, er hat somit rund 53 v. H. der Sachleistung in Anspruch genommen, so daß ihm vom Pflegegeld noch rund 47 v. H. (*von 800 DM*), also *376* DM zustehen.
3. Ein Pflegebedürftiger der Pflegestufe III hat Sachleistungen im Werte von *1 680 DM* in Anspruch genommen, der Höchstbetrag beläuft sich auf *2 100 DM*, die Sachleistung wurde somit nur zu 80 v. H. in Anspruch genommen, so daß ihm noch 20 v. H. des entsprechenden Pflegegeldes (*von 1 200 DM*), also *240 DM* zustehen.

Aus der Begründung zum ersten Änderungsgesetz

Zu Satz 1

Mit dieser Änderung wird ein redaktionelles Versehen korrigiert und sichergestellt, daß bei Pflegebedürftigen der Pflegestufe III, die als Härtefälle anerkannt sind, bei der Bewilligung der Kombinationsleistung von dem Sachleistungshöchstbetrag in Höhe von 3750 DM monatlich auszugehen ist.

Aus dem Rundschreiben der Pflegekassen

1. Allgemeines

(1) Schöpft der Pflegebedürftige den ihm nach dem Grad seiner Pflegebedürftigkeit zustehenden Umfang der Pflegesachleistung nach § 36 Abs. 3 SGB XI nicht aus, hat er daneben Anspruch auf ein anteiliges Pflegegeld

§ 38 Kombination von Geldleistung und Sachleistung

nach § 37 SGB XI. Der Anteil berechnet sich nach dem Verhältnis zwischen dem jeweiligen Höchstbetrag der Sachleistung und dem tatsächlich in Anspruch genommenen Betrag. Entsprechend diesem Verhältnis ist das Pflegegeld anteilig auszuzahlen.

Beispiele:

1. Ein Pflegebedürftiger der Pflegestufe I nimmt Sachleistungen im Wert von 500,00 DM in Anspruch. Der ihm zustehende Höchstbetrag beläuft sich auf 750,00 DM, er hat somit die Sachleistungen zu 67 v. H. (gerundet auf volle Prozent) ausgeschöpft. Vom Pflegegeld in Höhe von 400,00 DM stehen ihm noch 33 v. H., also 132,00 DM zu.

2. Ein Pflegebedürftiger der Pflegestufe II hat Sachleistungen in Höhe von 800,00 DM in Anspruch genommen, der Höchstbetrag beläuft sich auf 1800,00 DM. Er hat somit 44 v. H. (gerundet auf volle Prozent) der Sachleistung in Anspruch genommen, so daß ihm vom Pflegegeld in Höhe von 800,00 DM noch 56 v. H., also 448,00 DM zustehen.

3. Ein Pflegebedürftiger der Pflegestufe III hat Sachleistungen im Wert von 1800 DM in Anspruch genommen, der Höchstbetrag beläuft sich auf 2800,00 DM. Er hat somit 64 v. H. (gerundet auf volle Prozent) der Sachleistung in Anspruch genommen, so daß ihm vom Pflegegeld in Höhe von 1300,00 DM noch 36 v. H., also 468,00 DM zustehen.

2. Entscheidungsbindung

(1) Der Pflegebedürftige hat sich zu entscheiden, in welchem Verhältnis er Geld- und Sachleistung in Anspruch nehmen will. An diese Entscheidung ist er für die Dauer von 6 Monaten gebunden. Eine vorzeitige Änderung seiner Entscheidung ist dem Pflegebedürftigen aber zuzugestehen, sofern eine wesentliche Änderung (z. B. Veränderung der Pflegesituation) in den zum Zeitpunkt der Entscheidung vorgelegenen Verhältnissen eingetreten ist (vgl. § 48 SGB X). Bei Pflegebedürftigen, die das Ausmaß der Pflegesachleistung nicht im voraus bestimmen können, kann im nachhinein das anteilige Pflegegeld monatlich ermittelt und gezahlt werden, sofern ein entsprechender Antrag gestellt wurde.

(2) Die 6-Monats-Frist ist nicht zu beachten, wenn

— der Pflegebedürftige nur noch die Pflegesachleistung oder nur noch das Pflegegeld in Anspruch nehmen will,

— Pflegegeld oder Pflegesachleistung neben der teilstationären Pflege bezogen wird.

§ 39 Häusliche Pflege bei Verhinderung der Pflegeperson

Ist eine Pflegeperson wegen Erholungsurlaubs, Krankheit oder aus andern Gründen an der Pflege gehindert, übernimmt die Pflegekasse die Kosten einer notwendigen Ersatzpflege für längstens vier Wochen je Kalenderjahr; § 34 Abs. 2 Satz 1 gilt nicht. Voraussetzung ist, daß die Pflegeperson den Pflegebedürftigen vor der erstmaligen Verhinderung mindestens zwölf Monate in seiner häuslichen Umgebung gepflegt hat. Die Aufwendungen der Pflegekasse dürfen im Einzelfall 2 800 Deutsche Mark im Kalenderjahr nicht überschreiten. Wird die Ersatzpflege durch eine Pflegeperson sichergestellt, die nicht erwerbsmäßig pflegt, dürfen die Aufwendungen der Pflegekasse den Betrag des Pflegegeldes der festgestellten Pflegestufe nach § 37 Abs. 1 nicht überschreiten. Zusätzlich können von der Pflegekasse auf Nachweis notwendige Aufwendungen, die der Pflegeperson im Zusammenhang mit der Ersatzpflege entstanden sind, übernommen werden. Die Aufwendungen der Pflegekasse nach den Sätzen 4 und 5 dürfen zusammen den in Satz 3 genannten Betrag nicht übersteigen.

Aus der Begründung der Bundesregierung

Die Vorschrift trägt der Tatsache Rechnung, daß den Pflegepersonen bei der Pflege ein erhebliches Ausmaß an psychischen und physischen Anstrengungen abverlangt wird und viele Pflegepersonen oft selbst schon im fortgeschrittenen Alter und nicht mehr gesund sind. Erkrankt die Pflegeperson oder fährt sie in Erholungsurlaub, gerade auch um neue Kräfte für die Fortsetzung der Pflegetätigkeit zu sammeln, soll dies nicht dazu führen, daß der Pflegebedürftige in stationäre Pflege überwechseln muß. Gleiches gilt bei anderen wichtigen Gründen wie Erkrankung von nahen Angehörigen der Pflegeperson. In diesen Fällen hat der Pflegebedürftige für die Dauer von bis zu vier Wochen je Kalenderjahr Anspruch auf eine Pflegevertretung, für die die Aufwendungen der Pflegekasse auf *2800 DM* im Kalenderjahr begrenzt sind.

Nach Satz 2 wird für den Anspruch auf eine Pflegevertretung vorausgesetzt, daß die Pflegeperson den Pflegebedürftigen vor ihrer Verhinderung bereits 1 Jahr lang in seiner häuslichen Umgebung gepflegt hat. Es ist allerdings nicht erforderlich, daß die Pflegeperson den Pflegebedürftigen vor jeder neuen Unterbrechung der Pflegetätigkeit wiederum 12 Monate gepflegt haben muß.

Aus der Begründung zum ersten Änderungsgesetz

Zu Satz 1

Mit dieser Änderung soll klargestellt werden, daß der Anspruch nach § 39 nicht beschränkt ist auf die Ersatzpflege im Haushalt des Pflegebedürftigen, es gilt hier vielmehr ein erweiterter Häuslichkeitsbegriff. Außerdem wird klargestellt, daß die Ersatzpflege nicht durch zugelassene professionelle Pflegekräfte erfolgen muß. Wird die Ersatzpflege in einem Heim oder einer vergleichbaren Einrichtung erbracht, dürfen die Pflegekassen nur die pflegebedingten Aufwendungen übernehmen, nicht jedoch Investitionskosten, Kosten für Unterkunft und Verpflegung oder für Zusatzleistungen.

Zu den Sätzen 4 bis 6

Wird die Ersatzpflege durch nicht erwerbsmäßig tätige Pflegepersonen erbracht, handelt es sich um einen Fall der selbst sichergestellten häuslichen Pflege, daher sind die Aufwendungen der Pflegekasse grundsätzlich auf den Betrag des Pflegegeldes der festgestellten Pflegestufe beschränkt. In Ausnahmefällen ist eine Erhöhung des Pflegegeldbetrages auf bis zu 2800 DM möglich, wenn der Pflegekasse entsprechend höhere notwendige Aufwendungen der Pflegeperson, z. B. Verdienstausfall oder Fahrkosten, nachgewiesen werden.

Aus dem Rundschreiben der Pflegekassen

1. Allgemeines

(1) Ist eine Pflegeperson an der Pflege gehindert, hat der Pflegebedürftige für die Dauer von bis zu 4 Wochen je Kalenderjahr zusätzlich zur Sachleistung Anspruch auf eine Ersatzpflegekraft. Bei Empfängern von Pflegegeld tritt die Leistung der Verhinderungspflege an die Stelle des Pflegegeldes. Für den ersten und letzten Tag der Verhinderungspflege wird das Pflegegeld noch gezahlt. Für die Ersatzpflegekraft, die keine Pflegefachkraft sein muß, kann die Pflegekasse im Einzelfall 2800,00 DM im Kalenderjahr übernehmen; die Zahlung bezieht sich dabei auf das Kalenderjahr und nicht auf die Pflegeperson(en). Auch bei stundenweiser Leistungserbringung ist ein Abruf möglich, wobei jedoch der Höchstbetrag von 2800,00 DM weiterhin gilt. Dieser Betrag ist ohne anteilige Kürzung zusätzlich zur (ungekürz-

§ 39 Häusliche Pflege bei Verhinderung der Pflegeperson

ten) Pflegesachleistung nach § 36 SGB XI zahlbar, wenn sich Ersatzpflegekraft und Vertrags-Leistungserbringer die Pflege teilen. Im Falle der – durch den Ausfall der Pflegeperson notwendig gewordenen oder gewählten – Unterbringung in einem Pflegeheim gilt § 42 SGB XI.

(2) Auf die Dauer des Leistungsanspruchs nach § 39 SGB XI wird die Zeit einer Leistungsgewährung nach § 42 SGB XI nicht angerechnet.

Beispiel:

Urlaub der Pflegeperson vom 01. bis 28.05.1995 = Kostenübernahme für eine Ersatzpflegekraft nach § 39 SGB XI.

Erkrankung der Pflegeperson vom 01. bis 28.10.1995 = Gewährung von Kurzzeitpflege nach § 42 SGB XI.

(3) Der Anspruch auf eine Ersatzpflegekraft entsteht mit jedem Kalenderjahr neu. Hieraus folgt, daß

– ein am 31. 12. eines Jahres bestehender oder an diesem Tag – wegen Ablaufs der 4-Wochenfrist – endender,
– vor dem 31. 12. eines Jahres abgelaufener

Leistungsanspruch nach § 39 SGB XI – bei Vorliegen der Anspruchsvoraussetzungen – ab 1. 1. des Folgejahres für vier Wochen weiterbesteht oder wiederauflebt.

2. Anspruchsvoraussetzungen

(1) Voraussetzung für die Leistung nach § 39 SGB XI ist, daß die Pflegeperson den Pflegebedürftigen vor der erstmaligen Verhinderung mindestens 12 Monate in seiner häuslichen Umgebung gepflegt hat. Die Pflege muß nicht ununterbrochen ausgeführt worden sein. Unterbrechungstatbestände, die den Voraussetzungen des § 39 SGB XI entsprechen und nicht länger als 4 Wochen dauern, sind für die Erfüllung der Wartezeit unschädlich. Hat die Unterbrechung länger als 4 Wochen gedauert, so verlängert sich die Frist um den Zeitraum der Hemmung. Nicht erforderlich ist, daß die Pflegeperson den Pflegebedürftigen vor jeder neuen Unterbrechung der Pflegetätigkeit wiederum 12 Monate gepflegt haben muß.

(2) Voraussetzung für diese Leistung ist ferner eine Pflege in der häuslichen Umgebung des Pflegebedürftigen (siehe zu § 37 SGB XI, Ziffer 1 Abs. 1 und 3).

(3) Bei dem Höchstanspruch von 2800,00 DM handelt es sich nicht um einen Pauschalbetrag. Insofern sind für die Leistungsgewährung die entstandenen Aufwendungen nachzuweisen.

§ 40 Pflegehilfsmittel und technische Hilfen

(1) Pflegebedürftige haben Anspruch auf Versorgung mit Pflegehilfsmitteln, die zur Erleichterung der Pflege oder zur Linderung der Beschwerden des Pflegebedürftigen beitragen oder ihm eine selbständigere Lebensführung ermöglichen, soweit die Hilfsmittel nicht wegen Krankheit oder Behinderung von der Krankenversicherung oder anderen zuständigen Leistungsträgern zu leisten sind. Die Pflegekasse überprüft die Notwendigkeit der Versorgung mit den beantragten Pflegehilfsmitteln unter Beteiligung einer Pflegefachkraft oder des Medizinischen Dienstes.

(2) Die Aufwendungen der Pflegekassen für zum Verbrauch bestimmte Hilfsmittel dürfen monatlich den Betrag von 60 Deutsche Mark nicht übersteigen.

(3) Die Pflegekassen sollen technische Hilfsmittel in allen geeigneten Fällen vorrangig leihweise überlassen. Sie können die Bewilligung davon abhängig machen, daß die Pflegebedürftigen sich das Pflegehilfsmittel anpassen oder sich selbst oder die Pflegeperson in seinem Gebrauch ausbilden lassen. Der Anspruch umfaßt auch die notwendige Änderung, Instandsetzung und Ersatzbeschaffung von Hilfsmitteln sowie die Ausbildung in ihrem Gebrauch. Versicherte, die das 18. Lebensjahr vollendet haben, haben zu den Kosten der Hilfsmittel mit Ausnahme der Hilfsmittel nach Absatz 2 eine Zuzahlung von zehn vom Hundert, höchstens jedoch 50 Deutsche Mark je Hilfsmittel an die abgebende Stelle zu leisten. Zur Vermeidung von Härten kann die Pflegekasse den Versicherten in entsprechender Anwendung der §§ 61, 62 des Fünften Buches ganz oder teilweise von der Zuzahlung befreien. Lehnen Versicherte die leihweise Überlassung eines Hilfsmittels ohne zwingenden Grund ab, haben sie die Kosten des Hilfsmittels in vollem Umfang selbst zu tragen.

(4) Die Pflegekassen können subsidiär finanzielle Zuschüsse für Maßnahmen zur Verbesserung des individuellen

§ 40 Pflegehilfsmittel und technische Hilfen

Wohnumfeldes des Pflegebedürftigen gewähren, beispielsweise für technische Hilfen im Haushalt, wenn dadurch im Einzelfall die häusliche Pflege ermöglicht oder erheblich erleichtert oder eine möglichst selbständige Lebensführung des Pflegebedürftigen wiederhergestellt wird. Die Höhe der Zuschüsse ist unter Berücksichtigung der Kosten der Maßnahme sowie eines angemessenen Eigenanteils in Abhängigkeit von dem Einkommen des Pflegebedürftigen zu bemessen. Die Zuschüsse dürfen einen Betrag in Höhe von 5 000 Deutsche Mark je Maßnahme nicht übersteigen.

(5) Das Bundesministerium für Arbeit und Sozialordnung wird ermächtigt, durch Rechtsverordnung im Einvernehmen mit dem Bundesministerium für Familie, Senioren, Frauen und Jugend und dem Bundesministerium für Gesundheit und mit Zustimmung des Bundesrates die im Rahmen der Pflegeversicherung zu gewährenden Pflegehilfsmittel und technische Hilfen zu bestimmen.

Aus der Begründung der Bundesregierung

Zu Absatz 1

Die Vorschrift regelt die Versorgung Pflegebedürftiger mit Pflegehilfsmitteln. Diese Hilfsmittelversorgung fällt jedoch nur in die Zuständigkeit der Pflegekassen, soweit diese Leistungen nicht bereits als Leistungen bei Krankheit oder Behinderung von den Krankenkassen oder anderen Leistungsträgern zu gewähren sind. Ob die Versorgung mit Hilfsmitteln notwendig ist, überprüft die Pflegekasse in Zusammenarbeit mit einer Pflegefachkraft oder dem Medizinischen Dienst der Krankenversicherung. Zu den Hilfsmitteln gehören die zum Verbrauch bestimmten Pflegehilfsmittel (z. B. Desinfektionsmittel, Unterlagen) und technische Hilfsmittel (z. B. Pflegebetten, Hausnotrufanlagen). Mittel, die zum täglichen Lebensbedarf gehören, werden nicht berücksichtigt, auch wenn sie die Pflege erleichtern.

Eine ärztliche Verordnung der Hilfsmittel ist nicht vorgesehen.

Zu Absatz 2

Um die Kostenbelastung der Pflegeversicherung bei den zum Verbrauch bestimmten Pflegehilfsmitteln zu begrenzen und im Hinblick auf das

§ 40 Pflegehilfsmittel und technische Hilfen

Wirtschaftlichkeitsgebot nach § 29 sind die Aufwendungen für diese Hilfsmittel pauschaliert. Pflegekasse, Leistungserbringer und Pflegebedürftige sind dadurch gehalten, alle in Frage kommenden Einsparmöglichkeiten (Direktbezug vom Hersteller, Aushandlung von Rabatten usw.) zu nutzen.

Zu Absatz 3

Technische Hilfsmittel sind häufig teuer, zeigen aber oft auch bei längerem Gebrauch kaum Abnutzungserscheinungen. Zur Kostenverringerung sollen sie deshalb, soweit dies möglich ist, den Pflegebedürftigen leihweise überlassen werden. Die Hilfsmittel erfüllen ihren Zweck nur, wenn die Pflegebedürftigen und ihre Pflegepersonen sie bestimmungsgemäß gebrauchen können. Hierfür bedarf es der Anleitung durch fachkundiges Personal, das darüber hinaus die Hilfsmittel, bei denen es nötig ist, den Pflegebedürftigen auch anpassen muß. Aus diesem Grunde kann die Pflegekasse die Hilfsmittelbewilligung von der Bereitschaft der Pflegebedürftigen und ihrer Pflegepersonen, dabei mitzuwirken, abhängig machen. Zum Anspruch auf Hilfsmittelversorgung gehört neben der Anpassung der Hilfsmittel an bestimmte Erfordernisse des Pflegebedürftigen, der Pflegepersonen oder der häuslichen Umgebung auch die Instandsetzung und der Ersatz. Um auch den Versicherten einen Anreiz zu geben, auf größtmögliche Wirtschaftlichkeit bei der Versorgung mit Hilfsmitteln zu achten, wird eine Beteiligung des Versicherten an den Aufwendungen für das benötigte Hilfsmittel in Höhe von 10 v. H. vorgesehen. Eine Härtefallregelung ist nicht erforderlich, weil der Höchstbetrag der Eigenbeteiligung auf 50 DM begrenzt ist und die zum Verbrauch bestimmten Hilfsmittel von der Eigenbeteiligung ausgenommen sind.

Zu Absatz 4

Diese Ermessensvorschrift räumt den Pflegekassen die Möglichkeit ein, Zuschüsse bis zu einem Betrag von 5 000 DM je Maßnahme zur Verbesserung des individuellen Wohnumfeldes zu gewähren. Es handelt sich hierbei um technische Hilfen im Haushalt, aber auch um Umbaumaßnahmen, z. B. die Verbreiterung von Türen, den Einbau einer Dusche oder eines Treppenliftes. Auch einfache technische Hilfen wie Haltegriffe oder mit dem Rollstuhl unterfahrbare Einrichtungsgegenstände können bezuschußt werden.

Voraussetzung ist, daß dadurch im Einzelfall die häusliche Pflege überhaupt erst ermöglicht oder erheblich erleichtert wird oder ein Verbleiben des Pflegebedürftigen in seiner häuslichen Umgebung und damit eine möglichst selbständige Lebensführung sichergestellt werden kann.

Die behindertengerechte Umgestaltung der Wohnung des Pflegebedürftigen ist dabei insgesamt als Verbesserungsmaßnahme zu werten und nicht

§ 40 Pflegehilfsmittel und technische Hilfen

in Einzelschritte aufzuteilen. So stellt nicht jede einzelne Verbreiterung einer Tür eine Maßnahme im Sinne dieser Vorschrift dar, sondern die Türverbreiterungen und die Entfernung von Türschwellen insgesamt, die notwendig sind, um die Wohnung beispielsweise mit dem Rollstuhl befahrbar zu machen.

Die Höhe des Zuschusses richtet sich nach den Kosten der jeweiligen Verbesserungsmaßnahmen und der Einkommenssituation des Pflegebedürftigen. Dabei ist aus Steuerungsgründen ein die Einkommenssituation berücksichtigender Eigenanteil des Versicherten vorzusehen. Um eine einheitliche Entscheidungspraxis der Pflegekassen zu gewährleisten, werden von den Spitzenverbänden Richtlinien vereinbart (§ 78 Abs. 2 Satz 1).

Zur bundesweiten Vereinheitlichung der Hilfsmittelversorgung nach dieser Vorschrift erstellen die Spitzenverbände ein Pflegemittelverzeichnis und schließen über die Versorgung der Versicherten mit Pflegehilfsmitteln Verträge mit den Leistungserbringern ab (§ 78).

Zu Absatz 5

Absatz 5 enthält eine Ermächtigung für das Bundesministerium für Arbeit und Sozialordnung, im Verordnungswege eine Liste der von der sozialen Pflegeversicherung zu gewährenden Hilfsmittel aufzustellen.

Aus dem Rundschreiben der Pflegekassen

1. Allgemeines

(1) Die Pflegekassen stellen zur Erleichterung der Pflege oder zur Linderung der Beschwerden des Pflegebedürftigen oder zur Ermöglichung einer selbständigeren Lebensführung des Pflegebedürftigen Pflegehilfsmittel zur Verfügung (§ 40 Abs. 1 SGB XI).

(2) Die Versorgung mit Pflegehilfsmitteln fällt jedoch nur in die Zuständigkeit der Pflegekassen, soweit die Hilfsmittel nicht wegen Krankheit oder Behinderung von den Krankenkassen oder von anderen Leistungsträgern zu erbringen sind. Auf die Hilfsmittelversorgung zu Lasten der Krankenkassen (§ 33 Abs. 1 SGB V) hat die Pflegebedürftigkeit des Versicherten demnach keine Auswirkung. Ein Pflegebedürftiger hat auch weiterhin Anspruch auf Versorgung mit Hilfsmitteln durch die Krankenkasse, wenn diese erforderlich sind,

- einer drohenden Behinderung oder Pflegebedürftigkeit vorzubeugen,
- eine Behinderung zu beseitigen, zu bessern oder eine Verschlimmerung zu verhüten,
- Pflegebedürftigkeit zu vermeiden,

§ 40 Pflegehilfsmittel und technische Hilfen

– um eine Schwächung der Gesundheit, die in absehbarer Zeit voraussichtlich zu einer Krankheit führen würde, zu beseitigen,
– einer Gefährdung der gesundheitlichen Entwicklung eines Kindes entgegenzuwirken oder
– den Erfolg der Krankenbehandlung zu sichern.

Über diese, an medizinischen Kriterien orientierte Hilfsmittelversorgung hinaus kann eine Ausstattung mit Hilfsmitteln zu Lasten der Krankenkasse erforderlich werden, um allgemeine Grundbedürfnisse zu befriedigen.

(3) Demnach ist zu unterscheiden zwischen

– Produkten, die ausschließlich Hilfsmittel i. S. von § 33 SGB V sind,
– Produkten, die ausschließlich Pflegehilfsmittel i. S. von § 40 Abs. 1 SGB XI sind und
– Produkten, die sowohl Hilfsmittel i. S. von § 33 SGB V als Pflegehilfsmittel i. S. von § 40 Abs. 1 SGB XI sein können.

(4) Darüber hinaus können die Pflegekassen subsidiär finanzielle Zuschüsse für Maßnahmen zur Verbesserung des individuellen Wohnumfeldes des Pflegebedürftigen gewähren, wie z. B. Umbaumaßnahmen und/oder technische Hilfen im Haushalt (§ 40 Abs. 4 SGB XI).

2. Versorgung mit Pflegehilfsmitteln

(1) Pflegehilfsmittel werden individuell gefertigt oder als serienmäßig hergestellte Ware in unverändertem Zustand oder als Basisprodukt mit entsprechender handwerklicher Zurichtung, Ergänzung bzw. Fertigung von den nach § 78 Abs. 1 SGB XI zugelassenen Leistungserbringern abgegeben.

(2) Ein Anspruch auf Pflegehilfsmittel besteht, wenn sie der Erleichterung hygienischer und pflegerischer Maßnahmen dienen. Pflegehilfsmittel sollen helfen, eine Überforderung der Leistungskraft des Pflegebedürftigen und der Pflegekräfte zu verhindern. Ein Anspruch auf Pflegehilfsmittel besteht auch, wenn dadurch eine Linderung der Beschwerden des Pflegebedürftigen erreicht werden kann. Schließlich erhalten die Pflegebedürftigen zur Ermöglichung einer selbständigeren Lebensführung die Pflegehilfsmittel, die einer auch von Pflegekräften nicht ständig überwachten Alltagsgestaltung dienen.

(3) Die Erfüllung eines der genannten Tatbestände ist für den Anspruch auf ein Pflegehilfsmittel ausreichend. Der Anspruch besteht unabhängig von der Pflegestufe und orientiert sich an dem vorliegenden Einzelfall. Eine ärztliche Verordnung ist nicht erforderlich.

§ 40 Pflegehilfsmittel und technische Hilfen

2.1 Pflegehilfsmittelarten

Bei den Pflegehilfsmitteln ist zu unterscheiden zwischen

- zum Verbrauch bestimmten Pflegehilfsmitteln (§ 40 Abs. 2 i. V. m. Abs. 1 SGB XI; vgl. Ziff. 2.2) und
- technischen Pflegehilfsmitteln (§ 40 Abs. 3 i. V. m. Abs. 1 SGB XI; vgl. Ziff. 2.3).

2.2 Zum Verbrauch bestimmte Pflegehilfsmittel

(1) Zum Verbrauch bestimmte Pflegehilfsmittel sind Produkte, die wegen der Beschaffenheit ihres Materials oder hygienischen Gründen nur einmal benutzt werden können und in der Regel für den Wiedereinsatz nicht geeignet sind. Die Dauer der Benutzung des einzelnen Artikels ist dabei unerheblich. Zum Verbrauch bestimmte, am Pflegebedürftigen anzuwendende Pflegehilfsmittel sind z. B. Desinfektionsmittel, Einmalhandschuhe, Körperpflegeartikel sowie Krankenunterlagen und gleichartige nicht wiederverwendbare Produkte.

(2) Die Aufwendungen der Pflegekassen für zum Verbrauch bestimmte Pflegehilfsmittel dürfen für den Pflegebedürftigen monatlich den Betrag von 60,00 DM nicht übersteigen. Hierbei sind die Aufwendungen aller zum Verbrauch bestimmter Pflegehilfsmittel zusammenzurechnen, unabhängig von der Darreichungsform und der Art der Produkte. Sofern aus Gutachten oder anderen Unterlagen hervorgeht, daß die anfallenden Aufwendungen generell 60,00 DM im Monat übersteigen, kann aus Vereinfachungsgründen ohne weiteren Nachweis der Betrag nach § 40 Abs. 2 SGB XI ausgezahlt werden. Aufwendungen über 60,00 DM im Monat fallen in den Eigenverantwortungsbereich des Pflegebedürftigen. Bei größeren Mengen ist die voraussichtliche Verbrauchsdauer der Pflegehilfsmittel anzugeben. Für diese Pflegehilfsmittel erhält der Pflegebedürftige monatlich 60,00 DM. Ein Ausgleich aufgrund der Härtefallregelung gemäß § 40 Abs. 3 S. 4 SGB XI i. V. m. §§ 61, 62 SGB V ist nicht möglich.

(3) Pflegekassen, Leistungserbringer und Pflegebedürftige sind gehalten, alle in Frage kommenden Einsparmöglichkeiten zu nutzen (z. B. Direktbezug vom Hersteller, Aushandlung von Rabatten).

2.3 Technische Pflegehilfsmittel

(1) Bei Pflegehilfsmitteln, die nicht zum Verbrauch bestimmt sind, handelt es sich i. d. R. um technische Hilfsmittel. Hierzu gehören Pflegehilfsmittel zur Erleichterung der Pflege, zur Körperpflege/Hygiene, zur selbständigen Lebensführung/Mobilität sowie zur Linderung von Beschwerden. Zu den Versorgungsmöglichkeiten enthält das Pflegehilfsmittelverzeichnis weitere Hinweise.

§ 40 Pflegehilfsmittel und technische Hilfen

Können Produkte nur bestimmungsgemäß eingesetzt werden, indem sie mit dem Baukörper verbunden werden (z. B. durch verschrauben, verkleben), bleiben sie technische Pflegehilfsmittel, auch wenn mit dem Einbau/der Installation ein unwesentlicher Eingriff in die Bausubstanz verbunden ist. Die Abgrenzung derartiger Pflegehilfsmittel von den Maßnahmen zur Verbesserung des individuellen Wohnumfeldes kann u. a. danach beurteilt werden, ob die Mittel nach Beendigung der Nutzungsdauer ohne geringfügige weitere Anpassungen in einem anderen Haushalt eingesetzt werden können.

(2) Technische Pflegehilfsmittel sollen den Pflegebedürftigen in allen geeigneten Fällen vorrangig leihweise zur Verfügung gestellt werden (vgl. § 40 Abs. 3 Satz 1 SGB XI). Das Nähere ist im Einzelfall zwischen dem Pflegebedürftigen und der Pflegekasse zu regeln. Lehnt der Pflegebedürftige die leihweise Überlassung eines technischen Pflegehilfsmittels ohne zwingenden Grund ab, hat er die Kosten des Pflegehilfsmittels in vollem Umfang selbst zu tragen.

(3) Für technische Pflegehilfsmittel haben Versicherte, die am Tage der Abnahme des Pflegehilfsmittels des 18. Lebensjahr vollendet haben, eine Zuzahlung zu den Kosten in Höhe von 10 v. H., jedoch höchstens 50,00 DM je Pflegehilfsmittel zu leisten (Beispiel: Kosten des Pflegehilfsmittels 600,00 DM Zuzahlung beträgt 50,00 DM; Kosten des Pflegehilfsmittels 350,00 DM, Zuzahlung beträgt 35,00 DM). Bei leihweise/im Leasingverfahren überlassenen Pflegehilfsmitteln entfällt eine Zuzahlung. Die Zuzahlung für das Pflegehilfsmittel ist an die abgebende Stelle zu leisten. Zu den Kosten, die der Pflegekasse bei einer Wartung, Instandsetzung o. ä. entstehen, ist keine Zuzahlung mehr zu leisten (vgl. Ziff. 4.4).

(4) Zur Vermeidung von Härten kann die Pflegekasse den Versicherten in entsprechender Anwendung der §§ 61, 62 SGB V ganz oder teilweise von der Zuzahlung befreien. Insofern gelten die Aussagen der Krankenkassenspitzenverbände zu den §§ 61, 62 SGB V analog. Eine vollständige Befreiung von Zuzahlungen nach § 61 SGB V hat demnach zur Folge, daß der Versicherte auch von Zuzahlungen zu technischen Pflegehilfsmitteln befreit ist. Eine teilweise Befreiung von der Zuzahlung ist möglich, wenn die Zuzahlung zu technischen Pflegehilfsmitteln die in § 62 SGB V genannten Belastungsgrenzen übersteigen, den Versicherten also unzumutbar belasten würden, das bedeutet, eine Berücksichtigung der Zuzahlung im Bereich der GKV ist nicht möglich.

3. Mittel des täglichen Lebens

(1) Mittel, die zum täglichen Lebensbedarf gehören (Alltagshilfen z. B. Küchenhilfen, Elektromesser, Dosenöffner usw.) sind keine Pflegehilfsmittel i. S. des § 40 SGB XI, auch wenn sie die Pflege erleichtern. Dazu

§ 40 Pflegehilfsmittel und technische Hilfen

zählen Mittel, die allgemein Verwendung finden und üblicherweise von mehreren Personen benutzt werden bzw. üblicherweise in einem Haushalt vorhanden sind.

(2) Anders verhält es sich, wenn der Gegenstand seinem Wesen nach ein Pflegehilfsmittel ist, also die Aufgabe hat, die Pflege zu erleichtern, eine Linderung der Beschwerden des Pflegebedürftigen herbeizuführen oder dem Pflegebedürftigen eine selbständigere Lebensführung zu ermöglichen. Dieser Gegenstand verliert die Eigenschaft als Pflegehilfsmittel nicht allein deshalb, weil er auch als Mittel des täglichen Lebens anzusehen ist. In einem solchen Fall beschränkt sich die Leistungspflicht der Pflegekasse auf das eigentliche Pflegehilfsmittel. Die fehlende reale Trennbarkeit ist kein Hindernis, Pflegehilfsmittel und Mittel des täglichen Lebens wirtschaftlich zu unterscheiden. Auf eine solche Prüfung kann allerdings unter ökonomischen Gesichtspunkten verzichtet werden, wenn sie mit hohem Aufwand verbunden wäre.

4. Notwendigkeit der Versorgung mit Pflegehilfsmitteln und Inhalt der Leistung

(1) Ob und in welcher Weise die Versorgung mit Pflegehilfsmitteln notwendig ist, überprüft die Pflegekasse in Zusammenarbeit mit einer beauftragten Pflegefachkraft oder dem Medizinischen Dienst der Krankenversicherung. Bei der Auswahl der Pflegehilfsmittel ist es erforderlich, auf die individuellen Bedürfnisse und Verhältnisse des Pflegebedürftigen Rücksicht zu nehmen.

(2) Die Pflegefachkraft oder der Medizinische Dienst können sich im häuslichen Umfeld des Pflegebedürftigen über seine Bedürfnisse informieren und den Bedarf an Pflegehilfsmitteln feststellen. Es ist dabei zu ermitteln, welche Pflegehilfsmittel für den Pflegebedürftigen zur Erleichterung der Pflege, Linderung der Beschwerden des Pflegebedürftigen oder Ermöglichung einer selbständigeren Lebensführung erforderlich sind. Die Entscheidung, welche Artikel von der Leistungspflicht umfaßt werden, obliegt der Pflegekasse. Die Ausstattung mit Pflegehilfsmitteln umfaßt:

- die Grundausstattung,
- das Zubehör,
- die Anpassung und/oder Ausbildung im Gebrauch des Pflegehilfsmittels,
- die Änderung, Instandsetzung und Ersatzbeschaffung.

4.1 Grundausstattung

Die Pflegekassen haben Pflegehilfsmittel grundsätzlich in einfacher Stückzahl zu gewähren. Eine Mehrfachausstattung sollte jedoch denn vorgenommen werden, wenn das Pflegehilfsmittel aus hygienischen Gründen ständig oder häufiger gewechselt werden muß. Ferner kann eine Mehrfachausstattung mit einem typengleichen Pflegehilfsmittel angezeigt sein, wenn sich dies wegen der besonderen Beanspruchung durch den Pflegebedürftigen als zweckmäßig und wirtschaftlich erweist. So kann eine Ausstattung mit einem weiteren Pflegehilfsmittel derselben Art (z. B. wiederverwendbare Krankenunterlagen) dann vorzunehmen sein, wenn den Bedürfnissen des Betroffenen mit einem Pflegehilfsmittel nicht ausreichend Rechnung getragen werden kann. Die Pflegekasse muß das Pflegehilfsmittel in einem gebrauchsfertigen Zustand zur Verfügung stellen und ggf. die Montagekosten übernehmen.

4.2 Zubehör

Zubehörteile, ohne die das Pflegehilfsmittel nicht oder nicht zweckentsprechend betrieben werden kann, fallen ebenfalls in die Leistungspflicht der Pflegekasse. Betriebs- und Pflegekosten von Pflegehilfsmitteln sind dem Bereich der allgemeinen Lebenshaltung des Pflegebedürftigen zuzuordnen.

4.3 Anpassung und/oder Ausbildung im Gebrauch des Pflegehilfsmittels

(1) Eine Reihe von Pflegehilfsmitteln kann nur dann sachgerecht benutzt werden, wenn eine ordnungsgemäße Anpassung vorgenommen und der Benutzer im Gebrauch eingewiesen wurde. Der Anspruch auf Ausstattung mit Pflegehilfsmitteln schließt deshalb die Anpassung und Ausbildung im Gebrauch ein. Die Ausbildung im Gebrauch des Pflegehilfsmittels bezieht sich auf den Pflegebedürftigen sowie auf die Personen, ohne deren Hilfe das Pflegehilfsmittel nicht sachgerecht benutzt werden könnte (Pflegekraft).

(2) Der Pflegebedürftige bzw. die Pflegekraft ist verpflichtet, sich mit dem Gebrauch von Pflegehilfsmitteln vertraut zu machen und sich der erforderlichen Ausbildung durch qualifiziertes Personal zu unterziehen. Die Pflegekasse kann die Ausstattung von der Erfüllung der vorstehenden Verpflichtung abhängig machen.

4.4 Änderung, Instandsetzung und Ersatzbeschaffung

(1) Der Anspruch des Pflegebedürftigen umfaßt nicht nur die Erstausstattung mit Pflegehilfsmitteln, sondern auch deren Änderung, Instandsetzung und Ersatzbeschaffung.

(2) Zu den notwendigen Änderungen gehören insbesondere Erweiterungen und Ergänzungen, die ihre Ursache in der Person des Versicherten haben oder in der fortschreitenden technischen Entwicklung begründet

§ 40 Pflegehilfsmittel und technische Hilfen

sind, wenn mit dem geänderten Pflegehilfsmittel eine notwendige Verbesserung der Pflegesituation erreicht wird.

(3) Die Instandsetzung umfaßt die Reparaturen bei Verschleiß, wenn die Instandsetzung technisch möglich und wirtschaftlicher als eine Ersatzbeschaffung ist. Bei Unbrauchbarkeit oder Verlust ist das Pflegehilfsmittel zu ersetzen (Hinweis zur Zuzahlung siehe Ziff. 2.3).

(4) Die Gebrauchsdauer eines Pflegehilfsmittels kann von einer Vielzahl von Faktoren beeinflußt werden. Art und Beschaffenheit des Pflegehilfsmittels, Körperkonstitution sowie die individuellen Lebensumstände des Pflegebedürftigen sind hierbei von Bedeutung. Ferner kommt es darauf an, ob dem Pflegehilfsmittel die erforderliche sorgfältige Behandlung zuteil wird. Für eine Ersatzbeschaffung ist daher eine individuelle Entscheidung notwendig.

(5) Die Instandsetzung oder der Ersatz kann ganz oder teilweise verweigert werden, wenn der Pflegebedürftige die Unbrauchbarkeit oder den Verlust des Pflegehilfsmittels durch Mißbrauch vorsätzlich oder grob fahrlässig herbeigeführt hat.

5. Umfang der Leistungen der Pflegekassen

(1) Die Pflegehilfsmittel sind den Pflegebedürftigen als Sachleistung zur Verfügung zu stellen. Es kommt eine Versorgung mit solchen Pflegehilfsmitteln in Betracht, die unter Berücksichtigung des Grades der Pflegebedürftigkeit indiziert und im Pflegehilfsmittelverzeichnis (§ 78 Abs. 2 SGB XI) aufgeführt sind. Wählt der Versicherte ein aufwendigeres Pflegehilfsmittel als notwendig, hat er die Mehrkosten selbst zu tragen.

(2) Ist für ein erforderliches Pflegehilfsmittel ein Festbetrag nach § 78 Abs. 3 SGB XI festgesetzt, so trägt die Pflegekasse die Kosten bis zur Höhe dieses Betrages. Für andere Pflegehilfsmittel übernimmt sie die jeweils vertraglich vereinbarten Preise. Bei Wechsel der Kassenzugehörigkeit kommt eine Rückforderung oder ein wertmäßiger Ausgleich nicht in Betracht. Die am Tage der Antragstellung zuständige Pflegekasse hat die Leistungen zu erbringen.

6. Abgrenzung der Leistungspflicht der Gesetzlichen Krankenversicherung für Hilfsmittel im Verhältnis zur sozialen Pflegeversicherung

6.1 Leistungspflicht der Krankenkasse

(1) Wird ein Hilfsmittel ärztlich verordnet, prüft die Krankenkasse, ob eine Hilfsmittelversorgung nach §§ 11 Abs. 2, 23 Abs. 1, 33 SGB V in Verbindung mit der dazu ergangenen Rechtsprechung in Betracht kommt (siehe auch das Gemeinsame Rundschreiben der Spitzenverbände der Kran-

§ 40 Pflegehilfsmittel und technische Hilfen

kenkassen vom 15. August 1990 sowie das Hilfsmittelverzeichnis nach § 128 SGB V).

(2) Sind diese Kriterien erfüllt, ergibt sich die alleinige Leistungspflicht der Krankenkasse. Dies gilt auch für Produkte, die vorrangig eine Behinderung ausgleichen oder den Erfolg der Krankenbehandlung sichern, die aber zugleich auch bei der Durchführung der Pflege Verwendung finden (z. B. Inkontinenzartikel, die krankheitsbedingt zur Versorgung einer Inkontinenz notwendig sind, fallen weiterhin in die Leistungspflicht der Krankenkasse).

(3) Sind die Voraussetzungen für die Leistungspflicht der Krankenkasse nicht erfüllt, weil das beantragte Mittel

– keine medizinische Zielsetzung (z. B. unmittelbarer Ausgleich der Behinderung, Sicherung des Erfolges der Krankenbehandlung) verfolgt,

– kein allgemeines Grundbedürfnis des täglichen Lebens eines Menschen befriedigt oder

– aufgrund der Rechtsverordnung nach § 34 SGB V von der Versorgung ausgeschlossen ist,

kommt ggf. eine Leistungspflicht der Pflegekasse in Betracht (vgl. Ziff. 2 ff). Die Unterlagen sind ggf. an die Pflegekasse weiterzuleiten.

6.2 Leistungspflicht der Pflegekasse

(1) Beantragt ein Pflegebedürftiger bei der Pflegekasse die Kostenübernahme eines Produktes, das nicht zu Lasten der GKV abgegeben werden kann, weil die Voraussetzungen nach Ziff. 6.1 nicht erfüllt sind, ist die Leistungspflicht der Pflegekasse gegeben, wenn

– Pflegebedürftigkeit festgestellt wurde

und

– das Produkt dem Ziel dient, die Pflege zu erleichtern, Beschwerden zu lindern oder eine selbständigere Lebensführung zu ermöglichen.

(2) Dieser Zielsetzung dient das Produkt,

– wenn sein Einsatz unmittelbar dazu dient, die Pflegeperson bei der Pflege im Sinne des SGB XI zu entlasten.

Beispiel:

Durch den Einsatz eines Pflegebettes wird die körperliche Belastung des Pflegenden (z. B. beim Wenden und Heben) verringert bzw. vermieden, durch die Nutzung eines Rollstuhles wird es der Pflegeperson ermöglicht, den Pflegebedürftigen innerhalb der Wohnung zu bewegen,

– um körperliche Beschwerden, die keine behandlungsbedürftige Krankheit sind, zu lindern.

§ 40 Pflegehilfsmittel und technische Hilfen

Beispiel:

Durch Verwendung einer Fellauflage werden Druckstellen eines Bettlägerigen gemindert,

- um dem Pflegebedürftigen eine selbständigere Lebensführung zu ermöglichen.

Beispiel:

Durch die Nutzung einer Aufrichthilfe wird der Pflegebedürftige z. B. befähigt, selbständig zu essen.

Diese Beispiele machen deutlich, daß Produkte sowohl Hilfsmittel als auch Pflegehilfsmittel sein können. Für die leistungsrechtliche Zuordnung ist eine Einzelfallbetrachtung unter Zuhilfenahme der Erläuterungen im Hilfs-/Pflegehilfsmittelverzeichnis notwendig.

(3) Stellt die Pflegekasse fest, daß die Voraussetzungen für eine Kostenübernahme als Pflegehilfsmittel nicht erfüllt sind, kommt ggf. eine Abgabe des Antrages einschließlich des Gutachtens des Medizinischen Dienstes an die Krankenkasse in Betracht, wenn sich aus dem Gutachten Anhaltspunkte für eine Leistungspflicht der Krankenkasse ergeben. Eine neue Verordnung des Hilfsmittels ist in diesen Fällen nicht erforderlich.

7. Maßnahmen zur Verbesserung des individuellen Wohnumfeldes

7.1 Leistungsvoraussetzungen

Finanzielle Zuschüsse für Maßnahmen zur Verbesserung des individuellen Wohnumfeldes des Pflegebedürftigen können gewährt werden, wenn dadurch im Einzelfall

- die häusliche Pflege überhaupt erst ermöglicht wird,
- die häusliche Pflege erheblich erleichtert und damit eine Überforderung der Leistungskraft des Pflegebedürftigen und der Pflegekraft verhindert wird oder
- eine möglichst selbständige Lebensführung des Pflegebedürftigen wiederhergestellt, also die Abhängigkeit von der Pflegekraft verringert wird.

7.2 Leistungsinhalt

(1) Bis zu einem Betrag von 5000 DM je Maßnahme können die Pflegekassen im Rahmen ihres Ermessens Zuschüsse gewähren. Hierbei handelt es sich um

- Maßnahmen, die mit wesentlichen Eingriffen in die Bausubstanz verbunden sind (z. B. Türverbreiterung, festinstallierte Rampen und

Treppenlifter, Herstellung von hygienischen Einrichtungen, wie Erstellung von Wasseranschlüssen),

– Ein- und Umbau von Mobilar, das entsprechend den Erfordernissen der Pflegesituation individuell hergestellt oder umgestaltet wird (z. B. motorisch betriebene Absenkung von Küchenhängeschränken, Austausch der Badewanne durch eine Dusche).

(2) Eine Maßnahme zur Verbesserung des individuellen Wohnumfeldes des Pflegebedürftigen liegt auch vor, wenn den Besonderheiten des Einzelfalles durch einen Umzug in eine den Anforderungen des Pflegebedürftigen entsprechende Wohnung (z. B. Umzug aus einer Obergeschoß- in eine Parterrewohnung) Rechnung getragen werden kann. In diesem Fall kann die Pflegekasse die Umzugskosten bezuschussen.

(3) Da es sich bei den Maßnahmen zur Verbesserung des individuellen Wohnumfeldes um eine Zuschußleistung handelt, ist der Antragsteller mit der Bewilligung darauf hinzuweisen, daß die im Zusammenhang mit dieser Maßnahme ergebenden mietrechtlichen Fragen in eigener Verantwortlichkeit zu regeln sind. Im Rahmen ihrer Aufklärungs- und Beratungspflicht (§ 7 SGB XI) sollten hier die Pflegekassen tätig werden (z. B. durch Verweisung an soziale Dienste).

8. Wohnung/Haushalt

Maßnahmen zur Verbesserung des individuellen Wohnumfeldes kommen in der Wohnung des Pflegebedürftigen oder in dem Haushalt, in den er aufgenommen wurde, in Betracht. Entscheidend ist, daß es sich um den auf Dauer angelegten, unmittelbaren Lebensmittelpunkt des Pflegebedürftigen handelt. In Alten- und Pflegeheimen sowie Wohneinrichtungen, die vom Vermieter gewerbsmäßig nur an Pflegebedürftige vermietet werden, liegt eine Wohnung/ein Haushalt in diesem Sinne nicht vor.

9. Maßnahme

(1) Die Pflegekasse kann je Maßnahme einen Zuschuß bis zu einem Betrag von 5000 DM gewähren. Dabei sind alle Maßnahmen, die zum Zeitpunkt der Zuschußgewährung (und damit auf der Grundlage des zu diesem Zeitpunkt bestehenden Hilfebedarfs) zur Wohnumfeldverbesserung erforderlich sind, als eine Verbesserungsmaßnahme zu werten. Dies gilt auch dann, wenn die Verbesserungsmaßnahmen in Einzelschritten verwirklicht werden. So stellt z. B. bei der Befahrbarmachung der Wohnung für den Rollstuhl nicht einzelne Verbreiterung einer Tür ein Maßnahme im Sinne dieser Vorschrift dar, sondern die Türverbreiterungen und die Entfernung von Türschwellen insgesamt.

(2) Ändert sich die Pflegesituation und werden weitere Maßnahmen zur Wohnumfeldverbesserung erforderlich, handelt es sich erneut um eine

§ 40 Pflegehilfsmittel und technische Hilfen

Maßnahme im Sinne von § 40 Abs. 4 SGB XI, so daß ein weiterer Zuschuß bis zu einem Betrag von 5000 DM gewährt werden kann.

10. Zuschußhöhe

Bei der Bemessung des Zuschusses, dessen Höhe auf 5000 DM je Maßnahme begrenzt ist sind die Gegebenheiten im Einzelfall zu berücksichtigen. Die Höhe des Zuschusses richtet sich dabei nach den Kosten der Maßnahme und der Einkommenssituation des Pflegebedürftigen. Aus Steuerungsgründen ist ein angemessener Eigenanteil des Versicherten vorgesehen.

10.1 Eigenanteil des Pflegebedürftigen

Zu den Maßnahmen zur Verbesserung des individuellen Wohnumfeldes hat der Versicherte einen angemessenen Eigenanteil zu entrichten. Die Höhe des Eigenanteils ist abhängig von den beiden Faktoren

– Kosten der Maßnahme und
– Einkommen des Pflegebedürftigen.

Nach § 78 Abs. 2 Satz 1 SGB XI regeln die Spitzenverbände der Pflegekasse mit Wirkung für ihre Mitglieder das Nähere zur Bemessung der Zuschüsse für Maßnahmen zur Verbesserung des individuellen Wohnumfeldes des Pflegebedürftigen nach § 40 Abs. 4 Satz 2 SGB XI. Die folgenden Ausführungen gelten als Bestandteil dieser Regelungen. Sie sollen eine gleichmäßige Bemessung der Zuschüsse gewährleisten.

10.2 Höhe des Eigenanteils

Der Pflegebedürftige trägt als Eigenanteil 10 v. H. der Kosten der Maßnahme, jedoch höchstens 50 v. H. seiner monatlichen Bruttoeinnahmen zum Lebensunterhalt. Hat der Pflegebedürftige keine eigenen Einnahmen zum Lebensunterhalt, entfällt für ihn ein Eigenanteil.

Beispiel:

Kosten der Maßnahme	=	4.900,00 DM
Monatliche Bruttoeinnahmen zum Lebensunterhalt des Pflegebedürftigen	=	900,00 DM
Eigenbeteiligung	=	450,00 DM
Zuschuß der Pflegekasse	=	4.450,00 DM

10.3 Maßgebliche Bruttoeinnahmen zum Lebensunterhalt

Zur Definition des Begriffes „Bruttoeinnahmen zum Lebensunterhalt" gelten die Kommentierungen der Spitzenverbände der Krankenkassen in

§ 40 Pflegehilfsmittel und technische Hilfen

ihrem Gemeinsamen Rundschreiben vom 23.08.1989 zu den Einnahmen zum Lebensunterhalt und Gesamteinkommen sowie die dazu veröffentlichten Besprechungsergebnisse.

Bei der Festsetzung des Eigenanteils ist im allgemeinen von den Bruttoeinnahmen zum Lebensunterhalt des Monats auszugehen, der dem Monat vorangeht, in dem der Antrag auf Zuschüsse nach § 40 Abs. 4 SGB XI gestellt wird. Führt die Berücksichtigung nur eines Monats zu Ergebnissen, die nicht den tatsächlichen Verhältnissen entsprechen (z. B. Teillohnzahlungszeitraum), so ist für die Beurteilung ein längerer Zeitraum (z. B. drei Monate) heranzuziehen.

Sollte sich das Einkommen im Zeitraum zwischen dem Leistungsantrag und der Durchführung der Maßnahme ändern, kann die Pflegekasse auf Antrag des Versicherten den Eigenanteil neu festsetzen.

Die Festsetzung des Eigenanteils nach § 40 Abs. 4 Satz 2 SGB XI ist ein eigenständiger von den Härtefallregelungen nach § 40 Abs. 3 Satz 5 SGB XI und §§ 61, 62 SGB V unabhängiger Verwaltungsakt. Deshalb sind bei der Festsetzung des Eigenanteils nur die Bruttoeinnahmen zum Lebensunterhalt des Pflegebedürftigen zu berücksichtigen. Etwaige Einnahmen weiterer Familienangehöriger im gleichen Haushalt sind unbeachtlich. Andererseits werden von den Bruttoeinnahmen zum Lebensunterhalt des Pflegebedürftigen auch keine Abschläge für Familienangehörige vorgenommen.

10.4 Berücksichtigungsfähige Kosten bei der Bemessung des Eigenanteils

Belaufen sich die Kosten der Maßnahme zur Verbesserung des individuellen Wohnumfeldes auf mehr als 5000,00 DM, wird der überschießende Betrag bei der Ermittlung des Eigenanteils berücksichtigt.

	Beispiel 1	Beispiel 2	Beispiel 3
Kosten der Maßnahme	6200 DM	5200 DM	6200 DM
Monatliche Bruttoeinnahme zum Lebensunterhalt des Pflegebedürftigen	2000 DM	800 DM	6000 DM
Eigenbeteiligung	1200 DM	400 DM	1200 DM
Zuschuß der Pflegekasse	5000 DM	4800 DM	5000 DM

10.5 Umbaumaßnahmen in Wohnungen, in denen mehrere Pflegebedürftige wohnen

(1) Auch wenn eine bauliche Maßnahme zugleich mehreren Pflegebedürftigen, die das Wohnumfeld gemeinsam bewohnen, dient, bleibt der Zuschuß nach § 40 Abs. 2 SGB XI auf 5000,00 DM begrenzt (z. B. Türen-

§ 40 Pflegehilfsmittel und technische Hilfen

verbreiterungen für zwei Rollstuhlfahrer). In diesen Fällen sind bei der Bemessung der Höchstgrenze des Eigenanteils die Bruttoeinnahmen zum Lebensunterhalt der Pflegebedürftigen nicht zu addieren. Maßgebend sind jeweils die niedrigsten Bruttoeinnahmen.

(2) Sind zeitgleich durchgeführte Maßnahmen zur Verbesserung des individuellen Wohnumfeldes mehreren Pflegebedürftigen jeweils individuell zuzuordnen, kann der Zuschuß nach § 40 Abs. 4 SGB XI mehrmals gezahlt werden (z. B. Türenverbreiterungen für einen Rollstuhlfahrer und Laufschienen für einen Gehbehinderten). Entsprechend der Zuschußfestsetzung ist auch die Bemessung des Eigenanteils dann für jeden Pflegebedürftigen individuell vorzunehmen.

11. Zuständigkeitsabgrenzung zu anderen Leistungsträgern

11.1 Allgemeines

Die Pflegekassen können subsidiär Zuschüsse für Maßnahmen zur Verbesserung des individuellen Wohnumfeldes gewähren. Das heißt, Leistungen der Pflegekassen kommen nur dann in Betracht, wenn kein anderer Leistungsträger vorrangig verpflichtet ist.

11.2 Vorrangige Leistungszuständigkeit der Pflegekasse

(1) Im Rahmen der Wiedereingliederungshilfe für Behinderte wird nach § 40 Abs. 1 Nr. 6 a BSHG Hilfe bei der Beschaffung und Erhaltung einer Wohnung, die den besonderen Bedürfnissen des Behinderten entspricht, gewährt. Beschädigte und Hinterbliebene erhalten im Rahmen der Kriegsopferfürsorge (§§ 25 ff. BVG) unter den Voraussetzungen des § 27 c BVG Wohnungshilfe.

(2) Diesen fürsorgerischen, von einer Bedürftigkeitsprüfung abhängigen Sozialleistungen zur Pflege gehen die Leistungen der Pflegeversicherung vor. Der Anspruch auf diese Leistungen bleibt von den Leistungen der Pflegekasse jedoch unberührt, soweit die Leistungen der Pflegekasse den Bedarf im Einzelfall nicht abdecken (siehe zu § 13 SGB XI, Ziffer 3).

11.3 Vorrangige Leistungszuständigkeit anderer Träger

(1) Die Unfallversicherungsträger gewähren als ergänzende Leistungen zur Heilbehandlung und Berufshilfe nach § 569 a Nr. 5, § 556 Abs. 1 RVO sowie § 1 Abs. 2 RehaAnglG i. V. m. § 3 Abs. 1 BeKV Wohnungshilfe, wenn sie wegen Arbeitsunfallfolgen erforderlich wird. Diese Leistung ist gegenüber den Zuschüssen der Pflegekasse zur Verbesserung des individuellen Wohnumfeldes des Pflegebedürftigen vorrangig.

(2) Die Hauptfürsorgestellen und die örtlichen Fürsorgestellen können im Rahmen ihrer Zuständigkeit für die begleitende Hilfe im Arbeits- und

Berufsleben Geldleistungen zur Beschaffung, Ausstattung und Erhaltung einer Wohnung, die den besonderen Bedürfnissen des Schwerbehinderten entspricht, gewähren (§ 31 Abs. 3 Satz 1 Nr. 1 Buchstabe d SchwbG). Darüber hinaus können sie im Rahmen der nachgehenden Hilfe im Arbeitsleben Leistungen zur Beschaffung, Ausstattung und Erhaltung einer behinderungsgerechten Wohnung gewähren (§ 17 Abs. 1 Satz 1 Nr. 1 Buchstabe d i. V. m. § 22 Schwerbehinderten-Ausgleichsabgabeverordnung – SchwbAV). Diese Leistungen gehen den Leistungen der Pflegeversicherung vor, so daß grundsätzlich bei berufstätigen Pflegebedürftigen, die schwerbehindert im Sinne von § 1 SchwbG sind, Zuschüsse zu Wohnumfeldverbesserungsmaßnahmen durch die Pflegekassen nicht in Betracht kommen.

12. Verfahren

(1) Der medizinische Dienst hat in dem im Rahmen des Verfahrens zur Feststellung der Pflegebedürftigkeit anzufertigenden Gutachten (siehe Anlage zu den Richtlinien der Spitzenverbände der Pflegekassen nach § 17 SGB XI) Empfehlungen an die Pflegekasse über die notwendige Versorgung mit technischen Hilfsmitteln und baulichen Maßnahmen zur Anpassung des Wohnumfeldes auszusprechen. Diese Empfehlung verpflichtet die Pflegekasse, den Pflegebedürftigen über die in Frage kommenden Maßnahmen und die Höhe des Zuschusses zu beraten. Die Empfehlung gilt als Antrag auf Leistungsgewährung, sofern der Versicherte nichts Gegenteiliges erklärt (vgl. zu § 33, Ziffer 1, Absatz 1).

(2) Ob und durch welche Wohnumfeldverbesserungsmaßnahmen im Einzelfall die häusliche Pflege ermöglicht oder erheblich erleichtert oder eine möglichst selbständige Lebensführung des Pflegebedürftigen wiederhergestellt werden kann, überprüft die Pflegekasse in Zusammenarbeit mit einer beauftragten Pflegefachkraft oder dem medizinischen Dienst der Krankenversicherung, die erforderlichenfalls andere Fachkräfte (z. B. Handwerker, Architekten usw.) als externe Gutachter hinzuziehen (siehe Punkt 5.6 der Richtlinien der Spitzenverbände der Pflegekassen nach § 17 SGB XI).

Zweiter Titel
Teilstationäre Pflege und Kurzzeitpflege

§ 41 Tagespflege und Nachtpflege

(1) Pflegebedürftige haben Anspruch auf teilstationäre Pflege in Einrichtungen der Tages- oder Nachtpflege, wenn häusliche Pflege nicht in ausreichendem Umfang sichergestellt werden kann. Die teilstationäre Pflege umfaßt auch die notwendige Beförderung des Pflegebedürftigen von der Wohnung zur Einrichtung der Tagespflege oder der Nachtpflege und zurück.

(2) Die Pflegekasse übernimmt die pflegebedingten Aufwendungen der teilstationären Pflege, die Aufwendungen der sozialen Betreuung sowie in der Zeit vom 1. Juli 1996 bis zum 31. Dezember 1999 die Aufwendungen für die in der Einrichtung notwendigen Leistungen der medizinischen Behandlungspflege:

1. für Pflegebedürftige der Pflegestufe I im Wert bis zu 750 Deutsche Mark,

2. für Pflegebedürftige der Pflegestufe II im Wert bis zu 1 500 Deutsche Mark,

3. für Pflegebedürftige der Pflegestufe III im Wert bis zu 2 100 Deutsche Mark

je Kalendermonat.

(3) Pflegebedürftige erhalten zusätzlich zu den Leistungen nach Absatz 2 ein anteiliges Pflegegeld, wenn der für die jeweilige Pflegestufe vorgesehene Höchstwert der Sachleistung nicht voll ausgeschöpft wird. § 38 Satz 2 gilt entsprechend. Sachleistungen nach § 36 können neben den Leistungen nach Absatz 2 in Anspruch genommen werden, die Aufwendungen dürfen jedoch insgesamt je Kalendermonat den in § 36 Abs. 3 für die jeweilige Pflegestufe vorgesehenen Gesamtwert nicht übersteigen.

§41 Tagespflege und Nachtpflege

Aus der Begründung der Bundesregierung

Um die Pflegebereitschaft und die Pflegefähigkeit im häuslichen Bereich zu erhalten und zu fördern, ist es notwendig, Hilfen auch für die Fälle vorzusehen, in denen die häusliche Pflege nicht oder nicht in ausreichendem Umfang sichergestellt werden kann.

Häusliche Pflege kann nur dann Vorrang vor stationärer Pflege haben, wenn für Pflegebedürftige und ihre Pflegepersonen Leistungen angeboten werden, die sie beispielsweise in Krisensituationen entlasten und ihnen andere Auswege als die vollstationäre Pflege aufzeigen. Durch den Ausbau der Tagespflege kann zudem erreicht werden, daß rehabilitative Möglichkeiten voll ausgenutzt werden.

Zu Absatz 1

Bei kurzfristiger Verschlimmerung der Pflegebedürftigkeit besteht Anspruch auf Pflege in einer Tages- oder Nachtpflegeeinrichtung, um Pflegepersonen eine (Teil-) Erwerbstätigkeit zu ermöglichen oder sie im Laufe des Tages oder der Nacht zumindest teilweise zu entlasten, aber auch wenn Pflegebedürftige nur einige Stunden am Tag der ständigen Beaufsichtigung bedürfen. In diesem Zusammenhang sind auch in stärkerem Umfang als in häuslicher Umgebung Maßnahmen zur Rehabilitation möglich, z. B. durch Angebote im Rahmen von ergotherapeutischen und physiotherapeutischen Maßnahmen.

Die teilstationären Einrichtungen müssen die tägliche Hin- und Rückfahrt des Pflegebedürftigen organisatorisch sicherstellen, soweit die Beförderung nicht von Angehörigen durchgeführt werden kann. Die Pflegekassen übernehmen die Aufwendungen für die Fahrdienste der Einrichtungen im Rahmen der nach Absatz 2 geltenden Wertgrenzen. Es ist nicht vorgesehen, daß die Pflegekassen neben den Pflegesätzen zusätzlich mit selbständig tätigen Fahrdiensten Beförderungskosten abrechnen.

Zu Absatz 2 und 3

Die Leistungshöhe ist nach dem Grad der Pflegebedürftigkeit entsprechend der Pflegesachleistung (§ 36) gestaffelt. Die Leistungen im Rahmen der Tages- und Nachtpflege sind auch neben der Pflegesachleistung und dem Pflegegeld möglich, wenn der für die jeweilige Pflegestufe vorgesehene Höchstwert nach Absatz 2 nicht ausgeschöpft wird. Die Höhe des anteiligen Pflegegeldes wird wie das anteilige Pflegegeld bei der Kombinationsleistung nach § 38 berechnet. Pflegesachleistungen und stationäre Leistungen sind nebeneinander möglich, soweit insgesamt der Wert der in Anspruch genommenen Leistungen je Kalendermonat den in § 36 Abs. 3 für die jeweilige Stufe der Pflegebedürftigkeit vorgesehenen Höchstwert für die Pflegesachleistung nicht übersteigt.

§41 Tagespflege und Nachtpflege

Aus der Begründung zum ersten Änderungsgesetz

Zu Absatz 2

Die Änderung dient der Klarstellung. Ebenso wie bei dauernder vollstationärer Pflege dürfen auch bei teilstationärer Pflege von der Pflegeversicherung nur die pflegebedingten Aufwendungen übernommen werden, nicht jedoch die Investitionskosten, die Kosten für Unterkunft und Verpflegung, für medizinische Behandlungspflege oder für Zusatzleistungen.

Aus den Empfehlungen zum ersten Änderungsgesetz

Medizinische Behandlungspflege

Nach dem 1. SGB XI-ÄndG müssen die Kosten der medizinschen Behandlungspflege aus dem finanziell begrenzten Leistungsbudget der Pflegeversicherung aufgebracht werden. Dies ist nicht zu rechtfertigen, weil auch Heimbewohnerinnen und -bewohner Beiträge zur gesetzlichen Krankenversicherung entrichten. Für den Rechtsanspruch auf Leistungen der Krankenversicherung darf es keinen Unterschied machen, ob jemand Krankenpflege im Heim oder zu Hause erhält.

Durch die Entscheidung, die medizinsche Behandlungspflege im stationären Bereich nicht über die Krankenversicherung, sondern über die Pflegeversicherung zu finanzieren, sind darüber hinaus letztendlich die Träger der Sozialhilfe Kostenträger für die medzinische Behandlungspflege. Sie müssen für stationär versorgte Pflegebedürftige immer dann mit ergänzender Hilfe zur Pflege eintreten, wenn die gedeckelten Beträge der Pflegeversicherung zur Abdeckung des notwendigen Bedarfs nicht ausreichen und Bedürftigkeit vorliegt. Dies hat zur Folge, daß Heimbewohnerinnen und -bewohner auch weiterhin in stärkerem Ausmaß von Leistungen der Sozialhilfe abhängig bleiben, als dies ursprünglich angenommen wurde. Das Ziel der Pflegeversicherung, möglichst viele Pflegeheimbewohnerinnen und -bewohner aus der Abhängigkeit von der Sozialhilfe zu befreien, wird somit verfehlt.

Die Finanzierung der Kosten der Behandlungspflege über die Krankenversicherung ist deshalb aus den o. g. Gründen notwendig. Dabei muß die ganzheitliche Leistungsgewährung gewährleistet bleiben. Bürokratische Hemmnisse dürfen auch bei der Finanzierung der Kosten der Behandlungspflege nicht aufgebaut werden.

§41 Tagespflege und Nachtpflege

Aus dem Rundschreiben der Pflegekassen

1. Allgemeines

Kann die häusliche Pflege eines Pflegebedürftigen nicht in ausreichendem Umfang sichergestellt werden, besteht ein zeitlich nicht begrenzter Anspruch auf teilstationäre Pflege in Einrichtungen der Tages- oder Nachtpflege (§§ 71 Abs. 2, 72 SGB XI). Dies gilt insbesondere in den Fällen

- einer kurzfristigen Verschlimmerung der Pflegebedürftigkeit,
- der Ermöglichung einer (Teil-)Erwerbstätigkeit für die Pflegeperson,
- einer beabsichtigten teilweisen Entlastung der Pflegeperson,
- einer nur für einige Stunden am Tag notwendigen ständigen Beaufsichtigung des Pflegebedürftigen.

2. Leistungsumfang

(1) Die Leistungshöhe ist nach dem Grad der Pflegebedürftigkeit gestaffelt. Neben der Tages- und Nachtpflege kann

- die Pflegesachleistung nach § 36 SGB XI
- das Pflegegeld nach § 37 SGB XI
- eine Kombination von Pflegesachleistung und Pflegegeld nach § 38 SGB XI

in Anspruch genommen werden.

Für die Pflegestufe I wird dies wegen des Höchstwertes von 750,00 DM allerdings regelmäßig nicht in Betracht kommen.

Die Höhe eines anteiligen Pflegegeldes richtet sich nach dem Verhältnis der insgesamt in Anspruch genommenen Sachleistung (Tages- und Nachtpflege oder Tages- und Nachtpflege plus Pflegesachleistung) zu dem Höchstwert der Pflegesachleistung nach § 36 Abs. 3 SGB XI in der jeweiligen Pflegestufe.

Beispiel 1:

(Tages-/Nachtpflege und Pflegesachleistung)

Pflegestufe III

Kosten der Tages-/Nachtpflege	1470 DM	
für die Pflegesachleistung stehen noch zur Verfügung	1330 DM	(Differenz zu 2800 DM)

Beispiel 2:
(Tages-/Nachtpflege und Pflegegeld)
Pflegestufe III

Kosten der Tages-/Nachtpflege	1470 DM	(= 53 % von 2800 DM)
anteiliges Pflegegeld	611 DM	(= 47 % von 1300 DM)

Beispiel 3:
(Tages-/Nachtpflege und Kombinationsleistung)
Pflegestufe III

Kosten der Tages-/Nachtpflege	1470 DM	
in Anspruch genommene Pflegesachleistung	1050 DM	
Sachleistung insgesamt	2520 DM	(= 90 % von 2800 DM)
anteiliges Pflegegeld	130 DM	(= 10 % von 1300 DM)

(2) Die 6-Monats-Bindung gilt nicht.

(3) Notwendige Fahrkosten werden nicht gesondert erstattet, sie sind Bestandteil des Vertragspreises.

§ 42 Kurzzeitpflege

(1) Kann die häusliche Pflege zeitweise nicht, noch nicht oder nicht im erforderlichen Umfang erbracht werden und reicht auch teilstationäre Pflege nicht aus, besteht Anspruch auf Pflege in einer vollstationären Einrichtung.

Dies gilt:

1. für eine Übergangszeit im Anschluß an eine stationäre Behandlung des Pflegebedürftigen oder
2. in sonstigen Krisensituationen, in denen vorübergehend häusliche oder teilstationäre Pflege nicht möglich oder nicht ausreichend ist.

§ 42 Kurzzeitpflege

(2) Der Anspruch auf Kurzzeitpflege ist auf vier Wochen pro Kalenderjahr beschränkt. Voraussetzung ist in den Fällen des Absatzes 1 Nr. 2, daß die Pflegeperson den Pflegebedürftigen vorher mindestens zwölf Monate in seiner häuslichen Umgebung gepflegt hat. Die Pflegekasse übernimmt die pflegebedingten Aufwendungen, die Aufwendungen der sozialen Betreuung sowie in der Zeit vom 1. Juli 1996 bis zum 31. Dezember 1999 die Aufwendungen für Leistungen der medizinischen Behandlungspflege bis zu dem Gesamtbetrag von 2800 Deutschen Mark im Kalenderjahr.

Aus der Begründung der Bundesregierung

Die Vorschrift will die Angehörigen, Nachbarn und sonstigen Pflegepersonen, die die häusliche Pflege sicherstellen, entlasten und verhindern, daß der Pflegebedürftige bei Ausfall der Pflegeperson auf Dauer in vollstationäre Pflege überwechseln muß.

Diese Regelung trägt dem Grundsatz des Vorrangs häuslicher Pflege Rechnung.

Zu Absatz 1

In Fällen, in denen weder häusliche Pflege noch teilstationäre Pflege möglich ist, hat der Pflegebedürftige Anspruch auf Kurzzeitpflege. Er wird für einen begrenzten Zeitraum in eine vollstationäre Einrichtung aufgenommen und dort gepflegt. In Betracht kommt die Kurzzeitpflege für eine Übergangszeit nach stationärer Behandlung in einem Krankenhaus oder einer Rehabilitationseinrichtung, wenn etwa für die häusliche Pflege in der Wohnung des Pflegebedürftigen noch Umbaumaßnahmen erforderlich sind oder die Pflegeperson die Pflege noch nicht sofort übernehmen kann. Sie ist ebenfalls möglich für Zeiten der Krankheit, des Urlaubs oder einer sonstigen Verhinderung der Pflegeperson, die nicht mit Leistungen nach § 39 überbrückt werden können, oder in Krisenzeiten, z. B. bei völligem Ausfall der bisherigen Pflegeperson oder kurzfristiger erheblicher Verschlimmerung der Pflegebedürftigkeit. Kurzzeitpflege soll auf aktivierende Pflege ausgerichtet sein.

Zu Absatz 2

Der Anspruch ist auf vier Wochen je Kalenderjahr, die Höhe des Anspruchs auf 2 800 DM begrenzt.

§ 42 Kurzzeitpflege

Aus der Begründung zum ersten Änderungsgesetz

Zu Absatz 2 Satz 3

Die Änderung dient der Klarstellung, daß bei der Kurzzeitpflege die Investitionskosten, die Kosten für Unterkunft und Verpflegung sowie für Zusatzleistungen ebensowenig von der Pflegeversicherung übernommen werden dürfen, wie dies bei dauernder vollstationärer Pflege der Fall ist.

Benötigen Pflegebedürftige in einer Einrichtung der Kurzzeitpflege neben den allgemeinen Pflegeleistungen der Grundpflege auch Leistungen der Behandlungspflege, wie beispielsweise Spritzen setzen, Dekubitus-Behandlung, Wundversorgung, Kathederisierung, Verabreichung von Medikamenten usw., werden diese Leistungen üblicherweise von Mitarbeitern der Einrichtung erbracht. Die gesetzlichen Krankenkassen übernehmen in diesen Fällen nur die vom niedergelassenen Vertragsarzt verordneten Arznei-, Verband-, Heil- und Hilfsmittel sowie die von ihm selbst oder seinen Mitarbeitern erbrachten Leistungen. Die Kosten für die Dienstleistung Behandlungspflege werden von den gesetzlichen Krankenkassen nicht übernommen. Zur Entlastung der Pflegebedürftigen sollen die Pflegekassen die Kosten dieser Dienstleistungen übernehmen. Zusätzlich haben die Pflegekassen die Kosten der notwendigen sozialen Betreuung in den Einrichtungen der Kurzzeitpflege zu übernehmen.

Aus dem Rundschreiben der Pflegekassen

1. Allgemeines

In Fällen, in denen weder häusliche Pflege (§§ 36 bis 39 SGB XI), noch teilstationäre Pflege (§ 41 SGB XI) möglich ist, hat der Pflegebedürftige Anspruch auf (stationäre) Kurzzeitpflege. Er wird für einen begrenzten Zeitraum in eine vollstationäre Einrichtung im Sinne der §§ 71 Abs. 2, 72 SGB XI aufgenommen und dort gepflegt. In Betracht kommt die Kurzzeitpflege

- für eine Übergangszeit nach einer stationären Behandlung in einem Krankenhaus oder einer Rehabilitationseinrichtung, wenn etwa für die häusliche Pflege in der Wohnung des Pflegebedürftigen noch Umbaumaßnahmen erforderlich sind oder Pflegeperson die Pflege noch nicht sofort übernehmen kann,

- für Zeiten der Krankheit, des Urlaubs oder einer sonstigen Verhinderung der Pflegeperson, die nicht mit Leistungen nach § 39 SGB XI überbrückt werden können, oder in Krisenzeiten, z. B. bei völligem Ausfall der bisherigen Pflegeperson oder kurzfristiger erheblicher Verschlimmerung der Pflegebedürftigkeit.

§ 42 Kurzzeitpflege

2. Leistungsumfang

(1) Der Anspruch auf die Kurzzeitpflege ist auf 4 Wochen im Kalenderjahr begrenzt, wobei die Aufwendungen der Pflegekasse hierfür 2800,00 DM im Kalenderjahr nicht übersteigen dürfen. Auf die Dauer dieses Leistungsanspruchs wird die Zeit der Leistungsgewährung nach § 39 SGB XI nicht angerechnet (siehe zu § 39 SGB XI, Ziffer 1 Abs. 2). Ferner entsteht der Anspruch auf Kurzzeitpflege mit jedem Kalenderjahr neu. Hieraus folgt, daß

– ein am 31. 12. eines Jahres bestehender oder an diesem Tag – wegen Ablaufs der 4-Wochenfrist – endender,

– vor dem 31. 12. eines Jahres abgelaufener

Leistungsanspruch nach § 42 SGB XI – bei Vorliegen der Anspruchsvoraussetzungen – ab 1. 1. des Folgejahres für 4 Wochen weiterbesteht oder wiederauflebt. Wird eine Sachleistung durch Kurzzeitpflege unterbrochen, können im Monat der Aufnahme und der Entlassung jeweils Sachleistungen bis zur jeweiligen Wertgrenze im Sinne des § 36 SGB XI in Anspruch genommen werden.

Bei Empfängern von Pflegegeld tritt an die Stelle des Pflegegeldes die Kurzzeitpflege. Für den Aufnahme- und Entlassungstag wird Pflegegeld gezahlt.

(2) Wird die Kurzzeitpflege in einer sonstigen Krisensituation (§ 42 Abs. 1 Nr. 2 SGB XI) benötigt, ist der Anspruch auf diese Leistung davon abhängig, daß die Pflegeperson den Pflegebedürftigen vorher mindestens 12 Monate in seiner häuslichen Umgebung gepflegt hat. Die Pflege muß nicht ununterbrochen ausgeführt worden sein. Unterbrechungstatbestände, die den Voraussetzungen des § 39 SGB XI entsprechen und nicht länger als 4 Wochen dauern, sind für die Erfüllung der Wartezeit unschädlich. Hat die Unterbrechung länger als 4 Wochen gedauert, so verlängert sich die Frist um den Zeitraum der Hemmung. Nicht erforderlich ist, daß die Pflegeperson des Pflegebedürftigen vor jeder neuen Unterbrechung der Pflegetätigkeit wiederum 12 Monate gepflegt werden muß.

(3) Notwendige Fahrkosten werden nicht gesondert erstattet, sie sind Bestandteil des Vertragspreises.

**Dritter Titel
Vollstationäre Pflege**

§ 43 Inhalt der Leistung

(1) Pflegebedürftige haben Anspruch auf Pflege in vollstationären Einrichtungen, wenn häusliche oder teilstationäre Pflege nicht möglich ist oder wegen der Besonderheit des einzelnen Falles nicht in Betracht kommt.

(2) Die Pflegekasse übernimmt die pflegebedingten Aufwendungen, die Aufwendungen der sozialen Betreuung sowie in der Zeit vom 1. Juli 1996 bis zum 31. Dezember 1999 die Aufwendungen für Leistungen der medizinischen Behandlungspflege bis zu dem Gesamtbetrag von 2800 Deutschen Mark monatlich; dabei dürfen die jährlichen Ausgaben der einzelnen Pflegekasse für die bei ihr versicherten stationär Pflegebedürftigen im Durchschnitt 30000 Deutsche Mark je Pflegebedürftigen nicht übersteigen. Die Pflegekasse hat jeweils zum 1. Januar und 1. Juli zu überprüfen, ob dieser Durchschnittsbetrag eingehalten ist.

(3) Die Pflegekassen können bei Pflegebedürftigen der Pflegestufe III über die Beträge nach Absatz 2 Satz 1 hinaus in besonderen Ausnahmefällen zur Vermeidung von Härten die pflegebedingten Aufwendungen, die Aufwendungen der sozialen Betreuung sowie in der Zeit vom 1. Juli 1996 bis zum 31. Dezember 1999 die Aufwendungen für Leistungen der medizinischen Behandlungspflege bis zu dem Gesamtbetrag von 3300 Deutschen Mark monatlich übernehmen, wenn ein außergewöhnlich hoher und intensiver Pflegeaufwand erforderlich ist, der das übliche Maß der Pflegestufe III weit übersteigt, beispielsweise bei Apallikern, schwerer Demenz oder im Endstadium von Krebserkrankungen. Die Ausnahmeregelung des Satzes 1 darf bei der einzelnen Pflegekasse für nicht mehr als fünf vom Hundert der bei ihr versicherten

Pflegebedürftigen der Pflegestufe III, die stationäre Pflegeleistungen erhalten, Anwendung finden.

(4) Wählen Pflegebedürftige vollstationäre Pflege, obwohl diese nach Feststellung der Pflegekasse nicht erforderlich ist, erhalten sie zu den pflegebedingten Aufwendungen einen Zuschuß in Höhe des in § 36 Abs. 3 für die jeweilige Pflegestufe vorgesehenen Gesamtwertes.

(5) In der Zeit vom 1. Januar 1998 bis 31. Dezember 1999 übernimmt die Pflegekasse abweichend von Absatz 2 Satz 1 und Absatz 3 Satz 1 die pflegebedingten Aufwendungen, die Aufwendungen der medizinischen Behandlungspflege und der sozialen Betreuung pauschal

1. für Pflegebedürftige der Pflegestufe I in Höhe von 2 000 Deutsche Mark monatlich,
2. für Pflegebedürftige der Pflegestufe II in Höhe von 2 500 Deutsche Mark monatlich,
3. für Pflegebedürftige der Pflegestufe III in Höhe von 2 800 Deutsche Mark monatlich,
4. für Pflegebedürftige, die nach Absatz 3 als Härtefall anerkannt sind, in Höhe von 3 300 Deutsche Mark monatlich;

insgesamt darf der von der Pflegekasse zu übernehmende Betrag 75 vom Hundert des Gesamtbetrages aus Pflegesatz, Entgelt für Unterkunft und Verpflegung und gesondert berechenbaren Investitionskosten nach § 82 Abs. 3 und 4 nicht übersteigen. Die jährlichen Ausgaben der einzelnen Pflegekasse für die bei ihr versicherten Pflegebedürftigen in vollstationärer Pflege dürfen ohne Berücksichtigung der Härtefälle im Durchschnitt 30 000 Deutsche Mark je Pflegebedürftigen nicht übersteigen. Höhere Aufwendungen einer einzelnen Pflegekasse sind nur zulässig, wenn innerhalb der Kassenart, der die Pflegekasse angehört, ein Verfahren festgelegt ist, das die Einhaltung der Durchschnittsvorgabe von 30 000 Deutsche Mark je Pflegebedürftigen innerhalb der Kassenart auf Bundesebene sicherstellt.

Aus der Begründung der Bundesregierung

Zu Absatz 1

In dieser Vorschrift wird nochmals der Vorrang häuslicher oder teilstationärer Pflege vor vollstationärer Pflege betont. Dies wird zum einen daran deutlich, daß die Leistungen bei stationärer Pflege erst zwei Jahre nach den Leistungen bei ambulanter Pflege eingeführt werden, zum andern daran, daß Anspruch auf diese Leistungen nur besteht, wenn ambulante oder teilstationäre Pflege etwa wegen des Umfanges der Pflegebedürftigkeit nicht möglich sind oder wegen fehlender Bereitschaft möglicher Pflegepersonen nicht in Betracht kommen. Ein Fall, in dem trotz grundsätzlich möglicher häuslicher Pflege ein Anspruch auf vollstationäre Pflege in Betracht kommt, ist gegeben, wenn die gezielte Förderung eines Behinderten eine Eingliederungsmaßnahme nach dem Bundessozialhilfegesetz erforderlich macht. Die Pflegekasse prüft die Voraussetzungen mit Hilfe des Medizinischen Dienstes der Krankenversicherung und der Angaben des Pflegebedürftigen und seiner Pflegeperson.

Zu Absatz 2

Die derzeitigen Heimkosten für Pflegebedürftige liegen bei 2500 DM bis 5000 DM pro Monat. Hierin sind allerdings Kosten für Unterkunft und Verpflegung und gegebenenfalls Zusatzleistungen enthalten. Die Pflegekasse übernimmt diese Anteile in den Pflegesätzen nicht, sondern trägt nur den pflegebedingten Aufwand für die im Einzelfall erforderlichen Leistungen der Grundpflege, der aktivierenden Pflege und für die Versorgung mit Pflegehilfsmitteln, soweit letztere nicht von den Krankenkassen oder anderen Leistungsträgern zu tragen sind. Mit einem Höchstbetrag von *2100 DM – bezogen auf das Jahr 1991 –* sind diese Kosten abzudecken. Die Aufwendungen für Unterkunft und Verpflegung sowie für Zusatzleistungen hat der Pflegebedürftige selbst zu tragen. Im Rahmen der Vergütungsvereinbarungen nach dem Achten Kapitel nehmen die Pflegekassen auf die Entgelte für die pflegebedingten Leistungen sowie für Unterbringung und Verpflegung Einfluß.

Zu Absatz 3

Ist eine vollständige Unterbringung nach Feststellung der Pflegekasse zwar nicht erforderlich, wird sie aber vom Pflegebedürftigen gewünscht, so soll diesem Wunsch entsprochen werden. In diesen Fällen ist jedoch der Leistungsanspruch auf 80 v. H. des Gesamtwertes der ambulanten Sachleistungen für die jeweilige Pflegestufe begrenzt. Hierdurch soll vermieden werden, daß Pflegebedürftige, die keiner vollstationären Pflege bedürfen, entgegen dem Vorrang der häuslichen Pflege in vollstationäre Pflege abgeschoben und damit gleichzeitig auch noch Mehraufwendungen für die Pflegeversicherung verursacht werden.

Aus der Begründung zum ersten Änderungsgesetz

Zu Absatz 2

Die Neuregelung in Absatz 2 legt fest, daß die Einhaltung der Begrenzung auf den Durchschnittsbetrag von 30000 DM je stationär Pflegebedürftigen auf der Ebene der einzelnen Kasse sicherzustellen ist.

Die einzelne Pflegekasse hat jeweils am 1. Januar und 1. Juli festzustellen, ob der Durchschnittsbetrag eingehalten oder überschritten ist.

Um Rückabwicklungen zu vermeiden, werden kurzfristige Überschreitungen des Durchschnittsbetrages hingenommen. Ergibt die halbjährlich vorzunehmende Überprüfung der Einhaltung des Durchschnittsbetrages veränderte Beträge, sind den Pflegebedürftigen neue Leistungsbescheide zu erteilen. Die Leistungsbescheide sollen jeweils höchstens für die Dauer von sechs Monaten erteilt werden.

Ebenso wie bei der Kurzpflege übernehmen die Pflegekassen auch bei der dauernden vollstationären Pflege die Kosten der medizinischen Behandlungspflege, die in den Pflegeheimen erbracht und von den gesetzlichen Krankenkassen nicht finanziert werden.

Darüber hinaus übernehmen die Pflegekassen auch die Kosten der notwendigen sozialen Betreuung im Pflegeheim. Das vollstationäre Pflegeheim ist mehr als eine Einrichtung, in der pflegebedürftige Menschen Grundpflege, Unterkunft und Verpflegung erhalten. Es ist Wohn- und Lebensraum, in dem Menschen, die nicht oder nicht mehr in ihrer Familie oder in ihrer eigenen Wohnung betreut werden können, einen neuen Mittelpunkt ihres Lebens finden. Dazu gehört neben der erforderlichen Wohnqualität auch die Vermittlung einer Lebensqualität, die es den Pflegebedürftigen ermöglicht, trotz ihres Hilfebedarfs ein selbstbestimmtes Leben im Heim zu führen. Hierbei kommt der sozialen Beratung und Betreuung der Pflegebedürftigen im Heim eine zentrale Bedeutung zu. Die dafür erforderlichen Dienste können vom Pflegeheim nur „vorgehalten" werden, wenn es sich auf eine stetige Finanzierung verlassen kann. Diese wird durch die nunmehr vorgesehene Kostenübernahme durch die Pflegeversicherung sichergestellt.

Durch die Finanzierung der Kosten der medizinischen Behandlungspflege und der notwendigen sozialen Betreuung durch die Pflegekassen werden die Pflegebedürftigen im Rahmen der leistungsrechtlichen Höchst-

§ 43 Inhalt der Leistung

beträge entlastet. Im Interesse einer möglichst weitreichenden und dauerhaften Entlastung sollen Finanzierungsspielräume, die sich im Zeitablauf ergeben, insbesondere auch zu einer Anhebung dieser Höchstbeträge genutzt werden.

Zu Absatz 3

Zur besseren Lesbarkeit der Vorschrift des $ 43 werden die Sätze 4 und 5 des bisherigen Absatzes 2 zu einem neuen Absatz 3 zusammengefaßt. Gleichzeitig wird dem Umstand Rechnung getragen, daß ein außergewöhnlich hoher Pflegeaufwand in stationärer Pflege insbesondere auch bei schwerer Demenz gegeben sein kann. Außerdem wird ein verwaltungsmäßig einfaches Verfahren festgelegt, mit dem sichergestellt werden soll, daß durch die Härtefallregelung bundesweit nicht mehr als fünf vom Hundert der Schwerstpflegebedürftigen (Pflegestufe III) begünstigt werden.

Aus den Empfehlungen zum ersten Änderungsgesetz

Medizinische Behandlungspflege

Nach dem 1. SGB XI-ÄndG müssen die Kosten der medizinschen Behandlungspflege aus dem finanziell begrenzten Leistungsbudget der Pflegeversicherung aufgebracht werden. Dies ist nicht zu rechtfertigen, weil auch Heimbewohnerinnen und -bewohner Beiträge zur gesetzlichen Krankenversicherung entrichten. Für den Rechtsanspruch auf Leistungen der Krankenversicherung darf es keinen Unterschied machen, ob jemand Krankenpflege im Heim oder zu Hause erhält.

Nach der beschlossenen Änderung des § 43 SGB XI müssen die Kosten der medizinischen Behandlungspflege aus dem gesetzlich begrenzten Leistungsbudget der Pflegeversicherung aufgebracht werden. Dies ist sachlich nicht vertretbar, weil auch Heimbewohnerinnen und -bewohner Beiträge zur gesetzlichen Krankenversicherung entrichten und somit kein Grund besteht, die Kosten der medizinischen Behandlungspflege nicht der gesetzlichen Krankenversicherung aufzuerlegen.

Da die Leistungen der Pflegeversicherung auf 2800 Deutsche Mark monatlich begrenzt sind, müssen darüber hinausgehende Kosten von den Heimbewohnerinnen und -bewohnern getragen werden. Wenn sie dazu nicht in der Lage sind, werden sie zu Sozialhilfeempfängerinnen und -empfängern.

Durch die Entscheidung, die medizinische Behandlungspflege im stationären Bereich nicht über die Krankenversicherung, sondern über die Pflegeversicherung zu finanzieren, sind darüber hinaus letztendlich die Träger der Sozialhilfe Kostenträger für die medizinische Behandlungspflege. Sie müssen für stationär versorgte Pflegebedürftige immer dann mit ergänzender Hilfe zur Pflege eintreten, wenn die gedeckten Beträge der Pflegeversicherung zur Abdeckung des notwendigen Bedarfs nicht ausreichen und Bedürftigkeit vorliegt. Dies hat zur Folge, daß Heimbewohnerinnen und -bewohner auch weiterhin in stärkerem Ausmaß von Leistungen der Sozialhilfe abhängig bleiben, als dies ursprünglich angenommen wurde. Das Ziel der Pflegeversicherung, möglichst viele Pflegeheimbewohnerinnen und -bewohner aus der Abhängigkeit von der Sozialhilfe zu befreien, wird somit verfehlt.

Die Finanzierung der Kosten der Behandlungspflege über die Krankenversicherung ist deshalb aus den o. g. Gründen notwendig. Dabei muß die ganzheitliche Leistungsgewährung gewährleistet bleiben. Bürokratische Hemmnisse dürfen auch bei der Finanzierung der Kosten der Behandlungspflege nicht aufgebaut werden.

Vierter Titel
Pflege in vollstationären Einrichtungen der Behindertenhilfe

§ 43a Inhalt der Leistung

Für Pflegebedürftige in einer vollstationären Einrichtung der Behindertenhilfe, in der die berufliche und soziale Eingliederung, die schulische Ausbildung oder die Erziehung Behinderter im Vordergrund des Einrichtungszwecks stehen (§ 71 Abs. 4), übernimmt die Pflegekasse zur Abgeltung der in § 43 Abs. 2 genannten Aufwendungen zehn vom Hundert des nach § 93 Abs. 2 des Bundessozialhilfegesetzes vereinbarten Heimentgelts. Die Aufwendungen der Pflegekasse dürfen im Einzelfall je Kalendermonat 500 Deutsche Mark nicht überschreiten.

Vierter Abschnitt
Leistungen für Pflegepersonen

§ 44 Leistungen zur sozialen Sicherung der Pflegepersonen

(1) Zur Verbesserung der sozialen Sicherung der Pflegepersonen im Sinne des § 19 entrichten die Pflegekassen und die privaten Versicherungsunternehmen, bei denen eine private Pflege-Pflichtversicherung durchgeführt wird, sowie die sonstigen in § 170 Abs. 1 Nr. 6 des Sechsten Buches genannten Stellen Beiträge an den zuständigen Träger der gesetzlichen Rentenversicherung, wenn die Pflegeperson regelmäßig nicht mehr als dreißig Stunden wöchentlich erwerbstätig ist. Näheres regeln die §§ 3, 141, 166 und 170 des Sechsten Buches. Der Medizinische Dienst der Krankenversicherung stellt im Einzelfall fest, ob und in welchem zeitlichen Umfang häusliche Pflege durch eine Pflegeperson erforderlich ist. Der Pflegebedürftige oder die Pflegeperson haben darzulegen und auf Verlangen glaubhaft zu machen, daß Pflegeleistungen in diesem zeitlichen Umfang auch tatsächlich erbracht werden. Dies gilt insbesondere, wenn Pflegesachleistungen (§ 36) in Anspruch genommen werden. Während der pflegerischen Tätigkeit sind die Pflegepersonen nach Maßgabe der §§ 539, 541, 637, 657 und 770 der Reichsversicherungsordnung in den Versicherungsschutz der gesetzlichen Unfallversicherung einbezogen. Pflegepersonen, die nach der Pflegetätigkeit ins Erwerbsleben zurückkehren wollen, können bei Teilnahme an Maßnahmen der beruflichen Weiterbildung Unterhaltsgeld nach Maßgabe der §§ 20, 78 und 153 des Dritten Buches erhalten.

(2) Für Pflegepersonen, die wegen einer Pflichtmitgliedschaft in einer berufsständischen Versorgungseinrichtung auch in ihrer Pflegetätigkeit von der Versicherungspflicht in

§ 44 Leistungen zur sozialen Sicherung der Pflegepersonen

der gesetzlichen Rentenversicherung befreit sind oder befreit wären, wenn sie in der gesetzlichen Rentenversicherung versicherungspflichtig wären und einen Befreiungsantrag gestellt hätten, werden die nach Absatz 1 Satz 1 und 2 zu entrichtenden Beiträge auf Antrag an die berufsständische Versorgungseinrichtung gezahlt.

(3) Die Pflegekasse und das private Versicherungsunternehmen haben die in der Renten- und Unfallversicherung zu versichernde Pflegeperson den zuständigen Renten- und Unfallversicherungsträgern zu melden. Die Meldung für die Pflegeperson enthält:

1. ihre Versicherungsnummer, soweit bekannt,
2. ihren Familien- und Vornamen,
3. ihr Geburtsdatum,
4. ihre Staatsangehörigkeit,
5. ihre Anschrift,
6. Beginn und Ende der Pflegetätigkeit,
7. die Pflegestufe des Pflegebedürftigen und
8. die unter Berücksichtigung des Umfangs der Pflegetätigkeit nach § 166 des Sechsten Buches maßgeblichen beitragspflichtigen Einnahmen.

Die Spitzenverbände der Pflegekassen sowie der Verband der privaten Krankenversicherung e.V. können mit dem Verband Deutscher Rentenversicherungsträger und mit den Trägern der Unfallversicherung Näheres über das Meldeverfahren vereinbaren.

(4) Der Inhalt der Meldung nach Absatz 2 Satz 2 Nr. 1 bis 6 und 8 ist der Pflegeperson, der Inhalt der Meldung nach Absatz 2 Satz 2 Nr. 7 dem Pflegebedürftigen schriftlich mitzuteilen.

Vgl. § 19 SGB XI

§ 44 Leistungen zur sozialen Sicherung der Pflegepersonen

Aus der Begründung der Bundesregierung

Zu Absatz 1

Diese Vorschrift stellt eine Einweisungsvorschrift dar; sie gibt Hinweise, in welchen Bereichen des Sozialgesetzbuches Vorschriften zur Verbesserung der sozialen Sicherung der Pflegepersonen einzufügen oder zu ändern sind.

1. Im Vordergrund steht die Altersversorgung der Pflegepersonen, die bei Aufnahme der Pflegetätigkeit ihre eigene Erwerbstätigkeit ganz oder teilweise aufgeben oder die wegen der Pflege eine Erwerbstätigkeit nicht aufnehmen. Beitragszahlungen für die Pflegetätigkeit sind nicht vorgesehen, wenn die Pflegeperson im Durchschnitt mehr als 20 Stunden wöchentlich erwerbstätig ist. Hierfür sind Regelungen im Sechsten Buch notwendig, die Rentenversicherungsansprüche der Pflegepersonen für die Zeit der Pflegetätigkeit vorsehen (Artikel 5).

2. Weiter ist ein Unfallversicherungsschutz der Pflegepersonen für die Pflegetätigkeit in der gesetzlichen Unfallversicherung vorgesehen, der eine Ergänzung der entsprechenden Regelungen der Reichsversicherungsordnung erforderlich macht (Artikel 6).

3. Nach Beendigung der Pflegetätigkeit im häuslichen Bereich müssen Pflegepersonen verbesserte Möglichkeiten zur Rückkehr ins Erwerbsleben eingeräumt werden. Pflegepersonen sind in aller Regel Frauen, die auf dem Arbeitsmarkt ohnehin schon benachteiligt sind. Am Ende der Pflegetätigkeit stehen diese Pflegepersonen nach einer erheblichen Zeit ohne Erwerbstätigkeit häufig ohne Ausbildung da, so daß Rückkehrhilfen durch Ergänzung des Arbeitsförderungsgesetzes erforderlich sind (Artikel 7).

Zu Absatz 2

Die Pflegekassen sowie die privaten Pflegeversicherungsunternehmen stellen auf Antrag (§ 33) fest, für welche Pflegepersonen die Voraussetzungen zur Absicherung in der Renten- und Unfallversicherung vorliegen und melden diese Personen an die zuständigen Versicherungsträger. Nicht gemeldete Pflegepersonen erhalten auch dann keinen Schutz durch die gesetzliche Unfallversicherung, wenn sie bei der Pflege einen Unfall erleiden. Die Beteiligten am Meldeverfahren können Näheres zur verwaltungsmäßigen Abwicklung regeln.

§ 44 Leistungen zur sozialen Sicherung der Pflegepersonen

Aus der Begründung zum ersten Änderungsgesetz

Zu Absatz 1 Satz 1

Die Änderung berücksichtigt, daß nicht nur die sozialen Pflegekassen und die privaten Versicherungsunternehmen verpflichtet sind, Beiträge zur Alterssicherung der Pflegepersonen zu entrichten, sondern bei Versicherten, die bei Pflegebedürftigkeit Anspruch auf Leistungen der Beihilfe oder der Heilfürsorge haben, auch die Festsetzungsstellen für die Beihilfe sowie die Dienstherren.

Zu Absatz 1 Sätze 3 bis 5

Mit der in Satz 3 vorgenommenen Änderung wird klargestellt, daß für die in § 166 Abs. 2 SGB VI geforderten Pflegezeiten entsprechende Feststellungen des Medizinischen Dienstes der Krankenversicherung erforderlich sind. Es reicht nicht die Selbsteinschätzung des Pflegebedürftigen und seiner Pflegeperson über den erforderlichen Pflegeaufwand.

Zu Absatz 2

Die Ergänzung in dem neuen Absatz 2 soll sicherstellen, daß Personen, die wegen der Pflichtmitgliedschaft in einer berufsständischen Versorgungseinrichtung von der Rentenversicherungspflicht befreit sind (z. B. angestellte Ärzte oder Rechtsanwälte), bei Übernahme einer Pflegetätigkeit ihre berufsständische Alterssicherung ausbauen können, wenn sie aufgrund des § 6 Abs. 5 Satz 2 SGB VI nicht rentenversicherungspflichtig werden. Dasselbe soll für selbständig Tätige gelten, die als Mitglieder berufsständischer Versorgungseinrichtungen die Voraussetzungen für eine Befreiung von der Versicherungspflicht in der Rentenversicherung erfüllen würden, wenn sie nach den Vorschriften der gesetzlichen Rentenversicherung versicherungspflichtig wären (z. B. selbständig tätige Ärzte oder Rechtsanwälte). Denn auch auf diesen Personenkreis wird § 6 Abs. 5 Satz 2 SGB VI entsprechend angewandt mit der Folge, daß die Betreffenden bei Übernahme einer Pflegetätigkeit in der Regel nicht rentenversicherungspflichtig werden.

Nach Artikel 5 Abs. 2 tritt diese Änderung rückwirkend zum 1. April 1995 in Kraft. Für die betroffenen Pflegepersonen bestand keine Versicherungspflicht in der gesetzlichen Rentenversicherung, deshalb sind etwaige Beiträge zur gesetzlichen Rentenversicherung zu Unrecht gezahlt worden und grundsätzlich zu erstatten.

§ 45 Pflegekurse für Angehörige und ehrenamtliche Pflegepersonen

(1) Die Pflegekassen sollen für Angehörige und sonstige an einer ehrenamtlichen Pflegetätigkeit interessierte Personen Schulungskurse unentgeltlich anbieten, um soziales Engagement im Bereich der Pflege zu fördern und zu stärken, Pflege und Betreuung zu erleichtern und zu verbessern sowie pflegebedingte körperliche und seelische Belastungen zu mindern. Die Kurse sollen Fertigkeiten für eine eigenständige Durchführung der Pflege vermitteln. Die Schulung kann auch in der häuslichen Umgebung des Pflegebedürftigen stattfinden.

(2) Die Pflegekasse kann die Kurse entweder selbst oder gemeinsam mit anderen Pflegekassen durchführen oder geeignete andere Einrichtungen mit der Durchführung beauftragen.

(3) Über die einheitliche Durchführung sowie über die inhaltliche Ausgestaltung der Kurse können die Landesverbände der Pflegekassen und die Verbände der Ersatzkassen, soweit sie Aufgaben der Pflegeversicherung auf Landesebene wahrnehmen, Rahmenvereinbarungen mit den Trägern der Einrichtungen schließen, die die Pflegekurse durchführen.

Aus der Begründung der Bundesregierung

Zu Absatz 1

Die Vorschrift verpflichtet die Pflegekassen für ehrenamtlich Pflegende, und zwar nicht nur für Pflegepersonen im engen Sinne des § 19, Kurse anzubieten, um die häusliche Pflege zu erleichtern und zu verbessern. In diesen Kursen sollen Kenntnisse vermittelt oder vertieft werden, die zur Pflegetätigkeit in der häuslichen Umgebung des Pflegebedürftigen notwendig oder hilfreich sind. Auch die Unterstützung bei seelischen und körperlichen Belastungen, der Abbau von Versagensängsten, der Erfahrungsaustausch der Pflegepersonen untereinander, die Beratung über Hilfsmittel, Rehabilitationsmaßnahmen und die „Anwerbung" neuer ehrenamtlicher Pflegepersonen können Gegenstand der Kurse sein. Die Schulung kann in

§ 45 Pflegekurse für Angehörige und ehrenamtliche Pflegepersonen

der häuslichen Umgebung des Pflegebedürftigen stattfinden, wenn dies z. B. für die Unterweisung im Gebrauch von Hilfsmitteln oder für bestimmte Pflegetätigkeiten im Einzelfall notwendig ist.

Zu Absatz 2

Die Pflegekasse kann die Kurse selbst oder in Zusammenarbeit mit anderen Pflegekassen durchführen oder andere Einrichtungen wie Verbände der Freien Wohlfahrtspflege, Volkshochschulen, Nachbarschaftshilfegruppen oder Bildungsvereine damit beauftragen.

Zu Absatz 3

Die Landesverbände der Pflegekassen (§ 53) können mit den beteiligten Einrichtungen Rahmenvereinbarungen schließen. Dies ist erforderlich, um die Angebote sowohl inhaltlich als auch organisatorisch zu koordinieren und ein möglichst breit gefächertes Spektrum flächendeckender Kurse zu erreichen.

Aus dem Rundschreiben der Pflegekassen

1. Allgemeines

(1) Die Pflegekassen sollen für ehrenamtlich Pflegende, und zwar nicht nur für Pflegepersonen im engen Sinne des § 19 SGB XI, Kurse anbieten, um die häusliche Pflege zu erleichtern und zu verbessern. Unbeachtlich ist auch, ob ein bereits zu pflegender Versicherter (schon) die Voraussetzungen nach den §§ 14 und 15 SGB XI erfüllt (siehe zu § 15 SGB XI Ziffer 1 Abs. 1) oder der Anspruch auf die Leistungen nach den §§ 36 bis 43 SGB XI ruht (siehe auch zu § 34 SGB XI). In diesen Kursen sollen Kenntnisse vermittelt oder vertieft werden, die zur Pflegetätigkeit in der häuslichen Umgebung des Pflegebedürftigen notwendig oder hilfreich sind. Auch die Unterstützung bei seelischen und körperlichen Belastungen, der Abbau von Versagensängsten, der Erfahrungsaustausch der Pflegepersonen untereinander, die Beratung über Hilfsmittel, Rehabilitationsmaßnahmen und die „Anwerbung" neuer ehrenamtlicher Pflegepersonen können Gegenstand der Kurse sein. Eine Schulung in der häuslichen Umgebung des Pflegebedürftigen kann angezeigt sein, wenn dies z. B. für die Unterweisung im Gebrauch von Hilfsmitteln oder für bestimmte Pflegetätigkeiten im Einzelfall notwendig ist.

(2) Die Pflegekasse kann die Kurse selbst oder in Zusammenarbeit mit anderen Pflegekassen durchführen oder andere Einrichtungen, wie Verbände der Freien Wohlfahrtspflege, Volkshochschulen, Nachbarschaftshilfegruppen oder Bildungsvereine, damit beauftragen, sofern diese hierfür geeignet sind.

§ 46 Pflegekassen

(3) Die Landesverbände der Pflegekassen und die Verbände der Ersatzkassen können Rahmenvereinbarungen über die einheitliche Durchführung sowie über die inhaltliche Ausgestaltung der Kurse mit den die Pflegekurse durchführenden Einrichtungen abschließen. Der Abschluß dieser Rahmenvereinbarungen sollte angestrebt werden, um die Angebote sowohl inhaltlich als auch organisatorisch zu koordinieren und ein möglichst breitgefächertes Spektrum flächendeckender Kurse zu erreichen.

2. Kostenfreiheit

(1) Die Teilnahme an den Pflegekursen ist für die Teilnehmer unentgeltlich. Dies gilt unabhängig davon, ob

– die Pflegekurse von der Pflegekasse selbst oder von einem beauftragten Dritten durchgeführt werden,
– eine Mitgliedschaft zur gesetzlichen Pflegeversicherung besteht.

(2) Die der Pflegekasse für die Pflegekurse entstehenden Aufwendungen dürfen nicht auf die Leistungen nach den §§ 36 bis 44 SGB XI angerechnet werden, und zwar selbst dann nicht, wenn eine Schulung in der häuslichen Umgebung des Pflegebedürftigen erfolgt.

Fünftes Kapitel
Organisation

Erster Abschnitt
Träger der Pflegeversicherung

§ 46 Pflegekassen

(1) Träger der Pflegeversicherung sind die Pflegekassen. Bei jeder Krankenkasse (§ 4 Abs. 2 des Fünften Buches) wird eine Pflegekasse errichtet. Bei der Seekasse wird die Pflegeversicherung in einer besonderen Abteilung unter dem Namen See-Pflegekasse durchgeführt. Über die Einnahmen und

Ausgaben der See-Pflegekasse ist eine gesonderte Rechnung zu führen. Ihre Mittel sind getrennt zu verwalten. Die Bundesknappschaft führt die Pflegeversicherung für die knappschaftlich Versicherten durch.

(2) Die Pflegekassen sind rechtsfähige Körperschaften des öffentlichen Rechts mit Selbstverwaltung. Organe der Pflegekassen sind die Organe der Krankenkassen, bei denen sie errichtet sind. Arbeitgeber (Dienstherr) der für die Pflegekasse tätigen Beschäftigten ist die Krankenkasse, bei der die Pflegekasse errichtet ist. Bei der Ausführung dieses Buches ist das Erste Kapitel des Zehnten Buches anzuwenden.

(3) Die Verwaltungskosten einschließlich der Personalkosten, die den Krankenkassen auf Grund dieses Buches entstehen, werden von den Pflegekassen in Höhe von 3,5 vom Hundert des Mittelwertes von Leistungsaufwendungen und Beitragseinnahmen erstattet. Der Gesamtbetrag der nach Satz 1 zu erstattenden Verwaltungskosten aller Krankenkassen ist nach dem tatsächlich entstehenden Aufwand (Beitragseinzug/Leistungsgewährung) auf die Krankenkassen zu verteilen. Die Spitzenverbände der Krankenkassen bestimmen das Nähere über die Verteilung; § 213 des Fünften Buches gilt. Außerdem übernehmen die Pflegekassen 50 vom Hundert der Kosten des Medizinischen Dienstes der Krankenversicherung. Personelle Verwaltungskosten, die einer Betriebskrankenkasse von der Pflegekasse erstattet werden, sind an den Arbeitgeber weiterzuleiten, wenn er die Personalkosten der Betriebskrankenkasse nach § 147 Abs. 2 des Fünften Buches trägt. Der Verwaltungsaufwand in der sozialen Pflegeversicherung ist nach Ablauf von einem Jahr nach Inkrafttreten dieses Gesetzes zu überprüfen.

(4) Das Bundesministerium für Arbeit und Sozialordnung wird ermächtigt, im Einvernehmen mit dem Bundesministerium für Gesundheit durch Rechtsverordnung mit Zustimmung des Bundesrates Näheres über die Erstattung der Verwaltungskosten zu regeln sowie die Höhe der Verwaltungskosten-

erstattung neu festzusetzen, wenn die Überprüfung des Verwaltungsaufwandes nach Absatz 3 Satz 6 dies rechtfertigt.

(5) Bei Vereinigung, Auflösung und Schließung einer Krankenkasse gelten die §§ 143 bis 172 des Fünften Buches für die bei ihr errichtete Pflegekasse entsprechend.

(6) Die Aufsicht über alle Pflegekassen führen die für die Aufsicht über die Krankenkassen zuständigen Stellen. Das Bundesversicherungsamt und die für die Sozialversicherung zuständigen obersten Verwaltungsbehörden der Länder haben mindestens alle fünf Jahre die Geschäfts-, Rechnungs- und Betriebsführung der ihrer Aufsicht unterstehenden Pflegekassen zu prüfen. Das Bundesministerium für Arbeit und Sozialordnung kann im Einvernehmen mit dem Bundesministerium für Gesundheit die Prüfung der bundesunmittelbaren Pflegekassen, die für die Sozialversicherung zuständigen obersten Verwaltungsbehörden der Länder können die Prüfung der landesunmittelbaren Pflegekassen auf eine öffentlich-rechtliche Prüfungs- einrichtung übertragen, die bei der Durchführung der Prüfung unabhängig ist. Die Prüfung hat sich auf den gesamten Geschäftsbetrieb zu erstrecken; sie umfaßt die Prüfung seiner Gesetzmäßigkeit und Wirtschaftlichkeit. Die Pflegekassen haben auf Verlangen alle Unterlagen vorzulegen und alle Auskünfte zu erteilen, die zur Durchführung der Prüfung erforderlich sind. § 274 Abs. 2 und 3 des Fünften Buches gilt entsprechend.

§ 47 Satzung

(1) Die Satzung muß Bestimmungen enthalten über:
1. Name und Sitz der Pflegekasse,
2. Bezirk der Pflegekasse und Kreis der Mitglieder,
3. Fälligkeit und Zahlung der Beiträge,
4. Rechte und Pflichten der Organe,

5. Art der Beschlußfassung der Vertreterversammlung,
6. Bemessung der Entschädigungen für Organmitglieder, soweit sie Aufgaben der Pflegeversicherung wahrnehmen,
7. jährliche Prüfung der Betriebs- und Rechnungsführung und Abnahme der Jahresrechnung,
8. Zusammensetzung und Sitz der Widerspruchsstelle und
9. Art der Bekanntmachungen.

(2) Die Satzung und ihre Änderungen bedürfen der Genehmigung der Behörde, die für die Genehmigung der Satzung der Krankenkasse, bei der die Pflegekasse errichtet ist, zuständig ist.

Zweiter Abschnitt
Zuständigkeit, Mitgliedschaft

§ 48 *Zuständigkeit für Versicherte einer Krankenkasse und sonstige Versicherte*

(1) Für die Durchführung der Pflegeversicherung ist jeweils die Pflegekasse zuständig, die bei der Krankenkasse errichtet ist, bei der eine Pflichtmitgliedschaft oder freiwillige Mitgliedschaft besteht. Für Familienversicherte nach § 25 ist die Pflegekasse des Mitglieds zuständig.

(2) Für Personen, die nach § 21 Nr. 1 bis 5 versichert sind, ist die Pflegekasse zuständig, die bei der Krankenkasse errichtet ist, die mit der Leistungserbringung im Krankheitsfalle beauftragt ist. Ist keine Krankenkasse mit der Leistungserbringung im Krankheitsfall beauftragt, kann der Versicherte die Pflegekasse nach Maßgabe des Absatzes 2 wählen.

(3) Personen, die nach § 21 Nr. 6 versichert sind, können die Mitgliedschaft wählen bei der Pflegekasse, die bei

1. der Krankenkasse errichtet ist, der sie angehören würden, wenn sie in der gesetzlichen Krankenversicherung versicherungspflichtig wären,
2. der Allgemeinen Ortskrankenkasse ihres Wohnsitzes oder gewöhnlichen Aufenthaltes errichtet ist,
3. einer Ersatzkasse errichtet ist, wenn sie zu dem Mitgliederkreis gehören, den die gewählte Ersatzkasse aufnehmen darf.

Ab 1. Januar 1996 können sie die Mitgliedschaft bei der Pflegekasse wählen, die bei der Krankenkasse errichtet ist, die sie nach § 173 Abs. 2 des Fünften Buches wählen könnten, wenn sie in der gesetzlichen Krankenversicherung versicherungspflichtig wären.

§ 49 Mitgliedschaft

(1) Die Mitgliedschaft bei einer Pflegekasse beginnt mit dem Tag, an dem die Voraussetzungen des § 20 oder des § 21 vorliegen. Sie endet mit dem Tod des Mitglieds oder mit Ablauf des Tages, an dem die Voraussetzungen des § 20 oder des § 21 entfallen, sofern nicht das Recht zur Weiterversicherung nach § 26 ausgeübt wird.

(2) Für das Fortbestehen der Mitgliedschaft gelten die §§ 189, 192 des Fünften Buches sowie § 25 des Zweiten Gesetzes über die Krankenversicherung der Landwirte entsprechend.

(3) Die Mitgliedschaft Weiterversicherter endet:
1. mit dem Tod des Mitglieds oder
2. mit Ablauf des übernächsten Kalendermonats, gerechnet von dem Monat, in dem das Mitglied den Austritt erklärt, wenn die Satzung nicht einen früheren Zeitpunkt bestimmt.

Die Mitgliedschaft der nach § 26 Abs. 2 Weiterversicherten endet darüber hinaus mit Ablauf des nächsten Zahltages, wenn für zwei Monate die fälligen Beiträge trotz Hinweises auf die Folgen nicht entrichtet wurden.

Dritter Abschnitt
Meldungen

§ 50 Melde- und Auskunftspflichten bei Mitgliedern der sozialen Pflegeversicherung

(1) Alle nach § 20 versicherungspflichtigen Mitglieder haben sich selbst unverzüglich bei der für sie zuständigen Pflegekasse anzumelden. Dies gilt nicht, wenn ein Dritter bereits eine Meldung nach den § 28a bis § 28c des Vierten Buches, §§ 199 bis 205 des Fünften Buches oder §§ 27 bis 29 des Zweiten Gesetzes über die Krankenversicherung der Landwirte zur gesetzlichen Krankenversicherung abgegeben hat; die Meldung zur gesetzlichen Krankenversicherung schließt die Meldung zur sozialen Pflegeversicherung ein. Bei freiwillig versicherten Mitgliedern der gesetzlichen Krankenversicherung gilt die Beitrittserklärung zur gesetzlichen Krankenversicherung als Meldung zur sozialen Pflegeversicherung.

(2) Für die nach § 21 versicherungspflichtigen Mitglieder haben eine Meldung an die zuständige Pflegekasse zu erstatten:

1. das Versorgungsamt für Leistungsempfänger nach dem Bundesversorgungsgesetz oder nach den Gesetzen, die eine entsprechende Anwendung des Bundesversorgungsgesetzes vorsehen,

§ 50 Melde- und Auskunftspflichten bei Mitgliedern der sozialen Pflegeversicherung

2. das Ausgleichsamt für Leistungsempfänger von Kriegsschadenrente oder vergleichbaren Leistungen nach dem Lastenausgleichsgesetz oder dem Reparationsschädengesetz oder von laufender Beihilfe nach dem Flüchtlingshilfegesetz,
3. der Träger der Kriegsopferfürsorge für Empfänger von laufenden Leistungen der ergänzenden Hilfe zum Lebensunterhalt nach dem Bundesversorgungsgesetz oder nach den Gesetzen, die eine entsprechende Anwendung des Bundesversorgungsgesetzes vorsehen,
4. der Leistungsträger der Jugendhilfe für Empfänger von laufenden Leistungen zum Unterhalt nach dem Achten Buch,
5. der Leistungsträger für Krankenversorgungsberechtigte nach dem Bundesentschädigungsgesetz,
6. der Dienstherr für Soldaten auf Zeit.

(3) Personen, die versichert sind oder als Versicherte in Betracht kommen, haben der Pflegekasse, soweit sie nicht nach § 280 des Vierten Buches auskunftspflichtig sind,

1. auf Verlangen über alle für die Feststellung der Versicherungs- und Beitragspflicht und für die Durchführung der der Pflegekasse übertragenen Aufgaben erforderlichen Tatsachen unverzüglich Auskunft zu erteilen,
2. Änderungen in den Verhältnissen, die für die Feststellung der Versicherungs- und Beitragspflicht erheblich sind und nicht durch Dritte gemeldet werden, unverzüglich mitzuteilen.

Sie haben auf Verlangen die Unterlagen, aus denen die Tatsachen oder die Änderung der Verhältnisse hervorgehen, der Pflegekasse in deren Geschäftsräumen unverzüglich vorzulegen.

(4) Entstehen der Pflegekasse durch eine Verletzung der Pflichten nach Absatz 3 zusätzliche Aufwendungen, kann sie von dem Verpflichteten die Erstattung verlangen.

(5) Die Krankenkassen übermitteln den Pflegekassen die zur Erfüllung ihrer Aufgaben erforderlichen personenbezogenen Daten.

(6) Für die Meldungen der Pflegekassen an die Rentenversicherungsträger gilt § 201 des Fünften Buches entsprechend.

§ 51 Meldungen bei Mitgliedern der privaten Pflegeversicherung

(1) Das private Versicherungsunternehmen hat Personen, die bei ihm gegen Krankheit versichert sind und trotz Aufforderung innerhalb von sechs Monaten nach Inkrafttreten des Pflege-Versicherungsgesetzes, bei Neuabschlüssen von Krankenversicherungsverträgen innerhalb von drei Monaten nach Abschluß des Vertrages, keinen privaten Pflegeversicherungsvertrag abgeschlossen haben, unverzüglich dem Bundesversicherungsamt zu melden. Das Versicherungsunternehmen hat auch Versicherungsnehmer zu melden, die mit der Entrichtung von sechs Monatsprämien in Verzug geraten sind. Das Bundesversicherungsamt kann mit dem Verband der privaten Krankenversicherung e.V. Näheres über das Meldeverfahren vereinbaren.

(2) Der Dienstherr hat für Heilfürsorgeberechtigte, die weder privat krankenversichert noch Mitglied in der gesetzlichen Krankenversicherung sind, eine Meldung an das Bundesversicherungsamt zu erstatten. Die Postbeamtenkrankenkasse und die Krankenversorgung der Bundesbahnbeamten melden die im Zeitpunkt des Inkrafttretens des Gesetzes bei diesen Einrichtungen versicherten Mitglieder und mitversicherten Familienangehörigen an das Bundesversicherungsamt.

(3) Die Meldepflichten bestehen auch für die Fälle, in denen eine bestehende private Pflegeversicherung gekündigt und der Abschluß eines neuen Vertrages bei einem anderen Versicherungsunternehmen nicht nachgewiesen wird.

Vierter Abschnitt
Wahrnehmung der Verbandsaufgaben

§ 52 *Aufgaben auf Landesebene*

(1) Die Landesverbände der Ortskrankenkassen, der Betriebskrankenkassen und der Innungskrankenkassen, die Bundesknappschaft, die nach § 36 des Zweiten Gesetzes über die Krankenversicherung der Landwirte als Landesverband tätigen landwirtschaftlichen Krankenkassen sowie die Verbände der Ersatzkassen nehmen die Aufgaben der Landesverbände der Pflegekassen wahr. § 212 Abs. 5 Satz 4 des Fünften Buches gilt entsprechend.

(2) Für die Aufgaben der Landesverbände nach Absatz 1 gilt § 211 des Fünften Buches entsprechend.

(3) Für die Aufsicht über die Landesverbände im Bereich der Aufgaben nach Absatz 1 gilt § 208 des Fünften Buches entsprechend.

§ 53 *Aufgaben auf Bundesebene*

(1) Die Bundesverbände der Krankenkassen sowie die Verbände der Ersatzkassen nehmen die Aufgaben der Bundesverbände der Pflegekassen wahr. Für die Aufgaben der Bundesverbände gilt § 217 des Fünften Buches entsprechend.

(2) Für die Aufsicht gilt § 214 des Fünften Buches entsprechend mit der Maßgabe, daß die Aufsicht vom Bundesministerium für Arbeit und Sozialordnung und Bundesministerium für Gesundheit gemeinsam ausgeübt wird, soweit es sich um Aufgaben der Pflegeversicherung handelt.

(3) Die Spitzenverbände der Krankenkassen nehmen die Aufgaben der Spitzenverbände der Pflegekassen wahr. Für die Wahrnehmung der Aufgaben der Spitzenverbände gilt § 213 des Fünften Buches entsprechend; kommen die erforderlichen Beschlüsse nicht oder nicht innerhalb einer vom Bundesministerium für Arbeit und Sozialordnung und vom Bundesministerium für Gesundheit gemeinsam gesetzten Frist zustande, entscheidet das Bundesministerium für Arbeit und Sozialordnung im Einvernehmen mit dem Bundesministerium für Gesundheit.

§ 53a Zusammenarbeit der Medizinischen Dienste

Die Spitzenverbände der Pflegekassen beschließen für den Bereich der sozialen Pflegeversicherung gemeinsam und einheitlich Richtlinien

1. über die Zusammenarbeit der Pflegekassen mit den Medizinischen Diensten,
2. zur Durchführung und Sicherstellung einer einheitlichen Begutachtung,
3. über die von den Medizinischen Diensten zu übermittelnden Berichte und Statistiken,
4. zur Qualitätssicherung der Begutachtung und Beratung sowie über das Verfahren zur Durchführung von Qualitätsprüfungen,
5. über Grundsätze zur Fort- und Weiterbildung.

Die Richtlinien bedürfen der Zustimmung des Bundesministeriums für Arbeit und Sozialordnung und des Bundesministeriums für Gesundheit. Sie sind für die Medizinischen Dienste verbindlich.

Sechstes Kapitel
Finanzierung

Erster Abschnitt
Beiträge

§ 54 Grundsatz

(1) Die Mittel für die Pflegeversicherung werden durch Beiträge sowie sonstige Einnahmen gedeckt.

(2) Die Beiträge werden nach einem Vomhundertsatz (Beitragssatz) von den beitragspflichtigen Einnahmen der Mitglieder bis zur Beitragsbemessungsgrenze (§ 55) erhoben. Die Beiträge sind für jeden Kalendertag der Mitgliedschaft zu zahlen, soweit dieses Buch nichts Abweichendes bestimmt. Für die Berechnung der Beiträge ist die Woche zu sieben, der Monat zu 30 und das Jahr zu 360 Tagen anzusetzen.

(3) Die Vorschriften des Zwölften Kapitels des Fünften Buches gelten entsprechend.

§ 55 Beitragssatz, Beitragsbemessungsgrenze

(1) Der Beitragssatz beträgt in der Zeit vom 1. Januar 1995 bis zum 30. Juni 1996 bundeseinheitlich 1 vom Hundert, in

der Zeit ab 1. Juli 1996 bundeseinheitlich 1,7 vom Hundert der beitragspflichtigen Einnahmen der Mitglieder; er wird durch Gesetz festgesetzt. Für Personen, bei denen § 28 Abs. 2 Anwendung findet, beträgt der Beitragssatz die Hälfte des Beitragssatzes nach Satz 1.

(2) Die Beitragsbemessungsgrenze beträgt 75 vom Hundert der Beitragsbemessungsgrenze der Rentenversicherung der Arbeiter und Angestellten.

§ 56 *Beitragsfreiheit*

(1) Familienangehörige sind für die Dauer der Familienversicherung nach § 25 beitragsfrei.

(2) Beitragsfreiheit besteht vom Zeitpunkt der Rentenantragstellung bis zum Beginn der Rente einschließlich einer Rente nach dem Gesetz über die Alterssicherung der Landwirte für:

1. den hinterbliebenen Ehegatten eines Rentners, der bereits Rente bezogen hat, wenn Hinterbliebenenrente beantragt wird,
2. die Waise eines Rentners, der bereits Rente bezogen hat, vor Vollendung des 18. Lebensjahres; dies gilt auch für Waisen, deren verstorbener Elternteil eine Rente nach dem Gesetz über die Alterssicherung der Landwirte bezogen hat,
3. den hinterbliebenen Ehegatten eines Beziehers einer Rente nach dem Gesetz über die Alterssicherung der Landwirte, wenn die Ehe vor Vollendung des 65. Lebensjahres des Verstorbenen geschlossen wurde,
4. den hinterbliebenen Ehegatten eines Beziehers von Landabgaberente.

Satz 1 gilt nicht, wenn der Rentenantragsteller eine eigene Rente, Arbeitsentgelt, Arbeitseinkommen oder Versorgungsbezüge erhält.

(3) Beitragsfrei sind Mitglieder für die Dauer des Bezuges von Mutterschafts- oder Erziehungsgeld. Die Beitragsfreiheit erstreckt sich nur auf die in Satz 1 genannten Leistungen.

(4) Beitragsfrei sind auf Antrag Mitglieder, die sich auf nicht absehbare Dauer in stationärer Pflege befinden und bereits Leistungen nach § 35 Abs. 6 des Bundesversorgungsgesetzes, nach § 558 Abs. 2 Nr. 2 der Reichsversicherungsordnung, nach § 34 des Beamtenversorgungsgesetzes oder nach den Gesetzen erhalten, die eine entsprechende Anwendung des Bundesversorgungsgesetzes vorsehen, wenn sie keine Familienangehörigen haben, für die eine Versicherung nach § 25 besteht.

§ 57 *Beitragspflichtige Einnahmen*

(1) Bei Mitgliedern der Pflegekasse, die in der gesetzlichen Krankenversicherung pflichtversichert sind, gelten für die Beitragsbemessung die §§ 226 und 228 bis 238 und § 244 des Fünften Buches.

(2) Bei Beziehern von Krankengeld gilt als beitragspflichtige Einnahmen 80 vom Hundert des Arbeitsentgelts, das der Bemessung des Krankengeldes zugrundeliegt. Dies gilt auch für den Krankengeldbezug eines rentenversicherungspflichtigen mitarbeitenden Familienangehörigen eines landwirtschaftlichen Unternehmens. Beim Krankengeldbezug eines nicht rentenversicherungspflichtigen mitarbeitenden Familienangehörigen ist der Zahlbetrag der Leistung der Beitragsbemessung zugrunde zu legen.

(3) Bei landwirtschaftlichen Unternehmen sowie bei mitarbeitenden Familienangehörigen wird auf den Kranken-

§ 57 Beitragspflichtige Einnahmen

versicherungsbeitrag, der nach den Vorschriften des Zweiten Gesetzes über die Krankenversicherung der Landwirte aus dem Arbeitseinkommen aus Land- und Forstwirtschaft zu zahlen ist, ein Zuschlag erhoben. Die Höhe des Zuschlages ergibt sich aus dem Verhältnis des Beitragssatzes nach § 55 Abs. 1 zu dem nach § 247 des Fünften Buches festgestellten durchschnittlichen allgemeinen Beitragssatz der Krankenkassen. Das Bundesministerium für Arbeit und Sozialordnung stellt die Höhe des Zuschlages zum 1. Januar jeden Jahres fest. Er gilt für das folgende Kalenderjahr. Für die Beitragsbemessung der Altenteiler gilt § 45 des Zweiten Gesetzes über die Krankenversicherung der Landwirte.

(4) Bei freiwilligen Mitgliedern der gesetzlichen Krankenversicherung und bei Mitgliedern der sozialen Pflegeversicherung, die nicht in der gesetzlichen Krankenversicherung versichert sind, ist für die Beitragsbemessung § 240 des Fünften Buches entsprechend anzuwenden. Für die Beitragsbemessung der in der gesetzlichen Krankenversicherung versicherten Rentenantragsteller und freiwillig versicherten Rentner finden darüber hinaus die §§ 238a und 239 des Fünften Buches entsprechende Anwendung. Abweichend von Satz 1 ist bei Mitgliedern nach § 20 Abs. 1 Nr. 10, die in der gesetzlichen Krankenversicherung freiwillig versichert sind, § 236 des Fünften Buches entsprechend anzuwenden; als beitragspflichtige Einnahmen der satzungsmäßigen Mitglieder geistlicher Genossenschaften, Diakonissen und ähnlicher Personen, die freiwillig in der gesetzlichen Krankenversicherung versichert sind, sind der Wert für gewährte Sachbezüge oder das ihnen zur Beschaffung der unmittelbaren Lebensbedürfnisse an Wohnung, Verpflegung, Kleidung und dergleichen gezahlte Entgelt zugrunde zu legen. Bei freiwilligen Mitgliedern der gesetzlichen Krankenversicherung, die von einem Rehabilitationsträger Verletztengeld, Versorgungskrankengeld oder Übergangsgeld erhalten, gilt für die Beitragsbemessung § 235 Abs. 2 des Fünften Buches entsprechend; für die in der land-

wirtschaftlichen Krankenversicherung freiwillig Versicherten gilt § 46 des Zweiten Gesetzes über die Krankenversicherung der Landwirte.

(5) Der Beitragsberechnung von Personen, die nach § 26 Abs. 2 weiterversichert sind, werden für den Kalendertag der 180. Teil der monatlichen Bezugsgröße nach § 18 des Vierten Buches zugrunde gelegt.

Aus der Begründung zum ersten Änderungsgesetz

Zu Absatz 3 Satz 4

Die Regelung stellt eine Folgeänderung zu der mit Artikel 5 Nr. 1 Buchstabe a des 3. SGB V-Änderungsgesetzes vorgenommenen Änderung des § 39 Abs. 2 des Zweiten Gesetzes über die Krankenversicherung der Landwirte dar, wonach die Beiträge aus den Versorgungsbezügen jeweils zum 1. Januar eines jeden Kalenderjahres an den durchschnittlichen allgemeinen Beitragssatz der Krankenkassen (§ 245 Abs. 1 Satz 1 SGB V) anzupassen sind.

§ 57 Abs. 3 sieht in der bisherigen Fassung vor, daß die Pflegeversicherungsbeiträge für die landwirtschaftlichen Unternehmer und ihre Familienangehörigen jeweils zum 1. Juli eines Jahres angepaßt werden. Diese unterschiedliche Stichtagsregelung führt dazu, daß die landwirtschaftlichen Krankenkassen jeweils zum 1. Januar und zum 1. Juli eines Jahres neue Beitragsbescheide versenden müßten. Um dies zu vermeiden, wird für die Beitragsanpassung ein einheitlicher Stichtag festgelegt.

§ 58 Tragung der Beiträge bei versicherungspflichtig Beschäftigten

(1) Die nach § 20 Abs. 1 Nr. 1 versicherungspflichtig Beschäftigten, die in der gesetzlichen Krankenversicherung pflichtversichert sind, und ihre Arbeitgeber tragen die nach dem Arbeitsentgelt zu bemessenden Beiträge jeweils zur Hälfte. Soweit für Beschäftigte Beiträge für Kurzarbeitergeld oder Winterausfallgeld zu zahlen sind, trägt der Arbeitgeber den Beitrag allein.

(2) Zum Ausgleich der mit den Arbeitgeberbeiträgen verbundenen Belastungen der Wirtschaft werden die Länder einen gesetzlichen landesweiten Feiertag, der stets auf einen Werktag fällt, aufheben.

(3) Die in Absatz 1 genannten Beschäftigten tragen die Beiträge in voller Höhe, wenn der Beschäftigungsort in einem Land liegt, in dem die am 31. Dezember 1993 bestehende Anzahl der gesetzlichen landesweiten Feiertage nicht um einen Feiertag, der stets auf einen Werktag fiel, vermindert worden ist.

(4) Wird in der Rechtsverordnung nach Artikel 69 des Pflege-Versicherungsgesetzes festgestellt, daß für die Zeit nach Inkrafttreten der stationären Pflegeleistungen die Aufhebung eines zweiten Feiertages erforderlich ist, trägt der Beschäftigte den zusätzlichen Beitrag von 0,7 vom Hundert allein, wenn der Beschäftigungsort in einem Land liegt, in dem nur ein Feiertag entsprechend Absatz 2 aufgehoben wurde; der Arbeitgeberanteil beschränkt sich in diesem Fall auf 0,5 vom Hundert des der Beitragsbemessung zugrundeliegenden Arbeitsentgelts.

(5) Die Aufhebung eines Feiertages wirkt für das gesamte Kalenderjahr. Handelt es sich um einen Feiertag, der im laufenden Kalenderjahr vor dem Zeitpunkt des Inkrafttretens der Regelung über die Streichung liegt, wirkt die Aufhebung erst im folgenden Kalenderjahr.

(6) § 249 Abs. 2 und 3 des Fünften Buches gilt entsprechend. Vgl. Artikel 53 PflegeVG

§ 59 Beitragstragung bei anderen Mitgliedern

(1) Für die nach § 20 Abs. 1 Nr. 2 bis 11 versicherten Mitglieder der sozialen Pflegeversicherung, die in der gesetzlichen Krankenversicherung pflichtversichert sind, gelten für die Tragung der Beiträge die §§ 249a, 250 Abs. 1 und § 251

§ 59 Beitragstragung bei anderen Mitgliedern

des Fünften Buches sowie § 48 des Zweiten Gesetzes über die Krankenversicherung der Landwirte entsprechend. Bei Beziehern einer Rente nach dem Gesetz über die Alterssicherung der Landwirte, die nach § 20 Abs. 1 Satz 2 Nr. 3 versichert sind, und bei Beziehern von Produktionsaufgaberente oder Ausgleichsgeld, die nach § 14 Abs. 4 des Gesetzes zur Förderung der Einstellung der landwirtschaftlichen Erwerbstätigkeit versichert sind, werden die Beiträge aus diesen Leistungen von den Beziehern der Leistung und der Alterskasse je zur Hälfte getragen; der von der Alterskasse getragene Beitragsanteil gilt als Leistungsaufwendung.

(2) Die Beiträge für Bezieher von Krankengeld werden von den Leistungsbeziehern und den Krankenkassen je zur Hälfte getragen, soweit sie auf das Krankengeld entfallen und dieses nicht in Höhe der Leistungen der Bundesanstalt für Arbeit zu zahlen ist, im übrigen von den Krankenkassen; die Beiträge werden auch dann von den Krankenkassen getragen, wenn das dem Krankengeld zugrunde liegende monatliche Arbeitsentgelt ein Siebtel der monatlichen Bezugsgröße nicht übersteigt.

(3) Die Beiträge für die nach § 21 Nr. 1 bis 5 versicherten Leistungsempfänger werden vom jeweiligen Leistungsträger getragen. Beiträge auf Grund des Leistungsbezugs im Rahmen der Kriegsopferfüsorge gelten als Aufwendungen für die Kriegsopferfürsorge.

(4) Mitglieder der sozialen Pflegeversicherung, die in der gesetzlichen Krankenversicherung freiwillig versichert sind, sowie Mitglieder, deren Mitgliedschaft nach § 49 Abs. 2 Satz 1 erhalten bleibt oder die nach § 26 weiterversichert sind, und die nach § 21 Nr. 6 versicherten Soldaten auf Zeit tragen den Beitrag allein. Abweichend von Satz 1 werden für satzungsmäßige Mitglieder geistlicher Genossenschaften, Diakonissen und ähnliche Personen die Beiträge auch bei einer Weiterversicherung nach § 26 von der Gemeinschaft allein getragen.

§ 60 Beitragszahlung

(1) Soweit gesetzlich nichts Abweichendes bestimmt ist, sind die Beiträge von demjenigen zu zahlen, der sie zu tragen hat. Die § 252 Satz 2, §§ 253 bis 256 des Fünften Buches und § 50 des Zweiten Gesetzes über die Krankenversicherung der Landwirte gelten entsprechend. Die aus einer Rente nach dem Gesetz über die Alterssicherung der Landwirte und einer laufenden Geldleistung nach dem Gesetz zur Förderung der Einstellung der landwirtschaftlichen Erwerbstätigkeit zu entrichtenden Beiträge werden von der Alterskasse gezahlt; § 28g Satz 1 des Vierten Buches gilt entsprechend.

(2) Für Bezieher von Krankengeld zahlen die Krankenkassen die Beiträge; für den Beitragsabzug gilt § 28g Satz 1 des Vierten Buches entsprechend. Die zur Tragung der Beiträge für die in § 21 Nr. 1 bis 5 genannten Mitglieder Verpflichteten können einen Dritten mit der Zahlung der Beiträge beauftragen und mit den Pflegekassen Näheres über die Zahlung und Abrechnung der Beiträge vereinbaren.

(3) Die Beiträge sind an die Krankenkasse, bei der die zuständige Pflegekasse errichtet ist, zugunsten der Pflegeversicherung zu zahlen. Die nach Satz 1 eingegangenen Beiträge zur Pflegeversicherung sind von der Krankenkasse unverzüglich an die Pflegekasse weiterzuleiten. Die Pflegekassen sind zur Prüfung der ordnungsgemäßen Beitragszahlung berechtigt. § 24 Abs. 1 des Vierten Buches gilt.

Zweiter Abschnitt
Beitragszuschüsse

§ 61 Beitragszuschüsse für freiwillige Mitglieder der gesetzlichen Krankenversicherung und Privatversicherte

(1) Beschäftigte, die in der gesetzlichen Krankenversicherung freiwillig versichert sind, erhalten unter den Voraussetzungen des § 58 von ihrem Arbeitgeber einen Beitragszuschuß, der in der Höhe begrenzt ist, auf den Beitrag, der als Arbeitgeberanteil nach § 58 zu zahlen wäre. Bestehen innerhalb desselben Zeitraums mehrere Beschäftigungsverhältnisse, sind die beteiligten Arbeitgeber anteilmäßig nach dem Verhältnis der Höhe der jeweiligen Arbeitsentgelte zur Zahlung des Beitragszuschusses verpflichtet. Für Beschäftigte, die Kurzarbeitergeld oder Winterausfallgeld nach dem Dritten Buch beziehen, ist zusätzlich zu dem Zuschuß nach Satz 1 die Hälfte des Betrages zu zahlen, den der Arbeitgeber bei Versicherungspflicht des Beschäftigten nach § 58 Abs. 1 Satz 2 als Beitrag zu tragen hätte.

(2) Beschäftigte, die in Erfüllung ihrer Versicherungspflicht nach den §§ 22 und 23 bei einem privaten Krankenversicherungsunternehmen versichert sind und für sich und ihre Angehörigen, die bei Versicherungspflicht des Beschäftigten in der sozialen Pflegeversicherung nach § 25 versichert wären, Vertragsleistungen beanspruchen können, die nach Art und Umfang den Leistungen dieses Buches gleichwertig sind, erhalten unter den Voraussetzungen des § 58 von ihrem Arbeitgeber einen Beitragszuschuß. Der Zuschuß ist in der Höhe begrenzt auf den Betrag, der als Arbeitgeberanteil bei Versicherungspflicht in der sozialen Pflegeversicherung als Beitragsanteil zu zahlen wäre, höchstens jedoch auf die Hälfte des

§ 61 Beitragszuschüsse für freiwillige Mitglieder der gesetzlichen Krankenversicherung und Privatversicherte

Betrages, den der Beschäftigte für seine private Pflegeversicherung zu zahlen hat. Für Beschäftigte, die Kurzarbeitergeld oder Winterausfallgeld nach dem Dritten Buch beziehen, gilt Absatz 1 Satz 3 mit der Maßgabe, daß sie höchstens den Betrag erhalten, den sie tatsächlich zu zahlen haben. Bestehen innerhalb desselben Zeitraumes mehrere Beschäftigungsverhältnisse, sind die beteiligten Arbeitgeber anteilig nach dem Verhältnis der Höhe der jeweiligen Arbeitsentgelte zur Zahlung des Beitragszuschusses verpflichtet.

(3) Beschäftigte, die nur wegen Überschreitens der Jahresarbeitsentgeltgrenze in der gesetzlichen Krankenversicherung versicherungsfrei und als landwirtschaftliche Unternehmer nach § 2 Abs. 1 Nr. 1 des Zweiten Gesetzes über die Krankenversicherung der Landwirte versichert sind, erhalten von ihrem Arbeitgeber unter den Voraussetzungen des § 58 einen Beitragszuschuß zu dem nach § 57 Abs. 2 zu zahlenden Zuschlag; der Zuschuß ist in der Höhe begrenzt auf den Betrag, der als Arbeitgeberanteil nach § 58 zu zahlen wäre.

(4) Für Bezieher von Vorruhestandsgeld, die als Beschäftigte bis unmittelbar vor Beginn der Vorruhestandsleistungen Anspruch auf den vollen oder anteiligen Beitragszuschuß nach Absatz 1 oder 2 hatten, sowie für Bezieher von Leistungen nach § 9 Abs. 1 Nr. 1 und 2 des Anspruchs- und Anwartschaftsüberführungsgesetzes und Bezieher einer Übergangsversorgung nach § 7 des Tarifvertrages über einen sozialverträglichen Personalabbau im Bereich des Bundesministers der Verteidigung vom 30. November 1991 bleibt der Anspruch für die Dauer der Vorruhestandsleistungen gegen den zur Zahlung des Vorruhestandsgeldes Verpflichteten erhalten. Der Zuschuß beträgt die Hälfte des Beitrags, den der Bezieher von Vorruhestandsgeld als versicherungspflichtig Beschäftigter zu zahlen hätte, höchstens jedoch die Hälfte des Betrages, den er zu zahlen hat. Absatz 1 Satz 2 gilt entsprechend.

§ 61 Beitragszuschüsse für freiwillige Mitglieder der gesetzlichen Krankenversicherung und Privatversicherte

(5) Teilnehmer an berufsfördernden Maßnahmen zur Rehabilitation sowie an Berufsfindung oder Arbeitsprobung, für die nach § 23 Versicherungspflicht in der privaten Pflegeversicherung besteht, erhalten vom zuständigen Leistungsträger einen Zuschuß zu ihrem privaten Pflegeversicherungsbeitrag. Als Zuschuß ist der Betrag zu zahlen, der von dem Leistungsträger als Beitrag bei Versicherungspflicht in der sozialen Pflegeversicherung zu zahlen wäre, höchstens jedoch der Betrag, der an das private Versicherungsunternehmen zu zahlen ist.

(6) Der Zuschuß nach den Absätzen 2, 4 und 5 wird für eine private Pflegeversicherung nur gezahlt, wenn das Versicherungsunternehmen:

1. die Pflegeversicherung nach Art der Lebensversicherung betreibt,
2. sich verpflichtet, den überwiegenden Teil der Überschüsse, die sich aus dem selbst abgeschlossenen Versicherungsgeschäft ergeben, zugunsten der Versicherten zu verwenden,
3. die Pflegeversicherung nur zusammen mit der Krankenversicherung, nicht zusammen mit anderen Versicherungssparten betreibt.

(7) Das Krankenversicherungsunternehmen hat dem Versicherungsnehmer eine Bescheinigung darüber auszuhändigen, daß ihm die Aufsichtsbehörde bestätigt hat, daß es die Versicherung, die Grundlage des Versicherungsvertrages ist, nach den in Absatz 6 genannten Voraussetzungen betreibt. Der Versicherungsnehmer hat diese Bescheinigung dem zur Zahlung des Beitragszuschusses Verpflichteten vorzulegen.

(8) Personen, die nach beamtenrechtlichen Vorschriften oder Grundsätzen bei Krankheit und Pflege Anspruch auf Beihilfe oder Heilfürsorge haben und bei einem privaten Versicherungsunternehmen pflegeversichert sind, sowie Perso-

nen, für die der halbe Beitragssatz nach § 55 Abs. 1 Satz 2 gilt, haben gegenüber dem Arbeitgeber oder Dienstherrn, der die Beihilfe und Heilfürsorge zu Aufwendungen aus Anlaß der Pflege gewährt, keinen Anspruch auf einen Beitragszuschuß. Hinsichtlich der Beitragszuschüsse für Abgeordnete, ehemalige Abgeordnete und deren Hinterbliebene wird auf die Bestimmungen in den jeweilgen Abgeordnetengesetzen verwiesen.

Aus der Begründung zum ersten Änderungsgesetz

Zu Absatz 8 Satz 1

Die bisherige Formulierung legte bereits fest, daß die privat Pflegeversicherten nur entweder Beihilfe bzw. Heilfürsorge oder den hälftigen Beitragszuschuß zur privaten Pflegeversicherung erhalten können, aber nicht beides gleichzeitig. Die neue Formulierung stellt klar, daß dies auch für die in der sozialen Pflegeversicherung Versicherten gilt, die in der gesetzlichen Krankenversicherung freiwillig versichert sind. Außerdem wird klargestellt, daß der Anspruch auf einen Beitragszuschuß nur gegenüber dem Arbeitgeber bzw. Dienstherrn entfällt, der die Beihilfe- oder Heilfürsorgeleistungen im Pflegefall zu erbringen hat.

Dritter Abschnitt
Verwendung und Verwaltung der Mittel

§ 62 *Mittel der Pflegekasse*

Die Mittel der Pflegekasse umfassen die Betriebsmittel und die Rücklage.

§ 63 Betriebsmittel

(1) Die Betriebsmittel dürfen nur verwendet werden:
1. für die gesetzlich oder durch die Satzung vorgesehenen Aufgaben sowie für die Verwaltungskosten,
2. zur Auffüllung der Rücklage und zur Finanzierung des Ausgleichsfonds.

(2) Die Betriebsmittel dürfen im Durchschnitt des Haushaltsjahres monatlich das Einfache des nach dem Haushaltsplan der Pflegekasse auf einen Monat entfallenden Betrages der in Absatz 1 Nr. 1 genannten Aufwendungen nicht übersteigen. Bei der Feststellung der vorhandenen Betriebsmittel sind die Forderungen und Verpflichtungen der Pflegekasse zu berücksichtigen, soweit sie nicht der Rücklage zuzuordnen sind. Durchlaufende Gelder bleiben außer Betracht.

(3) Die Betriebsmittel sind im erforderlichen Umfang bereitzuhalten und im übrigen so anzulegen, daß sie für den in Absatz 1 bestimmten Zweck verfügbar sind.

§ 64 Rücklage

(1) Die Pflegekasse hat zur Sicherstellung ihrer Leistungsfähigkeit eine Rücklage zu bilden.

(2) Die Rücklage beträgt 50 vom Hundert des nach dem Haushaltsplan durchschnittlich auf den Monat entfallenden Betrages der Ausgaben (Rücklagesoll).

(3) Die Pflegekasse hat Mittel aus der Rücklage den Betriebsmitteln zuzuführen, wenn Einnahme- und Ausgabeschwankungen innerhalb eines Haushaltsjahres nicht durch die Betriebsmittel ausgeglichen werden können.

(4) Übersteigt die Rücklage das Rücklagesoll, so ist der übersteigende Betrag den Betriebsmitteln bis zu der in § 63 Abs. 2 genannten Höhe zuzuführen. Darüber hinaus verblei-

bende Überschüsse sind bis zum 15. des Monats an den Ausgleichsfonds nach § 65 zu überweisen.

(5) Die Rücklage ist getrennt von den sonstigen Mitteln so anzulegen, daß sie für den nach Absatz 1 bestimmten Zweck verfügbar ist. Sie wird von der Pflegekasse verwaltet.

Vierter Abschnitt
Ausgleichsfonds, Finanzausgleich

§ 65 *Ausgleichsfonds*

(1) Das Bundesversicherungsamt verwaltet als Sondervermögen (Ausgleichsfonds) die eingehenden Beträge aus:

1. den Beiträgen aus den Rentenzahlungen,
2. den von den Pflegekassen überwiesenen Überschüssen aus Betriebsmitteln und Rücklage (§ 64 Abs. 4).

(2) Die im Laufe eines Jahres entstehenden Kapitalerträge werden dem Sondervermögen gutgeschrieben.

(3) Die Mittel des Ausgleichsfonds sind so anzulegen, daß sie für den in den §§ 67, 68 genannten Zweck verfügbar sind.

§ 66 *Finanzausgleich*

(1) Die Leistungsaufwendungen sowie die Verwaltungskosten der Pflegekassen werden von allen Pflegekassen nach dem Verhältnis ihrer Beitragseinnahmen gemeinsam getragen. Zu diesem Zweck findet zwischen allen Pflegekassen ein Finanzausgleich statt. Das Bundesversicherungsamt führt den Finanzausgleich zwischen den Pflegekassen durch. Es hat Näheres zur Durchführung des Finanzausgleichs mit den Spitzenverbänden der Pflegekassen zu vereinbaren. Die Vereinbarung ist für die Pflegekasse verbindlich.

(2) Das Bundesversicherungsamt kann zur Durchführung des Zahlungsverkehrs nähere Regelungen mit der Bundesversicherungsanstalt für Angestellte treffen.

§ 67 *Monatlicher Ausgleich*

(1) Jede Pflegekasse ermittelt bis zum 15. des Monats
1. die bis zum Ende des Vormonats gebuchten Ausgaben,
2. die bis zum Ende des Vormonats gebuchten Einnahmen (Beitragsist),
3. das Betriebsmittel- und Rücklagesoll,
4. den am Ersten des laufenden Monats vorhandenen Betriebsmittelbestand (Betriebsmittelist) und die Höhe der Rücklage.

(2) Sind die Ausgaben zuzüglich des Betriebsmittel- und Rücklagesolls höher als die Einnahmen zuzüglich des vorhandenen Betriebsmittelbestands und der Rücklage am Ersten des laufenden Monats, erhält die Pflegekasse bis zum Monatsende den Unterschiedsbetrag aus dem Ausgleichsfonds. Sind die Einnahmen zuzüglich des am Ersten des laufenden Monats vorhandenen Betriebsmittelbestands und der Rücklage höher als die Ausgaben zuzüglich des Betriebsmittel- und Rücklagesolls, überweist die Pflegekasse den Unterschiedsbetrag an den Ausgleichsfonds.

(3) Die Pflegekasse hat dem Bundesversicherungsamt die notwendigen Berechnungsgrundlagen mitzuteilen.

§ 68 *Jahresausgleich*

(1) Nach Ablauf des Kalenderjahres wird zwischen den Pflegekassen ein Jahresausgleich durchgeführt. Nach Vorliegen der Geschäfts- und Rechungsergebnisse aller Pflege-

§ 68 Jahresausgleich

kassen und der Jahresrechnung der Bundesknappschaft als Träger der knappschaftlichen Pflegeversicherung für das abgelaufene Kalenderjahr werden die Ergebnisse nach § 67 bereinigt.

(2) Werden nach Abschluß des Jahresausgleichs sachliche oder rechnerische Fehler in den Berechnungsgrundlagen festgestellt, hat das Bundesversicherungsamt diese bei der Ermittlung des nächsten Jahresausgleichs nach den zu diesem Zeitpunkt geltenden Vorschriften zu berücksichtigen.

(3) Das Bundesministerium für Arbeit und Sozialordnung kann im Einvernehmen mit dem Bundesministerium für Gesundheit durch Rechtsverordnung mit Zustimmung des Bundesrates das Nähere über:

1. die inhaltliche und zeitliche Abgrenzung und Ermittlung der Beträge nach den §§ 66 bis 68,
2. die Fälligkeit der Beträge und Verzinsung bei Verzug,
3. das Verfahren bei der Durchführung des Finanzausgleichs sowie die hierfür von den Pflegekassen mitzuteilenden Angaben

regeln.

Siebtes Kapitel
Beziehungen der Pflegekasen zu den Leistungserbringern

Erster Abschnitt
Allgemeine Grundsätze

§ 69 Sicherstellungsauftrag

Die Pflegekassen haben im Rahmen ihrer Leistungsverpflichtung eine bedarfsgerechte und gleichmäßige, dem allgemein anerkannten Stand medizinisch-pflegerischer Erkenntnisse entsprechende pflegerische Versorgung der Versicherten zu gewährleisten (Sicherstellungsauftrag). Sie schließen hierzu Versorgungsverträge und Vergütungsvereinbarungen mit den Trägern von Pflegeeinrichtungen (§ 71) und sonstigen Leistungserbringern. Dabei sind die Vielfalt, die Unabhängigkeit und Selbständigkeit sowie das Selbstverständnis der Träger von Pflegeeinrichtungen in Zielsetzung und Durchführung ihrer Aufgaben zu achten.

§ 70 Beitragssatzstabilität

(1) Die Pflegekassen stellen in den Verträgen mit den Leistungserbringern über Art, Umfang und Vergütung der Leistungen sicher, daß ihre Leistungsausgaben die Beitragseinnahmen nicht überschreiten (Grundsatz der Beitragssatzstabilität).

(2) Vereinbarungen über die Höhe der Vergütungen, die dem Grundsatz der Beitragssatzstabilität widersprechen, sind unwirksam.

Zweiter Abschnitt
Beziehungen zu den Pflegeeinrichtungen

§ 71 *Pflegeeinrichtungen*

(1) Ambulante Pflegeeinrichtungen (Pflegedienste) im Sinne dieses Buches sind **selbständig wirtschaftende** Einrichtungen, die unter **ständiger Verantwortung** einer ausgebildeten Pflegefachkraft Pflegebedürftige in ihrer Wohnung pflegen und hauswirtschaftlich versorgen.

(2) Stationäre Pflegeeinrichtungen (Pflegeheime) im Sinne dieses Buches sind selbständig wirtschaftende Einrichtungen, in denen Pflegebedürftige:

1. unter ständiger Verantwortung einer ausgebildeten Pflegefachkraft gepflegt werden,
2. ganztägig (vollstationär) oder nur tagsüber oder nur nachts (teilstationär) untergebracht und verpflegt werden können.

(3) Für die Anerkennung als Pflegefachkraft im Sinne der Absätze 1 und 2 ist neben dem Abschluß einer Ausbildung als Krankenschwester oder Krankenpfleger, als Kinderkrankenschwester oder Kinderkrankenpfleger nach dem Krankenpflegegesetz oder als Altenpflegerin oder Altenpfleger nach Landesrecht eine praktische Berufserfahrung in dem erlernten Pflegeberuf von zwei Jahren innerhalb der letzten fünf Jahre erforderlich. Bei ambulanten Pflegeeinrichtungen, die überwiegend behinderte Menschen pflegen und betreuen, gelten auch nach Landesrecht ausgebildete Heilerziehungspflegerinnen und Heilerziehungspfleger sowie Heilerzieherinnen und Heilerzieher mit einer praktischen Berufserfahrung von zwei Jahren innerhalb der letzten fünf Jahre als ausgebildete Pflegefachkraft.

§ 71 Pflegeeinrichtungen

(4) Stationäre Einrichtungen, in denen die medizinische Vorsorge oder Rehabilitation, die berufliche oder soziale Eingliederung, die schulische Ausbildung oder die Erziehung Kranker oder Behinderter im Vordergrund des Zweckes der Einrichtung stehen, sowie Krankenhäuser sind keine Pflegeeinrichtungen im Sinne des Absatzes 2.

Aus der Begründung der Bundesregierung

Die Vorschrift definiert die ambulanten und stationären Pflegeeinrichtungen und grenzt sie voneinander ab. Das ist erforderlich, weil beide Arten von Einrichtungen insbesondere hinsichtlich der Vergütung ihrer Leistungen unterschiedlichen Regelungen folgen.

Zu Absatz 1

Die ambulanten Pflegeeinrichtungen (Pflegedienste) sind dadurch gekennzeichnet, daß sie die Pflegebedürftigen in deren Wohnung pflegen und hauswirtschaftlich versorgen. Bei der ambulanten „häuslichen" Pflege bleibt der Pflegebedürftige in seiner Wohnung; die Betreuung wird ihm „ins Haus gebracht". Wohnung in diesem Sinne kann auch ein Altersheim oder ein Altenwohnheim nach § 1 Abs. 1 HeimG sein, in dem ambulant Pflegebedürftige nicht nur vorübergehend untergebracht sind; ebenso Heime für Behinderte oder gleichwertige Einrichtungen (vgl. auch Begründung zu § 37 Abs. 1). Stationäre Pflege kann dagegen nur in zugelassenen Pflegeheimen gewährt werden (§ 71 Abs. 2, § 72); diese fallen daher nicht unter den Begriff der Wohnung im Sinne des Absatzes 1 (vgl. auch Begründung zu Absatz 2).

Der Begriff der ambulanten Pflegeeinrichtung ist, wie auch durch die Klammerdefinition „Pflegedienste" verdeutlicht werden soll, weit und flexibel gefaßt. Er umfaßt nicht nur die herkömmlichen Sozialstationen in freigemeinnütziger oder kommunaler Trägerschaft, sondern auch private Hauspflegedienste. Wesentlich für den Begriff des Pflegedienstes im Sinne dieser Regelung sind folgende Kernelemente:
– Es muß sich um eine Einrichtung handeln, die Pflegebedürftige mit häuslicher Pflege als Sachleistung versorgt. Die häusliche Pflege umfaßt Grundpflege und hauswirtschaftliche Versorgung (§ 36 Abs. 1). Dementsprechend setzt die Anerkennung als Pflegedienst voraus, daß die Einrichtung Pflegebedürftige in ihrer Wohnung pflegt und – soweit erforderlich – hauswirtschaftlich versorgt. Ein Reinigungsunternehmen, das lediglich die Wohnung von Pflegebedürftigen sauber

§ 71 Pflegeeinrichtungen

hält, oder ein Essensdienst auf Rädern, der nur Mahlzeiten ins Haus bringt, ist daher kein Pflegedienst im Sinne dieses Buches.

- Der Begriff der Pflegeeinrichtung setzt eine auf Dauer angelegte organisatorische Zusammenfassung von Personen und Sachmitteln voraus, die unabhängig vom Bestand ihrer Mitarbeiter in der Lage ist, eine ausreichende, gleichmäßige und konstante pflegerische Versorgung eines wechselnden Kreises von Pflegebedürftigen in ihrem Einzugsgebiet „rund um die Uhr" zu gewährleisten. Dazu zählt die Sicherstellung eines ausreichenden Früh-, Spät-, Wochenend- und Feiertagsdienstes.
- Die Einrichtung muß ferner geeignet sein, Pflege und hauswirtschaftliche Versorgung in der nach diesem Gesetz gebotenen Qualität zu erbringen. Dazu gehört, daß sie imstande ist, im Einzelfall den Pflegebedarf zu bestimmen, den vom Medizinischen Dienst aufgestellten Pflegeplan auszuführen und die Pflege zu dokumentieren. Dies setzt ebenso wie bei der stationären Pflege gemäß Absatz 2 voraus, daß die von dem Pflegedienst angebotene ambulante Pflege unter ständiger Verantwortung einer ausgebildeten leitenden Pflegekraft durchgeführt wird.

Leistungsanbieter, die diese Voraussetzungen nicht erfüllen, können schon begrifflich keine Pflegedienste im Sinne dieses Buches sein. Sie können weder Vertragspartner der Pflegekassen bei Versorgungsverträgen nach § 72 sein, noch können sie in das Vergütungsrecht nach dem Achten Kapitel einbezogen werden. Das schließt nicht aus, daß die Pflegekassen geeignete Einzelpersonen oder Gruppen von Einzelpersonen, die nicht die gesetzlichen Merkmale eines Pflegedienstes im Sinne von Absatz 1 erfüllen, im Einzelfall in die pflegerische Versorgung ihrer Versicherten einbeziehen. Hierzu ist jedoch der Abschluß eines Vertrages nach § 77 Abs. 1 erforderlich, in dem Inhalt, Umfang, Vergütung sowie die Prüfung der Qualität und Wirtschaftlichkeit der zu erbringenden Leistungen festgelegt werden. Der Abschluß solcher Einzelverträge liegt im Ermessen der Pflegekassen. Grundsätzlich ist die ambulante Versorgung der Versicherten solchen Pflegediensten vorbehalten, mit denen ein Versorgungsvertrag nach § 72 besteht.

Für den Begriff der ambulanten Pflegeeinrichtung kommt es nicht darauf an, ob diese in öffentlicher, freigemeinnütziger oder privater Trägerschaft steht oder ob sie neben der häuslichen Pflege im Sinne dieses Buches auch andere Dienste (z. B. häusliche Krankenpflege) anbietet. Gerade für die bestehenden Sozialstationen, die derzeit den größten Anteil an der Versorgung Pflegebedürftiger haben, ist es bezeichnend, daß sie ein umfassendes Angebot ambulanter Hilfen in der Kranken-, Alten- und Familienpflege bereithalten. Diese bewährten ambulanten Versorgungs-

§ 71 Pflegeeinrichtungen

strukturen sollen durch die Pflegeversicherung nicht beseitigt oder eingeengt, sondern im Gegenteil weiter gefördert werden. Das gleiche gilt für die Vorhaltung von Sozialstationen oder sonstigen Pflegediensten durch Altenheime, Krankenhäuser und Vorsorge- oder Rehabilitationseinrichtungen. Hierdurch können nicht nur Regiekosten gespart, sondern die Erfahrungen aus der stationären Versorgung für die ambulante Pflege (und umgekehrt) nutzbar gemacht und damit beide Bereiche enger miteinander verzahnt werden. Unerläßlich ist freilich, daß die verschiedenen Versorgungszweige innerhalb ihres Leistungsverbundes organisatorisch und wirtschaftlich selbständig geführt werden, um die unterschiedlichen Aufgaben- und Finanzierungsverantwortlichkeiten (Krankenversicherung, Pflegeversicherung, Sozialhilfe usw.) nicht zu vermengen. Insofern gilt das Erfordernis der „wirtschaftlichen Selbständigkeit" nicht nur für stationäre, sondern auch für ambulante Pflegeeinrichtungen.

Zu Absatz 2

Der hier definierte Begriff der stationären Pflegeeinrichtung (Pflegeheim) umfaßt sowohl vollstationäre wie auch teilstationäre Einrichtungen (Absatz 2 Nr. 2). Bei vollstationärer Versorgung wird der Pflegebedürftige im Unterschied zur ambulanten Pflege aus seiner häuslichen Umgebung herausgelöst und für die Dauer der Pflege in ein Pflegeheim aufgenommen; auch bei teilstationärer Pflege begibt sich der Pflegebedürftige in eine Einrichtung außerhalb seiner Wohnung, etwa um dort tagsüber (im Rahmen eines „strukturierten Tagesablaufs") gepflegt zu werden oder aktivierende Hilfen in Anspruch zu nehmen. Vollstationäre Pflegeheime versorgen die Pflegebedürftigen bei Tag und Nacht. Dabei kommt es nicht darauf an, ob die Pflegebedürftigen in dem Heim auf Dauer oder nur vorübergehend aufgenommen werden. Auch Einrichtungen der Kurzzeitpflege und der Urlaubspflege sind vollstationäre Pflegeeinrichtungen, sofern sie Pflegebedürftige „rund um die Uhr" versorgen. Teilstationär sind dagegen Einrichtungen, die Pflegebedürftige nur für einen Teil des Tages stationär aufnehmen und pflegen. Im Regelfall sind dies Tagesstätten. Die Definition schließt aber (nach dem Vorbild der Nachtkliniken) auch die gegenwärtig noch seltene Erscheinungsform der „Nachtpflegeheime" ein, die Pflegebedürftige nur für die Nacht aufnehmen und betreuen. Bei teilstationärer Pflege benötigt der Pflegebedürftige für den Teil des Tages, den er nicht im Pflegeheim verbringt, noch eine eigene Wohnung.

Wesentlich für alle Formen von stationären Pflegeeinrichtungen ist, daß sie „selbständig wirtschaftende" Einrichtungen sind. Das bedeutet nicht, daß nur solche Einrichtungen als stationäre Pflegeeinrichtungen anzusehen sind, die ausschließlich Pflegebedürftige betreuen. Auch Pflegeabteilungen in Altenheimen oder an Krankenhäusern und Vorsorge- oder Rehabilitationseinrichtungen können Pflegeeinrichtungen im Sinne der Pflegeversicherung

§ 71 Pflegeeinrichtungen

sein, soweit sie vom Träger als wirtschaftlich (und organisatorisch) selbständige Einheiten geführt werden und die sonstigen Voraussetzungen des § 71 erfüllen. Wirtschaftliche Selbständigkeit in diesem Sinne ist zum einen deswegen erforderlich, um die unterschiedlichen Finanzierungsverantwortlichkeiten und Vergütungssysteme für Pflegeeinrichtungen einerseits und beispielsweise für Krankenhäuser andererseits sauber voneinander zu trennen. Sie soll zum anderen die wirtschaftliche und finanzielle Verantwortung und Eigenverantwortung des Trägers für die Pflegeeinrichtungen unterstreichen, mit denen er zur pflegerischen Versorgung der Versicherten im Rahmen des öffentlich-rechtlichen Leistungssystems der Pflegeversicherung nach § 72 zugelassen werden will. Das schließt – auch im Interesse der Beitragssatzstabilität – die Pflicht zu sparsamer Wirtschaftsführung ein, die eine der Grundanforderungen dieses Systems darstellt. Die Vorgabe der „wirtschaftlichen Unabhängigkeit" ist auf das Krankenhausfinanzierungsgesetz abgestimmt. Danach gehört die Umwidmung von Krankenhäusern oder Krankenhausabteilungen in Pflegeeinrichtungen oder „selbständige, organisatorisch und wirtschaftlich vom Krankenhaus getrennte Pflegeabteilungen" ausdrücklich zu den Aufgaben, die von den Ländern aus öffentlichen Mitteln zu fördern sind (§ 9 Abs. 2 Nr. 6 KHG). Der Begriff der stationären Pflegeeinrichtung setzt weiter voraus, daß die von ihr angebotenen Pflegeleistungen fachlich-pflegerisch unter ständiger Verantwortung einer ausgebildeten Pflegekraft erbracht werden (Absatz 2 Nr. 1). Das werden in der Regel Personen sein, die in der Krankenpflege, Kinderkrankenpflege oder Altenpflege ausgebildet sind und die notwendige Berufserfahrung besitzen, die für die Übernahme der pflegerischen Gesamtverantwortung in einem Pflegeheim unerläßlich ist. Die Betonung der pflegerischen Verantwortung unterscheidet die stationären Pflegeeinrichtungen vom Krankenhaus und von den Vorsorge- und Rehabilitationseinrichtungen, bei denen die ärztliche Verantwortung im Vordergrund steht (§ 107 SGTB V). Die Ausbildungsanforderungen nach Absatz 1 Nr. 1 gelten indessen nur für die leitende Pflegekraft, die für den Pflegebereich verantwortlich ist, nicht jedoch auch für den Leiter oder Geschäftsführer des Pflegeheims. Hier steht es dem Träger frei, unabhängig von einer bestimmten Ausbildung oder Berufserfahrung jegliche Person seines Vertrauens mit der Leitung des Heims zu beauftragen; dabei sind allerdings die Mindestanforderungen an die Eignung des Heimleiters aufgrund des Heimgesetzes zu beachten (vgl. § 3 Nr. 2 HeimG).

Insgesamt soll durch die weitgefaßte Definition der ambulanten und stationären Pflegeeinrichtungen der für eine fortschrittliche Versorgung erforderliche Auf- und Ausbau der pflegerischen Infrastruktur von vornherein für innovative Entwicklungen offen gehalten werden.

§ 71 Pflegeeinrichtungen

Aus der Begründung zum ersten Änderungsgesetz

Zu Absatz 3

Mit der Ergänzung des § 71 wird klargestellt, daß verantwortliche Pflegefachkräfte im Sinne der Definition der Pflegeeinrichtungen nur in der Krankenpflege, der Kinderkrankenpflege oder in der Altenpflege ausgebildete Pflegekräfte sein können. Gleichzeitig werden die Anforderungen an die praktische Berufserfahrung, die in Vereinbarungen der Selbstverwaltung zum Teil sehr hoch angesetzt sind, auf ein vertretbares Maß beschränkt. Damit soll insbesondere Frauen für die Zeit nach der Erziehungsphase eine Perspektive als leitende Pflegefachkraft offengehalten werden.

Zu Absatz 4

Die Regelung führt zu einer – auch aus Finanzierungsgründen notwendigen – klaren Trennung von Pflegeeinrichtungen und Einrichtungen, in denen zwar im Einzelfall auch Hilfen bei den Verrichtungen des täglichen Lebens zur Verfügung gestellt werden, die jedoch von ihrer Grundausrichtung her einem anderen Zweck als der Pflege dienen. Hierunter fallen insbesondere Krankenhäuser, Vorsorge- und Rehabilitationseinrichtungen, Krankenwohnungen, Kindergärten, Schulen und Internate, Werkstätten für Behinderte, Wohnheime für Behinderte. Psychiatrische Krankenhäuser betreiben Akut- und Langzeitbehandlung sowie Eingliederung geistig und psychisch kranker Menschen und sind in der Regel deshalb ebenfalls keine Pflegeeinrichtungen.

Aus den Empfehlungen zum ersten Änderungsgesetz

Zu Absatz 4

Das 1. SGB XI-ÄndG strebt eine umfassende Kostenbegrenzung in der Pflegeversicherung über die Ausgrenzung von Behinderten aus dem Kreis der Leistungsberechtigten an. Dieses Ziel soll dadurch erreicht werden, daß Einrichtungen der Behindertenhilfe keinen Anspruch auf einen Versorgungsvertrag haben und damit Pflegeleistungen bei den Pflegekassen nicht abrechnen können. (AS, FS)

Durch die Einfügung des § 71 Abs. 4 SGB XI werden Behinderte aus dem Kreis der Leistungsberechtigten der Pflegeversicherung ausgeschlossen. (IN)

Gegenwärtig werden in sehr vielen Einrichtungen sowohl Leistungen der Hilfe zur Pflege als auch Leistungen der Eingliederungshilfe für Behinderte erbracht. (AS, FS, IN)

§ 71 Pflegeeinrichtungen

Abgesehen von den Problemen, die die Notwendigkeit der Zuordnung der einzelnen Behinderten zu einem dieser Bereiche mit sich bringt, werden mit den finanziellen Aufwendungen für diejenigen Behinderten, die keine Leistungen der Pflegeversicherung erhalten, die Sozialhilfeträger belastet. (IN)

Das von den Regierungsfraktionen eingebrachte Änderungsgesetz hätte zur Folge, daß Leistungen nach dem Pflegeversicherungsgesetz nur in „reinen" Pflegeeinrichtungen abgerechnet werden können. Eine solche Regelung wäre für pflegebedürftige Behinderte mit einem Einrichtungswechsel verbunden. Das von den Koalitionsfraktionen verfolgte Ziel einer umfassenden Ausgabenbegrenzung im Bereich der Pflegeversicherung ist über die Ausgrenzung von Einrichtungen, in denen Maßnahmen der Eingliederungshilfe durchgeführt werden, in der Praxis nicht zu erreichen. Eine Umwidmung vieler dieser Einrichtungen nach den Vorschriften der §§ 71 ff. SGB XI ist durch die Einstellung von Fachkräften der Alten- und Krankenpflege möglich. Die damit verbundenen Umstrukturierungen ignorieren die bewährte Form der ganzheitlichen Versorgung pflegebedürftiger Behinderter durch Heilerzieher und Heilerziehungspfleger. Gleichzeitig wird der in den vergangenen Jahren erreichte qualitative Standard der Versorgung und Betreuung behinderter Menschen gefährdet. (AS, FS)

Die Verweigerung der Finanzierung von Pflegeleistungen in Einrichtungen, in denen gleichzeitig Maßnahmen der Eingliederungshilfe durchgeführt werden, verletzt außerdem den Grundsatz des Nachrangs der Sozialhilfe gegenüber dem vorrangig zuständigen Kostenträger Pflegeversicherung. Notwendig ist vielmehr eine wenig verwaltungsaufwendige Regelung zur Finanzierung der berechtigten Leistungsansprüche pflegebedürftiger Behinderter, die in Einrichtungen der Behindertenhilfe versorgt werden. Deshalb ist der Gesetzesbeschluß des Bundestages mit dem Ziel zu ändern, eine pauschale Abgeltung der Pflegekosten in vollstationären Einrichtungen der Eingliederungshilfe in Höhe von mindestens 20 % der Kosten für die Gesamtleistung abzüglich der Kosten für Unterkunft und Verpflegung mit den Investitionskosten vorzusehen. Diese Regelung wird auch von den Trägern solcher Einrichtungen vorgeschlagen.

Anders ist die Situation in teilstationären Einrichtungen der Eingliederungshilfe zu bewerten. Die hier Versorgten leben häufig in ihrer eigenen Wohnung. Wegen der Begrenzung der Leistungsansprüche und wegen des Vorrangs der häuslichen Versorgung ist es deshalb das primäre Ziel, vorrangig die notwendigen pflegerischen Hilfen in der eigenen Häuslichkeit über die Pflegeversicherung finanziell abzusichern.

Ausgrenzung von Behinderten in stationären Einrichtungen

Das 1. SGB XI-ÄndG strebt eine umfassende Kostenbegrenzung in der Pflegeversicherung über die Ausgrenzung von Behinderten aus dem Kreis

§ 71 Pflegeeinrichtungen

der Leistungsberechtigten an. Dieses Ziel soll dadurch erreicht werden, daß Einrichtungen der Behindertenhilfe keinen Anspruch auf einen Versorgungsvertrag haben und damit Pflegeleistungen bei den Pflegekassen nicht abrechnen können.

Gegenwärtig werden in sehr vielen Einrichtungen sowohl Leistungen der Hilfe zur Pflege als auch Leistungen der Eingliederungshilfe für Behinderte erbracht. Das von den Regierungsfraktionen eingebrachte Änderungsgesetz hätte zur Folge, daß Leistungen nach dem Pflegeversicherungsgesetz nur in „reinen" Pflegeeinrichtungen abgerechnet werden können. Eine solche Regelung wäre für pflegebedürftige Behinderte mit einem Einrichtungswechsel verbunden. Das von den Koalitionsfraktionen verfolgte Ziel einer umfassenden Ausgabenbegrenzung im Bereich der Pflegeversicherung ist über die Ausgrenzung von Einrichtungen, in denen Maßnahmen der Eingliederungshilfe durchgeführt werden, in der Praxis nicht zu erreichen. Eine Umwidmung vieler dieser Einrichtungen nach den Vorschriften der §§ 71 ff. SGB XI ist durch die Einstellung von Fachkräften der Alten- und Krankenpflege möglich. Die damit verbundenen Umstrukturierungen ignorieren die bewährte Form der ganzheitlichen Versorgung pflegebedürftiger Behinderter durch Heilerzieher und Heilerziehungspfleger. (FZ)

Gleichzeitig wird der in den vergangenen Jahren erreichte qualitative Standard der Versorgung und Betreuung behinderter Menschen gefährdet. (AS, FS)

Die Verweigerung der Finanzierung von Pflegeleistungen in Einrichtungen, in denen gleichzeitig Maßnahmen der Eingliederungshilfe durchgeführt werden, verletzt außerdem den Grundsatz des Nachrangs der Sozialhilfe gegenüber dem vorrangig zuständigen Kostenträger Pflegeversicherung. Notwendig ist vielmehr eine wenig verwaltungsaufwendige Regelung zur Finanzierung der berechtigten Leistungsansprüche pflegebedürftiger Behinderter, die in Einrichtungen der Behindertenhilfe versorgt werden. Deshalb ist der Gesetzesbeschluß des Bundestages mit dem Ziel zu ändern, eine pauschale Abgeltung der Pflegekosten in vollstationären Einrichtungen der Eingliederungshilfe in Höhe von mindestens 20 % der Kosten für die Gesamtleistung abzüglich der Kosten für Unterkunft und Verpflegung mit den Investitionskosten vorzusehen. Diese Regelung wird auch von den Trägern solcher Einrichtungen vorgeschlagen.

Anders ist die Situation in teilstationären Einrichtungen der Eingliederungshilfe zu bewerten. Die hier Versorgten leben häufig in ihrer eigenen Wohnung. Wegen der Begrenzung der Leistungsansprüche und wegen des Vorrangs der häuslichen Versorgung ist es deshalb das primäre Ziel, vorrangig die notwendigen pflegerischen Hilfen in der eigenen Häuslichkeit über die Pflegeversicherung finanziell abzusichern.

Begriff der Pflegefachkraft

Das 1. SGB XI-ÄndG schreibt vor, daß Heilerzieher und Heilerziehungspfleger nicht als verantwortliche Pflegefachkräfte nach § 71 SGB XI anerkannt werden. Durch die Nichtanerkennung dieser Berufsgruppe soll die Zahl abrechnungsfähiger Einrichtungen der Behindertenhilfe als Pflegeeinrichtung begrenzt werden.

Heilerzieher und Heilerziehungspfleger haben sich in der Pflege Behinderter bewährt. Ihnen darf deshalb in Einrichtungen der Behindertenhilfe der Zugang zur Position der verantwortlichen Pflegefachkraft nicht verwehrt werden. Das 1. SGB XI-ÄndG ist deshalb mit dem Ziel zu ändern, neben den Pflegefachkräften der Alten- und Krankenpflege auch Heilerzieher und Heilerziehungspfleger als verantwortliche Pflegefachkräfte i. S. des § 71 SGB XI anzuerkennen. (AS, FS)

Begriff der Pflegefachkraft

Das 1. SGB XI-ÄndG schreibt vor, daß Heilerzieher und Heilerziehungspfleger nicht als verantwortliche Pflegefachkräfte nach § 71 SGB XI anerkannt werden. Durch die Nichtanerkennung dieser Berufsgruppe soll die Zahl abrechnungsfähiger Einrichtungen der Behindertenhilfe als Pflegeeinrichtung begrenzt werden.

Heilerzieher und Heilerziehungspfleger haben sich in der Pflege Behinderter bewährt. Ihnen darf deshalb in Einrichtungen der Behindertenhilfe der Zugang zur Position der verantwortlichen Pflegefachkraft nicht verwehrt werden. Das 1. SGB XI-ÄndG ist deshalb mit dem Ziel zu ändern, neben den Pflegefachkräften der Alten- und Krankenpflege auch Heilerzieher und Heilerziehungspfleger als verantwortliche Pflegefachkräfte i. S. des § 71 SGB XI anzuerkennen. (FZ)

§ 72 Zulassung zur Pflege durch Versorgungsvertrag

(1) Die Pflegekassen dürfen ambulante und stationäre Pflege nur durch Pflegeeinrichtungen gewähren, mit denen ein Versorgungsvertrag besteht (zugelassene Pflegeeinrichtungen). In dem Versorgungsvertrag sind Art, Inhalt und Umfang der allgemeinen Pflegeleistungen (§ 4 Abs. 2) festzulegen, die von der Pflegeeinrichtung während der Dauer des Vertra-

§ 72 Zulassung zur Pflege durch Versorgungsvertrag

ges für die Versicherten zu erbringen sind (Versorgungsauftrag).

(2) Der Versorgungsauftrag wird zwischen dem Träger der Pflegeeinrichtung oder einer vertretungsberechtigten Vereinigung gleicher Träger und den Landesverbänden der Pflegekassen im Einvernehmen mit den überörtlichen Trägern der Sozialhilfe im Land abgeschlossen, soweit nicht nach Landesrecht der örtliche Träger für die Pflegeeinrichtung zuständig ist. Er ist für die Pflegeeinrichtung und für alle Pflegekassen im Inland unmittelbar verbindlich.

(3) Versorgungsverträge dürfen nur mit Pflegeeinrichtungen abgeschlossen werden, die den Anforderungen des § 71 genügen und die Gewähr für eine leistungsfähige und wirtschaftliche pflegerische Versorgung bieten; ein Anspruch auf Abschluß eines Versorgungsvertrages besteht, soweit und solange die Pflegeeinrichtung diese Voraussetzungen erfüllt. Bei notwendiger Auswahl zwischen mehreren geeigneten Pflegeeinrichtungen sollen die Versorgungsverträge vorrangig mit freigemeinnützigen und privaten Trägern abgeschlossen werden. Bei ambulanten Pflegediensten ist der örtliche Einzugsbereich in den Versorgungsverträgen so festzulegen, daß lange Wege möglichst vermieden werden.

(4) Mit Abschluß des Versorgungsvertrages wird die Pflegeeinrichtung für die Dauer des Vertrages zur pflegerischen Versorgung der Versicherten zugelassen. Die zugelassene Pflegeeinrichtung ist im Rahmen ihres Versorgungsauftrages zur pflegerischen Versorgung der Versicherten verpflichtet; dazu gehört bei ambulanten Pflegediensten auch die Durchführung von Pflegeeinsätzen nach § 37 Abs. 3 auf Anforderung des Pflegebedürftigen. Die Pflegekassen sind verpflichtet, die Leistungen der Pflegeeinrichtung nach Maßgabe des Achten Kapitels zu vergüten.

(5) Zur Förderung des Wettbewerbs und der Überschaubarkeit des vorhandenen Angebots hat die Pflegekasse dem Pfle-

§ 72 Zulassung zur Pflege durch Versorgungsvertrag

gebedürftigen spätestens mit dem Bescheid über die Bewilligung seines Antrags auf Gewährung häuslicher, teil- oder vollstationärer Pflege eine Preisvergleichsleiste über die Leistungen und Vergütungen der zugelassenen Pflegeeinrichtungen zu übermitteln, in deren Einzugsbereich er wohnt. Zugleich ist dem Pflegebedürftigen eine Beratung darüber anzubieten, welche Pflegeleistungen für ihn in seiner persönlichen Situation in Betracht kommen.

Aus der Begründung der Bundesregierung

Die Vorschrift regelt – nach dem Vorbild des Zulassungsrechts der gesetzlichen Krankenversicherung für Krankenhäuser und Vorsorge- oder Rehabilitationseinrichtungen (§§ 108, 109 und 111 SGB V) – die Zulassung der ambulanten und stationären Pflegeeinrichtungen zur pflegerischen Versorgung der Versicherten durch Versorgungsvertrag. Jede Pflegeeinrichtung, die Versicherte der sozialen Pflegeversicherung versorgen will, bedarf hierzu eines Versorgungsvertrages mit den Landesverbänden der Pflegekassen. Die Pflegekassen dürfen zur Sicherstellung der häuslichen, teil- oder vollstationären Pflege ihrer Versicherten nur solche Pflegedienste und Pflegeheime in Anspruch nehmen, mit denen ihre Landesverbände einen Versorgungsvertrag abgeschlossen haben. Mit Vertragsschluß erhalten der Pflegedienst oder das Pflegeheim den Status einer „zugelassenen Pflegeeinrichtung", mit der generellen Berechtigung und Verpflichtung, während der Dauer des Vertrages Pflegebedürftige zu Lasten der Pflegeversicherung zu versorgen. Der Versorgungsvertrag hat somit eine rein „statusbegründende" Funktion. Er ist weder ein „Beschaffungsvertrag", mit dem die Erbringung der Sachleistung „Pflege" zugunsten des einzelnen Versicherten sichergestellt werden soll, noch beinhaltet er Belegungs- oder Preisabsprachen.

Zu Absatz 1

Nach den leistungsrechtlichen Vorschriften dieses Buches dürfen die Leistungen der Pflegeversicherung (als Sachleistung) nur bei „zugelassenen Leistungserbringern" in Anspruch genommen werden (vgl. § 29 Abs. 2 in Verbindung mit den §§ 36 und 43). Dementsprechend bestimmt Satz 1, daß die Pflegekassen ambulante und stationäre Pflege nur durch zugelassene Pflegeeinrichtungen gewähren dürfen. Diese Regelung ist im Zusammenhang mit § 77 zu sehen: Sie schließt die pflegerische Versorgung der Versicherten durch eigenes Pflegepersonal der Pflegekassen nicht aus; außerdem bleibt es den Pflegekassen – entsprechend dem Recht der ge-

§ 72 Zulassung zur Pflege durch Versorgungsvertrag

setzlichen Krankenversicherung (132 Abs. 1 Satz 2 SGB V) – unbenommen, zur Gewährung häuslicher Pflege und zur hauswirtschaftlichen Versorgung Verträge mit Einzelpersonen abzuschließen, die weder bei ihnen noch bei einer zugelassenen Pflegeeinrichtung angestellt sind (§ 77 Abs. 1).

In dem Versorgungsvertrag ist der Versorgungsauftrag der Pflegeeinrichtung nach Art, Inhalt und Umfang der Leistungen festzulegen, die das Pflegeheim oder der Pflegedienst während der Dauer des Vertrages für die Versicherten zu erbringen hat. Die Festlegung von „Art und Inhalt" der Leistungen erfordert in erster Linie eine Vereinbarung darüber, ob die Einrichtung den Versicherten ambulante (häusliche) oder stationäre Versorgungsleistungen zur Verfügung stellen soll, differenziert bei häuslicher Pflege nach Grundpflege und hauswirtschaftlicher Versorgung, bei stationärer Pflege nach voll- oder teilstationärer Versorgung oder Kurzzeitpflege. Ferner gehört hierher eine generelle Verständigung über die Gruppen der Pflegebedürftigen, die betreut werden sollen, insbesondere nach der Stufe ihrer Pflegebedürftigkeit sowie nach dem Betreuungsbedarf. Der als Teil des Versorgungsauftrages festzulegende „Umfang der pflegerischen Leistungen" erfordert eine Absprache über die voraussichtliche Zahl der Versicherten, die (im Monats- oder Jahresdurchschnitt) die Dienste der Pflegeeinrichtung in Anspruch nehmen werden, sowie über die zu ihrer Versorgung erforderlichen Pflegebetten und sonstigen Betreuungskapazitäten.

Die Regelung des Satzes 2 schreibt für jede (ambulante oder stationäre) Pflegeeinrichtung, die zur Versorgung der Versicherten zugelassen werden soll, einen individuellen Versorgungsvertrag mit einem konkreten Versorgungsauftrag vor. Das bedeutet, daß grundsätzlich in jedem Versorgungsvertrag eine Absprache über die für die Versorgung notwendige räumliche, personelle und sachlich-technische Ausstattung des einzelnen Pflegeheims oder Pflegedienstes getroffen werden muß. Diese Vorgabe entfällt, soweit die Landesverbände der Pflegekassen mit den Trägern der Pflegeeinrichtungen im Land hierzu einschlägige Rahmenvereinbarungen abgeschlossen haben, die für alle Pflegekassen und Pflegeeinrichtungen im Land unmittelbar verbindlich sind (§ 75 Abs. 2 Nr. 3 in Verbindung mit Absatz 1 Satz 4). Bei den ambulanten Pflegeeinrichtungen ist darüber hinaus eine Verständigung über den örtlichen Einzugsbereich des einzelnen Pflegedienstes erforderlich, damit lange Anfahrtswege zu den Pflegebedürftigen vermieden werden (Absatz 3 Satz 2; siehe unten, Begründung zu Absatz 3).

Zu Absatz 2

Satz 1 bestimmt die Vertragsparteien des Versorgungsvertrages. Das sind auf Seiten der Leistungserbringer die Träger der einzelnen ambulanten oder stationären Pflegeeinrichtung, auf Seiten der Pflegeversicherung die

§ 72 Zulassung zur Pflege durch Versorgungsvertrag

Landesverbände der Pflegekassen. Die Kassenverbände können den Versorgungsvertrag nur gemeinsam abschließen (§ 81 Abs. 1 Satz 1). Für den Fall, daß sie sich ganz oder teilweise nicht einigen können, verweist § 81 Abs. 1 Satz 2 zur Konfliktlösung auf eine entsprechende Anwendung des § 213 Abs. 2 SGB V (zu den Einzelheiten siehe Begründung zu § 81).

Satz 1 stellt ferner sicher, daß der Sachverstand der Sozialhilfeträger, die zur Zeit als Mitglieder der Pflegesatzkommissionen die Pflegesätze vereinbaren, mit in das Zulassungsverfahren eingebunden wird.

In Satz 2 wird bestimmt, daß der Versorgungsvertrag für alle Pflegekassen im Inland verbindlich ist. Hiernach reicht es aus, daß eine Pflegeeinrichtung in einem Bundesland zugelassen ist, um Versicherte aus allen Teilen der Bundesrepublik zu Lasten der sozialen Pflegeversicherung versorgen zu können.

Zu Absatz 3

Die Vorschrift regelt in ihrem Satz 1 die inhaltlichen Voraussetzungen für die Zulassung von Pflegeeinrichtungen zur Versorgung der Versicherten. Zwingend ist nur, daß das Pflegeheim oder der Pflegedienst, die sich um einen Versorgungsvertrag bewerben, die Gewähr für eine „leistungsfähige und wirtschaftliche" pflegerische Versorgung bieten; Pflegeeinrichtungen, die diese Voraussetzungen erfüllen, haben in Anlehnung an die ständige Rechtsprechung des Bundessozialgerichts zum Krankenhausbereich Anspruch auf Abschluß eines Versorgungsvertrages (vgl. u. a. BSGE Bd. 51, S. 126; Bd. 59, S. 258 ff.; USK 86245, S. 1157 ff.). Die für die Zulassung von Krankenhäusern erforderliche zusätzliche Voraussetzung, daß die Einrichtung auch die Gewähr für eine „bedarfsgerechte" Versorgung der Bevölkerung bieten muß (vgl. § 109 Abs. 3 SGB V), ist hier nicht vorgegeben.

Mit dieser Beschränkung der Zulassungsvoraussetzungen in Satz 1 auf die Gewähr für eine „leistungsfähige und wirtschaftliche" Versorgung wird den Landesverbänden der Pflegekassen die Möglichkeit eingeräumt, Pflegeeinrichtungen auch über den aktuellen Versorgungsbedarf hinaus zur Pflege der Versicherten zuzulassen. Dadurch soll ein geschlossener Markt der zugelassenen Pflegeeinrichtungen verhindert, neuen, innovativen Leistungsanbietern der Zugang zum „Pflegemarkt" offen gehalten und so der Wettbewerb unter den Pflegeeinrichtungen gefördert werden. Nachteile für die Pflegekassen sind mit der Zulassung bedarfsüberschreitender Versorgungskapazitäten nicht verbunden.

Mit der Regelung in Satz 2 soll für den Bereich der häuslichen Pflege eine besonders orts- und bürgernahe Versorgung gewährleistet werden. Zu diesem Zweck werden die Vertragsparteien verpflichtet, in den Versorgungsverträgen die örtlichen Einzugsbereiche der ambulanten Pflegedienste so festzulegen, daß lange Wege möglichst vermieden werden.

§ 72 Zulassung zur Pflege durch Versorgungsvertrag

Zu beachten ist schließlich die übergreifende Grundsatzvorschrift des § 11 Abs. 2, wonach bei der Zulassung von Pflegeeinrichtungen auf die Vielfalt, die Selbständigkeit, das Selbstverständnis und die Unabhängigkeit der Träger zu achten ist.

Zu Absatz 4

Die Vorschrift regelt die rechtlichen Wirkungen des Versorgungsvertrages.

Satz 1 konkretisiert die Dauer der Zulassung von Pflegeeinrichtungen zur pflegerischen Versorgung der Versicherten. Die in Satz 2 verankerte Versorgungspflicht der Pflegeeinrichtung folgt aus ihrer Zulassung. Hierdurch wird das Pflegeheim oder der Pflegedienst in ein öffentlich-rechtliches Sozialleistungssystem einbezogen, das gesetzliche Rechte und Pflichten miteinander verbindet. Zu den Rechten gehört, daß die Vergütung der ambulanten oder stationären Pflegeleistung auf gesetzlicher Grundlage festgelegt wird, nämlich nach den Vorschriften des Zweiten Abschnitts des Achten Kapitels. Dem stellt Satz 2 die Pflicht der Pflegeeinrichtung gegenüber, die Versicherten im Rahmen ihres Versorgungsauftrages pflegerisch zu versorgen.

Andererseits wird mit der Zulassung der Pflegeeinrichtung zur pflegerischen Versorgung der Versicherten ein „Kontrahierungszwang" für die Pflegekassen aufgelöst. Diese werden nach Satz 3 verpflichtet, die Leistungen der Pflegeeinrichtungen nach Maßgabe der Vorschriften des Zweiten Abschnitts des Achten Kapitels zu vergüten. Dabei ist zu beachten, daß für die Vergütung das Vereinbarungsprinzip gilt.

Aus der Begründung zum ersten Änderungsgesetz

Zu Absatz 4 Satz 2

Durch die Ergänzung des § 72 Abs. 4 wird die Neuregelung in § 37 Abs. 3 zur Durchführung von Pflege-Pflichteinsätzen vertragsrechtlich umgesetzt. Damit wird klargestellt, daß die Ausführung solcher Pflegeeinsätze zu den Pflichten gehört, die für jeden Pflegedienst aus dem Abschluß eines Versorgungsvertrages folgen.

Zu Absatz 5

Nach § 2 Abs. 2 können die Pflegebedürftigen zwischen Einrichtungen und Diensten verschiedener Träger wählen. Der neue Absatz 5 in § 72 unterstützt dieses Wahlrecht durch umfassende Information des Pflegebedürftigen über die Leistungen und Preise der zugelassenen Pflegeeinrichtungen, in deren Einzugsbereich er wohnt. Er dient zugleich der Förderung des Wettbewerbs und der verbesserten Transparenz für den Versicherten. Die den Kassen in Satz 2 auferlegte Beratungspflicht gewährleistet, daß der Pflegebedürftige vor Inanspruchnahme eines Pflegedienstes selbst überprüfen kann, welches Angebot für ihn in seiner persönlichen Situation am vorteilhaftesten ist.

§ 73 Abschluß von Versorgungsverträgen

(1) Der Versorgungsvertrag ist schriftlich abzuschließen.

(2) Gegen die Ablehnung eines Versorgungsvertrages durch die Landesverbände der Pflegekassen ist der Rechtsweg zu den Sozialgerichten gegeben. Ein Vorverfahren findet nicht statt; die Klage hat keine aufschiebende Wirkung.

(3) Mit Pflegeeinrichtungen, die vor dem 1. Januar 1995 ambulante Pflege, teilstationäre Pflege oder Kurzzeitpflege auf Grund von Vereinbarungen mit Sozialleistungsträgern erbracht haben, gilt ein Versorgungsvertrag als abgeschlossen. Satz 1 gilt nicht, wenn die Pflegeeinrichtung die Anforderungen nach § 72 Abs. 3 Satz 1 nicht erfüllt und die zuständigen Landesverbände der Pflegekassen dies im Einvernehmen mit dem zuständigen Träger der Sozialhilfe (§ 72 Abs. 2 Satz 1) bis zum 30. Juni 1995 gegenüber dem Träger der Einrichtung schriftlich geltend machen. Satz 1 gilt auch dann nicht, wenn die Pflegeeinrichtung die Anforderungen nach § 72 Abs. 3 Satz 1 offensichtlich nicht erfüllt. Die Pflegeeinrichtung hat bis spätestens zum 31. März 1995 die Voraussetzungen für den Bestandschutz nach den Sätzen 1 und 2 durch Vorlage von Vereinbarungen mit Sozialleistungsträgern sowie geeigneter Unterlagen zur Prüfung und Beurteilung der Leistungsfähigkeit und Wirtschaftlichkeit gegenüber einem Landesverband der Pflegekassen nachzuweisen. Der Versorgungsvertrag bleibt wirksam, bis er durch einen neuen Versorgungsvertrag abgelöst oder gemäß § 74 gekündigt wird.

§ 73 Abschluß von Versorgungsverträgen

(4) Für vollstationäre Pflegeeinrichtungen gilt Absatz 3 entsprechend mit der Maßgabe, daß der für die Vorlage der Unterlagen nach Satz 3 maßgebliche Zeitpunkt der 30. September 1995 und der Stichtag nach Satz 2 der 30. Juni 1996 ist.

Aus der Begründung der Bundesregierung

Die Vorschrift behandelt drei Sachverhalte: die förmlichen Voraussetzungen für das Zustandekommen eines Versorgungsvertrages (Absatz 1), das Rechtsmittelverfahren bei seiner Ablehnung (Absatz 2) sowie den Bestandsschutz für bestehende Pflegeeinrichtungen (Absatz 3 und 4).

Zu Absatz 1

Der Versorgungsvertrag ist ein öffentlich-rechtlicher Vertrag im Sinne des Zehnten Buches Sozialgesetzbuch, bei dem sich beide Vertragsparteien – der Träger der Pflegeeinrichtung und die Landesverbände der Pflegekassen – gleichrangig und gleichberechtigt gegenüberstehen. Absatz 1 schreibt aus Gründen der Rechtssicherheit für den Abschluß dieses Vertrages die Schriftform vor.

Zu Absatz 2

Der Abschluß des Versorgungsvertrages kommt nach Absatz 1 in Verbindung mit den allgemeinen Grundsätzen des Vertragsrechts durch schriftliche Einigung zwischen den Vertragsparteien zustande. Seine Ablehnung stellt – entsprechend der ständigen Rechtsprechung des Bundessozialgerichts zum Krankenhausbereich (vgl. BSGE Bd. 51 S. 126 ff.; Bd. 59, S. 258 ff.) – einen belastenden Verwaltungsakt dar, mit dem die Landesverbände der Pflegekassen (als öffentlich-rechtliche Körperschaften) dem Träger der Pflegeeinrichtung den Abschluß eines öffentlich-rechtlichen, statusbegründenden Vertrages verweigern. Hiergegen ist nach der ausdrücklichen Bestimmung in Absatz 2 der Rechtsweg zu den Sozialgerichten gegeben.

Der Verzicht auf ein Vorverfahren in Satz 2, 1. Halbsatz, gewährleistet eine zügige Streitentscheidung durch die Sozialgerichte. Die Klage gegen die Ablehnung des Versorgungsvertrages durch die Landesverbände der Pflegekassen hat keine aufschiebende Wirkung (Satz 2, 2. Halbsatz). Diese Regelung ist deswegen notwendig und sachgerecht, weil anderenfalls auch Leistungsanbieter, die offensichtlich nicht die Voraussetzungen für eine Zulassung zur ambulanten oder stationären Pflege erfüllen, der Pflegeversicherung durch einseitige Erklärungen einen (vorläufigen) Versorgungsvertrag aufzwingen könnten. Dies würde weder dem Anspruch des einzelnen Versicherten auf sachgerechte Pflege noch dem Interesse der Solidargemeinschaft entsprechen. Es ist davon auszugehen, daß die Landesverbände der Pflegekassen als dem Gemeinwohl verpflichtete Körperschaften des öffentlichen Rechts das Instrumentarium der Versorgungsverträge unter Beachtung der legitimen Interessen aller Beteiligten sachgerecht nutzen und Leistungsanbieter, die sich um die Zulassung zur pflegerischen Versorgung der Versicherten bewerben, nicht aus willkürlichen Erwägungen abweisen werden.

Zu Absatz 3 und 4

Pflegedienste, die vor dem 1. Januar 1995 ambulante Pflege aufgrund von Vereinbarungen mit Sozialleistungsträgern abgeschlossen haben, genießen Bestandsschutz. Für Pflegeheime ist der 1. Januar 1996 der maßgebliche Stichtag, da der „stationäre Teil" der Pflegeversicherung erst zu diesem Zeitpunkt in Kraft tritt (Absatz 4). Bei ihnen gilt von Gesetzes wegen ein Versorgungsvertrag als abgeschlossen (Satz 1). Besitzstandswahrende Vereinbarungen im Sinne des Satzes 1 sind u. a. die Verträge der Krankenkassen mit Sozialstationen und anderen Pflegediensten über häusliche Pflegehilfe nach § 132 Abs. 1 Satz 2 SGB V sowie die Vereinbarungen zwischen der Liga der freien Wohlfahrtspflege und den (überörtlichen) Sozialhilfeträgern über die Erbringung ambulanter oder stationärer Pflege nach dem Bundessozialhilfegesetz.

Die Bestandsschutzgarantie greift allerdings nicht, wenn die Einrichtung die in der Legaldefinition der ambulanten oder stationären Pflegeeinrichtung (§ 71) aufgestellten gesetzlichen Anforderungen nicht erfüllt oder nicht die Gewähr für eine leistungsfähige und wirtschaftliche pflegerische Versorgung der Versicherten bietet (Satz 2 in Verbindung mit § 72 Abs. 3 Satz 1). Dieses erfordert in jedem Einzelfall eine sorgfältige Prüfung durch die Landesverbände der Pflegekassen; dazu gehören insbesondere auch Rückfragen bei den zuständigen Sozialhilfeträgern.

Die Landesverbände der Pflegekassen sind aus Gründen der Rechtssicherheit gehalten, begründete Einwände bis zum Stichtag des 30. Juni 1994 (bei Pflegeheimen bis zum 30. Juni 1996; Absatz 4) gegenüber dem Träger der Pflegeeinrichtung schriftlich geltend zu machen (Satz 2). Der Träger der Einrichtung soll frühzeitig wissen, woran er ist. Die Kassenverbände können den Einwand, daß eine bestimmte Pflegeeinrichtung nicht die gesetzlichen Voraussetzungen erfüllt, nur gemeinsam geltend machen (§ 81 Abs. 1 Satz 1).

§ 74 Kündigung von Versorgungsverträgen

Aus der Begründung zum ersten Änderungsgesetz
Zu Absatz 3 Satz 3

Der Bestandschutz soll unabhängig von einer rechtzeitigen Beanstandung auch dann nicht entstehen können, wenn die materiellen Voraussetzungen des § 72 Abs. 3 Satz 1 offensichtlich nicht erfüllt sind. Auch wenn eine Beanstandung nicht oder nicht rechtzeitig erfolgt ist, haben solche Einrichtungen, die nach ihrer primären Zweckbestimmung und nach ihrem äußeren Erscheinungsbild offensichtlich keine Pflegedienste oder Pflegeheime sind, keinen Bestandschutz.

§ 74 Kündigung von Versorgungsverträgen

(1) Der Versorgungsvertrag kann von jeder Vertragspartei mit einer Frist von einem Jahr ganz oder teilweise gekündigt werden, von den Landesverbänden der Pflegekassen jedoch nur, wenn die zugelassene Pflegeeinrichtung nicht nur vorübergehend eine der Voraussetzungen des § 72 Abs. 3 Satz 1 nicht oder nicht mehr erfüllt. Vor Kündigung durch die Landesverbände der Pflegekassen ist das Einvernehmen mit dem zuständigen Träger der Sozialhilfe (§ 72 Abs. 2 Satz 1) herzustellen.

(2) Der Versorgungsvertrag kann von den Landesverbänden der Pflegekassen auch ohne Einhaltung einer Kündigungsfrist gekündigt werden, wenn die Einrichtung ihre gesetzlichen oder vertraglichen Verpflichtungen gegenüber den Pflegebedürftigen oder deren Kostenträgern derart gröblich verletzt, daß ein Festhalten an dem Vertrag nicht zumutbar ist. Das gilt insbesondere dann, wenn Pflegebedürftige infolge der Pflichtverletzung zu Schaden kommen oder die Einrichtung nicht erbrachte Leistungen gegenüber den Kostenträgern abrechnet. Das gleiche gilt, wenn dem Träger eines Pflegeheimes nach dem Heimgesetz die Betriebserlaubnis entzogen oder der Betrieb des Heimes untersagt wird. Absatz 1 Satz 2 gilt entsprechend.

§ 74 Kündigung von Versorgungsverträgen

(3) Die Kündigung bedarf der Schriftform. Für Klagen gegen die Kündigung gilt § 73 Abs. 2 entsprechend.

Aus der Begründung der Bundesregierung

Die Vorschrift regelt die Kündigung des Versorgungsvertrages. Sie unterscheidet dabei zwischen fristgebundener Kündigung (Absatz 1) und fristloser Kündigung (Absatz 2).

Zu Absatz 1

Grundsätzlich kann jede Vertragspartei den Versorgungsvertrag mit einer Frist von einem Jahr ganz oder teilweise kündigen (Satz 1). Der Träger der Pflegeeinrichtung kann dies ohne Angabe von Gründen tun. Die Landesverbände der Pflegekassen können dagegen nur mit der ausdrücklichen Begründung kündigen, die Pflegeeinrichtung biete nicht oder nicht mehr die Gewähr für eine wirksame oder wirtschaftliche pflegerische Versorgung der Versicherten (Absatz 1 in Verbindung mit § 72 Abs. 3 Satz 1). Dazu wird ausdrücklich klargestellt, daß die Kündigungstatbestände „nicht nur vorübergehend" erfüllt sein müssen. Sofern die Kündigung auf unwirtschaftliche Betriebsführung gestützt wird, muß diese daher schon wiederholt festgestellt worden oder nicht mehr behebbar sein. Es darf sich auch nicht um nur geringfügige Unwirtschaftlichkeiten handeln, die durch Abstriche in der Leistungsvergütung ausgeglichen werden könnten. Das gleiche gilt, wenn die Kündigung mit mangelnder Leistungsfähigkeit begründet wird. Die Landesverbände der Pflegekassen können den Versorgungsvertrag überdies nur gemeinsam kündigen (§ 81 Abs. 1 Satz 1).

Die Kündigung des Versorgungsvertrages trifft die Pflegeeinrichtung nicht nur in ihrer wirtschaftlichen Existenz, sie kann insbesondere bei Pflegeheimen auch weitreichende Folgen für die pflegebedürftigen Heimbewohner haben, die gegebenenfalls in andere Pflegeeinrichtungen verlegt werden müssen. Nach Satz 2 müssen daher die Landesverbände vor jeder Kündigung das Einvernehmen mit den überörtlichen Trägern der Sozialhilfe herstellen. Durch die Beteiligung der Sozialhilfeträger soll sichergestellt werden, daß schon bei der Vorbereitung dieser gravierenden Entscheidung die Belange der Sozialhilfeempfänger berücksichtigt werden, die durch die Kündigung des Versorgungsvertrages mit einem Pflegeheim oder einem ambulanten Pflegedienst mitbetroffen werden.

Zu Absatz 2

Die Vorschrift räumt den Landesverbänden der Pflegekassen die Möglichkeit ein, den Versorgungsvertrag auch ohne Einhaltung einer Kündi-

§ 74 Kündigung von Versorgungsverträgen

gungsfrist (fristlos) zu kündigen. Satz 1 knüpft die fristlose Kündigung an drei Voraussetzungen:
- Die Pflegeeinrichtung muß ihre gesetzlichen oder vertraglichen Verpflichtungen verletzt haben.
- Es muß sich um Verpflichtungen gegenüber den Pflegebedürftigen oder deren Kostenträgern handeln.
- Die Pflichtverletzung muß derart gröblich sein, daß ein Festhalten an dem Vertrag nicht zumutbar ist.

Als Beispiel für eine gröbliche Pflichtverletzung gegenüber den Kostenträgern nennt Satz 2 die Abrechnung nicht erbrachter Leistungen; eine gröbliche Pflichtverletzung gegenüber einem Pflegebedürftigen nimmt die Vorschrift dann an, wenn dieser durch das Verhalten der Pflegeeinrichtung zu Schaden kommt. Dabei macht es im letzteren Fall keinen Unterschied, ob der Pflegebedürftige (etwa bei Mißhandlungen durch Mitarbeiter der Einrichtung) an Leib und Leben Schaden nimmt oder ob er (z. B. durch Diebstahl oder Betrug) in seinen vermögenswerten Rechten verletzt wird. In beiden Beispielfällen muß die Pflichtverletzung aber dem Träger des Pflegeheims oder Pflegedienstes zurechenbar und so gröblich sein, daß ein Festhalten an dem Vertrag unzumutbar ist.

Bei Pflegeheimen ist eine fristlose Kündigung des Versorgungsvertrages nach Satz 3 auch dann zulässig, wenn dem Träger nach dem Heimgesetz die Betriebserlaubnis entzogen (§ 15 HeimG) oder der Betrieb des Heims (§ 16 HeimG) untersagt wird. Die Versagungsgründe, die eine so schwerwiegende Maßnahme rechtfertigen, sind abschließend im Heimgesetz aufgeführt. Die Regelung geht davon aus, daß ein Pflegeheim, dem unter den strengen Voraussetzungen des Heimgesetzes die Konzession entzogen oder der Betrieb untersagt wird, auch als Vertragspartner der Pflegeversicherung nicht länger tragbar ist. Die in Satz 4 vorgeschriebene entsprechende Anwendung des Absatzes 1 Satz 2 (Beteiligung des überörtlichen Sozialhilfeträgers) dient dem Schutz der Pflegeeinrichtungen.

Zu Absatz 3

Die Kündigung ist wie die Ablehnung des Versorgungsvertrages durch die Landesverbände der Pflegekassen ein belastender Verwaltungsakt. Absatz 3 gewährt daher den Pflegeeinrichtungen gegen die Kündigung den gleichen Rechtsschutz wie gegen die Versagung des Vertrages.

§ 75 Rahmenverträge und Bundesempfehlungen über die pflegerische Versorgung

(1) Die Landesverbände der Pflegekassen schließen unter Beteiligung des Medizinischen Dienstes der Krankenversicherung mit den Vereinigungen der Träger der ambulanten oder stationären Pflegeeinrichtungen im Land gemeinsam und einheitlich Rahmenverträge mit dem Ziel, eine wirksame und wirtschaftliche pflegerische Versorgung der Versicherten sicherzustellen. Für Pflegeeinrichtungen, die einer Kirche oder Religionsgemeinschaft des öffentlichen Rechts oder einem sonstigen freigemeinnützigen Träger zuzuordnen sind, können die Rahmenverträge auch von der Kirche oder Religionsgemeinschaft oder von dem Wohlfahrtsverband abgeschlossen werden, dem die Pflegeeinrichtung angehört. Bei Rahmenverträgen über ambulante Pflege sind die Arbeitsgemeinschaften der örtlichen Sozialhilfeträger, bei Rahmenverträgen über stationäre Pflege die überörtlichen Sozialhilfeträger und die Arbeitsgemeinschaften der örtlichen Sozialhilfeträger als Vertragspartei am Vertragsschluß zu beteiligen. Die Rahmenverträge sind für die Pflegekassen und die zugelassenen Pflegeeinrichtungen im Inland unmittelbar verbindlich.

(2) Die Verträge regeln insbesondere:

1. den Inhalt der Pflegeleistungen sowie bei stationärer Pflege die Abgrenzung zwischen den allgemeinen Pflegeleistungen, den Leistungen bei Unterkunft und Verpflegung und den Zusatzleistungen,

2. die allgemeinen Bedingungen der Pflege einschließlich der Kostenübernahme, der Abrechnung der Entgelte und der hierzu erforderlichen Bescheinigungen und Berichte,

3. Maßstäbe und Grundsätze für eine wirtschaftliche und leistungsbezogene, am Versorgungsauftrag orientierte personelle Ausstattung der Pflegeeinrichtungen,

§ 75 Rahmenverträge und Bundesempfehlungen über die pflegerische Versorgung

4. die Überprüfung der Notwendigkeit und Dauer der Pflege,
5. Abschläge von der Pflegevergütung bei vorübergehender Abwesenheit (Krankenhausaufenthalt, Beurlaubung) des Pflegebedürftigen aus dem Pflegeheim,
6. den Zugang des Medizinischen Dienstes und sonstiger von den Pflegekassen beauftragter Prüfer zu den Pflegeeinrichtungen,
7. die Verfahrens- und Prüfungsgrundsätze für Wirtschaftlichkeitsprüfungen einschließlich der Verteilung der Prüfungskosten,
8. die Grundsätze zur Festlegung der örtlichen oder regionalen Einzugsbereiche der Pflegeeinrichtungen, um Pflegeleistungen ohne lange Wege möglichst orts- und bürgernah anzubieten.

(3) Kommt ein Vertrag nach Absatz 1 über Regelungsbereiche, die die ambulante Pflege betreffen, bis zum 31. März 1995 ganz oder teilweise nicht zustande, wird sein Inhalt auf Antrag einer Vertragspartei durch die Schiedsstelle nach § 76 festgesetzt. Für Verträge über Regelungsbereiche, die die stationäre Pflege betreffen, gilt Satz 1 entsprechend mit der Maßgabe, daß Stichtag der 31. Dezember 1995 ist.

(4) Die Verträge nach Absatz 1 können von jeder Vertragspartei mit einer Frist von einem Jahr ganz oder teilweise gekündigt werden. Satz 1 gilt entsprechend für die von der Schiedsstelle nach Absatz 3 getroffenen Regelungen. Diese können auch ohne Kündigung jederzeit durch einen Vertrag nach Absatz 1 ersetzt werden.

(5) Die Spitzenverbände der Pflegekassen und die Vereinigungen der Träger der Pflegeeinrichtungen auf Bundesebene sollen unter Beteiligung des Medizinischen Dienstes der Spitzenverbände der Krankenkassen gemeinsam mit der Bundesvereinigung der kommunalen Spitzenverbände und der

§ 75 Rahmenverträge und Bundesempfehlungen über die pflegerische Versorgung

Bundesarbeitsgemeinschaft der überörtlichen Träger der Sozialhilfe **Empfehlungen** zum Inhalt der Verträge nach Absatz 1 abgeben.

S. Empfehlungen gem. § 75, Abs. 5 SGB XI, S. ....

Aus der Begründung der Bundesregierung

Die Regelung verpflichtet die Selbstverwaltung, die gesetzlichen Vorgaben für eine zweckmäßige und wirtschaftliche Versorgung der Pflegebedürftigen, unter Einbeziehung des Sachverstandes der überörtlichen Träger der Sozialhilfe durch Rahmenverträge (Landesebene) und Rahmenempfehlungen (Bundesebene) umzusetzen.

Zu Absatz 1

Satz 1 bestimmt die Landesverbände der Pflegekassen und die Trägervereinigungen der ambulanten und stationären Pflegeeinrichtungen als Vertragsparteien. Sie können grundsätzlich nur einheitlich und gemeinsam handeln. Mehrheitsentscheidungen sind nicht vorgesehen. Bei Nichteinigung kann die unabhängige Schiedsstelle angerufen werden (Absatz 3). Die abgeschlossenen Verträge sind nicht nur für die Vertragsparteien, sondern auch für alle Pflegekassen und zugelassenen Pflegeeinrichtungen unmittelbar verbindlich (Satz 4). Dadurch wird nach dem Vorbild der zweiseitigen Verträge für den Krankenhausbereich (§ 112 SGB V) ein landesweites materielles Pflegevertragsrecht geschaffen. Die in Absatz 5 vorgesehenen Empfehlungen der Spitzenverbände der Beteiligten zum Inhalt der Rahmenverträge dienen dem Zweck, ein e möglichst gleichmäßige Versorgung im gesamten Bundesgebiet zu fördern.

Satz 2 stellt klar, daß die Rahmenverträge für Pflegeeinrichtungen, die (unbeschadet ihrer Rechtsform) einer verfaßten Kirche oder Religionsgemeinschaft oder einem freigemeinnützigen Träger zuzuordnen sind, auch von der betreffenden Kirche oder Religionsgemeinschaft oder von dem Wohlfahrtsverband abgeschlossen werden können, dem die Einrichtung angehört. Für die kirchlichen Pflegeeinrichtungen wird damit dem besonderen Selbstbestimmungsrecht der Religionsgemeinschaften in eigenen Angelegenheiten mit Artikel 137 Abs. 3 der Weimarer Reichsverfassung Rechnung getragen. Die Regelung berücksichtigt, daß nach dem Selbstverständnis der Kirchen die Religions- ausübung auch das karitative Wirken umfaßt, insbesondere die kirchlich getragene Krankenhaus- und Heimpflege. Von einem vergleichbaren Selbstverständnis sind auch die übrigen freigemeinnützigen Träger in der Liga der freien Wohlfahrtspflege geprägt, die bislang gemeinsam mit den Kirchen und Religionsgemeinschaften die pflegerische

§ 75 Rahmenverträge und Bundesempfehlungen über die pflegerische Versorgung

Versorgung in Deutschland sichergestellt haben. Dieser besonderen Bedeutung der kirchlichen und freigemeinnützigen Träger wird hier dadurch Rechnung getragen, daß sie sich beim Abschluß der Rahmenverträge auch von ihren Kirchen oder Wohlfahrtsverbänden vertreten lassen können. Für die katholischen, evangelischen oder jüdischen Pflegeeinrichtungen bieten sich dabei in erster Linie die zuständigen Diözesan-Caritasverbände, die Diakonischen Landesverbände oder die Landesverbände der jüdischen Gemeinden, für die übrigen freigemeinnützigen Pflegeeinrichtungen die Liga der freien Wohlfahrtspflege als Vertragspartner an, die natürlich ihre Rahmenverträge auch gemeinsam mit den Landesverbänden der Pflegekassen abschließen können. Die Einbeziehung der kirchlichen und freigemeinnützigen Pflegeeinrichtungen und ihrer Verbände in das Rahmenvertragsrecht entspricht der Entscheidung des Bundesverfassungsgerichts vom 27. Juli 1983 (Az: 2 BvR 1084/83 und 1085/83) zu dem insoweit vergleichbaren Krankenhausbereich. Sie ist dort ausdrücklich als verfassungsgemäß anerkannt worden.

Zu Absatz 2 und 3

Die aufgeführten Vertragsgegenstände sind nicht abschließend; sie zeigen jedoch die wichtigsten Bereiche auf, die im Interesse einer wirksamen Versorgung alsbald nach Inkrafttreten dieses Buches geregelt werden müssen. Die dazu den Vertragsparteien in Absatz 3 gesetzten Fristen mit der Möglichkeit der Ersatzvornahme durch die unabhängige Schiedsstelle verdeutlichen die Dringlichkeit des gesetzlichen Auftrages an die Selbstverwaltung der Beteiligten.

Zu Absatz 4

Die Kündigungsvorschrift in Absatz 4 gilt auch für die von der Landesschiedsstelle im Konfliktfall getroffenen Regelungen. Diese bleiben verbindlich, bis sie nach erfolgter Kündigung durch einen Vertrag nach Absatz 1 ersetzt werden. Die Vertragsparteien können auch ohne Kündigung die Schiedsstellenentscheidung jederzeit durch einen Vertrag ablösen.

Zu Absatz 5

Den Spitzenverbänden der Beteiligten auf Bundesebene wird in Form einer Sollvorschrift aufgegeben, Rahmenempfehlungen zum Inhalt der zweiseitigen Verträge auf Landesebene nach Absatz 1 abzugeben.

§ 76 Schiedsstelle

(1) Die Landesverbände der Pflegekassen und die Vereinigungen der Träger der Pflegeeinrichtungen im Land bilden gemeinsam für jedes Land eine Schiedsstelle. Diese entscheidet in den ihr nach diesem Buch zugewiesenen Angelegenheiten.

(2) Die Schiedsstelle besteht aus Vertretern der Pflegekassen und Pflegeeinrichtungen in gleicher Zahl sowie einem unparteiischen Vorsitzenden und zwei weiteren unparteiischen Mitgliedern. Der Schiedsstelle gehört auch ein Vertreter des Verbandes der privaten Krankenversicherung e.V. sowie der überörtlichen Träger der Sozialhilfe im Land an, die auf die Zahl der Vertreter der Pflegekassen angerechnet werden. Die Vertreter der Pflegekassen und deren Stellvertreter werden von den Landesverbänden der Pflegekassen, die Vertreter der Pflegeeinrichtungen und deren Stellvertreter von den Vereinigungen der Träger der Pflegedienste und Pflegeheime im Land bestellt; bei der Bestellung der Vertreter der Pflegeeinrichtungen ist die Trägervielfalt zu beachten. Der Vorsitzende und die weiteren unparteiischen Mitglieder werden von den beteiligten Organisationen gemeinsam bestellt. Kommt eine Einigung nicht zustande, werden sie durch Los bestimmt. Soweit beteiligte Organisationen keinen Vertreter bestellen oder im Verfahren nach Satz 4 keine Kandidaten für das Amt des Vorsitzenden oder der weiteren unparteiischen Mitglieder benennen, bestellt die zuständige Landesbehörde auf Antrag einer der beteiligten Organisationen die Vertreter und benennt die Kandidaten.

(3) Die Mitglieder der Schiedsstelle führen ihr Amt als Ehrenamt. Sie sind an Weisungen nicht gebunden. Jedes Mitglied hat eine Stimme. Die Entscheidungen werden mit der Mehrheit der Mitglieder getroffen. Ergibt sich keine Mehrheit, gibt die Stimme des Vorsitzenden den Ausschlag.

(4) Die Rechtsaufsicht über die Schiedsstelle führt die zuständige Landesbehörde.

(5) Die Landesregierungen werden ermächtigt, durch Rechtsverordnung das Nähere über die Zahl, die Bestellung, die Amtsdauer und die Amtsführung, die Erstattung der baren Auslagen und die Entschädigung für Zeitaufwand der Mitglieder der Schiedsstelle, die Geschäftsführung, das Verfahren, die Erhebung und die Höhe der Gebühren sowie über die Verteilung der Kosten zu bestimmen.

S. Schiedstellenverordnung

**Dritter Abschnitt
Beziehungen zu sonstigen Leistungserbringern**

§ 77 Häusliche Pflege durch Einzelpersonen

(1) Zur Sicherstellung der häuslichen Pflege und hauswirtschaftlichen Versorgung kann die zuständige Pflegekasse einen Vertrag mit einzelnen geeigneten Pflegekräften schließen, soweit und solange eine Versorgung nicht durch einen zugelassenen Pflegedienst gewährleistet werden kann; Verträge mit Verwandten oder Verschwägerten des Pflegebedürftigen bis zum dritten Grad sowie mit Personen, die mit dem Pflegebedürftigen in häuslicher Gemeinschaft leben, sind unzulässig. In dem Vertrag sind Inhalt, Umfang, Vergütung sowie Prüfung der Qualität und Wirtschaftlichkeit der vereinbarten Leistungen zu regeln. In dem Vertrag ist weiter zu regeln, daß die Pflegekräfte mit dem Pflegebedürftigen, dem sie Leistungen der häuslichen Pflege und der hauswirtschaftlichen Versorgung erbringen, kein Beschäftigungsverhältnis eingehen dürfen. Soweit davon abweichend Verträge geschlossen sind, sind sie zu kündigen. Die Sätze 3 und 4 gelten nicht, wenn

§ 77 Häusliche Pflege durch Einzelpersonen

1. das Beschäftigungsverhältnis vor dem 1. Mai 1996 bestanden hat und
2. die vor dem 1. Mai 1996 erbrachten Pflegeleistungen von der zuständigen Pflegekasse auf Grund eines von ihr mit der Pflegekraft abgeschlossenen Vertrages vergütet worden sind.

(2) Die Pflegekassen können bei Bedarf einzelne Pflegekräfte zur Sicherstellung der häuslichen Pflege anstellen, für die hinsichtlich der Wirtschaftlichkeit und Qualität ihrer Leistungen die gleichen Anforderungen wie für die zugelassenen Pflegedienste nach diesem Buch gelten.

Aus der Begründung der Bundesregierung

Zu Absatz 1

Absatz 1 gibt den Pflegekassen die Möglichkeit, neben den Pflegediensten auch Einzelpersonen in die ambulante Versorgung der Versicherten einzubeziehen. Statt einer förmlichen Zulassung durch Versorgungsvertrag mit den Landesverbänden der Pflegekassen genügt hier ein Vertrag mit einer Pflegekasse, durch den Inhalt, Umfang, Vergütung sowie die Prüfung der Wirtschaftlichkeit und Qualität der vereinbarten Leistungen individuell festgelegt werden. Diese Regelung dient dazu, die Versorgungsangebote der ambulanten Pflegeeinrichtungen durch gezielt eingesetzte, wohnortnahe Hilfen zu ergänzen.

Zu Absatz 2

Die Pflegekassen erfüllen ihren Sicherstellungsauftrag in erster Linie durch den Abschluß von Versorgungsverträgen und Vergütungsvereinbarungen mit den Leistungserbringern (§ 69). Absatz 2, 1. Halbsatz beschränkt daher die häusliche Pflege der Versicherten durch eigenes Pflegepersonal der Pflegekassen auf die Fälle, in denen dies zur Sicherstellung der häuslichen Pflege erforderlich ist.

Absatz 2, 2. Halbsatz stellt klar, daß für die von den Pflegekassen angestellten Pflegekräfte – insbesondere hinsichtlich der Qualität und Wirtschaftlichkeit ihrer Leistungen – die gleichen Anforderungen gelten wie für die übrigen Pflegeeinrichtungen. Sie genießen also keine Sonderstellung, sondern müssen sich im Wettbewerb mit allen anderen Trägerarten bewähren.

Aus der Begründung zum ersten Änderungsgesetz

Zu Absatz 1 Satz 1

Die Neufassung des Satzes 1 dient der Klarstellung.

Soweit der Pflegebedürftige Sachleistungen (§ 36) in Anspruch nimmt, ist die pflegerische Versorgung grundsätzlich durch einen zugelassenen Pflegedienst sicherzustellen.

Durch die Neufassung des 1. Halbsatzes in Satz 1 wird die Absicht des Gesetzgebers klargestellt, daß Verträge mit einzelnen Personen, die nicht die Voraussetzungen für den Abschluß eines Versorgungsvertrages erfüllen, die Ausnahme bilden. Die Regelung hat den Zweck, Versorgungslücken durch gezielt eingesetzte, wohnortnahe Hilfen zu schließen. Aus der Ausgestaltung der Regelung als „Kannvorschrift" folgt, daß auf den Abschluß eines Vertrages nach Satz 1 (anders als beim Versorgungsvertrag) kein Anspruch besteht.

Die Einführung des 2. Halbsatzes in Satz 1 macht deutlich, daß die Regelung auf die Pflege durch Angehörige keine Anwendung findet. Dadurch wird die Umgehung des Anspruchs auf Pflegegeld (§ 37) und damit eine Überschreitung des Finanzrahmens der Pflegeversicherung verhindert.

Zu Absatz 1 Sätze 3 und 4

Mit der Ergänzung wird verhindert, daß Pflegekräfte im Sinne des Satzes 1 mit den von ihnen betreuten Pflegebedürftigen gleichzeitig ein Beschäftigungsverhältnis eingehen. Hiermit wird erreicht, daß bei selbst sichergestellter Pflege ausschließlich Pflegegeld und die höhere Sachleistung bezogen werden kann.

§ 78 *Verträge über Pflegehilfsmittel*

(1) Die Spitzenverbände der Pflegekassen schließen mit den Leistungserbringern oder deren Verbänden Verträge über die Versorgung der Versicherten mit Pflegehilfsmitteln, soweit diese nicht nach den Vorschriften des Fünften Buches über die Hilfsmittel zu vergüten sind; dabei ist das Pflegehilfsmittelverzeichnis nach Absatz 2 zu beachten. In den Verträgen sind auch die Grundsätze und Maßstäbe sowie das Verfahren für die Prüfung der Wirtschaftlichkeit und Qualität der Versorgung mit Pflegehilfsmitteln zu regeln.

§ 78 Verträge über Pflegehilfsmittel

(2) Die Spitzenverbände der Pflegekassen regeln mit Wirkung für ihre Mitglieder das nähere zur Bemessung der Zuschüsse für Maßnahmen zur Verbesserung des individuellen Wohnumfeldes der Pflegebedürftigen nach § 40 Abs. 4 Satz 2. Sie erstellen als Anlage zu dem Hilfsmittelverzeichnis nach § 128 des Fünften Buches ein Verzeichnis der von der Leistungspflicht der Pflegeversicherung umfaßten Pflegehilfsmittel (Pflegehilfsmittelverzeichnis), soweit diese nicht bereits im Hilfsmittelverzeichnis nach § 128 des Fünften Buches enthalten sind, und schreiben es regelmäßig fort; darin sind gesondert die Pflegehilfsmittel auszuweisen, die:

1. durch Festbeträge vergütet werden; dabei sollen in ihrer Funktion gleichartige und gleichwertige Mittel in Gruppen zusammengefaßt werden,
2. für eine leihweise Überlassung an die Versicherten geeignet sind.

Die Verbände der betroffenen Leistungserbringer sowie die Verbände der Pflegeberufe und der Behinderten sind vor Erstellung und Fortschreibung des Pflegehilfsmittelverzeichnisses anzuhören. Das Pflegehilfsmittelverzeichnis ist im Bundesanzeiger bekanntzugeben.

(3) Die Spitzenverbände der Pflegekassen setzen für die in Absatz 2 Satz 2 Nr. 1 bestimmten Pflegehilfsmittel einheitliche Festbeträge fest. Absatz 2 Satz 3 und 4 gilt entsprechend.

(4) Die Landesverbände der Pflegekassen vereinbaren untereinander oder mit geeigneten Pflegeeinrichtungen das Nähere zur Ausleihe der hierfür nach Absatz 2 Satz 2 Nr. 2 geeigneten Pflegehilfsmittel einschließlich ihrer Beschaffung, Lagerung und Wartung. Die Pflegebedürftigen und die zugelassenen Pflegeeinrichtungen sind von den Pflegekassen oder deren Verbänden in geeigneter Form über die Möglichkeit der Ausleihe zu unterrichten.

§ 78 Verträge über Pflegehilfsmittel

(5) Das Bundesministerium für Arbeit und Sozialordnung wird ermächtigt, das Pflegehilfsmittelverzeichnis nach Absatz 2 und die Festbeträge nach Absatz 3 durch Rechtsverordnung im Einvernehmen mit dem Bundesministerium für Gesundheit und dem Bundesministerium für Familie, Senioren, Frauen und Jugend und mit Zustimmung des Bundesrates zu bestimmen; § 40 Abs. 5 bleibt unberührt.

Aus der Begründung der Bundesregierung

Die Vorschrift behandelt folgende Bereiche: die Versorgung der Versicherten mit Pflegehilfsmitteln durch Verträge zwischen den Spitzenverbänden der Pflegekassen und den Leistungserbringern (Absatz 1), die Aufstellung eines Pflegemittelverzeichnisses (Absatz 2), die Festsetzung von Festbeträgen (Absatz 2 Satz 2 Nr. 1 und Absatz 3) sowie die leihweise Überlassung von Pflegehilfsmitteln (Absatz 2 Satz 2 Nr. 2 und Absatz 4). Außerdem werden die Spitzenverbände der Pflegekassen in die Pflicht genommen, durch gemeinsame Regelungen zur Durchführung des § 40 Abs. 4 Satz 2 eine gleichmäßige Bemessung der Zuschüsse für Maßnahmen zur Verbesserung des individuellen Wohnumfeldes zu gewährleisten (Absatz 2 Satz 1).

Die Verträge nach Absatz 1 sind deswegen auf die Bundesebene gezogen, weil der Katalog der Pflegehilfsmittel begrenzt und daher eine einheitliche, bundesweite Zulassung der Leistungserbringer zweckmäßig ist. Die Aufstellung des Pflegemittelverzeichnisses und die Festbetragsregelungen knüpfen an das bewährte Vorbild des Rechts der gesetzlichen Krankenversicherung zu den Hilfsmitteln an. Die Regelung über die leihweise Überlassung von Pflegehilfsmitteln dient ihrer wirtschaftlichen Nutzung.

Absatz 5 enthält eine Ermächtigung für das Bundesministerium für Arbeit und Sozialordnung, das Pflegemittelverzeichnis (Absatz 2) und die Festbeträge (Absatz 3) gegebenenfalls auch im Verordnungswege zu bestimmen.

Vierter Abschnitt
Wirtschaftlichkeitsprüfungen und Qualitätssicherung

§ 79 *Wirtschaftlichkeitsprüfungen*

(1) Die Landesverbände der Pflegekassen können die Wirtschaftlichkeit und Wirksamkeit der ambulanten, teilstationären und vollstationären Pflegeleistungen durch von ihnen bestellte Sachverständige prüfen lassen; vor Bestellung der Sachverständigen ist der Träger der Pflegeeinrichtung zu hören. Bestehen Anhaltspunkte dafür, daß eine Pflegeeinrichtung die Anforderungen des § 72 Abs. 3 Satz 1 nicht oder nicht mehr erfüllt, sind die Landesverbände zur Einleitung einer Wirtschaftlichkeitsprüfung verpflichtet.

(2) Die Träger der Pflegeeinrichtungen sind verpflichtet, dem Sachverständigen auf Verlangen die für die Wahrnehmung seiner Aufgaben notwendigen Unterlagen vorzulegen und Auskünfte zu erteilen.

(3) Das Prüfungsergebnis ist, unabhängig von den sich daraus ergebenden Folgerungen für eine Kündigung des Versorgungsvertrages nach § 74, in der nächstmöglichen Vergütungsvereinbarung mit Wirkung für die Zukunft zu berücksichtigen.

Aus der Begründung der Bundesregierung

§ 72 Absatz 3 macht die Zulassung einer Pflegeeinrichtung unter anderem von der Wirtschaftlichkeit und Leistungsfähigkeit der Leistungserbringung abhängig. Durch § 79 wird den Pflegekassen das Recht eingeräumt, die Wirtschaftlichkeit und Wirksamkeit der Pflegeleistungen durch Sachverständige überprüfen zu lassen.

Zu Absatz 1

Die Vorschrift verpflichtet die Landesverbände der Pflegekassen, die Wirtschaftlichkeit und Wirksamkeit der Pflegeleistungen – gegebenenfalls

§ 79 Wirtschaftlichkeitsprüfungen

auch gegen den Willen des Trägers der Pflegeeinrichtung – prüfen zu lassen. Die Entscheidung über die Durchführung einer Wirtschaftlichkeitsüberprüfung liegt im Ermessen der Landesverbände der Pflegekassen (Satz 1). Allerdings ist – im Interesse der Wahrung des Wirtschaftlichkeitsgebots – dann eine Prüfung anzusetzen, wenn begründete Anzeichen (etwa bei den Vergütungsverhandlungen) dafür bestehen, daß die Pflegeeinrichtung nicht oder nicht mehr die Gewähr für eine leistungsfähige und wirtschaftliche pflegerische Versorgung bietet (Satz 2).

Eine detaillierte Regelung über die Verfahrens- und Prüfungsgrundsätze ist in Absatz 1 nicht vorgesehen. Die hierzu notwendigen Regelungen sind durch die Pflegekassen und die Trägervereinigungen auf Landesebene im Wege der Rahmenvereinbarungen nach § 75 Abs. 2 Nr. 7 zu treffen.

Der Wirtschaftlichkeitsüberprüfung unterliegen nur die Leistungen von Pflegeeinrichtungen im Sinne der Definition des § 71. Die Wirtschaftlichkeitsüberprüfung der Pflegeleistungen von Einzelpflegern im Sinne des § 77 wird ebenso wie die Wirtschaftlichkeitsüberprüfung der Pflegehilfsmittelversorgung (§ 78, Abs. 1 Satz 2) ausschließlich vertraglich – im Rahmen der Selbstverwaltung – geregelt.

Die Sachverständigen sind durch die Landesverbände der Pflegekassen zu bestellen. Bei der Auswahl der Sachverständigen ist deren Unabhängigkeit und fachliche Eignung ausschlaggebend. Die Bestellung unabhängiger Sachverständiger wird durch die Verlagerung der Auswahl auf die Landesebene begünstigt.

Zu Absatz 2

Absatz 2 verpflichtet die Pflegeeinrichtungen und ihre Mitarbeiter, notwendige Prüfungsunterlagen vorzulegen und Auskünfte zu erteilen. Art und Umfang der Unterlagen und Auskünfte sind in den Rahmenvereinbarungen der Selbstverwaltung über die Verfahrens- und Prüfungsgrundsätze für Wirtschaftlichkeitsprüfungen (§ 75 Abs. 2 Nr. 7) festzulegen.

Zu Absatz 3

Die Feststellung des Prüfungsergebnisses obliegt den Landesverbänden der Pflegekassen, ohne daß – wie beispielsweise nach § 106 Abs. 4 SGB V – ein gemeinsames Gremium der Pflegekassen und Leistungserbringer hierüber entscheidet. Soweit sich aus der Prüfung die unwirtschaftliche Leistungserbringung ergibt, kann dies zur Grundlage für eine Kündigung des Versorgungsvertrages gemäß § 74 gemacht werden. Hiergegen ist der Klageweg gegeben. Dadurch wird eine Überprüfung des Prüfungsergebnisses gewährleistet (§ 74 Abs. 3 in Verbindung mit § 73 Abs. 2).

Auch unterhalb der Schwelle einer Kündigung des Versorgungsvertrages muß eine angemessene Berücksichtigung des Prüfungsergebnisses möglich sein. Daher ist in Absatz 3 ausdrücklich vorgeschrieben, daß das Prüfungsergebnis bei der nächstmöglichen Vergütungsvereinbarung zu beachten ist. Diese Regelung kann sich bei der Preisgestaltung sowohl zugunsten als auch zu Lasten der Pflegeeinrichtungen auswirken.

§ 80 *Qualitätssicherung*

(1) Die Spitzenverbände der Pflegekassen, die Bundesarbeitsgemeinschaft der überörtlichen Träger der Sozialhilfe, die Bundesvereinigung der kommunalen Spitzenverbände und die Vereinigungen der Träger der Pflegeeinrichtungen auf Bundesebene vereinbaren gemeinsam und einheitlich **Grundsätze** und **Maßstäbe** für die Qualität und die Qualitätssicherung der ambulanten und stationären Pflege sowie für das Verfahren zur Durchführung von Qualiätsprüfungen. Sie arbeiten dabei mit dem Medizinischen Dienst der Spitzenverbände der Krankenkassen, den Verbänden der Pflegeberufe und den Verbänden der Behinderten eng zusammen. Die Vereinbarungen sind im Bundesanzeiger zu veröffentlichen; sie sind für alle Pflegekassen und deren Verbände sowie für die zugelassenen Pflegeeinrichtungen unmittelbar verbindlich.

(2) Die zugelassenen Pflegeeinrichtungen sind verpflichtet, sich an **Maßnahmen zur Qualitätssicherung** zu beteiligen; bei stationärer Pflege erstreckt sich die Qualitätssicherung neben den allgemeinen Pflegeleistungen auch auf die Leistungen bei Unterkunft und Verpflegung (§ 87) sowie auf die Zusatzleistungen (§ 88). Die Pflegeeinrichtungen haben auf Verlangen der Landesverbände der Pflegekassen dem Medizinischen Dienst der Krankenversicherung oder den von den Landesverbänden bestellten Sachverständigen die Prüfung der Qualität ihrer Leistungen durch Einzelprüfungen, Stichproben und vergleichende Prüfungen zu ermöglichen. Die Prüfungen sind auf die Qualität der Pflege, der Versorgungsab-

§ 80 Qualitätssicherung

läufe und der Pflegeergebnisse zu erstrecken. Für das Löschen der vom Medizinischen Dienst der Krankenversicherung erhobenen Daten gilt § 107 Abs. 1 Satz 1 Nr. 2 und Satz 2 entsprechend.

(3) Das Ergebnis der Prüfung nach Absatz 2 ist der betroffenen Pflegeeinrichtung von den Landesverbänden der Pflegekassen mitzuteilen. Soweit Qualitätsmängel festgestellt werden, entscheiden die Landesverbände der Pflegekassen nach Anhörung der Pflegeeinrichtung und einer Vereinigung, der der Träger angehört, welche Maßnahmen zu treffen sind, erteilen dem Träger der Einrichtung hierüber Bescheid und setzen ihm dann zugleich eine angemessene Frist zur Beseitigung der festgestellten Mängel. Werden die Mängel nicht fristgerecht beseitigt, können die Landesverbände gemeinsam den Versorgungsvertrag gemäß § 74 Abs. 1, in schwerwiegenden Fällen nach § 74 Abs. 2 kündigen. § 73 Abs. 2 gilt entsprechend.

(4) Hat der Medizinische Dienst Erkenntnisse über Mängel aus Stichproben nach Absatz 2 Satz 2 gewonnen, ist er zur Übermittlung personenbezogener Daten an die Landesverbände der Pflegekassen befugt, soweit dies jeweils für die Anhörung und Erteilung eines Bescheides nach Absatz 3 Satz 2 erforderlich ist. Die Landesverbände der Pflegekassen sind befugt, die Daten nach Satz 1 der Pflegeeinrichtung zu übermitteln, soweit dies für die Anhörung oder eine Stellungnahme der Pflegeeinrichtung zu dem Bescheid nach Absatz 3 Satz 2 erforderlich ist.

(5) Kommen Vereinbarungen nach Absatz 1 bis zum 30. Juni 1995 nicht zustande, wird ihr Inhalt durch Rechtsverordnung des Bundesministeriums für Arbeit und Sozialordnung im Einvernehmen mit dem Bundesministerium für Familie, Senioren, Frauen und Jugend und dem Bundesministerium für Gesundheit und mit Zustimmung des Bundesrates festgelegt.

§ 80 Qualitätssicherung

Aus der Begründung der Bundesregierung

Der gesetzliche Auftrag an die Pflegekassen, eine bedarfsgerechte und gleichmäßige, dem allgemein anerkannten Stand wissenschaftlicher Erkenntnisse entsprechende pflegerische Versorgung der Versicherten zu gewährleisten (§ 69), erfordert eine ständige Sicherung der Qualität der Pflege. Zu diesem Zweck verbindet § 80 folgende Maßnahmen zu einem einheitlichen System der Qualitätssicherung:

– Die Selbstverwaltung der Beteiligten wird in die Pflicht genommen, auf Bundesebene Grundsätze für die Qualität und die Qualitätssicherung der ambulanten und stationären Pflege sowie für das Verfahren zur Durchführung der Qualitätssicherung zu vereinbaren (Absatz 1).

– Die zugelassenen Pflegeeinrichtungen werden verpflichtet, sich an Maßnahmen der Qualitätssicherung zu beteiligen. Dazu gehört, dem Medizinischen Dienst der Krankenversicherung die Überprüfung der Qualität ihrer Leistungen (einschließlich der Prozeß- und Ergebnisqualität) durch Einzelprüfungen, Stichproben oder vergleichende Prüfungen zu ermöglichen (Absatz 2).

– Die Landesverbände der Pflegekassen erhalten die Möglichkeit, unter Beachtung des Grundsatzes der Verhältnismäßigkeit durch geeignete Maßnahmen auf eine Abstellung der festgestellten Mängel hinzuwirken. Dazu gehört als letztes Mittel die Kündigung des Versorgungsvertrages (Absatz 3).

Zur Wahrung ihrer schutzwürdigen Interessen können die Pflegeeinrichtungen die Sozialgerichte anrufen (Absatz 3 Satz 4 in Verbindung mit § 73 Abs. 2).

Für die häusliche Pflege durch Angehörige oder andere nahestehende Pflegepersonen ist die Qualitätssicherung nicht förmlich geregelt. Hier ist es jedoch Aufgabe des Medizinischen Dienstes, dafür zu sorgen, daß bei der Inanspruchnahme des Pflegegeldes die Qualität der damit selbst beschafften Pflege gewährleistet ist (§ 37 Abs. 1 Satz 2).

Absatz 4 ermächtigt das Bundesministerium für Arbeit und Sozialordnung, den Inhalt der Qualitätssicherungsvereinbarungen nach Absatz 1 im Wege der Ersatzvornahme durch Rechtsverordnung zu bestimmen, wenn die Beteiligten in der vorgesehenen Frist (bis Mitte 1995) nicht ihrem gesetzlichen Auftrag zum Abschluß entsprechender Vereinbarungen nachkommen.

§ 81 Verfahrensregelungen

(1) Die Landesverbände der Pflegekassen (§ 52) erfüllen die ihnen nach dem Siebten und Achten Kapitel zugewiesenen Aufgaben gemeinsam. Kommt eine Einigung ganz oder teilweise nicht zustande, gilt § 213 Abs. 2 des Fünften Buches entsprechend. Bei Entscheidungen, die von den Landesverbänden der Pflegekassen mit den Arbeitsgemeinschaften der örtlichen Sozialhilfeträger oder den überörtlichen Sozialhilfeträgern gemeinsam zu treffen sind, werden die Arbeitsgemeinschaften oder die überörtlichen Träger mit zwei Vertretern an der Beschlußfassung nach Satz 1 in Verbindung mit § 213 Abs. 2 des Fünften Buches beteiligt.

(2) Absatz 1 gilt für die den Spitzenverbänden der Pflegekassen (§ 53) nach dem Siebten Kapitel zugewiesenen Aufgaben entsprechend.

Aus der Begründung der Bundesregierung

Die Vorschrift regelt das Verfahren und die Konfliktlösung bei Wahrnehmung ihrer Aufgaben durch die Pflegekassenverbände nach dem Siebten und Achten Kapitel.

Absatz 1 Satz 1 bestimmt, daß die Landesverbände der Pflegekassen die ihnen nach den beiden Kapiteln übertragenen Aufgaben nur gemeinsam wahrnehmen können. Das gleiche gilt nach Absatz 2 für die Spitzenverbände der Pflegekassen.

Für den Fall, daß sich die Landesverbände der Pflegekassen bei der Wahrnehmung ihrer Aufgaben – z. B. über den Abschluß eines Versorgungsvertrages mit dem Träger eines Pflegeheimes – nicht einigen können, verweist Absatz 1 Satz 2 auf die entsprechende Anwendung des für die Spitzenverbände der Krankenkassen geltenden Verfahrens zur Konfliktlösung nach 213 Abs. 2 SGB V. Danach gilt – auf das Beispiel des Versorgungsvertrages übertragen – folgendes:

- In § 213 Abs. 2 Satz 1 SGB V ist den Kassenverbänden aufgegeben, sich über Abschluß oder Ablehnung eines Versorgungsvertrages zu einigen. Dies ist allerdings nur eine Sollvorschrift.
- Bei Nichteinigung entscheidet ein von den Kassenverbänden gebildetes Gremium, das aus neun Mitgliedern besteht, und zwar aus drei

Vertretern der Ortspflegekassen, zwei Vertretern der Ersatzkassen und je einem Vertreter der Betriebspflegekassen, der Innungspflegekassen, der landwirtschaftlichen Pflegekassen und der Bundesknappschaft (§ 213 Abs. 2 Satz 2 SGB V). Die Beschlüsse werden mit der Mehrheit der Vertreter gefaßt.

Auf diese Weise ist sichergestellt, daß stets Mehrheitsentscheidungen über Abschluß, Ablehnung oder Kündigung eines Versorgungsvertrages oder über andere Aufgaben zustande kommen, die die Kassenverbände gemeinsam wahrzunehmen haben.

Achtes Kapitel
Pflegevergütung

Erster Abschnitt
Allgemeine Vorschriften

§ 82 *Finanzierung der Pflegeeinrichtungen*

(1) Zugelassene Pflegeheime und Pflegedienste erhalten nach Maßgabe dieses Kapitels

1. eine leistungsgerechte Vergütung für die allgemeinen Pflegeleistungen (Pflegevergütung) sowie
2. bei stationärer Pflege ein angemessenes Entgelt für Unterkunft und Verpflegung.

Die Pflegevergütung umfaßt bei stationärer Pflege auch die medizinische Behandlungspflege und die soziale Betreuung; sie ist von den Pflegebedürftigen oder deren Kostenträgern zu tragen.

(2) In der Pflegevergütung und in den Entgelten für Unterkunft und Verpflegung dürfen keine Aufwendungen berücksichtigt werden für

§ 82 Finanzierung der Pflegeeinrichtungen

1. Maßnahmen, die dazu bestimmt sind, die für den Betrieb der Pflegeeinrichtung notwendigen Gebäude und sonstigen abschreibungsfähigen Anlagegüter herzustellen, anzuschaffen, wiederzubeschaffen, zu ergänzen, instandzuhalten oder instandzusetzen; ausgenommen sind die zum Verbrauch bestimmten Güter (Verbrauchsgüter), die der Pflegevergütung nach Absatz 1 Satz 1 Nr. 1 zuzuordnen sind,
2. den Erwerb und die Erschließung von Grundstücken,
3. Miete, Pacht, Nutzung oder Mitbenutzung von Grundstücken, Gebäuden oder sonstigen Anlagegütern,
4. den Anlauf oder die innerbetriebliche Umstellung von Pflegeeinrichtungen,
5. die Schließung von Pflegeeinrichtungen oder ihre Umstellung auf andere Aufgaben.

(3) Soweit betriebsnotwendige Investitionsaufwendungen nach Absatz 2 Nr. 1 oder Aufwendungen für Miete, Pacht, Nutzung oder Mitbenutzung von Gebäuden oder sonstige abschreibungsfähige Anlagegüter nach Absatz 2 Nr. 3 durch öffentliche Förderung gemäß § 9 nicht vollständig gedeckt sind, kann die Pflegeeinrichtung diesen Teil der Aufwendungen den Pflegebedürftigen gesondert berechnen. Gleiches gilt, soweit die Aufwendungen nach Satz 1 vom Land durch Darlehen oder sonstige rückzahlbare Zuschüsse gefördert werden. Die gesonderte Berechnung bedarf der **Zustimmung** der zuständigen Landesbehörde; das Nähere hierzu, insbesondere auch zu Art, Höhe und Laufzeit sowie die Verteilung der gesondert berechenbaren Aufwendungen auf die Pflegebedürftigen, wird durch Landesrecht bestimmt.

(4) Pflegeeinrichtungen, die nicht nach Landesrecht gefördert werden, können ihre betriebsnotwendigen Investitionsaufwendungen den Pflegebedürftigen **ohne Zustimmung** der zuständigen Landesbehörde gesondert berechnen. Die geson-

derte Berechnung ist der zuständigen Landesbehörde mitzuteilen.

(5) Öffentliche Zuschüsse zu den laufenden Aufwendungen einer Pflegeeinrichtung (Betriebskostenzuschüsse) sind von der Pflegevergütung abzuziehen.

Aus der Begründung zum ersten Änderungsgesetz

Die Zuordnung der Behandlungspflege und der sozialen Betreuung in Pflegeheimen zu den von der Pflegeversicherung – bis zu deren leistungsrechtlichen Höchstgrenzen – zu vergütenden Aufwendungen stellt eine Folgeänderung zu den in §§ 42, 43 vorgesehenen Änderungen über die Leistungen der Behandlungspflege in Pflegeheimen dar.

§ 82a Ausbildungsvergütung

(1) Ausbildungsvergütung im Sinne dieser Vorschrift ist die Vergütung, die aufgrund von Rechtsvorschriften, Tarifverträgen, entsprechenden allgemeinen Vergütungsregelungen oder aufgrund vertraglicher Vereinbarungen an Personen, die nach Bundes- oder Landesrecht in der Altenpflege oder Altenpflegehilfe ausgebildet werden, während der Dauer ihrer praktischen oder theoretischen Ausbildung zu zahlen ist.

(2) Soweit eine nach diesem Gesetz zugelassene Pflegeeinrichtung nach Bundes- oder Landesrecht zur Ausbildung in der Altenpflege oder Altenpflegehilfe berechtigt oder verpflichtet ist, ist die Ausbildungsvergütung der Personen, die aufgrund eines entsprechenden Ausbildungsvertrages mit der Einrichtung oder ihrem Träger zum Zwecke der Ausbildung in der Einrichtung tätig sind, während der Dauer des Ausbildungsverhältnisses in der Vergütung der allgemeinen Pflegeleistungen (§ 84 Abs. 1, § 89) berücksichtigungsfähig. Betreut die Einrichtung auch Personen, die nicht pflegebedürftig im Sinne dieses Buches sind, so ist in der Pflegevergütung

§ 82a Ausbildungsvergütung

nach Satz 1 nur der Anteil an der Gesamtsumme der Ausbildungsvergütungen berücksichtigungsfähig, der bei einer gleichmäßigen Verteilung der Gesamtsumme auf alle betreuten Personen auf die Pflegebedürftigen im Sinne dieses Buches entfällt. Soweit die Ausbildungsvergütung im Pflegesatz eines zugelassenen Pflegeheimes zu berücksichtigen ist, ist der Anteil, der auf die Pflegebedürftigen im Sinne dieses Buches entfällt, gleichmäßig auf alle pflegebedürftigen Heimbewohner zu verteilen. Satz 1 gilt nicht, soweit

1. die Ausbildungsvergütung oder eine entsprechende Vergütung nach anderen Vorschriften aufgebracht wird oder
2. die Ausbildungsvergütung durch ein landesrechtliches Umlageverfahren nach Absatz 3 finanziert wird.

Die Ausbildungsvergütung ist in der Vergütungsvereinbarung über die allgemeinen Pflegeleistungen gesondert auszuweisen; die §§ 84 bis 86 und 89 gelten entsprechend.

(3) Wird die Ausbildungsvergütung ganz oder teilweise durch ein landesrechtliches Umlageverfahren finanziert, so ist die Umlage in der Vergütung der allgemeinen Pflegeleistungen nur insoweit berücksichtigungsfähig, als sie auf der Grundlage nachfolgender Berechnungsgrundsätze ermittelt wird:

1. Die Kosten der Ausbildungsvergütung werden nach einheitlichen Grundsätzen gleichmäßig auf alle zugelassenen ambulanten, teilstationären und stationären Pflegeeinrichtungen und die Altenheime im Land verteilt. Bei der Bemessung und Verteilung der Umlage ist sicherzustellen, daß der Verteilungsmaßstab nicht einseitig zu Lasten der zugelassenen Pflegeeinrichtungen gewichtet ist. Im übrigen gilt Absatz 2 Satz 2 und 3 entsprechend.
2. Die Gesamthöhe der Umlage darf den voraussichtlichen Mittelbedarf zur Finanzierung eines angemessenen Angebots an Ausbildungsplätzen nicht überschreiten.

3. Aufwendungen für die Vorhaltung, Instandsetzung oder Instandhaltung von Ausbildungsstätten (§§ 9, 82 Abs. 2 bis 4), für deren laufende Betriebskosten (Personal- und Sachkosten) sowie für die Verwaltungskosten der nach Landesrecht für das Umlageverfahren zuständigen Stelle bleiben unberücksichtigt.

(4) Die Höhe der Umlage nach Absatz 3 sowie ihre Berechnungsfaktoren sind von der dafür nach Landesrecht zuständigen Stelle den Landesverbänden der Pflegekassen rechtzeitig vor Beginn der Pflegesatzverhandlungen mitzuteilen. Es genügt die Mitteilung an einen Landesverband; dieser leitet die Mitteilung unverzüglich an die übrigen Landesverbände und an die zuständigen Träger der Sozialhilfe weiter. Bei Meinungsverschiedenheiten zwischen den nach Satz 1 Beteiligten über die ordnungsgemäße Bemessung und die Höhe des von den zugelassenen Pflegeeinrichtungen zu zahlenden Anteils an der Umlage entscheidet die Schiedsstelle nach § 76 unter Ausschluß des Rechtsweges. Die Entscheidung ist für alle Beteiligten nach Satz 1 sowie für die Parteien der Vergütungsvereinbarungen nach dem Achten Kapitel verbindlich; § 85 Abs. 5 Satz 1 und 2, erster Halbsatz, sowie Abs. 6 gilt entsprechend.

§ 83 Verordnung zur Regelung der Pflegevergütung

(1) Die Bundesregierung wird ermächtigt, durch Rechtsverordnung mit Zustimmung des Bundesrates Vorschriften zu erlassen über

1. die Pflegevergütung der Pflegeeinrichtungen einschließlich der Verfahrensregelungen zu ihrer Vereinbarung nach diesem Kapitel,
2. den Inhalt der Pflegeleistungen sowie bei stationärer Pflege die Abgrenzung zwischen den allgemeinen Pflege-

leistungen (§ 84 Abs. 4), den Leistungen bei Unterkunft und Verpflegung (§ 87) und den Zusatzleistungen (§ 88),
3. die Rechnungs- und Buchführungsvorschriften der Pflegeeinrichtungen,
4. Maßstäbe und Grundsätze für eine wirtschaftliche und leistungsbezogene, am Versorgungsauftrag (§ 72 Abs. 1) orientierte personelle Ausstattung der Pflegeeinrichtungen,
5. die nähere Abgrenzung der Leistungsaufwendungen nach Nummer 2 von den Investitionsaufwendungen und sonstigen Aufwendungen nach § 82 Abs. 2.

§ 90 bleibt unberührt.

(2) Eine Rechtsverordnung nach Absatz 1 Satz 1 Nr. 2 und 4 soll nur erlassen werden, wenn
1. ein Rahmenvertrag nach § 75 Abs. 2 innerhalb der Fristen des § 75 Abs. 3 oder
2. eine Schiedsstellenregelung nach §75 Abs. 3 innerhalb von sechs Monaten nach Ablauf dieser Fristen

ganz oder teilweise nicht oder nicht in dem für eine wirksame und wirtschaftliche pflegerische Versorgung der Versicherten erforderlichen Umfang zustande kommen. Nach Erlaß der Rechtsverordnung sind ein Rahmenvertrag oder eine Schiedsstellenregelung zu den von der Verordnung erfaßten Regelungsbereichen nicht mehr zulässig.

Zweiter Abschnitt
Vergütung der stationären Pflegeleistungen

§ 84 *Bemessungsgrundsätze*

(1) Pflegesätze sind die Entgelte der Heimbewohner oder ihrer Kostenträger für die voll- oder teilstationären Pflegeleistungen des Pflegeheimes sowie für medizinische Behandlungspflege und soziale Betreuung.

§ 84 Bemessungsgrundsätze

(2) Die Pflegesätze müssen leistungsgerecht sein. Sie sind nach dem Versorgungsaufwand, den der Pflegebedürftige nach Art und Schwere seiner Pflegebedürftigkeit benötigt, in drei Pflegeklassen einzuteilen. Bei der Zuordnung der Pflegebedürftigen zu den Pflegeklassen sind die Pflegestufen gemäß § 15 zugrunde zu legen, soweit nicht nach der gemeinsamen Beurteilung des Medizinischen Dienstes und der Pflegeleitung des Pflegeheimes die Zuordnung zu einer anderen Pflegeklasse notwendig oder ausreichend ist. Die Pflegesätze müssen **einem** Pflegeheim bei wirtschaftlicher Betriebsführung ermöglichen, seinen Versorgungsauftrag zu erfüllen. Überschüsse verbleiben dem Pflegeheim; Verluste sind von ihm zu tragen. Der Grundsatz der Beitragssatzstabilität ist zu beachten.

(3) Die Pflegesätze sind für alle Heimbewohner des Pflegeheimes nach einheitlichen Grundsätzen zu bemessen; eine Differenzierung nach Kostenträgern ist unzulässig.

(4) Mit den Pflegesätzen sind alle für die Versorgung der Pflegebedürftigen nach Art und Schwere ihrer Pflegebedürftigkeit erforderlichen Pflegeleistungen der Pflegeeinrichtung (allgemeine Pflegeleistungen) abgegolten. Für die allgemeinen Pflegeleistungen dürfen, soweit nichts anderes bestimmt ist, ausschließlich die nach § 85 oder § 86 vereinbarten oder nach § 85 Abs. 5 festgesetzten Pflegesätze berechnet werden, ohne Rücksicht darauf, wer zu ihrer Zahlung verpflichtet ist.

Aus der Begründung der Bundesregierung

Die Regelung geht davon aus, daß Pflegeheime, die in Ausübung ihrer Vertragsfreiheit eine Pflegesatzvereinbarung nach § 94 (= § 85 n.Z.) abschließen, in der Lage sind, mit dem von ihnen vereinbarten Preis auszukommen. Soweit der vereinbarte Pflegesatz die leistungsrechtlichen Obergrenzen der Pflegekassen übersteigt, ist das Pflegeheim befugt, den überschießenden Teil dem Pflegebedürftigen selbst oder gegebenenfalls dem zuständigen Sozialhilfeträger in Rechnung zu stellen. Denn kein Pflegeheim kann gezwungen werden, seine Leistungen unterhalb seiner »Gestehungskosten« anzubieten.

§ 85 Pflegesatzverfahren

Aus der Begründung zum ersten Änderungsgesetz

Die Zuordnung der Aufwendungen für Behandlungspflege und der sozialen Betreuung im Pflegeheim zu den von den Pflegekassen zu übernehmenden Aufwendungen in den §§ 42 und 43 macht eine Anpassung der Regelungen über das Vergütungsverfahren erforderlich. Durch die Anfügung in Absatz 1 wird sichergestellt, daß die Aufwendungen für Leistungen der Behandlungspflege als Bestandteil der Pflegesätze von den Parteien der Pflegesatzverhandlungen nach § 85 oder § 86 ausgehandelt werden.

§ 85 Pflegesatzverfahren

(1) Art, Höhe und Laufzeit der Pflegesätze werden zwischen dem Träger des Pflegeheimes und den Leistungsträgern nach Absatz 2 vereinbart.

(2) Parteien der Pflegesatzvereinbarung (Vertragsparteien) sind der Träger des einzelnen zugelassenen Pflegeheimes sowie

1. die Pflegekassen oder sonstige Sozialversicherungsträger oder von ihnen allein oder gemeinsam gebildete Arbeitsgemeinschaften sowie

2. der für den Sitz des Pflegeheimes zuständige (örtliche oder überörtliche) Träger der Sozialhilfe,

soweit auf den jeweiligen Kostenträger oder die Arbeitsgemeinschaft im Jahr vor Beginn der Pflegesatzverhandlungen jeweils mehr als fünf vom Hundert der Berechnungstage des Pflegeheimes entfallen. Die Pflegesatzvereinbarung ist für jedes zugelassene Pflegeheim gesondert abzuschließen; § 86 Abs. 2 bleibt unberührt. Die Vereinigungen der Pflegeheime im Land, die Landesverbände der Pflegekassen sowie der Verband der privaten Krankenversicherung e.V. im Land können sich am Pflegesatzverfahren beteiligen.

(3) Die Pflegesatzvereinbarung ist im voraus, vor Beginn der jeweiligen Wirtschaftsperiode des Pflegeheimes, für einen zukünftigen Zeitraum (Pflegesatzzeitraum) zu treffen. Das Pfle-

§ 85 Pflegesatzverfahren

geheim hat Art, Inhalt, Umfang und Kosten der Leistungen, für die es eine Vergütung beansprucht, durch Pflegedokumentationen und andere geeignete Nachweise rechtzeitig vor Beginn der Pflegesatzverhandlungen darzulegen. Soweit dies zur Beurteilung seiner Wirtschaftlichkeit und Leistungsfähigkeit im Einzelfall erforderlich ist, hat das Pflegeheim auf Verlangen einer Vertragspartei zusätzliche Unterlagen vorzulegen und Auskünfte zu erteilen. Hierzu gehören auch pflegesatzerhebliche Angaben zum Jahresabschluß nach der Pflege-Buchführungsverordnung, zur personellen und sachlichen Ausstattung des Pflegeheims einschließlich der Kosten sowie zur tatsächlichen Stellenbesetzung und Eingruppierung. Personenbezogene Daten sind zu anonymisieren.

(4) Die Pflegesatzvereinbarung kommt durch Einigung zwischen dem Träger des Pflegeheimes und der **Mehrheit der Kostenträger** nach Absatz 2 Satz 1 zustande, die an der Pflegesatzverhandlung teilgenommen haben. Sie ist schriftlich abzuschließen. Soweit Vertragsparteien sich bei den Pflegesatzverhandlungen durch Dritte vertreten lassen, haben diese vor Verhandlungsbeginn den übrigen Vertragsparteien eine schriftliche Verhandlungs- und Abschlußvollmacht vorzulegen.

(5) Kommt eine Pflegesatzvereinbarung innerhalb von sechs Wochen nicht zustande, nachdem eine Vertragspartei schriftlich zu Pflegesatzverhandlungen aufgefordert hat, setzt die Schiedsstelle nach § 76 auf Antrag einer Vertragspartei die Pflegesätze unverzüglich fest. Satz 1 gilt auch, soweit der nach Absatz 2 Satz 1 Nr. 2 zuständige Träger der Sozialhilfe der Pflegesatzvereinbarung innerhalb von zwei Wochen nach Vertragsabschluß widerspricht; der Sozialhilfeträger kann im voraus verlangen, daß an Stelle der gesamten Schiedsstelle nur der Vorsitzende und die beiden weiteren unparteiischen Mitglieder oder nur der Vorsitzende allein entscheiden. Gegen die Festsetzung ist der Rechtsweg zu den Sozialgerichten gege-

§ 85 Pflegesatzverfahren

ben. Ein Vorverfahren findet nicht statt; die Klage hat keine aufschiebende Wirkung.

(6) Pflegesatzvereinbarungen sowie Schiedsstellenentscheidungen nach Absatz 5 Satz 1 oder 2 treten zu dem darin bestimmten Zeitpunkt in Kraft; sie sind für das Pflegeheim sowie für die in dem Heim versorgten Pflegebedürftigen und deren Kostenträger unmittelbar verbindlich. Ein rückwirkendes Inkrafttreten von Pflegesätzen ist nicht zulässig. Nach Ablauf des Pflegesatzzeitraums gelten die vereinbarten oder festgesetzten Pflegesätze bis zum Inkrafttreten neuer Pflegesätze weiter.

(7) Bei unvorhersehbaren wesentlichen Veränderungen der Annahmen, die der Vereinbarung oder Festsetzung der Pflegesätze zugrunde lagen, sind die Pflegesätze auf Verlangen einer Vertragspartei für den laufenden Pflegesatzzeitraum neu zu verhandeln; die Absätze 3 bis 6 gelten entsprechend.

Aus der Begründung zum ersten Änderungsgesetz

Zu Absatz 2

Nach § 82 Abs. 2 Satz 2 ist die Pflegevergütung von den Pflegebedürftigen oder deren Kostenträgern zu übernehmen. Hauptkostenträger sind die Pflegekassen. Es muß daher gewährleistet sein, daß die Pflegekassen in den Vergütungsverhandlungen angemessen vertreten sind. Nach bisherigem Recht ist eine Pflegekasse Partei der Pflegesatzvereinbarung, soweit auf sie im Jahr vor Beginn der Pflegesatzverhandlungen jeweils mehjr als fünf vom Hundert der Berechnungstage des Pflegeheimes entfallen. Das Quorum wird allerdings nur von einzelnen Pflegekassen erreicht. Durch die Neufassung des Satzes 1 in Absatz 2 erhalten auch Arbeitsgemeinschaften von Pflegekassen oder sonstigen Sozialversicherungsträgern allein oder gemeinsam die Parteifähigkeit, soweit sie das Quorum erfüllen. Damit wird dem Erfordernis Rechnung getragen, die Pflegekassen als Hauptkostenträger sweit wie möglich an den Vergütungsvereinbarungen zu beteiligen, ohne die Zahl der Beteiligten unpraktikabel hoch werden zu lassen.

Mit dem neuen Satz 2 wird klargestellt, daß in dem normalen Pflegesatzverfahren nach § 85 die Pflegesatzvereinbarung für jedes zugelassene Pflegeheim gesondert abzuschließen ist. Das gilt auch für Träger, die mehrere zugelassene Pflegeeinrichtungen betreiben. Dadurch soll einerseits der Wettbewerb unter den Einrichtungen gefördert werden; andererseits wird dem legitimen Interesse der Pflegeheime Rechnung getragen, ihren Anspruch auf eine leistungsgerechte, am konkreten Versorgungsauftrag gemessene Vergütung in die Pflegesatzverhandlungen einzubringen. Die Aushandlung von einheitlichen Pflegesätzen für mehrere Pflegeheime ist dem besonderen Verfahren in der Pflegesatzkommission nach § 86 vorbehalten.

Satz 3 entspricht dem bisherigen Recht.

§ 86 Pflegesatzkommission

(1) Die Landesverbände der Pflegekassen, der Verband der privaten Krankenversicherung e.V., die überörtlichen oder ein nach Landesrecht bestimmter Träger der Sozialhilfe und die Vereinigungen der Pflegeheimträger im Land bilden regional oder landesweit tätige Pflegesatzkommissionen, die anstelle der Vertragsparteien nach § 85 Abs. 2 die Pflegesätze mit Zustimmung der betroffenen Pflegeheimträger vereinbaren können. § 85 Abs. 3 bis 7 gilt entsprechend.

(2) Für Pflegeheime, die in derselben kreisfreien Gemeinde oder in demselben Landkreis liegen, kann die Pflegesatzkommission mit Zustimmung der betroffenen Pflegeheimträger für die gleichen Leistungen einheitliche Pflegesätze vereinbaren. Die beteiligten Pflegeheime sind befugt, ihre Leistungen unterhalb der nach Satz 1 vereinbarten Pflegesätze anzubieten.

(3) Die Pflegesatzkommission oder die Vertragsparteien nach § 85 Abs. 2 können auch Rahmenvereinbarungen abschließen, die insbesondere ihre Rechte und Pflichten, die Vorbereitung, den Beginn und das Verfahren der Pflegesatzverhandlungen sowie Art, Umfang und Zeitpunkt der vom Pflegeheim vorzulegenden Leistungsnachweise und sonstigen Verhandlungsunterlagen näher bestimmen. Satz 1 gilt nicht, soweit für das Pflegeheim verbindliche Regelungen nach § 75 getroffen worden sind.

§ 87 Unterkunft und Verpflegung

Aus der Begründung zum ersten Änderungsgesetz

Zu Absatz 2

Mit der Ergänzung des Satzes 1 in § 86 Abs. 2 wird klargestellt, daß die Vereinbarung einheitlicher Preise für mehrere Pflegeheime im Interesse einer leistungsgerechten Vergütung und der Förderung des Wettbewerbs über den örtlichen Zuständigkeitsbereich eines Landkreises nicht hinausgehen darf. Der Verhandlungsbezirk kann hiernach auch kleiner sein, z. B. eine kreisangehörige Gemeinde oder ein Bezirk in einer kreisfreien Stadt.

Der neue Satz 2 ist eine Ausnahme von der Regelung in § 84 Abs. 4 Satz 2, wonach für die allgemeinen Pflegeleistungen „soweit nichts anderes bestimmt ist", ausschließlich die nach § 85 oder § 86 vereinbarten Preise berechnet werden dürfen; die neue Vorschrift ist eine anderweitige Bestimmung im Sinne des § 84 Abs. 4 Satz 2. Sie ist ein notwendiges Korrektiv zu der Vereinbarung von einheitlichen Preisen für mehrere Pflegeheime. Die neue Regelung gilt nicht nur für die Vergütung der allgemeinen Pflegeleistungen (Pflegesätze), sondern auch für die Vereinbarung von Entgelten für Unterkunft und Verpflegung (vgl. § 87 Satz 3).

§ 87 Unterkunft und Verpflegung

Die als Pflegesatzparteien betroffenen Leistungsträger (§ 85 Abs. 2) vereinbaren mit dem Träger des Pflegeheimes die von den Pflegebedürftigen zu tragenden Entgelte für Unterkunft und Verpflegung. Die Entgelte müssen in einem angemessenen Verhältnis zu den Leistungen stehen. § 84 Abs. 3 und 4 und die §§ 85 und 86 gelten entsprechend; § 88 bleibt unberührt.

§ 88 Zusatzleistungen

(1) Neben den Pflegesätzen nach § 85 und den Entgelten nach § 87 darf das Pflegeheim mit den Pflegebedürftigen über die im Versorgungsvertrag vereinbarten notwendigen Leistungen hinaus (§ 72 Abs. 1 Satz 2) gesondert ausgewiesene Zuschläge für

1. besondere Komfortleistungen bei Unterkunft und Verpflegung sowie
2. zusätzliche pflegerisch-betreuende Leistungen

vereinbaren (Zusatzleistungen). Der Inhalt der notwendigen Leistungen und deren Abgrenzung von den Zusatzleistungen werden in den Rahmenverträgen nach § 75 festgelegt.

(2) Die Gewährung und Berechnung von Zusatzleistungen ist nur zulässig, wenn:
1. dadurch die notwendigen stationären oder teilstationären Leistungen des Pflegeheimes (§ 84 Abs. 4 und § 87) nicht beeinträchtigt werden,
2. die angebotenen Zusatzleistungen nach Art, Umfang, Dauer und Zeitabfolge sowie die Höhe der Zuschläge und die Zahlungsbedingungen vorher schriftlich zwischen dem Pflegeheim und dem Pflegebedürftigen vereinbart worden sind,
3. das Leistungsangebot und die Leistungsbedingungen den Landesverbänden der Pflegekassen und den überörtlichen Trägern der Sozialhilfe im Land vor Leistungsbeginn schriftlich mitgeteilt worden sind.

Dritter Abschnitt
Vergütung der ambulanten Pflegeleistungen

§ 89 Grundsätze für die Vergütungsregelung

(1) Die Vergütung der ambulanten Pflegeleistungen und der hauswirtschaftlichen Versorgung wird, soweit nicht die Gebührenordnung nach § 90 Anwendung findet, zwischen dem Träger des Pflegedienstes und den Leistungsträgern nach Absatz 2 für alle Pflegebedürftigen nach einheitlichen Grundsätzen vereinbart. Sie muß leistungsgerecht sein. Die Vergü-

§ 89 Grundsätze für die Vergütungsregelung

tung muß einem Pflegedienst bei wirtschaftlicher Betriebsführung ermöglichen, seinen Versorgungsauftrag zu erfüllen; eine Differenzierung in der Vergütung nach Kostenträgern ist unzulässig.

(2) Vertragsparteien der Vergütungsvereinbarung sind der Träger des Pflegedienstes sowie

1. die Pflegekassen oder sonstige Sozialversicherungsträger oder von ihnen allein oder gemeinsam gebildete Arbeitsgemeinschaften sowie

2. der für den Sitz des Pflegedienstes zuständige (örtliche oder überörtliche) Träger der Sozialhilfe,

soweit auf den jeweiligen Kostenträger oder die Arbeitsgemeinschaft im Jahr vor Beginn der Vergütungsverhandlungen jeweils mehr als fünf vom Hundert der vom Pflegedienst betreuten Pflegebedürftigen entfallen. Die Vergütungsvereinbarung ist für jeden Pflegedienst gesondert abzuschließen.

(3) Die Vergütungen können, je nach Art und Umfang der Pflegeleistung, nach dem dafür erforderlichen Zeitaufwand oder unabhängig vom Zeitaufwand nach dem Leistungsinhalt des jeweiligen Pflegeeinsatzes, nach Komplexleistungen oder in Ausnahmefällen auch nach Einzelleistungen bemessen werden; sonstige Leistungen wie hauswirtschaftliche Versorgung, Behördengänge oder Fahrkosten können auch mit Pauschalen vergütet werden. **§ 84 Abs. 4 Satz 2, § 85 Abs. 3 bis 7 und § 86 gelten entsprechend.**

Aus der Begründung zum ersten Änderungsgesetz

Zu Absatz 2

Durch die Änderung wird gewährleistet, daß auch Arbeitsgemeinschaften von Pflegekassen oder sonstiger Sozialversicherungsträger allein oder gemeinsam Parteien der Pflegevergütungsvereinbarung sein können. Es handelt sich um eine parallele Anpassung zu der Änderung des § 85 Abs. 2.

§ 90 Gebührenordnung für ambulante Pflegeleistungen

(1) Das Bundesministerium für Arbeit und Sozialordnung wird ermächtigt, im Einvernehmen mit dem Bundesministerium für Familie, Senioren, Frauen und Jugend und dem Bundesministerium für Gesundheit durch Rechtsverordnung mit Zustimmung des Bundesrates eine Gebührenordnung für die Vergütung der ambulanten Pflegeleistungen und der hauswirtschaftlichen Versorgung der Pflegebedürftigen zu erlassen, soweit die Versorgung von der Leistungspflicht der Pflegeversicherung umfaßt ist. Die Vergütung muß leistungsgerecht sein, den Bemessungsgrundsätzen nach § 89 entsprechen und hinsichtlich ihrer Höhe regionale Unterschiede berücksichtigen. § 82 Abs. 2 gilt entsprechend. In der Verordnung ist auch das Nähere zur Abrechnung der Vergütung zwischen den Pflegekassen und den Pflegediensten zu regeln.

(2) Die Gebührenordnung gilt nicht für die Vergütung von ambulanten Pflegeleistungen und der hauswirtschaftlichen Versorgung durch Familienangehörige und sonstige Personen, die mit dem Pflegebedürftigen in häuslicher Gemeinschaft leben. Soweit die Gebührenordnung Anwendung findet, sind die davon betroffenen Pflegeeinrichtungen und Pflegepersonen nicht berechtigt, über die Berechnung der Gebühren hinaus weitergehende Ansprüche an die Pflegebedürftigen oder deren Kostenträger zu stellen.

Vierter Abschnitt
Kostenerstattung, Landespflegeausschüsse

§ 91 *Kostenerstattung*

(1) Zugelassene Pflegeeinrichtungen, die auf eine vertragliche Regelung der Pflegevergütung nach den §§ 85 und 89 verzichten oder mit denen eine solche Regelung nicht zustande kommt, können den Preis für ihre ambulanten oder stationären Leistungen unmittelbar mit den Pflegebedürftigen vereinbaren.

(2) Den Pflegebedürftigen werden die ihnen von den Einrichtungen nach Absatz 1 berechneten Kosten für die pflegebedingten Aufwendungen erstattet. Die Erstattung darf jedoch 80 vom Hundert des Betrages nicht überschreiten, den die Pflegekasse für den einzelnen Pflegebedürftigen nach Art und Schwere seiner Pflegebedürftigkeit nach dem Dritten Abschnitt des Vierten Kapitels zu leisten hat. Eine weitergehende Kostenerstattung durch einen Träger der Sozialhilfe ist unzulässig.

(3) Die Absätze 1 und 2 gelten entsprechend für Pflegebedürftige, die nach Maßgabe dieses Buches bei einem privaten Versicherungsunternehmen versichert sind.

(4) Die Pflegebedürftigen und ihre Angehörigen sind von der Pflegekasse und der Pflegeeinrichtung rechtzeitig auf die Rechtsfolgen der Absätze 2 und 3 hinzuweisen.

Aus dem Rundschreiben der Pflegekassen

1. Allgemeines

Die häuslichen Pflegeeinsätze von Sozialstationen und anderen ambulanten Pflegediensten sowie die teil- und vollstationären Pflegeleistungen werden als Dienst- oder Sachleistungen von den Pflegekassen – bis zum jeweiligen Höchstwert – unmittelbar den Trägern der Pflegeeinrichtungen vergütet. Hiervon mach § 91 eine Ausnahme für Pflegeeinrichtungen, die bewußt auf den Abschluß einer Vergütungsvereinbarung mit den Pflegekassen verzichten oder mit denen eine solche Vereinbarung – z. B. wegen unangemessener Forderungen – nicht zustande kommt.

2. Leistungsumfang

(1) Die Erstattung richtet sich nach der Höhe des individuellen Leistungsanspruchs des Pflegebedürftigen nach den §§ 36, 38, 39 und 41 bis 43 SGB XI und ist auf 80 v. H. der diesbzgl. Leistungen beschränkt. Der Anspruch auf Kostenerstattung ist aber davon abhängig, daß es sich bei der in Anspruch genommenen Einrichtung um eine Vertragseinrichtung nach den §§ 71, 72 SGB XI handelt.

(2) Der von der Pflegekasse nicht erstattete Vergütungsteil kann nicht von einem Sozialhilfeträger übernommen werden.

(3) Die in Anspruch genommene Pflegeeinrichtung hat die Pflegebedürftigen und ihre Angehörigen rechtzeitig darauf hinzuweisen, daß sie lediglich einen begrenzten Kostenerstattungsanspruch gegenüber der Pflegekasse und keinen Anspruch auf Erstattung des Differenzbetrages durch einen Sozialhilfeträger haben.

§ 92 *Landespflegeausschüsse*

(1) Zur Beratung über Fragen der Finanzierung und des Betriebs von Pflegeeinrichtungen wird für jedes Land oder für Teile des Landes von den Beteiligten nach Absatz 2 ein Landespflegeausschuß gebildet. Der Ausschuß kann einvernehmlich Empfehlungen abgeben, insbesondere zum Aufbau und zur Weiterentwicklung eines regional und fachlich gegliederten Versorgungssystems einander ergänzender Pflegedienste und Pflegeheime, zur Pflegevergütung, zur Gestaltung und Bemessung der Entgelte bei Unterkunft und Verpflegung und zur Berechnung der Zusatzleistungen, Pflegekassen und Pflegeeinrichtungen haben die Empfehlungen nach Satz 2 insbesondere bei dem Abschluß von Versorgungsverträgen und Vergütungsvereinbarungen angemessen zu berücksichtigen.

(2) Der Landespflegeausschuß besteht insbesondere aus Vertretern der Pflegeeinrichtungen und Pflegekassen einschließlich eines Vertreters des Medizinischen Dienstes der

§ 92 Landespflegeausschüsse

Krankenversicherung in gleicher Zahl sowie einem Vertreter der zuständigen Landesbehörde. Dem Ausschuß gehören auch je ein Vertreter der Träger der überörtlichen Sozialhilfe, des Verbandes der privaten Krankenversicherung e.V. und der kommunalen Spitzenverbände im Land an. Die Vertreter der Pflegeeinrichtungen und deren Stellvertreter werden unter Beachtung des Grundsatzes der Trägervielfalt von den Vereinigungen der Träger der Pflegeeinrichtungen im Land, die Vertreter der Pflegekassen und deren Stellvertreter von den Landesverbänden der Pflegekassen bestellt. Die Beteiligten wählen aus ihrer Mitte einen Vorsitzenden. § 76 Abs. 2 Satz 6 gilt entsprechend.

(3) Die zuständige Landesbehörde führt die Geschäfte des Ausschusses.

(4) Die Landesregierungen werden ermächtigt, durch Rechtsverordnung das Nähere über die Zahl, die Bestellung, die Amtsdauer und die Amtsführung, die Erstattung der baren Auslagen und die Entschädigung für den Zeitaufwand der Mitglieder des Landespflegeausschusses, die Berufung weiterer Mitglieder über die in Absatz 2 genannten Organisationen hinaus, die Geschäftsführung, das Verfahren, die Erhebung und die Höhe der Gebühren sowie über die Verteilung der Kosten zu bestimmen.

Neuntes Kapitel
Datenschutz und Statistik

Erster Abschnitt
Informationsgrundlagen

**Erster Titel
Grundsätze der Datenverwendung**

§ 93 Anzuwendende Vorschriften

Für den Schutz personenbezogener Daten bei der Erhebung, Verarbeitung und Nutzung in der Pflegeversicherung gelten der § 35 des Ersten Buches, die §§ 67 bis 85 des Zehnten Buches sowie die Vorschriften dieses Buches.

§ 94 Personenbezogene Daten bei den Pflegekassen

(1) Die Pflegekassen dürfen personenbezogene Daten für Zwecke der Pflegeversicherung nur erheben, verarbeiten und nutzen, soweit dies für:
1. die Feststellung des Versicherungsverhältnisses (§§ 20 bis 26) und der Mitgliedschaft (§ 49),
2. die Feststellung der Beitragspflicht und der Beiträge, deren Tragung und Zahlung (§§ 54 bis 61),

3. die Prüfung der Leistungspflicht und die Gewährung von Leistungen an Versicherte (§§ 4 und 28),
4. die Beteiligung des Medizinischen Dienstes (§§ 18 und 40),
5. die Abrechnung mit den Leistungserbringern und die Kostenerstattung (§§ 84 bis 91 und 105),
6. die Überwachung der Wirtschaftlichkeit und der Qualität der Leistungserbringung (§§ 79 und 80),
7. die Beratung über Maßnahmen der Prävention und Rehabilitation sowie über die Leistungen und Hilfen zur Pflege (§ 7),
8. die Koordinierung pflegerischer Hilfen (§ 12),
9. die Abrechnung mit anderen Leistungsträgern,
10. statistische Zwecke (§ 109)

erforderlich ist.

(2) Die nach Absatz 1 erhobenen und gespeicherten personenbezogenen Daten dürfen für andere Zwecke nur verarbeitet oder genutzt werden, soweit dies durch Rechtsvorschriften des Sozialgesetzbuches angeordnet oder erlaubt ist.

(3) Versicherungs- und Leistungsdaten der für Aufgaben der Pflegekasse eingesetzten Beschäftigten einschließlich der Daten ihrer mitversicherten Angehörigen dürfen Personen, die kasseninterne Personalentscheidungen treffen oder daran mitwirken können, weder zugänglich sein noch diesen Personen von Zugriffsberechtigten offenbart werden.

§ 95 Personenbezogene Daten bei den Verbänden der Pflegekassen

(1) Die Verbände der Pflegekassen dürfen personenbezogene Daten für Zwecke der Pflegeversicherung nur erheben, verarbeiten und nutzen, soweit diese für:

1. die Überwachung der Wirtschaftlichkeit und der Qualitätssicherung der Leistungserbringung (§§ 79 und 80),
2. den Abschluß und die Kündigung von Versorgungsverträgen (§§ 73 und 74),
3. die Wahrnehmung der ihnen nach §§ 52 und 53 zugewiesenen Aufgaben

erforderlich sind.

(2) § 94 Abs. 2 und 3 gilt entsprechend.

§ 96 Gemeinsame Verarbeitung und Nutzung personenbezogener Daten

(1) Die Spitzenverbände der Pflegekassen und der Krankenkassen können gemeinsam und einheitlich festlegen, daß die nach § 46 Abs. 1 v erbundenen Pflegekassen und Krankenkassen

1. die Daten zur Festlegung der Versicherungspflicht und der Familienversicherung, zur Bemessung und Einziehung der Beiträge sowie zur Feststellung des Leistungsanspruchs gemeinsam verarbeiten und nutzen, soweit sie für ihre jeweiligen Aufgaben dieselben Daten benötigen,
2. Angaben über Leistungsvoraussetzungen nach § 102 dieses Buches oder § 292 Abs. 1 des Fünften Buches gemeinsam verarbeiten und nutzen, soweit dies zur Vermeidung von Doppelleistungen erforderlich ist.

Dabei sind die Daten, die gemeinsam verarbeitet und genutzt werden sollen, abschließend unter Beteiligung des Bundesbeauftragten für den Datenschutz und des Bundesministers für Arbeit und Sozialordnung festzulegen.

(2) Soweit personenbezogene Daten den Krankenkassen oder Pflegekassen von einem Arzt oder einer anderen in § 203

Abs. 1 oder 3 des Strafgesetzbuches genannten Stelle zugänglich gemacht worden sind, bleibt § 76 des Zehnten Buches unberührt.

(3) § 286 des Fünften Buches gilt für die Pflegekassen entsprechend. In der nach dieser Vorschrift zu veröffentlichenden Datenübersicht ist festzuhalten, welche Daten nur von den Krankenkassen, welche nur von den Pflegekassen und welche gemeinsam verarbeitet oder genutzt werden.

(4) Die Absätze 1 bis 3 gelten entsprechend für die Verbände der Pflege- und Krankenkassen.

§ 97 Personenbezogene Daten beim Medizinischen Dienst

(1) Der Medizinische Dienst darf personenbezogene Daten für Zwecke der Pflegeversicherung nur erheben, verarbeiten und nutzen, soweit dies für die Prüfungen, Beratungen und gutachtlichen Stellungnahmen nach den §§ 18, 40 und 80 erforderlich ist. Die Daten dürfen für andere Zwecke nur verarbeitet und genutzt werden, soweit dies durch Rechtsvorschriften des Sozialgesetzbuches angeordnet oder erlaubt ist.

(2) Der Medizinische Dienst darf personenbezogene Daten, die er für die Aufgabenerfüllung nach dem Fünften oder Elften Buch erhebt, verarbeitet oder nutzt, auch für die Aufgaben des jeweils anderen Buches verarbeiten oder nutzen, wenn ohne die vorhandenen Daten diese Aufgaben nicht ordnungsgemäß erfüllt werden können.

(3) Die personenbezogenen Daten sind nach fünf Jahren zu löschen. § 96 Abs. 3 Satz 1, §§ 98 und 107 Abs. 1 Satz 2 und 3 und Abs. 2 gelten für den Medizinischen Dienst entsprechend. Der Medizinische Dienst darf in Dateien nur Anga-

ben zur Person und Hinweise auf bei ihm vorhandene Akten aufnehmen.

(4) Für das Akteneinsichtsrecht des Versicherten gilt § 25 des Zehnten Buches entsprechend.

§ 98 *Forschungsvorhaben*

(1) Die Pflegekassen dürfen mit der Erlaubnis der Aufsichtsbehörde die Datenbestände leistungserbringer- und fallbeziehbar für zeitlich befristete und im Umfang begrenzte Forschungsvorhaben selbst auswerten und zur Durchführung eines Forschungsvorhabens über die sich aus § 107 ergebenden Fristen hinaus aufbewahren.

(2) Personenbezogene Daten sind zu anonymisieren.

Zweiter Titel
Informationsgrundlagen der Pflegekassen

§ 99 *Versichertenverzeichnis*

Die Pflegekasse hat ein Versichertenverzeichnis zu führen. Sie hat in das Versichertenverzeichnis alle Angaben einzutragen, die zur Feststellung der Versicherungspflicht oder -berechtigung und des Anspruchs auf Familienversicherung, zur Bemessung und Einziehung der Beiträge sowie zur Feststellung des Leistungsanspruchs erforderlich sind.

§ 100 Nachweispflicht bei Familienversicherung

Die Pflegekasse kann die für den Nachweis einer Familienversicherung (§ 25) erforderlichen Daten vom Angehörigen oder mit dessen Zustimmung vom Mitglied erheben.

§ 101 Pflegeversichertennummer

Die Pflegekasse verwendet für jeden Versicherten eine Versichertennummer, die mit der Krankenversichertennummer ganz oder teilweise übereinstimmen darf. Bei der Vergabe der Nummer für Versicherte nach § 25 ist sicherzustellen, daß der Bezug zu dem Angehörigen, der Mitglied ist, hergestellt werden kann.

§ 102 Angaben über Leistungsvoraussetzungen

Die Pflegekasse hat Angaben über Leistungen, die zur Prüfung der Voraussetzungen späterer Leistungsgewährung erforderlich sind, aufzuzeichnen. Hierzu gehören insbesondere Angaben zur Feststellung der Voraussetzungen von Leistungsansprüchen und zur Leistung von Zuschüssen.

§ 103 Kennzeichen für Leistungsträger und Leistungserbringer

(1) Die Pflegekassen, die anderen Träger der Sozialversicherung und die Vertragspartner der Pflegekassen einschließlich deren Mitglieder verwenden im Schriftverkehr und

für Abrechnungszwecke untereinander bundeseinheitliche Kennzeichen.

(2) § 293 Abs. 2 und 3 des Fünften Buches gilt entsprechend.

Zweiter Abschnitt
Übermittlung von Leistungsdaten

§ 104 *Pflichten der Leistungserbringer*

Die Leistungserbringer sind berechtigt und verpflichtet:
1. im Falle der Überprüfung der Notwendigkeit von Pflegehilfsmitteln (§ 40 Abs. 1),
2. im Falle eines Prüfverfahrens, soweit die Wirtschaftlichkeit oder die Qualität der Leistungen im Einzelfall zu beurteilen sind (§§ 79 und 80),
3. im Falle der Abrechnung pflegerischer Leistungen (§ 105)

die für die Erfüllung der Aufgaben der Pflegekassen und ihrer Verbände erforderlichen Angaben über Versicherungsleistungen aufzuzeichnen und den Pflegekassen sowie den Verbänden oder den mit der Datenverarbeitung beauftragten Stellen zu übermitteln.

§ 105 *Abrechnung pflegerischer Leistungen*

(1) Die an der Pflegeversorgung teilnehmenden Leistungserbringer sind verpflichtet,
1. in den Abrechnungsunterlagen die von ihnen erbrachten Leistungen nach Art, Menge und Preis einschließlich des

Tages und der Zeit der Leistungserbringung aufzuzeichnen,
2. in den Abrechnungsunterlagen ihr Kennzeichen (§ 103) sowie die Versichertennummer des Pflegebedürftigen anzugeben,
3. bei der Abrechnung über die Abgabe von Hilfsmitteln die Bezeichnungen des Hilfsmittelverzeichnisses nach § 78 zu verwenden.

Vom 1. Januar 1996 an sind maschinenlesbare Abrechnungsunterlagen zu verwenden.

(2) Das Nähere über Form und Inhalt der Abrechnungsunterlagen sowie Einzelheiten des Datenträgeraustausches werden von den Spitzenverbänden der Pflegekassen im Einvernehmen mit den Verbänden der Leistungserbringer festgelegt.

§ 106 Abweichende Vereinbarungen

Die Landesverbände der Pflegekassen (§ 52) können mit den Leistungserbringern oder ihren Verbänden vereinbaren, daß

1. der Umfang der zu übermittelnden Abrechnungsbelege eingeschränkt,
2. bei der Abrechnung von Leistungen von einzelnen Angaben ganz oder teilweise abgesehen

wird, wenn dadurch eine ordnungsgemäße Abrechnung und die Erfüllung der gesetzlichen Aufgaben der Pflegekassen nicht gefährdet werden.

§ 106a Mitteilungspflichten

Die Leistungserbringer sind berechtigt und verpflichtet, bei Pflegeeinsätzen nach § 37 Abs. 3 mit Einverständnis des Versicherten die für die Erfüllung der Aufgaben der Pflegekassen erforderlichen Angaben zur Qualität der Pflegesituation und zur Notwendigkeit einer Verbesserung den Pflegekassen zu übermitteln. Das Formular nach § 37 Abs. 3 Satz 5 wird unter Beteiligung des Bundesbeauftragten für den Datenschutz und des Bundesministeriums für Arbeit und Sozialordnung erstellt.

Aus der Begründung zum ersten Änderungsgesetz

Datenschutzrechtliche Folgeänderung im Hinblick auf die Änderung in § 37 Abs. 3 SGB XI.

**Dritter Abschnitt
Datenlöschung, Auskunftspflicht**

§ 107 Löschen von Daten

(1) Für das Löschen der für Aufgaben der Pflegekassen und ihrer Verbände gespeicherten personenbezogenen Daten gilt § 84 des Zehnten Buches entsprechend mit der Maßgabe, daß

1. die Daten nach § 102 spätestens nach Ablauf von zehn Jahren,
2. sonstige Daten aus der Abrechnung pflegerischer Leistungen (§ 105), aus Wirtschaftlichkeitsprüfungen (§ 79) und aus Prüfungen zur Qualitätssicherung (§ 80) spätestens nach zwei Jahren

zu löschen sind. Die Fristen beginnen mit dem Ende des Geschäftsjahres, in dem die Leistungen gewährt oder abgerechnet wurden. Die Pflegekassen können für Zwecke der Pflegeversicherung Leistungsdaten länger aufbewahren, wenn sichergestellt ist, daß ein Bezug zu natürlichen Personen nicht mehr herstellbar ist.

(2) Im Falle des Wechsels der Pflegekasse ist die bisher zuständige Pflegekasse verpflichtet, auf Verlangen die für die Fortführung der Versicherung erforderlichen Angaben nach den §§ 99 und 102 der neuen Pflegekasse mitzuteilen.

§ 108 Auskünfte an Versicherte

Die Pflegekassen unterrichten die Versicherten auf deren Antrag über die im jeweils letzten Geschäftsjahr in Anspruch genommenen Leistungen und deren Kosten. Eine Mitteilung an die Leistungserbringer über die Unterrichtung des Versicherten ist nicht zulässig. Die Pflegekassen können in ihren Satzungen das Nähere über das Verfahren der Unterrichtung regeln.

**Vierter Abschnitt
Statistik**

§ 109 Pflegestatistiken

(1) Die Bundesregierung wird ermächtigt, für Zwecke dieses Buches durch Rechtsverordnung mit Zustimmung des Bundesrates jährliche Erhebungen über ambulante und stationäre Pflegeeinrichtungen sowie über die häusliche Pflege als Bundesstatistik anzuordnen. Die Bundesstatistik kann folgende Sachverhalte umfassen:

§ 109 Pflegestatistiken

1. Art der Pflegeeinrichtung und der Trägerschaft,
2. Art des Leistungsträgers und des privaten Versicherungsunternehmens,
3. in der ambulanten und stationären Pflege tätige Personen nach Geschlecht, Beschäftigungsverhältnis, Tätigkeitsbereich, Dienststellung, Berufsabschluß auf Grund einer Ausbildung, Weiterbildung oder Umschulung, Beginn und Ende der Pflegetätigkeit,
4. sachliche Ausstattung und organisatorische Einheiten der Pflegeeinrichtung, Ausbildungsstätten an Pflegeeinrichtungen,
5. betreute Pflegebedürftige nach Geschlecht, Geburtsjahr, Wohnort, Art, Ursache, Grad und Dauer der Pflegebedürftigkeit, Art des Versicherungsverhältnisses,
6. in Anspruch genommene Pflegeleistungen nach Art, Dauer und Häufigkeit sowie nach Art des Kostenträgers,
7. Kosten der Pflegeeinrichtungen nach Kostenarten sowie Erlöse nach Art, Höhe und Kostenträgern.

Auskunftspflichtig sind die Träger der Pflegeeinrichtungen, die Träger der Pflegeversicherung sowie die privaten Versicherungsunternehmen gegenüber den statistischen Ämtern der Länder; die Rechtsverordnung kann Ausnahmen von der Auskunftspflicht vorsehen.

(2) Die Bundesregierung wird ermächtigt, für Zwecke dieses Buches durch Rechtsverordnung mit Zustimmung des Bundesrates jährliche Erhebungen über die Situation Pflegebedürftiger und ehrenamtlich Pflegender als Bundesstatistik anzuordnen. Die Bundesstatistik kann folgende Sachverhalte umfassen:

1. Ursachen von Pflegebedürftigkeit,
2. Pflege- und Betreuungsbedarf der Pflegebedürftigen,

§ 109 Pflegestatistiken

3. Pflege- und Betreuungsleistungen durch Pflegefachkräfte, Angehörige und ehrenamtliche Helfer,
4. Maßnahmen zur Prävention und Rehabilitation,
5. Maßnahmen zur Erhaltung und Verbesserung der Pflegequalität,
6. Bedarf an Pflegehilfsmitteln und technischen Hilfen,
7. Maßnahmen zur Verbesserung des Wohnumfeldes.

Auskunftspflichtig ist der Medizinische Dienst gegenüber den statistischen Ämtern der Länder; Absatz 1 Satz 3 zweiter Halbsatz gilt entsprechend.

(3) Die nach Absatz 1 Satz 2 und Absatz 2 Satz 2 Auskunftspflichtigen teilen die von der jeweiligen Statistik umfaßten Sachverhalte gleichzeitig den für die Planung und Investitionsfinanzierung der Pflegeeinrichtungen zuständigen Landesbehörden mit. Die Befugnis der Länder, zusätzliche, von den Absätzen 1 und 2 nicht erfaßte Erhebungen über Sachverhalte des Pflegewesens als Landesstatistik anzuordnen, bleibt unberührt.

(4) Daten der Pflegebedürftigen, der in der Pflege tätigen Personen, der Angehörigen und ehrenamtlichen Helfer dürfen für Zwecke der Bundesstatistik nur in anonymisierter Form an die statistischen Ämter der Länder übermittelt werden.

(5) Die Statistiken nach den Absätzen 1 und 2 sind für die Bereiche der ambulanten Pflege und der Kurzzeitpflege erstmals im Jahr 1996 für das Jahr 1995 vorzulegen, für den Bereich der stationären Pflege im Jahr 1998 für das Jahr 1997.

Zehntes Kapitel
Private Pflegeversicherung

§ 110 Regelungen für die private Pflegeversicherung

(1) Um sicherzustellen, daß die Belange der Personen, die nach § 23 zum Abschluß eines Pflegeversicherungsvertrages bei einem privaten Krankenversicherungsunternehmen verpflichtet sind, ausreichend gewahrt werden und daß die Verträge auf Dauer erfüllbar bleiben, ohne die Interessen der Versicherten anderer Tarife zu vernachlässigen, werden die im Geltungsbereich dieses Gesetzes zum Betrieb der Pflegeversicherung befugten privaten Krankenversicherungsunternehmen verpflichtet,

1. mit allen in §§ 22 und 23 Abs. 1, 3 und 4 genannten versicherungspflichtigen Personen auf Antrag einen Versicherungsvertrag abzuschließen, der einen Versicherungsschutz in dem in § 23 Abs. 1 und 3 festgelegten Umfang vorsieht (Kontrahierungszwang); dies gilt auch für das nach § 23 Abs. 2 gewählte Versicherungsunternehmen,

2. in den Verträgen, die Versicherungspflichtige in dem nach § 23 Abs. 1 und 3 vorgeschriebenen Umfang abschließen,

a) keinen Ausschluß von Vorerkrankungen der Versicherten,

b) keinen Ausschluß bereits pflegebedürftiger Personen,

c) keine längeren Wartezeiten als in der sozialen Pflegeversicherung (§ 33 Abs. 2),

§ 110 Regelungen für die private Pflegeversicherung

d) keine Staffelung der Prämien nach Geschlecht und Gesundheitszustand der Versicherten,

e) keine Prämienhöhe, die den Höchstbetrag der sozialen Pflegeversicherung übersteigt, bei Personen, die nach § 23 Abs. 3 einen Teilkostentarif abgeschlossen haben, keine Prämienhöhe, die 50 vom Hundert des Höchstbeitrages der sozialen Pflegeversicherung übersteigt,

f) die beitragsfreie Mitversicherung der Kinder des Versicherungsnehmers unter denselben Voraussetzungen, wie in § 25 festgelegt,

g) für Ehegatten ab dem Zeitpunkt des Nachweises der zur Inanspruchnahme der Beitragsermäßigung berechtigten Umstände keine Prämie in Höhe von mehr als 150 vom Hundert des Höchstbeitrages der sozialen Pflegeversicherung, wenn ein Ehegatte kein Gesamteinkommen hat, das regelmäßig im Monat ein Siebtel der monatlichen Bezugsgröße nach § 18 des Vierten Buches überschreitet,

vorzusehen.

(2) Die in Absatz 1 genannten Bedingungen gelten für Versicherungsverträge, die mit Personen abgeschlossen werden, die zum Zeitpunkt des Inkrafttretens dieses Gesetzes Mitglied bei einem privaten Krankenversicherungsunternehmen mit Anspruch auf allgemeine Krankenhausleistungen sind oder sich nach Artikel 41 des Pflege-Versicherungsgesetzes innerhalb von sechs Monaten nach Inkrafttreten dieses Gesetzes von der Versicherungspflicht in der sozialen Pflegeversicherung befreien lassen.

(3) Für Versicherungsverträge, die mit Personen abgeschlossen werden, die erst nach Inkrafttreten dieses Gesetzes Mitglied eines privaten Krankenversicherungsunternehmens mit Anspruch auf allgemeine Krankenhausleistungen werden, gelten, sofern sie in Erfüllung der Vorsorgepflicht nach § 22

Abs. 1 und § 23 Abs. 1, 3 und 4 geschlossen werden und Vertragsleistungen in dem in § 23 Abs. 1 und 3 festgelegten Umfang vorsehen, folgende Bedingungen:

1. Kontrahierungszwang,
2. kein Ausschluß von Vorerkrankungen der Versicherten,
3. keine Staffelung der Prämien nach Geschlecht,
4. keine längeren Wartezeiten als in der sozialen Pflegeversicherung,
5. für Versicherungsnehmer, die über eine Vorversicherungszeit von mindestens fünf Jahren in ihrer privaten Pflegeversicherung oder privaten Krankenversicherung verfügen, keine Prämienhöhe, die den Höchstbeitrag der sozialen Pflegeversicherung übersteigt; Absatz 1 Nr. 2 Buchstabe e gilt,
6. beitragsfreie Mitversicherung der Kinder des Versicherungsnehmers unter denselben Voraussetzungen, wie in § 25 festgelegt.

(4) Rücktritts- und Kündigungsrechte der Versicherungsunternehmen sind ausgeschlossen, solange der Kontrahierungszwang besteht.

§ 111 Risikoausgleich

(1) Die Versicherungsunternehmen, die eine private Pflegeversicherung im Sinne dieses Buches betreiben, müssen sich zur dauerhaften Gewährleistung der Regelungen für die private Pflegeversicherung nach § 110 am Ausgleich der Versicherungsrisiken beteiligen und dazu ein Ausgleichssystem schaffen und erhalten, dem sie angehören. Das Ausgleichssystem muß einen dauerhaften, wirksamen Ausgleich der unterschiedlichen Belastungen gewährleisten; es darf den Marktzugang neuer Anbieter der privaten Pflegeversicherung

nicht erschweren und muß diesen eine Beteiligung an dem Ausgleichssystem zu gleichen Bedingungen ermöglichen. In diesem System werden die Beiträge ohne die Kosten auf der Basis gemeinsamer Kalkulationsgrundlagen einheitlich für alle Unternehmen, die eine private Pflegeversicherung betreiben, ermittelt.

(2) Die Errichtung, die Ausgestaltung, die Änderung und die Durchführung des Ausgleichs unterliegen der Aufsicht des Bundesaufsichtsamtes für das Versicherungswesen.

Elftes Kapitel
Bußgeldvorschrift

Aus der Begründung der Bundesregierung

Allgemeines

Das Kapitel enthält eine Auflistung der Ordnungswidrigkeiten, die mit Bußgeld belegt werden können.

§ 112 Bußgeldvorschrift

(1) Ordnungswidrig handelt, wer vorsätzlich oder leichtfertig

1. der Verpflichtung zum Abschluß oder zur Aufrechterhaltung des privaten Pflegeversicherungsvertrages nach § 23 Abs. 1 Satz 1 und 2 oder § 23 Abs. 4 oder der Verpflichtung zur Aufrechterhaltung des privaten Pflege-

versicherungsvertrages nach § 22 Abs. 1 Satz 2 nicht nachkommt,

2. entgegen § 50 Abs. 1 Satz 1, § 51 Abs. 1 Satz 1 und 2, § 51 Abs. 3 oder entgegen Artikel 42 Abs. 4 Satz 1 oder 2 des Pflege-Versicherungsgesetzes eine Meldung nicht, nicht richtig, nicht vollständig oder nicht rechtzeitig erstattet,

3. entgegen § 50 Abs. 3 Satz 1 Nr. 1 eine Auskunft nicht, nicht richtig, nicht vollständig oder nicht rechtzeitig erteilt oder entgegen § 50 Abs. 3 Satz 1 Nr. 2 eine Änderung nicht, nicht richtig, nicht vollständig oder nicht rechtzeitig mitteilt,

4. entgegen § 50 Abs. 3 Satz 2 die erforderlichen Unterlagen nicht, nicht vollständig oder nicht rechtzeitig vorlegt,

5. entgegen Artikel 42 Abs. 1 Satz 3 des Pflege-Versicherungsgesetzes den Leistungsumfang seines privaten Versicherungsvertrages nicht oder nicht rechtzeitig anpaßt,

6. mit der Entrichtung von sechs Monatsprämien zur privaten Pflegeversicherung in Verzug gerät.

(2) Die Ordnungswidrigkeit kann mit einer Geldstrafe bis zu 5 000 Deutsche Mark geahndet werden.

(3) Für die von privaten Versicherungsunternehmen begangenen Ordnungswidrigkeiten nach Absatz 1 Nr. 2 ist das Bundesversicherungsamt, die Verwaltungsbehörde im Sinne des § 36 Abs. 1 Nr. 1 des Gesetzes über Ordnungswidrigkeiten."

Entwurf eines Vierten Gesetzes zur Änderung des Elften Buches Sozialgesetzbuch – 4. SGB XI Änderungsgesetz – (4. SGB XI - ÄndG), Bundesrats-Drucksache 103/99

1. Dem § 13 wird folgender Absatz angefügt:

„(6) Wird Pflegegeld nach § 37 oder eine vergleichbare Geldleistung an eine Pflegeperson (§ 19) weitergeleitet, bleibt dies bei der Ermittlung von Unterhaltsansprüchen und Unterhaltsverpflichtungen der Pflegeperson unberücksichtigt. Dies gilt nicht

1. in den Fällen des § 1361 Abs. 3, der §§ 1579, 1603 Abs. 2 und des § 1611 Abs. 1 des Bürgerlichen Gesetzbuchs,
2. für Unterhaltsansprüche der Pflegeperson, wenn von dieser erwartet werden kann, ihren Unterhaltsbedarf ganz oder teilweise durch eigene Einkünfte zu decken und der Pflegebedürftigkeit mit dem Unterhaltspflichtigen nicht in gerader Linie verwandt ist."

2. § 37 wird wie folgt geändert:

a) Dem Absatz 2 wird folgender Satz angefügt:

„Das Pflegegeld wird bis zum Ende des Kalendermonats geleistet, in dem der Pflegebedürftige gestorben ist."

b) In Absatz 3 Satz 3 werden die Wörter „von dem Pflegebedürftigen" durch die Wörter „von der zuständigen Pflegekasse, bei privat Pflegeversicherten von dem zuständigen Versicherungsunternehmen," ersetzt.

3. § 39 Satz 4 wird wie folgt gefaßt:

„Bei einer Ersatzpflege durch Pflegepersonen, die mit dem Pflegebedürftigen bis zum zweiten Grade verwandt oder verschwägert sind oder mit ihm in häuslicher Gemeinschaft leben, wird vermutet, daß die Ersatzpflege nicht erwerbsmäßig ausgeübt wird; in diesen Fällen dürfen die Aufwendungen der Pflegekassen den Betrag des Pflegegeldes der festgestellten Pflegestufe nach § 37 Abs. 1 nicht überschreiten".

4. In § 41 Abs. 2 werden in Nummer 2 die Angabe „1.500" durch die Angabe „1.800" und in Nummer 3 die Angabe „2.100" durch die Angabe „2.800" ersetzt.

5. § 42 Abs. 2 Satz 2 wird aufgehoben.

Nebengesetze

Inhaltsübersicht

Sozialgesetzbuch
  – Fünftes Buch – Auszug 336

Sozialgesetzbuch
  – Sechstes Buch – Auszug 372

Krankenhausfinanzierungsgesetz
  – Auszug 378

Bundessozialhilfegesetz
  – Auszug 381

Heimgesetz
  – Auszug 407

Verordnung über personelle Anforderungen
  für Heime (HeimPersV) – Auszug 416

Pflegeversicherungsgesetz Vierter Teil
  – Überleitungsvorschriften 421

Pflege-Buchführungsverordnung 424

Fünftes Buch Sozialgesetzbuch (SGB V)
(Auszug)
gesetzl. Krankenversicherung
vom 20. Dezember 1988,
zul. geändert am 19.12.1998 (BGBl. I, S. 3853)

Erstes Kapitel
Allgemeine Vorschriften

§ 1 Solidarität und Eigenverantwortung

Die Krankenversicherung als Solidargemeinschaft hat die Aufgabe, die Gesundheit der Versicherten zu erhalten, wiederherzustellen oder ihren Gesundheitszustand zu bessern. Die Versicherten sind für ihre Gesundheit mit verantwortlich; sie sollen durch eine gesundheitsbewußte Lebensführung, durch frühzeitige Beteiligung an gesundheitlichen Vorsorgemaßnahmen sowie durch aktive Mitwirkung an Krankenbehandlung und Rehabilitation dazu beitragen, den Eintritt von Krankheit und Behinderung zu vermeiden oder ihre Folgen zu überwinden. Die Krankenkassen haben den Versicherten dabei durch Aufklärung, Beratung und Leistungen zu helfen und auf gesunde Lebensverhältnisse hinzuwirken.

§ 2 Leistungen

(1) Die Krankenkassen stellen den Versicherten die im Dritten Kapitel genannten Leistungen unter Beachtung des Wirtschaftlichkeitsgebots (§ 12) zur Verfügung, soweit diese Leistungen nicht der Eigenverantwortung der Versicherten zugerechnet werden. Behandlungsmethoden, Arznei- und Heilmittel der besonderen Therapierichtungen sind nicht ausgeschlossen. Qualität und Wirksamkeit der Leistungen haben dem allgemein anerkannten Stand der medizinischen Erkenntnisse zu entsprechen und den medizinischen Fortschritt zu berücksichtigen.

(2) Die Versicherten erhalten die Leistungen als Sach- und Dienstleistungen, soweit dieses Buch nichts Abweichendes vorsieht. Über die Erbringung der Sach- und Dienstleistungen schließen die Krankenkassen nach

den Vorschriften des Vierten Kapitels Verträge mit den Leistungserbringern.

(3) Bei der Auswahl der Leistungserbringer ist ihre Vielfalt zu beachten. Den religiösen Bedürfnissen der Versicherten ist Rechnung zu tragen.

(4) Krankenkassen, Leistungserbringer und Versicherte haben darauf zu achten, daß Leistungen wirksam und wirtschaftlich erbracht und nur im notwendigen Umfang in Anspruch genommen werden.

§ 3 Solidarische Finanzierung

Die Leistungen und sonstigen Ausgaben der Krankenkassen werden durch Beiträge finanziert. Dazu entrichten die Mitglieder und die Arbeitgeber Beiträge, die sich in der Regel nach den beitragspflichtigen Einnahmen der Mitglieder richten. Für versicherte Familienangehörige werden Beiträge nicht erhoben.

§ 4 Krankenkassen

(1) Die Krankenkassen sind rechtsfähige Körperschaften des öffentlichen Rechts mit Selbstverwaltung.

(2) Die Krankenversicherung ist in folgende Kassenarten gegliedert:

Allgemeine Ortskrankenkassen,

Betriebskrankenkassen,

Innungskrankenkassen,

die See-Krankenkassen,

Landwirtschaftliche Krankenkassen,

die Bundesknappschaft als Träger der knappschaftlichen Krankenversicherung,

Ersatzkassen.

(3) Im Interesse der Leistungsfähigkeit und Wirtschaftlichkeit der gesetzlichen Krankenversicherung arbeiten die Krankenkassen und ihre Verbände sowohl innerhalb einer Kassenart als auch kassenartenübergreifend miteinander und mit allen anderen Einrichtungen des Gesundheitswesens eng zusammen.

(4) Die Krankenkassen haben bei der Durchführung ihrer Aufgaben und in ihren Verwaltungsangelegenheiten sparsam und wirtschaftlich zu verfahren.

Nebengesetze

§ 11 Leistungsarten

(1) Versicherte haben nach den folgenden Vorschriften Anspruch auf Leistungen

1. zur Verhütung von Krankheiten sowie zur Empfängnisverhütung, bei Sterilisation und bei Schwangerschaftsabbruch (§§ 20 bis 24 b),
2. zur Früherkennung von Krankheiten sowie zur Empfängnisverhütung, bei Sterilisation und bei Schwangerschaftsabbruch (§§ 20 bis 24 b),
3. zur Behandlung einer Krankheit (§§ 27 bis 52).

Ferner besteht Anspruch auf Sterbegeld (§§ 58 und 59).

(2) Zu den Leistungen nach Absatz 1 gehören auch medizinische und ergänzende Leistungen zur Rehabilitation, die notwendig sind, um einer drohenden Behinderung oder Pflegebedürftigkeit vorzubeugen, sie nach Eintritt zu beseitigen, zu bessern oder eine Verschlimmerung zu verhüten. Leistungen der aktivierenden Pflege nach Eintritt von Pflegebedürftigkeit werden von den Pflegekassen erbracht.

(3) Bei stationärer Behandlung umfassen die Leistungen auch die aus medizinischen Gründen notwendige Mitaufnahme einer Begleitperson des Versicherten.

(4) Auf Leistungen besteht kein Anspruch, wenn sie als Folge eines Arbeitsunfalls oder einer Berufskrankheit im Sinne der gesetzlichen Unfallversicherung zu erbringen sind.

§ 13 Kostenerstattung

(1) Die Krankenkasse darf anstelle der Sach- oder Dienstleistung (§ 2 Abs. 2) Kosten nur erstatten, soweit es dieses Buch vorsieht.

(2) Versicherte können anstelle der Sach- oder Dienstleistung Kostenerstattung für Leistungen wählen, die sie von dem im Vierten Kapitel genannten Leistungserbringern in Anspruch nehmen. Die Inanspruchnahme von Leistungserbringern nach § 95b Abs. 3 Satz 1 im Wege der Kostenerstattung ist ausgeschlossen. Der Anspruch auf Erstattung besteht höchstens in Höhe der Vergütung, die die Krankenkasse bei Erbringung als Sachleistung zu tragen hätte. Die Satzung kann auch bestimmen, daß die Versicherten an ihre Wahl der Kostenerstattung für einen in der Satzung festgelegten Zeitraum gebunden sind.

(3) Konnte die Krankenkasse eine unaufschiebbare Leistung nicht rechtzeitig erbringen oder hat sie eine Leistung zu Unrecht abgelehnt und sind dadurch Versicherten für die selbstbeschaffte Leistung Kosten ent-

standen, sind diese von der Krankenkasse in der entstandenen Höhe zu erstatten, soweit die Leistung notwendig war.

§ 20 Krankheitsverhütung

(1) Die Krankenkassen arbeiten bei der Verhütung arbeitsbedingter Gesundheitsgefahren mit den Trägern der gesetzlichen Unfallversicherung zusammen und unterrichten diese über die Erkenntnisse, die sie über Zusammenhänge zwischen Erkrankungen und Arbeitsbedingungen gewonnen haben. Ist anzunehmen, daß bei einem Versicherten eine berufsbedingte gesundheitliche Gefährdung oder eine Berufskrankheit vorliegt, hat die Krankenkasse dies unverzüglich den für den Arbeitsschutz zuständigen Stellen und dem Unfallversicherungsträger mitzuteilen.

(2) Die Krankenkasse kann in der Satzung Schutzimpfungen mit Ausnahme von solchen aus Anlaß eines nicht beruflich bedingten Auslandsaufenthalts vorsehen.

(3) Die Krankenkasse kann Selbsthilfegruppen und -kontaktstellen, die sich die Prävention oder Rehabilitation von Versicherten bei einer der im Verzeichnis nach Satz 2 aufgeführten Krankheiten zum Ziel gesetzt haben, durch Zuschüsse fördern. Die Spitzenverbände der Krankenkassen beschließen im Interesse einer einheitlichen Rechtsanwendung gemeinsam und einheitlich ein Verzeichnis der Krankheitsbilder, bei deren Prävention oder Rehabilitation eine Förderung zulässig ist; sie haben die Kassenärztliche Bundesvereinigung zu beteiligen.

§ 23 Medizinische Vorsorgeleistungen

(1) Versicherte haben Anspruch auf ärztliche Behandlung und Versorgung mit Arznei-, Verband-, Heil- und Hilfsmitteln, wenn diese notwendig sind,
1. eine Schwächung der Gesundheit, die in absehbarer Zeit voraussichtlich zu einer Krankheit führen würde, zu beseitigen,
2. einer Gefährdung der gesundheitlichen Entwicklung eines Kindes entgegenzuwirken oder
3. Pflegebedürftigkeit zu vermeiden.

(2) Reichen bei Versicherten die Leistungen nach Absatz 1 nicht aus, kann die Krankenkasse aus medizinischen Gründen erforderliche Maßnahmen in Form einer ambulanten Vorsorgekur erbringen. Die Satzung der Krankenkasse kann zu den übrigen Kosten der Kur einen Zuschuß von bis zu 15 Deutsche Mark täglich vorsehen.

(3) In den Fällen der Absätze 1 und 2 sind die §§ 31 bis 34 anzuwenden.

Nebengesetze

(4) Reichen bei Versicherten die Leistungen nach Absatz 1 und 2 nicht aus, kann die Krankenkasse Behandlung mit Unterkunft und Verpflegung in einer Vorsorgeeinrichtung erbringen, mit der ein Vertrag nach § 111 besteht.

(5) Die Leistungen nach Absatz 2 und 4 sollen für längstens drei Wochen erbracht werden, es sei denn, eine Verlängerung der Leistung ist aus gesundheitlichen Gründen dringend erforderlich. Sie können nicht vor Ablauf von vier Jahren nach Durchführung solcher oder ähnlicher Leistungen erbracht werden, deren Kosten auf Grund öffentlich-rechtlicher Vorschriften getragen oder bezuschußt worden sind, es sei denn, eine vorzeitige Leistung ist aus gesundheitlichen Gründen dringend erforderlich. Die jährlichen Ausgaben der Krankenkasse je Mitglied für Leistungen nach Absatz 4 zusammen mit denen nach § 40 Abs. 2 dürfen sich in den Jahren 1993, 1994 und 1995 höchstens um den Vomhundertsatz verändern, um den sich die nach den §§ 270 und 270a zu ermittelnden beitragspflichtigen Einnahmen der Mitglieder aller Krankenkassen mit Sitz im Bundesgebiet außerhalb des Beitrittsgebietes je Mitglied verändern. Für das Kalenderjahr 1993 sind die in Satz 3 genannten Ausgaben der Krankenkasse im Kalenderjahr 1991 zugrunde zu legen, die entsprechend der Entwicklung der nach den §§ 270 und 270a zu ermittelnden beitragspflichtigen Einnahmen der Mitglieder aller Krankenkassen mit Sitz im Bundesgebiet außerhalb des Beitrittsgebietes im Kalenderjahr 1992 je Mitglied erhöht werden.

(6) Versicherte, die eine Leistung nach Absatz 4 in Anspruch nehmen und das achtzehnte Lebensjahr vollendet haben, zahlen je Kalendertag den sich nach § 39 Abs. 4 ergebenden Betrag an die Einrichtung. Die Zahlung ist an die Krankenkasse weiterzuleiten.

§ 27 Krankenbehandlung

(1) Versicherte haben Anspruch auf Krankenbehandlung, wenn sie notwendig ist, um eine Krankheit zu erkennen, zu heilen, ihre Verschlimmerung zu verhüten oder Krankheitsbeschwerden zu lindern. Die Krankenbehandlung umfaßt

1. ärztliche Behandlung einschließlich Psychotherapie als ärztliche und psychotherapeutische Behandlung,
2. zahnärztliche Behandlung einschließlich der Versorgung mit Zahnersatz,
3. Versorgung mit Arznei-, Verband-, Heil- und Hilfsmitteln,
4. häusliche Krankenpflege und Haushaltshilfe,
5. Krankenhausbehandlung,
6. medizinische und ergänzende Leistungen zur Rehabilitation sowie Belastungserprobung und Arbeitstherapie.

Bei der Krankenbehandlung ist den besonderen Bedürfnissen psychisch Kranker Rechnung zu tragen, insbesondere bei der Versorgung mit Heilmitteln und bei der medizinischen Rehabilitation. Zur Krankenbehandlung gehören auch Leistungen zur Herstellung der Zeugungs- oder Empfängnisfähigkeit, wenn diese Fähigkeit nicht vorhanden war oder durch Krankheit oder wegen einer durch Krankheit erforderlichen Sterilisation verlorengegangen war.

(2) Versicherte, die sich nur vorübergehend im Inland aufhalten, zur Ausreise verpflichtete Ausländer, deren Aufenthalt aus völkerrechtlichen, politischen oder humanitären Gründen geduldet wird, sowie

1. asylsuchende Ausländer, deren Asylverfahren noch nicht unanfechtbar abgeschlossen ist,
2. Vertriebene im Sinne des § 1 Abs. 2 Nr. 2 und 3 des Gesetzes über die Angelegenheiten der Vertriebenen und Flüchtlinge

mit Anspruch auf laufende Hilfe zum Lebensunterhalt nach dem Bundessozialhilfegesetz haben Anspruch auf Versorgung mit Zahnersatz, wenn sie unmittelbar vor Eintritt der Behandlungsbedürftigkeit mindestens ein Jahr lang Mitglied einer Krankenkasse (§ 4) oder nach § 10 versichert waren oder wenn die Behandlung aus medizinischen Gründen ausnahmsweise unaufschiebbar ist.

§ 28 Ärztliche und zahnärztliche Behandlung

(1) Die ärztliche Behandlung umfaßt die Tätigkeit des Arztes, die zur Verhütung, Früherkennung und Behandlung von Krankheiten nach den Regeln der ärztlichen Kunst ausreichend und zweckmäßig ist. Zur ärztlichen Behandlung gehört auch die Hilfeleistung anderer Personen, die von dem Arzt angeordnet und von ihm zu verantworten ist.

(2) Die zahnärztliche Behandlung umfaßt die Tätigkeit des Zahnarztes, die zur Verhütung, Früherkennung und Behandlung von Zahn-, Mund- und Kieferkrankheiten nach den Regeln der zahnärztlichen Kunst ausreichend und zweckmäßig ist. Wählen Versicherte bei Zahnfüllungen eine darüber hinausgehende Versorgung, haben sie die Mehrkosten selbst zu tragen. In diesen Fällen ist von den Kassen die vergleichbare preisgünstigste plastische Füllung als Sachleistung abzurechnen. Ebenso gehören funktionsanalytische und funktionstherapeutische Maßnahmen nicht zur zahnärztlichen Behandlung; sie dürfen von den Krankenkassen auch nicht bezuschußt werden.

Das gleiche gilt für implantologische Leistungen einschließlich der Suprakonstruktion, es sei denn, es liegen seltene vom Bundesausschuß der Zahnärzte und Krankenkassen in Richtlinien nach § 92 Abs. 1 festzulegende Ausnahmeindikationen für besonders schwere Fälle vor, in denen die

Nebengesetze

Krankenkasse diese Leistungen als Sachleistung im Rahmen einer medizinischen Gesamtbehandlung erbringt.

In Fällen des Satzes 2 ist vor Beginn der Behandlung eine schriftliche Vereinbarung zwischen dem Zahnarzt und dem Versicherten zu treffen. Die Mehrkostenregelung gilt nicht für Fälle, in denen intakte plastische Füllungen ausgetauscht werden.

Nicht zur zahnärztlichen Behandlung gehört die kieferorthopädische Behandlung von Versicherten, die zu Beginn der Behandlung das achtzehnte Lebensjahr vollendet haben. Dies gilt nicht für Versicherte mit schweren Kieferanomalien, die ein Ausmaß haben, das kombinierte kieferchirurgische und kieferorthopädische Behandlungsmaßnahmen erfordert. Absatz 1 Satz 2 gilt entsprechend.

(3) Die psychotherapeutische Behandlung einer Krankheit wird durch Psychologische Psychotherapeuten und Kinder- und Jugendlichenpsychotherapeuten (Psychotherapeuten), soweit sie zur psychotherapeutischen Behandlung zugelassen sind, sowie durch Vertragsärzte entsprechend den Richtlinien nach § 92 durchgeführt. Spätestens nach den probatorischen Sitzungen gemäß § 92 Abs. 6a hat der Psychotherapeut vor Beginn der Behandlung den Konsiliarbericht eines Vertragsarztes zur Abklärung einer somatischen Erkrankung sowie, falls der somatisch abklärende Vertragsarzt dies für erforderlich hält, eines psychiatrisch tätigen Vertragsarztes einzuholen.

§ 30 Zahnersatz

(1) Versicherte haben Anspruch auf medizinisch notwendige Versorgung mit Zahnersatz (zahnärztliche Behandlung und zahntechnische Leistungen). Der Zahnersatz umfaßt auch Zahnkronen. Bei großen Brücken ist die Versorgung auf den Ersatz von bis zu vier fehlenden Zähnen je Kiefer und bis zu drei fehlenden Zähnen je Seitenzahngebiet begrenzt. Bei Kombinationsversorgungen ist die Versorgung auf zwei Verbindungselemente je Kiefer, bei Versicherten mit einem Restzahnbestand von höchstens drei Zähnen je Kiefer auf drei Verbindungselemente je Kiefer begrenzt.

(2) Versicherte leisten zu der Versorgung mit Zahnersatz nach Absatz 1 einen Anteil von 50 vom Hundert der Kosten auf der Berechnungsgrundlage des Heil- und Kostenplans nach Absatz 4 Satz 3 an den Vertragszahnarzt. Satz 1 gilt nicht für im Zusammenhang mit Zahnersatz erbrachte konservierend-chirurgische und Röntgenleistungen. Für eigene Bemühungen zur Gesunderhaltung der Zähne mindert sich der Anteil um 10 Prozentpunkte. Die Minderung entfällt, wenn der Gebißzustand regelmäßige Zahnpflege nicht erkennen läßt und Versicherte während der letzten fünf Jahre vor Beginn der Behandlung

1. die Untersuchung nach § 22 Abs. 1 nicht in jedem Kalenderjahr in Anspruch genommen haben und
2. sich nach Vollendung des 18. Lebensjahres nicht wenigstens einmal in jedem Kalenderjahr haben zahnärztlich untersuchen lassen.

Der Anteil mindert sich um weitere fünf Prozentpunkte, wenn Versicherte ihre Zähne regelmäßig gepflegt und in den letzten zehn Kalenderjahren vor Beginn der Behandlung die Untersuchungen nach den Nummern 1 und 2 ohne Unterbrechung in Anspruch genommen haben. Für Versicherte, die nach dem 31. Dezember 1978 geboren sind, gilt der Nachweis für eigene Bemühungen zur Gesunderhaltung der Zähne für die Jahre 1997 und 1998 als erbracht.

(3) Wählen Versicherte einen über die Versorgung nach Absatz 1 hinausgehenden Zahnersatz, erhalten sie die Leistungen nach Absatz 1 im Rahmen der vertragszahnärztlichen Versorgung. Die Mehrkosten der zusätzlichen, über die Versorgung nach Absatz 1 hinausgehenden Leistungen haben sie selbst in vollem Umfang zu tragen.

(4) Der Zahnarzt hat vor Beginn der Behandlung einen kostenfreien, die gesamte Behandlung nach den Absätzen 1 und 3 umfassenden Heil- und Kostenplan zu erstellen. Der Heil- und Kostenplan ist von der Krankenkasse vor Beginn der Behandlung insgesamt zu prüfen. Die im Heil- und Kostenplan vorgesehene Versorgung mit Zahnersatz nach Absatz 1 bedarf vor Beginn der Behandlung der Genehmigung. Die Krankenkasse hat den Versichertenanteil an diesen Kosten zu bestimmen. Aufwendige Versorgungen sollen vor der Genehmigung begutachtet werden. Nach Abschluß der Behandlung rechnet der Vertragszahnarzt die von der Krankenkasse zu übernehmenden Kosten nach Absatz 1 mit der Kassenzahnärztlichen Vereinigung ab. Im Fall einer Abrechnungsberichtigung gegenüber der Kassenzahnärztlichen Vereinigung unterrichtet die Krankenkasse die Versicherten. Die Versicherten können die Gesamtrechnung von der Krankenkasse prüfen lassen. Die Versicherten zahlen ihren Anteil für die Leistungen nach den Absätzen 1 und 3 an den Vertragszahnarzt. Dieser hat bei Rechnungslegung eine Durchschrift der Rechnung des gewerblichen oder des praxiseigenen Labors über zahntechnische Leistungen beizufügen. Das Nähere zur Ausgestaltung des Heil- und Kostenplans und zum Verfahren der Abrechnung ist in den Bundesmantelverträgen (§ 87) zu regeln.

§ 31 Arznei- und Verbandmittel

(1) Versicherte haben Anspruch auf Versorgung mit apothekenpflichtigen Arzneimitteln, soweit die Arzneimittel nicht nach § 34 ausgeschlossen sind, und auf Versorgung mit Verbandmitteln, Harn- und Blutteststreifen. Der Bundesausschuß der Ärzte und Krankenkassen hat in den

Nebengesetze

Richtlinien nach § 92 Abs. 1 Satz 2 Nr. 6 festzulegen, in welchen medizinisch notwendigen Fällen Aminosäuremischungen, Eiweißhydrolysate, Elementardiäten und Sondennahrung ausnahmsweise in die Versorgung mit Arzneimitteln einbezogen werden.

(2) Für ein Arznei- oder Verbandmittel, für das ein Festbetrag nach § 35 festgesetzt ist, trägt die Krankenkasse die Kosten bis zur Höhe dieses Betrages, für andere Arznei- oder Verbandmittel die vollen Kosten, jeweils abzüglich der vom Versicherten zu leistenden Zuzahlung.

(3) Versicherte, die das achtzehnte Lebensjahr vollendet haben, leisten an die abgebende Stelle zu jedem zu Lasten der gesetzlichen Krankenversicherung verordneten Arznei- und Verbandmittel als Zuzahlung für kleine Packungsgrößen 8 Deutsche Mark je Packung, für mittlere Packungsgrößen 9 Deutsche Mark je Packung und für große Packungsgrößen 10 Deutsche Mark je Packung, jedoch jeweils nicht mehr als die Kosten des Mittels. Satz 1 findet keine Anwendung bei Harn- und Blutteststreifen.

Für Mittel, die nach Absatz 1 Satz 2 in die Versorgung mit Arzneimitteln einbezogen worden sind, tritt an die Stelle der in Satz 1 genannten Beträge ein Betrag von 8 Deutsche Mark je Verordnung.

(4) Das Nähere bestimmt der Bundesminister für Gesundheit durch Rechtsverordnung ohne Zustimmung des Bundesrates.

§ 32 Heilmittel

(1) Versicherte haben Anspruch auf Versorgung mit Heilmitteln, soweit sie nicht nach § 34 ausgeschlossen sind.

(2) Versicherte, die das achtzehnte Lebensjahr vollendet haben, haben zu den Kosten der Heilmittel eine Zuzahlung von 15 vom Hundert an die abgebende Stelle zu leisten. Dies gilt auch, wenn Massagen, Bäder und Krankengymnastik als Bestandteil der ärztlichen Behandlung (§ 27 Satz 2 Nr. 1) oder bei ambulanter Behandlung in Krankenhäusern, Rehabilitations- oder anderen Einrichtungen abgegeben werden. Die Zuzahlung für die in Satz 2 genannten Heilmittel, die als Bestandteil der ärztlichen Behandlung abgegeben werden, errechnet sich nach den Preisen, die für die Krankenkasse des Versicherten nach § 125 für den Bereich des Vertragsarztsitzes vereinbart sind. Bestehen insoweit unterschiedliche Preisvereinbarungen, hat die Krankenkasse einen durchschnittlichen Preis zu errechnen. Die Krankenkasse teilt die anzuwendenden Preise den Kassenärztlichen Vereinigungen mit, die die Vertragsärzte darüber unterrichten.

§ 33 Hilfsmittel

(1) Versicherte haben Anspruch auf Versorgung mit Seh- und Hörhilfen, Körperersatzstücken, orthopädischen und anderen Hilfsmitteln, die im Ein-

zelfall erforderlich sind, um den Erfolg der Krankenbehandlung zu sichern oder eine Behinderung auszugleichen, soweit die Hilfsmittel nicht als allgemeine Gebrauchsgegenstände des täglichen Lebens anzusehen oder nach § 34 Abs. 4 ausgeschlossen sind. Der Anspruch umfaßt auch die notwendige Änderung, Instandsetzung und Ersatzbeschaffung von Hilfsmitteln sowie die Ausbildung in ihrem Gebrauch.

(2) Ist für ein erforderliches Hilfsmittel ein Festbetrag nach § 36 festgesetzt, trägt die Krankenkasse die Kosten bis zur Höhe dieses Betrages. Für andere Hilfsmittel übernimmt sie die jeweils vertraglich vereinbarten Preise. Versicherte, die das 18. Lebensjahr vollendet haben, haben zu den Kosten von Bandagen, Einlagen und Hilfsmitteln zur Kompressionstherapie eine Zuzahlung von 20 vom Hundert des von der Krankenkasse zu übernehmenden Betrages an die abgebende Stelle zu leisten; der Vergütungsanspruch nach den Sätzen 1 und 2 verringert sich um diesen Betrag.

(3) Anspruch auf Versorgung mit Kontaktlinsen besteht nur in medizinisch zwingend erforderlichen Ausnahmefällen. Der Bundesausschuß der Ärzte und Krankenkassen bestimmt in den Richtlinien nach § 92, bei welchen Indikationen Kontaktlinsen verordnet werden. Wählen Versicherte statt einer erforderlichen Brille Kontaktlinsen und liegen die Voraussetzungen des Satzes 1 nicht vor, zahlt die Krankenkasse als Zuschuß zu den Kosten von Kontaktlinsen höchstens den Betrag, den sie für eine erforderliche Brille aufzuwenden hätte. Die Kosten für Pflegemittel werden nicht übernommen.

(4) Ein erneuter Anspruch auf Versorgung mit Sehhilfen nach Absatz 1 besteht für Versicherte, die das vierzehnte Lebensjahr vollendet haben, nur bei einer Änderung der Sehfähigkeit um mindestens 0,5 Dioptrien; für medizinisch zwingend erforderliche Fälle kann der Bundesausschuß der Ärzte und Krankenkassen in den Richtlinien nach § 92 Ausnahmen zulassen.

(5) Die Krankenkasse kann den Versicherten die erforderlichen Hilfsmittel auch leihweise überlassen. Sie kann die Bewilligung von Hilfsmitteln davon abhängig machen, daß die Versicherten sich das Hilfsmittel anpassen oder sich in seinem Gebrauch ausbilden lassen.

§ 34 Ausgeschlossene Arznei-, Heil- und Hilfsmittel

(1) Für Versicherte, die das achtzehnte Lebensjahr vollendet haben, sind von der Versorgung nach § 31 folgende Arzneimittel bei Verordnung in den genannten Anwendungsgebieten ausgeschlossen:

    1. Arzneimittel zur Anwendung bei Erkältungskrankheiten und grippalen Infekten einschließlich der bei diesen Krankheiten anzuwendenden Schnupfenmittel, Schmerzmittel, hustendämpfenden und hustenlösenden Mittel,

Nebengesetze

2. Mund- und Rachentherapeutika, ausgenommen bei Pilzinfektionen,

3. Abführmittel,

4. Arzneimittel gegen Reisekrankheit.

(2) Der Bundesminister für Gesundheit kann im Einvernehmen mit dem Bundesminister für Wirtschaft durch Rechtsverordnung mit Zustimmung des Bundesrates von der Versorgung nach § 31 weitere Arzneimittel ausschließen, die ihrer Zweckbestimmung nach üblicherweise bei geringfügigen Gesundheitsstörungen verordnet werden. Dabei ist zu bestimmen, unter welchen besonderen medizinischen Voraussetzungen die Kosten für diese Mittel von der Krankenkasse übernommen werden. Bei der Beurteilung von Arzneimitteln der besonderen Therapierichtungen wie homöopathischen, phytotherapeutischen und anthroposophischen Arzneimitteln ist der besonderen Wirkungsweise dieser Arzneimittel Rechnung zu tragen.

(3) Der Bundesminister für Gesundheit kann im Einvernehmen mit dem Bundesminister für Wirtschaft durch Rechtsverordnung mit Zustimmung des Bundesrates von der Versorgung nach § 31 unwirtschaftliche Arzneimittel ausschließen. Als unwirtschaftlich sind insbesondere Arzneimittel anzusehen, die für das Therapieziel oder zur Minderung von Risiken nicht erforderliche Bestandteile enthalten oder deren Wirkungen wegen der Vielzahl der enthaltenen Wirkstoffe nicht mit ausreichender Sicherheit beurteilt werden können oder deren therapeutischer Nutzen nicht nachgewiesen ist. Absatz 2 Satz 3 gilt entsprechend.

(4) Der Bundesminister für Gesundheit kann durch Rechtsverordnung mit Zustimmung des Bundesrates Heil- und Hilfsmittel von geringem oder umstrittenem therapeutischen Nutzen oder geringem Abgabepreis bestimmen, deren Kosten die Krankenkasse nicht übernimmt. Die Rechtsverordnung kann auch bestimmen, inwieweit geringfügige Kosten der notwendigen Änderung, Instandsetzung und Ersatzbeschaffung sowie der Ausbildung im Gebrauch der Hilfsmittel von der Krankenkasse nicht übernommen werden. Die Sätze 1 und 2 gelten nicht für die Instandsetzung von Hörgeräten und ihre Versorgung mit Batterien bei Versicherten, die das achtzehnte Lebensjahr noch nicht vollendet haben. Absatz 2 Satz 3 gilt entsprechend. Die Versorgung nach § 33 umfaßt nicht Bandagen, Einlagen und Hilfsmitteln zur Kompressionstherapie.

(5) Die Absätze 1 bis 3 gelten entsprechend für Heilmittel nach § 32, wenn sie im Anwendungsgebiet der ausgeschlossenen Arzneimittel verwendet werden.

§ 36 Festbeträge für Hilfsmittel

(1) Die Spitzenverbände der Krankenkassen bestimmen gemeinsam und einheitlich Hilfsmittel, für die Festbeträge festgesetzt werden. Dabei

sollen in ihrer Funktion gleichartige und gleichwertige Mittel in Gruppen zusammengefaßt werden. Den Verbänden der betroffenen Leistungserbringer und den Verbänden der Behinderten ist vor der Entscheidung Gelegenheit zur Stellungnahme zu geben; die Stellungnahmen sind in die Entscheidung einzubeziehen.

(2) Die Landesverbände der Krankenkassen und die Verbände der Ersatzkassen gemeinsam setzen für die nach Absatz 1 bestimmten Hilfsmittel für den Bereich eines Landes einheitliche Festbeträge fest. Absatz 1 Satz 3 gilt entsprechend.

(3) § 35 Abs. 5 Satz 1, 2 und Satz 4 zweiter Halbsatz sowie Abs. 7 gilt.

(4) Für das Verfahren nach Absatz 1 und 2 gilt § 213 Abs. 2 entsprechend.

§ 37 Häusliche Krankenpflege

(1) Versicherte erhalten in ihrem Haushalt oder ihrer Familie neben der ärztlichen Behandlung häusliche Krankenpflege durch geeignete Pflegekräfte, wenn Krankenhausbehandlung geboten, aber nicht ausführbar ist, oder wenn sie durch die häusliche Krankenpflege vermieden oder verkürzt wird. Die häusliche Krankenpflege umfaßt die im Einzelfall erforderliche Grund- und Behandlungspflege sowie hauswirtschaftliche Versorgung. Der Anspruch besteht bis zu vier Wochen je Krankheitsfall. In begründeten Ausnahmefällen kann die Krankenkasse die häusliche Krankenpflege für einen längeren Zeitraum bewilligen, wenn der Medizinische Dienst (§ 275) festgestellt hat, daß dies aus den in Satz 1 genannten Gründen erforderlich ist.

(2) Versicherte erhalten in ihrem Haushalt oder ihrer Familie als häusliche Krankenpflege Behandlungspflege, wenn sie zur Sicherung des Ziels der ärztlichen Behandlung erforderlich ist. Die Satzung kann bestimmen, daß die Krankenkasse zusätzlich zur Behandlungspflege nach Satz 1 als häusliche Krankenpflege auch Grundpflege und hauswirtschaftliche Versorgung erbringt. Die Satzung kann dabei Dauer und Umfang der Grundpflege und der hauswirtschaftlichen Versorgung nach Satz 2 bestimmen. Leistungen nach den Sätzen 2 und 3 sind nach Eintritt von Pflegebedürftigkeit im Sinne des Elften Buches nicht zulässig.

(3) Der Anspruch auf häusliche Krankenpflege besteht nur, soweit eine im Haushalt lebende Person den Kranken in dem erforderlichen Umfang nicht pflegen und versorgen kann.

(4) Kann die Krankenkasse keine Kraft für die häusliche Krankenpflege stellen oder besteht Grund, davon abzusehen, sind den Versicherten die Kosten für eine selbstbeschaffte Kraft in angemessener Höhe zu erstatten.

Nebengesetze

§ 38 Haushaltshilfe

(1) Versicherte erhalten Haushaltshilfe, wenn ihnen wegen Krankenhausbehandlung oder wegen einer Leistung nach § 23 Abs. 2 oder 4, §§ 24, 37, 40 oder 41 die Weiterführung des Haushalts nicht möglich ist. Voraussetzung ist ferner, daß im Haushalt ein Kind lebt, das bei Beginn der Haushaltshilfe das zwölfte Lebensjahr noch nicht vollendet hat oder das behindert und auf Hilfe angewiesen ist.

(2) Die Satzung kann bestimmen, daß die Krankenkasse in anderen als den in Absatz 1 genannten Fällen Haushaltshilfe erbringt, wenn Versicherten wegen Krankheit die Weiterführung des Haushalts nicht möglich ist. Sie kann dabei von Absatz 1 Satz 2 abweichen sowie Umfang und Dauer der Leistung bestimmen.

(3) Der Anspruch auf Haushaltshilfe besteht nur, soweit eine im Haushalt lebende Person den Haushalt nicht weiterführen kann.

(4) Kann die Krankenkasse keine Haushaltshilfe stellen oder besteht Grund, davon abzusehen, sind den Versicherten die Kosten für eine selbstbeschaffte Haushaltshilfe in angemessener Höhe zu erstatten. Für Verwandte und Verschwägerte bis zum zweiten Grad werden keine Kosten erstattet; die Krankenkasse kann jedoch die erforderlichen Fahrkosten und den Verdienstausfall erstatten, wenn die Erstattung in einem angemessenen Verhältnis zu den sonst für eine Ersatzkraft entstehenden Kosten steht.

§ 39 Krankenhausbehandlung

(1) Die Krankenhausbehandlung wird vollstationär, teilstationär, vor- und nachstationär (§ 115 a) sowie ambulant (§ 115 b) erbracht. Versicherte haben Anspruch auf vollstationäre Behandlung in einem zugelassenen Krankenhaus (§ 108), wenn die Aufnahme nach Prüfung durch das Krankenhaus erforderlich ist, weil das Behandlungsziel nicht durch teilstationäre, vor- und nachstationäre oder ambulante Behandlung einschließlich häuslicher Krankenpflege erreicht werden kann. Die Krankenhausbehandlung umfaßt im Rahmen des Versorgungsauftrags des Krankenhauses alle Leistungen, die im Einzelfall nach Art und Schwere der Krankheit für die medizinische Versorgung der Versicherten im Krankenhaus notwendig sind, insbesondere ärztliche Behandlung (§ 28 Abs. 1), Krankenpflege, Versorgung mit Arznei-, Heil- und Hilfsmitteln, Unterkunft und Verpflegung.

(2) Wählen Versicherte ohne zwingenden Grund ein anderes als ein in der ärztlichen Einweisung genanntes Krankenhaus, können ihnen die Mehrkosten ganz oder teilweise auferlegt werden.

(3) Die Landesverbände der Krankenkassen, die Verbände der Ersatzkassen, die Bundesknappschaft und die See-Krankenkasse gemeinsam erstellen unter Mitwirkung der Landeskrankenhausgesellschaft und

der Kassenärztlichen Vereinigung ein Verzeichnis der Leistungen und Entgelte für die Krankenhausbehandlung in den zugelassenen Krankenhäusern im Land oder in einer Region und passen es der Entwicklung an (Verzeichnis stationärer Leistungen und Entgelte). Dabei sind die Entgelte so zusammenzustellen, daß sie miteinander verglichen werden können. Die Krankenkassen haben darauf hinzuwirken, daß Vertragsärzte und Versicherte das Verzeichnis bei der Verordnung und Inanspruchnahme von Krankenhausbehandlung beachten.

(4) Versicherte, die das achtzehnte Lebensjahr vollendet haben, zahlen vom Beginn der vollstationären Krankenhausbehandlung an innerhalb eines Kalenderjahres für längstens 14 Tage 17 Deutsche Mark je Kalendertag an das Krankenhaus, das diesen Betrag an die Krankenkasse weiterleitet. Die innerhalb des Kalenderjahres bereits an einen Träger der gesetzlichen Rentenversicherung geleistete Zahlung nach § 32 Abs. 1 Satz 2 des Sechsten Buches sowie die nach § 40 Abs. 5 Satz 2 geleistete Zahlung sind auf die Zahlung nach Satz 1 anzurechnen. Vom 1. Januar 1994 an beträgt die Zahlung nach Satz 1 12 Deutsche Mark.

(5) Die See-Krankenkasse kann für kranke Seeleute, die ledig sind und keinen Haushalt haben, über den Anspruch nach Absatz 1 hinaus Unterkunft und Verpflegung in einem Seemannsheim erbringen. Absatz 4 gilt.

§ 39a Stationäre Hospize

Versicherte, die keiner Krankenhausbehandlung bedürfen, haben im Rahmen der Verträge nach Satz 4 Anspruch auf einen Zuschuß zu stationärer oder teilstationärer Versorgung in Hospizen, in denen palliativ-medizinische Behandlung erbracht wird, wenn eine ambulante Versorgung im Haushalt oder der Familie des Versicherten nicht erbracht werden kann. Die Höhe des Zuschusses ist in der Satzung der Krankenkasse festzulegen. Er darf kalendertäglich 6 vom Hundert der monatlichen Bezugsgröße nach § 18 Abs. 1 des Vierten Buches Sozialgesetzbuch nicht unterschreiten und unter Anrechnung der Leistungen anderer Sozialleistungsträger die tatsächlichen kalendertäglichen Kosten nach Satz 1 nicht überschreiten. Die Spitzenverbände der Krankenkassen gemeinsam und einheitlich vereinbaren mit den für die Wahrnehmung der Interessen der stationären Hospize maßgeblichen Spitzenorganisationen das Nähere über Art und Umfang der Versorgung nach Satz 1; der Kassenärztlichen Bundesvereinigung ist Gelegenheit zur Stellungnahme zu geben.

§ 40 Medizinische Rehabilitationsmaßnahmen

(1) Reicht bei Versicherten eine ambulante Krankenbehandlung einschließlich ambulanter Rehabilitationsmaßnahmen nicht aus, um die in § 27 Satz 1 und § 11 Abs. 2 beschriebenen Ziele zu erreichen, kann die

Nebengesetze

Form einer ambulanten Rehabilitationskur erbringen. Die Satzung der Krankenkasse kann zu den Kosten der Kur einen Zuschuß von bis zu 15 Deutsche Mark täglich vorsehen.

(2) Reicht die Leistung nach Absatz 1 nicht aus, kann die Krankenkasse stationäre Behandlung mit Unterkunft und Verpflegung in einer Rehabilitationseinrichtung erbringen, mit der ein Vertrag nach § 111 besteht.

(3) Leistungen nach Absatz 1 sollen für längstens vier Wochen erbracht werden. Leistungen nach Absatz 1 und 2 können nicht vor Ablauf von vier Jahren nach Durchführung solcher oder ähnlicher Leistungen erbracht werden, deren Kosten auf Grund öffentlich-rechtlicher Vorschriften getragen oder bezuschußt worden sind, es sei denn, eine vorzeitige Leistung ist aus gesundheitlichen Gründen dringend erforderlich. § 23 Abs. 5 Satz 3 und 4 gilt.

(4) Leistungen nach Absatz 2, die nicht anstelle einer sonst erforderlichen Krankenhausbehandlung durchgeführt werden, werden nur erbracht, wenn nach den für andere Träger der Sozialversicherung geltenden Vorschriften mit Ausnahme des § 31 des Sechsten Buches solche Leistungen nicht erbracht werden können.

(5) Versicherte, die eine Leistung nach Absatz 2 in Anspruch nehmen und das achtzehnte Lebensjahr vollendet haben, zahlen je Kalendertag 25 Deutsche Mark an die Einrichtung. Die Zahlungen sind an die Krankenkasse weiterzuleiten.

(6) Versicherte, die das achtzehnte Lebensjahr vollendet haben und eine Leistung nach Absatz 2 in Anspruch nehmen, deren unmittelbarer Anschluß an eine Krankenhausbehandlung medizinisch notwendig ist (Anschlußrehabilitation), zahlen den sich nach § 39 Abs. 4 ergebenden Betrag für längstens 14 Tage je Kalenderjahr an die Einrichtung; als unmittelbar gilt der Anschluß auch, wenn die Maßnahme innerhalb von 14 Tagen beginnt, es sei denn, die Einhaltung dieser Frist ist aus zwingenden tatsächlichen oder medizinischen Gründen nicht möglich. Die innerhalb des Kalenderjahres bereits an einen Träger der gesetzlichen Rentenversicherung geleistete kalendertägliche Zahlung nach § 32 Abs. 1 Satz 2 des Sechsten Buches sowie die nach § 39 Abs. 4 geleistete Zahlung sind auf die Zahlung nach Satz 1 anzurechnen. Die Zahlungen sind an die Krankenkasse weiterzuleiten.

(7) Die Spitzenverbände der Krankenkassen legen gemeinsam und einheitlich und unter Beteiligung der Arbeitsgemeinschaft nach § 282 (Medizinischer Dienst der Spitzenverbände der Krankenkassen) Indikationen fest, bei denen für eine medizinisch notwendige Leistung nach Absatz 2 die Zuzahlung nach Absatz 6 Satz 1 Anwendung findet, ohne daß es sich um

Anschlußrehabilitation handelt. Vor der Festlegung der Indikationen ist den für die Wahrnehmung der Interessen der stationären Rehabilitation auf Bundesebene maßgebenden Organisationen Gelegenheit zur Stellungnahme zu geben; die Stellungnahmen sind in die Entscheidung einzubeziehen.

§ 43 Ergänzende Leistungen zur Rehabilitation

Die Krankenkasse kann als ergänzende Leistungen

1. den Rehabilitationssport fördern, der Versicherten ärztlich verordnet und in Gruppen unter ärztlicher Betreuung ausgeübt wird,
2. solche Leistungen zur Rehabilitation erbringen, die unter Berücksichtigung von Art oder Schwere der Behinderung erforderlich sind, um das Ziel der Rehabilitation zu erreichen oder zu sichern, aber nicht zu den berufsfördernden Leistungen zur Rehabilitation oder den Leistungen zur allgemeinen sozialen Eingliederung gehören,

wenn zuletzt die Krankenkasse Krankenbehandlung geleistet hat oder leistet.

§ 31 Abs. 3, § 32 Abs. 2 Satz 1 bis 4, § 33 Abs. 2 Satz 3 und § 60 sind auch dann anzuwenden, wenn die in diesen Vorschriften genannten Leistungen nicht jeweils einzeln vergütet werden. Für ambulante Rehabilitationsmaßnahmen, deren unmittelbarer Anschluß an eine stationäre Behandlung medizinisch notwendig ist, gilt § 40 Abs. 6 und 7 entsprechend; Satz 2 gilt nicht.

§ 60 Fahrkosten

(1) Die Krankenkasse übernimmt nach den Absätzen 2 und 3 die Kosten für Fahrten einschließlich der Transporte nach § 133 (Fahrkosten), wenn sie im Zusammenhang mit einer Leistung der Krankenkasse notwendig sind. Welches Fahrzeug benutzt werden kann, richtet sich nach der medizinischen Notwendigkeit im Einzelfall.

(2) Die Krankenkasse übernimmt die Fahrkosten in Höhe des 20 Deutsche Mark je Fahrt übersteigenden Betrages

1. bei Leistungen, die stationär erbracht werden,
2. bei Rettungsfahrten zum Krankenhaus auch dann, wenn eine stationäre Behandlung nicht erforderlich ist,
3. bei anderen Fahrten von Versicherten, die während der Fahrt einer fachlichen Betreuung oder der besonderen Einrichtungen eines Krankenkraftwagens bedürfen oder bei denen dies auf Grund ihres Zustandes zu erwarten ist (Krankentransport),
4. bei Fahrten von Versicherten zu einer ambulanten Krankenbehandlung sowie zu einer Behandlung nach § 115 a oder § 115 b, wenn dadurch

Nebengesetze

eine an sich gebotene vollstationäre oder teilstationäre Krankenhausbehandlung (§ 39) vermieden oder verkürzt wird oder diese nicht ausführbar ist, wie bei einer stationären Krankenhausbehandlung.

Im übrigen übernimmt die Krankenkasse die Fahrkosten, wenn der Versicherte durch sie unzumutbar belastet würde (§ 61) oder soweit § 62 dies vorsieht. Soweit Fahrten nach Satz 1 von Rettungsdiensten durchgeführt werden, zieht die Krankenkasse die Zuzahlung von 20 Deutsche Mark je Fahrt von dem Versicherten ein.

(3) Als Fahrkosten werden anerkannt

1. bei Benutzung eines öffentlichen Verkehrsmittels der Fahrpreis unter Ausschöpfen von Fahrpreisermäßigungen,
2. bei Benutzung eines Taxis oder Mietwagens, wenn ein öffentliches Verkehrsmittel nicht benutzt werden kann, der nach § 133 berechnungsfähige Betrag,
3. bei Benutzung eines Krankenkraftwagens oder Rettungsfahrzeugs, wenn ein öffentliches Verkehrsmittel, ein Taxi oder ein Mietwagen nicht benutzt werden kann, der nach § 133 berechnungsfähige Betrag,
4. bei Benutzung eines privaten Kraftfahrzeugs für jeden gefahrenen Kilometer den jeweils auf Grund des Bundesreisekostengesetzes festgesetzten Höchstbetrag für Wegstreckenentschädigung, höchstens jedoch die Kosten, die bei Inanspruchnahme des nach Nummer 1 bis 3 erforderlichen Transportmittels entstanden wären.

(4) Die Kosten des Rücktransports in das Inland werden nicht übernommen. § 18 bleibt unberührt.

§ 61 Vollständige Befreiung

(1) Die Krankenkasse hat

1. Versicherte von der Zuzahlung zu Arznei-, Verband- und Heilmitteln sowie zu stationären Vorsorge- und Rehabilitationsleistungen nach § 23 Abs. 4, §§ 24, 40 Abs. 2 oder § 41 zu befreien,
2. bei der Versorgung mit Zahnersatz den von den Versicherten zu tragenden Anteil der Kosten nach § 30 Abs. 2 zu übernehmen und
3. die im Zusammenhang mit einer Leistung der Krankenkasse notwendigen Fahrkosten von Versicherten zu übernehmen,

   wenn die Versicherten unzumutbar belastet würden.

(2) Eine unzumutbare Belastung liegt vor, wenn

1. die monatlichen Bruttoeinnahmen zum Lebensunterhalt des Versicherten 40 vom Hundert der monatlichen Bezugsgröße nach § 18 des Vierten Buches nicht überschreiten,
2. der Versicherte Hilfe zum Lebensunterhalt nach dem Bundessozialhilfegesetz oder im Rahmen der Kriegsopferfürsorge nach dem Bundesversorgungsgesetz, Arbeitslosenhilfe nach dem Arbeitsförderungsgesetz, Ausbildungsförderung nach dem Bundesausbildungsförderungsgesetz oder im Rahmen der Anordnungen der Bundesanstalt für Arbeit über die individuelle Förderung der beruflichen Ausbildung oder über die Arbeits- und Berufsförderung Behinderter erhält oder
3. die Kosten der Unterbringung in einem Heim oder einer ähnlichen Einrichtung von einem Träger der Sozialhilfe oder Kriegsopferfürsorge getragen werden.

(3) Als Einnahmen zum Lebensunterhalt der Versicherten gelten auch die Einnahmen anderer in dem gemeinsamen Haushalt lebender Angehöriger. Zu den Einnahmen zum Lebensunterhalt gehören nicht Grundrenten, die Beschädigte nach dem Bundesversorgungsgesetz oder nach anderen Gesetzen in entsprechender Anwendung des Bundesversorgungsgesetzes erhalten, sowie Renten oder Beihilfen, die nach dem Bundesentschädigungsgesetz für Schäden an Körper und Gesundheit gezahlt werden, bis zur Höhe der vergleichbaren Grundrente nach dem Bundesversorgungsgesetz.

(4) Der in Absatz 2 Nr. 1 genannte Vomhundertsatz erhöht sich für den ersten in dem gemeinsamen Haushalt lebenden Angehörigen des Versicherten um 15 vom Hundert und für jeden weiteren in dem gemeinsamen Haushalt lebenden Angehörigen um 10 vom Hundert der monatlichen Bezugsgröße nach § 18 des Vierten Buches.

(5) Der Bescheid über eine Befreiung nach Absatz 1 darf keine Angaben über das Einkommen des Versicherten oder anderer zu berücksichtigender Personen enthalten.

§ 62 Teilweise Befreiung

(1) Die Krankenkasse hat die dem Versicherten während eines Kalenderjahres entstehenden notwendigen Fahrkosten und Zuzahlungen zu Arznei-, Verband- und Heilmitteln zu übernehmen, soweit sie die Belastungsgrenze übersteigen. Die Belastungsgrenze beträgt 2 vom Hundert der jährlichen Bruttoeinnahmen zum Lebensunterhalt; für Versicherte, die wegen derselben Krankheit in Dauerbehandlung sind und ein Jahr lang Zuzahlungen in Höhe von mindestens 1 vom Hundert der jährlichen Bruttoeinnahmen zum Lebensunterhalt geleistet haben, entfallen die in Satz

1 genannten Zuzahlungen nach Ablauf des ersten Jahres für die weitere Dauer dieser Behandlung, deren weitere Dauer der Krankenkasse jeweils spätestens vor Ablauf des zweiten Kalenderjahres nachzuweisen und vom Medizinischen Dienst der Krankenversicherung soweit erforderlich zu prüfen ist. Die Krankenkasse kann insbesondere bei regelmäßig entstehenden Fahrkosten und Zuzahlungen eine Kostenübernahme in kürzeren Zeitabständen vorsehen. Bei der Ermittlung des von der Krankenkasse zu übernehmenden Anteils an Fahrkosten und Zuzahlungen sowie der Belastungsgrenze nach Satz 1 und 2 werden die Fahrkosten und Zuzahlungen der mit dem Versicherten im gemeinsamen Haushalt lebenden Angehörigen und ihre Bruttoeinnahmen zum Lebensunterhalt jeweils zusammengerechnet mit der Maßgabe, daß die Zuzahlungen nur für denjenigen Versicherten entfallen, der wegen derselben Krankheit in Dauerbehandlung ist.

(2) Bei der Ermittlung der Belastungsgrenze nach Absatz 1 sind die jährlichen Bruttoeinnahmen für den ersten in dem gemeinen Haushalt lebenden Angehörigen des Versicherten um 15 vom Hundert und für jeden weiteren in dem gemeinsamen Haushalt lebenden Angehörigen um 10 vom Hundert der jährlichen Bezugsgröße nach § 18 des Vierten Buches zu vermindern.

(2a) Die Krankenkasse hat bei der Versorgung mit Zahnersatz den von den Versicherten zu tragenden Anteil der Kosten nach § 30 Abs. 2 zu übernehmen, soweit der Anteil das Dreifache der Differenz zwischen den monatlichen Bruttoeinnahmen zum Lebensunterhalt nach § 61 und der zur vollständigen Befreiung nach § 61 maßgebenden Einnahmegrenze übersteigt. Der von den Versicherten zu tragende Anteil erhöht sich, wenn die Voraussetzungen des § 30 Abs. 2 Satz 3 nicht erfüllt sind um 10 Prozentpunkte, im Fall des § 30 Abs. 2 Satz 5 um 15 Prozentpunkte. Der von den Versicherten nach den Sätzen 1 und 2 zu tragende Anteil darf den von den Versicherten nach § 30 Abs. 2 Satz 1 zu tragenden Anteil nicht überschreiten.

(3) § 61 Abs. 3 und 5 gilt.

Zehnter Abschnitt
Weiterentwicklung der Versorgung

§ 63 Grundsätze

(1) Die Krankenkassen und ihre Verbände können im Rahmen ihrer gesetzlichen Aufgabenstellung zur Verbesserung der Qualität und der Wirtschaftlichkeit der Versorgung Modellvorhaben zur Weiterentwicklung der Verfahrens-, Organisations-, Finanzierungs- und Vergütungsformen der Leistungserbringung durchführen oder nach § 64 vereinbaren.

(2) Die Krankenkassen können Modellvorhaben zu Leistungen zur Verhütung und Früherkennung von Krankheiten sowie zur Krankenbehandlung, die nach den Vorschriften dieses Buches oder auf Grund hiernach getroffener Regelungen keine Leistungen der Krankenversicherung sind, durchführen oder nach § 64 vereinbaren.

(3) Bei der Vereinbarung und Durchführung von Modellvorhaben nach Absatz 1 kann von den Vorschriften des Vierten Kapitels dieses Buches und des Krankenhausfinanzierungsgesetzes sowie den nach diesen Vorschriften getroffenen Regelungen abgewichen werden; der Grundsatz der Beitragssatzstabilität gilt entsprechend. Gegen diesen Grundsatz wird insbesondere für den Fall nicht verstoßen, daß durch ein Modellvorhaben entstehende Mehraufwendungen durch nachzuweisende Einsparungen auf Grund der in dem Modellvorhaben vorgesehenen Maßnahmen ausgeglichen werden. Einsparungen nach Satz 2 können, soweit sie die Mehraufwendungen überschreiten, auch an die an einem Modellvorhaben teilnehmenden Versicherten weitergeleitet werden.

(4) Gegenstand von Modellvorhaben nach Absatz 2 können nur solche Leistungen sein, über deren Eignung als Leistung der Krankenversicherung die Bundesausschüsse nach § 91 im Rahmen der Beschlüsse nach § 92 Abs. 1 Satz 2 Nr. 5 keine ablehnende Entscheidung getroffen haben. Fragen der biomedizinischen Forschung sowie Forschungen zur Entwicklung und Prüfung von Arzneimitteln und Medizinprodukten können nicht Gegenstand von Modellvorhaben sein.

(5) Ziele, Dauer, Art und allgemeine Vorgaben zur Ausgestaltung von Modellvorhaben sowie die Bedingungen für die Teilnahme von Versicherten sind in der Satzung festzulegen. Die Modellvorhaben sind im Regelfall auf längstens acht Jahre zu befristen. Verträge nach § 64 Abs. 1 sind den für die Vertragsparteien zuständigen Aufsichtsbehörden vorzulegen.

(6) Modellvorhaben nach den Absätzen 1 und 2 können auch von den Kassenärztlichen Vereinigungen im Rahmen ihrer gesetzlichen Aufgabenstellung mit den Krankenkassen oder ihren Verbänden vereinbart werden. Die Vorschriften dieses Abschnitts gelten entsprechend.

Nebengesetze

§ 64 Vereinbarungen mit Leistungserbringern

(1) Die Krankenkassen und ihre Verbände können, soweit die ärztliche Behandlung im Rahmen der vertragsärztlichen Versorgung betroffen ist, nur mit den Kassenärztlichen Vereinigungen oder der Kassenärztlichen Bundesvereinigung Vereinbarungen über die Durchführung von Modellvorhaben nach § 63 Abs. 1 oder Abs. 2 schließen. Im übrigen können die Krankenkassen und ihre Verbände mit den für die Versorgung in der gesetzlichen Krankenversicherung zugelassenen Leistungserbringern oder Gruppen von Leistungserbringern Vereinbarungen über die Durchführung von Modellvorhaben nach § 63 Abs. 1 oder Abs. 2 schließen. Die Vorschriften dieses Abschnitts für Vertragsärzte gelten auch für Vertragszahnärzte.

(2) Die Spitzenverbände der Krankenkassen vereinbaren mit der Kassenärztlichen Bundesvereinigung in den Bundesmantelverträgen Grundsätze zur Durchführung von Modellvorhaben mit Vertragsärzten. Dabei können Regelungen zu den Voraussetzungen und Bedingungen für die Teilnahme von Vertragsärzten sowie zur Festlegung einer Höchstzahl der zu beteiligenden Ärzte getroffen werden. In den Vereinbarungen sind Regelungen zu treffen, daß ein Modellvorhaben zustande kommt, wenn mindestens 50 vom Hundert der Vertragsärzte, die die Voraussetzungen für eine Teilnahme an dem Modellvorhaben erfüllen, die Durchführung des Modellvorhabens befürworten. § 89 Abs. 1 gilt nicht.

(3) Werden in einem Modellvorhaben nach § 63 Abs. 1 Leistungen außerhalb der für diese Leistungen geltenden Gesamtvergütungen oder Budgets nach den §§ 84 und 85 oder außerhalb der Krankenhausbudgets vergütet, sind die Gesamtvergütungen oder Budgets, in denen die Ausgaben für diese Leistungen enthalten sind, entsprechend der Zahl der am Modellvorhaben teilnehmenden Versicherten im Verhältnis zur Gesamtzahl der Versicherten zu verringern; die Budgets der teilnehmenden Krankenhäuser sind dem geringeren Leistungsumfang anzupassen. Kommt eine Einigung der zuständigen Vertragsparteien über die Verringerung der Gesamtvergütungen oder Budgets nach Satz 1 nicht zustande, können auch die Krankenkassen oder ihre Verbände, die Vertragspartner der Vereinbarung nach Absatz 1 sind, das Schiedsamt nach § 89 oder die Schiedsstelle nach § 18a Abs. 1 des Krankenhausfinanzierungsgesetzes anrufen. Vereinbaren alle gemäß § 18 Abs. 2 des Krankenhausfinanzierungsgesetzes an der Pflegesatzvereinbarung beteiligten Krankenkassen gemeinsam ein Modellvorhaben, das die gesamten mit dem Budget nach § 12 der Bundespflegesatzverordnung vergüteten Leistungen eines Krankenhauses für Versicherte erfaßt, sind die vereinbarten Entgelte für alle Benutzer des Krankenhauses einheitlich zu berechnen.

(4) Die Vertragspartner nach Absatz 1 Satz 1 können Modellvorhaben zur Vermeidung einer unkoordinierten Mehrfachinanspruchnahme von

Vertragsärzten durch die Versicherten durchführen. Sie können vorsehen, daß der Vertragsarzt, der vom Versicherten weder als erster Arzt in einem Behandlungsquartal noch mit Überweisung noch zur Einholung einer Zweitmeinung in Anspruch genommen wird, von diesem Versicherten verlangen kann, daß die bei ihm in Anspruch genommenen Leistungen im Wege der Kostenerstattung abgerechnet werden.

§ 67 Gesundheitsförderung und Rehabilitation

(1) Die Krankenkassen und ihre Verbände können zur Erprobung

1. Maßnahmen zur Erhaltung und Förderung der Gesundheit, auch zur Gesundheitserziehung, sowie zur Rehabilitation selbst durchführen und sich an solchen Maßnahmen anderer beteiligen oder sie fördern,
2. sich an Maßnahmen anderer zur Behandlung akuter und chronischer Krankheiten beteiligen oder sie fördern.

(2) Die Art der Maßnahmen und die Grundsätze der Beteiligung und Förderung sind in der Satzung festzulegen.

Dritter Abschnitt
Beziehungen zu Krankenhäusern und anderen Einrichtungen

§ 107 Krankenhäuser, Vorsorge- oder Rehabilitationseinrichtungen

(1) Krankenhäuser im Sinne dieses Gesetzbuchs sind Einrichtungen, die

1. der Krankenhausbehandlung oder Geburtshilfe dienen,
2. fachlich-medizinisch unter ständiger ärztlicher Leitung stehen, über ausreichende, ihrem Versorgungsauftrag entsprechende diagnostische und therapeutische Möglichkeiten verfügen und nach wissenschaftlich anerkannten Methoden arbeiten,
3. mit Hilfe von jederzeit verfügbarem ärztlichem, Pflege-, Funktions- und medizinisch-technischem Personal darauf eingerichtet sind, vorwiegend durch ärztliche und pflegerische Hilfeleistung Krankheiten der Patienten zu erkennen, zu heilen, ihre Verschlimmerung zu verhüten, Krankheitsbeschwerden zu lindern oder Geburtshilfe zu leisten,

   und in denen
4. die Patienten untergebracht und verpflegt werden können.

Nebengesetze

(2) Vorsorge- oder Rehabilitationseinrichtungen im Sinne dieses Gesetzbuchs sind Einrichtungen, die

1. der stationären Behandlung der Patienten dienen, um

a) eine Schwächung der Gesundheit, die in absehbarer Zeit voraussichtlich zu einer Krankheit führen würde, zu beseitigen oder einer Gefährdung der gesundheitlichen Entwicklung eines Kindes entgegenzuwirken (Vorsorge) oder

b) eine Krankheit zu heilen, ihre Verschlimmerung zu verhüten oder Krankheitsbeschwerden zu lindern oder im Anschluß an Krankenhausbehandlung den dabei erzielten Behandlungserfolg zu sichern oder zu festigen, auch mit dem Ziel, einer drohenden Behinderung oder Pflegebedürftigkeit vorzubeugen, sie nach Eintritt zu beseitigen, zu bessern oder eine Verschlimmerung zu verhüten (Rehabilitation), wobei Leistungen der aktivierenden Pflege nicht von den Krankenkassen übernommen werden dürfen,

2. fachlich-medizinisch unter ständiger ärztlicher Verantwortung und unter Mitwirkung von besonders geschultem Personal darauf eingerichtet sind, den Gesundheitszustand der Patienten nach einem ärztlichen Behandlungsplan vorwiegend durch Anwendung von Heilmitteln einschließlich Krankengymnastik, Bewegungstherapie, Sprachtherapie oder Arbeits- und Beschäftigungstherapie, ferner durch andere geeignete Hilfen, auch durch geistige und seelische Einwirkungen, zu verbessern und den Patienten bei der Entwicklung eigener Abwehr- und Heilungskräfte zu helfen.

und in denen

3. die Patienten untergebracht und verpflegt werden können.

...

§ 111 Versorgungsverträge mit Vorsorge- oder Rehabilitationseinrichtungen

(1) Die Krankenkassen dürfen medizinische Leistungen zur Vorsorge (§ 23 Abs. 4) oder Rehabilitation einschließlich der Anschlußheilbehandlung (§ 40), die eine stationäre Behandlung, aber keine Krankenhausbehandlung erfordern, nur in Vorsorge- oder Rehabilitationseinrichtungen erbringen lassen, mit denen ein Versorgungsvertrag nach Absatz 2 besteht.

(2) Die Landesverbände der Krankenkassen und die Verbände der Ersatzkassen gemeinsam schließen mit Wirkung für ihre Mitgliedskassen einheitliche Versorgungsverträge über die Durchführung der in Absatz 1 genannten Leistungen mit Vorsorge- oder Rehabilitationseinrichtungen, die

1. die Anforderungen des § 107 Abs. 2 erfüllen und

2. für eine bedarfsgerechte, leistungsfähige und wirtschaftliche Versorgung der Versicherten ihrer Mitgliedskassen mit stationären medizinischen Leistungen zur Vorsorge oder Rehabilitation einschließlich der Anschlußheilbehandlung notwendig sind.

§ 109 Abs. 1 Satz 1 gilt entsprechend. Die Landesverbände der Krankenkassen eines anderen Bundeslandes und die Verbände der Ersatzkassen können einem nach Satz 1 geschlossenen Versorgungsvertrag beitreten, soweit für die Behandlung der Versicherten ihrer Mitgliedskassen in der Vorsorge- oder Rehabilitationseinrichtung ein Bedarf besteht.

(3) Bei Vorsorge- oder Rehabilitationseinrichtungen, die vor dem 1. 1. 1989 stationäre medizinische Leistungen für die Krankenkassen erbracht haben, gilt ein Versorgungsvertrag in dem Umfang der in den Jahren 1986 bis 1988 erbrachten Leistungen als abgeschlossen. Satz 1 gilt nicht, wenn die Einrichtung die Anforderungen nach Absatz 2 Satz 1 nicht erfüllt und die zuständigen Landesverbände der Krankenkassen und die Verbände der Ersatzkassen gemeinsam dies bis zum 30. 6. 1989 gegenüber dem Träger der Einrichtung schriftlich geltend machen.

(4) Mit dem Versorgungsvertrag wird die Vorsorge- oder Rehabilitationseinrichtung für die Dauer des Vertrages zur Versorgung der Versicherten mit stationären medizinischen Leistungen zur Vorsorge oder Rehabilitation zugelassen. Der Versorgungsvertrag kann von den Landesverbänden der Krankenkassen und Verbänden der Ersatzkassen gemeinsam mit einer Frist von 1 Jahr gekündigt werden, wenn die Voraussetzungen für seinen Abschluß nach Absatz 2 Satz 1 nicht mehr gegeben sind. Mit der für die Krankenhausplanung zuständigen Landesbehörde ist Einvernehmen über Abschluß und Kündigung des Versorgungsvertrags anzustreben.

(5) Die Vergütungen für die in Absatz 1 genannten Leistungen werden zwischen den Krankenkassen und den Trägern der zugelassenen Vorsorge- oder Rehabilitationseinrichtungen vereinbart.

(6) Soweit eine wirtschaftlich und organisatorisch selbständige, gebietsärztlich geleitete Vorsorge- oder Rehabilitationseinrichtung an einem zugelassenen Krankenhaus die Anforderungen des Absatzes 2 Satz 1 erfüllt, gelten im übrigen die Absätze 1 bis 5.

§ 115 a Vor- und nachstationäre Behandlung im Krankenhaus

(1) Das Krankenhaus kann bei Verordnung von Krankenhausbehandlung Versicherte in medizinisch geeigneten Fällen ohne Unterkunft und Verpflegung behandeln, um

1. die Erforderlichkeit einer vollstationären Krankenhausbehandlung zu klären oder die vollstationäre Krankenhausbehandlung vorzubereiten (vorstationäre Behandlung) oder

2. im Anschluß an eine vollstationäre Krankenhausbehandlung den Behandlungserfolg zu sichern oder zu festigen (nachstationäre Behandlung).

(2) Die vorstationäre Behandlung ist auf längstens drei Behandlungstage innerhalb von fünf Tagen vor Beginn der stationären Behandlung begrenzt. Die nachstationäre Behandlung darf sieben Behandlungstage innerhalb von 14 Tagen, bei Organübertragungen nach § 9 des Transplantationsgesetzes drei Monate nach Beendigung der stationären Krankenhausbehandlung nicht überschreiten. Die Frist von 14 Tagen oder drei Monaten kann in medizinisch begründeten Einzelfällen im Einvernehmen mit dem einweisenden Arzt verlängert werden. Kontrolluntersuchungen bei Organübertragungen nach § 9 des Transplantationsgesetzes dürfen vom Krankenhaus auch nach Beendigung der nachstationären Behandlung fortgeführt werden, um die weitere Krankenbehandlung oder Maßnahmen der Qualitätssicherung wissenschaftlich zu begleiten oder zu unterstützen. Eine notwendige ärztliche Behandlung außerhalb des Krankenhauses während der vor- und nachstationären Behandlung wird im Rahmen des Sicherstellungsauftrags durch die an der vertragsärztlichen Versorgung teilnehmenden Ärzte gewährleistet. Das Krankenhaus hat den einweisenden Arzt über die vor- oder nachstationäre Behandlung sowie diesen und die an der weiteren Krankenbehandlung jeweils beteiligten Ärzte über die Kontrolluntersuchungen und deren Ergebnis unverzüglich zu unterrichten. Die Sätze 2 bis 6 gelten für die Nachbetreuung von Organspendern nach § 8 Abs. 3 Satz 1 des Transplantationsgesetzes entsprechend.

(3) Die Landesverbände der Krankenkassen, die Verbände der Ersatzkassen und der Landesausschuß des Verbandes der privaten Krankenversicherung gemeinsam vereinbaren mit der Landeskrankenhausgesellschaft oder mit den Vereinigungen der Krankenhausträger im Land gemeinsam und im Benehmen mit der Kassenärztlichen Vereinigung die Vergütung der Leistungen mit Wirkung für die Vertragsparteien nach § 18 Abs. 2 KHG. Die Vergütung soll pauschaliert werden und geeignet sein, eine Verminderung der stationären Kosten herbeizuführen. Die Spitzenverbände der Krankenkassen gemeinsam und die Deutsche Krankenhausgesellschaft oder die Bundesverbände der Krankenhausträger gemeinsam geben im Benehmen mit der KBV Empfehlungen zur Vergütung ab.

Diese gelten bis zum Inkrafttreten einer Vereinbarung nach Satz 1. Kommt eine Vereinbarung über die Vergütung innerhalb von 3 Monaten nicht zustande, nachdem eine Vertragspartei schriftlich zur Aufnahme der Verhandlungen aufgefordert hat, setzt die Schiedsstelle nach § 18a KHG auf Antrag einer Vertragspartei oder der zuständigen Landesbehörde die Vergütung fest.

§ 118 Psychiatrische Institutsambulanzen

(1) Psychiatrische Krankenhäuser sind von dem Zulassungsausschuß (§ 96) zur ambulanten psychiatrischen und psychotherapeutischen Behandlung der Versicherten zu ermächtigen. Allgemeinkrankenhäuser mit selbständigen, gebietsärztlich geleiteten psychiatrischen Abteilungen können von dem Zulassungsausschuß zur Durchführung von Leistungen nach Satz 1 ermächtigt werden; die Ermächtigung ist zu erteilen, soweit und solange eine ausreichende psychiatrische und psychotherapeutische Behandlung ohne die besonderen Untersuchungs- und Behandlungsmethoden des Krankenhauses nicht sichergestellt sind.

(2) Die Behandlung durch psychiatrische Institutsambulanzen ist auf diejenigen Versicherten auszurichten, die wegen der Art, Schwere oder Dauer ihrer Krankheit oder wegen zu großer Entfernung zu geeigneten Ärzten auf die Behandlung durch diese Institutsambulanzen angewiesen sind. Der Krankenhausträger stellt sicher, daß die für die ambulante psychiatrische und psychotherapeutische Behandlung erforderlichen Ärzte und nichtärztlichen Fachkräfte sowie die notwendigen Einrichtungen bei Bedarf zur Verfügung stehen.

§ 120 Vergütung ambulanter Krankenhausleistungen

(1) Die im Krankenhaus erbrachten ambulanten ärztlichen Leistungen der ermächtigten Krankenhausärzte, Polikliniken und sonstiger ermächtigter ärztlich geleiteter Einrichtungen werden nach den für Vertragsärzte geltenden Grundsätzen aus der vertragsärztlichen Gesamtvergütung vergütet. Die mit diesen Leistungen verbundenen allgemeinen Praxiskosten, die durch die Anwendung von ärztlichen Geräten entstehenden Kosten sowie die sonstigen Sachkosten sind mit den Gebühren abgegolten, soweit in den einheitlichen Bewertungsmaßstäben nichts Abweichendes bestimmt ist. Die den ermächtigten Krankenhausärzten zustehende Vergütung wird für diese vom Krankenhausträger mit der Kassenärztlichen Vereinigung abgerechnet und nach Abzug der anteiligen Verwaltungskosten sowie der dem Krankenhaus nach Satz 2 entstehenden Kosten an die berechtigten Krankenhausärzte weitergeleitet.

(2) Die Leistungen der psychiatrischen Institutsambulanzen und der sozialpädiatrischen Zentren werden unmittelbar von den Krankenkassen vergütet. Die Vergütung wird von den Landesverbänden der Krankenkassen und den Verbänden der Ersatzkassen gemeinsam mit den Krankenhäusern oder den sie vertretenden Vereinigungen im Land vereinbart. Sie muß die Leistungsfähigkeit der Institutsambulanzen und der Zentren bei wirtschaftlicher Betriebsführung gewährleisten.

(3) Die Vergütung der Leistungen der Polikliniken, der psychiatrischen Institutsambulanzen, der sozialpädiatrischen Zentren und sonstiger er-

mächtigter ärztlich geleiteter Einrichtungen kann pauschaliert werden. Bei den öffentlich geförderten Krankenhäusern ist die Vergütung nach Absatz 1 um einen Investitionskostenabschlag von 10 v. H., bei den Polikliniken zusätzlich um einen Abschlag von 20 v. H. für Forschung und Lehre zu kürzen. § 295 Abs. 1 gilt entsprechend. Das Nähere über Form und Inhalt der Abrechnungsunterlagen und der erforderlichen Vordrucke wird für die psychiatrischen Institutsambulanzen und sozialpädiatrischen Zentren von den Vertragsparteien nach Absatz 2 Satz 2, für die Polikliniken und sonstigen ermächtigten ärztlich geleiteten Einrichtungen von den Vertragsparteien nach § 83 Abs. 1 Satz 1 vereinbart.

(4) Kommt eine Vereinbarung nach Absatz 2 Satz 2 ganz oder teilweise nicht zustande, setzt die Schiedsstelle nach § 18a KHG auf Antrag einer Vertragspartei die Vergütung fest.

(5) Beamtenrechtliche Vorschriften über die Entrichtung eines Entgelts bei der Inanspruchnahme von Einrichtungen, Personal und Material des Dienstherrn oder vertragliche Regelungen über ein weitergehendes Nutzungsentgelt, das neben der Kostenerstattung auch einen Vorteilsausgleich umfaßt, und sonstige Abgaben der Ärzte werden durch die Absätze 1 bis 4 nicht berührt.

Fünfter Abschnitt
Beziehungen zu Leistungserbringern von Heilmitteln

§ 124 Zulassung

(1) Heilmittel, die als Dienstleistungen abgegeben werden, insbesondere Leistungen der physikalischen Therapie, der Sprachtherapie oder der Beschäftigungstherapie, dürfen an Versicherte nur von zugelassenen Leistungserbringern abgegeben werden.

(2) Zuzulassen ist, wer

1. die für die Leistungserbringung erforderliche Ausbildung sowie eine entsprechende zur Führung der Berufsbezeichnung berechtigende Erlaubnis besitzt,
2. eine berufspraktische Erfahrungszeit von mindestens zwei Jahren nachweist, die innerhalb von zehn Jahren vor Beantragung der Zulassung in unselbständiger Tätigkeit und in geeigneten Einrichtungen abgeleistet worden sein muß,
3. über eine Praxisausstattung verfügt, die eine zweckmäßige und wirtschaftliche Leistungserbringung gewährleistet, und

4. die für die Versorgung der Versicherten geltenden Vereinbarungen anerkennt.

Ein zugelassener Leistungserbringer von Heilmitteln ist in einem weiteren Heilmittelbereich zuzulassen, sofern er für diesen Bereich die Voraussetzungen des Satzes 1 Nr. 3 und 4 erfüllt und eine oder mehrere Personen beschäftigt, die die Voraussetzungen des Satzes 1 Nr. 1 und 2 nachweisen. Sofern ein zugelassener Leistungserbringer anschließend die Qualifikation zum Physiotherapeuten erwirbt, gilt die berufspraktische Erfahrungszeit nach Absatz 2 Nr. 2 als erfüllt.

(3) Krankenhäuser, Rehabilitationseinrichtungen und ihnen vergleichbare Einrichtungen dürfen die in Absatz 1 genannten Heilmittel durch Personen abgeben, die die Voraussetzungen nach Absatz 2 Nr. 1 und 2 erfüllen; Absatz 2 Nr. 3 und 4 gilt entsprechend.

(4) Die Spitzenverbände der Krankenkassen gemeinsam geben Empfehlungen für eine einheitliche Anwendung der Zulassungsbedingungen nach Absatz 2 ab. Die für die Wahrnehmung der wirtschaftlichen Interessen maßgeblichen Spitzenorganisationen der Leistungserbringer auf Bundesebene sollen gehört werden.

(5) Die Zulassung wird von den Landesverbänden der Krankenkassen, den Verbänden der Ersatzkassen sowie der See-Krankenkasse erteilt. Die Zulassung berechtigt zur Versorgung der Versicherten.

(6) Die Zulassung kann widerrufen werden, wenn der Leistungserbringer nach Erteilung der Zulassung die Voraussetzungen nach Absatz 2 Nr. 1, 3 oder 4 nicht mehr erfüllt. Absatz 5 Satz 1 gilt entsprechend.

§ 125 Verträge

Über die Einzelheiten der Versorgung mit Heilmitteln sowie über die Preise und deren Abrechnung schließen die Landesverbände der Krankenkassen sowie die Verbände der Ersatzkassen auf Landesebene mit Wirkung für ihre Mitgliedskassen Verträge mit Leistungserbringern oder Verbänden der Leistungserbringer. Die Preise dürfen sich gegenüber den am 31. Dezember 1992 geltenden Preisen in den Jahren 1993, 1994 und 1995 höchstens um den Vomhundertsatz verändern, um den sich die nach den §§ 270 und 270a zu ermittelnden beitragspflichtigen Einnahmen der Mitglieder der Krankenkassen je Mitglied verändern. Die Vomhundertsätze sind für das Beitrittsgebiet und das übrige Bundesgebiet getrennt festzulegen. Die vereinbarten Preise sind Höchstpreise.

Sechster Abschnitt
Beziehungen zu Leistungserbringern von Hilfsmitteln

§ 126 Zulassung

(1) Hilfsmittel dürfen an Versicherte nur von zugelassenen Leistungserbringern abgegeben werden. Zuzulassen ist, wer eine ausreichende, zweckmäßige, funktionsgerechte und wirtschaftliche Herstellung, Abgabe und Anpassung der Hilfsmittel gewährleistet und die für die Versorgung der Versicherten geltenden Vereinbarungen anerkennt.

(2) Die Spitzenverbände der Krankenkassen gemeinsam geben Empfehlungen für eine einheitliche Anwendung der Zulassungsbedingungen nach Absatz 1 Satz 2 ab.

(3) § 124 Abs. 5 gilt entsprechend.

(4) Die Zulassung kann widerrufen werden, wenn der Leistungserbringer nach Erteilung der Zulassung die Voraussetzungen nach Absatz 1 Satz 2 nicht mehr erfüllt. § 124 Abs. 5 Satz 1 gilt entsprechend.

(5) Für nichtärztliche Dialyseleistungen, die nicht in der vertragsärztlichen Versorgung erbracht werden, gelten die Regelungen dieses Abschnitts entsprechend.

§ 127 Verträge

(1) Über die Einzelheiten der Versorgung mit Hilfsmitteln sowie über die Abrechnung der Festbeträge schließen die Landesverbände der Krankenkassen sowie die Verbände der Ersatzkassen auf Landesebene mit Wirkung für ihre Mitgliedskassen Verträge mit Leistungserbringern oder den Verbänden der Leistungserbringer.

(2) In Verträgen können sich Leistungserbringer bereit erklären, Hilfsmittel zu den festgesetzten Festbeträgen (§ 36) oder zu niedrigeren Beträgen abzugeben. Soweit Festbeträge noch nicht festgelegt sind oder nicht festgelegt werden können, schließen die Krankenkassen oder ihre Verbände mit Leistungserbringern oder Verbänden der Leistungserbringer Vereinbarungen über Preise. Sie dürfen sich gegenüber den am 31. Dezember 1992 geltenden Preisen in den Jahren 1993, 1994 und 1995 höchstens um den Vomhundertsatz verändern, um den sich die nach den §§ 270 und 270a zu ermittelnden beitragspflichtigen Einnahmen der Mitglieder aller Krankenkassen mit Sitz im Bundesgebiet außerhalb des Beitrittsgebiets je Mitglied verändern. Die vereinbarten Preise sind Höchstpreise.

(3) Die Krankenkassen können bei den Leistungserbringern Preisvergleiche über Hilfsmittel durchführen und die Versicherten sowie die Ärzte

über preisgünstige Versorgungsmöglichkeiten und über Leistungserbringer, die bereit sind, zum Festbetrag zu liefern, informieren. Sie können Preisvergleiche auch durch regionale Arbeitsgemeinschaften oder in Zusammenarbeit mit Verbraucherverbänden durchführen.

§ 128 Hilfsmittelverzeichnis

Die Spitzenverbände der Krankenkassen gemeinsam erstellen ein Hilfsmittelverzeichnis. In dem Verzeichnis sind die von der Leistungspflicht umfaßten Hilfsmittel aufzuführen und die dafür vorgesehenen Festbeträge oder vereinbarten Preise anzugeben. Das Hilfsmittelverzeichnis ist regelmäßig fortzuschreiben. Die Spitzenorganisationen der betroffenen Leistungserbringer sind vor Erstellung und Fortschreibung des Verzeichnisses anzuhören. Das Hilfsmittelverzeichnis ist im Bundesanzeiger bekanntzumachen.

§ 132 Versorgung mit häuslicher Krankenpflege, häuslicher Pflegehilfe, häuslicher Pflege und Haushaltshilfe

(1) Die Krankenkasse kann zur Gewährung von häuslicher Krankenpflege, häuslicher Pflegehilfe, häuslicher Pflege und von Haushaltshilfe geeignete Personen anstellen. Wenn die Krankenkasse dafür andere geeignete Personen, Einrichtungen oder Unternehmen in Anspruch nimmt, hat sie über Inhalt, Umfang, Vergütung sowie Prüfung der Qualität und Wirtschaftlichkeit der Dienstleistungen Verträge zu schließen.

(2) Die Krankenkasse hat darauf zu achten, daß die Leistungen wirtschaftlich und preisgünstig erbracht werden. Bei der Auswahl der Leistungserbringer ist ihrer Vielfalt, insbesondere der Bedeutung der freien Wohlfahrtspflege, Rechnung zu tragen.

§ 132 a Versorgung mit häuslicher Krankenpflege

(1) Die Spitzenverbände der Krankenkassen gemeinsam und einheitlich und die für die Wahrnehmung der Interessen von Pflegediensten maßgeblichen Spitzenorganisationen auf Bundesebene sollen unter Berücksichtigung der Richtlinien nach § 92 Abs. 1 Satz 2 Nr. 6 gemeinsam Rahmenempfehlungen über die einheitliche Versorgung mit häuslicher Krankenpflege abgeben; für Pflegedienste, die einer Kirche oder einer Religionsgemeinschaft des öffentlichen Rechts oder einem sonstigen freigemeinnützigen Träger zuzuordnen sind, können die Rahmenempfehlungen gemeinsam mit den übrigen Partnern der Rahmenempfehlungen auch von der Kirche oder der Religionsgemeinschaft oder von dem Wohlfahrtsverband abgeschlossen werden, dem die Einrichtung angehört. Vor Abschluß der Vereinbarung ist der Kassenärztlichen Bundesvereinigung und der Deutschen Krankenhausgesellschaft Gelegenheit zur Stellungnahme zu geben.

Nebengesetze

Die Stellungnahmen sind in den Entscheidungsprozeß der Partner der Rahmenempfehlungen einzubeziehen. In den Rahmenempfehlungen sind insbesondere zu regeln:

1. Inhalte der häuslichen Krankenpflege einschließlich deren Abgrenzung,
2. Eignung der Leistungserbringer,
3. Maßnahmen zur Qualitätssicherung,
4. Inhalt und Umfang der Zusammenarbeit des Leistungserbringers mit dem verordnenden Vertragsarzt und dem Krankenhaus,
5. Grundsätze der Wirtschaftlichkeit der Leistungserbringung einschließlich deren Prüfung und
6. Grundsätze der Vergütungen und ihrer Strukturen.

(2) Über die Einzelheiten der Versorgung mit häuslicher Krankenpflege sowie über die Preise und deren Abrechnung schließen die Krankenkassen Verträge mit den Leistungserbringern. Die Krankenkassen haben darauf zu achten, daß die Leistungen wirtschaftlich und preisgünstig erbracht werden. Bei der Auswahl der Leistungserbringer ist ihrer Vielfalt, insbesondere der Bedeutung der freien Wohlfahrtspflege, Rechnung zu tragen. Abweichend von Satz 1 kann die Krankenkasse zur Gewährung von häuslicher Krankenpflege geeignete Personen anstellen.

§ 213 Spitzenverbände

(1) Spitzenverbände der Krankenkassen sind die Bundesverbände der Krankenkassen, die Bundesknappschaft, die Verbände der Ersatzkassen und die See-Krankenkasse.

(2) Die Spitzenverbände sollen sich über die von ihnen nach diesem Gesetz gemeinsam und einheitlich zu treffenden Entscheidungen einigen. Kommt eine Einigung nicht zustande, erfolgt die Beschlußfassung durch 3 Vertreter der Ortskrankenkassen einschließlich der See-Krankenkasse, 2 Vertreter der Ersatzkassen und je 1 Vertreter der Betriebskrankenkassen, der Innungskrankenkassen, der landwirtschaftlichen Krankenkassen und der Bundesknappschaft. Beschlüsse bedürfen der Mehrheit der in Satz 2 genannten Vertreter der Spitzenverbände. Das Verfahren zur Beschlußfassung regeln die Spitzenverbände in einer Geschäftsordnung.

(3) Kommen die erforderlichen Beschlüsse nicht oder nicht innerhalb einer vom BMG gesetzten Frist zustande, entscheidet der BMG im Einvernehmen mit dem BMWi; einer Fristsetzung bedarf es nicht, soweit die Spitzenverbände die Festbeträge für die in § 35 Abs. 1 Satz 2 Nr. 1 genannten Arzneimittel nicht bis zum 30.6.1989 festgelegt haben. Die Entscheidung ist im BAnz bekanntzumachen.

(4) Die Spitzenverbände können Arbeitsgemeinschaften zur Abstimmung untereinander und zur wissenschaftlichen Unterstützung ihrer Mitglieder einrichten.

§ 275 Medizinischer Dienst der Krankenversicherung Begutachtung und Beratung

(1) Die Krankenkassen sind in den gesetzlich bestimmten Fällen oder wenn es nach Art, Schwere, Dauer oder Häufigkeit der Erkrankung oder nach dem Krankheitsverlauf erforderlich ist, verpflichtet,

1. bei Erbringung von Leistungen, insbesondere zur Prüfung von Voraussetzung, Art und Umfang der Leistung,
2. zur Einleitung von Maßnahmen zur Rehabilitation, insbesondere zur Aufstellung eines Gesamtplans nach § 5 Abs. 3 RehaAnglG, im Benehmen mit dem behandelnden Arzt,
3. bei Arbeitsunfähigkeit

a) zur Sicherung des Behandlungserfolgs, insbesondere zur Einleitung von Maßnahmen der Leistungsträger für die Wiederherstellung der Arbeitsfähigkeit, oder

b) zur Beseitigung von Zweifeln an der Arbeitsunfähigkeit,

eine gutachtliche Stellungnahme des Medizinischen Dienstes der Krankenversicherung (Medizinischer Dienst) einzuholen.

(1a) Zweifel an der Arbeitsunfähigkeit nach Absatz 1 Nr. 3 Buchstabe b sind insbesondere in Fällen anzunehmen, in denen

a) Versicherte auffällig häufig oder auffällig nur für kurze Dauer arbeitsunfähig sind oder der Beginn der Arbeitsunfähigkeit häufig auf einen Arbeitstag am Beginn oder am Ende einer Woche fällt oder

b) die Arbeitsunfähigkeit von einem Arzt festgestellt worden ist, der durch die Häufigkeit der von ihm ausgestellten Bescheinigungen über Arbeitsunfähigkeit auffällig geworden ist.

Die Prüfung hat unverzüglich nach Vorlage der ärztlichen Feststellung über die Arbeitsunfähigkeit zu erfolgen. Der Arbeitgeber kann verlangen, daß die Krankenkasse eine gutachtliche Stellungnahme des Medizinischen Dienstes zur Überprüfung der Arbeitsunfähigkeit einholt. Die Krankenkasse kann von einer Beauftragung des Medizinischen Dienstes absehen, wenn sich die medizinischen Voraussetzungen der Arbeitsunfähigkeit eindeutig aus den der Krankenkasse vorliegenden ärztlichen Unterlagen ergeben.

Nebengesetze

(1b) Der Medizinische Dienst überprüft bei Vertragsärzten, die nach § 106 Abs. 2 Satz 1 Nr. 2 geprüft werden, stichprobenartig und zeitnah Feststellungen der Arbeitsunfähigkeit. Die in § 106 Abs. 2 Satz 3 genannten Vertragspartner vereinbaren das Nähere.

(2) Die Krankenkassen haben durch den Medizinischen Dienst prüfen zu lassen

1. die Notwendigkeit der Leistungen nach den §§ 23, 24, 40 und 41 unter Zugrundelegung eines ärztlichen Behandlungsplans vor Bewilligung und bei beantragter Verlängerung; die Spitzenverbände der Krankenkassen können gemeinsam und einheitlich Ausnahmen zulassen, wenn Prüfungen nach Indikation und Personenkreis nicht notwendig erscheinen; dies gilt insbesondere für stationäre Rehabilitationsmaßnahmen im Anschluß an eine Krankenhausbehandlung (Anschlußheilbehandlung),

2. bei Kostenübernahme einer Behandlung im Ausland, ob die Behandlung einer Krankheit nur im Ausland möglich ist (§ 18),

3. ob und für welchen Zeitraum häusliche Krankenpflege länger als 4 Wochen erforderlich ist (§ 37 Abs. 1),

4. ob Versorgung mit Zahnersatz aus medizinischen Gründen ausnahmsweise unaufschiebbar ist (§ 27 Abs. 2).

(3) Die Krankenkassen können in geeigneten Fällen durch den Medizinischen Dienst prüfen lassen

1. die medizinischen Voraussetzungen für die Durchführung der kieferorthopädischen Behandlung (§ 29),

2. vor Bewilligung eines Hilfsmittels, ob das Hilfsmittel erforderlich ist (§ 33); der Medizinische Dienst hat hierbei den Versicherten zu beraten; er hat mit den Orthopädischen Versorgungsstellen zusammenzuarbeiten,

3. bei Dialysebehandlung, welche Form der ambulanten Dialysebehandlung unter Berücksichtigung des Einzelfalls notwendig und wirtschaftlich ist.

(3 a) Ergeben sich bei der Auswertung der Unterlagen über die Zuordnung von Patienten zu den Behandlungsbereichen nach § 4 der Psychiatrie-Personalverordnung oder zu den Pflegestufen nach den §§ 4 und 9 der Pflege-Personalregelung in vergleichbaren Gruppen Abweichungen, so können die Landesverbände der Krankenkassen und die Verbände der Ersatzkassen die Zuordnungen durch den Medizinischen Dienst überprüfen lassen; das zu übermittelnde Ergebnis der Überprüfung darf keine Sozialdaten enthalten.

(4) Die Krankenkassen und ihre Verbände sollen bei der Erfüllung anderer als der in Absatz 1 bis 3 genannten Aufgaben im notwendigen Umfang den Medizinischen Dienst zu Rate ziehen, insbesondere für allgemeine medizinische Fragen der gesundheitlichen Versorgung und Beratung der Versicherten, für Fragen der Qualitätssicherung, für Vertragsverhandlungen mit den Leistungserbringern und für Beratungen der gemeinsamen Ausschüsse von Ärzten und Krankenkassen, insbesondere der Prüfungsausschüsse.

(5) Die Ärzte des Medizinischen Dienstes sind bei der Wahrnehmung ihrer medizinischen Aufgaben nur ihrem ärztlichen Gewissen unterworfen. Sie sind nicht berechtigt, in die ärztliche Behandlung einzugreifen.

§ 276 Zusammenarbeit

(1) Die Krankenkassen sind verpflichtet, dem Medizinischen Dienst die für die Beratung und Begutachtung erforderlichen Unterlagen vorzulegen und Auskünfte zu erteilen. Unterlagen, die der Versicherte über seine Mitwirkungspflicht nach den §§ 60 und 65 des Ersten Buches hinaus seiner Krankenkasse freiwillig selbst überlassen hat, dürfen an den Medizinischen Dienst nur weitergegeben werden, soweit der Versicherte eingewilligt hat. Für die Einwilligung gilt § 67b Abs. 2 des Zehnten Buches.

(2) Der Medizinische Dienst darf Sozialdaten nur erheben und speichern, soweit dies für die Prüfungen, Beratungen und gutachtlichen Stellungnahmen nach § 275 und für die Modellvorhaben nach § 275a erforderlich ist; haben die Krankenkassen nach § 275 Abs. 1 bis 3 eine gutachtliche Stellungnahme oder Prüfung durch den Medizinischen Dienst veranlaßt, sind die Leistungserbringer verpflichtet, Sozialdaten auf Anforderung des Medizinischen Dienstes unmittelbar an diesen zu übermitteln, soweit dies für die gutachtliche Stellungnahme und Prüfung erforderlich ist. Ziehen die Krankenkassen den Medizinischen Dienst nach § 275 Abs. 4 zu Rate, können sie ihn mit Erlaubnis der Aufsichtsbehörden beauftragen, Datenbestände leistungsbringer- oder fallbezogen für zeitlich befristete und im Umfang begrenzte Aufträge nach § 275 Abs. 4 auszuwerten; Sozialdaten sind vor der Übermittlung an den Medizinischen Dienst zu anonymisieren. Die rechtmäßig erhobenen und gespeicherten Sozialdaten dürfen nur für die in § 275 genannten Zwecke verarbeitet oder genutzt werden, für andere Zwecke, soweit dies durch Rechtsvorschriften des Sozialgesetzbuchs angeordnet oder erlaubt ist. Die Sozialdaten sind nach fünf Jahren zu löschen. Die §§ 286, 287 und 304 Abs. 1 Satz 2 und 3 und Abs. 2 gelten für den Medizinischen Dienst entsprechend. Der Medizinische Dienst darf in Dateien nur Angaben zur Person und Hinweise auf bei ihm vorhandene Akten aufnehmen.

(2a) Beauftragt der Medizinische Dienst einen Gutachter (§ 279 Abs. 5), ist die Übermittlung von erforderlichen Daten zwischen Medizinischem Dienst und dem Gutachter zulässig, soweit dies zur Erfüllung des Auftrages erforderlich ist.

(3) Für das Akteneinsichtsrecht des Versicherten gilt § 25 des Zehnten Buches entsprechend.

(4) Wenn es im Einzelfall zu einer gutachtlichen Stellungnahme über die Notwendigkeit und Dauer der stationären Behandlung des Versicherten erforderlich ist, sind die Ärzte des Medizinischen Dienstes befugt, zwischen 8.00 und 18.00 Uhr die Räume der Krankenhäuser und Vorsorge- oder Rehabilitationseinrichtungen zu betreten, um dort die Krankenunterlagen einzusehen und, soweit erforderlich, den Versicherten untersuchen zu können. In Fällen des § 275 Abs. 3a sind die Ärzte des Medizinischen Dienstes befugt, zwischen 8.00 und 18.00 Uhr die Räume der Krankenhäuser zu betreten, um dort die zur Prüfung erforderlichen Unterlagen einzusehen.

(5) Wenn sich im Rahmen der Überprüfung der Feststellungen von Arbeitsunfähigkeit (§ 275 Abs. 1 Nr. 3b, Abs. 1a und Abs. 1b) aus den ärztlichen Unterlagen ergibt, daß der Versicherte auf Grund seines Gesundheitszustandes nicht in der Lage ist, einer Vorladung des Medizinischen Dienstes Folge zu leisten oder wenn der Versicherte einen Vorladungstermin unter Berufung auf seinen Gesundheitszustand absagt und der Untersuchung fernbleibt, soll die Untersuchung in der Wohnung des Versicherten stattfinden. Verweigert er hierzu seine Zustimmung, kann ihm die Leistung versagt werden. Die §§ 65, 66 des Ersten Buches bleiben unberührt.

(6) Die Aufgaben des Medizinischen Dienstes im Rahmen der sozialen Pflegeversicherung ergeben sich zusätzlich zu den Bestimmungen dieses Buches aus den Vorschriften des Elften Buches.

§ 277 Mitteilungspflichten

(1) Der Medizinische Dienst hat dem an der vertragsärztlichen Versorgung teilnehmenden Arzt, sonstigen Leistungserbringern, über deren Leistungen er eine gutachtliche Stellungnahme abgegeben hat, und der Krankenkasse das Ergebnis der Begutachtung und der Krankenkasse die erforderlichen Angaben über den Befund mitzuteilen. Er ist befugt, den an der vertragsärztlichen Versorgung teilnehmenden Ärzten und den sonstigen Leistungserbringern, über deren Leistungen er eine gutachtliche Stellungnahme abgegeben hat, die erforderlichen Angaben über den Befund mitzuteilen. Der Versicherte kann der Mitteilung über den Befund an die Leistungserbringer widersprechen.

(2) Die Krankenkasse hat, solange ein Anspruch auf Fortzahlung des Arbeitsentgelts besteht, dem Arbeitgeber und dem Versicherten das Ergebnis des Gutachtens des Medizinischen Dienstes über die Arbeitsunfähigkeit mitzuteilen, wenn das Gutachten mit der Bescheinigung des Kassenarztes im Ergebnis nicht übereinstimmt. Die Mitteilung darf keine Angaben über die Krankheit des Versicherten enthalten.

Sechstes Buch Sozialgesetzbuch (SGB VI)

(Auszug) Rentenversicherung

Das Sechste Buch Sozialgesetzbuch (Artikel 1 des Gesetzes vom 18. Dezember 1989, BGBl. I S. 2261, 1990 I S. 1337), zuletzt geändert am 19. Dezember 1998, BGBl I, S. 3843.

§ 3 Sonstige Versicherte

Ab 1.4.1995 vgl. BGBl I 1994 S. 1014

Versicherungspflichtig sind Personen in der Zeit,

1. für die ihnen Kindererziehungszeiten anzurechnen sind (§ 56),
1a. in der sie einen Pflegebedürftigen im Sinne des § 14 des Elften Buches nicht erwerbsmäßig wenigstens 14 Stunden wöchentlich in seiner häuslichen Umgebung pflegen (nicht erwerbsmäßig tätige Pflegepersonen), wenn der Pflegebedürftige Anspruch auf Leistungen aus der sozialen oder einer privaten Pflegeversicherung hat.
2. in der sie auf Grund gesetzlicher Pflicht mehr als 3 Tage Wehrdienst oder Zivildienst leisten,
3. für die sie von einem Leistungsträger Krankengeld, Verletztengeld, Versorgungskrankengeld, Übergangsgeld, Unterhaltsgeld, Arbeitslosengeld oder Arbeitslosenhilfe beziehen, wenn sie im letzten Jahr vor Beginn der Leistung zuletzt versicherungspflichtig waren,
4. für die sie Vorruhestandsgeld beziehen, wenn sie unmittelbar vor Beginn der Leistung versicherungspflichtig waren,

Wehrdienstleistende oder Zivildienstleistende, die für die Zeit ihres Dienstes Arbeitsentgelt weitererhalten oder Leistungen für Selbständige nach § 13 a USG erhalten, sind nicht nach Satz 1 Nr. 2 versicherungspflichtig; die Beschäftigung oder selbständige Tätigkeit gilt in diesen Fällen als nicht unterbrochen. Trifft eine Versicherungspflicht nach Satz 1 Nr. 3 im Rahmen berufsfördernder Maßnahmen zur Rehabilitation mit einer Versicherungspflicht nach § 1 Satz 1 Nr. 2 zusammen, geht die Versicherungspflicht vor, nach der die höheren Beiträge zu zahlen sind. Die Versicherungspflicht nach Satz 1 Nr. 3 und 4 erstreckt sich auch auf Personen, die ihren gewöhnlichen Aufenthalt im Ausland haben.

§ 5 Versicherungsfreiheit

Ab 1.4.1995 vgl. BGBl I 1994 S. 1014

(1) Versicherungsfrei sind

1. Beamte und Richter auf Lebenszeit, auf Zeit oder auf Probe, Berufssoldaten und Soldaten auf Zeit sowie Beamte auf Widerruf im Vorbereitungsdienst,

2. sonstige Beschäftigte von Körperschaften, Anstalten oder Stiftungen des öffentlichen Rechts, deren Verbänden einschließlich der Spitzenverbände oder ihrer Arbeitsgemeinschaften, wenn ihnen nach beamtenrechtlichen Vorschriften oder Grundsätzen oder entsprechenden kirchenrechtlichen Regelungen Anwartschaft auf Versorgung bei verminderter Erwerbsfähigkeit und im Alter sowie auf Hinterbliebenenversorgung gewährleistet und die Erfüllung der Gewährleistung gesichert ist,

3. satzungsmäßige Mitglieder geistlicher Genossenschaften, Diakonissen und Angehörige ähnlicher Gemeinschaften, wenn ihnen nach den Regeln der Gemeinschaft Anwartschaft auf die in der Gemeinschaft übliche Versorgung bei verminderter Erwerbsfähigkeit und im Alter gewährleistet und die Erfüllung der Gewährleistung gesichert ist,

in dieser Beschäftigung und in weiteren Beschäftigungen, auf die die Gewährleistung einer Versorgungsanwartschaft erstreckt wird. Über das Vorliegen der Voraussetzungen nach Satz 1 Nr. 2 und 3 und die Erstreckung der Gewährleistung auf weitere Beschäftigungen entscheidet für Beschäftigte beim Bund und bei Dienstherrn oder anderen Arbeitgebern, die der Aufsicht des Bundes unterstehen, der zuständige Bundesminister, im übrigen die oberste Verwaltungsbehörde des Landes, in dem die Arbeitgeber, Genossenschaften oder Gemeinschaften ihren Sitz haben.

(2) Versicherungsfrei sind Personen, die

1. eine geringfügige Beschäftigung (§ 8 Abs. 1 und 2 Viertes Buch),

2. eine geringfügige selbständige Tätigkeit (§ 8 Abs. 3 Viertes Buch) oder

3. eine geringfügige nicht erwerbsmäßige Pflegetätigkeit

ausüben, in dieser Beschäftigung, selbständigen Tätigkeit oder Pflegetätigkeit. Satz 1 Nr. 1 und 2 gilt nicht für Personen, die im Rahmen betrieblicher Berufsbildung, nach dem Gesetz zur Förderung eines freiwilligen sozialen Jahres, nach dem Gesetz zur Förderung eines freiwilligen ökologischen Jahres oder nach § 1 Satz 1 Nr. 2 bis 4 beschäftigt sind oder von der Möglichkeit einer stufenweisen Wiederaufnahme einer nicht geringfügigen Tätigkeit (§ 74 Fünftes Buch) Gebrauch machen. Eine nicht erwerbsmäßige Pflegetätigkeit ist geringfügig, wenn die Beitragsbemessungsgrundlage für die Pflegetätigkeit (§ 166 Abs. 2) ein Siebtel der Bezugsgröße nicht übersteigt; mehrere nicht erwerbsmäßige Pflegetätigkeiten sind zusammenzurechnen.

(3) Versicherungsfrei sind Personen, die während der Dauer ihres Studiums als ordentliche Studierende einer Fachschule oder Hochschule

1. ein Praktikum ableisten, das in ihrer Studienordnung oder Prüfungsordnung vorgeschrieben ist, oder

2. ein Praktikum ohne Entgelt oder gegen ein Entgelt, das regelmäßig im Monat ein Siebtel der monatlichen Bezugsgröße nicht übersteigt, ableisten.

(4) Versicherungsfrei sind Personen, die

1. eine Vollrente wegen Alters beziehen,

2. nach beamtenrechtlichen Vorschriften oder Grundsätzen oder entsprechenden kirchenrechtlichen Regelungen oder nach den Regelungen einer berufsständischen Versorgungseinrichtung eine Versorgung nach Erreichen einer Altersgrenze beziehen oder die in der Gemeinschaft übliche Versorgung im Alter nach Absatz 1 Satz 1 Nr. 3 erhalten oder

3. bis zur Vollendung des 65. Lebensjahres nicht versichert waren oder nach Vollendung des 65. Lebensjahres eine Beitragserstattung aus ihrer Versicherung erhalten haben.

§ 106a – Zuschuß zur Pflegeversicherung

(1) Rentenbezieher, die in der gesetzlichen Krankenversicherung freiwillig versichert oder nach den Vorschriften des Elften Buches verpflichtet sind, bei einem privaten Krankenversicherungsunternehmen einen Versicherungsvertrag zur Absicherung des Risikos der Pflegebedürftigkeit abzuschließen und aufrechtzuerhalten, erhalten zu ihrer Rente einen Zuschuß zu den Aufwendungen für die Pflegeversicherung.

(2) Der monatliche Zuschuß wird in Höhe des Beitrags geleistet, den der Träger der Rentenversicherung als Pflegeversicherungsbeitrag für Rentenbezieher zu tragen hat, die in der sozialen Pflegeversicherung pflichtversichert sind. Beziehen Rentner mehrere Renten, wird ein begrenzter Zuschuß von den Rentenversicherungsträgern anteilig nach dem Verhältnis der Höhen der Renten geleistet. Er kann auch in einer Summe zu einer dieser Renten geleistet werden.

§ 166 Beitragspflichtige Einnahmen sonstiger Versicherter

Ab 1.4.1995 vgl. BGBl I 1994 S. 1014

(1) Beitragspflichtige Einnahmen sind

1. bei Personen, die als Wehr- oder Zivildienstleistende versichert sind, 80 v. H. der Bezugsgröße, jedoch bei Personen, die eine Verdienstausfallentschädigung nach dem USG erhalten, das Arbeitsentgelt, das dieser Leistung vor Abzug von Steuern und Beitragsanteilen zugrunde liegt,

2. bei Personen, die Arbeitslosengeld, Arbeitslosenhilfe, Unterhaltsgeld, Übergangsgeld, Krankengeld, Verletztengeld oder Versorgungskrankengeld beziehen, 80 v. H. des der Leistung zugrunde liegenden Arbeitsentgelts oder Arbeitseinkommens, wobei 80 v. H. des beitragspflichtigen Arbeitsentgelts aus einem Beschäftigungsverhältnis abzuziehen sind, und bei gleichzeitigem Bezug von Krankengeld neben einer anderen Leistung das dem Krankengeld zugrundeliegende Einkommen nicht zu berücksichtigen ist,

2a. bei Personen, die Arbeitslosenhilfe beziehen, 80 vom Hundert des dieser Leistung zugrundeliegenden Arbeitsentgelts, vervielfältigt mit dem Wert, der sich ergibt, wenn die zu zahlende Arbeitslosenhilfe durch die ohne Berücksichtigung von Einkommen zu zahlende Arbeitslosenhilfe geteilt wird, höchstens jedoch die sich bei entsprechender Anwendung von Nummer 2 ergebenden Einnahmen,

2b. bei Personen, die Teilarbeitslosengeld, Teilunterhaltsgeld oder Teilübergangsgeld beziehen, 80 vom Hundert des dieser Leistung zugrundeliegenden Arbeitsentgelts,

3. bei Beziehern von Vorruhestandsgeld das Vorruhestandsgeld,

4. bei Entwicklungshelfern oder bei im Ausland beschäftigten Deutschen das Arbeitsentgelt oder, wenn es günstiger ist, der Betrag, der sich ergibt, wenn die Beitragsbemessungsgrenze mit dem Verhältnis vervielfältigt wird, in dem die Summe der Arbeitsentgelte oder Arbeitseinkommen für die letzten 3 vor Aufnahme der nach § 4 Abs. 1 versicherungspflichtigen Beschäftigung oder Tätigkeit voll mit Pflichtbeiträgen belegten Kalendermonate zur Summe der Beträge der Beitragsbemessungsgrenzen für diesen Zeitraum steht; der Verhältniswert beträgt mindestens 0,6667,

5. bei Personen, die für Zeiten der Arbeitsunfähigkeit oder Rehabilitation ohne Anspruch auf Krankengeld versichert sind, 80 v. H. des zuletzt für einen vollen Kalendermonat versicherten Arbeitsentgelts oder Arbeitseinkommens.

Nebengesetze

(2) Beitragspflichtige Einnahmen sind bei nicht erwerbsmäßig tätigen Pflegepersonen bei Pflege eines

1. Schwerstpflegebedürftigen (§ 15 Abs. 1 Nr. 3 Elftes Buch)
a) 80 vom Hundert der Bezugsgröße, wenn er mindestens 28 Stunden in der Woche gepflegt wird,
b) 60 vom Hundert der Bezugsgröße, wenn er mindestens 21 Stunden in der Woche gepflegt wird,
c) 40 vom Hundert der Bezugsgröße, wenn er mindestens 14 Stunden in der Woche gepflegt wird,
2. Schwerpflegebedürftigen (§ 15 Abs. 1 Nr. 2 Elftes Buch)
a) 53,3333 vom Hundert der Bezugsgröße, wenn er mindestens 21 Stunden in der Woche gepflegt wird,
b) 35,5555 vom Hundert der Bezugsgröße, wenn er mindestens 14 Stunden in der Woche gepflegt wird,
3. erheblich Pflegebedürftigen (§ 15 Abs. 1 Nr. 1 Elftes Buch) 26,6667 vom Hundert der Bezugsgröße.

Üben mehrere nicht erwerbsmäßig tätige Pflegepersonen die Pflege gemeinsam aus, sind beitragspflichtige Einnahmen bei jeder Pflegeperson der Teil des Höchstwertes der jeweiligen Pflegestufe, der dem Umfang ihrer Pflegetätigkeit im Verhältnis zum Umfang der Pflegetätigkeit insgesamt entspricht.

§ 249b – Berücksichtigungszeiten wegen Pflege

Berücksichtigungszeiten sind auf Antrag auch Zeiten der nicht erwerbsmäßigen Pflege eines Pflegebedürftigen in der Zeit vom 1. Januar 1992 bis zum 31. März 1995, solange die Pflegeperson

1. wegen der Pflege berechtigt war, Beiträge zu zahlen oder die Umwandlung von freiwilligen Beiträgen in Pflichtbeiträge zu beantragen, und
2. nicht zu den in § 56 Abs. 4 genannten Personen gehört, die von der Anrechnung einer Kindererziehungszeit ausgeschlossen sind.

Die Zeit der Pflegetätigkeit wird von der Aufnahme der Pflegetätigkeit an als Berücksichtigungszeit angerechnet, wenn der Antrag bis zum Ablauf von drei Kalendermonaten nach Aufnahme der Pflegetätigkeit gestellt wird.

§ 279e – Beitragszahlung von Pflegepersonen

(1) Freiwillige Beiträge von Pflegepersonen für Zeiten der in der Zeit vom 1. Januar 1992 bis zum 31. März 1995 ausgeübten nicht erwerbsmäßigen häuslichen Pflege im Inland gelten auf Antrag als Pflichtbeiträge, wenn

1. der Pflegebedürftige nicht nur vorübergehend so hilflos ist, daß er für die gewöhnlichen und regelmäßig wiederkehrenden Verrichtungen im Ablauf des täglichen Lebens in erheblichem Umfang fremder Hilfe dauernd bedarf, und
2. für die Pflege regelmäßig wöchentlich mindestens zehn Stunden aufgewendet werden.

(2) Versicherte, die wegen der in der Zeit vom 1. Januar 1992 bis zum 31. März 1995 ausgeübten Pflege eine in ihrem zeitlichen Umfang eingeschränkte Beschäftigung ausüben, können auf Antrag für jeden Betrag zwischen dem tatsächlich erzielten Arbeitsentgelt und dem Doppelten dieses Arbeitsentgelts, höchstens bis zur Beitragsbemessungsgrenze, Pflichtbeiträge zahlen, wenn im übrigen die Voraussetzungen nach Absatz 1 vorliegen. Versicherte, die nachweisen, daß sie ohne ihre in der Zeit vom 1. Januar 1992 bis zum 31. März 1995 ausgeübte Pflegetätigkeit ein Arbeitsentgelt erzielt hätten, das das Doppelte des tatsächlich erzielten Arbeitsentgelts übersteigt, können auf Antrag unter Berücksichtigung der Beitragsbemessungsgrenze Pflichtbeiträge bis zu diesem Betrag zahlen. Die Sätze 1 und 2 gelten auch, wenn bei Bezug von Sozialleistungen Beiträge gezahlt werden.

(3) Eine Unterbrechung der Pflegetätigkeit wegen eines Erholungsurlaubs, wegen einer Krankheit oder wegen einer anderweitigen Verhinderung von längstens einem Kalendermonat im Kalenderjahr steht der Anwendung der Absätze 1 oder 2 nicht entgegen.

(4) Wird der Antrag nach dem 31. März 1995 und nach Ablauf von drei Kalendermonaten nach Aufnahme der Pflegetätigkeit gestellt, sind die Absätze 1 und 2 nicht mehr anzuwenden.

Krankenhausfinanzierungsgesetz
(Auszug)

vom 29. Juni 1972 (BGBl I, S. 1009) zuletzt geändert durch Gesetz vom 1. November 1996 (BGBl I, S. 1631)

§ 1 Grundsatz

(1) Zweck dieses Gesetzes ist die wirtschaftliche Sicherung der Krankenhäuser, um eine bedarfsgerechte Versorgung der Bevölkerung mit leistungsfähigen, eigenverantwortlich wirtschaftenden Krankenhäusern zu gewährleisten und zu sozial tragbaren Pflegesätzen beizutragen.

(2) Bei der Durchführung des Gesetzes ist die Vielfalt der Krankenhausträger zu beachten. Dabei ist nach Maßgabe des Landesrechts insbesondere die wirtschaftliche Sicherung freigemeinnütziger und privater Krankenhäuser zu gewährleisten. Die Gewährung von Fördermitteln nach diesem Gesetz darf nicht mit Auflagen verbunden werden, durch die die Selbständigkeit und Unabhängigkeit von Krankenhäusern über die Erfordernisse der Krankenhausplanung und der wirtschaftlichen Betriebsführung hinaus beeinträchtigt werden.

§ 6 Krankenhausplanung und Investitionsprogramme

(1) Die Länder stellen zur Verwirklichung der in § 1 genannten Ziele Krankenhauspläne und Investitionsprogramme auf; Folgekosten, insbesondere die Auswirkungen auf die Pflegesätze, sind zu berücksichtigen.

(2) Hat ein Krankenhaus auch für die Versorgung der Bevölkerung anderer Länder wesentliche Bedeutung, so ist die Krankenhausplanung insoweit zwischen den beteiligten Ländern abzustimmen.

(3) Die Länder stimmen ihre Krankenhausplanung auf die pflegerischen Leistungserfordernisse nach dem Elften Buch Sozialgesetzbuch ab, insbesondere mit dem Ziel, Krankenhäuser von Pflegefällen zu entlasten und dadurch entbehrlich werdende Teile eines Krankenhauses nahtlos in wirtschaftlich selbständige ambulante oder stationäre Pflegeeinrichtungen umzuwidmen. Die Zahl der in die Krankenhauspläne aufgenommenen Krankenhausbetten ist ab dem 1. Juli 1996 unverzüglich um die Zahl der fehlbelegten Betten zu verringern, die insbesondere durch die in § 17a vorgesehenen Maßnahmen entbehrlich werden. Dabei soll die diesem Ziel dienende Förderung nach § 9 Abs. 2 Nr. 6 vorrangig solchen Krankenhaus-

trägern gewährt werden, die von sich aus eine Umwidmung in Pflegeeinrichtungen nach Satz 1 vornehmen.

(4) Das Nähere wird durch Landesrecht bestimmt.

§ 9 Fördertatbestände

(1) Die Länder fördern auf Antrag des Krankenhausträgers Investitionskosten, die entstehen insbesondere

1. für die Errichtung von Krankenhäusern einschließlich der Erstausstattung mit den für den Krankenhausbetrieb notwendigen Anlagegütern,
2. für die Wiederbeschaffung von Anlagegütern mit einer durchschnittlichen Nutzungsdauer von mehr als drei Jahren.

(2) Die Länder bewilligen auf Antrag des Krankenhausträgers ferner Fördermittel

1. für die Nutzung von Anlagegütern, soweit sie mit Zustimmung der zuständigen Landesbehörde erfolgt,
2. für Anlaufkosten, für Umstellungskosten bei innerbetrieblichen Änderungen sowie für Erwerb, Erschließung, Miete und Pacht von Grundstücken, soweit ohne die Förderung die Aufnahme oder Fortführung des Krankenhausbetriebs gefährdet wäre,
3. für Lasten aus Darlehen, die vor der Aufnahme des Krankenhauses in den Krankenhausplan für förderungsfähige Investitionskosten aufgenommen worden sind,
4. als Ausgleich für die Abnutzung von Anlagegütern, soweit sie mit Eigenmitteln des Krankenhausträgers beschafft worden sind und bei Beginn der Förderung nach diesem Gesetz vorhanden waren,
5. zur Erleichterung der Schließung von Krankenhäusern,
6. zur Umstellung von Krankenhäusern oder Krankenhausabteilungen auf andere Aufgaben, insbesondere zu ihrer Umwidmung in Pflegeeinrichtungen oder selbständige, organisatorisch und wirtschaftlich vom Krankenhaus getrennte Pflegeabteilungen.

(3) Die Länder fördern die Wiederbeschaffung kurzfristiger Anlagegüter sowie kleine bauliche Maßnahmen durch feste jährliche Pauschalbeträge, mit denen das Krankenhaus im Rahmen der Zweckbindung der Fördermittel frei wirtschaften kann; § 10 bleibt unberührt. Die Pauschalbeträge sollen nicht ausschließlich nach der Zahl der in den Krankenhausplan aufgenommenen Betten bemessen werden. Sie sind in regelmäßigen Abständen an die Kostenentwicklung anzupassen.

(3a) Der vom Land bewilligte Gesamtbetrag der laufenden und der beiden folgenden Jahrespauschalen nach Absatz 3 steht dem Krankenhaus unabhängig von einer Verringerung der tatsächlichen Bettenzahl zu, soweit die Verringerung auf einer Vereinbarung des Krankenhausträgers mit den Landesverbänden der Krankenkassen und den Verbänden der Ersatzkassen nach § 109 Abs. 1 Satz 4 oder 5 des Fünften Buches Sozialgesetzbuch beruht und ein Fünftel der Planbetten nicht übersteigt. § 6 Abs. 3 bleibt unberührt.

(4) Wiederbeschaffung im Sinne dieses Gesetzes ist auch die Ergänzung von Anlagegütern, soweit diese nicht über die übliche Anpassung der vorhandenen Anlagegüter an die medizinische und technische Entwicklung wesentlich hinausgeht.

(5) Die Fördermittel sind nach Maßgabe dieses Gesetzes und des Landesrechts so zu bemessen, daß sie die förderungsfähigen und unter Beachtung betriebswirtschaftlicher Grundsätze notwendigen Investitionskosten decken.

§ 17a – Abbau von Fehlbelegungen

(1) Der Krankenhausträger stellt sicher, daß keine Patienten in das Krankenhaus aufgenommen werden oder dort verbleiben, die nicht oder nicht mehr der stationären Krankenhausbehandlung bedürfen.

(2) Die Krankenkassen wirken insbesondere durch gezielte Einschaltung des Medizinischen Dienstes der Krankenversicherung darauf hin, daß Fehlbelegungen vermieden und bestehende Fehlbelegungen zügig abgebaut werden. Zu diesem Zweck darf der Medizinische Dienst der Krankenversicherung Einsicht in die Krankenunterlagen nehmen. Der Medizinische Dienst hat der Krankenkasse das Ergebnis der Begutachtung und die erforderlichen Angaben über den Befund mitzuteilen.

(3) Die Parteien der Pflegesatzvereinbarung (§ 18 Abs. 2) sind verpflichtet, durch entsprechende Bemessung des Budgets nach § 12 der Bundespflegesatzverordnung sicherzustellen, daß Fehlbelegungen abgebaut werden; dabei ist für die Jahre 1997 bis 1999 jeweils mindestens 1 vom Hundert des um Ausgleiche und Zuschläge bereinigten Budgetbetrags, wie er ohne Abzug für Fehlbelegungen vereinbart würde, abzuziehen. Bei Fallpauschalen und Sonderentgelten nach § 11 der Bundespflegesatzverordnung wird in den Jahren 1997 bis 1999 der Rechnungsbetrag um 1 vom Hundert gekürzt. Soweit Teile des Krankenhauses in Pflegeeinrichtungen umgewidmet worden sind, sollen in der Pflegesatzvereinbarung Regelungen getroffen werden, die einer möglichst nahtlosen Übernahme von Krankenhauspersonal durch die neuen Pflegeeinrichtungen förderlich sind.

Bundessozialhilfegesetz (Auszug)

Vom 30. Juni 1961 (BGBl. I S. 815, ber. S. 1815)
in der Fassung der Bekanntmachung vom 23. März 1994 (BGBl. I S. 647) (BGBl. III 2170-1),
zuletzt geändert durch 1. Gesetz zur Änderung des Medizinproduktegesetz vom 6. 8. 1998 (BGBl. I, S. 2005)

Abschnitt I
Allgemeines

§ 1 Inhalt und Aufgabe der Sozialhilfe

(1) Die Sozialhilfe umfaßt Hilfe zum Lebensunterhalt und Hilfe in besonderen Lebenslagen.

(2) Aufgabe der Sozialhilfe ist es, dem Empfänger der Hilfe die Führung eines Lebens zu ermöglichen, das der Würde des Menschen entspricht. Die Hilfe soll ihn soweit wie möglich befähigen, unabhängig von ihr zu leben; hierbei muß er nach seinen Kräften mitwirken.

§ 2 Nachrang der Sozialhilfe

(1) Sozialhilfe erhält nicht, wer sich selbst helfen kann oder wer die erforderliche Hilfe von anderen, besonders von Angehörigen oder von Trägern anderer Sozialleistungen erhält.

(2) Verpflichtungen anderer, besonders Unterhaltspflichtiger oder der Träger anderer Sozialleistungen, werden durch dieses Gesetz nicht berührt. Auf Rechtsvorschriften beruhende Leistungen anderer, auf die jedoch kein Anspruch besteht, dürfen nicht deshalb versagt werden, weil nach diesem Gesetz entsprechende Leistungen vorgesehen sind.

§ 3 Sozialhilfe nach der Besonderheit des Einzelfalles

(1) Art, Form und Maß der Sozialhilfe richten sich nach der Besonderheit des Einzelfalles, vor allem nach der Person des Hilfeempfängers, der Art seines Bedarfs und den örtlichen Verhältnissen. Wird die Leistung an den Hilfeempfänger durch eine Einrichtung erbracht, ist durch die Vereinbarungen nach Abschnitt 7 zu gewährleisten, daß diese Leistung den Grundsätzen des Satzes 1 entspricht.

(2) Wünschen des Hilfeempfängers, die sich auf die Gestaltung der Hilfe richten, soll entsprochen werden, soweit sie angemessen sind. Wünschen des Hilfeempfängers, die Hilfe in einer Anstalt, einem Heim oder einer gleichartigen Einrichtung zu erhalten, soll nur entsprochen werden, wenn dies nach der Besonderheit des Einzelfalls erforderlich ist, weil andere Hilfen nicht möglich sind oder nicht ausreichen und wenn mit der Anstalt, dem Heim oder der gleichartigen Einrichtung Vereinbarungen nach Abschnitt 7 bestehen. Der Träger der Sozialhilfe braucht Wünschen nicht zu entsprechen, deren Erfüllung mit unverhältnismäßigen Mehrkosten verbunden wäre.

(3) Auf seinen Wunsch soll der Hilfeempfänger in einer solchen Einrichtung untergebracht werden, in der er durch Geistliche seines Bekenntnisses betreut werden kann.

§ 3 a Vorrang der offenen Hilfe

Die erforderliche Hilfe ist soweit wie möglich außerhalb von Anstalten, Heimen oder gleichartigen Einrichtungen zu gewähren. Dies gilt nicht, wenn eine geeignete stationäre Hilfe zumutbar und eine ambulante Hilfe mit unverhältnismäßigen Mehrkosten verbunden ist. Bei der Prüfung der Zumutbarkeit sind die persönlichen, familiären und örtlichen Umstände angemessen zu berücksichtigen.

§ 4 Anspruch auf Sozialhilfe

(1) Auf Sozialhilfe besteht ein Anspruch, soweit dieses Gesetz bestimmt, daß die Hilfe zu gewähren ist. Der Anspruch kann nicht übertragen, verpfändet oder gepfändet werden.

(2) Über Form und Maß der Sozialhilfe ist nach pflichtmäßigem Ermessen zu entscheiden, soweit dieses Gesetz das Ermessen nicht ausschließt.

§ 5 Einsetzen der Sozialhilfe

Die Sozialhilfe setzt ein, sobald dem Träger der Sozialhilfe oder den von ihm beauftragten Stellen bekannt wird, daß die Voraussetzungen für die Gewährung vorliegen.

§ 6 Vorbeugende Hilfe, nachgehende Hilfe

(1) Die Sozialhilfe soll vorbeugend gewährt werden, wenn dadurch eine dem einzelnen drohende Notlage ganz oder teilweise abgewendet werden kann. Die Sonderbestimmung des § 36 geht der Regelung des Satzes 1 vor.

(2) Die Sozialhilfe soll auch nach Beseitigung einer Notlage gewährt werden, wenn dies geboten ist, um die Wirksamkeit der zuvor gewährten

Hilfe zu sichern. Die Sonderbestimmung des § 40 geht der Regelung des Satzes 1 vor.

§ 7 Familiengerechte Hilfe

Bei Gewährung der Sozialhilfe sollen die besonderen Verhältnisse in der Familie des Hilfesuchenden berücksichtigt werden. Die Sozialhilfe soll die Kräfte der Familie zur Selbsthilfe anregen und den Zusammenhalt der Familie festigen.

§ 8 Formen der Sozialhilfe

(1) Formen der Sozialhilfe sind persönliche Hilfe, Geldleistung oder Sachleistung.

(2) Zur persönlichen Hilfe gehört außer der Beratung in Fragen Sozialhilfe (§ 14 des Ersten Buches Sozialgesetzbuch) auch die Beratung in sonstigen sozialen Angelegenheiten, soweit letztere nicht von anderen Stellen oder Personen wahrzunehmen ist. Wird Beratung in sonstigen sozialen Angelegenheiten auch von Verbänden der freien Wohlfahrtspflege wahrgenommen, ist der Ratsuchende zunächst hierauf hinzuweisen

§ 9 Träger der Sozialhilfe

Die Sozialhilfe wird von örtlichen und überörtlichen Trägern gewährt.

§ 10 Verhältnis zur freien Wohlfahrtspflege

(1) Die Stellung der Kirchen und Religionsgesellschaften des öffentlichen Rechts sowie der Verbände der freien Wohlfahrtspflege als Träger eigener sozialer Aufgaben und ihre Tätigkeit zur Erfüllung dieser Aufgaben werden durch dieses Gesetz nicht berührt.

(2) Die Träger der Sozialhilfe sollen bei der Durchführung dieses Gesetzes mit den Kirchen und Religionsgesellschaften des öffentlichen Rechts sowie den Verbänden der freien Wohlfahrtspflege zusammenarbeiten und dabei deren Selbständigkeit in Zielsetzung und Durchführung ihrer Aufgaben achten.

(3) Die Zusammenarbeit soll darauf gerichtet sein, daß sich die Sozialhilfe und die Tätigkeit der freien Wohlfahrtspflege zum Wohle des Hilfesuchenden wirksam ergänzen. Die Träger der Sozialhilfe sollen die Verbände der freien Wohlfahrtspflege in ihrer Tätigkeit auf dem Gebiet der Sozialhilfe angemessen unterstützen.

(4) Wird die Hilfe im Einzelfalle durch die freie Wohlfahrtspflege gewährleistet, sollen die Träger der Sozialhilfe von der Durchführung eigener Maßnahmen absehen; dies gilt nicht für die Gewährleistung von Geldleistungen.

(5) Die Träger der Sozialhilfe können allgemein an der Durchführung ihrer Aufgaben nach diesem Gesetz die Verbände der freien Wohlfahrtspflege beteiligen oder ihnen die Durchführung solcher Aufgaben übertragen, wenn die Verbände mit der Beteiligung oder Übertragung einverstanden sind. Die Träger der Sozialhilfe bleiben dem Hilfesuchenden gegenüber verantwortlich.

§ 11 Personenkreis

(1) Hilfe zum Lebensunterhalt ist dem zu gewähren, der seinen notwendigen Lebensunterhalt nicht oder nicht ausreichend aus eigenen Kräften und Mitteln, vor allem aus seinem Einkommen und Vermögen, beschaffen kann. Bei nicht getrennt lebenden Ehegatten sind das Einkommen und das Vermögen beider Ehegatten zu berücksichtigen; soweit minderjährige unverheiratete Kinder, die dem Haushalt ihrer Eltern oder eines Elternteiles angehören, den notwendigen Lebensunterhalt aus ihrem Einkommen und Vermögen nicht beschaffen können, sind auch das Einkommen und das Vermögen der Eltern oder des Elternteiles zu berücksichtigen.

(2) Hilfe zum Lebensunterhalt kann in begründeten Fällen auch insoweit gewährt werden, als der notwendige Lebensunterhalt aus dem nach Absatz 1 zu berücksichtigenden Einkommen und Vermögen beschaffen werden kann. In diesem Umfange haben die in Absatz 1 genannten Personen dem Träger der Sozialhilfe die Aufwendungen zu ersetzen; mehrere Verpflichtete haften als Gesamtschuldner.

(3) Hilfe zum Lebensunterhalt kann auch dem gewährt werden, der ein für den notwendigen Lebensunterhalt ausreichendes Einkommen oder Vermögen hat, jedoch **einzelne für seinen Lebensunterhalt erforderliche Tätigkeiten nicht verrichten kann**; von dem Hilfeempfänger kann ein angemessener Kostenbeitrag verlangt werden.

§ 27 Arten der Hilfe

(1) Die Hilfe in besonderen Lebenslagen umfaßt

1. Hilfe zum Aufbau oder zur Sicherung der Lebensgrundlage,
2. (weggefallen)
3. vorbeugende Gesundheitshilfe,
4. Krankenhilfe, sonstige Hilfe,
4a. Hilfe zur Familienplanung,
5. Hilfe für werdende Mütter und Wöchnerinnen,
6. Eingliederungshilfe für Behinderte,
7. (weggefallen)

8. Blindenhilfe,
9. Hilfe zur Pflege,
10. Hilfe zur Weiterführung des Haushalts,
11. Hilfe zur Überwindung besonderer sozialer Schwierigkeiten,
12. Altenhilfe.

(2) Hilfe kann auch in anderen besonderen Lebenslagen gewährt werden, wenn sie den Einsatz öffentlicher Mittel rechtfertigen. Geldleistungen können als Beihilfe oder als Darlehen gewährt werden.

(3) Wird die Hilfe in einer Anstalt, einem Heim oder einer gleichartigen Einrichtung oder in einer Einrichtung zur teilstationären Betreuung gewährt, umfaßt die Hilfe in besonderen Lebenslagen auch den in der Einrichtung gewährten Lebensunterhalt einschließlich der einmaligen Leistungen nach Abschnitt 2. Satz 1 findet auch Anwendung, wenn Hilfe zur Pflege nur deshalb nicht gewährt wird, weil entsprechende Leistungen nach dem Elften Buch Sozialgesetzbuch erbracht werden.

§ 37 Krankenhilfe

(1) Kranken ist Krankenhilfe zu gewähren.

(2) Die Krankenhilfe umfaßt ärztliche und zahnärztliche Behandlung, Versorgung mit Arzneimitteln, Verbandmitteln und Zahnersatz, Krankenhausbehandlung sowie sonstige zur Genesung, zur Besserung oder zur Linderung der Krankheitsfolgen erforderliche Leistungen. Die Leistungen sollen in der Regel den Leistungen entsprechen, die nach den Vorschriften über die gesetzliche Krankenversicherung gewährt werden.

(3) Ärzte und Zahnärzte haben für ihre Leistungen Anspruch auf die Vergütung, welche die Ortskrankenkasse, in deren Bereich der Arzt oder der Zahnarzt niedergelassen ist, für ihre Mitglieder zahlt. Der Kranke hat die freie Wahl unter den Ärzten und Zahnärzten, die sich zur ärztlichen oder zahnärztlichen Behandlung im Rahmen der Krankenhilfe zu der in Satz 1 genannten Vergütung bereit erklären.

(4) Absatz 3 gilt entsprechend bei ärztlichen oder zahnärztlichen Leistungen in den Fällen der §§ 36, 37 a, 37 b, 38 und 40 Abs. 1 Nr. 1 und 2.

§ 38 Hilfe für werdende Mütter und Wöchnerinnen

(1) Werdenden Müttern und Wöchnerinnen ist Hilfe zu gewähren.

(2) Die Hilfe umfaßt

1. ärztliche Betreuung und Hilfe sowie Hebammenhilfe,
2. Versorgung mit Arznei-, Verband- und Heilmitteln,

Nebengesetze

3. (weggefallen)
4. Pflege in einer Anstalt oder einem Heim sowie häusliche Pflege nach den Bestimmungen des § 69 b Abs. 1,
5. Entbindungsgeld.

Die Leistungen sollen in der Regel den Leistungen entsprechen, die nach den Vorschriften über die gesetzliche Krankenversicherung gewährt werden. Satz 1 Nr. 5 und § 23 Abs. 1 Nr. 3 sind nebeneinander anzuwenden.

§ 39 Personenkreis und Aufgabe

(1) Personen, die nicht nur vorübergehend körperlich, geistig oder seelisch wesentlich behindert sind, ist Eingliederungshilfe zu gewähren. Personen mit einer anderen körperlichen, geistigen oder seelischen Behinderung kann sie gewährt werden.

(2) Den Behinderten stehen die von einer Behinderung Bedrohten gleich. Dies gilt bei Personen, bei denen Maßnahmen der in den §§ 36 und 37 genannten Art erforderlich sind, nur, wenn auch bei Durchführung dieser Maßnahmen eine Behinderung einzutreten droht.

(3) Aufgabe der Eingliederungshilfe ist es, eine drohende Behinderung zu verhüten oder eine vorhandene Behinderung oder deren Folgen zu beseitigen oder zu mildern und den Behinderten in die Gesellschaft einzugliedern. Hierzu gehört vor allem, dem Behinderten die Teilnahme am Leben in der Gemeinschaft zu ermöglichen oder zu erleichtern, ihm die Ausübung eines angemessenen Berufs oder einer sonstigen angemessenen Tätigkeit zu ermöglichen oder ihn soweit wie möglich unabhängig von Pflege zu machen.

(4) Eingliederungshilfe wird gewährt, wenn und solange nach der Besonderheit des Einzelfalles, vor allem nach Art und Schwere der Behinderung, Aussicht besteht, daß die Aufgabe der Eingliederungshilfe erfüllt werden kann.

§ 40 Maßnahmen der Hilfe

(1) Maßnahmen der Eingliederungshilfe sind vor allem
1. ambulante oder stationäre Behandlung oder sonstige ärztliche oder ärztlich verordnete Maßnahmen zur Verhütung, Beseitigung oder Milderung der Behinderung,
2. Versorgung mit Körperersatzstücken sowie mit orthopädischen oder anderen Hilfsmitteln,

2a. heilpädagogische Maßnahmen für Kinder, die noch nicht im schulpflichtigen Alter sind,
3. Hilfe zu einer angemessenen Schulbildung, vor allem im Rahmen der allgemeinen Schulpflicht, zum Besuch weiterführender Schulen, einschließlich der Vorbereitung hierzu; die Bestimmungen über die Ermöglichung der Schulbildung im Rahmen der allgemeinen Schulpflicht bleiben unberührt,
4. Hilfe zur Ausbildung für einen angemessenen Beruf oder für eine sonstige angemessene Tätigkeit,
5. Hilfe zur Fortbildung im früheren oder einem diesem verwandten Beruf oder zur Umschulung für einen angemessenen Beruf oder eine sonstige angemessene Tätigkeit; Hilfe kann auch zum Aufstieg im Berufsleben gewährt werden, wenn die Besonderheit des Einzelfalles dies rechtfertigt,
6. Hilfe zur Erlangung eines geeigneten Platzes im Arbeitsleben, insbesondere in einer anerkannten Werkstatt für Behinderte oder in einer sonstigen Beschäftigungsstätte (§ 41).
6a. Hilfe bei der Beschaffung und Erhaltung einer Wohnung, die den besonderen Bedürfnissen des Behinderten entspricht,
7. nachgehende Hilfe zur Sicherung der Wirksamkeit der ärztlichen oder ärztlich verordneten Maßnahmen und zur Sicherung der Eingliederung des Behinderten in das Arbeitsleben,
8. Hilfe zur Teilnahme am Leben in der Gemeinschaft.

(2) Soweit es im Einzelfall gerechtfertigt ist, können Beihilfen an den Behinderten oder seine Angehörigen zum Besuch während der Durchführung der Maßnahmen der Eingliederungshilfe in einer Anstalt, einem Heim oder einer gleichartigen Einrichtung gewährt werden.

§ 43 Erweiterte Hilfe

(1) Erfordert die Behinderung Gewährung der Hilfe in einer Anstalt, einem Heim oder einer gleichartigen Einrichtung, einer Tageseinrichtung für Behinderte oder ärztliche oder ärztlich verordnete Maßnahmen, ist die Hilfe hierfür auch dann in vollem Umfang zu gewähren, wenn den in § 28 genannten Personen die Aufbringung der Mittel zu einem Teil zuzumuten ist. In Höhe dieses Teils haben sie zu den Kosten der Hilfe beizutragen; mehrere Verpflichtete haften als Gesamtschuldner.

(2) Hat der Behinderte das 21. Lebensjahr noch nicht vollendet, so ist den in § 28 genannten Personen die Aufbringung der Mittel nur für die Kosten des Lebensunterhalts zuzumuten

1. bei heilpädagogischen Maßnahmen für Kinder, die noch nicht im schulpflichtigen Alter sind (§ 40 Abs. 1 Nr. 2 a),
2. bei der Hilfe zu einer angemessenen Schulbildung einschließlich der Vorbereitung hierzu (§ 40 Abs. 1 Nr. 3),
3. bei der Hilfe, die dem Behinderten die für ihn erreichbare Teilnahme am Leben in der Gemeinschaft ermöglichen soll, wenn die Behinderung eine Schulbildung voraussichtlich nicht zulassen wird oder nicht zuläßt,
4. bei Hilfe zur Ausbildung für einen angemessenen Beruf oder für eine sonstige angemessene Tätigkeit (§ 40 Abs. 1 Nr. 4), wenn die hierfür erforderlichen Maßnahmen in besonderen Einrichtungen für Behinderte durchgeführt werden.

Die Kosten des in einer Einrichtung gewährten Lebensunterhalts sind nur in Höhe der für den häuslichen Lebensunterhalt ersparten Aufwendungen anzusetzen; dies gilt nicht für den Zeitraum, in dem gleichzeitig mit den Maßnahmen nach Satz 1 in der Einrichtung durchgeführte andere Maßnahmen überwiegen. Die zuständigen Landesbehörden können Näheres über die Bemessung der für den häuslichen Lebensunterhalt ersparten Aufwendungen bestimmen. Die Sätze 1 bis 3 sollen auch dann Anwendung finden, wenn die Maßnahmen erst nach Vollendung des 21. Lebensjahres des Behinderten abgeschlossen werden können; in anderen Fällen können sie Anwendung finden, wenn dies aus besonderen Gründen des Einzelfalles gerechtfertigt ist.

(3) Hat ein anderer als ein nach bürgerlichem Recht Unterhaltspflichtiger nach sonstigen Vorschriften Leistungen für denselben Zweck zu gewähren, dem die in Abs. 2 genannten Maßnahmen dienen, wird seine Verpflichtung durch Abs. 2 nicht berührt. Soweit er solche Leistung gewährt, kann abweichend von Abs. 2 von den in § 28 genannten Personen die Aufbringung der Mittel verlangt werden.

§ 44 Vorläufige Hilfeleistung

Steht spätestens 4 Wochen nach Bekanntwerden des Bedarfs beim Träger der Sozialhilfe nicht fest, ob ein anderer als der Träger der Sozialhilfe oder welcher andere zur Hilfe verpflichtet ist, hat der Träger der Sozialhilfe die notwendigen Maßnahmen unverzüglich durchzuführen, wenn zu befürchten ist, daß sie sonst nicht oder nicht rechtzeitig durchgeführt werden.

Für Erstattungsansprüche ist § 102 des Zehnten Buches Sozialgesetzbuch maßgeblich.

§ 46 Gesamtplan

(1) Der Träger der Sozialhilfe stellt so frühzeitig wie möglich einen Gesamtplan zur Durchführung der einzelnen Maßnahmen auf.

(2) Bei der Aufstellung des Gesamtplans und der Durchführung der Maßnahmen wirkt der Träger der Sozialhilfe mit dem Behinderten und den sonst im Einzelfalle Beteiligten, vor allem mit dem behandelnden Arzt, dem Gesundheitsamt, dem Landesarzt (§ 126 a), dem Jugendamt und den Dienststellen der Bundesanstalt für Arbeit, zusammen.

§ 47 Bestimmungen über die Durchführung der Hilfe

Die Bundesregierung kann durch Rechtsverordnung mit Zustimmung des Bundesrates Bestimmungen über die Abgrenzung des Personenkreises der Behinderten, über Art und Umfang der Maßnahmen der Eingliederungshilfe sowie über das Zusammenwirken mit anderen Stellen, die der Eingliederungshilfe entsprechende Maßnahmen durchführen, erlassen.

§ 68 Inhalt

(1) Personen, die wegen einer körperlichen, geistigen oder seelischen Krankheit oder Behinderung für die gewöhnlichen und regelmäßig wiederkehrenden Verrichtungen im Ablauf des täglichen Lebens auf Dauer, voraussichtlich für mindestens sechs Monate, in erheblichem oder höherem Maße der Hilfe bedürfen, ist Hilfe zur Pflege zu gewähren. Hilfe zur Pflege ist auch Kranken und Behinderten zu gewähren, die voraussichtlich für weniger als sechs Monate der Pflege bedürfen oder einen geringeren Hilfebedarf als nach Satz 1 haben oder die der Hilfe für andere Verrichtungen als nach Absatz 5 bedürfen; für die Hilfe in einer Anstalt, einem Heim oder einer gleichartigen Einrichtung oder in einer Einrichtung zur teilstationären Betreuung gilt dies nur, wenn es nach der Besonderheit des Einzelfalles erforderlich ist, insbesondere ambulante oder teilstationäre Hilfen nicht zumutbar sind oder nicht ausreichen.

(2) Die Hilfe zur Pflege umfaßt häusliche Pflege, Hilfsmittel, teilstationäre Pflege, Kurzzeitpflege und vollstationäre Pflege. Der Inhalt der Hilfen nach Satz 1 bestimmt sich nach den Regelungen der Pflegeversicherung für die in § 28 Abs. 1 Nr. 1, 5 bis 8 des Elften Buches Sozialgesetzbuch aufgeführten Leistungen; § 28 Abs. 4 des Buches Sozialgesetzbuches gilt entsprechend.

(3) Krankheiten oder Behinderungen im Sinne des Absatzes 1 sind:

1. Verluste, Lähmungen oder andere Funktionsstörungen am Stütz- und Bewegungsapparat,
2. Funktionsstörungen der inneren Organe oder der Sinnesorgane,

3. Störungen des Zentralnervensystems wie Antriebs-, Gedächtnis- oder Orientierungsstörungen sowie endogene Psychosen, Neurosen oder geistige Behinderungen,
4. andere Krankheiten oder Behinderungen, infolge derer Personen pflegebedürftig im Sinne des Absatzes 1 sind.

(4) Der Hilfebedarf des Absatzes 1 besteht in der Unterstützung, in der teilweisen oder vollständigen Übernahme der Verrichtungen im Ablauf des täglichen Lebens oder in Beaufsichtigung oder Anleitung mit dem Ziel der eigenständigen Übernahme dieser Verrichtungen.

(5) Gewöhnliche und regelmäßig wiederkehrende Verrichtungen im Sinne des Absatzes 1 sind:
1. im Bereich der Körperpflege das Waschen, Duschen, Baden, die Zahnpflege, das Kämmen, Rasieren, die Darm- und Blasenentleerung,
2. im Bereich der Ernährung das mundgerechte Zubereiten oder die Aufnahme der Nahrung,
3. im Bereich der Mobilität das selbständige Aufstehen und Zu-Bett-Gehen, An- und Auskleiden, Gehen, Stehen, Treppensteigen oder das Verlassen und Wiederaufsuchen der Wohnung,
4. im Bereich der hauswirtschaftlichen Versorgung das Einkaufen, Kochen, Reinigen der Wohnung, Spülen, Wechseln und Waschen der Wäsche und Kleidung oder das Beheizen.

(6) Die Verordnung nach § 16 des Elften Buches Sozialgesetzbuch, die Richtlinien der Pflegekassen nach § 17 des Elften Buches Sozialgesetzbuch, die Verordnung nach § 30 des Elften Buches Sozialgesetzbuch, die Rahmenverträge und Bundesempfehlungen über die pflegerische Versorgung nach § 75 des Elften Buches Sozialgesetzbuch und die Vereinbarungen über die Qualitätssicherung nach § 80 des Elften Buches Sozialgesetzbuch finden zur näheren Bestimmung des Begriffs der Pflegebedürftigkeit, des Inhalts der Pflegeleistung, der Unterkunft und Verpflegung und zur Abgrenzung, Höhe und Anpassung der Pflegegelder nach § 69 a entsprechende Anwendung.

§ 68 a Bindungswirkung

Die Entscheidung der Pflegekasse über das Ausmaß der Pflegebedürftigkeit nach dem Elften Buch Sozialgesetzbuch ist auch der Entscheidung im Rahmen der Hilfe zur Pflege zugrunde zu legen, soweit sie auf Tatsachen beruht, die bei beiden Entscheidungen zu berücksichtigen sind.

Bundessozialhilfegesetz

§ 69 Häusliche Pflege

Reicht im Falle des § 68 Abs. 1 häusliche Pflege aus, soll der Träger der Sozialhilfe darauf hinwirken, daß die Pflege einschließlich der hauswirtschaftlichen Versorgung durch Personen, die dem Pflegebedürftigen nahestehen, oder im Wege der Nachbarschaftshilfe übernommen wird. Das Nähere regeln die §§ 69 a bis 69 c. In einer Anstalt, einem Heim oder einer gleichartigen Einrichtung oder in einer Einrichtung zur teilstationären Betreuung erhalten Pflegebedürftige keine Hilfen zur häuslichen Pflege.

§ 69 a Pflegegeld

(1) Pflegebedürftige, die bei der Körperpflege, der Ernährung oder der Mobilität für wenigstens zwei Verrichtungen aus einem oder mehreren Bereichen mindestens einmal täglich der Hilfe bedürfen und zusätzlich mehrfach in der Woche Hilfe bei der hauswirtschaftlichen Versorgung benötigen (erheblich Pflegebedürftige), erhalten ein Pflegegeld in Höhe von 400 Deutsche Mark monatlich.

(2) Pflegebedürftige, die bei der Körperpflege, der Ernährung oder der Mobilität für mehrere Verrichtungen dreimal täglich zu verschiedenen Tageszeiten der Hilfe bedürfen und zusätzlich mehrfach in der Woche Hilfe bei der hauswirtschaftlichen Versorgung benötigen (Schwerpflegebedürftige), erhalten ein Pflegegeld in Höhe von 800 Deutsche Mark monatlich.

(3) Pflegebedürftige, die bei der Körperpflege, der Ernährung oder der Mobilität für mehrere Verrichtungen rund um die Uhr, auch nachts, der Hilfe bedürfen und zusätzlich mehrfach in der Woche Hilfe bei der hauswirtschaftlichen Versorgung benötigen (Schwerstpflegebedürftige), erhalten ein Pflegegeld in Höhe von 1300 Deutsche Mark monatlich.

(4) Bei pflegebedürftigen Kindern ist der infolge Krankheit oder Behinderung gegenüber einem gesunden gleichaltrigen Kind zusätzliche Pflegebedarf maßgebend.

(5) Der Anspruch auf das Pflegegeld setzt voraus, daß der Pflegebedürftige und die Sorgeberechtigten bei pflegebedürftigen Kindern mit dem Pflegegeld dessen Umfang entsprechend die erforderliche Pflege in geeigneter Weise selbst sicherstellen. Besteht der Anspruch nicht für den vollen Kalendermonat, ist der Geldbetrag entsprechend zu kürzen; dabei ist der Kalendermonat mit 30 Tagen anzusetzen. Stellt die Pflegekasse ihre Leistungen nach § 37 Abs. 3 Satz 7 des Elften Buches Sozialgesetzbuch ganz oder teilweise ein, entfällt die Leistungspflicht nach den Absätzen 1 bis 4.

§ 69 b Andere Leistungen

(1) Pflegebedürftigen im Sinne des § 68 Abs. 1 sind die angemessenen Aufwendungen der Pflegeperson zu erstatten; auch können angemessene Beihilfen gewährt sowie Beiträge der Pflegeperson für eine angemessene Alterssicherung übernommen werden, wenn diese nicht anderweitig sichergestellt ist. Ist neben oder anstelle der Pflege nach § 69 Satz 1 die Heranziehung einer besonderen Pflegekraft erforderlich oder eine Beratung oder zeitweilige Entlastung der Pflegeperson geboten, so sind die angemessenen Kosten zu übernehmen.

(2) Pflegebedürftigen, die Pflegegeld nach § 69 a erhalten, sind zusätzlich die Aufwendungen für die Beiträge einer Pflegeperson oder einer besonderen Pflegekraft für eine angemessene Alterssicherung zu erstatten, wenn diese nicht anderweitig sichergestellt ist.

§ 69 c Leistungskonkurrenz

(1) Leistungen nach § 69 a und § 69 b Abs. 2 werden nicht gewährt, soweit der Pflegebedürftige gleichartige Leistungen nach anderen Rechtsvorschriften erhält. Auf das Pflegegeld sind Leistungen nach § 67 oder gleichartige Leistungen nach anderen Rechtsvorschriften mit 70 vom Hundert, Pflegegelder nach dem Elften Buch Sozialgesetzbuch jedoch in dem Umfang, in dem sie gewährt werden, anzurechnen.

(2) Die Leistungen nach § 69 b werden neben den Leistungen nach § 69 a gewährt. Werden Leistungen nach § 69 b Abs. 1 oder gleichartige Leistungen nach anderen Rechtsvorschriften gewährt, kann das Pflegegeld um bis zu zwei Drittel gekürzt werden.

(3) Bei teilstationärer Betreuung des Pflegebedürftigen kann das Pflegegeld nach § 69 a angemessen gekürzt werden.

(4) Leistungen nach § 69 b Abs. 1 werden insoweit nicht gewährt, als der Pflegebedürftige in der Lage ist, zweckentsprechende Leistungen nach anderen Rechtsvorschriften in Anspruch zu nehmen. Stellt der Pflegebedürftige seine Pflege durch von ihm beschäftigte besondere Pflegekräfte sicher, kann er nicht auf die Inanspruchnahme von Sachleistungen nach dem Elften Buch Sozialgesetzbuch verwiesen werden; in diesem Fall ist ein nach dem Elften Buch Sozialgesetzbuch geleistetes Pflegegeld vorrangig auf die Leistung nach § 69 b Abs. 1 anzurechnen.

§ 70 Inhalt und Aufgabe

(1) Personen mit eigenem Haushalt soll Hilfe zur Weiterführung des Haushalts gewährt werden, wenn keiner der Haushaltsangehörigen den Haushalt führen kann und die Weiterführung des Haushalts geboten ist. Die Hilfe soll in der Regel nur vorübergehend gewährt werden, wenn durch

sie die Unterbringung in einer Anstalt, einem Heim oder einer gleichartigen Einrichtung nicht vermieden oder verzögert werden kann.

(2) Die Hilfe umfaßt die persönliche Betreuung von Haushaltsangehörigen sowie die sonstige zur Weiterführung des Haushalts erforderliche Tätigkeit.

(3) § 69 b Abs. 1 gilt entsprechend.

§ 71 Hilfe durch anderweitige Unterbringung Haushaltsangehöriger

Die Hilfe kann auch durch Übernahme der angemessenen Kosten für eine vorübergehende anderweitige Unterbringung von Haushaltsangehörigen gewährt werden, wenn diese Unterbringung in besonderen Fällen neben oder statt der Weiterführung des Haushalts geboten ist.

§ 75 Altenhilfe

(1) Alten Menschen soll außer der Hilfe nach den übrigen Bestimmungen dieses Gesetzes Altenhilfe gewährt werden. Sie soll dazu beitragen, Schwierigkeiten, die durch das Alter entstehen, zu verhüten, zu überwinden oder zu mildern und alten Menschen die Möglichkeit zu erhalten, am Leben in der Gemeinschaft teilzunehmen.

(2) Als Maßnahmen der Hilfe kommen vor allem in Betracht:
1. Hilfe bei der Beschaffung und zur Erhaltung einer Wohnung, die den Bedürfnissen des alten Menschen entspricht,
2. Hilfe in allen Fragen der Aufnahme in eine Einrichtung, die der Betreuung alter Menschen dient, insbesondere bei der Beschaffung eines geeigneten Heimplatzes,
3. Hilfe in allen Fragen der Inanspruchnahme altersgerechter Dienste,
4. Hilfe zum Besuch von Veranstaltungen oder Einrichtungen, die der Geselligkeit, der Unterhaltung, der Bildung oder den kulturellen Bedürfnissen alter Menschen dienen,
5. Hilfe, die alten Menschen die Verbindung mit nahestehenden Personen ermöglicht,
6. Hilfe zu einer Betätigung, wenn sie vom alten Menschen gewünscht wird.

(3) Hilfe nach Absatz 1 soll auch gewährt werden, wenn sie der Vorbereitung auf das Alter dient.

(4) Altenhilfe soll ohne Rücksicht auf vorhandenes Einkommen oder Vermögen gewährt werden, soweit im Einzelfall persönliche Hilfe erforderlich ist.

Nebengesetze

§ 79 Allgemeine Einkommensgrenze

(1) Bei der Hilfe in besonderen Lebenslagen ist dem Hilfesuchenden und seinem nicht getrennt lebenden Ehegatten die Aufbringung der Mittel nicht zuzumuten, wenn während der Dauer des Bedarfes ihr monatliches Einkommen zusammen eine Einkommensgrenze nicht übersteigt, die sich ergibt aus

1. einem Grundbetrag in Höhe von 1.036,- Deutsche Mark (Beitrittsgebiet 1.019,- DM (1998)),
2. Kosten der Unterkunft, soweit die Aufwendungen hierfür den der Besonderheit des Einzelfalles angemessenen Umfang nicht übersteigen, und
3. einem Familienzuschlag in Höhe des auf volle Deutsche Mark aufgerundeten Betrages von achtzig vom Hundert des Regelsatzes eines Haushaltsvorstandes für den nicht getrennt lebenden Ehegatten und für jede Person, die vom Hilfesuchenden oder seinem nicht getrennt lebenden Ehegatten überwiegend unterhalten worden ist oder der sie nach der Entscheidung über die Gewährung der Sozialhilfe unterhaltspflichtig werden.

(2) Ist der Hilfesuchende minderjährig und unverheiratet, so ist ihm und seinen Eltern die Aufbringung der Mittel nicht zuzumuten, wenn während der Dauer des Bedarf das monatliche Einkommen des Hilfesuchenden und seiner Eltern zusammen eine Einkommensgrenze nicht übersteigt, die sich ergibt aus

1. einem Grundbetrag in Höhe von 736,- Deutsche Mark,
2. den Kosten der Unterkunft, soweit die Aufwendungen hierfür den der Besonderheit des Einzelfalls angemessenen Umfang nicht übersteigen, und
3. einem Familienzuschlag in Höhe des auf volle Deutsche Mark aufgerundeten Betrages von achtzig vom Hundert des Regelsatzes eines Haushaltsvorstandes für einen Elternteil, wenn die Eltern zusammenleben, sowie für den Hilfesuchenden und für jede Person, die von den Eltern oder dem Hilfesuchenden überwiegend unterhalten worden ist oder der sie nach der Entscheidung über die Gewährung der Sozialhilfe unterhaltspflichtig werden.

Leben die Eltern nicht zusammen, richtet sich die Einkommensgrenze nach dem Elternteil, bei dem der Hilfesuchende lebt; lebt er bei keinem Elternteil, bestimmt sich die Einkommensgrenze nach Absatz 1.

3) Der für den Familienzuschlag maßgebende Regelsatz bestimmt sich nach dem Ort, an dem der Hilfeempfänger die Hilfe erhält. Bei der Hilfe in einer Anstalt, einem Heim oder einer gleichartigen Einrichtung sowie bei

Unterbringung in einer anderen Familie oder bei den in § 104 genannten anderen Personen bestimmt er sich nach dem gewöhnlichen Aufenthalt des Hilfempfängers oder, wenn im Falle des Absatzes 2 auch das Einkommen seiner Eltern oder eines Elternteils maßgebend ist, nach deren gewöhnlichem Aufenthalt; ist ein gewöhnlicher Aufenthalt im Geltungsbereich dieses Gesetzes nicht vorhanden oder nicht zu ermitteln, gilt Satz 1.

(4) Die Länder und, soweit nicht landesrechtliche Vorschriften entgegenstehen, auch die Träger der Sozialhilfe sind nicht gehindert, für bestimmte Arten der Hilfe in besonderen Lebenslagen der Einkommensgrenze einen höheren Grundbetrag zugrunde zu legen.

§ 81 Besondere Einkommensgrenze[1]

(1) An die Stelle des Grundbetrages nach § 79 tritt ein Grundbetrag in Höhe von 1.104,- Deutsche Mark

1. bei der Eingliederungshilfe für Behinderte nach § 39 Abs. 1 Satz 1 und Abs. 2, wenn die Hilfe in einer Anstalt, einem Heim oder einer gleichartigen oder in einer Einrichtung zur teilstationären Betreuung gewährt wird,
2. bei der ambulanten Behandlung der in § 39 Abs. 1 Satz 1 und Abs. 2 genannten Personen sowie bei den für diese durchzuführenden sonstigen ärztlichen und ärztlich verordneten Maßnahmen (§ 40 Abs. 1 Nr. 1),
3. bei der Versorgung der in § 39 Abs. 1 Satz 1 und Abs. 2 genannten Personen mit Körperersatzstücken sowie mit größeren orthopädischen und größeren anderen Hilfsmitteln (§ 40 Abs. 1 Nr. 2),
4. ausgefallen,
5. bei der Pflege (§ 68) in einer Anstalt, einem Heim oder einer gleichartigen Einrichtung, wenn sie voraussichtlich auf längere Zeit erforderlich ist, sowie bei der häuslichen Pflege (§ 69), wenn ein in § 69a genannter Schweregrad der Pflegebedürftigkeit besteht.
6. bei der Krankenhilfe (§ 37), nachdem die Krankheit während eines zusammenhängenden Zeitraumes von drei Monaten entweder dauerndes Krankenlager oder wegen ihrer besonderen Schwere ständige ärztliche Betreuung erfordert hat, außerdem bei der Heilbehandlung für Tuberkulosekranke.

(2) An die Stelle des Grundbetrages nach § 79 tritt bei Blindenhilfe nach § 67 und bei dem Pflegegeld nach § 69a Abs. 3 ein Grundbetrag in Höhe von 2.208,- Deutsche Mark. Absatz 1 Nr. 5 gilt insoweit nicht.

---

1 Die Grundbeträge in Abs. 1 und in Abs. 2 betragen ab 1. 7. 1998 1.552,- DM bzw. 3.106,- DM, in den Beitrittsgebieten 1.534,- DM bzw. 2.608,- DM.

(3) Der Familienzuschlag beträgt in den Fällen des Absatzes 2 für den nicht getrennt lebenden Ehegatten die Hälfte des Grundbetrages nach Absatz 1, wenn jeder Ehegatte blind oder behindert im Sinne des § 76 Abs. 2a Nr. 3 ist.

(4) § 79 Abs. 4 gilt nicht.

(5) Die Bundesregierung kann durch Rechtsverordnung mit Zustimmung des Bundesrates bestimmen, welche orthopädischen und anderen Hilfsmittel die Voraussetzungen des Absatzes 1 Nr. 3 erfüllen.

§ 82 Änderung der Grundbeträge

Die Grundbeträge nach den §§ 79 und 81 Abs. 1 und 2 verändern sich jeweils, erstmals mit Wirkung vom 1. Juli 1992 an, um den Vomhundertsatz, um den sich der aktuelle Rentenwert in der gesetzlichen Rentenversicherung verändert; ein nicht auf volle Deutsche Mark errechneter Betrag ist bis zu 0,49 Deutsche Mark abzurunden und von 0,50 Deutsche Mark an aufzurunden.

§ 84 Einsatz des Einkommens über der Einkommensgrenze

(1) Soweit das zu berücksichtigende Einkommen die maßgebende Einkommensgrenze übersteigt, ist die Aufbringung der Mittel in angemessenem Umfang zuzumuten. Bei der Prüfung, welcher Umfang angemessen ist, sind vor allem die Art des Bedarfs, die Dauer und Höhe der erforderlichen Aufwendungen sowie besondere Belastungen des Hilfesuchenden und seiner unterhaltsberechtigten Angehörigen zu berücksichtigen.

(2) Verliert der Hilfesuchende durch den Eintritt eines Bedarfsfalles sein Einkommen ganz oder teilweise und ist sein Bedarf nur von kurzer Dauer, so kann die Aufbringung der Mittel auch aus dem Einkommen verlangt werden, das er innerhalb eines angemessenen Zeitraumes nach dem Wegfall des Bedarfs erwirbt und das die maßgebende Einkommensgrenze übersteigt, jedoch nur insoweit, als ihm ohne den Verlust des Einkommens die Aufbringung der Mittel zuzumuten gewesen wäre.

(3) Bei einmaligen Leistungen zur Beschaffung von Bedarfsgegenständen, deren Gebrauch für mindestens ein Jahr bestimmt ist, kann die Aufbringung der Mittel nach Maßgabe des Absatzes 1 auch aus dem Einkommen verlangt werden, das die in § 28 genannten Personen innerhalb eines Zeitraumes von bis zu drei Monaten nach Ablauf des Monats, in dem über die Hilfe entschieden worden ist, erwerben.

§ 85 Einsatz des Einkommens unter der Einkommensgrenze

(1) Die Aufbringung der Mittel kann, auch soweit das Einkommen unter der Einkommensgrenze liegt, verlangt werden,

1. soweit von einem anderen Leistungen für einen besonderen Zweck gewährt werden, für den sonst Sozialhilfe zu gewähren wäre,
2. wenn zur Deckung des Bedarfs nur geringfügige Mittel erforderlich sind,
3. soweit bei der Hilfe in einer Anstalt, einem Heim oder einer gleichartigen Einrichtung oder in einer Einrichtung zur teilstationären Betreuung Aufwendungen für den häuslichen Lebensunterhalt erspart werden. Darüber hinaus soll in angemessenem Umfange die Aufbringung der Mittel verlangt werden von Personen, die auf voraussichtlich längere Zeit der Pflege in einer Anstalt, einem Heim oder einer gleichartigen Einrichtung bedürfen, solange sie nicht einen anderen überwiegend unterhalten.

(2) Bei der Hilfe einer Anstalt, einem Heim oder einer gleichartigen Einrichtung wird von dem Einkommen, das der Hilfeempfänger aus einer entgeltlichen Beschäftigung erzielt, die Aufbringung der Mittel in Höhe von einem Achtel des Regelsatzes für einen Haushaltsvorstand zuzüglich 25 vom Hundert des diesen Betrag übersteigenden Einkommens aus der Beschäftigung nicht verlangt.

§ 88 Einzusetzendes Vermögen, Ausnahmen

(1) Zum Vermögen im Sinne dieses Gesetzes gehört das gesamte verwertbare Vermögen.

(2) Die Sozialhilfe darf nicht abhängig gemacht werden vom Einsatz oder von der Verwertung

1. eines Vermögens, das aus öffentlichen Mitteln zum Aufbau oder zur Sicherung einer Lebensgrundlage oder zur Gründung eines Hausstandes gewährt wird,
2. eines sonstigen Vermögens, solange es nachweislich zur baldigen Beschaffung oder Erhaltung eines Hausgrundstücks im Sinne der Nummer 7 bestimmt ist, soweit dieses Wohnzwecken Behinderter (§ 39 Abs. 1, Satz 1 und Abs. 2), Blinder (§ 67) oder Pflegebedürftiger (§ 69) dient oder dienen soll und dieser Zweck durch den Einsatz oder die Verwertung des Vermögens gefährdet würde,
3. eines angemessenen Hausrats; dabei sind die bisherigen Lebensverhältnisse des Hilfesuchenden zu berücksichtigen,

Nebengesetze

4. von Gegenständen, die zur Aufnahme oder Fortsetzung der Berufsausbildung oder der Erwerbstätigkeit unentbehrlich sind,
5. von Familien- und Erbstücken, deren Veräußerung für den Hilfesuchenden oder seine Familie eine besondere Härte bedeuten würde,
6. von Gegenständen, die zur Befriedigung geistiger, besonders wissenschaftlicher oder künstlerischer Bedürfnisse dienen und deren Besitz nicht Luxus ist,
7. eines angemessenen Hausgrundstücks, das vom Hilfesuchenden oder einer anderen in den §§ 11, 28 genannten Person allein oder zusammen mit Angehörigen ganz oder teilweise bewohnt wird und nach seinem Tod bewohnt werden soll. Die Angemessenheit bestimmt sich nach der Zahl der Bewohner, dem Wohnbedarf (z. B. Behinderter, Blinder oder Pflegebedürftiger), der Grundstücksgröße, der Hausgröße, dem Zuschnitt und der Ausstattung des Wohngebäudes sowie dem Wert des Grundstücks einschließlich des Wohngebäudes. Familienheime und Eigentumswohnungen im Sinne der §§ 7 und 12 des Zweiten Wohnungsbaugesetzes sind in der Regel nicht unangemessen groß, wenn ihre Wohnfläche die Grenzen des § 39 Abs. 1 Satz 1, Nummer 1 und 3 in Verbindung mit Absatz 2 des Zweiten Wohnungsbaugesetzes, bei der häuslichen Pflege (§ 69) die Grenzen des § 39 Abs. 1 Satz 1, Nummer 1 und 3 in Verbindung mit § 82 des Zweiten Wohnungsbaugesetzes nicht übersteigt.
8. kleinerer Barbeträge oder sonstiger Geldwerte; dabei ist eine besondere Notlage des Hilfesuchenden zu berücksichtigen. Für Alleinlebende über 65 J. wird ein Schonvermögen von DM 4.500,- freigelassen.

(3) Die Sozialhilfe darf ferner nicht vom Einsatz oder von der Verwertung eines Vermögens abhängig gemacht werden, soweit dies für den, der das Vermögen einzusetzen hat, und für seine unterhaltsberechtigten Angehörigen eine Härte bedeuten würde. Dies ist bei der Hilfe in besonderen Lebenslagen vor allem der Fall, soweit eine angemessene Lebensführung oder die Aufrechterhaltung einer angemessenen Alterssicherung wesentlich erschwert würde. Bei der Eingliederungshilfe zur Beschäftigung in einer Werkstatt für Behinderte liegt im Regelfall auch dann eine Härte vor, wenn das einzusetzende Vermögen den zehnfachen Betrag des Geldwertes nicht übersteigt, der sich bei der Hilfe in besonderen Lebenslagen aus § 1 Abs. 1 Satz 1 Nr. 1 Buchstabe b der Verordnung zur Durchführung des § 88 Abs. 2 Nr. 8 des Bundessozialhilfegesetzes ergibt.

(4) Das Bundesministerium für Gesundheit kann durch Rechtsverordnung mit Zustimmung des Bundesrates die Höhe der Barbeträge oder sonstigen Geldwerte im Sinne des Absatzes 2 Nr. 8 bestimmen.

Bundessozialhilfegesetz

§ 91 Übergang von Ansprüchen gegen einen nach bürgerlichem Recht Unterhaltspflichtigen

(1) Hat der Hilfeempfänger für die Zeit, für die Hilfe gewährt wird, nach bürgerlichem Recht einen Unterhaltsanspruch, geht dieser bis zur Höhe der geleisteten Aufwendungen zusammen mit dem unterhaltsrechtlichen Auskunftsanspruch auf den Träger der Sozialhilfe über. Der Übergang des Anspruchs ist ausgeschlossen, soweit der Unterhaltsanspruch durch laufende Zahlung erfüllt wird. Der Übergang des Anspruchs ist auch ausgeschlossen, wenn der Unterhaltspflichtige zum Personenkreis des § 11 Abs. 1 oder des § 28 gehört oder der Unterhaltspflichtige mit dem Hilfeempfänger im zweiten oder in einem entfernteren Grade verwandt ist; gleiches gilt für Unterhaltsansprüche gegen Verwandte ersten Grades einer Hilfeempfängerin, die schwanger ist oder ihr leibliches Kind bis zur Vollendung seines 6. Lebensjahres betreut. § 90 Abs. 4 gilt entsprechend.

(2) Der Anspruch geht nur über, soweit ein Hilfeempfänger sein Einkommen und Vermögen nach den Bestimmungen des Abschnitts 4 mit Ausnahme des § 84 Abs. 2 oder des § 85 Abs. 1 Nr. 3 Satz 2 einzusetzen hat; § 76 Abs. 2 a ist nicht anzuwenden. Der Übergang des Anspruchs gegen einen nach bürgerlichem Recht Unterhaltspflichtigen ist ausgeschlossen, wenn dies eine unbillige Härte bedeuten würde; sie liegt in der Regel bei unterhaltspflichtigen Eltern vor, soweit einem Behinderten, einem von einer Behinderung Bedrohten oder einem Pflegebedürftigen nach Vollendung des 21. Lebensjahres Eingliederungshilfe für Behinderte oder Hilfe zur Pflege gewährt wird.

(3) Für die Vergangenheit kann der Träger der Sozialhilfe den übergegangenen Unterhalt außer unter den Voraussetzungen des Bürgerlichen Rechts nur von der Zeit an fordern, zu welcher er dem Unterhaltspflichtigen die Gewährung der Hilfe schriftlich mitgeteilt hat. Wenn die Hilfe voraussichtlich auf längere Zeit gewährt werden muß, kann der Träger der Sozialhilfe bis zur Höhe der bisherigen monatlichen Aufwendungen auch auf künftige Leistungen klagen.

(4) Der Träger der Sozialhilfe kann den auf ihn übergegangenen Unterhaltsanspruch im Einvernehmen mit dem Hilfeempfänger auf diesen zur gerichtlichen Geltendmachung rückübertragen und sich den geltend gemachten Unterhaltsanspruch abtreten lassen. Kosten, mit denen der Hilfeempfänger dadurch selbst belastet wird, sind zu übernehmen. Über die Ansprüche nach den Absätzen 1 bis 3 ist im Zivilrechtsweg zu entscheiden.

§ 92 Allgemeines

(1) Eine Verpflichtung zum Ersatz der Kosten der Sozialhilfe nach diesem Gesetz besteht nur in den Fällen der §§ 92 a und 92 c; eine Verpflichtung zum Kostenersatz nach anderen Rechtsvorschriften bleibt unberührt.

(2) Eine Verpflichtung zum Kostenersatz besteht in den Fällen der §§ 92 a und 92 c nicht, wenn nach § 19 Abs. 2 oder nach § 20 Abs. 2 Hilfe zum Lebensunterhalt zuzüglich einer Entschädigung für Mehraufwendungen gewährt wird.

§ 92 a Kostenersatz bei schuldhaftem Verhalten

(1) Zum Ersatz der Kosten der Sozialhilfe ist verpflichtet, wer nach Vollendung des 18. Lebensjahres die Voraussetzungen für die Gewährung der Sozialhilfe an sich selbst oder an seine unterhaltsberechtigten Angehörigen durch vorsätzliches oder grob fahrlässiges Verhalten herbeigeführt hat. Von der Heranziehung zum Kostenersatz kann abgesehen werden, soweit sie eine Härte bedeuten würde; es ist davon abzusehen, soweit die Heranziehung die Fähigkeit des Ersatzpflichtigen beeinträchtigen würde, künftig unabhängig von Sozialhilfe am Leben in der Gemeinschaft teilzunehmen.

(2) Eine nach Absatz 1 eingetretene Verpflichtung zum Ersatz der Kosten geht auf den Erben über. § 92 c Abs. 2 Satz 2 findet Anwendung.

(3) Der Anspruch auf Kostenersatz erlischt in drei Jahren vom Ablauf des Jahres an, in dem die Hilfe gewährt worden ist. Die Bestimmungen des Bürgerlichen Gesetzbuches über die Hemmung und Unterbrechung der Verjährung gelten entsprechend; der Erhebung der Klage steht der Erlaß eines Leistungsbescheides gleich.

(4) Zum Ersatz der Kosten zu Unrecht erbrachter Leistungen der Sozialhilfe (§ 50 des Zehnten Buches Sozialgesetzbuch) ist in entsprechender Anwendung der Absätze 1 bis 3 verpflichtet, wer die Leistung durch vorsätzliches oder grob fahrlässiges Verhalten herbeigeführt hat. Zum Kostenersatz nach Satz 1 und zur Erstattung derselben Kosten nach § 50 des Zehnten Buches Sozialgesetzbuch Verpflichtete haften als Gesamtschuldner.

§ 92 c Kostenersatz durch Erben

(1) Der Erbe des Hilfeempfängers oder seines Ehegatten, falls dieser vor dem Hilfeempfänger stirbt, ist zum Ersatz der Kosten der Sozialhilfe mit Ausnahme der vor dem 1. Januar 1987 entstandenen Kosten der Tuberkulosehilfe verpflichtet. Die Ersatzpflicht besteht nur für die Kosten der Sozialhilfe, die innerhalb eines Zeitraumes von zehn Jahren vor dem Erbfall aufgewendet worden sind und die das Zweifache des Grundbetrages nach § 81 Abs. 1 übersteigen. Die Ersatzpflicht des Erben des Ehegatten besteht nicht für Kosten der Sozialhilfe, die während des Getrenntlebens der Ehegatten gewährt worden ist. Ist der Hilfeempfänger der Erbe seines Ehegatten, so ist er zum Ersatz der Kosten nach Satz 1 nicht verpflichtet.

(2) Die Ersatzpflicht des Erben gehört zu den Nachlaßverbindlichkeiten. Der Ehegatte haftet mit dem Wert des im Zeitpunkt des Erbfalles vorhandenen Nachlasses.

(3) Der Anspruch auf Kostenersatz ist nicht geltend zu machen,

1. soweit der Wert des Nachlasses unter dem Zweifachen des Grundbetrages nach § 81 Abs. 1 liegt,
2. soweit der Wert des Nachlasses unter dem Betrag von 30.000 Deutsche Mark liegt, wenn der Erbe der Ehegatte des Hilfempfängers oder mit diesem verwandt ist und nicht nur vorübergehend bis zum Tode des Hilfempfängers mit diesem in häuslicher Gemeinschaft gelebt und ihn gepflegt hat,
3. soweit die Inanspruchnahme des Erben nach der Besonderheit des Einzelfalles eine besondere Härte bedeuten würde.

(4) Der Anspruch auf Kostenersatz erlischt in drei Jahren nach dem Tode des Hilfempfängers oder seines Ehegatten. § 92 a Abs. 3 Satz 2 gilt entsprechend.

§ 93 Einrichtungen

(1) Zur Gewährung von Sozialhilfe sollen die Träger der Sozialhilfe eigene Einrichtungen einschließlich Dienste nicht neu schaffen, soweit geeignete Einrichtungen anderer Träger vorhanden sind, ausgebaut oder geschaffen werden können. Vereinbarungen nach Absatz 2 sind nur mit Trägern von Einrichtungen abzuschließen, die insbesondere unter Berücksichtigung ihrer Leistungsfähigkeit und der Gewährleistung der Grundsätze des § 3 Abs. 1 zur Erbringung der Leistungen geeignet sind. Sind Einrichtungen vorhanden, die in gleichem Maße geeignet sind, soll der Träger der Sozialhilfe Vereinbarungen vorrangig mit Trägern abschließen, deren Vergütung bei gleichem Inhalt, Umfang und Qualität der Leistung nicht höher ist als die anderer Träger.

(2) Wird die Leistung von einer Einrichtung erbracht, ist der Träger der Sozialhilfe zur Übernahme der Vergütung für die Leistung nur verpflichtet, wenn mit dem Träger der Einrichtung oder seinem Verband eine Vereinbarung über

1. Inhalt, Umfang und Qualität der Leistungen (Leistungsvereinbarung),
2. die Vergütung, die sich aus Pauschalen und Beträgen für einzelne Leistungsbereiche zusammensetzt (Vergütungsvereinbarung) und
3. die Prüfung der Wirtschaftlichkeit und Qualität der Leistungen (Prüfungsvereinbarung) besteht. Die Vereinbarungen müssen den Grundsätzen der Wirtschaftlichkeit, Sparsamkeit und Leistungsfähigkeit entsprechen.

(3) Ist eine der in Absatz 2 genannten Vereinbarungen nicht abgeschlossen, kann der Träger der Sozialhilfe Hilfe durch diese Einrichtung nur gewähren, wenn dies nach der Besonderheit des Einzelfalles geboten ist. Hierzu hat der Träger der Einrichtung ein Leistungsangebot vorzulegen, das die Voraussetzung des § 93a Abs. 1 erfüllt, und sich schriftlich zu verpflichten, Leistungen entsprechend diesem Angebot zu erbringen. Vergütungen dürfen nur bis zu der Höhe übernommen werden, wie sie der Sozialhilfeträger am Ort der Unterbringung oder in seiner nächsten Umgebung für vergleichbare Leistungen nach den nach Absatz 2 abgeschlossenen Vereinbarungen mit anderen Einrichtungen trägt. Für die Prüfung der Wirtschaftlichkeit und Qualität der Leistungen gelten die Vereinbarungsinhalt des Sozialhilfeträgers mit vergleichbaren Einrichtungen entsprechend. Der Sozialhilfeträger hat die Einrichtung über Inhalt und Umfang dieser Prüfung zu unterrichten. Absatz 7 gilt entsprechend.

(4) ab 1.1.1999 gestrichen.

(5) ab 1.1.1999 gestrichen.

(6) Die am 18. Juli 1995 vereinbarten oder durch die Schiedsstelle festgesetzten Pflegesätze dürfen bezogen auf das Jahr 1995 beginnend mit dem 1. April 1996 in den Jahren 1996, 1997 und 1998 jährlich nicht höher steigen als 2 vom Hundert im Beitrittsgebiet und 1 vom Hundert im übrigen Bundesgebiet. In begründeten Einzelfällen, insbesondere um den Nachholbedarf bei der Anpassung der Personalstruktur zu berücksichtigen, kann im Beitrittsgebiet der jährliche Steigerungssatz um bis zu 0,5 vom Hundert erhöht werden. Werden nach dem 31. Dezember 1995 für Einrichtungen oder für Teile von Einrichtungen erstmals Vereinbarungen abgeschlossen, sind als Basis die Vereinbarungen des Jahres 1995 von vergleichbaren Einrichtungen zugrunde zu legen. Wird im Einvernehmen mit dem Träger der Sozialhilfe, mit dem eine Vereinbarung besteht, der Zweck der Einrichtung wesentlich geändert oder werden erhebliche bauliche Investitionen vorgenommen, gilt Satz 3 entsprechend. Werden nach dem 31. Dezember 1995 erstmals unterschiedliche Pflegesätze für einzelne Leistungsbereiche oder Leistungsangebote mit einer Einrichtung vereinbart, dürfen die sich hieraus ergebenden Veränderungen den Rahmen nicht übersteigen, der sich aus einer einheitlichen Veranlagung der Gesamtleistungsangebote nach Satz 1 ergeben würde.

(7) Bei zugelassenen Pflegeeinrichtungen im Sinne des § 72 des Elften Buches Sozialgesetzbuch richten sich Art, Inhalt, Umfang und Vergütung der ambulanten und teilstationären Pflegeleistungen sowie der Leistungen der Kurzzeitpflege ab 1. April 1995 und der vollstationären Pflegeleistungen sowie der Leistungen bei Unterkunft und Verpflegung und der Zusatzleistungen in Pflegeheimen ab Inkrafttreten des § 43 des Elften Buches Sozialgesetzbuch nach den Vorschriften des Achten Kapitels des Elften Buches

Sozialgesetzbuch, soweit nicht nach § 68 weitergehende Leistungen zu gewähren sind. Satz 1 gilt nicht, soweit Vereinbarungen nach dem Achten Kapitel des Elften Buches Sozialgesetzbuch nicht im Einvernehmen mit dem Träger der Sozialhilfe getroffen worden sind. Absatz 6 findet Anwendung. Der Träger der Sozialhilfe ist zur Übernahme gesondert berechneter Investitionskosten nach § 82 Abs. 4 des Elften Buches Sozialgesetzbuch nur verpflichtet, wenn hierüber entsprechende Vereinbarungen nach Abschnitt 7 getroffen worden sind.

§ 93a Inhalt der Vereinbarungen

(1) Die Vereinbarung über die Leistung muß die wesentlichen Leistungsmerkmale festlegen, mindestens jedoch die betriebsnotwendigen Anlagen der Einrichtung, den von ihr zu betreuenden Personenkreis, Art, Ziel und Qualität der Leistung, Qualifikation des Personals sowie die erforderliche sächliche und personelle Ausstattung. In die Vereinbarung ist die Verpflichtung der Einrichtung aufzunehmen, im Rahmen des vereinbarten Leistungsangebotes Hilfeempfänger aufzunehmen und zu betreuen. Die Leistungen müssen ausreichend, zweckmäßig und wirtschaftlich sein und dürfen das Maß des Notwendigen nicht überschreiten.

(2) Vergütungen für die Leistungen nach Absatz 1 bestehen mindestens aus den Pauschalen für Unterkunft und Verpflegung (Grundpauschale) und für die Maßnahmen (Maßnahmepauschale) sowie aus einem Betrag für betriebsnotwendige Anlagen einschließlich ihrer Ausstattung (Investitionsbetrag). Förderungen aus öffentlichen Mitteln sind anzurechnen. Die Maßnahmepauschale wird nach Gruppen für Hilfeempfänger mit vergleichbarem Hilfebedarf kalkuliert. Einer verlangten Erhöhung der Vergütung auf Grund von Investitionsmaßnahmen braucht der Träger der Sozialhilfe nur zuzustimmen, wenn er der Maßnahme zuvor zugestimmt hat.

(3) Die Träger der Sozialhilfe vereinbaren mit dem Träger der Einrichtung Grundsätze und Maßstäbe für die Wirtschaftlichkeit und die Qualitätssicherung der Leistungen sowie für das Verfahren zur Durchführung von Wirtschaftlichkeits- und Qualitätsprüfungen. Das Ergebnis der Prüfung ist festzuhalten und in geeigneter Form auch den Leistungsempfängern der Einrichtung zugänglich zu machen.

§ 93b Abschluß von Vereinbarungen

(1) Die Vereinbarungen nach § 93 Abs. 2 sind vor Beginn der jeweiligen Wirtschaftsperiode für einen zukünftigen Zeitraum (Vereinbarungszeitraum) abzuschließen; nachträgliche Ausgleiche sind nicht zulässig. Kommt eine Vereinbarung nach § 93a Abs. 2 innerhalb von sechs Wochen nicht zustande, nachdem eine Partei schriftlich zu Verhandlungen aufgefordert hat, entscheidet die Schiedsstelle nach § 94 auf Antrag einer Partei unverzüg-

lich über die Gegenstände, über die keine Einigung erreicht werden konnte. Gegen die Entscheidung ist der Rechtsweg zu den Verwaltungsgerichten gegeben. Die Klage richtet sich gegen eine der beiden Vertragsparteien, nicht gegen die Schiedsstelle. Einer Nachprüfung der Entscheidung in einem Vorverfahren bedarf es nicht.

(2) Vereinbarungen und Schiedsstellenentscheidungen treten zu dem darin bestimmten Zeitpunkt in Kraft. Wird ein Zeitpunkt nicht bestimmt, so werden Vereinbarungen mit dem Tag ihres Abschlusses, Festsetzungen der Schiedsstelle mit dem Tag wirksam, an dem der Antrag bei der Schiedsstelle eingegangen ist. Ein jeweils vor diesem Zeitpunkt zurückwirkendes Vereinbaren oder Festsetzen von Vergütungen ist nicht zulässig. Nach Ablauf des Vereinbarungszeitraums gelten die vereinbarten oder festgesetzten Vergütungen bis zum Inkrafttreten neuer Vergütungen weiter.

(3) Bei unvorhersehbaren wesentlichen Veränderungen der Annahmen, die der Vereinbarung oder Entscheidung über die Vergütung zugrunde lagen, sind die Vergütungen auf Verlangen einer Vertragspartei für den laufenden Vereinbarungszeitraum neu zu verhandeln. Die Absätze 1 und 2 gelten entsprechend.

§ 93c Außerordentliche Kündigung der Vereinbarungen

Der Träger der Sozialhilfe kann die Vereinbarungen nach § 93 Abs. 2 ohne Einhaltung einer Kündigungsfrist kündigen, wenn die Einrichtung ihre gesetzlichen oder vertraglichen Verpflichtungen gegenüber den Leistungsempfängern und deren Kostenträgern derart gröblich verletzt, daß ein Festhalten an den Vereinbarungen nicht zumutbar ist. Das gilt insbesondere dann, wenn in der Prüfung nach § 93a Abs. 3 oder auf andere Weise festgestellt wird, daß Leistungsempfänger infolge der Pflichtverletzung zu Schaden kommen, gravierende Mängel bei der Leistungserbringung vorhanden sind, dem Träger der Einrichtung nach dem Heimgesetz die Betriebserlaubnis entzogen oder der Betrieb der Einrichtung untersagt wird oder die Einrichtung nicht erbrachte Leistungen gegenüber den Kostenträgern abrechnet. Die Kündigung bedarf der Schriftform. § 59 des Zehnten Buches Sozialgesetzbuch bleibt unberührt.

§ 93d Verordnungsermächtigung, Rahmenverträge

(1) Das Bundesministerium für Gesundheit wird ermächtigt, durch Rechtsverordnung mit Zustimmung des Bundesrates zu § 93 Abs. 2 und § 93a Abs. 2 in der jeweils ab 1. Januar 1999 geltenden Fassung Vorschriften zu erlassen über

1. die nähere Abgrenzung der den Vergütungspauschalen und -beträgen nach § 93 Abs. 2 zugrunde zu legenden Kostenarten und -bestandteile sowie die Zusammensetzung der Investitionsbeträge nach § 93a Abs. 2;
2. den Inhalt und die Kriterien für die Ermittlung und Zusammensetzung der Maßnahmepauschalen, die Merkmale für die Bildung von Gruppen mit vergleichbarem Hilfebedarf nach § 93a Abs. 2 sowie die Zahl dieser zu bildenden Gruppen.

(2) Die überörtlichen Träger der Sozialhilfe und die kommunalen Spitzenverbände auf Landesebene schließen mit den Vereinigungen der Träger der Einrichtungen auf Landesebene gemeinsam und einheitlich Rahmenverträge zu den Leistungs-, Vergütungs- und Prüfungsvereinbarungen nach § 93 Abs. 2 in der ab 1. Januar 1999 geltenden Fassung ab. Für Einrichtungen, die einer Kirche oder Religionsgemeinschaft des öffentlichen Rechts oder einem sonstigen freigemeinnützigen Träger zuzuordnen sind, können die Rahmenverträge auch von der Kirche oder Religionsgemeinschaft oder von dem Wohlfahrtsverband abgeschlossen werden, dem die Einrichtung angehört. In den Rahmenverträgen sollen die Merkmale und Besonderheiten der jeweiligen Hilfeart berücksichtigt werden.

(3) Die Bundesarbeitsgemeinschaft der überörtlichen Träger der Sozialhilfe, die Bundesvereinigung der kommunalen Spitzenverbände und die Vereinigungen der Träger der Einrichtungen auf Bundesebene vereinbaren gemeinsam und einheitlich Empfehlungen zum Inhalt der Verträge nach Absatz 2.

§ 94 Schiedsstelle

(1) Für jedes Land oder für Teile eines Landes wird bei der zuständigen Landesbehörde eine Schiedsstelle gebildet.

(2) Die Schiedsstelle besteht aus Vertretern der Träger der Einrichtungen und Vertretern der örtlichen und überörtlichen Träger der Sozialhilfe in gleicher Zahl sowie einem unparteiischen Vorsitzenden. Die Vertreter der Einrichtungen und deren Stellvertreter werden von den Vereinigungen der Träger der Einrichtungen, die Vertreter der Träger der Sozialhilfe und deren Stellvertreter werden von diesem bestellt; bei der Bestellung der Vertreter der Einrichtungen ist die Trägervielfalt zu beachten. Der Vorsitzende und sein Stellvertreter werden von den beteiligten Organisationen gemeinsam bestellt. Kommt eine Einigung nicht zustande, werden sie durch Los bestimmt. Soweit beteiligte Organisationen keinen Vertreter bestellen oder im Verfahren nach Satz 3 keine Kandidaten für das Amt des Vorsitzenden und des Stellvertreters benennen, bestellt die zuständige Landesbehörde auf

Antrag einer der beteiligten Organisationen die Vertreter und benennt die Kandidaten.

(3) Die Mitglieder der Schiedsstelle führen ihr Amt als Ehrenamt. Sie sind an Weisungen nicht gebunden. Jedes Mitglied hat eine Stimme. Die Entscheidungen werden mit der Mehrheit der Mitglieder getroffen. Ergibt sich keine Mehrheit, gibt die Stimme des Vorsitzenden den Ausschlag.

(4) Die Rechtsaufsicht über die Schiedsstelle führt die zuständige Landesbehörde; diese führt auch die Geschäfte.

(5) Die Landesregierungen werden ermächtigt, durch Rechtsverordnung das Nähere über die Zahl, die Bestellung, die Amtsdauer und die Amtsführung, die Erstattung der baren Auslagen und die Entschädigung für Zeitaufwand der Mitglieder der Schiedsstelle, die Geschäftsführung, das Verfahren, die Erhebung und die Höhe der Gebühren sowie über die Verteilung der Kosten zu bestimmen.

§ 95 Arbeitsgemeinschaften

Die Träger der Sozialhilfe sollen die Bildung von Arbeitsgemeinschaften anstreben, wenn es geboten ist, die gleichmäßige oder gemeinsame Durchführung von Maßnahmen zu beraten oder zu sichern. Zu den Maßnahmen im Sinne des Satzes 1 gehören auch die Verhinderung und die Aufdeckung des Leistungsmißbrauchs in der Sozialhilfe. In den Arbeitsgemeinschaften sollen vor allem die Stellen vertreten sein, deren gesetzliche Aufgaben dem gleichen Ziel dienen oder die an der Durchführung der Maßnahmen beteiligt sind, besonders die Verbände der freien Wohlfahrtspflege.

Heimgesetz (HeimG) (Auszug)

Vom 7. August 1974 (BGBl. I S. 1873)

in der Fassung der Bekanntmachung vom 23. April 1990 (BGBl. I S. 763, 1069) (BGBl. III S. 2170-5),

mit Änderung vom 3. Februar 1997 (BGBl. I, S. 158)

§ 1 Anwendungsbereich

(1) Dieses Gesetz gilt für Heime, die alte Menschen sowie pflegebedürftige oder behinderte Volljährige nicht nur vorübergehend aufnehmen. Heime im Sinne des Satzes 1 sind Einrichtungen, die zum Zwecke der Unterbringung der in Satz 1 genannten Personen entgeltlich betrieben werden und in ihrem Bestand von Wechsel und Zahl ihrer Bewohner unabhängig sind. Die Unterbringung im Sinne des Satzes 2 umfaßt neben der Überlassung der Unterkunft die Gewährung oder Vorhaltung von Verpflegung und Betreuung.

(1 a) Auf Heime oder Teile von Heimen, die der vorübergehenden Pflege Volljähriger dienen (Kurzzeitpflegeheime), finden die §§ 4 a, 4 c, 5, 14 Abs. 2 Nr. 3, 4 und Abs. 3, 4 und 7 keine Anwendung. Als vorübergehend im Sinne des Gesetzes ist ein Zeitraum von bis zu vier Wochen anzusehen.

(2) Dieses Gesetz gilt nicht für Tageseinrichtungen und Krankenhäuser im Sinne des § 2 Nr. 1 des Krankenhausfinanzierungsgesetzes. In Einrichtungen zur Rehabilitation gilt dieses Gesetz für die Teile, die die Voraussetzungen des Absatzes 1 erfüllen.

§ 2 Zweck des Gesetzes

(1) Zweck des Gesetzes ist es,
1. die Interessen und Bedürfnisse der Heimbewohner und der Bewerber für die Aufnahme in ein Heim vor Beeinträchtigungen zu schützen, insbesondere die Selbständigkeit und Selbstverantwortung der Bewohner im Heim zu wahren,
2. die Beratung in Heimangelegenheiten zu fördern.

(2) Die Selbständigkeit der Träger der Heime in Zielsetzung und Durchführung ihrer Aufgaben bleibt unberührt.

Nebengesetze

§ 3 Mindestanforderungen

Zur Durchführung des § 2 kann das Bundesministerium für Familie, Senioren, Frauen und Jugend im Einvernehmen mit dem Bundesministerium für Wirtschaft, dem Bundesministerium für Raumordnung, Bauwesen und Städtebau und dem Bundesministerium für Arbeit und Sozialordnung durch Rechtsverordnung mit Zustimmung des Bundesrates Mindestanforderungen festlegen:

1. für die Räume, insbesondere die Wohn-, Aufenthalts-, Therapie- und Wirtschaftsräume sowie die Verkehrsflächen und die sanitären Anlagen,
2. für die Eignung des Leiters des Heimes und der Beschäftigten.

Mindestanforderungen für Heime nach § 1 Abs. 1 a sind in einer gesonderten Rechtsverordnung zu regeln. Die §§ 75, 80 und 83 des Elften Buches Sozialgesetzbuch bleiben unberührt.

§ 4 Heimvertrag

(1) Zwischen dem Träger und dem künftigen Bewohner ist ein Heimvertrag abzuschließen.

(2) Der Inhalt des Heimvertrags ist dem Bewohner unter Beifügung einer Ausfertigung des Vertrags schriftlich zu bestätigen. Insbesondere sind die in § 1 Abs. 1 Satz 3 genannten Leistungen des Trägers im einzelnen zu beschreiben und das dafür insgesamt zu entrichtende Entgelt anzugeben.

(3) Das Entgelt darf nicht in einem Mißverhältnis zu den Leistungen des Trägers stehen.

(4) Der Träger hat vor Abschluß des Heimvertrags den Bewerber schriftlich über den Vertragsinhalt, insbesondere über die Leistungen und die Ausstattung des Heims sowie die Rechte und Pflichten der Bewohner, zu informieren.

(5) Wird der Bewohner nur vorübergehend aufgenommen, so umfaßt die Leistungspflicht des Trägers alle Betreuungsmaßnahmen, die in der Zeit der Unterbringung erforderlich sind.

§ 4 a Anpassungspflicht des Trägers

Der Träger hat seine Leistungen, soweit ihm dies möglich ist, einem verbesserten oder verschlechterten Gesundheitszustand des Bewohners anzupassen und die hierzu erforderlichen Änderungen des Heimvertrags anzubieten. Im Heimvertrag kann vereinbart werden, daß der Träger das Entgelt durch einseitige Erklärung in angemessenem Umfang entsprechend den angepaßten Leistungen zu senken verpflichtet ist und erhöhen darf.

§ 4 b Vertragsdauer

(1) Der Heimvertrag wird auf unbestimmte Zeit geschlossen, soweit nicht im Einzelfall eine nur vorübergehende Aufnahme des Bewohners beabsichtigt ist, oder eine Kurzzeitpflege nach § 1 Abs. 1 a vereinbart wird.

(2) Der Bewohner kann den Heimvertrag spätestens am dritten Werktag eines Kalendermonats für den Ablauf des nächsten Monats schriftlich kündigen. Er kann aus wichtigem Grund ohne Einhaltung einer Kündigungsfrist kündigen, wenn ihm die Fortsetzung des Heimvertrags bis zum Ablauf der Kündigungsfrist nicht zuzumuten ist.

(3) Der Träger eines Heims kann den Heimvertrag nur aus wichtigem Grund kündigen. Ein wichtiger Grund liegt insbesondere vor, wenn

1. der Betrieb des Heims eingestellt, wesentlich eingeschränkt oder in seiner Art verändert wird und die Fortsetzung des Heimvertrags für den Träger eine Härte bedeuten würde,
2. der Gesundheitszustand des Bewohners sich so verändert hat, daß seine sachgerechte Betreuung in dem Heim nicht mehr möglich ist,
3. der Bewohner seine vertraglichen Pflichten schuldhaft so gröblich verletzt, daß dem Träger die Fortsetzung des Vertrags nicht mehr zugemutet werden kann oder
4. der Bewohner

    a) für zwei aufeinanderfolgende Termine mit der Entrichtung des Entgelts oder eines Teils des Entgelts, der das Entgelt für einen Monat übersteigt, im Verzug ist oder

    b) in einem Zeitraum, der sich über mehr als zwei Termine erstreckt, mit der Entrichtung des Entgelts in Höhe eines Betrags in Verzug gekommen ist, der das Entgelt für zwei Monate erreicht.

(4) In den Fällen des Absatzes 3 Nr. 4 ist die Kündigung ausgeschlossen, wenn der Träger vorher befriedigt wird. Sie wird unwirksam, wenn bis zum Ablauf eines Monats nach Eintritt der Rechtshängigkeit des Räumungsanspruchs hinsichtlich des fälligen Entgelts der Träger befriedigt wird oder eine öffentliche Stelle sich zur Befriedigung verpflichtet.

(5) Die Kündigung durch den Träger eines Heims bedarf der schriftlichen Form; sie ist zu begründen.

(6) In den Fällen des Absatzes 3 Nr. 2 bis 4 kann der Träger den Vertrag ohne Einhaltung einer Frist kündigen. In den übrigen Fällen des Absatzes 3 ist die Kündigung spätestens am dritten Werktag eines Kalendermonats für den Ablauf des nächsten Monats zulässig.

(7) Hat der Träger nach Absatz 3 Nr. 1 und 2 gekündigt, so hat er dem Bewohner eine angemessene anderweitige Unterbringung zu zumutbaren

Bedingungen nachzuweisen. In den Fällen des Absatzes 3 Nr. 1 hat der Träger eines Heims die Kosten des Umzugs in angemessenem Umfang zu tragen.

(8) Stirbt der Bewohner, so endet das Vertragsverhältnis mit dem Eintritt des Todes. Vereinbarungen über eine Fortgeltung des Vertrags sind zulässig, soweit ein Zeitraum bis zum Ende des Monats, der auf den Sterbemonat folgt, nicht überschritten wird. In diesen Fällen ermäßigt sich das nach § 4 Abs. 2 vereinbarte Entgelt um den Wert der von dem Träger ersparten Aufwendungen.

(9) Soweit der Heimbewohner nur vorübergehend aufgenommen wird, kann der Heimvertrag von beiden Vertragsparteien nur aus wichtigem Grund gekündigt werden. Die Absätze 2 bis 8 sind mit Ausnahme des Absatzes 3 Satz 2 Nr. 2 und 3 und des Absatzes 8 Satz 1 nicht anzuwenden. Die Kündigung ist ohne Einhaltung einer Frist zulässig. Sie bedarf der schriftlichen Form und ist zu begründen.

§ 4 c Erhöhung des Entgelts

(1) Eine Erhöhung des nach § 4 Abs. 2 vereinbarten Entgelts ist nur zulässig, wenn sich seine bisherige Berechnungsgrundlage verändert hat und das erhöhte Entgelt angemessen ist.

(2) Die Erhöhung des Entgelts bedarf der Zustimmung des Bewohners. In dem Heimvertrag kann vereinbart werden, daß der Träger eines Heims berechtigt ist, das Entgelt durch einseitige Erklärung zu erhöhen.

(3) Der Träger eines Heims hat dem Bewohner gegenüber die Erhöhung des Entgelts spätestens vier Wochen vor dem Zeitpunkt, an dem sie wirksam werden soll, schriftlich geltend zu machen und zu begründen. Hierbei kann er auf die Höhe der Kosten Bezug nehmen, die der Träger der Sozialhilfe für vergleichbare Leistungen in dem Heim übernommen hat. In diesem Fall kann sich der Träger eines Heims die Bezifferung des erhöhten Entgelts bis zur Erklärung der Kostenübernahme durch den Sozialhilfeträger vorbehalten.

(4) Eine Kündigung des Heimvertrags zum Zwecke der Erhöhung des Entgelts ist ausgeschlossen.

§ 4 d Abweichende Vereinbarungen

Vereinbarungen, die zum Nachteil des Bewohners von den §§ 4 bis 4 c abweichen, sind unwirksam.

Heimgesetz

§ 4 e Heimverträge mit Versicherten der sozialen Pflegeversicherung

(1) In Heimverträgen mit Versicherten der sozialen Pflegeversicherung, die Leistungen der stationären Pflege nach den §§ 42 und 43 des Elften Buches Sozialgesetzbuch in Anspruch nehmen, sind die Leistungen des Heimträgers für allgemeine Pflegeleistungen, für Unterkunft und Verpflegung sowie für Zusatzleistungen im einzelnen gesondert zu beschreiben und die jeweiligen Entgelte hierfür gesondert anzugeben. Art, Inhalt und Umfang der in Satz 1 genannten Leistungen sowie die jeweiligen Entgelte bestimmen sich nach dem Siebten und Achten Kapitel des Elften Buches Sozialgesetzbuch.

(2) § 4 a Satz 2 und § 4 c gelten nicht für die in Absatz 1 genannten Verträge.

(3) Der Anspruch des Heimträgers auf Zahlung des Entgelts für die allgemeinen Pflegeleistungen, soweit sie von der Pflegekasse zu tragen sind, ist unmittelbar gegen die zuständige Pflegekasse zu richten, soweit in § 91 des Elften Buches Sozialgesetzbuch nichts anderes bestimmt ist.

§ 5 Mitwirkung der Heimbewohner

(1) Die Bewohner der in diesem Gesetz genannten Heime wirken durch einen Heimbeirat in Angelegenheiten des Heimbetriebs wie Unterbringung, Aufenthaltsbedingungen, Heimordnung, Verpflegung und Freizeitgestaltung mit. Die Mitwirkung ist auf die Verwaltung sowie die Geschäfts- und Wirtschaftsführung des Heims zu erstrecken, wenn Leistungen im Sinne des § 14 Abs. 2 Nr. 3 erbracht worden sind.

(2) Für die Zeit, in der ein Heimbeirat nicht gebildet werden kann, werden seine Aufgaben durch einen Heimfürsprecher wahrgenommen. Seine Tätigkeit ist unentgeltlich und ehrenamtlich. Der Heimfürsprecher wird im Benehmen mit dem Heimleiter von der zuständigen Behörde bestellt. Die Bewohner des Heims oder deren gesetzliche Vertreter können der zuständigen Behörde Vorschläge zur Auswahl des Heimfürsprechers unterbreiten. Die zuständige Behörde kann von der Bestellung eines Heimfürsprechers absehen, wenn die Mitwirkung der Bewohner auf andere Weise gewährleistet ist.

(3) Das Bundesministerium für Familie, Senioren, Frauen und Jugend legt im Einvernehmen mit dem Bundesministerium für Arbeit und Sozialordnung durch Rechtsverordnung mit Zustimmung des Bundesrates Vorschriften über die Wahl des Heimbeirats und die Bestellung des Heimfürsprechers sowie über Art, Umfang und Form ihrer Mitwirkung fest.

Nebengesetze

§ 6 Voraussetzungen

Der Betrieb eines Heims erfordert, daß

1. der Heimträger die notwendige Zuverlässigkeit, insbesondere die wirtschaftliche Leistungsfähigkeit zum Betrieb des Heims, besitzt,
2. die Wahrung der Interessen und Bedürfnisse der Bewohner, insbesondere die ärztliche oder gesundheitliche Betreuung, gesichert ist,
3. die Betreuung der Bewohner, auch soweit sie pflegebedürftig sind, in dem Heim selbst oder in angemessener anderer Weise gewährleistet ist, insbesondere die Zahl der Beschäftigten und ihre persönliche und fachliche Eignung für die von ihnen ausgeübte Tätigkeit ausreicht.
4. die Einhaltung der Mindestanforderungen nach den auf Grund des § 3 erlassenen Rechtsverordnungen gewährleistet ist,
5. zwischen den gebotenen Leistungen und dem geforderten Entgelt kein Mißverhältnis besteht und
6. die Einhaltung der nach § 14 Abs. 7 erlassenen Vorschriften gewährleistet ist.

§ 7 Anzeige

(1) Wer den Betrieb eines Heims aufnimmt, hat dies spätestens drei Monate vor der vorgesehenen Inbetriebnahme der zuständigen Stelle anzuzeigen. In der Anzeige sind Name und Anschrift des Trägers sowie Art, Standort und Zahl der Heimplätze anzugeben. Der Anzeige sind ein Versorgungsvertrag nach § 72 des Elften Buches Sozialgesetzbuch oder die Erklärung, ob ein solcher Versorgungsvertrag angestrebt wird, Unterlagen zur Finanzierung der Investitionskosten sowie je ein Exemplar der Musterverträge, der Satzung des Trägers und der Heimordnung beizufügen. In der Anzeige sind weiterhin die Ausbildung und der berufliche Werdegang des Leiters mitzuteilen. Steht der Leiter zum Zeitpunkt der Anzeige noch nicht fest, ist die Mitteilung vor Aufnahme des Heimbetriebs und zum frühestmöglichen Zeitpunkt nachzuholen.

(2) Absatz 1 Satz 1 gilt entsprechend für die Änderung der Art des Heims sowie der Art und der Zahl der Heimplätze, die Verwendung neuer Räume und die Verlegung des Heims. Das Ausscheiden und die Neueinstellung des Leiters sowie der vertretungsberechtigten Personen des Trägers, die Änderung, Beendigung oder der Neuabschluß eines Versorgungsvertrags sowie Änderungen hinsichtlich der Finanzierung der Investitionskosten, die für die Kostenbelastung der Heimbewohner oder die wirtschaftliche Leistungsfähigkeit des Heims von Bedeutung sind, müssen unverzüglich angezeigt werden.

(3) Wer den Betrieb eines Heims ganz oder teilweise einzustellen oder wer die Vertragsbedingungen wesentlich zu ändern beabsichtigt, hat dies unverzüglich der zuständigen Behörde anzuzeigen. Mit der Anzeige sind Angaben über die geplante Unterbringung der Bewohner und die geplante ordnungsmäßige Abwicklung der Vertragsverhältnisse mit den Bewohnern zu verbinden.

§ 8 Aufzeichnungs- und Aufbewahrungspflicht

(1) Der Träger eines Heims hat nach den Grundsätzen einer ordnungsmäßigen Buchführung Aufzeichnungen über den Betrieb des Heims zu machen, aus denen insbesondere ersichtlich sind

1. die Geschäftsvorfälle und die Vermögenslage des Heims,
2. die Zahl und die Art der vorhandenen und der belegten Heimplätze,
3. Name, Vorname, Geburtstag, Anschrift und Ausbildung der Beschäftigten, deren regelmäßige Arbeitszeit, die von ihnen in dem Heim ausgeübte Tätigkeit und die Dauer des Beschäftigungsverhältnisses.

(2) Der Träger eines Heims hat Aufzeichnungen nach Absatz 1 sowie sonstige Unterlagen und Belege über den Betrieb eines Heims zur Einsichtnahme durch die zuständige Behörde fünf Jahre aufzubewahren.

(3) Das Bundesministerium für Familie, Senioren, Frauen und Jugend legt im Einvernehmen mit dem Bundesministerium für Arbeit und Sozialordnung durch Rechtsverordnung mit Zustimmung des Bundesrates Art und Umfang der in den Absätzen 1 und 2 genannten Pflichten und das einzuhaltende Verfahren näher fest.

(4) Weitergehende Pflichten des Trägers eines Heims nach anderen Vorschriften oder auf Grund von Pflegesatzvereinbarungen bleiben unberührt.

§ 9 Überwachung

(1) Die Heime werden durch wiederkehrende Prüfungen der zuständigen Behörden überwacht. Der Träger und der Leiter des Heims haben den zuständigen Behörden die für die Durchführung dieses Gesetzes und der auf Grund dieses Gesetzes erlassenen Rechtsverordnungen erforderlichen mündlichen und schriftlichen Auskünfte innerhalb der gesetzten Frist und unentgeltlich zu erteilen.

(2) Die von der zuständigen Behörde mit der Überwachung des Heims beauftragten Personen sind befugt, die für das Heim benutzten Grundstücke und Räume, soweit diese nicht einem Hausrecht der Bewohner unterliegen, während der üblichen Geschäftszeit zu betreten, dort Prüfungen und Besichtigungen vorzunehmen, in die geschäftlichen Unterlagen des

Auskunftspflichtigen Einsicht zu nehmen, sich mit den Bewohnern in Verbindung zu setzen und die Beschäftigten zu befragen. Zur Verhütung dringender Gefahren für die öffentliche Sicherheit und Ordnung können die Grundstücke und Räume auch außerhalb der in Satz 1 genannten Zeit und auch, wenn sie zugleich Wohnzwecken des Auskunftspflichtigen dienen, betreten werden. Der Auskunftspflichtige hat die Maßnahmen nach den Sätzen 1 und 2 zu dulden. Das Grundrecht der Unverletzlichkeit der Wohnung (Artikel 13 des Grundgesetzes) wird insoweit eingeschränkt.

(3) Der Auskunftspflichtige kann die Auskunft auf solche Fragen verweigern, deren Beantwortung ihn selbst oder einen der in § 383 Abs. 1 Nr. 1 bis 3 der Zivilprozeßordnung bezeichneten Angehörigen der Gefahr strafgerichtlicher Verfolgung oder eines Verfahrens nach dem Gesetz über Ordnungswidrigkeiten aussetzen würde.

(4) Die für die Heimaufsicht zuständigen Behörden sind verpflichtet, dem Bundesministerium für Arbeit und Sozialordnung und dem Bundesministerium für Familie, Senioren, Frauen und Jugend auf Verlangen Auskunft über die Umstände zu erteilen, die sie für die Erfüllung ihrer Aufgaben nach dem Elften Buch Sozialgesetzbuch benötigen. Daten der Pflegebedürftigen dürfen den Beteiligten nach Satz 1 nur in anonymisierter Form übermittelt werden.

§ 10 Beteiligung an der Überwachung

Die Landesverbände der Freien Wohlfahrtspflege im Sinne des § 10 Abs. 1 des Bundessozialhilfegesetzes, die Kommunalen Spitzenverbände und sonstige Vereinigungen auf Landesebene sind auf Antrag an der behördlichen Überwachung der ihnen angehörenden Träger angemessen zu beteiligen, wenn der jeweilige Träger zustimmt. Ist eine Beteiligung an einer Überwachungsmaßnahme nicht möglich, so sind sie unverzüglich von dem Ergebnis zu unterrichten.

§ 11 Beratung

(1) Die zuständigen Behörden sollen auf Antrag

1. Personen, die ein berechtigtes Interesse haben, über Heime im Sinne des § 1 und über die Rechte und Pflichten der Bewohner solcher Heime informieren und

2. Personen und Träger, die die Schaffung von Heimen im Sinne des § 1 anstreben oder derartige Heime betreiben, bei der Planung und dem Betrieb der Heime beraten.

(2) Sind in einem Heim Mängel festgestellt worden, so soll die zuständige Behörde zunächst den Träger unter Beteiligung seines Verbandes über die Möglichkeiten zur Abstellung der Mängel beraten. Das gleiche gilt,

wenn nach einer Anzeige gemäß § 7 vor der Aufnahme des Heimbetriebs Mängel festgestellt werden. Wenn die Abstellung der Mängel Auswirkungen auf Entgelte oder Vergütungen nach den §§ 93 bis 94 des Bundessozialhilfegesetzes haben kann, ist der Träger der Sozialhilfe an der Beratung zu beteiligen, mit dem Vereinbarungen nach diesen Vorschriften bestehen.

(3) Besteht im Bereich der zuständigen Behörde eine Arbeitsgemeinschaft im Sinne des § 95 Bundessozialhilfegesetz, so sind im Rahmen dieser Arbeitsgemeinschaft Fragen der bedarfsgerechten Planung zur Erhaltung und Schaffung der in § 1 genannten Heime in partnerschaftlicher Zusammenarbeit zu beraten.

Nebengesetze

Verordnung über personelle Anforderungen für Heime (HeimPersV) (Auszug)

Vom 19. Juli 1993 (BGBl. I S. 1205)
zuletzt geändert am 22. Juni 1998 (BGBl. I 1506)

§ 1 Mindestanforderungen

Der Träger eines Heims im Sinne des § 1 Abs. 1 des Heimgesetzes darf nur Personen beschäftigen, die die Mindestanforderungen der §§ 2 bis 7 erfüllen, soweit nicht in den §§ 10 und 11 etwas anderes bestimmt ist.

§ 2 Eignung des Heimleiters

(1) Wer ein Heim leitet, muß hierzu persönlich und fachlich geeignet sein. Er muß nach seiner Persönlichkeit, seiner Ausbildung und seinem beruflichen Werdegang die Gewähr dafür bieten, daß das jeweilige Heim entsprechend den Interessen und Bedürfnissen seiner Bewohner sachgerecht und wirtschaftlich geleitet wird.

(2) Als Heimleiter ist fachlich geeignet, wer

1. eine Ausbildung zu einer Fachkraft im Gesundheits- oder Sozialwesen oder in einem kaufmännischen Beruf oder in der öffentlichen Verwaltung mit staatlich anerkanntem Abschluß nachweisen kann und

2. durch eine mindestens zweijährige hauptberufliche Tätigkeit in einem Heim oder in einer vergleichbaren Einrichtung die weiteren für die Leitung des Heims erforderlichen Kenntnisse und Fähigkeiten erworben hat. Die Wahrnehmung geeigneter Weiterbildungsangebote ist zu berücksichtigen.

(3) Wird das Heim von mehreren Personen geleitet, so muß jede dieser Personen die Anforderungen des Absatzes 1 erfüllen.

§ 3 Persönliche Ausschlußgründe

(1) In der Person des Heimleiters dürfen keine Tatsachen vorliegen, die die Annahme rechtfertigen, daß er für die Leitung eines Heims ungeeignet ist. Ungeeignet ist insbesondere,

Verordnung über personelle Anforderungen für Heime (HeimPersV)

1. wer

    a) wegen eines Verbrechens oder wegen einer Straftat gegen das Leben, die sexuelle Selbstbestimmung oder die persönliche Freiheit, wegen vorsätzlicher Körperverletzung, wegen Erpressung, Urkundenfälschung, Untreue, Diebstahls, Unterschlagung, Betrugs oder Hehlerei oder wegen einer gemeingefährlichen Straftat oder einer Konkursstraftat zu einer Freiheitsstrafe oder Ersatzfreiheitsstrafe von mindestens drei Monaten, sofern die Tilgung im Zentralregister noch nicht erledigt ist,

    b) in den letzten fünf Jahren, längstens jedoch bis zum Eintritt der Tilgungsreife der Eintragung der Verurteilung im Zentralregister, wegen einer Straftat nach den §§ 29 bis 30 b des Betäubungsmittelgesetzes oder wegen einer sonstigen Straftat, die befürchten läßt, daß er die Vorschriften des Heimgesetzes oder eine auf Grund dieses Gesetzes erlassene Rechtsverordnung nicht beachten wird,

    rechtskräftig verurteilt worden ist,

2. derjenige, gegen den wegen einer Ordnungswidrigkeit nach § 17 des Heimgesetzes mehr als zweimal eine Geldbuße rechtskräftig festgesetzt worden ist, soweit nicht fünf Jahre seit Rechtskraft des letzten Bußgeldbescheids vergangen sind.

(2) Absatz 1 Satz 2 gilt nicht für Straftaten und Ordnungswidrigkeiten, die vor Inkrafttreten der Verordnung begangen worden sind. Absatz 1 Satz 1 bleibt unberührt.

§ 4 Eignung der Beschäftigten

(1) Beschäftigte in Heimen müssen die erforderliche persönliche und fachliche Eignung für die von ihnen ausgeübte Funktion und Tätigkeit besitzen.

(2) Als Leiter des Pflegedienstes ist geeignet, wer eine Ausbildung zu einer Fachkraft im Gesundheits- oder Sozialwesen mit staatlich anerkanntem Abschluß nachweisen kann. § 2 Abs. 2 Nr. 2, § 3 Abs. 1 Satz 2 Nr. 1 gelten entsprechend.

§ 5 Beschäftigte für betreuende Tätigkeiten

(1) Betreuende Tätigkeiten dürfen nur durch Fachkräfte oder unter angemessener Beteiligung von Fachkräften wahrgenommen werden. Hierbei muß mindestens einer, bei mehr als 20 nicht pflegebedürftigen Bewohnern oder mehr als vier pflegebedürftigen Bewohnern mindestens jeder zweite weitere Beschäftigte eine Fachkraft sein. In Heimen mit pflegebedürftigen

Bewohnern muß auch bei Nachtwachen mindestens eine Fachkraft ständig anwesend sein.

(2) Von den Anforderungen des Absatzes 1 kann mit Zustimmung der zuständigen Behörde abgewichen werden, wenn dies für eine fachgerechte Betreuung der Heimbewohner erforderlich oder ausreichend ist.

(3) Pflegebedürftig im Sinne der Verordnung ist, wer für die gewöhnlichen und regelmäßig wiederkehrenden Verrichtungen im Ablauf des täglichen Lebens in erheblichem Umfang der Pflege nicht nur vorübergehend bedarf.

§ 6 Fachkräfte

Fachkräfte im Sinne dieser Verordnung müssen eine Berufsausbildung abgeschlossen haben, die Kenntnisse und Fähigkeiten zur selbständigen und eigenverantwortlichen Wahrnehmung der von ihnen ausgeübten Funktion und Tätigkeit vermittelt. Altenpflegehelferinnen und Altenpflegehelfer, Krankenpflegehelferinnen und Krankenpflegehelfer sowie vergleichbare Hilfskräfte sind keine Fachkräfte im Sinne der Verordnung.

§ 7 Heime für behinderte Volljährige

In Heimen für behinderte Volljährige sind bei der Festlegung der Mindestanforderungen nach den §§ 2 bis 6 auch die Aufgaben bei der Betreuung, Förderung und Eingliederung behinderter Menschen und die besonderen Bedürfnisse der Bewohner, die sich insbesondere aus Art und Schwere der Behinderung ergeben, zu berücksichtigen.

§ 8 Fort- und Weiterbildung

(1) Der Träger des Heims ist verpflichtet, dem Leiter des Heims und den Beschäftigten Gelegenheit zur Teilnahme an Veranstaltungen berufsbegleitender Fort- und Weiterbildung zu geben. Mehrjährig Beschäftigten, die die Anforderungen des § 6 nicht erfüllen, ist Gelegenheit zur Nachqualifizierung zu geben.

(2) Die Verpflichtung nach Absatz 1 besteht nur, wenn sich die Veranstaltungen insbesondere auf folgende Funktionen und Tätigkeitsfelder erstrecken:

1. Heimleitung,
2. Wohnbereichs- und Pflegedienstleitung sowie entsprechende Leitungsaufgaben,

3. Rehabilitation und Eingliederung sowie Förderung und Betreuung Behinderter,
4. Förderung selbständiger und selbstverantworteter Lebensgestaltung,
5. aktivierende Betreuung und Pflege,
6. Pflegekonzepte, Pflegeplanung und Pflegedokumentation,
7. Arbeit mit verwirrten Bewohnern,
8. Zusammenarbeit mit anderen Berufsgruppen sowie mit Einrichtungen und Diensten des Sozial- und Gesundheitswesens,
9. Praxisanleitung,
10. Sterbebegleitung,
11. rechtliche Grundlagen der fachlichen Arbeit,
12. konzeptionelle Weiterentwicklung der Altenhilfe und der Eingliederungshilfe für Behinderte.

§ 9 Ordnungswidrigkeiten

Ordnungswidrig im Sinne des § 17 Abs. 2 Nr. 1 des Heimgesetzes handelt, wer vorsätzlich oder fahrlässig

1. entgegen § 1 in Verbindung mit § 2 Abs. 2 Nr. 1 oder § 3 Abs. 1 Satz 2 Nr. 1 Buchstabe a und b oder
2. entgegen § 1 in Verbindung mit § 4 Abs. 2 Satz 1 oder § 4 Abs. 2 Satz 2 in Verbindung mit § 3 Abs. 1 Satz 2 Nr. 1 Buchstabe a und b

Personen beschäftigt oder

3. entgegen § 1 in Verbindung mit § 5 Abs. 1 Satz 1 betreuende Tätigkeiten nicht durch Fachkräfte oder unter angemessener Beteiligung von Fachkräften wahrnehmen läßt, die die Mindestanforderungen nach § 6 erfüllen.

§ 10 Übergangsregelungen

(1) Sind bei Inkrafttreten dieser Verordnung die in § 2 Abs. 2 Nr. 2, §§ 4 bis 7 genannten Mindestanforderungen nicht erfüllt, so kann die zuständige Behörde auf Antrag des Heimträgers angemessene Fristen zur Angleichung an die einzelnen Anforderungen einräumen. Die Fristen dürfen fünf Jahre vom Inkrafttreten der Verordnung an nicht überschreiten. Der Träger ist bis zur Entscheidung über den Antrag von der Verpflichtung zur Angleichung vorläufig befreit.

Nebengesetze

(2) Werden am 1. Oktober 1998 die Voraussetzungen des § 5 Abs. 1 Satz 2 nicht erfüllt, kann die zuständige Behörde auf Antrag des Heimträgers eine angemessene Frist zur Angleichung, längstens bis zum 30. September 2000, einräumen. Absatz 1 Satz 3 gilt entsprechend.

(3) Wer ein Heim bei Inkrafttreten dieser Verordnung leitet, ohne die Anforderungen des § 2 Abs. 2 Nr. 1 zu erfüllen, kann das Heim bis zum Ablauf von drei Jahren nach Inkrafttreten der Verordnung weiterhin leiten. Nach diesem Zeitpunkt kann er nur dann Heimleiter sein, wenn er bis dahin nachweisbar an einer Bildungsmaßnahme, die wesentliche Kenntnisse und Fähigkeiten für die Leitung eines Heims vermittelt, erfolgreich teilgenommen hat. Eine entsprechende Bildungsmaßnahme vor Inkrafttreten dieser Verordnung ist zu berücksichtigen.

(4) Absatz 2 gilt nicht für Heimleiter, die ein Heim bei Inkrafttreten dieser Verordnung seit mindestens fünf Jahren ununterbrochen leiten.

§ 11 Befreiungen

(1) Die zuständige Behörde kann dem Träger eines Heims aus wichtigem Grund Befreiung von den in den § 2 Abs. 2 Nr. 1, § 4 Abs. 1 und Abs. 2 in Verbindung mit § 2 Abs. 2 Nr. 1 genannten Mindestanforderungen erteilen, wenn die Befreiung mit den Interessen und Bedürfnissen der Bewohner vereinbar ist.

(2) Die Befreiung kann sich auf einzelne Anforderungen erstrecken und neben der Verpflichtung zur Angleichung an andere Anforderungen ausgesprochen werden.

(3) Die Befreiung wird auf Antrag des Trägers erteilt. Der Träger ist bis zur Entscheidung über den Antrag von der Verpflichtung zur Angleichung vorläufig befreit.

Pflegeversicherungsgesetz
Vierter Teil
Überleitungsvorschriften

Artikel 40
Familienversicherung der Behinderten

Familienversicherung besteht auch für Behinderte, die im Zeitpunkt des Inkrafttretens des Gesetzes die Voraussetzungen nach § 25 Abs. 2 Nr. 4 zweiter Halbsatz des Elften Buches Sozialgesetzbuch nicht erfüllen, diese aber erfüllt hätten, wenn die Pflegeversicherung zum Zeitpunkt des Eintritts der Behinderung bereits bestanden hätte.

Artikel 49b
Begrenzung der Vergütung vollstationärer Pflegeeinrichtungen in den Jahren 1996 bis 1998

Die nach Artikel 49a während der Übergangszeit vom 1. Juli 1996 bis zum 31. Dezember 1997 geltenden Heimentgelte sowie die für die Zeit nach dem 30. Juni 1998 nach dem Elften Buch Sozialgesetzbuch vereinbarten oder festgesetzten Heimentgelte dürfen in den Jahren 1996, 1997 und 1998 jährlich nicht höher steigen als zwei vom Hundert im Beitrittsgebiet und ein vom Hundert im übrigen Bundesgebiet. In begründeten Einzelfällen, insbesondere um den Nachholbedarf bei der Anpassung der Personalstruktur zu berücksichtigen, kann im Betrittsgebiet der jährliche Steigerungssatz um bis zu 0,5 vom Hundert erhöht werden. Werden nach dem 31. Dezember 1995 für Einrichtungen oder für Teile von Einrichtungen erstmals Vereinbarungen abgeschlossen, sind als Basis die Vereinbarungen des Jahres 1995 von vergleichbaren Einrichtungen zugrunde zu legen. Wird im Einvernehmen mit dem Träger der Sozialhilfe, mit dem eine Vereinbarung besteht, der Zweck der Einrichtung wesentlich geändert oder werden erhebliche bauliche Investitionen vorgenommen, gilt Satz 2 entsprechend. Werden nach dem 31. Dezember 1995 erstmals unterschiedliche Pflegesätze für einzelne Leistungsbereiche oder Leistungsangebote mit einer Einrichtung vereinbart, dürfen die sich hieraus ergebenden Veränderungen den Rahmen nicht übersteigen, der sich aus einer einheitlichen Veranlagung der Gesamtleistungsangebote nach Satz 1 ergeben würde.

Artikel 52
Finanzhilfen für Investitionen in Pflegeeinrichtungen im Beitrittsgebiet

(1) Zur zügigen und nachhaltigen Verbesserung der Qualität der ambulanten, teilstationären und stationären Versorgung der Bevölkerung und zur Anpassung an das Versorgungsniveau im übrigen Bundesgebiet gewährt der Bund den Ländern Berlin, Brandenburg, Mecklenburg-Vorpommern, Sachsen, Sachsen-Anhalt und Thüringen in den Jahren 1995 bis 2002 Finanzhilfen in Höhe von jährlich 800 Millionen Deutsche Mark, insgesamt 8,4 Milliarden Deutsche Mark, zur Förderung von Investitionen in Pflegeeinrichtungen; im Land Berlin dürfen die Finanzhilfen nur für Maßnahmen im östlichen Teil eingesetzt werden. Die Finanzhilfen dürfen nur dazu verwendet werden, die für den Betrieb von Pflegeeinrichtungen notwendigen Gebäude und sonstigen abschreibungsfähigen Anlagegüter herzustellen, anzuschaffen, wiederzubeschaffen, zu ergänzen, instandzuhalten oder instandzusetzen sowie die Erstausstattung mit den betriebsnotwendigen Wirtschaftsgütern zu finanzieren (Investitionsmaßnahmen).

(2) Die Finanzhilfen des Bundes werden vom Bundesministerium für Arbeit und Sozialordnung den in Absatz 1 genannten Ländern nach ihrer Einwohnerzahl zugewiesen; dabei darf für das Land Berlin nur die Einwohnerzahl im östlichen Teil zugrunde gelegt werden. Die Finanzhilfen betragen bis zu 80 vom Hundert der öffentlichen Finanzierung; die Länder stellen sicher, daß wenigstens 20 vom Hundert der öffentlichen Investitionsmittel aus Mitteln des Landes oder der Gemeinden (Gemeindeverbände) aufgebracht werden. Von einem Land in einem Jahr nicht abgerufene Mittel können in den Folgejahren bei Bedarf abgerufen werden. Das Nähere wird durch eine Verwaltungsvereinbarung nach Artikel 104a Abs. 4 des Grundgesetzes geregelt.

(3) Die Mittel zur Finanzierung der Investitionen werden nach Inkrafttreten der Leistungen zur stationären Pflege wie folgt aufgebracht:

1. vom Bund im Jahr 1996 in Höhe von 400 Millionen Deutsche Mark, in den Jahren 1997 bis 2001 in Höhe von jährlich 800 Millionen Deutsche Mark und im Jahr 2002 in Höhe von 720 Millionen Deutsche Mark,

2. von allen Ländern durch anteilige Kürzungen der Erstattungen des Bundes an die Länder für die Kriegsopferfürsorge in Höhe von 100

Überleitungsvorschriften

Millionen Deutsche Mark im Jahr 1996, in Höhe von jährlich 200 Millionen Deutsche Mark in den Jahren 1997 bis 2001 und im Jahr 2002 in Höhe von 180 Millionen Deutsche Mark; die Aufteilung der auf die Länder entfallenden Kürzungen ist bis zum 31. Dezember 1994 durch eine Verwaltungsvereinbarung zwischen allen Ländern zu regeln.

(4) Die Pflegekassen beteiligen sich an der Finanzierung der Investitionsmaßnahmen nach Absatz 1, indem sie dem Bund im Jahr 1995 einen Betrag von insgesamt 1,1 Millionen Deutsche Mark überbrückungsweise zur Verfügung stellen. Dieser Betrag wird von den Pflegekassen im Jahr 2002 vom Bund in Höhe von 880 Millionen Deutsche Mark und von den Ländern in Höhe von 220 Millionen Deutsche Mark im Wege der Verrechnung mit den Überschüssen, die bis zum Jahr 2002 einschließlich entstehen (Absatz 3), erstattet; für den Länderanteil gilt der nach Absatz 3 Nr. 2 zu vereinbarende Verteilungsschlüssel entsprechend.

(5) Die in Absatz 1 genannten Länder stellen ein- oder mehrjährige Investitionsprogramme auf, erstmals bis spätestens 1. Oktober 1994, und schreiben diese fort. In den Programmen sind insbesondere die Art und Zahl der Vorhaben, die für die Durchführung der Investitionsprogramme erforderlichen Finanzhilfen des Bundes, der Eigenanteil des jeweiligen Landes sowie die von den geförderten Pflegeeinrichtungen eingesetzten Eigen- und Fremdmittel aufzuführen. Die erstmals aufgestellten Programme können auch Maßnahmen enthalten, die nach dem 1. Juni 1994 begonnen wurden. Soweit es um die Sicherstellung der zweckentsprechenden Verwendung der Finanzhilfen geht, ist das Einvernehmen mit dem Bundesministerium für Arbeit und Sozialordnung herzustellen. Die zweckentsprechende Verwendung der Finanzhilfen ist anhand der entsprechenden Unterlagen jährlich in einem vereinfachten Verfahren nachzuweisen.

Nebengesetze

Verordnung über die Rechnungs- und Buchführungspflichten der Pflegeeinrichtungen (Pflege-Buchführungsverordnung – PBV)

Vom 22. November 1995 (BGBl. I S. 1528)

Auf Grund des § 83 Abs. 1 Satz 1 Nr. 3 des Elften Buches Sozialgesetz – Soziale Pflegeversicherung – vom 26. Mai 1994 (BGBl. I S. 1014) verordnet die Bundesregierung und auf Grund des durch Artikel 1 Nr. 8 des Gesetzes vom 19. Dezember 1985 (BGBl. I S. 2355) eingefügten und durch Artikel 1 Nr. 7 Buchstabe a des Gesetzes vom 24. Juni 1994 (BGBl. I S. 1377) geänderten § 330 Abs. 1 des Handelsgesetzbuches verordnet das Bundesministerium der Justiz im Einvernehmen mit dem Bundesministerium der Finanzen und dem Bundesministerium für Wirtschaft:

Inhaltsübersicht

		Seite
§ 1	Anwendungsbereich	426
§ 2	Geschäftsjahr	426
§ 3	Buchführung, Inventar	426
§ 4	Jahresabschluß	426
§ 5	Einzelvorschriften zur Bilanz	427
§ 6	Aufbewahrung und Vorlegung von Unterlagen	428
§ 7	Kosten- und Leistungsrechnung	428
§ 8	Wahlrecht für Kapitalgesellschaften	429
§ 9	Befreiungen	430
§ 10	Ordnungswidrigkeiten	431
§ 11	Inkrafttreten und Übergangsvorschriften	431
Anlage 1	Gliederung der Bilanz	433
Anlage 2	Gliederung der Gewinn- und Verlustrechnung	438
Anlage 3 a	Anlagennachweis	441
Anlage 3 b	Nachweis der Förderungen nach Landesrecht (Fördernachweis)	442
Anlage 4	Kontenrahmen für die Buchführung	443
Anlage 5	Kostenstellenrahmen für die Kosten- und Leistungsrechnung (Muster)	459
Anlage 6	Kostenträgerübersicht (Muster)	461

Nebengesetze

§ 1 Anwendungsbereich

(1) Die Rechnungs- und Buchführungspflichten der Pflegeeinrichtungen richten sich nach dieser Verordnung, unabhängig davon, ob die Pflegeeinrichtung Kaufmann im Sinne des Handelsgesetzbuches ist, und unabhängig von der Rechtsform der Pflegeeinrichtung. Rechnungs-, Buchführungs- und Aufzeichnungspflichten nach anderen Vorschriften bleiben unberührt.

(2) Pflegeeinrichtungen im Sinne dieser Verordnung sind

1. ambulante Pflegeeinrichtungen (Pflegedienste),

2. teilstationäre und vollstationäre Pflegeeinrichtungen (Pflegeheime),

mit denen ein Versorgungsvertrag nach dem Elften Buch Sozialgesetzbuch besteht (zugelassene Pflegeeinrichtungen). Erbringt eine zugelassene Pflegeeinrichtung neben Leistungen nach dem Elften Buch Sozialgesetzbuch andere Sozialleistungen im Sinne des Ersten Buches Sozialgesetzbuch (gemischte Einrichtung), so sind ihre Rechnungs- und Buchführungspflichten nach dieser Verordnung auf die Leistungen beschränkt, für die sie nach dem Elften Buch Sozialgesetzbuch als Pflegeeinrichtung zugelassen ist.

§ 2 Geschäftsjahr

Das Geschäftsjahr ist das Kalenderjahr.

§ 3 Buchführung, Inventar

(1) Die Pflegeeinrichtungen führen ihre Bücher nach den Regeln der kaufmännischen doppelten Buchführung. Für Buchführung und Inventar gelten die §§ 238 bis 241 des Handelsgesetzbuches.

(2) Die Konten sind nach dem Kontenrahmen der Anlage 4 einzurichten. Bei Verwendung eines hiervon abweichenden Kontenplanes hat die Pflegeeinrichtung durch ein ordnungsmäßiges Überleitungsverfahren die Umschlüsselung auf den Kontenrahmen nach Satz 1 zu gewährleisten.

§ 4 Jahresabschluß

(1) Der Jahresabschluß der Pflegeeinrichtung besteht aus:

1. der Bilanz, gegliedert nach Anlage 1,

2. der Gewinn- und Verlustrechnung, gegliedert nach Anlage 2, sowie

3. dem Anhang einschließlich des nach den Anlagen 3 a und 3 b gegliederten Anlagen- und Fördernachweises.

Der Jahresabschluß ist innerhalb von sechs Monaten nach Ablauf des Geschäftsjahres aufzustellen. Für die Aufstellung und den Inhalt des

Jahresabschlusses gelten § 242, § 243 Abs. 1 und 2, §§ 244 bis 256, § 264 Abs. 2, § 265 Abs. 2, 5 und 8, § 268 Abs. 3, § 275 Abs. 4, § 277 Abs. 3 Satz 1 und Abs. 4, § 279, § 284 Abs. 2 Nr. 1 und 3 des Handelsgesetzbuches sowie Artikel 24 Abs. 5 Satz 2 und Artikel 28 des Einführungsgesetzes zum Handelsgesetzbuch.

(2) Soweit ein Träger mehrere Pflegeeinrichtungen betreibt, die keine Vollkaufleute im Sinne des Handelsgesetzbuches sind, kann er diese in einem Jahresabschluß zusammenfassen. Dabei ist der Anlagen- und Fördernachweis nach den Anlagen 3 a und 3 b für jede Pflegeeinrichtung gesondert zu erstellen. § 7 bleibt unberührt.

(3) Bei gemischten Einrichtungen im Sinne des § 1 Abs. 2 Satz 2 kann der Träger

1. einen auf die Leistungen nach dem Elften Buch Sozialgesetzbuch begrenzten Jahresabschluß (Teil-Jahresabschluß) erstellen oder
2. unter Verwendung der Anlagen 3 a und 3 b die Erträge und Aufwendungen seiner Pflegeeinrichtungen in einer nach Anlage 2 gegliederten Teil-Gewinn- und Verlustrechnung so zusammenfassen, daß sie von den anderen Leistungsbereichen der Einrichtung getrennt sind. Ist eine Abgrenzung nicht möglich, haben die erforderlichen Zuordnungen zu den verschiedenen Leistungsbereichen auf der Grundlage von vorsichtigen und wirklichkeitsnahen Schätzungen zu erfolgen. § 7 bleibt unberührt.

§ 5 Einzelvorschriften zur Bilanz

(1) Vermögensgegenstände des Anlagevermögens, deren Nutzung zeitlich begrenzt ist, sind in der Bilanz höchstens zu den Anschaffungs- oder Herstellungskosten, vermindert um Abschreibungen, anzusetzen. Kann eine zugelassene Pflegeeinrichtung, die erstmals nach den Grundsätzen dieser Verordnung eine Bewertung des Anlagevermögens vornimmt, zum Stichtag der Eröffnungsbilanz die tatsächlichen Anschaffungs- oder Herstellungskosten nicht ohne unvertretbaren Aufwand ermitteln, so sind den Preisverhältnissen des vermutlichen Anschaffungs- oder Herstellungszeitpunkts entsprechende Erfahrungswerte als Anschaffungs- oder Herstellungskosten anzusetzen. Vermögensgegenstände des Anlagevermögens, die bei Pflegeheimen am 1. Januar 1997, bei Pflegediensten am 1. Januar 1998 bis auf einen Erinnerungsposten abgeschrieben sind, können mit diesem Restbuchwert angesetzt werden.

(2) Vermögensgegenstände des Anlagevermögens, die mit öffentlichen Fördermitteln oder sonstigen Zuwendungen Dritter angeschafft oder hergestellt worden sind, sind auf der Aktivseite der Bilanz mit dem Bruttowert anzusetzen. Auf der Passivseite der Bilanz sind die bereits zweckent-

Nebengesetze

sprechend verwendeten Fördermittel oder Zuwendungen als Sonderposten gesondert auszuweisen, vermindert um den Betrag der bis zum jeweiligen Bilanzstichtag angefallenen Abschreibungen auf die mit diesen Mitteln finanzierten Vermögensgegenstände des Anlagevermögens.

(3) Bei Pflegeeinrichtungen ohne eigene Rechtspersönlichkeit oder in einer anderen Rechtsform als der Kapitalgesellschaft sind in der Bilanz unter dem Eigenkapital als »gewährtes Kapital« die Beträge auszuweisen, die der Einrichtung für die Erfüllung ihres Versorgungsauftrags nach dem Elften Buch Sozialgesetzbuch vom Rechtsträger auf Dauer zur Verfügung gestellt werden. Sonstige Einlagen des Rechtsträgers sind als Kapitalrücklagen auszuweisen. Für Gewinnrücklagen gilt § 272 Abs. 3 des Handelsgesetzbuchs entsprechend.

(4) Sind der Pflegeeinrichtung vor Aufnahme in den Landespflegeplan für Lasten aus Darlehen Fördermittel bewilligt worden, so ist in der Höhe des Teils der jährlichen Abschreibungen auf die mit diesen Mitteln finanzierten Vermögensgegenstände des Anlagevermögens, der nicht durch den Tilgungsanteil der Fördermittel gedeckt ist, in der Bilanz auf der Aktivseite ein »Ausgleichsposten aus Darlehensförderung« zu bilden. Ist der Tilgungsanteil der Fördermittel aus der Darlehensförderung höher als die jährlichen Abschreibungen auf die mit diesen Mitteln finanzierten Vermögensgegenstände des Anlagevermögens, so ist in der Bilanz in Höhe des überschießenden Betrages auf der Passivseite ein »Ausgleichsposten aus Darlehensförderung« zu bilden.

(5) In Höhe der Abschreibungen auf die aus Eigenmitteln des Trägers der Pflegeeinrichtung vor Beginn der Förderung beschafften Vermögensgegenstände des Anlagevermögens, für die ein Ausgleich für die Abnutzung in der Zeit ab Beginn der Förderung verlangt werden kann, ist in der Bilanz auf der Aktivseite ein »Ausgleichsposten für Eigenmittelförderung« zu bilden.

§ 6 Aufbewahrung und Vorlegung von Unterlagen

Für die Aufbewahrung von Unterlagen, die Aufbewahrungsfristen und die Vorlegung von Unterlagen gelten die §§ 257 und 261 des Handelsgesetzbuchs.

§ 7 Kosten- und Leistungsrechnung

Die zugelassenen Pflegeeinrichtungen haben eine Kosten- und Leistungsrechnung zu führen, die eine betriebsinterne Steuerung sowie eine Beurteilung der Wirtschaftlichkeit und Leistungsfähigkeit ermöglicht. Die Kosten- und Leistungsrechnung muß die Ermittlung und Abgrenzung der Kosten der jeweiligen Betriebszweige sowie die Erstellung der Leistungsnachweise nach den Vorschriften des Achten Kapitels des Elften

Buches Sozialgesetzbuch ermöglichen. Dazu gehören folgende Mindestanforderungen:

1. Die Pflegeeinrichtungen haben die auf Grund ihrer Aufgaben und Strukturen erforderlichen Kostenstellen zu bilden; dabei kann der Kostenstellenrahmen nach dem Muster der Anlage 5 angewendet werden.
2. Die Kosten sind aus der Buchführung nachprüfbar herzuleiten.
3. Die Kosten und Leistungen sind verursachungsgerecht nach Kostenstellen zu erfassen; sie sind darüber hinaus den anfordernden Kostenstellen zuzuordnen, soweit dies für die in Satz 1 genannten Zwecke erforderlich ist.
4. Die Kosten und Leistungen sind verursachungsgerecht den Kostenträgern zuzuordnen; dabei kann die Kostenträgerübersicht nach dem Muster der Anlage 6 angewendet werden.
5. Bei Einrichtungen nach § 4 Abs. 2 oder 3 muß eine verursachungsgerechte Abgrenzung der Kosten und Erträge mit anteiliger Zuordnung auf die verschiedenen Einrichtungen erfolgen; § 4 Abs. 3 Nr. 2 Satz 2 gilt entsprechend.

§ 8 Wahlrecht für Kapitalgesellschaften

(1) Pflegeeinrichtungen, die Kapitalgesellschaften im Sinne des Zweiten Abschnitts des Dritten Buches des Handelsgesetzbuchs sind, brauchen auch für Zwecke des Handelsrechts bei der Aufstellung, Feststellung und Offenlegung ihres Jahresabschlusses nach dem Handelsgesetzbuch die Gliederungsvorschriften der §§ 266, 268 Abs. 2 und § 275 des Handelsgesetzbuchs nicht anzuwenden. Sehen sie von der Anwendung ab, so haben sie bei der Aufstellung, Feststellung und Offenlegung die Bilanz nach Anlage 1, die Gewinn- und Verlustrechnung nach Anlage 2 und den Anlagennachweis nach Anlage 3 a zu gliedern. Die im Anlagennachweis vorgeschriebenen Angaben sind auch für den Posten »Immaterielle Vermögensgegenstände« und jeweils für die Posten des Finanzanlagevermögens zu machen.

(2) Bei Inanspruchnahme des Wahlrechts nach Absatz 1 für Zwecke des Handelsrechts gelten die Erleichterungen für kleine und mittelgroße Kapitalgesellschaften nach § 266 Abs. 1 Satz 3 und § 276 des Handelsgesetzbuchs bei der Aufstellung und Feststellung nicht; bei der Offenlegung nach den §§ 325 bis 328 des Handelsgesetzbuchs dürfen § 266 Abs. 1 Satz 3 und § 276 des Handelsgesetzbuchs mit der Maßgabe angewendet werden, daß in der Bilanz nach Anlage 1 und im Anlagennachweis nach Anlage 3 a nur die mit Buchstaben und römischen Zahlen bezeichneten Posten ausgewiesen werden müssen und daß in der

Gewinn- und Verlustrechnung nach Anlage 2 die Posten 1 bis 8 und 10 zu dem Posten »Rohergebnis« zusammengefaßt werden dürfen.

§ 9 Befreiungen

(1) Von den Vorschriften dieser Verordnung sind befreit:
1. Pflegedienste mit bis zu sechs Vollzeitkräften; Teilzeitkräfte sind auf Vollzeitkräfte umzurechnen.
2. teilstationäre Pflegeeinrichtungen und Einrichtungen der Kurzzeitpflege mit bis zu acht Pflegeplätzen.
3. vollstationäre Pflegeeinrichtungen mit bis zu zwanzig Pflegeplätzen.

Für die Ermittlung der Vollzeitkräfte und der Pflegeplätze sind die Durchschnittswerte im abgelaufenen Geschäftsjahr maßgebend. Satz 1 gilt nicht für Pflegeeinrichtungen, deren Umsätze aus der Erfüllung ihres Versorgungsauftrages nach dem Elften Buch des Sozialgesetzbuchs (ohne Investitionsaufwendungen) bei Pflegeheimen eine Million Deutsche Mark, bei Pflegediensten 500 000 Deutsche Mark im abgelaufenen Geschäftsjahr übersteigen.

(2) Von den Vorschriften dieser Verordnung können ganz oder teilweise befreit werden:
1. Pflegedienste mit sieben bis zu zehn Vollzeitkräften; Teilzeitkräfte sind auf Vollzeitkräfte umzurechnen.
2. teilstationäre Pflegeeinrichtungen und Einrichtungen der Kurzzeitpflege mit neun bis zu fünfzehn Pflegeplätzen.
3. vollstationäre Pflegeeinrichtungen mit einundzwanzig bis zu dreißig Pflegeplätzen.

Absatz 1 Satz 2 gilt entsprechend. Über eine Befreiung und ihre Versagung entscheiden auf Antrag des Trägers der Pflegeeinrichtungen die Landesverbände der Pflegekassen gemeinsam im Einvernehmen mit der zuständigen Landesbehörde nach pflichtgemäßem Ermessen. Maßstab für diese Ermessensentscheidung ist insbesondere die Frage, ob die mit der Anwendung der Verordnung verbundenen Kosten in einem angemessenen Verhältnis zu dem erreichbaren Nutzen stehen oder ob die in § 7 gestellten Anforderungen nicht auch auf andere Weise erreicht werden können.

(3) Pflegeeinrichtungen, die nach Absatz 1 oder 2 von den Vorschriften dieser Verordnung befreit sind, haben eine vereinfachte Einnahmen- und Ausgabenrechnung zu führen, die den Grundsätzen ordnungsmäßiger Buchführung entspricht; als Mindestanforderung gelten die in § 259 Abs. 1 des Bürgerlichen Gesetzbuchs aufgeführten Rechenschaftspflichten entsprechend. Die Auskunfts- und Nachweispflichten der Pflegeeinrichtungen nach dem Siebten und Achten Kapitel des Elften Buches Sozialgesetzbuch bleiben unberührt.

§ 10 Ordnungswidrigkeiten

Ordnungswidrig im Sinne des § 334 Abs. 1 Nr. 6 des Handelsgesetzbuchs handelt, wer als Mitglied des vertretungsberechtigten Organs oder des Aufsichtsrats einer Pflegeeinrichtung, die Kapitalgesellschaft ist, bei der Aufstellung oder Feststellung des Jahresabschlusses.

1. entgegen § 8 Abs. 1 Satz 2
   a) die Bilanz nicht nach Anlage 1,
   b) die Gewinn- und Verlustrechnung nicht nach Anlage 2,
   c) den Anlagennachweis nicht nach Anlage 3 a
   gliedert oder
2. entgegen § 8 Abs. 1 Satz 3 die dort bezeichneten zusätzlichen Angaben im Anlagennachweis nicht, nicht in der vorgeschriebenen Form oder nicht mit dem vorgeschriebenen Inhalt macht.

§ 11 Inkrafttreten und Übergangsvorschriften

(1) Diese Verordnung tritt am 1. Januar 1996 in Kraft.

(2) Der Jahresabschluß nach § 4 ist erstmals aufzustellen:

1. bei stationären Pflegeeinrichtungen zum 31. Dezember 1997 für das Geschäftsjahr 1997 bis spätestens zum 30. Juni 1998,
2. bei ambulanten Pflegeeinrichtungen zum 31. Dezember 1998 für das Geschäftsjahr 1998 bis spätestens zum 30. Juni 1999.

(3) Stichtag für die Eröffnungsbilanz sowie für die erstmalige Aufstellung des Anlagen- und Fördernachweises (Anlagen 3 a und 3 b) sind:

1. bei stationären Pflegeeinrichtungen der 1. Januar 1997,
2. beim ambulanten Pflegeeinrichtungen der 1. Januar 1998.

Wird die Pflegeeinrichtung erst nach dem 1. Januar des jeweiligen Geschäftsjahres in Betrieb genommen, ist Stichtag für die Eröffnungsbilanz der Tag der Betriebsaufnahme. Die Eröffnungsbilanz ist binnen sechs Monaten nach dem jeweiligen Stichtag aufzustellen.

(4) Die Vorschriften über Buchführung und Inventar (§ 3) sowie über die Kosten- und Leistungsrechnung (§ 7) sind auf stationäre Pflegeeinrichtungen erstmals für das Geschäftsjahr 1997 und auf ambulante Pflegeeinrichtungen erstmals für das Geschäftsjahr 1998 anzuwenden.

(5) Wird eine Pflegeeinrichtung im Jahr 1996 an einen freigemeinnützigen oder privaten Träger veräußert, können die in Absatz 2 bis 4 genannten Fristen auf Antrag des neuen Trägers gemäß § 9 Abs. 2 Satz 3 jeweils um ein Jahr verlängert werden.

Der Bundesrat hat zugestimmt.

Bonn, den 22. November 1995

Der Bundeskanzler
Dr. Helmut Kohl

Der Bundesminister
für Arbeit und Sozialordnung
Norbert Blüm

Die Bundesministerin der Justiz
S. Leutheusser-Schnarrenberger

Anlage 1
Gliederung der Bilanz*)

Aktivseite

A. Ausstehende Einlagen auf das gezeichnete/ gewährte Kapital (KGr. 00), ...
   davon eingefordert . . . .

B: Anlagevermögen:

  I. Immaterielle Vermögensgegenstände
     (KUGr. 080) . . . .

  II. Sachanlagen:

   1. Grundstücke und grundstücksgleiche Rechte mit Betriebsbauten einschließlich der Betriebsbauten auf fremden Grundstücken
      (KGr. 01, KUGr. 040 u. 042) . . . .

   2. Grundstücke und grundstücksgleiche Rechte mit Wohnbauten einschließlich der Wohnbauten auf fremden Grundstücken (KGr. 02, KUGr. 041 u. 042, soweit nicht unter 1.) . . . .

   3. Grundstücke und grundstücksgleiche Rechte ohne Bauten (KGr. 03) . . . .

   4. Technische Anlagen (KGr. 05) . . . .

   5. Einrichtungen und Ausstattungen ohne Fahrzeuge (KGr. 06 ohne KUGr. 063) . . . .

   6. Fahrzeuge (KUGr. 063) . . . .

   7. Geleistete Anzahlungen und Anlagen im Bau (KGr. 07) . . . .

---

*) Die Klammerhinweise auf den Kontenrahmen entfallen in der Bilanz.

Nebengesetze

   III. Finanzanlagen

      1. Anteile an verbundenen Unternehmen**) (KUGr. 081) ....

      2. Ausleihungen an verbundene Unternehmen**) (KUGr. 082) ....

      3. Beteiligungen (KUGr. 083) ....

      4. Ausleihungen an Unternehmen, mit denen ein Beteiligungsverhältnis besteht**) (KUGr. 084) ....

      5. Wertpapiere des Anlagevermögens (KUGr. 085) ....

      6. Sonstige Finanzanlagen (KUGr. 086) ....

C. Umlaufvermögen

   I. Vorräte

      1. Roh-, Hilfs- und Betriebsstoffe (KUGr. 101) ....

      2. Geleistete Anzahlungen (KUGr. 102) ....

   II. Forderungen und sonstige Vermögensgegenstände

      1. Forderungen aus Lieferungen und Leistungen (KGr. 11) ....
         davon mit einer Restlaufzeit von mehr als einem Jahr ....

      2. Forderungen an Gesellschafter oder Träger der Einrichtung (KUGr. 160) ....
         davon mit einer Restlaufzeit von mehr als einem Jahr ....

      3. Forderungen gegen verbundene Unternehmen**) (KUGr. 161) ....
         davon mit einer Restlaufzeit von mehr als einem Jahr ....

**) Ausweis dieser Posten nur bei Kapitalgesellschaften

4. Forderungen gegen Unternehmen, mit denen ein Beteiligungsverhältnis besteht**) (KUGr. 162) . . . .
   davon mit einer Restlaufzeit von mehr als einem Jahr . . . .

5. Forderungen aus öffentlicher Förderung (KGr. 14) . . . .
   davon mit einer Restlaufzeit von mehr als einem Jahr . . . .

6. Forderungen aus nicht-öffentlicher Förderung (KGr. 15) . . . .
   davon mit einer Restlaufzeit von mehr als einem Jahr . . . .

7. Sonstige Vermögensgegenstände (KUGr. 164) . . . .
   davon mit einer Restlaufzeit von mehr als einem Jahr . . . .

8. Umsatzsteuer (KUGr. 163) . . . .

III. Wertpapiere des Umlaufvermögens (KGr. 13) . . . .
davon Anteile an verbundenen Unternehmen . . . .

IV. Kassenbestand, Guthaben bei Kreditinstituten und Schecks (KGr. 12) . . . .

D. Ausgleichsposten

1. Ausgleichsposten aus Darlehensförderung (KUGr. 171) . . . .

2. Ausgleichsposten für Eigenmittelförderung (KUGr. 172) . . . .

E. Rechnungsabgrenzungsposten (KGr. 18) . . . .

F. Nicht durch Eigenkapital gedeckter Fehlbetrag . . . .

....

**) Ausweis dieser Posten nur bei Kapitalgesellschaften

Nebengesetze

Passivseite

A. Eigenkapital

1. Gezeichnetes/gewährtes Kapital (KUGr. 200) ....
2. Kapitalrücklagen (KUGr. 201) ....
3. Gewinnrücklagen (KUGr. 202) ....
4. Gewinnvortrag/Verlustvortrag (KUGr. 203) ....
5. Jahresüberschuß/Jahresfehlbetrag (KUGr. 204) ....

B. Sonderposten aus Zuschüssen und Zuweisungen zur Finanzierung des Sachanlagevermögens

1. Sonderposten aus öffentlichen Fördermitteln für Investitionen (KGr. 21) ....
2. Sonderposten aus nicht-öffentlicher Förderung für Investitionen (KGr. 22) ....

C. Rückstellungen (KGr. 24) ....

D. Verbindlichkeiten

1. Verbindlichkeiten aus Lieferungen und Leistungen (KGr. 30) ....
   davon mit einer Restlaufzeit bis zu einem Jahr ....
2. Verbindlichkeiten gegenüber Kreditinstituten (KGr. 31) ....
   davon mit einer Restlaufzeit bis zu einem Jahr
3. Erhaltene Anzahlungen (KGr. 34) ....
   davon mit einer Restlaufzeit bis zu einem Jahr ....
4. Verbindlichkeiten gegenüber Gesellschaften oder dem Träger der Einrichtung (KUGr. 354)
   davon mit einer Restlaufzeit bis zu einem Jahr ....

5. Verbindlichkeiten gegenüber
   verbundenen Unternehmen**)
   (KUGr. 355) . . . .
   davon mit einer Restlaufzeit
   bis zu einem Jahr . . . .

6. Verbindlichkeiten gegenüber
   Unternehmen, mit denen ein
   Beteiligungsverhältnis besteht**)
   (KUGr. 356) . . . .
   davon mit einer Restlaufzeit
   bis zu einem Jahr . . . .

7. Verbindlichkeiten aus öffentlichen
   Fördermitteln für Investitionen
   (KGr. 32) . . . .
   davon mit einer Restlaufzeit
   bis zu einem Jahr . . . .

8. Verbindlichkeiten aus nicht-öffentlicher
   Förderung für Investitionen (KGr. 33) . . . .
   davon mit einer Restlaufzeit
   bis zu einem Jahr . . . .

9. Sonstige Verbindlichkeiten
   (KUGr. 350 bis 353, 357) . . . .
   davon mit einer Restlaufzeit
   bis zu einem Jahr . . . .

10. Verwahrgeldkonto (KGr. 37) . . . .

11. Umsatzsteuer (KGr. 36) . . . .

**E. Ausgleichsposten aus Darlehensförderung
(KGr. 23)** . . . .

**F. Rechnungsabgrenzungsposten
(KGr. 38)** . . . .

....

**Eventualverbindlichkeiten aus Ansprüchen
auf Erstattung von Fördermitteln**

**) Ausweis dieser Posten nur bei Kapitalgesellschaften

Anlage 2
Gliederung der Gewinn- und Verlustrechnung

1. Erträge aus allgemeinen Pflege-
   leistungen gemäß PflegeVG
   (KGr. 40 bis 43) ....
2. Erträge aus Unterkunft und Verpflegung
   (KUGr. 413, 424, 433)..................... ....
3. Erträge aus Zusatzleistungen und
   Transportleistungen nach PflegeVG
   (KUGr. 414 bis 416, 425, 426, 434, 435) ....
4. Erträge aus gesonderter Berechnung von
   Investitionskosten gegenüber
   Pflegebedürftigen (KUGr. 464) ....
5. Zuweisungen und Zuschüsse zu
   Betriebskosten (KGr. 44) ....
6. Erhöhung oder Verminderung des Bestandes
   an fertigen/unfertigen Erzeugnissen und
   Leistungen (KUGr. 540) ....
7. Andere aktivierte Eigenleistungen
   (KUGr. 541) ....
8. Sonstige betriebliche Erträge
   (KGr. 48, 55)............................. ....
9. Personalaufwand
   a) Löhne und Gehälter (KGr. 60) ....
   b) Sozialabgaben, Altersversorgung
      und sonstige Aufwendungen
      (KGr. 61 bis 64) ....
10. Materialaufwand
    a) Lebensmittel (KGr. 65) ....
    b) Aufwendungen für Zusatzleistungen
       (KGr. 66) ....
    c) Wasser, Energie, Brennstoffe
       (KGr. 67) ....
    d) Wirtschaftsbedarf/Verwaltungsbedarf
       (KGr. 68, 70) ....

Pflege-Buchführungsverordnung

11. Aufwendungen für zentrale
 Dienstleistungen (KUGr. 685) . . . .

12. Steuern, Abgaben, Versicherungen
 (KGr. 71) . . . .

13. Sachaufwendungen für Hilfs- und
 Nebenbetriebe (KGr. 73) . . . .

14. Mieten, Pacht, Leasing (KGr. 76) . . . .

Zwischenergebnis . . . .

15. Erträge aus öffentlicher und nicht-
 öffentlicher Förderung von Investitionen
 (KGr. 45, 46; KUGr. 486) . . . .

16. Erträge aus der Auflösung von
 Sonderposten (KGr. 47) . . . .

17. Erträge aus der Erstattung von
 Ausgleichsposten aus Darlehens- und
 Eigenmittelförderung (KUGr. 487) . . . .

18. Aufwendungen aus der Zuführung zu
 Sonderposten/Verbindlichkeiten (KGr. 74) . . . .

19. Aufwendungen aus der Zuführung zu
 Ausgleichsposten aus Darlehensförderung
 (KUGr. 784) . . . .

20. Abschreibungen . . . .

 a) Abschreibungen auf immaterielle
 Vermögensgegenstände und
 Sachanlagen (KUGr. 750, 751) . . . .

 b) Abschreibungen auf Forderungen und
 sonstige Vermögensgegenstände
 (KUGr. 753, 754)

21. Aufwendungen für Instandhaltung und
 Instandsetzung (KUGr. 771)

22. Sonstige ordentliche und außerordentliche
 Aufwendungen (KUGr. 772, KGr. 78) . . . .

Zwischenergebnis . . . .

23. Erträge aus Beteiligungen
 (KUGr. 500*), 501) . . . .

24. Erträge aus Finanzanlagen
 (KUGr. 502*), 503) . . . .

Nebengesetze

25. Zinsen und ähnliche Erträge (KGr. 51) ....
26. Abschreibungen auf Finanzanlagen und Wertpapiere des Umlaufvermögens (KUGr. 752) ....
27. Zinsen und ähnliche Aufwendungen (KGr. 72) ....
28. **Ergebnis der gewöhnlichen Geschäftstätigkeit** ....
29. Außerordentliche Erträge (KGr. 56) ....
30. Außerordentliche Aufwendungen (KGr. 78) ....
31. Weitere Erträge (KGr. 52, 53) ....
32. Außerordentliches Ergebnis ....
33. Jahresüberschuß/Jahresfehlbetrag ....

*) Ausweis dieser Posten nur bei Kapitalgesellschaften

Pflege-Buchführungsverordnung

Anlagennachweis Anlage 3 a

Bilanzposten B. II. Sachanlagen	Entwicklung der Anschaffungswerte					Entwicklung der Abschreibungen					Rest-buch-werte (Stand 31.12.)
	Anfangs-bestand	Zugang	Umbu-chungen	Abgang	End-stand	Anfangs-bestand	Abschrei-bungen des Ge-schäfts-jahres	Umbu-chungen	Zuschrei-bungen des Ge-schäfts-jahres	Ent-nahme für Abgänge	End-stand	
	DM	DM	DM	DM	DM	DM	DM	DM	DM	DM	DM	DM
1	2	3	4	5	6	7	8	9	10	11	12	13
1.1. Grundstücke und grundstücksgleiche Rechte mit Betriebsbauten ein-schließlich der Betriebsbauten auf fremden Grundstücken												
1.2. darunter: Betriebsbauten und Außenanlagen (KuGr. 011, 012, 040 und 042)												
2. Grundstücke und grundstücksgleiche Rechte mit Wohnbauten einschließlich der Wohnbauten auf fremden Grundstücken												
3. Grundstücke und grundstücksgleiche Rechte ohne Bauten												
4.1. Technische Anlagen												
4.2. darunter: in Betriebsbauten und in Außenanlagen												
5.1. Einrichtungen und Ausstattungen ohne Fahrzeuge												
5.2. darunter: in Betriebsbauten, in Außenanlagen, GWGs und Festwerte in Betriebsbauten (KuGr. 060, 062, 064 und 066)												
6. Fahrzeuge												
7.1. Geleistete Anzahlungen und Anlagen im Bau												
7.2. darunter für Betriebsbauten (KuGr. 070)												
Summe darunter: Summe der Positionen 1.2, 4.2, 5.2, 6. und 7.2.												

Nebengesetze

Nachweis der Förderungen nach Landesrecht
(Fördernachweis)*)   Anlage 3 b

Bilanzposten	Entwicklung der geförderten Anschaffungswerte					Entwicklung der geförderten Abschreibungen							Restbuchwerte (Stand 31.12.)
	Anfangsbestand	Zugang	Umbuchungen	Abgang	Endstand	Anfangsbestand	Abschreibungen des Geschäftsjahres	Umbuchungen	Zuschreibungen des Geschäftsjahres	Entnahme für Abgänge	Endstand	
	DM	DM	DM	DM	DM	DM	DM	DM	DM	DM	DM	DM
1	2	3	4	5	6	7	8	9	10	11	12	13
1.1. Grundstücke und grundstücksgleiche Rechte mit Betriebsbauten einschließlich der Betriebsbauten auf fremden Grundstücken												
1.2. darunter: Betriebsbauten und Außenanlagen (KuGr. 011, 012, 040 und 042)												
2. Grundstücke und grundstücksgleiche Rechte mit Wohnbauten einschließlich der Wohnbauten auf fremden Grundstücken												
3. Grundstücke und grundstücksgleiche Rechte ohne Bauten												
4.1. Technische Anlagen												
4.2. darunter: in Betriebsbauten und in Außenanlagen												
5.1. Einrichtungen und Ausstattungen ohne Fahrzeuge												
5.2. darunter: in Betriebsbauten, in Außenanlagen, GWGs und Festwerte in Betriebsbauten (KuGr. 060, 062, 064 und 066)												
6. Fahrzeuge												
7.1. Geleistete Anzahlungen und Anlagen im Bau												
7.2. darunter: für Betriebsbauten (KuGr. 070)												
Summe darunter: Summe der Positionen 1.2., 4.2., 5.2., 6. und 7.2.												

*) Die Förderung durch sonstige Fördergeber ist entsprechend dieser Anlage auszuweisen.

Pflege-Buchführungsverordnung

Anlage 4
Kontenrahmen für die Buchführung

(Kontenklasse 0-8)

Konten-klasse	Konten-gruppe	Konten-untergruppe	Text-Erläuterung
0			**KONTENKLASSE 0** **AUSSTEHENDE EINLAGEN,** **ANLAGEVERMÖGEN**
	00		**Ausstehende Einlagen auf das gezeichnete oder festgesetzte Kapital**
	01		**Grundstücke und grundstücksgleiche Rechte**
		010	Bebaute Grundstücke
		011	Betriebsbauten
		012	Außenanlagen
	02		**Grundstücke und grundstücksgleiche Rechte mit Wohnbauten**
		020	Bebaute Grundstücke
		021	Wohnbauten
		022	Außenanlagen
	03		**Grundstücke und grundstücksgleiche Rechte ohne Bauten**
	04		**Bauten auf fremden Grundstücken**
		040	Betriebsbauten
		041	Wohnbauten
		042	Außenanlagen
	05		**Technische Anlagen**
		050	in Betriebsbauten
		051	in Wohnbauten
		052	in Außenanlagen

Nebengesetze

Konten-klasse	Konten-gruppe	Konten-untergruppe	Text-Erläuterung
06			**Einrichtung und Ausstattung**
	060		in Betriebsbauten
	061		in Wohnbauten
	062		in Außenanlagen
	063		Fahrzeuge
	064		Geringwertige Wirtschaftsgüter (GWGs)
	065		Festwerte in Betriebsbauten
	066		Festwerte in Wohnbauten
07			**Anlagen im Bau, Anzahlungen auf Anlagen**
	070		Betriebsbauten
	071		Wohnbauten
08			**Immaterielle Vermögensgegenstände, Beteiligungen und andere Finanzanlagen**
	080		Immaterielle Anlagegüter
	081		Anteile an verbundenen Unternehmen*)
	082		Ausleihungen an verbundene Unternehmen*)
	083		Beteiligungen
	084		Ausleihungen an Unternehmen, mit denen ein Beteiligungsverhältnis besteht*)
	085		Wertpapiere des Anlagevermögens
	086		sonstige Finanzanlagen

Pflege-Buchführungsverordnung

Konten-klasse	Konten-gruppe	Konten-untergruppe	Text-Erläuterung
1			**KONTENKLASSE 1 UMLAUFVERMÖGEN, RECHNUNGSABGRENZUNG**
	10		**Vorräte**
		101	Roh-, Hilfs- und Betriebsstoffe
		102	Geleistete Anzahlungen
	11		**Forderungen aus, geleistete Anzahlungen auf Lieferungen und Leistungen**
	12		**Kassenbestand, Guthaben bei Kreditinstituten und Schecks**
	13		**Wertpapiere des Umlaufvermögens**
	14		**Forderungen aus öffentlicher Förderung**
	15		**Forderungen aus nicht öffentlicher Förderung**
	16		**Sonstige Vermögensgegenstände**
		160	Forderungen an Gesellschafter oder Träger der Pflegeeinrichtung
		161	Forderungen gegen verbundene Unternehmen*)
		162	Forderungen gegen Unternehmen, mit denen ein Beteiligungsverhältnis besteht*)
		163	Vorsteuer
		164	Sonstiges
	17		**Ausgleichsposten**
		171	Ausgleichsposten aus Darlehensförderung
		172	Ausgleichsposten für Eigenmittelförderung
	18		**Rechnungsabgrenzung**
	19		**Bilanzverlust**

Nebengesetze

Konten-klasse	Konten-gruppe	Konten-untergruppe	Text-Erläuterung
2			**KONTENKLASSE 2** **EIGENKAPITAL, SONDER-** **POSTEN, RÜCKSTELLUNGEN**
	20		**Eigenkapital**
		200	Gezeichnetes/gewährtes Kapital
		201	Kapitalrücklagen
		202	Gewinnrücklagen
		203	Gewinnvortrag/Verlustvortrag
		204	Jahresüberschuß/ Jahresfehlbetrag
	21		**Sonderposten aus öffentlichen** **Fördermitteln für Investitionen**
	22		**Sonderposten aus nicht-** **öffentlicher Förderung** **für Investitionen**
	23		**Ausgleichsposten aus** **Darlehensförderung**
	24		**Rückstellungen**
		240	Pensionsrückstellungen
		241	Steuerrückstellungen
		242	Urlaubsrückstellungen
		243	Sonstige Rückstellungen

Pflege-Buchführungsverordnung

Konten-klasse	Konten-gruppe	Konten-untergruppe	Text-Erläuterung
3			**KONTENKLASSE 3** **VERBINDLICHKEITEN,** **RECHNUNGSABGRENZUNG**
	30		**Verbindlichkeiten aus Lieferungen und Leistungen**
	31		**Verbindlichkeiten gegenüber Kreditinstituten**
	32		**Verbindlichkeiten aus öffentlicher Förderung**
	33		**Verbindlichkeiten aus nicht-öffentlicher Förderung**
	34		**Erhaltene Anzahlungen**
	35		**Sonstige Verbindlichkeiten**
		350	gegenüber Mitarbeitern
		351	gegenüber Sozialversicherungs-trägern
		352	gegenüber Finanzbehörden
		353	gegenüber Bewohnern
		354	Verbindlichkeiten gegenüber Gesellschaftern oder dem Träger der Einrichtung
		355	Verbindlichkeiten gegenüber verbundenen Unternehmen*)
		356	Verbindlichkeiten gegenüber Unternehmen, mit denen ein Beteiligungsverhältnis besteht*)
		357	Sonstige Verbindlichkeiten
	36		**Umsatzsteuer**
	37		**Verwahrgeldkonto**
	38		**Rechnungsabgrenzung**
	39		**frei**

*) Ausweis dieser Posten nur bei Kapitalgesellschaften

Nebengesetze

Konten-klasse	Konten-gruppe	Konten-untergruppe	Text-Erläuterung
4			**KONTENKLASSE 4** **BETRIEBLICHE ERTRÄGE**
	40		**Erträge aus ambulanten Pflegeleistungen**
		400	Erträge aus Pflegeleistungen: Pflegestufe I
		4000	Pflegekasse
		4001	Sozialhilfeträger
		4002	Selbstzahler
		4003	Übrige
		401	Erträge aus Pflegeleistungen: Pflegestufe II
		4010	Pflegekasse
		4011	Sozialhilfeträger
		4012	Selbstzahler
		4013	Übrige
		402	Erträge aus Pflegeleistungen: Pflegestufe III
		4020	Pflegekasse
		4021	Sozialhilfeträger
		4022	Selbstzahler
		4023	Übrige
		403	Erträge aus Pflegeleistungen: Härtefälle
		4030	Pflegekasse
		4031	Sozialhilfeträger
		4032	Selbstzahler
		4033	Übrige
		404	Erträge aufgrund häuslicher Pflege bei Verhinderung der Pflegeperson
		405	Erträge aufgrund von Regelungen über Pflegehilfsmittel
		406	Sonstige Erträge

Pflege-Buchführungsverordnung

Konten-klasse	Konten-gruppe	Konten-untergruppe		Text-Erläuterung
	41			**Erträge aus teilstationären Pflegeleistungen**
		410		Erträge aus Pflegeleistungen: Pflegeklasse I
			4100	Pflegekasse
			4101	Sozialhilfeträger
			4102	Selbstzahler
			4103	Übrige
		411		Erträge aus Pflegeleistungen: Pflegeklasse II
			4110	Pflegekasse
			4111	Sozialhilfeträger
			4112	Selbstzahler
			4113	Übrige
		412		Erträge aus Pflegeleistungen: Pflegeklasse III
			4120	Pflegekasse
			4121	Sozialhilfeträger
			4122	Selbstzahler
			4123	Übrige
		413		Erträge aus Unterkunft und Verpflegung
		414		Erträge aus Zusatzleistungen: Pflege
		415		Erträge aus Zusatzleistungen: Unterkunft und Verpflegung
		416		Erträge aus Transportleistungen
		417		Erträge aufgrund von Regelungen über Pflegehilfsmittel
		418		Sonstige Erträge
	42			**Erträge aus vollstationären Pflegeleistungen**
		420		Erträge aus Pflegeleistungen: Pflegeklasse I
			4200	Pflegekasse
			4201	Sozialhilfeträger
			4202	Selbstzahler
			4203	Übrige

Nebengesetze

Konten-klasse	Konten-gruppe	Konten-untergruppe		Text-Erläuterung
		421		Erträge aus Pflegeleistungen: Pflegeklasse II
			4210	Pflegeklasse
			4211	Sozialhilfeträger
			4212	Selbstzahler
			4213	Übrige
		422		Erträge aus Pflegeleistungen: Pflegeklasse III
			4220	Pflegekasse
			4221	Sozialhilfeträger
			4222	Selbstzahler
			4223	Übrige
		423		Erträge aus PFlegeleistungen: Härtefälle
			4230	Pflegekasse
			4231	Sozialhilfeträger
			4232	Selbstzahler
			4233	Übrige
		424		Erträge aus Unterkunft und Verpflegung
		425		Erträge aus Zusatzleistungen: Pflege
		426		Erträge aus Zusatzleistungen: Unterkunft und Verpflegung
		427		Erträge aufgrund von Regelungen über Pflegehilfsmittel
		428		Sonstige Erträge
	43			**Erträge aus Leistungen der Kurzzeitpflege**
		430		Erträge aus Pflegeleistungen: Pflegeklasse I
			4300	Pflegekasse
			4301	Sozialhilfeträger
			4302	Selbstzahler
			4303	Übrige
		431		Erträge aus Pflegeleistungen: Pflegeklasse II
			4310	Pflegekasse

Pflege-Buchführungsverordnung

Konten-klasse	Konten-gruppe	Konten-untergruppe		Text-Erläuterung
			4311	Sozialhilfeträger
			4312	Selbstzahler
			4313	Übrige
		432		Erträge aus Pflegeleistungen: Pflegeklasse III
			4320	Pflegekasse
			4321	Sozialhilfeträger
			4322	Selbstzahler
			4323	Übrige
		433		Erträge aus Unterkunft und Verpflegung
		434		Erträge aus Zusatzleistungen: Pflege
		435		Erträge aus Zusatzleistungen: Unterkunft und Verpflegung
		436		Erträge aufgrund von Regelungen über Pflegehilfsmittel
		437		Sonstige Erträge
	44			**Zuweisungen und Zuschüsse zu Betriebskosten**
		440		für ambulante Pflegeleistungen
		441		für teilstationäre Pflegeleistungen
		442		für vollstationäre Pflegeleistungen
		443		für Leistungen der Kurzzeitpflege
	45			**Erträge aus öffentlicher Förderung für Investitionen**
		450		in ambulanten Pflegeeinrichtungen
		451		in teilstationären Pflegeeinrichtungen
		452		in vollstationären Pflegeeinrichtungen
		453		in Einrichtungen der Kurzzeitpflege

Nebengesetze

Kontenklasse	Kontengruppe	Kontenuntergruppe	Text-Erläuterung
	46		**Erträge aus nicht-öffentlicher Förderung für Investitionen**
		460	in ambulanten Pflegeeinrichtungen
		461	in teilstationären Pflegeeinrichtungen
		462	in vollstationären Pflegeeinrichtungen
		463	in Einrichtungen der Kurzzeitpflege
		464	Erträge aus gesonderter Berechnung von Investitionsaufwendungen gegenüber Pflegebedürftigen (§ 82 Abs. 3 und 4 SGB XI)
	47		**Erträge aus der Auflösung von Sonderposten**
		470	bei ambulanten Pflegeeinrichtungen
		471	bei teilstationären Pflegeeinrichtungen
		472	bei vollstationären Pflegeeinrichtungen
		473	bei Einrichtungen der Kurzzeitpflege
	48		**Rückvergütungen, Erstattungen, Sachbezüge, Erträge aus Sonderrechnungen**
		480	Erstattungen des Personals für freie Station
		481	Erstattungen des Personals für Unterkunft
		482	Erstattungen des Personals für Verpflegung
		483	Sonstige Erstattungen
		484	Erträge aus Hilfsbetrieben
		485	Erträge aus Nebenbetrieben

Konten-klasse	Konten-gruppe	Konten-untergruppe	Text-Erläuterung
		486	Erträge aus Betriebskostenzuschüssen für sonstige ambulante Leistungen (außerhalb des SGB XI)
		487	Erträge aus der Erstattung von Ausgleichsposten aus Darlehens- und Eigenmittelförderung
		488	Sonstige Erträge aus Sonderrechnungen
	49		**frei**
5			**Kontenklasse 5** **Andere Erträge**
	50		**Erträge aus Beteiligungen und Finanzanlagen**
		500	Erträge aus Beteiligungen an verbundenen Unternehmen*)
		501	Erträge aus anderen Beteiligungen
		502	Erträge aus Finanzanlagen in verbundenen Unternehmen*)
		503	Erträge aus anderen Finanzanlagen
	51		Zinsen und ähnliche Erträge
		510	Zinsen und ähnliche Erträge aus verbundenen Unternehmen*)
		511	Zinsen für Einlagen bei Kreditinstituten
		512	Zinsen aus Wertpapieren des Umlaufvermögens
		513	Zinsen für Forderungen
		514	Sonstige Zinsen und ähnliche Erträge
	52		**Erträge aus dem Abgang von Gegenständen des Anlagevermögens und aus Zuschreibungen zu Gegenständen des Anlagevermögens**

Nebengesetze

Konten-klasse	Konten-gruppe	Konten-untergruppe	Text-Erläuterung
	53		**Erträge aus der Auflösung von Rückstellungen**
	54		**Bestandsveränderungen, aktivierte Eigenleistungen**
		540	Erhöhung oder Verminderung des Bestandes an fertigen und unfertigen Erzeugnissen oder Leistungen
		541	Andere aktivierte Eigenleistungen
	55		**Sonstige ordentliche Erträge**
	56		**Außerordentliche Erträge**
		560	Periodenfremde Erträge
		561	Spenden und ähnliche Zuwendungen
		562	Sonstige außerordentliche Erträge
	57		**frei**
	58		**frei**
	59		**frei**

Konten- klasse	Konten- gruppe	Konten- untergruppe		Text-Erläuterung
6				**KONTENKLASSE 6** **AUFWENDUNGEN**
	60			**Löhne und Gehälter**
		600		Leitung der Pflegeeinrichtung
		601		Pflegedienst
		602		Hauswirtschaftlicher Dienst
		603		Verwaltungsdienst
		604		Technischer Dienst
		605		Sonstige Dienste
	61			**Gesetzliche Sozialabgaben** **(Aufteilung wie 600 bis 605)**
	62			**Altersversorgung (Aufteilung** **wie 600 bis 605)**
	63			**Beihilfen und Unterstützungen-** **(Aufteilung wie 600 bis 605)**
	64			**Sonstige Personalaufwendungen** **(Aufteilung wie 600 bis 605)**
	65			**Lebensmittel**
	66			**Aufwendungen für** **Zusatzleistungen**
	67			**Wasser, Energie, Brennstoffe**
	68			**Wirtschaftsbedarf/** **Verwaltungsbedarf**
		680		Materialaufwendungen
			6800	Eigenfinanzierung
			6801	Finanzierung nach Landesrecht
		681		Bezogene Leistungen
		682		Büromaterial
		683		Telefon
		684		Sonstiger Verwaltungsbedarf
		685		Aufwendungen für zentrale Dienstleistungen
	69			**frei**

Nebengesetze

Konten-klasse	Konten-gruppe	Konten-untergruppe	Text-Erläuterung
7			**KONTENKLASSE 7** **WEITERE AUFWENDUNGEN**
	70		**Aufwendungen für Verbrauchsgüter gemäß § 82 Abs. 2 Nr. 1,** 2. Halbsatz SGB XI (soweit nicht in anderen Konten verbucht)
	71		**Steuern, Abgaben, Versicherungen**
		710	Steuern
		711	Abgaben
		712	Versicherungen
	72		**Zinsen und ähnliche Aufwendungen**
		720	Zinsen für Betriebsmittelkredite
		721	Zinsen für langfristige Darlehen
		722	Sonstige Zinsen
		723	Sonstige Aufwendungen
	73		**Sachaufwendungen für Hilfs- und Nebenbetriebe**
	74		**Zuführung von Fördermitteln zu Sonderposten oder Verbindlichkeiten**
		740	Zuführung von öffentlichen Fördermitteln zu Sonderposten oder Verbindlichkeiten
		741	Zuführung von nicht-öffentlichen Fördermitteln zu Sonderposten oder Verbindlichkeiten
	75		**Abschreibungen**
		750	Abschreibungen auf immaterielle Vermögensgegenstände
		751	Abschreibungen auf Sachanlagen
		752	Abschreibungen auf Finanzanlagen und Wertpapiere des Umlaufvermögens
		753	Abschreibungen auf Forderungen

Pflege-Buchführungsverordnung

Kontenklasse	Kontengruppe	Kontenuntergruppe	Text-Erläuterung
		754	Abschreibungen auf sonstige Vermögensgegenstände
	76		**Mieten, Pacht, Leasing**
	77		**Aufwendungen für Instandhaltung und Instandsetzung, sonstige ordentliche Aufwendungen**
		771	Aufwendungen für Instandhaltung und Instandsetzung
		772	Sonstige ordentliche Aufwendungen
	78		**Außerordentliche Aufwendungen**
		780	Aufwendungen aus dem Abgang von Gegenständen des Anlagevermögens
		781	Periodenfremde Aufwendungen
		782	Spenden und ähnliche Aufwendungen
		783	Aufwendungen für Verbandsumlagen
		784	Aufwendungen aus der Zuführung zu Ausgleichsposten aus Darlehensförderung
		785	Sonstige außerordentliche Aufwendungen
	79		**frei**

Konten-klasse	Konten-gruppe	Konten-untergruppe	Text-Erläuterung
8			**KONTENKLASSE 8 ERÖFFNUNGS- UND ABSCHLUSSKONTEN**
	80		frei
	81		frei
	82		frei
	83		frei
	84		frei
	85		**Eröffnungs- und Abschlußkonten**
	86		**Abgrenzung der Erträge, die nicht in die Kostenrechnung eingehen**
	87		**Abgrenzung der Aufwendungen, die nicht in die Kostenrechnung eingehen**
	88		**Kalkulatorische Kosten**
	89		frei

Anlage 5
Muster

Kostenstellenrahmen für die Kosten- und Leistungsrechnung

90 Allgemeine Kostenstellen
- 900 Gebäude einschl. Grundstücke
- 901 Außenanlagen
- 902 Leitung und Verwaltung der Pflegeeinrichtung
- 903 Hilfs- und Nebenbetriebe
- 904 Ausbildung, Fortbildung
- 905 Personaleinrichtungen (soweit für Betrieb der Einrichtung notwendig)
- 906 Sonstige

91 Versorgungseinrichtungen
- 910 Wäscherei (Versorgung)
- 911 Küche (Versorgung)
- 912 Hol- und Bringedienst (Transporte innerbetrieblich)
- 913 Zentrale Sterilisation
- 914 Zentraler Reinigungsdienst
- 915 Energieversorgung (Wasser, Energie, Brennstoffe)
- 916 Sonstige

92 Häusliche Pflege
- 920 Pflegebereich – Pflegestufe I
- 921 Pflegebereich – Pflegestufe II
- 922 Pflegebereich – Pflegestufe III
- 923 Pflegebereich – Pflegestufe III – Härtefälle

93 Teilstationäre Pflege (Tagespflege)
- 930 Pflegebereich – Pflegeklasse I
- 931 Pflegebereich – Pflegeklasse II
- 932 Pflegebereich – Pflegeklasse III
- 933 Pflegebereich – Pflegeklasse III – Härtefälle

94 Teilstationäre Pflege (Nachtpflege)
- 940 Pflegebereich – Pflegeklasse I
- 941 Pflegebereich – Pflegeklasse II

Nebengesetze

942 Pflegebereich – Pflegeklasse III
943 Pflegebereich – Pflegeklasse III – Härtefälle

95 Vollstationäre Pflege
950 Pflegebereich – Pflegeklasse I
951 Pflegebereich – Pflegeklasse II
952 Pflegebereich – Pflegeklasse III
953 Pflegebereich – Pflegeklasse III – Härtefälle

96 Kurzzeitpflege
960 Pflegebereich – Pflegeklasse I
961 Pflegebereich – Pflegeklasse II
962 Pflegebereich – Pflegeklasse III
963 Pflegebereich – Pflegeklasse III – Härtefälle

97 – 99 freibleibend

Anlage 6
Muster

Kostenträgerübersicht

Für teil- und vollstationäre Pflegeeinrichtungen

Pflegeklasse I
- Pflegeleistungen
- Unterkunft und Verpflegung

Pflegeklasse II
- Pflegeleistungen
- Unterkunft und Verpflegung

Pflegeklasse III
- Pflegeleistungen
- Unterkunft und Verpflegung

Zusatzleistung Pflege

Zusatzleistung Unterkunft und Verpflegung

Für ambulante Pflegeeinrichtungen

Kostenträger sind die in den Vergütungsempfehlungen der Spitzenverbände der Pflegekassen aufgeführten Leistungskomplexe.

Materialien

Inhaltsübersicht

1) Pflegebedürftigkeitsrichtlinien 464

2) Begutachtungsrichtlinien 477
   Anhang: Orientierungswerte Pflegezeitbemessung 555
   Anhang: Formulargutachten 563

3) Härtefallrichtlinien – ambulante Pflege 586

4) Gemeinsame Empfehlungen zum Inhalt
   der Rahmenverträge (ambulante, teilstationäre,
   Kurzzeit-, vollstationäre Pflege) – Synopse 589

5) Rahmenvertrag
   vollstationäre Einrichtungen (Bayern) 640

6) Versorgungsvertrag (Muster) 669

7) Gemeinsame Grundsätze zur Qualität und
   Qualitätssicherung (ambulante, teilstationäre,
   Kurzzeit-, vollstationäre Pflege) – Synopse 675

8) Pflegehilfsmittelverzeichnis 703

9) Gemeinsame Empfehlungen zu den Maßnahmen
   der Verbesserung des individuellen Wohnumfeldes
   des Pflegebedürftigen 706

10) Pflegetagebuch 722

11) Urteil des BSG v. 16. 2. 1998, Az B 3 P 5/97 R 724

12) Koalitionsvereinbarung v. 21. 10. 98 – Auszug 736

Materialien

1) Pflegebedürftigkeitsrichtlinien

der Spitzenverbände der Pflegekassen über die Abgrenzung der Merkmale der Pflegebedürftigkeit und der Pflegestufen sowie zum Verfahren der Feststellung der Pflegebedürftigkeit

(Pflegebedürftigkeits-Richtlinien – RflRi) vom 07. 11. 1994[1] geändert durch Beschluß vom 21. 12. 1995[2]

Der AOK-Bundesverband,

der Bundesverband der Betriebskrankenkassen,

der IKK-Bundesverband,

die See-Krankenkasse,

der Bundesverband der landwirtschaftlichen Krankenkassen,

die Bundesknappschaft,

der Verband der Angestellten-Krankenkassen e. V. und

der AEV – Arbeiter-Ersatzkassen-Verband e. V.

handelnd als Spitzenverbände der Pflegekassen haben unter Beteiligung des Medizinischen Dienstes der Spitzenverbände der Krankenkassen, der Kassenärztlichen Bundesvereinigung, der Bundesverbände der Pflegeberufe und der Behinderten, der Bundesarbeitsgemeinschaft der Freien Wohlfahrtspflege, der Bundesarbeitsgemeinschaft der überörtlichen Träger der Sozialhilfe, der Kommunalen Spitzenverbände auf Bundesebene, der Bundesverbände privater Alten- und Pflegeheime sowie der Verbände der privaten ambulanten Dienste

aufgrund des § 17 SGB XI in Verbindung mit § 213 SGB V

am 07.11.1994 sowie durch Ergänzungsbeschluß am 21.12.1995 gemeinsam und einheitlich die nachstehenden Richtlinien zur Abgrenzung der Merkmale der Pflegebedürftigkeit und der Pflegestufen sowie zum Verfahren der Feststellung der Pflegebedürftigkeit (Pflegebedürftigkeits-Richtlinien – PflRi) beschlossen.

---

1 Den Pflegebedürftigkeits-Richtlinien – PflRi – vom 07.11.1994 hat das BMA mit Schreiben vom 10. Januar 1995 -Va 1-43 104-1 gemäß § 17 Abs. 2 Satz 2 SGB XI die Genehmigung erteilt.

2 Den Pflegebedürftigkeits-Richtlinien in der geänderten Fassung vom 21.12.1995 hat das BMA mit Schreiben vom 29. Dezember 1995 -Va 1-43 104-1 die Genehmigung erteilt.

1. Allgemeines

Die Richtlinien bestimmen die Merkmale der Pflegebedürftigkeit (§ 14 SGB XI) und die Pflegestufen (§ 15 SGB X) sowie das Verfahren der Feststellung der Pflegebedürftigkeit (§ 18 SGB XI). Sie gelten unabhängig davon, ob im häuslichen oder stationären Bereich gepflegt werden soll. Regelmäßig ist die Begutachtung im häuslichen Bereich durchzuführen; dies schließt eine Untersuchung im Krankenhaus oder in einer stationären Rehabilitationseinrichtung im Rahmen der Begutachtung nicht aus. Bei Versicherten, die Leistungen der vollstationären Pflege beantragt haben und deren Wohnung bereits aufgelöst ist, gelten die Besonderheiten unter Ziffer 6.

Die Richtlinien sind für die Pflegekassen (§ 46 SGB XI) sowie für die Medizinischen Dienste der Krankenversicherung (MDK) verbindlich (§§ 213, 282 SGB V). Regionale Abweichungen sind nicht zulässig.

Beziehungen der Pflegekassen zu den Leistungserbringern, insbesondere hinsichtlich der Qualität der zu erbringenden Leistungen, des Personalbedarfs der Pflegeeinrichtungen und der Vergütung sind nicht Gegenstand dieser Richtlinien (vgl. Ziffer 4.1).

2. Ziele der Pflege

Pflegebedürftigkeit ist kein unveränderbarer Zustand, sondern ein Prozeß, der durch präventive, therapeutische bzw. rehabilitative Maßnahmen und durch aktivierende Pflege beeinflußbar ist.

Die aktivierende Pflege soll gemeinsam mit den Rehabilitationsmaßnahmen dem Pflegebedürftigen helfen, trotz seines Hilfebedarfs eine möglichst weitgehende Selbständigkeit im täglichen Leben zu fördern, zu erhalten bzw. wiederherzustellen. Dabei ist insbesondere anzustreben,

- vorhandene Selbstversorgungsfähigkeiten zu erhalten und solche, die verloren gegangen sind, zu reaktivieren,
- bei der Leistungserbringung die Kommunikation zu verbessern,
- daß geistig und seelisch Behinderte, psychisch Kranke und geistig verwirrte Menschen sich in ihrer Umgebung und auch zeitlich zurechtfinden.

Pflegekasse, MDK, ambulante, teil- und vollstationäre Pflegeeinrichtungen sowie Pflegepersonen sind verpflichtet, geeignete Maßnahmen zur Erreichung dieser Ziele vorzuschlagen, zu veranlassen oder auszuführen.

3. Merkmale der Pflegebedürftigkeit

3.1 Nach § 14 SGB XI sind Personen pflegebedürftig, die wegen einer körperlichen, geistigen oder seelischen Krankheit oder Behinderung für die

Materialien

gewöhnlichen und regelmäßig wiederkehrenden Verrichtungen im Ablauf des täglichen Lebens auf Dauer, voraussichtlich für mindestens sechs Monate, in erheblichem oder höherem Maße der Hilfe bedürfen. Krankheiten oder Behinderungen in diesem Sinne sind

1. Verluste, Lähmungen oder andere Funktionsstörungen am Stütz- und Bewegungsapparat,
2. Funktionsstörungen der inneren Organe oder der Sinnesorgane,
3. Störungen des zentralen Nervensystems wie Antriebs-, Gedächtnis- oder Orientierungsstörungen sowie endogene Psychosen, Neurosen oder geistige Behinderungen.

3.2 Pflegebedürftigkeit auf Dauer liegt vor, wenn sich die eingeschränkten oder nicht vorhandenen Fähigkeiten der hilfebedürftigen Personen zur Ausübung der genannten Verrichtungen voraussichtlich innerhalb von sechs Monaten nach Eintritt der Hilfebedürftigkeit im Sinne des § 14 SGB XI nicht (z. B. durch rehabilitative Maßnahmen) wiederherstellen lassen. Pflegebedürftigkeit auf Dauer ist auch gegeben, wenn der Hilfebedarf nur deshalb nicht über sechs Monate hinausgeht, weil die zu erwartende Lebensspanne voraussichtlich weniger als sechs Monate beträgt.

3.3 Die Pflegebedürftigkeit muß darauf beruhen, daß die Fähigkeit, bestimmte Verrichtungen im Ablauf des täglichen Lebens auszuüben, eingeschränkt oder nicht vorhanden ist. Maßstab der Beurteilung der Pflegebedürftigkeit sind daher ausschließlich die Fähigkeiten zur Ausübung dieser Verrichtungen und nicht Art oder Schwere vorliegender Erkrankungen (wie z. B. Krebs oder Aids) oder Schädigungen (wie z. B. Taubheit, Blindheit, Lähmung). Entscheidungen in einem anderen Sozialleistungsbereich über das Vorliegen einer Behinderung (z. B. GdB) oder die Gewährung einer Rente haben keine bindende Wirkung für die Pflegekasse und sagen auch nichts aus über das Vorliegen von Pflegebedürftigkeit.

Pflegebedürftigkeit ist auch dann gegeben, wenn der Pflegebedürftige die Verrichtung zwar motorisch ausüben, jedoch deren Notwendigkeit nicht erkennen oder nicht in sinnvolles zweckgerichtetes Handeln umsetzen kann (z. B. bei Antriebs- und Gedächtnisstörungen, verminderter Orientierung in der Wohnung oder Umgebung, bei Verwechseln oder Nichterkennen vertrauter Personen sowie bei Störungen der emotionalen Kontrolle).

3.4 Grundlage für die Feststellung der Pflegebedürftigkeit sind allein die im Gesetz genannten gewöhnlichen und regelmäßig wiederkehrenden Verrichtungen im Ablauf des täglichen Lebens.

3.4.1 Verrichtungen in diesem Sinne sind

– im Bereich der Körperpflege
  1. das Waschen,
  2. das Duschen,

3. das Baden,
4. die Zahnpflege,
5. das Kämmen,
6. das Rasieren,
7. die Darm- oder Blasenentleerung
- im Bereich der Ernährung
  8. das mundgerechte Zubereiten der Nahrung,
  9. die Aufnahme der Nahrung
- im Bereich der Mobilität
  10. Aufstehen und Zu-Bett-Gehen,
  11. An- und Auskleiden,
  12. Gehen,
  13. Stehen,
  14. Treppensteigen,
  15. Verlassen und Wiederaufsuchen der Wohnung
- im Bereich der hauswirtschaftlichen Versorgung
  16. das Einkaufen,
  17. das Kochen,
  18. das Reinigen der Wohnung,
  19. das Spülen,
  20. das Wechseln und Waschen der Wäsche und Kleidung,
  21. das Beheizen.

3.4.2 Haarewaschen sowie das Schneiden von Finger- und Fußnägeln sind regelmäßig keine täglich anfallenden Verrichtungen.

Die Zahnpflege (lfd. Nr. 4) umfaßt auch die Mundpflege. Das Rasieren (lfd. Nr. 6) umfaßt auch die damit zusammenhängende Haut- und Gesichtspflege.

Zur mundgerechten Zubereitung und zur Aufnahme der Nahrung (lfd. Nr. 8 und 9) gehören alle Tätigkeiten, die zur unmittelbaren Vorbereitung dienen und die die Aufnahme von fester und flüssiger Nahrung ermöglichen, wie z. B.
- portions- und temperaturgerechte Vorgabe,
- Umgang mit Besteck.

Unter Gehen (lfd. Nr. 12) ist das Bewegen im Zusammenhang mit den Verrichtungen im Bereich der Körperpflege, der Ernährung und der hauswirtschaftlichen Versorgung zu verstehen. Auch Stehen und Treppensteigen (lfd. Nr. 13 und 14) kommen nur im Zusammenhang mit diesen Verrichtungen in Betracht.

Beim Verlassen und Wiederaufsuchen der Wohnung (lfd. Nr. 15) sind nur solche Verrichtungen außerhalb der Wohnung bei der Begutachtung zu

Materialien

berücksichtigen, die für die Aufrechterhaltung der Lebensführung zu Hause unumgänglich sind und das persönliche Erscheinen des Pflegebedürftigen erfordern. Weiterer Hilfebedarf, z. B. bei Spaziergängen oder Besuch von kulturellen Veranstaltungen, bleibt unberücksichtigt.

Das Einkaufen (lfd. Nr. 16) umfaßt z. B. auch

– den Überblick, welche Lebensmittel wo eingekauft werden müssen,
– Kenntnis des Wertes von Geldmünzen und Banknoten,
– Kenntnis der Genieß- bzw. Haltbarkeit von Lebensmitteln.

Zum Kochen (lfd. Nr. 17) gehört auch das Vor- und Zubereiten der Bestandteile der Mahlzeiten.

Das Reinigen der Wohnung (lfd. Nr. 18) beschränkt sich auf den allgemein üblichen Lebensbereich.

Der Begriff Waschen der Wäsche und Kleidung (lfd. Nr. 20) umfaßt die gesamte Pflege der Wäsche und Kleidung (z. B. Bügeln, Ausbessern).

Das Beheizen (lfd. Nr. 21) umfaßt auch die Beschaffung und Entsorgung des Heizmaterials.

3.5 Die Hilfe muß in Form

– der Unterstützung bei den pflegerelevanten Verrichtungen des täglichen Lebens,
– der teilweisen oder vollständigen Übernahme dieser Verrichtungen,
– der Beaufsichtigung der Ausführung dieser Verrichtungen oder der Anleitung zur Selbstvornahme

durch die Pflegeperson erforderlich sein. Ziel der Hilfe ist soweit wie möglich die eigenständige Übernahme der Verrichtungen durch die pflegebedürftige Person. Bei der Beurteilung, ob und gegebenenfalls in welcher Form Hilfe benötigt wird, ist das häusliche und soziale Umfeld des Pflegebedürftigen zu berücksichtigen. Ein Hilfebedarf kann nicht allein deshalb verneint werden, weil sich der Pflegebedürftige tagsüber außerhalb der Wohnung aufhält.

3.5.1 Unterstützung bedeutet, noch vorhandene Fähigkeiten bei den Verrichtungen des täglichen Lebens zu erhalten und zu fördern sowie dem Pflegebedürftigen zu helfen, verloren gegangene Fähigkeiten wieder zu erlernen und nicht vorhandene zu entwickeln (aktivierende Pflege). Zur Unterstützung gehört auch, den Pflegebedürftigen zur richtigen Nutzung der ihm überlassenen Hilfsmittel anzuleiten.

Zur Unterstützung gehören ferner bei kranken oder behinderten Kindern auch sonstige pflegerische Maßnahmen durch die Pflegeperson, wie z. B. das Abklopfen bei Mukoviszidose-Kindern (pflegeunterstützende Maßnahmen).

Maßnahmen der Krankenbehandlung (§ 27 SGB V), der medizinischen Rehabilitation (§ 11 Abs. 2 SGB V) oder der Behandlungspflege (§ 37 SGB V) können bei der Feststellung des Pflegebedarfs nicht berücksichtigt werden.

3.5.2 Teilweise oder vollständige Übernahme bedeutet, daß die Pflegeperson den Teil der Verrichtungen des täglichen Lebens übernimmt, den der Pflegebedürftige selbst nicht ausführen kann.

3.5.3 Beaufsichtigung und Anleitung zielen darauf, daß die täglichen Verrichtungen in sinnvoller Weise vom Pflegebedürftigen selbst durchgeführt werden. Beaufsichtigung oder Anleitung kommen insbesondere bei geistig und seelisch Behinderten, psychisch Kranken sowie geistig verwirrten Menschen in Betracht. Beaufsichtigung und Anleitung richten sich auch darauf,

– körperliche, psychische und geistige Fähigkeiten zu fördern und zu erhalten (z. B. Orientierung zur eigenen Person und in der Umgebung),

– Eigen- oder Fremdgefährdung zu vermeiden (z. B. durch unsachgemäßen Umgang mit Strom, Wasser oder offenem Feuer),

– Ängste, Reizbarkeit oder Aggressionen abzubauen.

3.5.4 Nicht zum berücksichtigungsfähigen Hilfebedarf gehören

– Maßnahmen zur Durchführung der beruflichen und sozialen (gesellschaftlichen) Eingliederung,

– Maßnahmen der medizinischen Rehabilitation,

– Maßnahmen zur Förderung der Kommunikation.

4. Abgrenzung der Pflegestufen

4.1 Kriterien für die Zuordnung zu einer der drei Pflegestufen sind neben den genannten Voraussetzungen die Häufigkeit des Hilfebedarfs und ein zeitlicher Mindestaufwand. Geringfügiger oder nur kurzzeitig anfallender Hilfebedarf führt nicht zur Anerkennung einer Pflegestufe. Dies gilt auch, wenn Hilfebedürftigkeit nur bei der hauswirtschaftlichen Versorgung besteht. Die Festlegung des zeitlichen Mindestpflegeaufwandes in den einzelnen Pflegestufen bedeutet keine Vorgabe für die personelle Besetzung von ambulanten, teil- und vollstationären Pflegeeinrichtungen und läßt keine Rückschlüsse hierauf zu.

4.1.1 Pflegestufe I – Erhebliche Pflegebedürftigkeit

Erhebliche Pflegebedürftigkeit liegt vor bei einem mindestens einmal täglich erforderlichen Hilfebedarf bei mindestens zwei Verrichtungen aus einem oder mehreren Bereichen der Körperpflege, Ernährung oder Mobilität. Zusätzlich muß mehrfach in der Woche Hilfe bei der hauswirtschaftlichen Versorgung benötigt werden.

Materialien

Der wöchentliche Zeitaufwand, den ein Familienangehöriger, Nachbar oder eine andere nicht als Pflegekraft ausgebildete Pflegeperson für alle für die Versorgung des Pflegebedürftigen nach Art und Schwere seiner Pflegebedürftigkeit erforderlichen Leistungen der Grundpflege, hauswirtschaftlichen Versorgung und pflegeunterstützenden Maßnahmen (vgl. Ziffer 3.5.1) benötigt, muß im Tagesdurchschnitt mindestens eineinhalb Stunden betragen, wobei der pflegerische Aufwand gegenüber dem hauswirtschaftlichen Aufwand im Vordergrund stehen muß.

4.1.2 Pflegestufe II – Schwerpflegebedürftigkeit

Schwerpflegebedürftigkeit liegt vor bei einem mindestens dreimal täglich zu verschiedenen Tageszeiten erforderlichen Hilfebedarf bei der Körperpflege, der Ernährung oder der Mobilität. Zusätzlich muß mehrfach in der Woche Hilfe bei der hauswirtschaftlichen Versorgung benötigt werden.

Der wöchentliche Zeitaufwand, den ein Familienangehöriger, Nachbar oder eine andere nicht als Pflegekraft ausgebildete Pflegeperson für alle für die Versorgung des Pflegebedürftigen nach Art und Schwere seiner Pflegebedürftigkeit erforderlichen Leistungen der Grundpflege, hauswirtschaftlichen Versorgung und pflegeunterstützenden Maßnahmen (vgl. Ziffer 3.5.1) benötigt, muß im Tagesdurchschnitt mindestens drei Stunden betragen, wobei der pflegerische Aufwand gegenüber dem hauswirtschaftlichen Aufwand eindeutig das Übergewicht haben muß.

4.1.3 Pflegestufe III – Schwerstpflegebedürftigkeit

Schwerstpflegebedürftigkeit liegt vor, wenn der Hilfebedarf so groß ist, daß jederzeit eine Pflegeperson unmittelbar erreichbar sein muß, weil der konkrete Hilfebedarf jederzeit gegeben ist und Tag und Nacht anfällt (Rund-um-die-Uhr-Betreuung).

Der wöchentliche Zeitaufwand, den ein Familienangehöriger, Nachbar oder eine andere nicht als Pflegekraft ausgebildete Pflegeperson für alle für die Versorgung des Pflegebedürftigen nach Art und Schwere seiner Pflegebedürftigkeit erforderlichen Leistungen der Grundpflege, hauswirtschaftlichen Versorgung und pflegeunterstützenden Maßnahmen (vgl. Ziffer 3.5.1) benötigt, muß im Tagesdurchschnitt mindestens fünf Stunden betragen, wobei der pflegerische Aufwand gegenüber dem hauswirtschaftlichen Aufwand eindeutig das Übergewicht haben muß.

4.2 Pflegebedürftige Kinder sind zur Feststellung des Hilfebedarfs mit einem gesunden Kind gleichen Alters zu vergleichen. Maßgebend für die Beurteilung des Hilfebedarfs bei einem Säugling oder Kleinkind ist nicht der natürliche, altersbedingte Pflegeaufwand, sondern nur der darüber hinausgehende Hilfebedarf. Bei kranken oder behinderten Kindern ist der zusätzliche Hilfebedarf zu berücksichtigen, der sich z. B. als Folge einer angeborenen Erkrankung, einer intensivmedizinischen Behandlung oder einer

Operation im Bereich der Körperpflege, der Ernährung oder der Mobilität ergibt und u. a. in häufigen Mahlzeiten oder zusätzlicher Körperpflege bzw. Lagerungsmaßnahmen bestehen kann. Im ersten Lebensjahr liegt Pflegebedürftigkeit nur ausnahmsweise vor; die Feststellung bedarf einer besonderen Begründung.

4.3 Für die Beurteilung, ob die Voraussetzungen des § 36 Abs. 4 SGB XI bzw. des § 43 Abs. 2 SGB XI vorliegen, gelten die Härtefallrichtlinien nach § 17 Abs. 1 Satz 3 SGB XI.

4.4 Wird vollstationäre Pflege beantragt, ist zusätzlich zu prüfen, ob häusliche oder teilstationäre Pflege z. B. aufgrund des Pflegeumfanges nicht möglich ist oder wegen der individuellen Lebenssituation nicht in Betracht kommt.

Vollstationäre Pflege kann insbesondere erforderlich sein bei

– Fehlen einer Pflegeperson,
– fehlender Pflegebereitschaft möglicher Pflegepersonen,
– drohender oder bereits eingetretener Überforderung der Pflegepersonen
– drohender oder bereits eingetretener Verwahrlosung des Pflegebedürftigen,
– Eigen- und Fremdgefährdungstendenzen des Pflegebedürftigen,
– räumlichen Gegebenheiten im häuslichen Bereich, die keine häusliche Pflege ermöglichen, und durch Maßnahmen zur Verbesserung des individuellen Wohnumfeldes (§ 40 Abs. 4 SGB XI) nicht verbessert werden können.

Beantragt ein Schwerstpflegebedürftiger vollstationäre Pflege, wird die Erforderlichkeit von vollstationärer Pflege wegen Art, Häufigkeit und zeitlichem Umfang des Hilfebedarfs unterstellt.

5. Verfahren zur Feststellung der Pflegebedürftigkeit

5.1 Die Leistungen bei Pflegebedürftigkeit sind bei der Pflegekasse zu beantragen. Die Entscheidung über den Antrag trifft die Pflegekasse unter maßgeblicher Berücksichtigung des Gutachtens des MDK. Die Feststellung, ob und ggf. in welchem Umfang Pflegebedürftigkeit vorliegt, ist in angemessenen Abständen zu überprüfen.

5.2 Die Pflegekasse veranlaßt eine Prüfung durch den MDK, ob die Voraussetzungen der Pflegebedürftigkeit erfüllt sind und welche Stufe der Pflegebedürftigkeit vorliegt. Dazu übergibt die Pflegekasse nach Prüfung der versicherungsrechtlichen Voraussetzungen dem MDK den Antrag und weitere für die Begutachtung erforderliche Unterlagen über Vor-

Materialien

erkrankungen, Klinikaufenthalte, zur Hilfsmittelversorgung, zum behandelnden Arzt und zur häuslichen Krankenpflege nach § 37 SGB V.

5.3 Die Pflegekasse klärt über die Mitwirkungspflichten sowie die Folgen fehlender Mitwirkung auf und fordert den Antragsteller auf, dem MDK eine Einwilligung zur Einholung von Auskünften bei seinen behandelnden Ärzten, den ihn betreuenden Pflegepersonen und den Pflegeeinrichtungen zu erteilen.

5.4 Der MDK bezieht die behandelnden Ärzte des Versicherten, insbesondere die Hausärzte, und die den Versicherten Pflegenden in erforderlichem Umfang in die Vorbereitungen der Begutachtung ein, um Auskünfte und Unterlagen über die für die Begutachtung der Pflegebedürftigkeit wichtigen Vorerkrankungen sowie zu Art, Umfang und Dauer der Pflege (z. B. bei psychisch Kranken sowie geistig und seelisch Behinderten evtl. vorhandene längerfristige Aufzeichnungen über den Pflegeverlauf) einzuholen. Zusätzlich legen die Pflegeeinrichtungen die für die Begutachtung erforderlichen Unterlagen (insbesondere die Pflegedokumentation) vor und erteilen die im Zusammenhang mit der Begutachtung erforderlichen Auskünfte.

5.5 Die Begutachtungen sind durch geschulte und qualifizierte Gutachter durchzuführen. Sie erfolgen durch Ärzte, Pflegefachkräfte und andere Fachkräfte, die der Medizinische Dienst für die Bewältigung des laufenden Arbeitsanfalls vorhält. Der Medizinische Dienst kann zur Bewältigung von Antragsspitzen und zu speziellen gutachterlichen Fragestellungen Ärzte, Pflegefachkräfte oder andere Fachkräfte bei der Erstellung des Gutachtens als externe Kräfte beteiligen. Die Verantwortung für die Begutachtung trägt der Medizinische Dienst auch dann, wenn externe Sachverständige beteiligt waren.

Als externe Kräfte sind vorrangig Mitarbeiter anderer Gutachterdienste, insbesondere des öffentlichen Gesundheitswesens und der Versorgungsverwaltung oder anderer Sozialleistungsträger zu beauftragen. Sofern ausnahmsweise niedergelassene Ärzte oder Pflegefachkräfte von Sozialstationen, gewerblichen Pflegediensten sowie in der Pflege selbständig Tätige als externe Kräfte beauftragt werden, ist sicherzustellen, daß keine Interessenkollisionen entstehen.

In allen Phasen des gutachterlichen Verfahrens arbeiten die beteiligten Fachkräfte im Einzelfall eng zusammen.

5.6 Der Medizinische Dienst entscheidet im Einzelfall unter Berücksichtigung der ihm vorliegenden Unterlagen und des Schwerpunktes der Begutachtung (Nr. 5.5), welche Gutachter den Besuch im häuslichen Umfeld und/oder in der vollstationären Pflegeeinrichtung, im Krankenhaus bzw. der stationären Rehabilitationseinrichtung machen. Im ambulanten Bereich ist es in der Regel ausreichend, daß der Hausbesuch von einem Mitarbeiter durchgeführt wird. Die bei dem Besuch ermittelten Tatsachen sind soweit erforderlich von den an der Begutachtung beteiligten Mitarbeitern des Medizinischen Dienstes gemeinsam zu werten und im Gutachten einvernehmlich festzuhalten.

5.7 Der MDK prüft im Einzelfall im Rahmen eines angekündigten Besuchs,

– ob und in welchem Umfang Maßnahmen zur Rehabilitation oder andere Maßnahmen zur Beseitigung, Minderung oder Verhütung einer Verschlimmerung der Pflegebedürftigkeit geeignet, notwendig und zumutbar sind,

– ob die Voraussetzungen der Pflegebedürftigkeit erfüllt sind und welche Stufe vorliegt.

Ist dies aufgrund eindeutiger Aktenlage festzustellen, kann eine Untersuchung im Wohnbereich des Pflegebedürftigen oder in der vollstationären Pflegeeinrichtung, der vollstationären Krankenhausbehandlung oder der stationären Rehabilitationseinrichtung ausnahmsweise unterbleiben. Erforderliche andere Feststellungen (z. B. zur pflegerischen Versorgung, Versorgung mit Pflegehilfsmitteln oder zur Verbesserung des Wohnumfeldes) können dennoch einen Besuch erfordern.

5.8 Das Ergebnis seiner Prüfung teilt der MDK der Pflegekasse in einem Gutachten mit, für das das als Anlage beigefügte Formular zu verwenden ist. In dem Gutachten ist differenziert zu folgenden Sachverhalten Stellung zu nehmen:

– Vorliegen der Voraussetzungen für Pflegebedürftigkeit und Beginn der Pflegebedürftigkeit,

– Pflegestufe,

– Prüfung, ob und inwieweit ein außergewöhnlich hoher Pflegeaufwand vorliegt (§ 36 Abs. 4 SGB XI, § 43 Abs. 2 SGB XI; vgl. Härtefallrichtlinien nach § 17 Abs. 1 Satz 3 SGB XI),

– Umfang der Pflegetätigkeit (§ 44 SGB XI, § 166 Abs. 2 SGB VI).

Bantragt der Versicherte vollstationäre Pflege, hat sich die Stellungnahme auch darauf zu erstrecken, ob vollstationäre Pflege erforderlich ist.

5.9 Darüber hinaus hat der MDK in einem individuellen Pflegeplan

– Aussagen über die im Bereich der pflegerischen Leistungen und im Einzelfall erforderlichen Hilfen,

– Aussagen über notwendige Hilfsmittel und technische Hilfen (§ 40 SGB XI),

– Vorschläge für Maßnahmen zur Rehabilitation,

– Vorschläge für Maßnahmen zur Prävention,

Materialien

– Prognosen über die weitere Entwicklung der Pflegebedürftigkeit,

– Aussagen über die sich im Einzelfall daraus ergebende Notwendigkeit und die Zeitabstände von Wiederholungsbegutachtungen

zu machen.

Beantragt der Pflegebedürftige Pflegegeld, hat sich die Stellungnahme auch darauf zu erstrecken, ob die häusliche Pflege in geeigneter Weise sichergestellt ist.

5.10 Die Pflegekasse teilt dem Versicherten ihre Entscheidung über das Vorliegen von Pflegebedürftigkeit und der Pflegestufe auf der Grundlage der Begutachtung des MDK schriftlich mit.

6. Besonderheiten bei vollstationärer Pflege

6.1 Bei Versicherten, die Leistungen der vollstationären Pflege beantragt haben und deren Wohnung bereits aufgelöst ist, sind die Kriterien nach Ziffern 4.1.1 bis 4.1.3 Grundlage für die Feststellung der Pflegebedürftigkeit. Dabei ist Maßstab für die Bemessung des zeitlichen Mindestaufwandes in den einzelnen Pflegestufen eine durchschnittliche häusliche Wohnsituation.

Die Begutachtung im vollstationären Bereich ist durch geeignete Gutachter durchzuführen, die bereits über ausreichende Erfahrungen im ambulanten Bereich verfügen.

6.2 Bei pflegebedürftigen Versicherten, die bereits vor dem 01.04.1996 in einer vollstationären Pflegeeinrichtung leben, wird die Notwendigkeit der vollstationären Pflege unterstellt.

7. Widerspruchsverfahren

Wird im Rahmen eines Widerspruchsverfahrens nach Auffassung der Pflegekasse eine erneute Begutachtung erforderlich, erhält der MDK den Begutachtungsauftrag zusammen mit einer Kopie des Widerspruchsschreibens. Aufgrund dieser Unterlagen hat zunächst der Erstgutachter zu beurteilen, ob er aufgrund neuer Aspekte in seinem Gutachten zu einem anderen Ergebnis kommt. Revidiert der Erstgutachter seine Entscheidung nicht, ist das Zweitgutachten von einem anderen Gutachter zu erstellen. Die zweite Begutachtung hat ebenfalls in häuslicher Umgebung bzw. in der vollstationären Pflegeeinrichtung stattzufinden, es sei denn, daß in dem Erstgutachten die Pflegesituation (z. B. häusliche Umgebung) ausreichend begutachtet wurde. Die Argumente zur Entscheidungsfindung müssen in dem (erneuten) Gutachten nachvollziehbar sein.

Das Ergebnis ist der Pflegekasse mitzuteilen.

Pflegebedürftigkeitsrichtlinien

8. Wiederholungsbegutachtung

8.1 Die Pflegekasse veranlaßt eine erneute Begutachtung in Anlehnung an die Empfehlung des MDK, es sei denn, der Pflegekasse wird eine wesentliche Veränderung der Ausgangssituation bekannt. Ein Wechsel zwischen häuslicher und vollstationärer Pflege stellt keine wesentliche Veränderung der Ausgangssituation dar.

8.2 Beantragt der Pflegebedürftige eine Höherstufung bei bereits vorliegender Anerkennung der Pflegebedürftigkeit, entspricht das Verfahren dem bei einem Neuantrag.

8.3 Soweit die Pflegekasse, z. B. aufgrund des Pflegeeinsatzes nach § 37 Abs. 3 SGB XI, Hinweise erhält, daß die häusliche Pflege nicht mehr in geeigneter Weise sichergestellt ist, kommt eine erneute Begutachtung durch den MDK in Betracht.

9. Übergangsregelung für das Verfahren zur Feststellung der Pflegebedürftigkeit im vollstationären Pflegebereich

9.1 Der MDK begutachtet einrichtungsweise zu einem mit dem Träger vereinbarten Termin. Zur Vorbereitung übermittelt die Pflegeeinrichtung dem für den Sitz des Heimes zuständigen MDK mit Einwilligung der Versicherten die auf die jeweilige Pflegekasse bezogenen Unterlagen der Versicherten auf der Grundlage der gemeinsamen Empfehlung über das Verfahren zur Feststellung der Pflegebedürftigkeit in vollstationären Pflegeeinrichtungen vom 27.11.1995. Bei Versicherten solcher Pflegekassen, die über einen eigenen Medizinischen Dienst verfügen (Bundesknappschaft, Bahn-Betriebs-rankenkassen [vormals Bundesbahn-BKK, Reichsbahn-BKK], Betriebskrankenkasse des Bundesverkehrsministeriums) erfolgt die Übersendung direkt an die örtlich zuständige Dienststelle der jeweiligen Pflegekasse.

Die Unterlagen müssen mindestens folgende Angaben enthalten:

– Name, Vorname und Geburtsdatum des Antragstellers,
– die durch Unterschrift bestätigte Einwilligung des Antragstellers, daß dieser seine behandelnden Ärzte, die ihn betreuenden Pflegepersonen und die Pflegeeinrichtungen von ihrer Schweigepflicht entbindet, soweit diese Unterlagen und Auskünfte für die Entscheidung über seinen Antrag auf Pflegeleistungen von der Pflegekasse und dem Medizinischen Dienst der Krankenversicherung benötigt werden, sowie
– einen Hinweis darauf, daß mit der Unterschrift des Antragstellers der Weiterleitung der Unterlagen durch die Pflegeeinrichtung an den MDK zugestimmt wird.

9.2 Der MDK leitet die Unterlagen der Versicherten an die jeweils zuständige Pflegekasse weiter. Diese prüft die versicherungsrechtlichen Voraus-

Materialien

setzungen nach § 33 SGB XI und gibt ihre Feststellungen sowie weitere für die Begutachtung erforderlichen Unterlagen (vgl. Ziffer 5.2) an den MDK. Bereits vorab kann der MDK auf der Grundlage der ihm vorliegenden Unterlagen die Begutachtung durchführen.

9.3 Der MDK und die Heimleitung verständigen sich im Vorfeld der Begutachtung über die Möglichkeiten zur Schaffung einer ungestörten Begutachtungssituation.

2) Begutachtungsrichtlinien

der Spitzenverbände der Pflegekassen zur Begutachtung von Pflegebedürftigkeit nach dem XI. Buch des Sozialgesetzbuches (Begutachtungs-Richtlinien – BRi) vom 21.03.1997

Der AOK-Bundesverband,

der Bundesverband der Betriebskrankenkassen,

der IKK-Bundesverband,

die See-Krankenkasse,

der Bundesverband der landwirtschaftlichen Krankenkassen,

die Bundesknappschaft,

der Verband der Angestellten-Krankenkassen e. V. und

der AEV – Arbeiter-Ersatzkassen-Verband e. V.

handelnd als Spitzenverbände der Pflegekassen haben unter Beteiligung des Medizinischen Dienstes der Spitzenverbände der Krankenkassen, der Kassenärztlichen Bundesvereinigung, der Bundesvereinigung der Pflegeberufe und der Behinderten, der Bundesarbeitsgemeinschaft der Freien Wohlfahrtspflege, der Bundesarbeitsgemeinschaft der überörtlichen Träger der Sozialhilfe, der Kommunalen Spitzenverbände auf Bundesebene, der Bundesverbände privater Alten- und Pflegeheime sowie der Verbände der privaten ambulanten Dienste

aufgrund der §§ 17, 53 a Nr. 1, 2, 4 und 5 SGB XI in Verbindung mit § 213 SGB V

am 21.03.1997 gemeinsam und einheitlich die nachstehenden Richtlinien zur Begutachtung von Pflegebedürftigkeit (Begutachtungs-Richtlinien – BRi) beschlossen. Diese Richtlinien ersetzen die Begutachtungsanleitung

Materialien

„Pflegebedürftigkeit gemäß SGB XI", die die Spitzenverbände am 29.05.1995 als Richtlinie nach § 282 Satz 3 V a. F. beschlossen hatten.

Mit den Begutachtungs-Richtlinien verfolgen die Spitzenverbände das Ziel, auf der Basis der bisherigen Erfahrungen mit dem Begutachtungsgeschehen noch stärker als in der Vergangenheit bundesweit eine Begutachtung nach einheitlichen Kriterien zu gewährleisten. Künftig sollen unterschiedliche Begutachtungsergebnisse nur noch auf der Individualität des Pflegebedürftigen und seiner Pflegesituation beruhen. Mit dieser Überarbeitung sowie mit den in Abschnitt E beschriebenen bundesweiten Maßnahmen zur Qualitätssicherung und zur Gewährleistung von Grundsätzen einer systematischen Fort- und Weiterbildung der Gutachter soll ein weiterer Beitrag zu einer hohen Qualität der für die Feststellung der Pflegebedürftigkeit maßgebenden Gutachten der Medizinischen Dienste geleistet werden.

Die Regelungen der Begutachtungs-Richtlinien werden auch in Zukunft an Erkenntnisse, insbesondere der Pflegewissenschaft, der Medizin und der Rechtsprechung anzupassen sein. Dies gilt vor allem für das mit den Qualitätssicherungsmaßnahmen zu betretende Neuland. Die Spitzenverbände sehen in den dazu getroffenen Regelungen einen ersten Schritt, dem zügig präzisere und umfassendere Qualitätssicherungs-Richtlinien nach § 53 a Nr. 4 und 5 SGB XI folgen sollen.

Den BRi in der Fassung vom 21.03.1997 haben das BMA und das BMG mit Schreiben vom 02.05.1997 gemäß §§ 17 Abs. 2 SGB XI und 53 a SGB XI unter Maßgaben – u. a. Anwendung der Zeitorientierungswerte (vgl. Anhang 1) befristet bis 31.12.1999 – die Genehmigung erteilt bzw. zugestimmt. Dem entsprechend den Maßgaben geänderten BRi hat das Gremium nach § 213 SGB V am 26.05.1997 zugestimmt und die BRi mit Wirkung vom 01.06.1997 in Kraft gesetzt.

Inhaltsverzeichnis

A	**Allgemeines**		483
	1.	SGB XI	483
	2.	Pflegebedürftigkeits-Richtlinien	484
B	**Aufgaben des Medizinischen Dienstes der Krankenversicherung (MDK)**		485
C	**Verfahren zur Feststellung der Pflegebedürftigkeit**		486
	1.	Pflegekasse	486
	2.	Medizinischer Dienst der Krankenversicherung	487
	2.1	Sichtung der Unterlagen/Einbeziehung der behandelnden Ärzte/der Pflegeeinrichtungen und/oder der den Antragsteller Pflegenden in die Vorbereitung der Begutachtung	487
	2.2	Vorbereitung des Besuchs	488
	2.2.1	Festlegung der den Besuch durchführenden Person/-en	488
	2.2.2	Ankündigung des Besuchs	488
	2.2.3	Fehlende Einwilligung des Antragstellers	489
	2.3	Der Besuch	489
	2.4	Begutachtung der Antragsteller im Krankenhaus oder in einer stationären Rehabilitationseinrichtung	490
	2.5	Fehlende oder unzureichende Sicherstellung der Pflege und Versorgung	491
	2.6	Auswertung des Besuchs	491
	2.7	Gutachtenabschluß	492
	2.8	Verfahren bei bereits vorliegenden MDK-Gutachten zur Pflegebedürftigkeit	492
	2.8.1	Höherstufung	492
	2.8.2	Wiederholungsbegutachtung	492
	2.8.3	Widerspruch	493
D	**Erläuterungen zum Gutachten zur Feststellung der Pflegebedürftigkeit gemäß SGB XI**		493
	01	Anforderungen an das Formulargutachten	493
	02	Gliederung des Gutachtens	495
	03	Definitionen	495
	04	Angaben im Gutachten zum Antragsteller, zur Untersuchung und zur beantragten Leistung	496
	1.	Derzeitige Versorgung/Betreuung	496
	1.1	Ärztliche Betreuung	497

Materialien

1.2	Heilmittelversorgung/häusliche Krankenpflege	497
1.3	Versorgung mit Hilfsmitteln/techn. Hilfen/ Verbrauchsgütern	497
1.4	Umfang der pflegerischen Versorgung	498
1.5	Pflegerelevante Aspekte der ambulanten Betreuungssituation	500
1.6	Pflegerelevante Aspekte der Wohnsituation	500
2.	Pflegebegründende Vorgeschichte	500
3.	Würdigung vorliegender Fremdbefunde	501
4.	Erhobene pflegebegründende Befunde	501
4.1	Allgemeinbefund	501
4.2	Funktionelle Einschränkungen	502
4.2.1	Des Stütz- und Bewegungsapparats	503
4.2.2	Der Inneren Organe	503
4.2.3	Der Sinnesorgane	504
4.2.4	Des ZNS und der Psyche	504
4.2.5	Pflegebegründende Diagnose/n	505
4.3	Fähigkeiten in bezug auf die Aktivitäten des täglichen Lebens (ATL)	505
4.3.1	Vitale Funktionen aufrechterhalten	507
4.3.2	Sich situativ anpassen können	507
4.3.3	Für Sicherheit sorgen können	508
4.3.4	Sich bewegen können	508
4.3.5	Sich sauberhalten und kleiden können	509
4.3.6	Essen und trinken können	509
4.3.7	Ausscheiden können	510
4.3.8	Sich beschäftigen können	511
4.3.9	Kommunizieren können	511
4.3.10	Ruhen und schlafen können	512
4.3.11	Soziale Bereiche des Lebens sichern können	512
5.	Bestimmung der Pflegebedürftigkeit	513
5.0	Grundsätze bei der Feststellung der Pflegebedürftigkeit	513
	I. Abgrenzung des zu berücksichtigenden Hilfebedarfs	513
	II. Formen der Hilfeleistung	515
	III. Ermittlung des Hilfebedarfs	517
	1. Grundsätze	517
	2. Ermittlung von Art und Häufigkeit des jeweiligen Hilfebedarfs	518
	3. Ermittlung des zeitlichen Umfanges des jeweiligen Hilfebedarfs	519

	4. Besonderheiten bei der Ermittlung des Hilfebedarfs 520
	5. Hilfebedarf und Aktivierende Pflege 520
	6. Besonderheiten der Ermittlung des Hilfebedarfs bei Personen mit psychischen Erkrankungen und/oder geistigen Behinderungen 523
	Häufige Krankheitsbilder 525
	Vorbereitung der Begutachtung 526
	Begutachtungssituation 526
	7. Besonderheiten der Ermittlung des Hilfebedarfs bei Kindern einschließlich Zeitbemessung 527
	IV. Begutachtungs- bzw. Bewertungsschritte 529
	V. Verrichtungen im Sinne der Pflegeversicherung 531
5.1	Körperpflege 533
5.2	Ernährung 534
5.3	Mobilität 535
5.4	Hauswirtschaftliche Versorgung 537
6.	Ergebnis der Prüfung des Vorliegens von Pflegebedürftigkeit 538
6.1	Liegt Pflegebedürftigkeit gemäß SGB XI vor? 540
6.1.1	Stufen der Pflegebedürftigkeit 540
6.1.2	Besonderheiten bei vollstationärer Pflege 542
6.1.3	Begutachtung in vollstationären Einrichtungen der Behindertenhilfe 542
6.2	Prognose über die weitere Entwicklung der Pflegebedürftigkeit 543
6.3	Ist die häusliche Pflege in geeigneter Weise sichergestellt? 543
6.4	Ist vollstationäre Pflege erforderlich? 544
6.5	Liegen Hinweise auf folgende Ursachen der Pflegebedürftigkeit vor? 545
6.6	Stimmt der unter 1.4 angegebene Pflegeaufwand mit dem festgestellten Hilfebedarf überein? 545
7.	Empfehlungen an die Pflegekasse/ Individueller Pflegeplan 546
7.1	Maßnahmen zur Rehabilitation 546
	Ziele der Rehabilitation 546
	Indikationen für Rehabilitationsmaßnahmen 547
	Versorgungsstrukturen 547
7.2	Verbesserung/Veränderung der Pflegehilfsmittel-/ Hilfsmittelversorgung 548

Materialien

7.3	Technische Hilfen und bauliche Maßnahmen zur Anpassung des Wohnumfeldes	549
7.4	Art und Umfang von Pflegeleistungen	549
7.4.1	Unterstützung/Veränderung in bezug auf Antragsteller/ Pflegeperson im Hinblick auf Art und Umfang der Pflege ..	549
7.4.2	Entlastung in bezug auf Antragsteller/Pflegeperson	549
7.4.3	Beratung in bezug auf Antragsteller/Pflegeperson	549
7.4.4	Vorschläge zur Versorgung in der stationären Pflegeeinrichtung	550
7.5	Mögliche kurative Defizite	550
8.	Zusätzliche Empfehlungen/Bemerkungen	551
9.	Empfehlung zum Termin der Wiederholungsbegutachtung	551
10.	Beteiligte Gutachter	551
E	**Qualitätssicherungsverfahren**	552
F	**Anhang**	555
Anhang 1	Orientierungswerte zur Pflegezeitbemessung für die in § 14 SGB XI genannten Verrichtungen der Grundpflege	555
Anhang 2	Formulargutachten für Antragsteller aus dem häuslichen Bereich und aus vollstationären Pflegeeinrichtungen (einschließlich Anlage zum Gutachten zur Feststellung der Pflegebedürftigkeit gemäß SGB XI)	563
Anhang 3	Formulargutachten für Antragsteller in vollstationären Einrichtungen der Behindertenhilfe	577
Anlage		
Anlage 3	Mini-Mental State Examination (MMSE)	582

Begutachtungsrichtlinien

A Allgemeines

1. SGB XI

Zur sozialen Absicherung des Risikos der Pflegebedürftigkeit besteht als eigenständiger Zweig der Sozialversicherung unter dem Dach der Krankenversicherung eine soziale Pflegeversicherung (§ 1 Abs. 1 und 3 Sozialgesetzbuch (SGB) XI). Die Leistungen der Pflegeversicherung wurden in zwei Stufen eingeführt:

bei häuslicher Pflege am 01.04.1995,

bei stationärer Pflege am 01.07.1996 (§ 1 Abs. 5 SGB XI).

Ab 01.07.1996 werden darüber hinaus Leistungen in vollstationären Einrichtungen der Behindertenhilfe (§ 43 a SGB XI) gewährt.

Die Leistungen gehen von den Grundsätzen „Vorrang der häuslichen Pflege" und „Vorrang von Prävention und Rehabilitation" aus (§§ 3 und 5 SGB XI).

Der Vorrang der häuslichen vor der vollstationären Pflege stellt eines der wesentlichen Ziele der Pflegeversicherung dar, damit es den Pflegebedürftigen ermöglicht wird, möglichst lange in ihrer häuslichen Umgebung bleiben zu können. Diesem Ziel entsprechend gehen auch die Leistungen der teilstationären Pflege und der Kurzzeitpflege denen der vollstationären Pflege vor.

Ein weiteres wichtiges gesundheitspolitisches Ziel kommt in den Vorrang von Prävention, Krankenbehandlung und Rehabilitation zum Ausdruck. Da die Pflegekassen selbst nicht Träger dieser Leistungen sind, wirken sie bei den zuständigen Leistungsträgern darauf hin, daß frühzeitig alle geeigneten Maßnahmen der Prävention, Krankenbehandlung und der Rehabilitation eingeleitet werden, um den Eintritt von Pflegebedürftigkeit zu vermeiden. Die Leistungsträger haben im Rahmen ihres Leistungsrechts auch nach Eintritt der Pflegebedürftigkeit ihre medizinischen und ergänzenden Leistungen zur Rehabilitation in vollem Umfang einzusetzen und darauf hinzuwirken, die Pflegebedürftigkeit zu überwinden, zu mindern sowie eine Verschlimmerung zu verhindern (§ 5 SGB XI).

Die Pflegekasse kann ambulante medizinische Leistungen zur Rehabilitation ausnahmsweise vorläufig erbringen (vgl. § 32 SGB XI).

Die Leistungen der Pflegeversicherung tragen dazu bei, dem Pflegebedürftigen ein selbstbestimmtes und selbständiges Leben zu ermöglichen. Die Pflegebedürftigen können im Rahmen von Notwendigkeit und Wirtschaftlichkeit zwischen den aufgrund eines Versorgungsvertrages mit den Pflegekassen zugelassenen ambulanten und stationären Pflegeeinrichtungen wählen. Auch auf religiöse Bedürfnisse ist Rücksicht zu nehmen (§ 2 SGB XI).

Materialien

Ein weiteres erklärtes Ziel ist die Stärkung der Kompetenz und der Motivation pflegender Angehöriger durch Beratung (§ 7 SGB XI), die bei Bezug von Pflegegeld abzurufenden Pflegeeinsätze (§ 37 Abs. 3 SGB XI) und Durchführung von Pflegekursen (§ 45 SGB XI).

Die Pflege soll auch die Aktivierung der Pflegebedürftigen zum Ziel haben, um vorhandene Fähigkeiten zu erhalten und ggf. verlorene Fähigkeiten zurückzugewinnen. Um der Gefahr einer Vereinsamung des Pflegebedürftigen entgegenzuwirken, sollen bei der Leistungserbringung auch die Bedürfnisse des Pflegebedürftigen nach Kommunikation berücksichtigt werden (§ 28 Abs. 4 SGB XI). Dies gilt gleichermaßen für somatisch wie psychisch Kranke sowie für körperlich und geistig Behinderte.

Bei den Leistungen der Pflegeversicherung wird unterschieden zwischen Dienst-, Sach- und Geldleistungen für den Bedarf an Grundpflege und hauswirtschaftlicher Versorgung (§ 44 SGB XI). Hinzu kommen bei teilstationärer Pflege, Kurzzeitpflege und vollstationärer Pflege die soziale Betreuung sowie bis zum 31.12.1999 die Leistungen der medizinischen Behandlungspflege. Im Rahmen der gesetzlich vorgegebenen Höchstgrenzen erhalten die pflegebedürftigen Versicherten und deren Pflegepersonen folgende Leistungen (§ 28 SGB XI):

1. Pflegesachleistung (§ 36 SGB XI),
2. Pflegegeld für selbst beschaffte Pflegehilfen (§ 37 SGB XI),
3. Kombination von Geld- und Sachleistungen (§ 38 SGB XI),
4. Häusliche Pflege bei Verhinderung der Pflegeperson (§ 39 SGB XI),
5. Pflegehilfsmittel, technische Hilfen und wohnumfeldverbessernde Maßnahmen (§ 40 SGB XI),
6. Tages- und Nachtpflege (§ 41 SGB XI),
7. Kurzzeitpflege (§ 42 SGB XI),
8. Vollstationäre Pflege (§ 43 SGB XI),
9. Pflege in vollstationären Einrichtungen der Behindertenhilfe (§ 43 a SGB XI),
10. Leistungen zur sozialen Sicherung der Pflegepersonen (§ 44 SGB XI),
11. Pflegekurse für Angehörige und ehrenamtliche Pflegepersonen (§ 45 SGB XI).

2. Pflegebedürftigkeits-Richtlinien

Pflegebedürftig im Sinne des Gesetzes sind Personen, die wegen einer Krankheit und/oder Behinderung bei der Ernährung, der Mobilität, der Körperpflege und der hauswirtschaftlichen Versorgung auf Dauer – voraussichtlich für mindestens 6 Monate – in erheblichem oder höherem Maße der Hilfe bedürfen (siehe hierzu auch § 14 Abs. 1 SGB XI). Entsprechend der Art, der Häufigkeit und dem Umfang des Hilfebedarfs werden die Pflegebedürftigen einer von drei Pflegestufen zugeordnet. Näheres regeln die Richtlinien der Spitzenverbände der Pflegekassen über die Abgrenzung der Merkmale der Pflegebedürftigkeit und der Pflegestufen sowie zum Verfahren zur Feststellung der Pflegebedürftigkeit (Pflegebedürftigkeits-Richtlinien – PflRi) nach § 17 SGB XI vom 07.11.1994, geändert durch Beschluß vom 21.12.1995 (im folgenden als Pflegebedürftigkeits-Richtlinien bezeichnet, Anlage 2).

B Aufgaben des Medizinischen Dienstes der Krankenversicherung (MDK)

Die wichtigste Aufgabe des Medizinischen Dienstes in der Pflegeversicherung ist die Feststellung der Pflegebedürftigkeit. Dazu ist eine Untersuchung des Antragstellers in seinem Wohnbereich durchzuführen (siehe Ziffer 5.7 der Pflegebedürftigkeits-Richtlinien). Der MDK hat dabei insbesondere

- den ursächlichen Zusammenhang des vorliegenden Hilfebedarfs mit Krankheit oder Behinderung,
- unter Berücksichtigung vorliegender Krankheiten oder Behinderung den Hilfebedarf aufgrund von Funktionseinschränkungen und daraus resultierenden Störungen in der Fähigkeit zur Ausführung der im Gesetz genannten Verrichtungen des täglichen Lebens sowie
- das Vorliegen von Pflegebedürftigkeit und ihre Abstufung

zu prüfen und festzustellen. Grundlagen dieser Prüfungen und Feststellungen sind

- das SGB XI,
- die Pflegebedürftigkeits-Richtlinien,
- diese Begutachtungs-Richtlinien.

Darüber hinaus hat der MDK den Pflegekassen Vorschläge über

- Maßnahmen zur Prävention und Rehabilitation und
- Art und Umfang von Pflegeleistungen zu unterbreiten sowie
- einen individuellen Pflegeplan zu empfehlen.

Materialien

Wird Pflegegeld beantragt, hat sich die Stellungnahme des MDK auch darauf zu erstrecken, ob die häusliche Pflege in geeigneter Weise sichergestellt ist.

Beantragt der Versicherte vollstationäre Pflegeleistungen, hat der MDK auch die Erforderlichkeit vollstationärer Pflege zu prüfen.

Diese Anforderungen verlangen vom MDK die angemessene Einbindung unterschiedlicher Fachkompetenzen in das Verfahren der Begutachtung (§ 18 Abs. 6 SGB XI). Unabhängig davon, ob bei der Begutachtung interne oder externe Kräfte tätig werden, erfordert dies eine große Kooperationsbereitschaft aller am Begutachtungsverfahren Beteiligten der unterschiedlichen Professionen.

C Verfahren zur Feststellung der Pflegebedürftigkeit

Diese Begutachtungs-Richtlinien erläutern die Begutachtungskriterien auf der Basis des SGB XI und der Pflegebedürftigkeits-Richtlinien. Sie sichern bundesweit einheitliche Maßstäbe für die Begutachtung. Schon nach dem Gesetz sind regionale Abweichungen nicht zulässig.

1. Pflegekasse

Die Leistungen nach dem SGB XI sind bei der Pflegekasse zu beantragen. Ist der Antragsteller außerstande, den entsprechenden Antrag selbst zu unterschreiben, erfolgt dies durch den Bevollmächtigten oder gerichtlich bestellten Betreuer (im folgenden als Betreuer bezeichnet).

Die Entscheidung über den Antrag trifft die Pflegekasse unter maßgeblicher Berücksichtigung des Gutachtens des MDK. Weicht die Pflegekasse von der Empfehlung des MDK zum Vorliegen von Pflegebedürftigkeit und zur Pflegestufe ab, teilt sie dies dem MDK unter Angabe der Gründe mit.

Zur gutachterlichen Prüfung der Voraussetzungen der Pflegebedürftigkeit und der Zuordnung zu einer Pflegestufe, übergibt die Pflegekasse nach Prüfung der versicherungsrechtlichen Voraussetzungen dem MDK den Antrag und, soweit vorhanden, weitere für die Begutachtung erforderliche Unterlagen des Antragstellers

– über Vorerkrankungen,
– über Klinikaufenthalte,

- zur Heil- und Hilfsmittelversorgung,
- zum behandelnden Arzt,
- zur häuslichen Krankenpflege nach § 37 SGB V.

Bei Wiederholungsbegutachtungen (vgl. Ziffer 8 Pflegebedürftigkeits-Richtlinien) gibt die Pflegekasse außerdem Hinweise auf vorhergehende Begutachtungen und zur Pflegestufe sowie zu den Ergebnissen der Pflegeeinsätze gemäß § 37 SGB XI.

Die Pflegekasse klärt den Antragsteller bzw. den Bevollmächtigten oder Betreuer über die Mitwirkungspflichten sowie die Folgen fehlender Mitwirkung auf und fordert ihn auf, dem zuständigen MDK eine Einwilligung zur Einholung von Auskünften – soweit diese für die Begutachtung erforderlich sind – bei den behandelnden Ärzten, den betreuenden Pflegepersonen und der betreuenden Pflegeeinrichtung zu erteilen (vgl. Ziffer 5.3 der Pflegebedürftigkeits-Richtlinien).

Die Pflege- und Krankenkassen sowie die Leistungserbringer sind verpflichtet, dem MDK die für die Begutachtung erforderlichen Unterlagen vorzulegen und Auskünfte zu erteilen (§ 18 Abs. 4 SGB XI).

2. Medizinischer Dienst der Krankenversicherung

2.1 Sichtung der Unterlagen/Einbeziehung der behandelnden Ärzte/ der Pflegeeinrichtungen und/oder der den Antragsteller Pflegenden in die Vorbereitung der Begutachtung

Der MDK sichtet die Unterlagen der Pflegekasse und prüft, ob vor dem Haus-/Krankenhaus-/Heimbesuch/Besuch in sonstigen Einrichtungen (im folgenden als Besuch bezeichnet) Auskünfte seitens der behandelnden Ärzte des Antragstellers, insbesondere seines Hausarztes, der den Antragsteller Pflegenden, des Krankenhauses bzw. der Pflegeeinrichtung benötigt werden. Hierbei geht es vor allem darum, relevante und aktuelle Informationen, insbesondere zu den pflegebegründenden Krankheiten oder Behinderungen, zu deren Verlauf und zu durchgeführten Behandlungen und Rehabilitationsmaßnahmen sowie zu Art, Umfang und Dauer der Pflege zu erhalten (vgl. § 18 Abs. 3 SGB XI). Zu den Auskunftspflichten der Vertragsärzte bestehen Vereinbarungen zwischen den MDK und den kassenärztlichen Vereinigungen. Soweit die angeforderten Unterlagen nicht vorgelegt werden, ist dies im Gutachten zu dokumentieren. Gleichwohl hat der Gutachter eigene Erhebungen anzustellen.

Materialien

2.2 Vorbereitung des Besuchs
2.2.1 Festlegung der den Besuch durchführenden Person/-en

Auf der Grundlage der bereits vorhandenen oder von der Pflegekasse übergebenen und ggf. von behandelnden Ärzten sowie Pflegepersonen oder anderen Personen des Krankenhauses, der sonstigen Einrichtungen oder der Pflegeeinrichtungen eingeholten Informationen und des zu erwartenden Schwerpunktes der Begutachtung sollten Arzt und Pflegefachkraft des MDK gemeinsam im Einzelfall, unter Beachtung der Ziffer 5.5 der Pflegebedürftigkeits-Richtlinien (siehe Anlage 2) festlegen, welcher Gutachter (Arzt und/oder Pflegefachkraft, spezielles Fachgebiet) den Besuch durchführt. Dabei wird auch darüber entschieden, ob dieser durch Mitarbeiter des MDK oder geeignete externe Fachkräfte zu erfolgen hat. Zur ganzheitlichen Beurteilung der Pflegesituation, insbesondere auch bei der Beurteilung von Behinderten oder psychisch Kranken und deren Hilfebedarf, kann die Beteiligung anderer Fachkräfte erforderlich sein, z. B. aus dem Bereich der Behindertenhilfe oder der Psychiatrie.

Ein Arzt ist dann mit dem Besuch zu beauftragen, wenn keine oder nur ungenügende Informationen über rein ärztliche Sachverhalte (z. B. Vorerkrankungen, aktuelle Diagnosen) vorliegen, ansonsten kann den Besuch sowohl eine Pflegefachkraft als auch ein Arzt durchführen.

Ergibt sich bei der Begutachtung durch eine Pflegefachkraft eine nicht abschließend abklärbare rein ärztliche Fragestellung (z. B. therapeutische Defizite), ist ein zusätzlicher Besuch eines Arztes erforderlich. Dies gilt analog, wenn sich in der aktuellen Begutachtungssituation durch einen Arzt eine nicht abschließend abklärbare rein pflegerische Fragestellung ergibt (z. B. nicht sichergestellte Pflege).

In der Regel ist es ausreichend, daß der Besuch von einem Gutachter durchgeführt wird. Ein gemeinsamer Besuch von Arzt und Pflegefachkraft kann dann sinnvoll sein, wenn mit einer besonders schwierigen Begutachtungssituation zu rechnen ist. Zur gemeinsamen Verantwortung von Ärzten und Pflegefachkräften für das Gutachten s. Pkt. 2.7.

2.2.2 Ankündigung des Besuchs

Der Besuch wird rechtzeitig angekündigt oder vereinbart. Mit dieser Ankündigung wird der Antragsteller gleichzeitig gebeten, eventuell vorhandene Berichte von betreuenden Diensten, Pflegetagebücher, ärztliche Unterlagen, derzeitige Medikamente sowie Gutachten und Bescheide anderer Sozialleistungsträger – soweit sie für die Begutachtung erforderlich sind – bereitzulegen. Die Pflegeperson sollte beim Hausbesuch zugegen sein.

Bei der Ankündigung des Besuchs ist auf die Verpflichtung der Pflegeeinrichtung hinzuweisen, die zur Begutachtung erforderlichen Unterlagen, insbesondere die Pflegedokumentation vorzulegen (vgl. § 18 Abs. 4 SGB XI und Ziffer 5.4 Pflegebedürftigkeits-Richtlinien). In stationären Einrichtungen sollte die Pflegefachkraft, die am besten mit der Pflegesituation des Antragstellers vertraut ist, beim Besuch zugegen sein, um die im Zusammenhang mit der Begutachtung erforderlichen Auskünfte zu erteilen.

Stellt sich bei der Ankündigung des Besuchs heraus, daß eine Krankenhausbehandlung oder stationäre Rehabilitationsmaßnahme kurzfristig terminiert ist, so sollte eine Begutachtung im Einvernehmen mit dem Antragsteller und der Pflegekasse bis zum Abschluß dieser Maßnahme zurückgestellt werden (vgl. aber Punkt 2.4).

2.2.3 Fehlende Einwilligung des Antragstellers

Verweigert ein Antragsteller, sein Bevollmächtigter oder sein Betreuer eine Untersuchung, die für die Feststellung der Pflegebedürftigkeit erforderlich ist, reicht der MDK die Unterlagen mit einem entsprechenden Vermerk an die Pflegekasse zurück.

Wenn in diesen Fällen aus Sicht des MDK ausnahmsweise ein Begutachtungsergebnis schon nach Aktenlage unzweifelhaft feststeht (z. B. Vorliegen der Voraussetzungen für Pflegebedürftigkeit, Pflegestufe und Vorschläge für Maßnahmen zur Rehabilitation), teilt er dies der Pflegekasse mit.

2.3 Der Besuch

Die Erst- und Wiederholungsbegutachtung hat der MDK in der Regel im Wohnbereich des Antragstellers vorzunehmen. Dies gilt für Anträge auf häusliche und vollstationäre Pflege gleichermaßen. Der Antragsteller hat das Recht, sich während des Besuchs des Beistandes einer dritten Person zu bedienen.

Bei Antragstellern auf Leistungen in vollstationären Pflegeeinrichtungen, die nicht mehr über eine eigene Wohnung verfügen, gelten die Besonderheiten der Ziffer 6 der Pflegebedürftigkeits-Richtlinien.

Wenn ausnahmsweise bereits aufgrund einer eindeutigen Aktenlage feststeht,

– ob und in welchem Umfang geeignete therapeutische bzw. rehabilitative Maßnahmen in Betracht kommen,
– ob die Voraussetzungen der Pflegebedürftigkeit erfüllt sind und
– welche Stufe vorliegt,

kann die Untersuchung des Antragstellers bzw. Pflegebedürftigen unterbleiben.

Sind weitere Feststellungen (z. B. zur pflegerischen Versorgung, Versorgung mit Pflege-/Hilfsmitteln oder zur Verbesserung des Wohnumfeldes) notwendig, sind auch diese im Rahmen eines Besuchs zu treffen.

2.4 Begutachtung der Antragsteller im Krankenhaus oder in einer stationären Rehabilitationseinrichtung

Befindet sich der Antragsteller im Krankenhaus oder in einer stationären Rehabilitationseinrichtung und liegen Hinweise vor, daß zur Sicherstellung der ambulanten oder stationären Weiterversorgung und Betreuung (z. B. Kurzzeitpflege, Wohnumfeldverbesserungen) eine Begutachtung im Krankenhaus oder in einer stationären Rehabilitationseinrichtung erforderlich ist, ist die Begutachtung unverzüglich, spätestens innerhalb einer Woche durchzuführen; die Frist kann durch regionale Vereinbarungen verkürzt werden. Auch bei dieser Begutachtung sind die Grundsätze

– Vorrang von Rehabilitation vor Pflege und

– Vorrang von ambulanter vor stationärer Pflege

zu beachten.

Soll der Antragsteller ambulant gepflegt werden, kann es genügen, wenn der Gutachter zunächst nur eine Aussage zum Vorliegen von Pflegebedürftigkeit im Sinne des SGB XI trifft. Die abschließende Begutachtung – insbesondere zur Pflegestufe – ist dann unverzüglich nach Entlassung des Antragstellers in seinem häuslichen Umfeld (Wohnbereich/soziales Umfeld) nachzuholen.

Soll der Antragsteller dauerhaft stationär gepflegt werden, reicht es zunächst ebenfalls aus, daß der Gutachter nur eine Aussage zum Vorliegen von Pflegebedürftigkeit im Sinne des SGB XI trifft. Die Begutachtung hat sich aber auch auf die Erforderlichkeit der vollstationären Pflege (vgl. Ziffer 4.4 Pflegebedürftigkeits-Richtlinien) zu erstrecken. In aller Regel hat im unmittelbaren Anschluß an die (erste) Begutachtung zeitnah eine ergänzende Begutachtung des häuslichen Umfeldes stattzufinden. Diese kann ausnahmsweise unterbleiben, wenn dadurch der im Rahmen der Begutachtung festzustellende Sachverhalt nicht weiter aufgeklärt werden kann. Das kann zutreffen bei

– fehlender Pflegeperson

– Weigerung möglicher Pflegepersonen, die Pflege zu übernehmen oder fortzusetzen

– fehlender Zutrittsmöglichkeit zur Wohnung

oder ähnlichen klaren und sicher feststellbaren Tatsachen, bei denen der Sachverhalt durch eine ergänzende Begutachtung im häuslichen Umfeld nicht weiter abgeklärt werden kann. Zur Feststellung der Pflegestufe ist dann für die Bemessung des zeitlichen Mindestpflegeaufwandes bezüglich des festgestellten Hilfebedarfs durch Laienpfleger von einer durchschnittlichen häuslichen Wohnsituation auszugehen. Dies gilt auch, wenn der Antragsteller zum Zeitpunkt der Begutachtung im Krankenhaus oder der stationären Rehabilitationseinrichtung nicht mehr über eine eigene Wohnung verfügt.

Eine „durchschnittliche häusliche Wohnsituation" beinhaltet:
1. Lage der Wohnung:
   1. Etage/Kein Aufzug/nicht ebenerdig erreichbar
2. Anzahl der Räume je Wohnung:
   vier (zwei Zimmer, Küche, Diele, Bad)
3. Personen je Haushalt:
   Zweipersonenhaushalt
4. Ausstattung der Wohnung:
   Keine „behindertengerechte Ausstattung"/Zentralheizung/Standardküche/Kochnische mit Elektroherd bzw. Gasherd/Standard-WC/Bad/Waschmaschine.

2.5 Fehlende oder unzureichende Sicherstellung der Pflege und Versorgung

Wird beim Besuch eine defizitäre Pflege- und Versorgungssituation des Antragstellers festgestellt, ist die Situation – soweit möglich – sowohl mit ihm als auch mit der Pflegeperson, der leitenden Pflegefachkraft und dem Heimleiter der vollstationären Pflegeeinrichtung bzw. Einrichtung der Behindertenhilfe eingehend zu erörtern und exakt zu dokumentieren. Der Pflegekasse sind konkrete Vorschläge zur Verbesserung der Pflege und Versorgung des Antragstellers zu unterbreiten. Darüber hinaus ist der Gutachter gehalten, der Pflegekasse die Einhaltung von Sofortmaßnahmen zu empfehlen.

2.6 Auswertung des Besuchs

Die an der Begutachtung beteiligten Ärzte und Pflegefachkräfte werten gemeinsam die beim o. g. Besuch erhobenen Befunde und die sonstigen Informationen aus.

Sollte ausnahmsweise im Rahmen dieser Auswertung eine abschließende Beurteilung nicht möglich sein, muß der Sachverhalt weiter aufgeklärt werden. Dazu ist zu entscheiden, ob ein zusätzlicher Besuch oder das Hinzuziehen von weiteren sachdienlichen Informationen erforderlich sind. Auch dieser Besuch muß schriftlich oder mündlich angekündigt oder vereinbart werden – unter Hinweis darauf, daß es sinnvoll sein kann, die an der Versorgung Beteiligten hinzuzuziehen.

Materialien

Auch bei der Auswertung des Besuchs, insbesondere bei der Beurteilung von Behinderten oder psychisch Kranken und deren Hilfebedarf, kann die Beteiligung anderer Fachkräfte erforderlich sein, z. B. aus dem Bereich der Behindertenhilfe oder der Psychiatrie (s. a. Abschnitt 2.2.1).

2.7 Gutachtenabschluß

Auch bei der Ergebnisdiskussion arbeiten Arzt und Pflegefachkraft des MDK eng zusammen. Dabei ist es Aufgabe des Arztes, alle für die Beurteilung erforderlichen medizinischen Feststellungen zu treffen, insbesondere

- den ursächlichen Zusammenhang des individuellen Hilfebedarfs mit Krankheit oder Behinderung zu prüfen sowie
- geeignete therapeutische bzw. rehabilitative Maßnahmen aufzuzeigen.

Aufgabe der Pflegefachkraft ist es, alle für die Beurteilung der Pflege erforderlichen Feststellungen zu treffen, insbesondere

- ermittelt sie den individuellen Hilfebedarf auf der Grundlage der in § 14 Abs. 4 SGB XI genannten Verrichtungen des täglichen Lebens,
- beurteilt sie die individuelle Pflegesituation und entwirf den individuellen Pflegeplan.

Das Ergebnis seiner Prüfung teilt der MDK der Pflegekasse mittels des Formulargutachtens (siehe Anhang 2 und 3) mit.

2.8 Verfahren bei bereits vorliegenden MDK-Gutachten zur Pflegebedürftigkeit

Bei einer Wiederholungsbegutachtung und bei Widerspruchsverfahren sind die beim MDK vorliegenden Gutachten beizuziehen. In dem neuen Gutachten ist die zwischenzeitliche Entwicklung zu würdigen und eingehend zu dokumentieren.

Die Empfehlung der Pflegestufe erfolgt anhand des festgestellten Hilfebedarfs. Wird eine niedrigere Pflegestufe empfohlen, so ist zusätzlich darzulegen, inwiefern sich der individuelle Hilfebedarf verringert hat.

2.8.1 Höherstufung

Bei einem Antrag auf Höherstufung (bei bereits anerkannter Pflegebedürftigkeit) entspricht das Verfahren dem eines Neuantrags.

2.8.2 Wiederholungsbegutachtung

Eine Wiederholungsbegutachtung erfolgt in angemessenen Abständen. Arzt und Pflegefachkraft empfehlen den Termin und begründen eine Wiederholungsbegutachtung nach Lage des jeweiligen Einzelfalls. Zum Verfahren wird auf Teil D, Ziffer 9 dieser Begutachtungs-Richtlinien verwiesen.

2.8.3 Widerspruch

Wird im Rahmen eines Widerspruchverfahrens nach Auffassung der Pflegekasse eine erneute Begutachtung erforderlich, ist der entsprechende Antrag zusammen mit der von der Pflegekasse zur Verfügung gestellten Kopie des Widerspruchsschreibens den Erstgutachtern vorzulegen. Diese prüfen, ob sie aufgrund neuer Aspekte zu einem anderen Ergebnis als im Erstgutachten kommen.

Revidieren die Erstgutachter ihre Entscheidung nicht, ist das Zweitgutachten nach den unter 2.2.1 beschriebenen Kriterien von einem anderen Arzt und/oder einer anderen Pflegefachkraft zu erstellen. Die Zweitbegutachtung hat ebenfalls in häuslicher Umgebung bzw. in der vollstationären Pflegeeinrichtung stattzufinden, es sei denn, daß in dem Erstgutachten die Pflegesituation ausreichend dargestellt wurde. Dies ist im Zweitgutachten unter Würdigung des Widerspruchs detailliert zu begründen. Bei der Zweitbegutachtung ist die zwischenzeitliche Entwicklung zu würdigen, der Zeitpunkt eventueller Änderungen der Pflegesituation gegenüber dem Erstgutachten zu benennen und ggf. auf die jeweilige Begründung des Widerspruchs einzugehen. Bei der Bearbeitung von Widersprüchen Behinderter oder psychisch Kranker kann es zur ganzheitlichen Beurteilung der Pflegesituation erforderlich sein, andere Fachkräfte, z. B. aus dem Bereich der Behindertenhilfe oder der Psychiatrie, zu beteiligen (s. a. Abschnitte 2.2.1 und 2.5).

D Erläuterungen zum Gutachten zur Feststellung der Pflegebedürftigkeit gemäß SGB XI

Die Gliederung dieses Kapitels erfolgt nach den Punkten des Formulargutachtens, wobei unterschieden wird, ob es sich jeweils um diese Punkte oder zugehörige zusätzliche erläuternde Bemerkungen der Begutachtungs-Richtlinien handelt.

01 Anforderungen an das Formulargutachten

Grundlage für die Begutachtung sind die Pflegebedürftigkeits-Richtlinien (Anlage 2) sowie die verbindlich vorgeschriebenen Formulargutachten für Antragsteller aus dem häuslichen Bereich und aus vollstationären Pflegeeinrichtungen (Anhang 2) und für Antragsteller in vollstationären Einrichtungen der Behindertenhilfe (Anhang 3). Die Sachverhalte, zu denen im Gutachten differenziert Stellung zu nehmen ist, sind in den o. g. Richtlinien, Ziffern 5. 8 und 5.9 festgelegt.

Das Ergebnis seiner Prüfung teilt der MDK der Pflegekasse in einem Gutachten mit, für das die als Anlage beigefügten Formulare zu verwenden sind. In dem Gutachten ist differenziert zu folgenden Sachverhalten Stellung zu nehmen:

- Vorliegen der Voraussetzungen für Pflegebedürftigkeit und Beginn der Pflegebedürftigkeit,
- Pflegestufe,
- Prüfung, ob und inwieweit ein außergewöhnlich hoher Pflegeaufwand vorliegt (§ 36 Abs. 4 SGB XI, § 43 Abs. 3 SGB XI; vgl. Härtefallrichtlinien nach § 17 Abs. 1 Satz 3 SGB XI),
- Umfang der Pflegetätigkeit (§ 44 SGB XI, § 166 Abs. 2 SGB VI).

Wird vollstationäre Pflege beantragt, hat sich die Stellungnahme auch darauf zu erstrecken, ob vollstationäre Pflege erforderlich ist.

Darüber hinaus hat der MDK in einem Empfehlungsteil (individueller Pflegeplan)

- Aussagen über die im Bereich der pflegerischen Leistungen im Einzelfall erforderlichen Hilfen,
- Aussagen über notwendige Hilfsmittel und technische Hilfen (§ 40 SGB XI),
- Vorschläge für Maßnahmen zur Rehabilitation,
- Vorschläge für Maßnahmen zur Prävention,
- Prognosen über die weitere Entwicklung der Pflegebedürftigkeit,
- Aussagen über die sich im Einzelfall daraus ergebende Notwendigkeit und die Zeitabstände von Wiederholungsbegutachtungen

zu machen.

Wird ausschließlich Pflegegeld beantragt, hat sich die Stellungnahme auch darauf zu erstrecken, ob die häusliche Pflege in geeigneter Weise sichergestellt ist.

Es sollen nicht nur Krankheit und Behinderung, Pflegebedürftigkeit, kurative Defizite und eventuell erforderliche Rehabilitationsmaßnahmen beurteilt werden, sondern auch Art und Umfang der zum Zeitpunkt der Begutachtung bereits erbrachten Pflege- und sonstigen Leistungen.

Bei kurativen Defiziten ist mit Einverständnis des Antragstellers der Hausarzt zu informieren.

02 Gliederung des Gutachtens

Das Gutachten für Antragsteller aus dem häuslichen Bereich und aus vollstationären Pflegeeinrichtungen (Anhang 2) gliedert sich in drei systematische Abschnitte, die inhaltlich aufeinander aufbauen.

I. Im ersten Abschnitt (Pkte. 1 – 4) findet die gutachterliche Erhebung der Versorgungssituation und der pflegebegründenden Vorgeschichte sowie der Befunde (Ist-Situation) statt.

    Dieser Erhebungsteil beinhaltet in Pkt. 1 und 2 die Angaben aus der Sicht des Antragstellers und der Pflegeperson zur Situation im häuslichen Bereich bzw. aus Sicht des Antragstellers, der Angehörigen und/oder der zuständigen Pflegefachkraft zur Situation in einer vollstationären Einrichtung.

    Unter Pkt. 3 und 4 werden Fremdbefunde und eigene Befunde dokumentiert.

II. Im zweiten Abschnitt (Pkte. 5 und 6) findet die gutachterliche Wertung auf der Grundlage der erhobenen Befunde und erhalten Informationen statt.

III. Im abschließenden empfehlenden Abschnitt (Pkte. 7 – 9), der auf den Informationen und Befunden sowie Wertungen der vorangehenden Abschnitte aufbaut, unterbreitet der Gutachter Vorschläge zur Gestaltung der erforderlichen Leistungen und zum Termin der Wiederholungsbegutachtung.

    Der Gutachter hat eine Plausibilitätsprüfung innerhalb der Abschnitte sowie zwischen diesen durchzuführen.

03 Definitionen

Pflegepersonen nach dem PflegeVG sind Personen, die nicht erwerbsmäßig einen Pflegebedürftigen i. S. des § 14 SGB XI in seiner häuslichen Umgebung pflegen. Leistungen zur sozialen Sicherung nach § 44 SGB XI erhält eine Pflegeperson nur dann, wenn sie eine pflegebedürftige Person wenigstens 14 Stunden wöchentlich pflegt (vgl. § 19 SGB XI).

Im Gutachten ist jedoch die gesamte Pflegesituation zu beschreiben. Das heißt, es sind auch Personen anzuführen, die weniger als 14 Stunden pflegen.

Pflegekräfte/Pflegefachkräfte sind Personen, die aufgrund einer entsprechenden Ausbildung erwerbsmäßig pflegen.

Pflegeeinrichtungen sind ambulante und stationäre Pflegeeinrichtungen, die unter der fachlichen Verantwortung einer Pflegefachkraft stehen.

Materialien

Ambulante Pflegeeinrichtungen (Pflegedienste) im Sinne des PflegeVG sind selbständig wirtschaftende Einrichtungen, die unter ständiger Verantwortung einer ausgebildeten Pflegefachkraft Pflegebedürftige in ihrer Wohnung pflegen und hauswirtschaftlich versorgen (vgl. § 71 Abs. 1 SGB XI).

Stationäre Pflegeeinrichtungen im Sinne der Pflegeversicherung sind selbständig wirtschaftende Eirichtungen, in denen Pflegebedürftige unter ständiger Verantwortung einer ausgebildeten Pflegefachkraft gepflegt werden und ganztägig (vollstationär) oder nur tagsüber oder nur nachts (teilstationär) untergebracht und verpflegt werden können (vgl. § 71 Abs. 2 SGB XI).

Stationäre Einrichtungen der Behindertenhilfe sind Einrichtungen, in denen die berufliche und soziale Eingliederung, die schulische Ausbildung oder die Erziehung Behinderter im Vordergrund des Zwecks der Einrichtung stehen. Solche Einrichtungen sind keine Pflegeeinrichtungen im Sinne des § 71 Abs. 2 SGB XI.

04 Angaben im Gutachten zum Antragsteller, zur Untersuchung und zur beantragten Leistung

Die geforderten Angaben im Gutachten bis zum Punkt – „derzeitige Pflegestufe" – sind den Unterlagen der Pflegekasse, die mit dem Antrag vorgelegt werden, zu entnehmen.

Es sind der Untersuchungstag, der Untersuchungsort sowie die Uhrzeit anzugeben.

Die nachfolgende Reihenfolge und Numerierung der Abschnitte entsprechen denen des Gutachtens.

1. Derzeitige Versorgung /Betreuung

Das Gespräch mit dem Antragsteller bzw. der/den Pflegeperson/en sowie die Ermittlung zur bestehenden Versorgung und Betreuung erlauben einen guten Einstieg in den weiteren Verlauf der Begutachtung. Die Pflegesituation aus der Sicht des Antragstellers und der Pflegeperson bzw. der Pflegefachkraft (Ist-Zustand) ist hier aufzunehmen. Besonders bei Krankheits- und Behinderungsbildern mit wechselnder Symptomatik erleichtert dieses Vorgehen dem Gutachter die nachfolgende Beurteilung des Hilfebedarfs.

Im Gutachtenformular wird angegeben, welche Personen zur pflegebegründenden Vorgeschichte Angaben machen, und ob beim Besuch die Pflegeperson bzw. Pflegefachkraft und/oder weitere Personen wie Freunde, Familienangehörige oder Nachbarn zugegen sind.

Es kann erforderlich sein, sowohl die Pflegeperson bzw. Pflegefachkraft als auch den Antragsteller allein zu befragen. Die Möglichkeit eines getrennten Gesprächs ist ggf. anzubieten.

Weichen die Angaben des Antragstellers und der Pflegeperson bzw. Pflegefachkraft voneinander ab, ist dies zu dokumentieren.

1.1 Ärztliche Betreuung

Die ärztliche/fachärztliche Betreuung ist im Gutachten anzugeben, da im Verlauf der Begutachtung zu prüfen ist, ob die ärztliche Betreuung ausreicht oder eventuell noch zusätzliche ärztliche/fachärztliche Mitbehandlung angezeigt ist. Anzugeben ist, ob der Antragsteller den Arzt selbst aufsucht.

Es sind auch die aktuelle medikamentöse Therapie und Besonderheiten der Verabreichung zu erfragen, und ob der Antragsteller die Medikamente selbständig einnimmt.

1.2 Heilmittelversorgung/häusliche Krankenpflege

Art, Frequenz und Dauer der Heilmittelversorgung/häuslichen Krankenpflege sind anzukreuzen bzw. anzugeben.

Unter „Sonstiges" sind weitere, nicht im Formular benannte therapeutische Maßnahmen aufzunehmen, auch kann hier bereits angegeben werden, wo diese durchgeführt werden und ob der Antragsteller den Therapeuten selbst aufsucht.

1.3 Versorgung mit Hilfsmitteln/techn. Hilfen/Verbrauchsgütern

Alle vorhandenen Pflege-/Hilfsmittel sollen – ungeachtet der Kostenträgerschaft – angegeben werden, einschließlich der Verbrauchsgüter und der technischen Hilfen. Es ist zu sichten, über welche Pflege-/Hilfsmittel der Antragsteller bereits verfügt. Es ist anzugeben, ob durch Pflege-/Hilfsmittel Defizite bei Verrichtungen kompensiert werden.

„Kompensiert" bedeutet, daß das Pflege-/Hilfsmittel den Antragsteller in die Lage versetzt, einzelne – im Gesetz definierte – tägliche Verrichtung selbständig auszuführen. Dies erfordert räumliche/bauliche Verhältnisse, die den Einsatz des Pflege-/Hilfsmittels ermöglichen, z. B. Rollstuhlbenutzung, und auch gute persönliche Voraussetzungen des Antragstellers bezüglich Kraft und Geschicklichkeit.

Der Gebrauch von Gehstock, Beinprothesen oder Rollstuhl kann den Hilfebedarf beim „Gehen" aufheben.

Wird durch den Einsatz von Pflege-/Hilfsmitteln nur eine Teilkompensation erreicht, ist dies gesondert anzugeben.

Materialien

Es ist anzugeben, ob der Antragsteller die Pflege-/Hilfsmittel auch benutzt. Andernfalls ist im individuellen Pflegeplan darzulegen (Pkt. 7.2 im Gutachten), ob sie in Zukunft zweckmäßig genutzt werden können oder welche Maßnahmen zur Verbesserung der Nutzung notwendig sind.

1.4 Umfang der pflegerischen Versorgung

Bei der Erfassung des Umfangs der pflegerischen Versorgung in der häuslichen Pflege ist immer nur der Hilfebedarf (Grundpflege und hauswirtschaftliche Versorgung) maßgebend, der bezüglich der in § 14 Abs. 4 SGB XI aufgeführten Verrichtungen vorliegt. Der Umfang der vom Antragsteller oder von der Pflegeperson angegebenen Pflege ist zu dokumentieren.

Der Gutachter hat die vom Antragsteller bzw. der Pflegeperson geltend gemachten Pflegezeiten zu überprüfen und unter Pkt. 6.6 des Gutachtens, ausgehend vom festgestellten Hilfebedarf, eine eigenständige Bewertung des wöchentlichen Pflegeaufwands vorzunehmen.

Je nach Gegebenheit sind eine Rund-um-die-Uhr-Pflege bzw. tägliche, wöchentliche oder seltenere (fallweise) Pflege anzugeben.

Bei kombinierten Pflegeleistungen sind Mehrfachbenennungen möglich (Sach-/Geldleistungen).

Eine Versorgung „rund um die Uhr" liegt vor, wenn konkreter Hilfebedarf aus dem grundpflegerischen Bereich jederzeit gegeben ist und Tag (06.00 – 22.00 Uhr) und Nacht (22.00 – 06.00 Uhr) anfällt. Ein nächtlicher Grundpflegebedarf wird angenommen, wenn eine oder mehrere Verrichtungen jede Nacht anfällt/anfallen, die die Nachtruhe der/des Pflegenden unterbricht/unterbrechen oder unterbrechen würde (z. B. bei defizitärer Pflege oder Nachtwache). Nächtlicher Grundpflegebedarf kann im Rahmen dieser Regel ausnahmsweise auch dann anerkannt werden, wenn in den letzten vier Wochen einmal oder höchstens zweimal in der Woche nächtliche Hilfeleistungen nicht anfielen und Hilfebedarf mindestens in diesem Umfang voraussichtlich auf Dauer bestehen wird. In diesem Zusammenhang ist besonders wichtig, daß der Gutachter die diesbezüglichen Angaben auf ihre Plausibilität prüft (z. B. anhand der Pflegedokumentation oder evtl. vorhandener längerfristiger Aufzeichnungen über den Pflegeverlauf).

Wird ein nächtlicher Grundpflegebedarf festgestellt, so ist dieser in der Zeile Bemerkungen unter 5. des Gutachtenformulars nach Art und Umfang gesondert zu dokumentieren.

Im Falle nächtlicher Sedierung ist bei der gutachterlichen Ermittlung des nächtlichen Hilfebedarfs und dessen Wertung wie folgt zu verfahren:

a) Bei Sedierung und ausreichender Pflege wird nur die tatsächlich in der Nacht anfallende (erbrachte) Hilfeleistung berücksichtigt, soweit sie notwendig ist.

b) Geht eine Sedierung mit einem offensichtlichen Defizit in der Grundpflege einher, indem beispielsweise die nächtliche Hilfeleistung beim Einkoten und Einnässen unterbleibt, ist die Pflege als nicht sichergestellt zu kennzeichnen.

Ein nächtlicher Hilfebedarf ist in diesen Fällen als gegeben anzusehen und bei der Feststellung der Pflegestufe zu berücksichtigen, auch wenn keine entsprechende Hilfe geleistet wurde. Das pflegerische Defizit ist gesondert zu dokumentieren.

Bei der Einschätzung der notwendigen pflegerischen Versorgung desorientierter Personen muß berücksichtigt werden, daß die Gefahr der Selbst- und Fremdgefährdung bei motorischer Unruhe und Verhaltensauffälligkeiten durch Vorsorgemaßnahmen wie spezielle technische Vorrichtungen (z. B. Gitter vor dem Herd) verringert werden kann (z. B. bei Pflegebedürftigen mit Morbus Alzheimer oder hirnorganischem Psychosyndrom). Sollten freiheitsentziehende technische Versorgungsmaßnahmen (z. B. Einschließen, Fixieren am Bett u. ä.) unverzichtbar sein, sind diese durch ein Gericht genehmigungspflichtig. Werden solche Maßnahmen notwendig, so ist – analog zur Situation bei nächtlicher Sedierung – der individuelle Hilfebedarf zu ermitteln. Dabei ist besonders sorgfältig zu prüfen, ob eine defizitäre Pflegesituation vorliegt.

Die Häufigkeit der Pflege durch Pflegeeinrichtungen ist den vorliegenden Dokumentationen und Berichten dieser Einrichtungen zu entnehmen. Der Gutachter hat zu prüfen, ob diese Angaben plausibel sind.

Soziale Sicherung der Pflegepersonen

Für die Prüfung der rentenrechtlichen Voraussetzungen seitens der Pflegekasse ist die Zuordnung der Stundenzahl zu den Pflegepersonen erforderlich. Diese soll es der Pflegekasse ermöglichen, den Personenkreis festzustellen, für den die soziale Absicherung in der Renten- und Unfallversicherung verbessert wird (§ 44 SGB XI). Diese erfolgt für Pflegepersonen, die einen Pflegebedürftigen wenigstens 14 Stunden wöchentlich pflegen (§ 19 SGB XI). Der Beitragsbemessung in der Rentenversicherung liegt eine zeitliche Abstufung des wöchentlichen Pflegeaufwands unter Berücksichtigung der Pflegestufe (14, 21, 28 Stunden) zugrunde.

Darüber hinaus hat der Gutachter dort eine differenzierte Stellungnahme zum Umfang der pflegerischen Versorgung abzugeben, wenn

– ausschließlich Sachleistungen,
– Kombinationsleistungen oder
– die Pflege durch mehrere Personen geleistet wird.

Materialien

1.5 Pflegerelevante Aspekte der ambulanten Betreuungssituation

Hier ist anzugeben, ob der Antragsteller allein lebt oder in Wohngemeinschaft mit der Pflegeperson, oder ob eine Betreuung in tagesstrukturierenden Einrichtungen, wie z. B. in teilstationären Einrichtungen erfolgt. Auch die teilweise Befriedigung des Hilfebedarfs (Hauswirtschaft), z. B. in Senioren- oder Übergangswohnheimen, ist hier zu erwähnen. Weitere Angaben können betreffen:

– die Situation, wenn sich mehrere Personen die Pflege teilen
– die Sicherstellung der Pflege durch Pflegeperson/en bzw. Pflegedienste u. ä.

1.6 Pflegerelevante Aspekte der Wohnsituation

Die Wohnsituation kann sich ungünstig auf die Pflegebedingungen auswirken. Daher hat sich der Gutachter ein umfassendes und genaues Bild von der Wohnsituation des Antragstellers zu machen. Erschwernisse sind zu beschreiben. Bei der Wohnsituation sind z. B. zu berücksichtigen: Stockwerk, Fahrstuhl, Größe der Wohnung, Türbreite, Bewohnerzahl, eigenes Zimmer, Lage von Bad und Toilette, eventuell Waschgelegenheit im Zimmer, Ausstattung des Bettes, Telefon, Erreichbarkeit von Lichtschaltern oder Türöffnern, ggf. Art der Heizungsanlage. Die Sicherheit der unmittelbaren Umgebung des Antragstellers (z. B. lose Teppiche, rutschiger Holzboden) ist zu berücksichtigen.

2. Pflegebegründende Vorgeschichte

Im Überblick zu schildern sind Beginn und Verlauf der Krankheiten/Behinderungen, die ursächlich für die bestehende Hilfebedürftigkeit sind. Der Gutachter soll hier die pflegebegründenden Krankheiten/Behinderungen zuerst darstellen und weitere, sich nur gering oder unbedeutend auf die Hilfebedürftigkeit auswirkende Krankheiten/Behinderungen erst danach nennen.

Vorerkrankungen, die sich nicht auf die Hilfebedürftigkeit auswirken, sollen nur angegeben werden, wenn sie für die Gesamteinschätzung der Situation, z. B. bei den Rehabilitationsmöglichkeiten, von Bedeutung sind.

Eventuell vorhandene längerfristige Aufzeichnungen über den Pflegeverlauf (Pflegetagebuch/Pflegedokumentation, Entwicklungsbericht für Reha-Träger) sind zu berücksichtigen. Bei vorliegendem Anfallsleiden sind Art, Frequenz und Dauer der Anfälle zu erfragen.

Monat und Jahr des Beginns der eingeschränkten selbständigen Lebensführung sind aus Sicht des Antragstellers/der Pflegeperson anzugeben. Bei akutem Auftreten von Krankheit oder Behinderung ist dies in der

Regel mit hoher Sicherheit möglich. Bei langsam fortschreitender Einschränkung der Selbstversorgung ist entsprechend den Angaben des Antragstellers/der Pflegeperson eine Schätzung ausreichend.

Bei Kindern ist anzugeben, seit wann der Hilfebedarf über das altersübliche Maß hinausgeht. Nicht in jedem Fall ist z. B. bei einem angeborenen Leiden der Hilfebedarf in den ersten Lebensmonaten schon erhöht.

3. Würdigung vorliegender Fremdbefunde

Die vorliegenden Befundberichte sind zu prüfen und auszuwerten.

Es sind nur solche Fremdbefunde (möglichst mit Datum und Name des Untersuchers bzw. Berichterstatters) zu erfassen, die bedeutsame Angaben enthalten über:

– die pflegeverursachenden Funktionsstörungen sowie
– die Art und den Umfang des Pflegebedarfs.

Hierzu können insbesondere Krankenhaus-, Rehabilitations- und Arztberichte (insbesondere des Hausarztes oder des behandelnden Facharztes) sowie Pflegedokumentationen und Berichte von Behindertenwerkstätten und Therapeuten gehören. Pflegeberichte sind ebenso zu berücksichtigen (eventuell Überleitungsberichte von ambulanten und stationären Pflegeeinrichtungen).

4. Erhobene pflegebegründende Befunde

Die Angaben des Antragstellers und/oder seiner Bezugsperson zum Hilfebedarf und die Vorgeschichte weisen auf den notwendigen Untersuchungsumfang hin. Vorliegende Befundberichte sind zu berücksichtigen. Der Gutachter muß sich über Funktionseinschränkungen und Fähigkeiten des Antragstellers jedoch selbst ein Bild machen. Diesem Zweck dient die körperliche Untersuchung. Art und Ausmaß der Krankheit/Behinderung bestimmen den notwendigen Umfang der Untersuchung und Befunderhebung.

4.1 Allgemeinbefund

Es hat eine Einschätzung des Allgemeinzustandes und der Leistungsfähigkeit zu erfolgen. Angaben zum Allgemeinbefund und Aussagen zur Leistungsfähigkeit eines Antragstellers sind zur Beurteilung der Erfolgsaussichten von Rehabilitationsmaßnahmen unerläßlich. Auf ggf. nur vorübergehende Allgemeinbefundveränderungen ist hinzuweisen.

Es ist anzugeben, ob der Allgemeinzustand als gut, mäßig oder deutlich reduziert anzusehen ist.

Materialien

Gut: Altersentsprechender Allgemeinzustand ohne Einschränkung des Ernährungs- und Kräftezustandes.

Mäßig: Einschränkungen mit eventuellen Auswirkungen auf den erforderlichen Hilfebedarf (Verrichtungen können z. B. nur verlangsamt durchgeführt werden).

Deutlich reduziert: Stark herabgesetzte Belastbarkeit, klar erkennbare Auswirkungen auf den erforderlichen Hilfebedarf. Hilfen sind in der Regel aufgrund fehlender Kräfte erforderlich.

Erwachsene

Hier sollen der Allgemein-, Ernährungs-, Kräfte- und Pflegezustand (Größe, Gewicht) sowie die Hautbeschaffenheit beschrieben werden. Ggf. vorliegende Bettlägerigkeit ist anzugeben. Befunde wie Zyanose, Dyspnoe und Oedeme können je nach ihrer Bedeutung auch schon hier erwähnt werden.

Kinder

Es ist der globale Entwicklungsstand – wie er vom Untersucher durch eigene Beobachtung, Befragung und Untersuchung des Kindes festgestellt wurde – darzustellen. Hierzu gehören auch Angaben zu Größe und Gewicht, die in der Regel dem gelben Vorsorgeheft (mit Datum) entnommen werden können. Zur Einschätzung des Entwicklungsalters können der Denver-Entwicklungstest oder die Griffith-Skalen hilfreich sein.

Erwähnt werden kann bereits hier das Verhalten des Kindes, das der Untersucher schon während des Gesprächs mit den Eltern beobachtet hat. Es ist besonders auf ausgeprägte Antriebsarmut zu achten wie auch auf sehr unruhige, leicht erregbare, eventuell auch hyperaktive Kinder.

4.2 Funktionelle Einschränkungen

Die beim Hausbesuch klinisch feststellbaren funktionellen Einschränkungen oder Schädigungen in den einzelnen Organsystemen sind präzise nach Art, Lokalisation und Grad ihrer Ausprägung zu beschreiben.

Eine Aufzählung von Diagnosen ist hier nicht angebracht.

Bei Wiederholungsuntersuchungen müssen diese Befunde die Beurteilung des Erfolgs von Rehabilitations- und Pflegemaßnahmen ermöglichen. Falls sich hieraus ein veränderter Hilfebedarf ergibt, müssen diese Befunde als Beleg für die Begründung einer veränderten Pflegeeinstufung dienen können.

Die zusätzliche Einteilung nach Schweregraden durch Arzt oder Pflegefachkraft erfordert eine globale Einschätzung der Einschränkungen bei den jeweiligen Organsystemen auf der Grundlage der dokumentierten Befunde. Bei Vorliegen mehrerer Schädigungen unterschiedlichen Schweregrades innerhalb eines Organsystems ist die mit dem höchsten pflegerelevanten Schweregrad zu dokumentieren.

Die Einteilung der Schweregrade ist kein Ersatz für die erforderliche einzelfallorientierte Beschreibung der Funktionsausfälle im Freitext. Auswirkungen der Funktionseinschränkungen auf den Hilfebedarf wie auch deren möglicher Ausgleich durch Hilfsmittel bleiben hier unberücksichtigt.

Einschränkungen sind je nach Schweregrad anzugeben:

– Keine:
  Eine erkennbare Einschränkung der Funktion des Organsystems liegt nicht vor.
– Mäßig:
  Minderung der Funktion mit erkennbaren Einschränkungen der Leistungen oder Verrichtungen.
– Schwer:
  Gravierend herabgesetzte Funktion mit erheblichen Einschränkungen der Leistungen oder Verrichtungen.
– Funktionsausfall:
  Weitestgehende oder völlig aufgehobene Fähigkeit oder völlige Einschränkung von Leistungen oder Verrichtungen innerhalb des Organsystems.

4.2.1 Des Stütz- und Bewegungsapparats

Unabhängig von ihrer Ätiologie sind hier alle pflegerelevanten Funktionseinschränkungen und deren Grad zu beschreiben.

Hinweise auf die Ursache der Funktionseinschränkungen sind anzugeben, z. B. sollen die Art der Parese (schlaff oder spastisch) und die Ausprägung (vollständige oder Teilparese) beschrieben werden. Auch cerebrale Bewegungsstörungen, wie z. B. Athetosen, Akinesien oder schwere Gleichgewichtsstörungen, sollen hier dokumentiert werden.

4.2.2 Der Inneren Organe

Funktionseinschränkungen der Atmungsorgane, der Luftwege, des Kreislauf- und Gefäßsystems, der Verdauungsorgane sowie der Nieren und ableitenden Harnwege, soweit diese Auswirkungen auf den Hilfebedarf bzw. die Rehabilitationsmöglichkeiten haben, sind anzugeben. Lokalisation und Intensität der Befunde sind zu beschreiben.

Hautveränderungen, insbesondere bei Dekubitus, sind mit der Ausprägung der Befunde (Größe und Lage) anzugeben.

Materialien

Obwohl als Hinweis für das Vorliegen einer Stuhl- und/oder Harninkontinenz zum Zeitpunkt der Untersuchung oft nur indirekte Anzeichen festzustellen sind, ist hierauf wegen der großen Bedeutung für den Pflegebedarf besonders einzugehen. Auf weitere entsprechende Angaben unter den ATL (vgl. Aktivitäten des täglichen Lebens Pkt. 4.3) kann verwiesen werden, um Doppelbeschreibung zu vermeiden. Die Beschreibung der Versorgung durch Vorlagen, Katheter oder Stomabeutel kann schon hier erfolgen.

4.2.3 Der Sinnesorgane

Pflegerelevante Funktionseinschränkungen der Sinnesorgane und deren Auswirkungen sind zu dokumentieren.

Gerade auch Defizite im Bereich der Sinnesorgane beeinflussen den Hilfebedarf häufig erheblich.

Einschränkungen des Sprechvermögens und des Sprachverständnisses sind zu beschreiben. Bei Kindern ist zu beurteilen, ob eine Sprachentwicklungsverzögerung vorliegt.

4.2.4 Des ZNS und der Psyche

Hier sollen funktionelle Einschränkungen aufgrund von Erkrankungen des ZNS und der Psyche sowie geistige Behinderungen aufgeführt werden, soweit sie nicht schon unter 4.2.1 (Stütz- und Bewegungsapparat) beschrieben wurden.

Beziehen sich die pflegebegründenden Diagnosen auf neurologische oder psychische Störungen, so sind diese hier darzustellen. Ein kurzer neurologischer und/oder psychischer Befund ist dann erforderlich. Der psychische Befund umfaßt Qualitäten wie: Gibt es Verhaltensstörungen? Ist Kontaktaufnahme möglich, in welcher Form? Ist die zu pflegende Person orientiert (persönlich, örtlich, zeitlich und zur Situation)? Wie sind die Gedächtnisfunktionen? Ist der formale Gedankenablauf gestört? Bestehen Hinweise auf Halluzinationen oder Wahnideen? Wie sind Stimmung und Antrieb einzuschätzen?

Zur diagnostischen Objektivierung des Verdachts auf eine hirnorganische Einschränkung kann die Mini-Mental State Examination (MMSE) (s. Anlage 3) angewandt werden. Die MMSE ist das am häufigsten angewandte Screeningverfahren für Gedächtnisstörungen.

Bei der Anwendung der MMSE ist zu beachten, daß die Aussagefähigkeit des Testergebnisses durch bestimmte Fähigkeitsstörungen (z. B. Sprach-/Sprechstörungen) gemindert werden kann. Der Vergleich der Testergebnisse dient der Verlaufsbeobachtung und einer besseren Beurteilung der Wirksamkeit von Rehabilitationsmaßnahmen.

Die Beurteilung mittels der Mini-Mental State Examination dient nicht der Einstufung in die Pflegestufen, diese ist auf der Grundlage der Bewertung des Hilfebedarfs bei den gesetzlich vorgeschriebenen Verrichtungen vorzunehmen.

4.2.5 Pflegebegründende Diagnose/n

Eine oder zwei Hauptdiagnosen, die im wesentlichen die Pflegebedürftigkeit begründen, sind anzugeben und nach ICD zu verschlüsseln. Die für die Funktionsdefizite ursächlichen weiteren Diagnosen sollten in der Reihenfolge ihrer Wertigkeit angegeben werden.

Es sollten auch klinische Diagnosen angegeben werden, die keine Pflege begründen, jedoch bei eventuellen Therapie- und Rehabilitationsmaßnahmen von Bedeutung sind.

4.3 Fähigkeiten in bezug auf die Aktivitäten des täglichen Lebens (ATL)

Die Beurteilung der Fähigkeiten des Antragstellers in bezug auf die Aktivitäten des täglichen Lebens bildet eine wesentliche analytische Grundlage zur Ableitung von Rehabilitationsmaßnahmen und des individuellen Pflegeplans (siehe Pkt. 7). Sie stützt damit auch eine umfassende ganzheitliche Sichtweise und somit realistische pflegerische und rehabilitative Interventionspotentiale im Rahmen der Begutachtung. Die Ermittlung des Rehabilitations- und Pflegebedarfs auf der Grundlage der Aktivitäten des täglichen Lebens orientiert sich im jeweiligen Einzelfall an den Fähigkeiten und deren Einschränkungen, nicht jedoch am klinischen Krankheitsbild. Der Grad der Selbständigkeit ist nicht nur entscheidend für den aktuellen Pflegeplan, sondern auch für rehabilitative und pflegerische Interventionen, um die Fähigkeiten zu erhalten, zu reaktivieren bzw. wiederzuerlangen. Es ist daher auch sinnvoll, die einzelnen Punkte der ATL unter den folgenden Aspekten zu werten:

– Wieviel Selbständigkeit besitzt der Antragsteller in bezug auf die einzelnen Fähigkeiten?
– Manifestation der Fähigkeitseinschränkungen und deren Auswirkungen auf die psychosoziale Gesamtsituation des Antragstellers.

Diese Form der ergänzenden Begutachtung ermöglicht auch einen Rückschluß auf die Belastungen der Pflegeperson/Familie.

Die Beurteilung dieser Fähigkeiten dient nicht der Einstufung in die Pflegestufen, diese ist auf der Grundlage der Bewertung des Hilfebedarfs bei den gesetzlich vorgeschriebenen Verrichtungen vorzunehmen (siehe Pkt. 5).

Materialien

Im folgenden werden die im Gutachtenformular vorgesehenen Grade der Einschränkung von Fähigkeiten des Antragstellers mit ihren möglichen Merkmalen erläutert. Die Fähigkeiten des Antragstellers sind in jedem Bereich der Aktivitäten des täglichen Lebens (Pkt. 4.3.1 bis 4.3.11) nach den Graden

– selbständig,

– bedingt selbständig,

– teilweise unselbständig oder

– unselbständig

einzuschätzen. Das Ergebnis ist im Formular durch Ankreuzen und zusätzliche Angaben zu dokumentieren.

Dabei bedeutet

– selbständig:

Fähigkeit zur selbständigen Versorgung/Durchführung von Verrichtungen in diesem ATL-Bereich; keine Hilfsperson und keine Hilfsmittel erforderlich.

– bedingt selbständig:

Fähigkeit zur selbständigen bzw. unabhängigen Versorgung mit einer oder mehreren Einschränkungen; Hilfsmittel/-vorrichtungen sind vorhanden und werden genutzt; der Antragsteller benötigt ggf. mehr Zeit als üblich für die Verrichtungen, bewältigt sie aber mit Mühe; ggf. bestehen Sicherheitsbedenken im Zusammenhang mit einzelnen Verrichtungen.

– teilweise unselbständig:

Fähigkeit zur selbständigen Versorgung/Verrichtung ist eingeschränkt; Einzelverrichtungen werden unvollständig ausgeführt; eine Hilfsperson ist zur Anleitung und Beaufsichtigung bei der Vorbereitung und Durchführung von Verrichtungen bzw. zu ihrer zeit-/teilweisen Übernahme erforderlich.

– unselbständig:

Fähigkeit zur selbständigen Versorgung/Verrichtung ist nicht vorhanden; Hilfestellung/Übernahme durch Hilfsperson in allen Phasen der Versorgung/Verrichtung erforderlich.

Bei der Begutachtung von Kindern ist zu beachten, daß für alle ATL grundsätzlich „selbständig" anzukreuzen ist, sofern kein zusätzlicher Hilfebedarf anfällt, der über den hinausgeht, der dem jeweiligen Lebensalter im Normalfall entspricht.

4.3.1 Vitale Funktionen aufrechterhalten

Unter vitalen Funktionen sind in diesem Zusammenhang die Atmung, die Kreislauf- und Wärmeregulation zu verstehen.

Merkmale		Einstufung
1.	Keine Hilfsmittel und keine personelle Hilfe erforderlich	Selbständig
2.	Aufrechterhaltung benötigt mehr Zeit (Mühe) als normal, ggf. auch unter selbständiger Nutzung von Hilfsmitteln (z. B. Inhalationsgerät)	Bedingt selbständig
3.	Aufrechterhaltung bereitet Beschwerden; ggf. rasche Ermüdbarkeit; daher personelle Hilfe (z. B. Medikamentenüberwachung/-gabe, Vibrax O2-Gabe/Absaugen, Stehtraining/ Durchbewegen der Extremitäten, Prophylaxe) erforderlich	Teilweise unselbständig
4.	Ständige Abhängigkeit von personeller bzw. maschineller Hilfe (z. B. Beatmung)	Unselbständig

4.3.2 Sich situativ anpassen können

Dies beinhaltet die Fähigkeit, sich auf wechselnden Anforderungen/ Situationen einzustellen, wie z. B. Besuch/Alleinsein/Wechsel der Bezugsperson, Änderungen des üblichen Tagesablaufes, sich in gegebenen Situationen adäquat verhalten zu können, wie z. B. die Fähigkeit, Wünsche zu äußern und Hilfe einzuholen, aber auch Ablehnungen deutlich zu machen.

Merkmale		Einstufung
1.	Kann sich adäquat auf äußere Bedingungen und deren Veränderung einstellen	Selbständig
2.	Benötigt mehr Zeit, um sich auf Veränderungen einzustellen	Bedingt selbständig
3.	Ist nur bei Anleitung und/oder Hilfestellung in der Lage, sich entsprechend anzupassen/ einzustellen	Teilweise unselbständig
4.	Kann sich auf äußere Bedingungen und deren Veränderung nicht einstellen; bedarf ständiger Hilfe	Unselbständig

Materialien

4.3.3 Für Sicherheit sorgen können

Dies beinhaltet: Gefahrensituationen einschätzen, ggf. Hilfe anfordern zu können sowie allgemeine Orientierungs-/Entscheidungsfähigkeiten zu haben.

Merkmale		Einstufung
1.	Kann mit Risiken situationsgerecht umgehen und diese entsprechend bewältigen	Selbständig
2.	Nach Elimination bzw. Reduktion von voraussehbaren Risiken durch sachliche Vorsorgemaßnahmen ist die Sicherheit gewährleistet	Bedingt selbständig
3.	Die Sicherheit ist nur durch zeitweilige/ teilweise personelle Hilfe gewährleistet; läßt zeitweilig Sicherheitsmaßnahmen gegen sich u. a. Personen außer acht oder kann akute Risiken nicht einschätzen bzw. bewältigen	Teilweise unselbständig
4.	Dauernde Hilfe notwendig	Unselbständig

4.3.4 Sich bewegen können

Hierzu gehört die geistige und körperliche Fähigkeit, sich zweckgerichtet und sicher bewegen zu können. Es ist möglich, alle Lebensaktivitäten durch die dazu erforderliche Bewegung durchzuführen.

Merkmale		Einstufung
1.	Bewegung ist ohne Einschränkung möglich	Selbständig
2.	Bewegung ist erschwert, unsicher oder verlangsamt, kann jedoch mit Hilfsmitteln selbständig erfolgen, wie z. B. Rollstuhl/ Gehhilfen sowie Hilfsmittel zur selbständigen Lebensführung	Bedingt selbständig
3.	Für Bewegung ist (ggf. neben dem Hilfsmittel) eine personelle Hilfe zeitweise/teilweise notwendig, z. B. für das Drehen im Bett	Teilweise unselbständig
4.	Zur Bewegung ist ständige personelle Hilfe erforderlich	Unselbständig

4.3.5 Sich sauberhalten und kleiden können

Hierzu gehört die geistige und körperliche Fähigkeit, seine Körperpflege durchzuführen und sich den situativen und klimatischen Erfordernissen entsprechend kleiden zu können.

Merkmale		Einstufung
1.	Selbständige und situationsgerechte Entscheidung über Art und Weise von Körperpflege/Kleidung sowie Ausführung dieser Tätigkeiten	Selbständig
2.	Benötigt mehr Zeit und/oder ist mit Hilfsmitteln in der Lage, die Verrichtungen sicher durchzuführen (z. B. Badewannenlifter, Anziehhilfen etc.)	Bedingt selbständig
3.	Benötigt zeit-/teilweise Hilfe für die Körperpflege und/oder das An-/Auskleiden. Kann z. B. die eigene Körperpflege nicht vollständig/regelmäßig übernehmen, die Reihenfolge des Anziehens nicht einhalten, die Erforderlichkeit von Körperpflege nicht erkennen	Teilweise unselbständig
4.	Die eigene Körperpflege und/oder das selbständige Kleiden kann nicht durchgeführt werden. Es ist ständige personelle Hilfe erforderlich.	Unselbständig

4.3.6 Essen und trinken können

Hierzu gehört die geistige und körperliche Fähigkeit, essen und trinken zu können, d. h. eine bedarfs- und zeitgerechte Auswahl der Menge und der Zusammensetzung der Nahrung, die Vorbereitung der Nahrungsaufnahme (z. B. Körperhygiene, angemessene Körperhaltung), die Nachbereitung der Nahrungsaufnahme (Mundhygiene) vornehmen zu können.

Merkmale		Einstufung
1.	Bedarfsgerechte Entscheidung und Realisierung der Nahrungsaufnahme erfolgt selbständig	Selbständig
2.	Ißt selbständig, braucht mehr Zeit und/oder Hilfsmittel (z. B. Schnabeltasse, Trinkhalm,	

Materialien

	Antirutschfolie, spez. Besteck und/oder Geschirr, selbständige Handhabung der Sondenernährung)	Bedingt selbständig
3.	Braucht zeit-/teilweise Hilfe beim Essen und Trinken sowie bei der mundgerechten Zubereitung und/oder bei der Nahrungsaufnahme	Teilweise unselbständig
4.	Die Ernährung kann nur unter ständiger personeller Hilfe erfolgen, wie z. B. Aufforderung zur Nahrungsaufnahme, ständiges Erinnern, Anleiten, Führen der Hand zum Mund, Eingeben von Nahrung	Unselbständig

4.3.7 Ausscheiden können

Hierzu gehört die geistige und körperliche Fähigkeit, die Ausscheidung selbständig kontrollieren und realisieren zu können. Die Vorbereitung, wie z. B. Weg zur Toilette, Entkleiden und die Gestaltung des zeitlichen Rhythmus sowie die Durchführung und Nachbereitung, wie z. B. Intimhygiene, Bekleiden werden selbständig und sicher durchgeführt.

Merkmale	Einstufung	
1.	Entscheidung und Realisierung der Ausscheidung erfolgt sicher und selbständig	Selbständig
2.	Unterstützt selbständig Miktion und/oder Defäkation durch Hilfsmittel wie z. B. Urinflasche/Steckbecken/Toilettenstuhl, regelmäßige Förderung der Ausscheidung wie z. B. Massage/manuelle Harnlösung, Katheterhygiene, selbständige Anus-praeter–Versorgung	Bedingt selbständig
3.	Braucht zur Ausscheidung zeit-/teilweise personelle Hilfe (z. B. bei der Handhabung der Hilfsmittel, Anleitung zum Kontinenztraining, Aufforderung zum Toilettengang), Intimhygiene muß teilweise (z. B. nach Stuhlgang) übernommen werden	Teilweise unselbständig
4.	Es ist eine ständige personelle Hilfe bei Miktion und/oder Defäkation erforderlich	Unselbständig

Begutachtungsrichtlinien

4.3.8 Sich beschäftigen können

Hierzu gehört die geistige und körperliche Fähigkeit, geprägt durch Erlebnisse und Gewohnheiten, seine Zeit sinnvoll einzuteilen und sich entsprechend zu beschäftigen.

Merkmale		Einstufung
1.	Selbständige Zeitgestaltung	Selbständig
2.	Hilfsmittel und/oder Anreize zur Beschäftigung sind notwendig, z. B. bei reduzierter geistiger/körperlicher Ausdauer	Bedingt selbständig
3.	Braucht zeit-/teilweise personelle Hilfe	Teilweise unselbständig
4.	Keine selbständige Beschäftigung möglich	Unselbständig

4.3.9 Kommunizieren können

Hierzu gehört die geistige und körperliche Fähigkeit zum sinnhaften interpersonellen Austausch unter Berücksichtigung kultureller Gegebenheiten (Sprache, Hören, Sehen, Gestik, Mimik und Ausdruck von Gefühlen)

Merkmale		Einstufung
1.	Kommunikation uneingeschränkt möglich	Selbständig
2.	Kommunikation teilweise eingeschränkt, braucht Hilfsmittel zur Aufnahme oder Weitergabe von Mitteilungen, wie z. B. Hör-, Seh- und Sprechhilfen sowie computergesteuerte Medien	Bedingt selbständig
3.	Kommunikation mit zeit-/teilweiser personeller Hilfe möglich, kommunikationsunterstützende Hilfsmittel reichen nicht aus	Teilweise unselbständig
4.	Kommunikation nicht oder nur unter intensivem personellen Aufwand mit erheblichen Einschränkungen möglich	Unselbständig

Materialien

4.3.10 Ruhen und schlafen können

Hierzu gehört die Fähigkeit, einen regelmäßigen und altersentsprechenden Rhythmus sowie die Art und Weise von Wachen, Ruhen und Schlafen zu gestalten und aufrecht zu erhalten.

Merkmale		Einstufung
1.	Altersentsprechender Tag-/Nachtrhythmus vorhanden, bewältigt gelegentliche Schlafstörungen	Selbständig
2.	Durch häufige Anwendung von Einschlaf- und Durchschlafhilfen ist die Nachtruhe überwiegend gewährleistet, wie z. B. spezifische schlaffördernde Rituale, medikamentöse Unterstützung, Anti-Schnarchmaske	Bedingt selbständig
3.	Tags und/oder nachts Unruhe, ständige Schläfrigkeit, zeit-/teilweise personelle Hilfe zur Aufrechterhaltung des Tag-Nacht-Rhythmus erforderlich	Teilweise unselbständig
4.	Tag-Nacht-Rhytmus ist stark beeinträchtigt (z. B. nächtliche schwere Unruhe, ständige Somnolenz)	Unselbständig

4.3.11 Soziale Bereiche des Lebens sichern können

Hierzu gehört die Fähigkeit, selbständig soziale Kontakte aufzunehmen und aufrechtzuerhalten und sein Leben verantwortlich innerhalb des gesellschaftlichen Beziehungsgeflechtes zu gestalten.

Merkmale		Einstufung
1.	Lebensgestaltung selbständig	Selbständig
2.	Lebensgestaltung wird auf einen kleineren Radius reduziert, z. B. auf Familie, Nachbarn	Bedingt selbständig
3.	Soziale Bezüge können nur durch zeit-/teilweise personelle Hilfe hergestellt und aufrecht erhalten werden	Teilweise unselbständig
4.	Kann soziale Kontakte nicht aufnehmen und aufrechterhalten, ist isoliert und/oder schädigt sich und/oder andere	Unselbständig

5. Bestimmung der Pflegebedürftigkeit

5.0 Grundsätze bei der Feststellung der Pflegebedürftigkeit

Als pflegebedürftig im Sinne des SGB XI gelten Antragsteller, die wegen einer körperlichen, geistigen oder seelischen Krankheit oder Behinderung für die gewöhnlichen und regelmäßig wiederkehrenden Verrichtungen im Ablauf des täglichen Lebens auf Dauer, voraussichtlich für mindestens 6 Monate, in erheblichem oder höherem Maße der Hilfe bedürfen. Pflegebedürftigkeit liegt auch dann vor, wenn der Hilfebedarf nur deswegen nicht mindestens 6 Monate lang gegeben ist, weil die zu erwartende Lebensdauer kürzer ist.

Ursachen der Pflegebedürftigkeit müssen demnach Krankheiten oder Behinderungen sein. Die Aufzählung der in Betracht kommenden Krankheits- und Behinderungsgruppen im Gesetz und in den Richtlinien macht deutlich, daß nichtmedizinische Ursachen nicht ausreichen, um Pflegebedüftigkeit im Sinne des Gesetzes anzunehmen.

Bezüglich der Einstufung der Pflegebedürftigkeit gilt Gleichbehandlung von körperlich und psychisch Kranken sowie geistig und körperlich Behinderten.

Es ist bei der Begutachtung zu berücksichtigen, daß nicht die Schwere der Erkrankung oder Behinderung, sondern allein der aus der konkreten Funktionseinschränkung resultierende Hilfebedarf in bezug auf die gesetzlich definierten Verrichtungen als Grundlage der Bestimmung der Pflegebedürftigkeit dient. Daher begründen z. B. Blindheit oder Taubheit allein noch nicht die Pflegebedürftigkeit im Sinne des SGB XI.

Die Minderung der Erwerbsfähigkeit oder der Grad der Behinderung sagen nichts darüber aus, ob die Voraussetzungen der Pflegebedürftigkeit nach dem PflegeVG gegeben sind. Z. B. sind der Grad der Behinderung nach dem Schwerbehindertengesetz oder die Höhe einer Unfallrente kein Maßstab für die Bestimmung der Pflegebedürftigkeit nach SGB XI.

I. Abgrenzung des zu berücksichtigenden Hilfebedarfs

Der für die Feststellung der Pflegebedürftigkeit und die Zuordnung zu einer Pflegestufe maßgebliche Hilfebedarf bei den o. g. Verrichtungen nach Art, Häufigkeit, zeitlichem Umfang und Prognose ergibt sich aus

– der individuellen Ausprägung von funktionellen Einschränkungen und Fähigkeitsstörungen durch Krankheit oder Behinderung,
– der individuellen Lebenssituation (Wohnverhältnisse, soziales Umfeld),
– der individuellen Pflegesituation

Materialien

unter Zugrundelegung der Laienpflege. Es ist ausschließlich auf die Individualität des Pflegebedürftigen abzustellen. Die Individualität der Pflegeperson bzw. -personen wird nicht berücksichtigt.

Für die Feststellung des individuellen Hilfebedarfs ist eine Gesamtbetrachtung durch den MDK-Gutachter notwendig. Dabei werden die erbrachte Hilfeleistung und der individuelle Hilfebedarf ins Verhältnis gesetzt und zusammenfassend bewertet, d. h., es wird ermittelt, ob die erbrachte Hilfeleistung dem individuellen Hilfebedarf entspricht.

Maßstab für die Feststellung der Pflegebedürftigkeit und die Zuordnung zu einer Pflegestufe ist der individuelle Hilfebedarf des Antragstellers bei den in § 14 Abs. 4 SGB XI abschließend genannten gewöhnlichen und regelmäßig wiederkehrenden Verrichtungen, orientiert an der tatsächlichen Hilfeleistung im Rahmen des medizinisch und pflegerisch Notwendigen. Für die Begutachtung kann also nur das berücksichtigt werden, was medizinisch und pflegerisch notwendig ist und innerhalb des damit vorgegebenen Rahmens liegt:

– Was den Rahmen des Notwendigen übersteigt, kann in der Pflegeversicherung nicht berücksichtigt werden (vgl. § 29 Abs. 1 SGB XI). Weder können der von einem Antragsteller geltend gemachte Anspruch auf eine besonders aufwendige pflegerische Betreuung (Wunsch nach überversorgender Pflege) noch eine tatsächlich über das Maß des Notwendigen hinaus erbrachte Pflege (Überversorgung) berücksichtigt werden.

– Ebensowenig entspricht unzureichende Pflege (Unterversorgung) dem maß des Notwendigen. Soweit die Pflege, gegebenenfalls auch auf Wunsch des Pflegebedürftigen, tatsächlich unzureichend erbracht wird, hat der Gutachter auf das Maß des Notwendigen abzustellen.

Maßgebend ist die Einschränkung der Fähigkeit, die regelmäßig wiederkehrenden Verrichtungen ohne fremde Hilfe vornehmen zu können. Hilfebedarf ist auch dann gegeben, wenn die Verrichtungen zwar motorisch ausgeübt, jedoch deren Notwendigkeit nicht erkannt oder nicht in sinnvolles Handeln umgesetzt werden kann. Gleichrangig maßgebend sind die Unterstützung, die teilweise oder vollständige Übernahme wie auch die Beaufsichtigung der Ausführung dieser Verrichtungen oder die Anleitung zu deren Selbstvornahme.

Der individuelle Hilfebedarf ergibt sich aus den vom Gutachter festgestellten funktionellen Defiziten und Fähigkeitsstörungen sowie aus den noch vorhandenen Fähigkeiten (Ressourcen) im Hinblick auf die o. g. Verrichtungen.

Hilfebedarf in der hauswirtschaftlichen Versorgung allein begründet keine Pflegebedürftigkeit.

Begutachtungsrichtlinien

Für die Feststellung der Pflegebedürftigkeit können Maßnahmen der Krankenbehandlung (§ 27 SGB V), der medizinischen Rehabilitation (§ 11 Abs. 2 SGB V), der Behandlungspflege (§ 37 SGB V), der sozialen Betreuung, der beruflichen und sozialen Eingliederung sowie zur Kommunikation nicht berücksichtigt werden (vgl. Ziffer 3.5.1 Pflegebedürftigkeits-Richtlinien).

Hilfebedarf im Sinne des SGB XI wird verringert oder besteht nicht mehr, wenn der Antragsteller die eingeschränkte oder verlorene Fähigkeit durch Benutzung eines Hilfsmittels oder Verwendung von Gebrauchsgegenständen selbst ausführen kann. Der danach verbleibende Hilfebedarf bestimmt den Umfang der Pflegebedürftigkeit.

II. Formen der Hilfeleistung

Bei den Formen der Hilfe werden die Unterstützung, die teilweise oder vollständige Übernahme der Verrichtung sowie die Beaufsichtigung und Anleitung unterschieden.

Eine Unterstützung liegt dann vor, wenn der Pflegebedürftige grundsätzlich zur selbständigen Erledigung einer Verrichtung in der Lage ist, jedoch zur Vorbereitung, Durchführung oder Nachbereitung ergänzende Hilfeleistungen der Pflegeperson benötigt. Die Unterstützung kann Teil der aktivierenden Pflege sein. Eine Unterstützung z. B. beim Waschen liegt dann vor, wenn eine bettlägerige Person sich zwar selbst waschen kann, aber das Waschwasser bereitgestellt, nach dem Waschen beseitigt oder ein Waschlappen angereicht werden muß. Weitere Beispiele sind die Auswahl geeigneter Kleidungsstücke im Rahmen des An- und Auskleidens, insbesondere bei geistig Behinderten oder die Hilfe bei der Überwindung von Hindernissen (Treppenstufen, Bordsteinschwellen) bei einem hinsichtlich der Fortbewegung ansonsten selbständigen Rollstuhlfahrer.

Eine teilweise Übernahme der Verrichtung liegt dann vor, wenn eine Hilfe zur Vollendung einer teilweise selbständig erledigten Verrichtung benötigt wird. Eine teilweise Übernahme des Waschens liegt z. B. dann vor, wenn Gesicht und Körper selbständig gewaschen werden, für das Waschen der Füße und Beine aber die Hilfe einer Pflegeperson benötigt wird. Auch wenn eine Verrichtung begonnen, aber z. B. wegen Erschöpfung abgebrochen wird, kann eine teilweise Übernahme der Verrichtung notwendig werden. Bei geistig Verwirrten oder psychisch Kranken kann eine teilweise Übernahme dann erforderlich werden, wenn der Pflegebedürftige von der eigentlichen Verrichtung wiederholt abschweift oder die Verrichtung trotz Anleitung zu langsam und umständlich ausführt. In einem solchen Fall muß z. B. das Waschen wegen der Gefahr des Auskühlens von der Pflegeperson durch eine teilweise Übernahme zu Ende gebracht werden.

Materialien

Die teilweise Übernahme kann Bestandteil der aktivierenden Pflege sein. Sie ist dann darauf gerichtet, verloren gegangene Fähigkeiten wieder zu erlernen oder nicht vorhandene Fähigkeiten zu entwickeln. Auch wenn diese Ziele z. B. bei rasch fortschreitenden Erkrankungen nicht mehr oder nur noch eingeschränkt zu verwirklichen sind, soll der Pflegebedürftige die Verrichtungen des täglichen Lebens so weit wie möglich selbständig übernehmen.

Eine vollständige Übernahme liegt dann vor, wenn die Pflegeperson die Verrichtung selbst ausführt und der Pflegebedürftige sich dabei passiv verhält, ohne einen eigenen Beitrag zur Vornahme der Verrichtung zu leisten. Die vollständige Übernahme mehrerer Verrichtungen ist bei der Mehrzahl der Pflegebedürftigen nicht erforderlich. Sie kommt vor allem bei bewußtseinseingeschränkten oder gelähmten Menschen in Betracht. Werden die Hilfeleistungen bei der häuslichen Pflege durch Angehörige vollständig erbracht, so ist die Notwendigkeit der vollständigen Übernahme im Einzelfall kritisch zu prüfen.

Hilfen in Form von Unterstützung und (teilweiser) Übernahme können in wechselseitiger Ergänzung bei einer Verrichtung erforderlich werden. So kann beim Waschen im Bett das Bereitstellen des Waschwassers (Unterstützung) notwendig sein. Der Pflegebedürftige wäscht sich das Gesicht und Oberkörper selbst, benötigt dann aber z. B. für den Rücken, den Intimbereich und die Beine wieder Hilfen der Pflegeperson (teilweise Übernahme).

Bei einem gutachterlich festzustellenden Zeitaufwand für die einzelnen Hilfeleistungen sind immer die im Einzelfall gegebenen Verhältnisse zu überprüfen. Eine teilweise Übernahme kann besonders im Rahmen der aktivierenden Pflege zeitaufwendiger sein als die vollständige Übernahme der Verrichtung. Auch innerhalb der gleichen Hilfeart kann der Zeitaufwand unterschiedlich sein (s. „Allgemeine Erschwernisfaktoren", Anhang 1, S. 556).

Zur Unterstützung können ferner bei kranken oder behinderten Kindern auch sonstige pflegerische Maßnahmen durch Pflegepersonen (pflegeunterstützende Maßnahmen) gehören. Sie stellen für sich allein gesehen keine Verrichtungen des täglichen Lebens dar und können deshalb nur dann berücksichtigt werden, wenn sie zusätzlich zu dem Hilfebedarf bei den gesetzlich vorgeschriebenen Verrichtungen des täglichen Lebens notwendig sind. Nur insoweit sind pflegeunterstützende Maßnahmen bei dem in den Pflegebedürftigkeits-Richtlinien geforderten zeitlichen Mindestaufwand für die Grundpflege der jeweiligen Pflegestufe mit zu berücksichtigen (vgl. auch Ziffer 3.5.1 der Pflegebedürftigkeits-Richtlinien). Über das in den Pflegebedürftigkeits-Richtlinien unter Ziffer 3.5.1 genannte Beispiel (Abklopfen zwecks Sekretelimantion bei Mukoviszidose) hinaus bleibt nach dem Willen des Gesetzgebers derzeit kein Raum für weitere pflegeunterstützende Maßnahmen.

Andererseits können Maßnahmen der Krankenbehandlung (§ 27 SGB V), der medizinischen Rehabilitation (§ 11 Abs. 2 SGB V) oder der Behandlungspflege (§ 37 SGB V) bei der Feststellung des Pflegebedarfs auch dann nicht berücksichtigt werden, wenn sie zur Ergänzung oder Unterstützung einer Therapie durch Familienangehörige durchgeführt werden.

Eine Anleitung ist erforderlich, wenn die Pflegeperson bei einer konkreten Verrichtung den Ablauf der einzelnen Handlungsschritte oder den ganzen Handlungsablauf lenken oder demonstrieren muß. Dies kann insbesondere dann erforderlich sein, wenn der Pflegebedürftige trotz vorhandener motorischer Fähigkeiten eine konkrete Verrichtung nicht in einem sinnvollen Ablauf durchführen kann. Zur Anleitung gehört auch die Motivierung des Antragstellers bzw. Pflegebedürftigen zur selbständigen Übernahme der regelmäßig wiederkehrenden Verrichtungen des täglichen Lebens.

Bei der Beaufsichtigung steht zum einen die Sicherheit beim konkreten Handlungsablauf der Verrichtungen im Vordergrund. Z. B. ist Beaufsichtigung beim Rasieren erforderlich, wenn durch unsachgemäße Benutzung der Klinge oder des Stroms eine Selbstgefährdung gegeben ist. Zum anderen kann es um die Kontrolle darüber gehen, ob die betreffenden Verrichtungen in der erforderlichen Art und Weise durchgeführt werden.

Eine allgemeine Beaufsichtigung, die über die Sicherung der definierten Verrichtungen (auch zur Vermeidung von Eigen- und Fremdgefährdung bei diesen) hinausgeht, z. B. bei umtriebigen Dementen oder geistig Behinderten, ist bei der Feststellung des Hilfebedarfs nicht zu berücksichtigen.

Hinsichtlich der Relevanz von Anleitung und Beaufsichtigung für die Begutachtung von Pflegebedürftigkeit wird auf den Abschnitt „Besonderheiten der Beurteilung bei Personen mit psychischen Erkrankungen und/oder geistigen Behinderungen" verwiesen.

III. Ermittlung des Hilfebedarfs
1. Grundsätze

Unter Nr. 5.1 bis 5.4 im Gutachtenformular hat der Gutachter eine objektive Bewertung der Situation und des Hilfebedarfs in den einzelnen Bereichen der Körperpflege, Ernährung, Mobilität und der hauswirtschaftlichen Versorgung entsprechend den o. g. Kriterien vorzunehmen.

Für die Einstufung nach dem SGB XI kommt es zum einen darauf an, wie häufig und zu welchen verschiedenen Zeiten des Tages oder „rund um die Uhr" die Hilfeleistung erforderlich ist, zum anderen, wie lange diese bei den einzelnen Verrichtungen dauert.

Dementsprechend ist z. B. bei einem Antragsteller ohne oder mit mäßigen Einschränkungen am Stütz- und Bewegungsapparat (obere Extremitäten) und gleichzeitig fehlenden oder mäßigen Einschränkungen im ZNS oder der Psyche, gutachterlich nicht nachvollziehbar, wenn angegeben wird, daß eine vollständige Übernahme der Verrichtungen gemäß § 14 SGB XI erfolgt (z. B. Ganzkörperwaschung, Aufnahme der Nahrung usw.). Diese erbrachte Hilfeleistung ist zumindest nicht notwendig.

Ein überwiegend Bettlägeriger hat nicht von vornherein den höchsten individuellen Hilfebedarf. Es ist in diesem Fall wie bei allen Begutachtungen zu prüfen, ob die erbrachte Hilfeleistung notwendig und ausreichend ist.

Bei der Entscheidung der Frage, ob die erbrachte Hilfeleistung ausreicht, ist zunächst prinzipiell davon auszugehen, daß eine langandauernde, absolute Bettlägerigkeit aus pflegewissenschaftlicher Sicht ein seltener Befund ist. So kann ein Bettlägeriger oft noch zur Toilette und/oder zum Waschbecken geführt werden bzw. sitzen oder stehen. Dies weist auf die Bedeutung der aktivierenden Pflege, insbesondere bei diesem Personenkreis hin, vor allem bezüglich des Verrichtungskomplexes „Mobilität". Die Zielsetzung für die aktivierende Pflege muß realistisch sein. Das ist der Fall, wenn

– der Antragsteller/Pflegebedürftige mit der Maßnahme einverstanden ist,
– die Maßnahmen für ihn zumutbar sind.

Entsprechende Erwägungen sind auch vor der Einleitung von Maßnahmen der medizinischen Rehabilitation anzustellen (vgl. Abschnitt 7.1 „Indikationen für Rehabilitationsmaßnahmen").

Diese Prüfung muß für jede der insgesamt 21 Verrichtungen der Komplexe Körperpflege, Ernährung, Mobilität und hauswirtschaftliche Versorgung vorgenommen werden.

Ein wesentliches Prüfkriterium ist die Zumutbarkeit der jeweiligen erbrachten Hilfeleistung für den Antragsteller. Pflegerische Maßnahmen, die gegen den erklärten Willen des Antragstellers durchgeführt werden und/oder dessen Gesundheit schädigen können, sind unzumutbar (z. B. Dauerkatheterversorgung eines Pflegebedürftigen ausschließlich aus pflegeerleichternden Gründen oder Windelversorgung zur Vermeidung von regelmäßigen Hilfeleistungen im Bereich der Mobilität).

2. Ermittlung von Art und Häufigkeit des jeweiligen Hilfebedarfs

Bei der Bemessung der Häufigkeit des jeweiligen Hilfebedarfs gemäß § 15 Abs. 1 SGB XI für die Verrichtungen des täglichen Lebens ist von den tatsächlichen individuellen Lebensgewohnheiten auszugehen, die der Antragsteller nachvollziehbar in seinem persönlichen Umfeld hat. Es gibt keine anerkannten allgemeingültigen Standards, wie oft man sich z. B. täglich kämmt oder die Zähne putzt. Dennoch gibt es kulturell bedingte und letztlich gesellschaftlich akzeptierte Normen, die die mögliche Bandbreite der Anzahl der einzelnen täglichen Verrichtungen eingrenzen. Entscheidend sind hier also die individuellen Lebensgewohnheiten, wobei allerdings grundlegende Mindesthygieneanforderungen nicht unterschritten werden sollen.

3. Ermittlung des zeitlichen Umfanges des jeweiligen Hilfebedarfs

Die konkrete Bemessung des jeweiligen Zeitaufwandes für die einzelnen Verrichtungen gemäß § 14 Abs. 4 SGB XI erfolgt auf der Grundlage der eigenen Erhebung des Gutachters, der häuslichen Bedingungen und der Angaben des Antragstellers bzw. seiner Pflegeperson. Der Gutachter hat den Zeitbedarf in der Grundpflege für die Einzelverrichtungen sowie den Zeitbedarf für die hauswirtschaftliche Versorgung insgesamt anzugeben. Maßstab für die Bemessung des Pflegezeitaufwandes ist die Pflegezeit, die nichtprofessionelle Pflegepersonen i. S. der Laienpflege benötigen würden. Zur Pflegezeitbemessung dienen die Orientierungswerte (Anhang 1, Punkte 5.1 – 5.3).

Auch die nicht tägliche Hilfeleistung bei den gesetzlich festgelegten Verrichtungen der Grundpflege ist bei der Feststellung des Zeitaufwandes zu berücksichtigen (s. a. Anhang 1).

Für die Feststellung des wöchentlich anfallenden Mindestzeitaufwandes für die hauswirtschaftliche Versorgung ist analog zu verfahren.

Bei unvermeidbarem zeitgleichem Einsatz zweier Pflegekräfte/Pflegepersonen ist der Zeitaufwand, den eine Pflegeperson benötigt, doppelt zu rechnen.

Unrealistische, weil nach allgemeiner Lebenserfahrung nicht mehr nachvollziehbare und nicht krankheitsbedingte Lebensgewohnheiten sind nicht zu berücksichtigen. In Grenzfällen ist der jeweilige Zeitbedarf kritisch zu würdigen, da gewöhnlich die häufige Wiederholung der Verrichtungen zu kürzeren Zeitaufwendungen für die Einzelverrichtung führt.

Dem Gutachter muß bewußt sein, daß das Gutachten in der Regel aufgrund eines einzigen Hausbesuchs erstellt wird und die Tagesform des Antragstellers den aktuellen Hilfebedarf beeinflussen kann. Bei Personen mit wechselndem Hilfebedarf ist der durchschnittliche Hilfebedarf über einen längeren Zeitraum zu berücksichtigen (Pflegedokumentation, Pflegetagebuch, Angaben der Pflegeperson). Alle vorhandenen Unterlagen einschließlich der Angaben des Antragstellers und der Pflegeperson bzw. der Pflegedienste oder der behandelnden Ärzte sind, insbesondere bei psychisch Kranken mit wechselnden Tagesformen, neben den selbsterhobenen Befunden zur Ermittlung des tatsächlichen Hilfebedarfs einzubeziehen.

Materialien

Auch die Notwendigkeit eines zusätzlichen Hausbesuchs durch einen anderen Fachgutachter einer anderen Profession (Arzt/Pflegefachkraft/Facharzt) ist ggf. zu prüfen.

Der Zeitaufwand wird auch mitbestimmt durch den Einsatz von Pflegehilfsmitteln oder durch bauliche Besonderheiten, die im Einzelfall zu beschreiben sind.

4. Besonderheiten bei der Ermittlung des Hilfebedarfs

Solche Besonderheiten ergeben sich dann, wenn der Antragsteller
- zum Zeitpunkt der Begutachtung nicht (mehr) über eine eigene Wohnung verfügt. Dies wird häufig bei der Begutachtung in stationären Einrichtungen der Fall sein. In diesen Fällen ist nicht, wie im ambulanten Bereich, für die Bemessung des zeitlichen Mindestaufwands für den festgestellten Hilfebedarf vom tatsächlichen Wohnumfeld, sondern von einer durchschnittlichen häuslichen Wohnsituation auszugehen (s. Pkt. 2.4). Hinsichtlich der Erfassung von Art und Häufigkeit des Hilfebedarfs bei den einzelnen Verrichtungen sind die tatsächlichen Verhältnisse maßgebend,
- professionell gepflegt wird. In diesen Fällen ist bei der Ermittlung der Verrichtungen der zeitliche Umfang der Laienpflege zugrundezulegen.

Mögliche Verbesserungen durch Prävention und Rehabilitation (inklusive Pflege-/Hilfsmittel) sind bei der Prüfung des Vorliegens von Pflegebedürftigkeit nur zu berücksichtigen, wenn die Veränderung mit hoher Wahrscheinlichkeit zu erwarten ist. Ist diese Veränderung nur möglich oder wahrscheinlich, ist der ggf. resultierende neue Hilfebedarf im Rahmen einer späteren Wiederholungsuntersuchung festzustellen. Hierzu sind vom Gutachter unter „Prognose" (Pkt. 6.2) und „Termin der Wiederholungsbegutachtung" (Pkt. 9) im Gutachten entsprechende Hinweise zu geben.

5. Hilfebedarf und Aktivierende Pflege

Unter der aktivierenden Pflege ist eine Pflegepraxis zu verstehen, die die Selbständigkeit und Unabhängigkeit des Patienten fördert. Diese berücksichtigt ständig die Ressourcen des Patienten, so daß dieser unter Beaufsichtigung bzw. Anleitung selbst aktiv sein kann. Sie hat die Erhaltung bzw. Wiedergewinnung der Selbständigkeit des zu pflegenden Menschen im Rahmen des medizinisch und pflegerisch Notwendigen zum Ziel. Aktivierende Pflege setzt eine bestimmte Geisteshaltung der Pflegenden voraus, nämlich die Abkehr vom Bild des passiven, zu verwahrenden pflegebedürftigen Menschen. Sie hat eine nachvollziehbare Pflegedokumentation und -planung zur Voraussetzung.

Die aktivierende Pflege soll gemeinsam mit den Rehabilitationsmaßnahmen dem Pflegebedürftigen helfen, trotz seines Hilfebedarfs eine möglichst weitgehende Selbständigkeit im täglichen Leben zu fördern, zu erhalten bzw. wiederherzustellen. Dabei ist insbesondere anzustreben

- vorhandene Selbstversorgungsaktivitäten zu erhalten und solche, die verloren gegangen sind, zu reaktivieren,
- bei der Leistungserbringung die Kommunikation zu verbessern,
- daß geistig und seelisch Behinderte, psychisch Kranke und geistig verwirrte Menschen sich in ihrer Umgebung und auch zeitlich zurechtfinden.

Im Folgenden soll der Inhalt des Begriffs „Aktivierende Pflege" anhand von Beispielen erläutert werden.

Beispiele:

1. Inkontinenz

Nach medizinischer Abklärung der Inkontinenz bestehen, unabhängig von anderen therapeutischen Maßnahmen (z. B. Krankenbehandlung und Rehabilitation), unterschiedliche Möglichkeiten der aktivierenden Pflege zur Bewältigung individueller Inkontinenzprobleme:

a) Das Kontinenz- bzw. Toilettentraining

Unter Toilettentraining versteht man das Aufsuchen der Toilette nach einem festen Zeitplan. Mit Hilfe eines Erfassungsbogens wird der individuelle Entleerungsrhythmus ermittelt. So kann man erkennen, ob der Patient regelmäßig zu bestimmten Zeiten einnäßt (einkotet) oder spontan zur Toilette geht. Wenn der Trainingsplan feststeht, wird der Patient zu festgelegten Zeiten zum Aufsuchen der Toilette aufgefordert oder begleitet und zwar so lange, bis die Kontinenz wiederhergestellt ist. Hiermit soll ein Einnässen (Einkoten) verhindert werden, indem der Betroffene etwa 10 Minuten vor dem erwarteten Drang die Toilette benutzt. In stationären Pflegeeinrichtungen wird dieses häufig durch ein Routine-Toilettentraining alle zwei Stunden sichergestellt.

b) Weiterhin sollte eine Erhöhung der Selbständigkeit u. a. durch das Anbringen von Orientierungshilfen, leicht zu öffnender Kleidung, durch das Einüben des Umsteigens vom Bett auf den Toilettenstuhl oder vom Rollstuhl auf die Toilette und umgekehrt trainiert werden.

c) Die Beratung bei der Auswahl des geeigneten Inkontinenz- und Versorgungsmaterials im Hinblick auf einen dauernden optimalen Schutz vor Flüssigkeitsaustritt, eine gute Hautverträglichkeit sowie eine leichte und sichere Anwendung ist nach Abschluß der Akutbehandlung ebenso Bestandteil der aktivierenden Pflege wie die Anleitung zur selbständigen Nutzung dieser Produkte.

Materialien

2. Vollständige Immobilität („Bettlägerigkeit")

Vollständige Immobilität ist ein Zustand, der sich als Folge mangelnder physischer oder psychischer Kräfte eines Patienten, häufig in Form einer sog. „Bettlägerigkeit" äußert.

Im Rahmen der aktivierenden Pflege ist, nach Ausschluß medizinischer Kontraindikationen, die Mobilisation ein wichtiger Teil der Pflege, da sie dem Patienten hilft, eine größtmögliche Selbständigkeit zu erhalten. Die Mobilisation des Patienten dient gleichfalls der Vermeidung von Pneumonien, Dekubitus, Thrombosen und Kontrakturen. Zur Sicherung der Erhaltungsebene werden

- aktive und passive Bewegungsübungen,
- regelmäßige Umlagerungen

durchgeführt.

Diese Hilfen sind nur im Rahmen der gesetzlich definierten Verrichtungen berücksichtigungsfähig.

Im Rahmen einer Mobilitätsverbesserung bzw. -sicherstellung trägt die aktivierende Pflege Sorge für eine dem Patienten angepaßte Steigerung der Aktivität. So sollten im Zusammenhang mit den definierten Verrichtungen Hilfestellungen für das

- Drehen im Bett,
- selbständige Hochrutschen im Bett,
- Anheben des Beckens,
- Sitzen auf der Bettkante,
- Sitzen im Stuhl,
- sichere Stehen,
- Gehen

fachlich qualifiziert gewährt werden.

Zur Unterstützung sollten die notwendigen Pflegehilfsmittel/Hilfsmittel (z. B. Pflegebett, Aufrichter, Drehscheibe, Rutschbrett, rutschfeste Bodenbeläge usw.) genutzt werden.

Bei der Laienpflege muß überprüft werden, ob zur Sicherstellung der aktivierenden Pflege bei immobilen Versicherten Empfehlungen im Pflegeplan gegeben werden sollten (z. B. Teilnahme an einem Pflegekurs, therapeutische Hilfestellungen durch Krankengymnasten oder Ergotherapeuten usw.).

Der Gutachter hat in diesem Zusammenhang die Fragen zu beantworten, ob z. B. durch aktivierende Pflege beim Aufstehen/Zubettgehen,

An- und Auskleiden, Stehen und Gehen, der Grad der Selbständigkeit des Antragstellers erhalten oder erhöht werden kann, vorausgesetzt die Zumutbarkeit ist gegeben.

Bei der Pflege durch ambulante oder stationäre Pflegeeinrichtungen ist grundsätzlich von aktivierender Pflege auszugehen. Wird nicht aktivierend gepflegt, ist dies unter Pkt. 7.4.1 bzw. 7.4.4 des Gutachterformulars zu dokumentieren. Entsprechende Empfehlungen sind abzugeben.

6. Besonderheiten der Ermittlung des Hilfebedarfs bei Personen mit psychischen Erkrankungen und/oder geistigen Behinderungen

Bei der Begutachtung von psychisch Kranken kann eine Reihe von Besonderheiten auftreten in bezug auf:

– die Vorbereitung der Begutachtung
– die Begutachtungssituation
– den Hilfebedarf
– die Krankheitsbilder.

In diesem Zusammenhang wird auch auf die Aussage unter dem Abschnitt „Formen der Hilfe", insbesondere zur Anleitung und Beaufsichtigung, verwiesen.

Psychisch kranke und geistig behinderte Menschen sind häufig in der Lage, die Verrichtungen des täglichen Lebens ganz oder teilweise selbst auszuführen. Krankheits- und behinderungsbedingt kann jedoch die Motivation zur Erledigung der Verrichtung fehlen, obwohl die Notwendigkeit grundsätzlich erkannt werden kann. Andere Kranke und Behinderte erkennen die Notwendigkeit der Verrichtung nicht, sind aber nach entsprechender Aufforderung zur selbständigen Erledigung in der Lage. Ohne die Hilfe einer Pflegeperson unterbleiben hier die Verrichtungen des täglichen Lebens.

In anderen Fällen werden die Verrichtungen des täglichen Lebens zwar begonnen, jedoch nicht zielgerecht zu Ende geführt. Die Verrichtung wird dann abgebrochen und entweder nicht oder erst nach Unterbrechung(en) beendet. Wiederum andere Menschen können die Verrichtungen zwar erledigen, gefährden ich jedoch hierbei im Umgang mit alltäglichen Gefahrenquellen, indem z. B. vergessen wird, den Herd oder fließendes Wasser abzustellen.

Die hierfür erforderlichen Hilfen können für die Feststellung der Pflegebedürftigkeit und die Zuordnung zu einer Pflegestufe nur insoweit berücksichtigt werden, als sie im unmittelbaren Zusammenhang mit den regelmä-

Materialien

ßig wiederkehrenden Verrichtungen im Ablauf des täglichen Lebens nach § 14 Abs. 4 SGB XI stehen. Weitergehende Hilfen im Sinne einer allgemeinen Beaufsichtigung und Betreuung haben für die Feststellung des Hilfebedarfs keine Bedeutung.

Für psychisch kranke und geistig behinderte Menschen sind deshalb die Hilfeleistungen, Beaufsichtigung und Anleitung von besonderer Bedeutung. Die Anleitung hat zum Ziel, die Erledigung der täglich wiederkehrenden Verrichtungen durch den Pflegebedürftigen selbst sicherzustellen. Aufgabe der Pflegeperson ist es, im individuell notwendigen Umfang zur Erledigung der Verrichtungen anzuhalten. Wie bei anderen Hilfeleistungen auch, kann der mit der Anleitung verbundene Aufwand sehr unterschiedlich sein und von der einmaligen Aufforderung zur Vornahme einer Verrichtung bis hin zu mehrmaligen und ständigen Aufforderungen im Sinne einer Motivierung zur Vornahme auch kleinster Einzelhandlungen reichen. Bei leichteren Erkrankungen genügt z. B. die einmalige Aufforderung zur Einnahme einer Mahlzeit, bei schweren Erkrankungen hingegen muß bei jedem einzelnen Bissen dazu aufgefordert werden, Nahrung vom Teller aufzunehmen, die Gabel zum Mund zu nehmen und zu kauen. Bei unruhigen Menschen ist es Aufgabe der Pflegeperson, eine oder mehrere Unterbrechungen der alltäglichen Verrichtungen so kurz wie möglich zu halten und zur zielgerichteten Beendigung anzuleiten (Beispiel: Eine Mahlzeit wird wiederholt durch andere, nachrangige Tätigkeiten unterbrochen).

Auch bei der Beaufsichtigung sind tatsächlich notwendige Hilfeleistungen in sehr unterschiedlichem Umfang erforderlich. So wird bei einem leichteren Krankheitsverlauf nur in größeren Zeitabständen (Monate und Wochen) eine Hilfeleistung benötigt, bei schwer kranken Menschen (z. B. bei unruhigen Demenzkranken mit gestörtem Tag-/Nachtrhythmus) sind hingegen u. U. rund-um-die-Uhr-Hilfeleistungen erforderlich.

Aufgabe des Gutachters ist es, Art und Umfang der Hilfeleistungen „Beaufsichtigung und Anleitung" allein im Zusammenhang mit den regelmäßig wiederkehrenden Verrichtungen im Ablauf des täglichen Lebens nach § 14 Abs. 4 SGB XI zu ermitteln. In der Regel wird der Hilfebedarf von dem Pflegebedürftigen selbst nicht richtig wiedergegeben, wenn die Krankheitseinsicht fehlt, die tatsächlichen Hilfeleistungen nicht erinnert oder aus Scham verschwiegen werden. Nur die Pflegeperson selbst wird in der Regel hierzu in der Lage sein. Pflegedokumentationen oder längerfristige Aufzeichnungen des Hilfebedarfs (Pflegetagebuch) sind besonders geeignet, um objektive Feststellungen treffen zu können.

Der Zeitaufwand für Anleitung und Beaufsichtigung bei den einzelnen Verrichtungen muß in jedem Einzelfall individuell erhoben und in dem Gutachten bewertet werden. Bei der Untersuchung des Antragstellers kann es notwendig sein, daß sich der Gutachter über den Bedarf an Anleitung dadurch überzeugt, daß er sich den Hilfebedarf bei einzelnen regelmäßig wiederkehrenden Verrichtungen des täglichen Lebens demonstrieren läßt. Bei der Pflegezeitbemessung ist die gesamte Zeit zu berücksichtigen, die für die Erledigung der Verrichtung benötigt wird. Entfernt sich z. B. ein unruhiger Demenzkranker beim Waschen aus dem Badezimmer, so ist auch die benötigte Zeit für ein beruhigendes Gespräch, das die Fortsetzung des Waschens ermöglicht, zu berücksichtigen.

Ergibt sich aus dem abschließenden Begutachtungsergebnis eine deutliche Abweichung zwischen den Feststellungen des Gutachters und den Aussagen der Pflegeperson zum Hilfebedarf, so ist zu prüfen, ob z. B. das Führen eines Pflegetagebuchs, eine Wiederholung der Begutachtung im Rahmen desselben Begutachtungsauftrags oder die Einschaltung eines weiteren Gutachters vor Weitergabe des Begutachtungsergebnisses an die Pflegekasse dazu geeignet wären, die Ursachen genauer aufzuklären.

Die Begutachtung geistig behinderter oder psychisch kranker Antragsteller dauert in der Regel länger als die Begutachtung von Antragstellern mit körperlichen Erkrankungen.

Häufige Krankheitsbilder

1. Hirnorganische Erkrankungen (Demenzen und organische Psychosen)
   Demenzkranke sind die weitaus größte Gruppe aller psychisch Erkrankten. Hier kann das manchmal unauffällige äußere Erscheinungsbild in der Begutachtungssituation Anlaß zu Fehldeutungen geben. Die Antragsteller können, zumal in vertrauter Umgebung, bei der Kontaktaufnahme zunächst orientiert und unauffällig wirken, so daß die Einschränkung der seelisch-geistigen Leistungsfähigkeit nicht deutlich wird. Hier kann gezieltes Befragen, z. B. zur Krankheitsvorgeschichte und aktuellen Lebenssituation, dennoch Defizite aufzeigen.
   Bei Demenzkranken können Schwankungen im Tagesverlauf auftreten. Einige psychisch kranke Pflegebedürftige sind tagsüber nur relativ leicht gestört, während sie am späten Nachmittag und nachts unruhig und verwirrt sind. Da das Befinden und die kognitive Leistungsfähigkeit Schwankungen unterliegen können, sind die Angaben von Angehörigen und Pflegenden unentbehrlich.

2. Geistige Behinderungen
   Die meisten der geringgradig geistig behinderten Personen erlangen eine weitgehende Unabhängigkeit in der Selbstversorgung und in praktischen und häuslichen Tätigkeiten.
   Bei mittelgradiger geistiger Behinderung werden tägliche Verrichtungen im Handlungsablauf oft nicht verstanden. Die Patienten müssen bei einigen Verrichtungen zeitweise angeleitet und beaufsichtigt werden.

Materialien

Schwere und schwerste geistige Behinderungen bedürfen eines hohen pflegerischen Aufwands und gehen häufig mit körperlich neurologischen Defiziten einher.

3. Schizophrene und manisch-depressive (sog. endogene) Psychosen

Bei Patienten mit schizophrenen Erkrankungen ist die sog. Minussymptomatik mit u. a. Antriebsschwäche, Ambivalenz, Mangel an Spontaneität, autistischen Zuständen, affektiven Störungen und Denkstörungen am häufigsten pflegebegründend. Vernachlässigung der Hygiene und eingeschränkte soziale Kompetenz sind häufig. Die Patienten können sich dann nicht mehr ausreichend selbst versorgen und sehen teilweise die Notwendigkeit der Verrichtungen selbst nicht. Umstimmungs- und Überzeugungsarbeit beim Aufstehen, Waschen, Anziehen, bei regelmäßiger Nahrungsaufnahme und anderen Verrichtungen erfordern oft erheblichen zeitlichen Aufwand.

Psychosekranke können situationsabhängig und u. U. auch in der Begutachtungssituation wenig auffällig wirken. Auch hier ist die Befragung der Angehörigen oder anderer Pflegepersonen sehr wichtig.

Vorbereitung der Begutachtung

Besonders bei der Vorbereitung der Begutachtung von Antragstellern mit einer psychischen Erkrankung ist es hilfreich, wenn begutachtungsrelevante Informationen bereits aus den Unterlagen hervorgehen (z. B., ob eine psychische Erkrankung vorliegt, welche Diagnosen gestellt wurden, ob Krankenhausbehandlungsberichte vorliegen, wer die Pflegeperson, wer gesetzlicher Betreuer ist, ob sog. komplementäre Einrichtungen genutzt werden). Weitere Auskünfte sind hier u. U. vom Hausarzt, vom behandelnden Psychiater oder dem Sozialpsychiatrischen Dienst einzuholen.

Begutachtungssituation

Bei diesem Personenkreis ist die Gestaltung einer entspannten Begutachtungssituation von besonderer Bedeutung. Pflegeperson und Antragsteller sollten gemeinsam angesprochen werden und nicht etwa ausschließlich die Pflegeperson.

Die Pflegeperson und der Antragsteller sind ggf. auch allein zu befragen, wenn Scham oder Verleugnung seitens des Antragstellers einer realistischen Schilderung des Hilfebedarfs entgegenstehen.

7. Besonderheiten der Ermittlung des Hilfebedarfs bei Kindern einschließlich Zeitbemessung

Pflegebedürftige Kinder sind zur Feststellung des Hilfebedarfs mit einem gesunden Kind gleichen Alters zu vergleichen. Maßgebend für die Beurteilung des Hilfebedarfs bei einem Säugling oder Kleinkind ist nicht der natürliche altersbedingte Pflegeaufwand, sondern nur der darüber hinausgehende Hilfebedarf. Bei kranken oder behinderten Kindern ist der zusätzliche Hilfebedarf zu berücksichtigen, der sich z. B. als Langzeitfolge einer angeborenen Erkrankung oder Behinderung, einer intensiv-medizinischen Behandlung oder einer Operation im Bereich der Körperpflege, der Ernährung oder der Mobilität ergibt und u. a. in häufigen Mahlzeiten oder zusätzlicher Körperpflege bzw. Lagerungsmaßnahmen bestehen kann. Im ersten Lebensjahr liegt Pflegebedürftigkeit nur ausnahmsweise vor; die Feststellung bedarf einer besonderen Begründung.

Ein solcher Ausnahmefall liegt z. B. bei Säuglingen mit schweren Fehlbildungen sowie angeborenen oder früh erworbenen schweren Erkrankungen eines oder mehrerer Organsysteme vor, wodurch bei der häuslichen Pflege in der Regel die Nahrungsaufnahme erheblich erschwert und um Stunden zeitaufwendiger wird, im Ausnahmefall auch die Körperpflege um ein Vielfaches umfangreicher und zeitaufwendiger erfolgen muß.

Die Nahrungsaufnahme kann z. B. bei einigen seltenen Syndromen oder schweren Cerebralparesen, die mit ausgeprägten Störungen der Mundmotorik einhergehen, erheblich erschwert sein.

Gesunde und altersentsprechend entwickelte Kinder erlernen im Laufe ihrer Entwicklung die einzelnen Verrichtungen in unterschiedlichem Alter und mit einer teils sehr großen Variationsbreite.

Die Pflegezeitbemessung bei Kindern erfolgt im Bereich der Grundpflege in zwei Schritten:

a) Erfassung und Dokumentation der Pflegezeiten für die Einzelverrichtungen der jeweiligen Verrichtungsbereiche der Grundpflege. Die Summe ergibt den Gesamtpflegeaufwand.

b) Abzug der Zeitwerte der Tabelle der Seite 528 für gesunde und altersgerecht entwickelte Kinder vom Gesamtpflegezeitaufwand ergibt den eigentlichen Pflegezeitaufwand, der durch die jeweiligen Krankheiten und/oder Behinderungen verursacht wird (Mehrbedarf).

Im folgenden wird für die einzelnen Verrichtungen (§ 14 SGB XI) das Alter angegeben, ab dem erfahrungsgemäß fast alle der altersentsprechend entwickelten und gesunden Kinder diese Verrichtungen beherrschen. Oberhalb des angegebenen Alter ist ein rein altersbedingter Hilfebedarf nicht anzunehmen. Unterhalb dieses Alters ist von einem teils

Materialien

krankheits- und/oder behinderungsbedingten, teils altersentsprechenden (bei gesunden Kindern) Hilfebedarf auszugehen.

Körperpflege	Jahre
Waschen	7
Duschen	10
Baden	10
Zähneputzen	7
Kämmen	7
Blasen- und Darmentleerung	6
Ernährung	
Mundgerechte Zubereitung	7
Aufnahme der Nahrung	3
Mobilität	
Aufstehen/Zubettgehen	12
An- und Auskleiden	6
Stehen	1,5
Gehen	1,75
Treppensteigen	3,5
Verlassen und Aufsuchen der Wohnung	6,5

Die vorstehende Tabelle darf nicht so verstanden werden, daß z. B. der Hilfebedarf, den ein 5 Jahre alte geistig behindertes Kind bei der Blasen- und Darmentleerung hat, von vornherein keine Berücksichtigung finden kann für die Feststellung und Einstufung von Pflegebedürftigkeit. Bei der Beurteilung des Hilfebedarfs kranker und behinderter Kinder ist davon auszugehen, daß der Hilfebedarf (inklusive Aufsichts- und Anleitungsbedarf), den ein geistig behindertes Kind bei der Darm- und Blasenentleerung hat, intensiver, zeitaufwendiger und nervenaufreibender sein kann als bei einem gesunden 5-jährigen Kind, das kurz davor ist, seine Ausscheidungsfunktion vollständig zu beherrschen. Entsprechendes gilt für die übrigen Verrichtungen.

Daraus ergibt sich die Notwendigkeit, den Hilfebedarf bei den einzelnen Verrichtungen konkret bezüglich des Zeitaufwandes und der Intensität zu erfassen und zu dokumentieren. Es kann von Vorteil sein, die Eltern zu bitten, ein Pflegetagebuch zu führen und dieses für die Begutachtung mit zu verwenden.

Im folgenden wird der Höchstbedarf an Hilfe gesunder und altersentsprechend entwickelter Kinder verschiedener Altersstufen in den Bereich Körperpflege, Ernährung und Mobilität angegeben.

Begutachtungsrichtlinien

Alter Jahre	0 – 1	1 – 2	2 – 3	3 – 6	6 – 12	
Körperpflege (wickeln, waschen, Nägel schneiden, Zähne putzen, auf den Topf setzen)	1,25	1	1 – 0,75	0,75	0,75 – 0,0	Stunden/Tag
Ernährung (mundgerecht zubereiten, aufnehmen)	2 – 1	1	0,75	0,75 – 0,5	0,5 – 0,0	Stunden/Tag
Mobilität (an- und ausziehen, zu Bett bringen, beruhigen)	2	2	1	1 – 0,5	0,5 – 0,5	Stunden/Tag

Bei der Bemessung des Zeitaufwandes sind diese Zeitwerte für gesunde Kinder im konkreten Fall global und nicht getrennt nach Bereichen abzuziehen.

Bei kranken oder behinderten Kindern bis zum vollendeten 8. Lebensjahr gilt der Zeitbedarf für die hauswirtschaftliche Versorgung als erfüllt, wenn neben den übrigen in § 15 Abs. 1 SGB XI genannten Voraussetzungen der Pflegestufen I bis III ein über dem eines gesunden gleichaltrigen Kindes liegender hauswirtschaftlicher Versorgungsbedarf z. B. beim Kochen, Spülen, Wechseln oder Waschen der Wäsche bzw. Kleidung nachgewiesen ist.

Bei Kindern im Alter zwischen dem vollendeten 8. und 14. Lebensjahr kann unter den genannten Voraussetzungen in den einzelnen Pflegestufen ein bestimmter Anteil des zeitlichen Mindestwerts für den Hilfebedarf bei den hauswirtschaftlichen Verrichtungen unterstellt werden:

In der Pflegestufe I 30 Minuten, in der Pflegestufe II und III jeweils 45 Minuten.

Reichen diese zeitlichen Pauschalen zur Erfüllung der Voraussetzungen für die jeweilige Pflegestufe nicht aus, müssen die jeweiligen zeitlichen Voraussetzungen durch einen Hilfebedarf bei Verrichtungen der Grundpflege aufgefüllt oder ein konkreter zeitlicher Mehrbedarf bei den hauswirtschaftlichen Verrichtungen nachgewiesen werden.

IV. Begutachtungs- bzw. Bewertungsschritte

a. Ermittlung der erbrachten Hilfeleistung bei den Verrichtungen nach § 14 SGB XI. Diese erfolgt durch Befragung des Antragstellers, der Pflegenden sowie durch die Nutzung anderer mündlicher bzw. schriftlicher Quellen (insbesondere von Pflegedokumentationen bzw. -tagebüchern).

b. Plausibilitätsprüfung der Angaben zur erbrachten Hilfeleistung durch den MDK-Gutachter. Maßstab sind die im Rahmen einer Untersuchung feststellbaren Einschränkungen in funktioneller Hinsicht (4.2 des

Materialien

Formulargutachtens) und/oder bei den Fähigkeiten in bezug auf die Aktivitäten des täglichen Lebens (Fähigkeitsstörungen) (4.3 des Formulargutachtens). Diese Plausibilitätsprüfung besteht in der Beantwortung folgender Fragen:

b.1. Ist die erbrachte Hilfeleistung medizinisch und pflegerisch notwendig, um für den Pflegebedürftigen eine möglichst weitgehende Selbständigkeit im täglichen Leben zu fördern, zu erhalten bzw. wiederherzustellen?

b.2. Ist die erbrachte Hilfeleistung ausreichend?

Werden die Fragen zu b.1 und b.2 bejaht, d. h., ist die erbrachte Hilfeleistung medizinisch und pflegerisch notwendig sowie ausreichend, entspricht die erbrachte Hilfeleistung dem individuellen Hilfebedarf.

Wird eine der Fragen verneint, d. h., ist die erbrachte Hilfeleistung nicht medizinisch und pflegerisch notwendig oder nicht ausreichend, hat dies der MDK-Gutachter in folgender Weise zu berücksichtigen:

zu b.1.

Ist die erbrachte Hilfeleistung medizinisch und pflegerisch nicht notwendig (pflegerische Überversorgung), ist der Gutachter gehalten, Art, Häufigkeit und zeitlichen Umfang dieser Hilfeleistung von der erbrachten Hilfeleistung abzuziehen und zu begründen.

zu b.2.

Ist die erbrachte Hilfeleistung aus gutachterlicher Sicht nicht ausreichend, dann besteht ein pflegerisches Defizit mit fließendem Übergang zu Situationen, in denen der Gutachter eine nicht sichergestellte Pflege feststellt.

Der Gutachter ist im Falle eines pflegerischen Defizits gehalten, Art, Häufigkeit und zeitlichen Umfang der zusätzlich notwendigen realisierbaren Hilfeleistung hinzuzurechnen und im Gutachten festzuhalten und zu begründen.

Wird nachweislich aktivierend gepflegt, ist der daraus resultierende Pflegeaufwand als Bestandteil des medizinisch und pflegerisch Notwendigen zu werten. Allein die Tatsache, daß nicht aktivierend gepflegt wird, ist jedoch nicht gleichbedeutend mit einem pflegerischen Defizit im Sinne von b.2.

An ein pflegerisches Defizit ist insbesondere zu denken, wenn folgende Sachverhalte zutreffen bzw. Befunde zu erheben sind:

- Hinweise auf mögliche Gewalteinwirkung,
- nicht ärztlich verordnete Sedierung,
- kachektischer und/oder exsikkotischer Allgemeinzustand,

- unterlassene Pflegeleistung nach Einkoten und Einnässen,
- Kontrakturen,
- Dekubitalgeschwüre,
- unterlassene Beaufsichtigung von geistig Behinderten oder umtriebigen Dementen (im Zusammenhang mit den definierten Verrichtungen),
- Vernachlässigung der Körperhygiene,
- verschmutzte Wäsche,
- Vernachlässigung des Haushalts.

Bei pflegerischen Defiziten und nicht sichergestellter Pflege hat der Gutachter der Pflegekasse die Einleitung von Sofortmaßnahmen und eine kurzfristige Wiederholungsbegutachtung zu empfehlen.

V. Verrichtungen im Sinne der Pflegeversicherung

Das SGB XI definiert in § 14 Abs. 4 die Verrichtungen des täglichen Lebens, die bei der Bestimmung der Pflegebedürftigkeit zu berücksichtigen sind. Die Verrichtungen sind in viere Bereiche unterteilt:

- Körperpflege,
- Ernährung,
- Mobilität und
- hauswirtschaftliche Versorgung.

Andere Aktivitäten des täglichen Lebens, z. B. Maßnahmen zur Förderung der Kommunikation, finden nach dem Gesetz keine Berücksichtigung.

Die Begutachtung nach dem SGB XI richtet sich u. a. an folgenden gesetzlichen Vorgaben aus:

1. Der Feststellung der Pflegebedürftigkeit und der Zuordnung zu einer Pflegestufe liegen die drei folgenden Voraussetzungsebenen zugrunde:
1.1 die Art und die Häufigkeit der Verrichtungen nach § 14 Abs. 4 SGB XI, bei denen ein Hilfebedarf besteht,
1.2 die Zuordnung dieser Verrichtungen im Tagesablauf gemäß § 15 Abs. 1 Nr. 1 bis 3 SGB XI sowie
1.3 der Zeitaufwand gemäß § 15 Abs. 3 SGB XI, den ein Familienangehöriger oder eine andere nicht als Pflegekraft ausgebildete Pflegeperson für die erforderlichen Leistungen der Grundpflege und hauswirtschaftlichen Versorgung (mindestens) benötigt.

Materialien

Der Zeitaufwand für diese Leistungen der Grundpflege und hauswirtschaftlichen Versorgung spielt nur auf der dritten Voraussetzungsebene und nur dann eine Rolle, wenn die Voraussetzungen auf den Ebenen 1.1 und 1.2 erfüllt sind.

Die Voraussetzungen auf den Ebenen 1.1 bis 1.3 müssen auf Dauer, voraussichtlich für mindestens sechs Monate, vorliegen.

2. Obwohl der Zeitaufwand erst auf der dritten Voraussetzungsebene zu prüfen ist, gibt er nach dem Vorliegen der Voraussetzungsebenen 1.1 und 1.2 in vielen Fällen den Ausschlag für die Feststellung der Pflegebedürftigkeit und die Zuordnung zu einer Pflegestufe.

Für den Zeitaufwand der Grundpflege legt § 15 Abs. 3 SGB XI folgende Mindestzeitwerte fest, die wöchentlich im Tagesdurchschnitt erreicht werden müssen:

Pflegestufe	Grundpflege
I	mehr als 45 Minuten
II	120 Minuten
III	240 Minuten

Aus der gesetzlichen Verknüpfung von Art und Häufigkeit der Verrichtungen mit dem Mindestzeitaufwand für die Pflege folgt zwingend, daß der Zeitaufwand für die notwendige Hilfe bei den einzelnen nach dem Gesetz maßgeblichen Verrichtungen festgestellt werden muß. Das schon nach den Prinzipien des Rechts- und Sozialstaates besonders bedeutsame Gebot der sozialen Gerechtigkeit erfordert dabei eine Gleichbehandlung vergleichbarer Sachverhalte. Dem dienen die im Anhang 1 unter Pkt. 5.1 bis 5.3 aufgezeigten Orientierungsrahmen für den pflegerischen Zeitaufwand für die Grundpflege (Zeitkorridore). Diese Zeitkorridore beruhen auf der mehrjährigen Gutachtertätigkeit erfahrener Pflegefachkräfte und Sozialmediziner. In der Festlegung der Zeitkorridore sind Erkenntnisse aus ca. 3 Mio. Begutachtungen nach dem SGB XI eingeflossen.

Die Zeitkorridore stehen nicht in einem Gegensatz zu dem Individualitätsprinzip des SGB XI. Weil für die Feststellung der Pflegebedürftigkeit und die Zuordnung zu einer Pflegestufe allein der im Einzelfall bestehende individuelle Hilfebedarf des Versicherten maßgeblich ist, können und sollen die Zeitkorridore für die Begutachtung nach dem SGB XI nur Anhaltsgrößen im Sinne eines Orientierungsrahmens liefern. Gerade damit geben sie dem Gutachter ein Instrument zur Feststellung des individuellen Hilfebedarfs.

Die in § 14 SGB XI genannten gewöhnlichen und regelmäßig wiederkehrenden Verrichtungen im Ablauf des täglichen Lebens werden nachfolgend, differenziert nach den Bereichen Körperpflege, Ernährung, Mobilität und

Begutachtungsrichtlinien

hauswirtschaftliche Versorgung aufgeführt und erläutert. Vor- und Nachbereitungsarbeiten zu den Verrichtungen sind Hilfen im Sinne der Pflegeversicherung.

5.1 Körperpflege

Die Hautpflege ist integraler Bestandteil der Körperpflege.

1. Das Waschen

Das Waschen umfaßt das Waschen des ganzen Körpers, aber auch von Teilbereichen des Körpers, hauptsächlich am Waschbecken bzw. im Bett mit einer Waschschüssel. Es gehören unter anderem zum Waschvorgang: die Vor- und Nachbereitung sowie das Waschen des ganzen Körpers bzw. einzelner Körperteile und das Abtrocknen.

(Die Durchführung einer Intimhygiene zum Beispiel nach dem Toilettengang ist im Rahmen der Blasen- und Darmentleerung entsprechend zu berücksichtigen und anzuführen.)

2. Das Duschen

Das Duschen des Körpers umfaßt eine Ganzkörperwäsche unter der Dusche, wobei die Vor- und Nachbereitung, die Ganzkörperwäsche selbst und das Abtrocknen des ganzen Körpers zu berücksichtigen sind.

(Hilfestellung beim Betreten der Duschtasse, bzw. beim Umsetzen des Pflegebedürftigen zum Beispiel auf einen Duschstuhl, ist im Bereich der Mobilität „Stehen" zu berücksichtigen.)

3. Das Baden

Das Baden umfaßt eine Ganzkörperwäsche in einer Badewanne, wobei der Pflegebedürftige entweder sitzen oder liegen kann. Zum eigentlichen Waschvorgang gehören sowohl die Vor- und Nachbereitung, das Waschen des ganzen Körpers selbst sowie das Abtrocknen des Körpers.

(Eine Hilfestellung beim Einsteigen in die Badewanne ist im Bereich der Mobilität „Stehen" zu berücksichtigen.)

4. Die Zahnpflege

Die Zahnpflege umfaßt sowohl die Vorbereitung wie zum Beispiel Zahnpasta-auf-die-Bürste-geben und/oder das Aufschrauben von Behältnissen (Zahnpasta/Mundwasser) als auch den eigentlichen Putzvorgang und die Nachbereitung, aber auch die Reinigung von Zahnersatz und die Mundpflege, daß heißt das Spülen der Mundhöhle mit Mundwasser und die mechanische Reinigung der Mundhöhle.

Materialien

5. Das Kämmen

Dies umfaßt das Kämmen oder Bürsten der Haare entsprechend der individuellen Frisur. Das Legen von Frisuren (z. B. Dauerwellen) oder das Haarewaschen oder -schneiden sind nicht zu berücksichtigen. Eine Ausnahme kann dann vorliegen, wenn durch Erkrankungen oder durch deren Folgen regelmäßig tägliche Haarwäsche erforderlich ist. Trägt der Pflegebedürftige ein Toupet oder eine Perücke, ist das Kämmen oder Aufsetzern dieses Haarteils beim Hilfebedarf zu werten.

6. Das Rasieren

Das Rasieren beinhaltet wahlweise die Trocken- oder Naßrasur und deren sichere Durchführung sowie die damit zusammenhängende Haut- und Gesichtspflege. Bei Frauen kann auch ohne notwendige Gesichtsrasur (Damenbart) die Gesichtspflege berücksichtigt werden. Das Schminken kann nicht als Gesichtspflege gewertet werden.

7. Die Darm- und Blasenentleerung

Hierzu gehören die Kontrolle des Harn- und Stuhlgangs, Reinigung und Versorgung von künstlich geschaffenen Ausgängen (Urostoma, Anuspraeter). Maßnahmen der Behandlungspflege, wie zum Beispiel das Katheterisieren, werden nicht berücksichtigt.

Die notwendigen Handgriffe bei diesem Hygienevorgang, das Richten der Kleidung vor und nach dem Gang zur Toilette, die Intimhygiene wie das Säubern nach dem Wasserlassen und dem Stuhlgang sind zu berücksichtigen, ebenso das Entleeren und Säubern eines Toilettenstuhls bzw. eines Steckbeckens. Bei Fehlhandlungen des zu Pflegenden, wie zum Beispiel Kotschmieren, ist der Säuberungsbedarf hier mit einzuordnen und nicht bei der hauswirtschaftlichen Versorgung zu berücksichtigen. Nicht zu berücksichtigen ist unter diesen Verrichtungen die eventuell eingeschränkte Gehfähigkeit beim Aufsuchen und Verlassen der Toilette. Kann der Pflegebedürftige die Toilette nur deshalb nicht alleine aufsuchen, ist dies unter „Gehen" im Bereich der Mobilität festzustellen und zeitlich zu bewerten.

Aufgrund der Vielfältigkeit der bei der Blasen- und Darmentleerung notwendigen verschiedenen Hilfeleistungen ist es häufig erforderlich, den Hilfebedarf differenziert darzustellen.

5.2 Ernährung

8. Das mundgerechte Zubereiten der Nahrung

Hierzu zählen alle Tätigkeiten, die zur unmittelbaren Vorbereitung dienen, wie die portionsgerechte Vorgabe, das Zerkleinern der zubereiteten Nahrungsmittel, z. B. das mundgerechte Zubereiten bereits belegter Brote,

Begutachtungsrichtlinien

ebenso die notwendige Kontrolle der richtigen Essenstemperatur. Hierzu zählen nicht das Kochen oder das Eindecken des Tisches. Die Zubereitung von Diäten ist nicht hier, sondern unter der lfd. Nr. 17 „Kochen" zu berücksichtigen.

9. Die Aufnahme der Nahrung

Zur Nahrungszufuhr gehören die Nahrungsaufnahme in jeder Form (fest, flüssig) wie auch die Verabreichung von Sondennahrung mittels Nährsonde einschließlich der Pflege der Sonde und die Verwendung von Besteck oder anderer geeigneter Geräte (ggf. das Bereitstellen behindertengerechten Geschirrs oder Eßbestecks), um Nahrung zum Mund zu führen. Notwendige Aufforderungen zur Nahrungsaufnahme (z. B. Trinken) sind zu berücksichtigen.

5.3 Mobilität

10. Das selbständige Aufstehen und Zubettgehen

Dies umfaßt neben der Mobilität auch die eigenständige Entscheidung, zeitgerecht das Bett aufzusuchen bzw. zu verlassen.

Umlagern

Der durch das Umlagern tagsüber und/oder nachts anfallende Pflegeaufwand nach Häufigkeit und Zeit wird als integraler Bestandteil der Grundpflege betrachtet und entsprechend berücksichtigt. Dabei wird so verfahren, daß ein alleiniges Umlagern (ohne Zusammenhang mit der Verrichtungen der Grundpflege) der Verrichtung „Aufstehen/Zubettgehen" zugeordnet und entsprechend dort im Formulargutachten dokumentiert wird. Fällt das Umlagern in Verbindung mit den Verrichtungen an, so erfolgt die Zuordnung und Dokumentation sowie die zeitliche Berücksichtigung bei der jeweiligen Verrichtung.

Der Transfer auf einen Rollstuhl/Toilettenstuhl ist nicht beim Aufstehen und Zubettgehen mit zu berücksichtigen, sondern beim Hilfebedarf des „Stehens".

11. Das An- und Auskleiden

Das An- und Auskleiden beinhaltet neben den notwendigen Handgriffen, zum Beispiel Öffnen und Schließen von Verschlüssen, Auf- und Zuknöpfen, Aus- und Anziehen von Schuhen, die Auswahl der Kleidungsstücke (Jahreszeit, Witterung), deren Entnahme aus ihrem normalen Aufbewahrungsort wie Kommoden und Schränken. Bei der Feststellung des Zeitaufwandes für das An- und Ablegen von Prothesen, Korsetts und Stützstrümpfen hat der Gutachter aufgrund einer eigenen Inaugenscheinnahme den Zeitaufwand individuell zu messen.

Materialien

Das komplette An- und Auskleiden betrifft sowohl den Ober- als auch den Unterkörper. Daneben kommen aber auch Teilbekleidungen und Teilentkleidungen sowohl des Ober- als auch des Unterkörpers vor und müssen gesondert berücksichtigt werden.

12. Das Gehen

Unter Gehen ist das Bewegen innerhalb der Wohnung zu verstehen (s. aber auch lfd. Nr. 15). Fortbewegung beinhaltet bei Rollstuhlfahrern auch die Benutzung des Rollstuhls. Das Gehen ist nur im Zusammenhang mit den gesetzlich definierten Verrichtungen zu werten. Das Gehen im Zusammenhang mit der hauswirtschaftlichen Versorgung ist als hauswirtschaftlicher Hilfebedarf zu werten.

Der Gutachter hat den Zeitaufwand für das „Gehen" unter Berücksichtigung der in der Wohnung zurückzulegenden Wegstrecke und unter Berücksichtigung der Bewegungsfähigkeit des Pflegebedürftigen abzuschätzen. Als Maß für die Gehstrecke bei der einzelnen Verrichtung in der „durchschnittlichen häuslichen Wohnsituation" (vgl. Punkt 2.4) ist eine einfache Gehstrecke von 8 Metern anzunehmen.

13. Das Stehen

Notwendige Hilfestellungen beim Stehen sind im Hinblick auf die Durchführung der gesetzlich vorgegebenen Verrichtungen im Rahmen aller anfallenden notwendigen Handlungen zeitlich berücksichtigt (s. aber auch lfd. Nr. 15).

Zu werten im Bereich des „Stehens" sind jedoch notwendige Transfere, z. B. auf einen Rollstuhl und/oder einen Toilettenstuhl, in eine Badewanne oder Duschtasse.

14. Das Treppensteigen

Das Treppensteigen ist nur im Zusammenhang mit den gesetzlich definierten Verrichtungen zu werten. Das Treppensteigen im Zusammenhang mit der hauswirtschaftlichen Versorgung ist als hauswirtschaftlicher Hilfebedarf zu werten.

Das Treppensteigen beinhaltet das Überwinden von Stufen innerhalb der Wohnung. Keine andere Verrichtung im Bereich der Grundpflege ist so abhängig vom individuellen Wohnbereich des Antragstellers wie das Treppensteigen. Besonders ist zu prüfen, ob die Notwendigkeit besteht, für die Verrichtungen des täglichen Lebens eine Treppe zu benutzen. Ist dies nicht erforderlich, kann diese Verrichtung beim Pflegeumfang nicht berücksichtigt werden. Sollte es notwendig sein, zur Durchführung der Verrichtungen des täglichen Lebens eine Treppe zu benutzen, so hat der Gutachter sich den Bewegungsablauf und den zeitlichen Aufwand des Treppensteigens durch den Pflegebedürftigen und seine Hilfsperson demonstrieren zu lassen und das Ergebnis seiner Beobachtung in seinem Gutachten zu dokumentieren.

Bei Begutachtungen in stationären Einrichtungen kann ein Hilfebedarf beim Treppensteigen wegen der Vorgabe der „durchschnittlichen häuslichen Wohnsituation" nicht gewertet werden (siehe aber auch lfd. Nr. 15).

15. Das Verlassen und Wiederaufsuchen der Wohnung

Es sollen nur solche Verrichtungen außerhalb der Wohnung in die Begutachtung einbezogen werden, die für die Aufrechterhaltung der Lebensführung zu Hause unumgänglich sind und das persönliche Erscheinen des Antragstellers notwendig machen, wie das Aufsuchen von Ärzten, die Inanspruchnahme ärztlich veranlaßter Therapien, das Aufsuchen von Apotheken oder Behörden. Die Verkehrssicherheit ist zu berücksichtigen. Hier sind das Gehen, Stehen und Treppensteigen außerhalb der Wohnung zu berücksichtigen, sofern es den oben genannten Zielen dient.

Die Möglichkeit der Benutzung öffentlicher Verkehrsmittel und von Taxen ist einzubeziehen. Ist eine Begleitung erforderlich, ist die Fahrtzeit zu berücksichtigen. Bei Kindern und dementen Menschen ist in der Regel von einem Hilfebedarf während der Fahrt auszugehen. Wartezeiten während der Behandlung werden nicht berücksichtigt. Weitere Hilfen – zum Beispiel zum Aufsuchen von Behindertenwerkstätten, Schulen oder Kindergärten sowie bei Spaziergängen oder Besuchen von kulturellen Veranstaltungen – bleiben unberücksichtigt. Der Hilfebedarf beim Einkaufen ist unter der lfd. Nr. 16 „Einkaufen" mit zu berücksichtigen.

5.4 Hauswirtschaftliche Versorgung

Es sind nur die Tätigkeiten bei den folgenden Verrichtungen zu berücksichtigen, die sich auf die Versorgung des Antragstellers selbst beziehen. Die Versorgung möglicher weiterer Familienmitglieder bleibt unberücksichtigt. Ein möglicher Mehraufwand im Mehrpersonenhaushalt beim Einkaufen, Kochen und bei den übrigen genannten hauswirtschaftlichen Verrichtungen, soweit er für den Antragsteller anfällt, ist zu berücksichtigen.

Wenn ein krankheits- und/oder behinderungsbedingter Hilfebedarf im Bereich der hauswirtschaftlichen Versorgung besteht, ist er zu berücksichtigen, auch wenn die Versorgung durch Dritte (z. B. Putzfrau, Essen auf Rädern, Angehörige) erfolgt.

16. Das Einkaufen

Dies beinhaltet auch das Planen und Informieren bei der Beschaffung von Lebens-, Reinigungs- sowie Körperpflegemitteln, den Überblick zu haben, welche Lebensmittel wo eingekauft werden müssen, unter Berücksich-

Materialien

tigung der Jahreszeit und Menge, die Kenntnis des Wertes von Geld (preisbewußt) sowie die Kenntnis der Genieß- und Haltbarkeit von Lebensmitteln und die richtige Lagerung.

17. Das Kochen

Es umfaßt die gesamte Zubereitung der Nahrung, wie Aufstellen eines Speiseplans für die richtige Ernährung unter Berücksichtigung von Alter und Lebensumständen. Auch die Bedienung der technischen Geräte sowie die Einschätzung der Mengenverhältnisse und Garzeiten unter Beachtung von Hygieneregeln sind zu werten.

18. Das Reinigen der Wohnung

Hierzu gehört das Reinigen von Fußböden, Möbeln, Fenstern und Haushaltsgeräten im allgemein üblichen Lebensbereich des Pflegebedürftigen. Auch die Kenntnis von Reinigungsmitteln und -geräten sowie das Bettenmachen sind hier zu berücksichtigen.

19. Das Spülen

Je nach den Gegebenheiten des Haushalts ist Hand- bzw. maschinelles Spülen zu werten.

20. Das Wechseln und Waschen der Wäsche und Kleidung

Hierzu gehören das Einteilen und Sortieren der Textilien, das Waschen, Aufhängen, Bügeln, Ausbessern und Einsortieren der Kleidung in den Schrank sowie das Bettenbeziehen.

21. Das Beheizen

Das Beheizen umfaßt auch die Beschaffung und Entsorgung des Heizmaterials.

6. Ergebnis der Prüfung des Vorliegens der Pflegebedürftigkeit

Kriterien für die Zuordnung zu einer der drei Pflegestufen sind Art und Häufigkeit des Hilfebedarfs, dessen tageszeitliche Zuordnung und der zeitliche Mindestaufwand. Geringfügige, gelegentliche oder nur kurzfristige Hilfeleistungen führen nicht zu einer Anerkennung einer Pflegestufe. Das gilt auch, wenn Hilfebedarf nur bei der hauswirtschaftlichen Versorgung besteht.

Der Anspruch nach dem SGB XI setzt einen auf Dauer, voraussichtlich für mindestens 6 Monate, bestehenden Hilfebedarf bei der Ausübung bestimmter Verrichtungen im Ablauf des täglichen Lebens voraus. Der Ein-

Begutachtungsrichtlinien

schub „voraussichtlich für mindestens 6 Monate" präzisiert den Begriff „auf Dauer" in mehrfacher Hinsicht. Zum einen wird festgelegt, daß nur Zeiträume von mindestens 6 Monate die Voraussetzung „auf Dauer" erfüllen. Zum anderen wird verdeutlicht, daß bereits vor Ablauf von 6 Monaten eine Entscheidung über das Vorliegen von Pflegebedürftigkeit getroffen werden kann, wenn vorhersehbar ist, daß der Zustand der Hilfebedürftigkeit mindestens 6 Monate andauern wird. Pflegebedürftigkeit auf Dauer ist auch gegeben, wenn der Hilfebedarf deshalb nicht 6 Monate andauert, weil die verbleibende Lebensspanne voraussichtlich weniger als 6 Monate beträgt.

Bei der Beurteilung der 6-Monatsfrist ist vom Eintritt der Hilfebedürftigkeit und nicht vom Zeitpunkt der Untersuchung auszugehen.

Der Zeitpunkt der Antragstellung hat in diesem Zusammenhang lediglich leistungsrechtliche Auswirkungen und ist für die Bestimmung des Zeitraumes „auf Dauer" nicht maßgebend. Die Festlegung des Leistungsbeginns ist Aufgabe der Pflegekasse.

Mögliche Verbesserungen durch Prävention und/oder durch Einsatz von Pflege-/Hilfsmitteln sind bei der Prüfung des Vorliegens von Pflegebedürftigkeit nur zu berücksichtigen, wenn die Veränderung in der zu beurteilenden 6-Monatsfrist konkret mit hoher Wahrscheinlichkeit zu erwarten ist. Ist diese Veränderung nur möglich oder wahrscheinlich, ist der ggf. resultierende neue Hilfebedarf im Rahmen einer späteren Wiederholungsuntersuchung festzustellen. Hierzu sind vom Gutachter unter „Prognose" (Pkt. 6.2) und „Termin der Wiederholungsbegutachtung" (Pkt. 9) im Gutachten entsprechende Hinweise zu geben.

Bei bestehendem Rehabilitationspotential des Antragstellers ist

– das Vorliegen von Pflegebedürftigkeit bzw. die Anerkennung einer höheren Pflegestufe bei einem – im Zeitpunkt der Begutachtung festgestellten – erheblichen oder höheren Hilfebedarf zu verneinen, wenn die Voraussetzungen der erheblichen Pflegebedürftigkeit oder einer höheren Pflegestufe als Folge geeigneter und zumutbarer Rehabilitationsmaßnahmen voraussichtlich innerhalb von sechs Monaten nicht mehr vorliegen,

– der Pflegekasse diejenige Pflegestufe zu empfehlen, deren Voraussetzungen nach Abschluß geeigneter und zumutbarer Rehabilitationsmaßnahmen voraussichtlich auf Dauer bestehen bleiben werden.

Läßt sich eine auf Dauer bestehende Pflegebedürftigkeit nicht mit großer Wahrscheinlichkeit prognostizieren, ist der Pflegekasse die Ablehnung des Antrags zu empfehlen; zugleich ist anzugeben, wann voraussichtlich ein neuer Antrag und eine neue Begutachtung sinnvoll sind.

Materialien

6.1 Liegt Pflegebedürftigkeit gemäß SGB XI vor?

Die gutachterliche Entscheidung, ob aufgrund von Krankheit oder Behinderung Pflegebedürftigkeit vorliegt, gründet sich auf

– die Feststellung des Hilfebedarfs bei den definierten Verrichtungen,
– die Zuordnung dieser Verrichtungen im Tagesablauf,
– die Häufigkeit der hierzu erforderlichen Hilfeleistungen im Tagesdurchschnitt,
– den jeweiligen Zeitaufwand für diese Hilfeleistungen im Tages-/Wochendurchschnitt,
– die zeitliche Gewichtung der Maßnahmen der Grundpflege (einschließlich der pflegeunterstützenden Maßnahmen) sowie der hauswirtschaftlichen Versorgung,
– die Dauer des voraussichtlichen Hilfebedarfs über mindestens 6 Monate.

Liegt nach dieser Bewertung keine Pflegebedürftigkeit vor, ist dies zu begründen. Ggf. sind dann unter Pkt. 6.2 im Gutachten präventive Maßnahmen zur Vermeidung einer ansonsten drohenden Pflegebedürftigkeit zu empfehlen.

Weiterhin ist zu dokumentieren, seit wann Pflegebedürftigkeit vorliegt. Dies ist ohne Schwierigkeiten möglich, wenn die jeweilige Pflegebedürftigkeit durch eindeutig zuzuordnende Ereignisse ausgelöst worden ist. Es ist jedoch auch bei chronischen Verläufen eine begründete Abschätzung des Beginns der festgestellten Pflegestufe notwendig.

Liegt Pflegebedürftigkeit vor, ist die Einstufung entsprechend der nachfolgenden Kriterien vorzunehmen. Eine Begründung zu den einzelnen Pflegestufen ist abzugeben. Das Gutachten muß in jedem Falle eine Aussage zu Art und Umfang des nächtlichen Hilfebedarfs enthalten.

6.1.1 Stufen der Pflegebedürftigkeit

Für die Gewährung von Leistungen nach dem SGB XI sind pflegebedürftige Personen einer der folgenden drei Pflegestufen zuzuordnen:

1. Pflegebedürftige der Pflegestufe I (erheblich Pflegebedürftige) sind Personen, die bei der Körperpflege, der Ernährung oder der Mobilität für wenigstens zwei Verrichtungen aus einem oder mehreren Bereichen mindestens einmal täglich der Hilfe bedürfen und zusätzlich mehrfach in der Woche Hilfen bei der hauswirtschaftlichen Versorgung benötigen.
2. Pflegebedürftige der Pflegestufe II (Schwerpflegebedürftige) sind Personen, die bei der Körperpflege, der Ernährung oder der Mobilität min-

Begutachtungsrichtlinien

destens dreimal täglich zu verschiedenen Tageszeiten der Hilfe bedürfen und zusätzlich mehrfach in der Woche Hilfen bei der hauswirtschaftlichen Versorgung benötigen.

3. Pflegebedürftige der Pflegestufe III (Schwerstpflegebedürftige) sind Personen, die bei der Körperpflege, der Ernährung oder Mobilität täglich rund um die Uhr, auch nachts, der Hilfe bedürfen und zusätzlich mehrfach in der Woche Hilfen bei der hauswirtschaftlichen Versorgung benötigen.

Für die Gewährung von Leistungen nach § 43 a SGB XI reicht die Feststellung, daß die Voraussetzungen der Pflegestufe I erfüllt sind.

Bei Kindern ist für die Zuordnung der zusätzliche Hilfebedarf gegenüber einem gesunden gleichaltrigen Kind maßgebend.

Der Zeitaufwand, den ein Familienangehöriger oder eine andere nicht als Pflegekraft ausgebildete Pflegeperson für die erforderlichen Leistungen der Grundpflege und hauswirtschaftlichen Versorgung benötigt, muß wöchentlich im Tagesdurchschnitt

1. in der Pflegestufe I mindestens 90 Minuten betragen; hierbei müssen auf die Grundpflege mehr als 45 Minuten entfallen,
2. in der Pflegestufe II mindestens drei Stunden betragen; hierbei müssen auf die Grundpflege mindestens zwei Stunden entfallen.
3. in der Pflegestufe III mindestens fünf Stunden betragen; hierbei müssen auf die Grundpflege mindestens vier Stunden entfallen.

Des weiteren ist bei der Beantragung von Sachleistung, Kombinationsleistung oder vollstationärer Pflege in der Pflegestufe III das Vorliegen eines außergewöhnlich hohen Pflegeaufwandes (vgl. § 36 Abs. 4 bzw. § 43 Abs. 3 SGB XI) zu prüfen, ggf. zu begründen und zu dokumentieren (vgl. auch Härtefall-Richtlinien vom 10.07.1995, geändert durch Beschlüsse vom 19.10.1995 und 03.07.1996).

Der Pflegeaufwand kann sich aufgrund der individuellen Situation des Pflegebedürftigen als außerordentlich hoch bzw. intensiv darstellen, wenn die täglich durchzuführenden Pflegemaßnahmen das übliche Maß der Grundversorgung im Sinne von Ziffer 4.1.3 der Pflegebedürftigkeits-Richtlinien qualitativ und quantitativ weit übersteigen.

Das ist der Fall, wenn

– die Grundpflege für den Pflegebedürftigen auch des Nachts nur von mehreren Pflegekräften gemeinsam (zeitgleich) erbracht werden kann

oder

– Hilfe bei der Körperpflege, der Ernährung oder der Mobilität mindestens 7 Stunden täglich, davon wenigstens 2 Stunden in der Nacht, erforderlich ist.

Das zeitgleiche Erbringen der Grundpflege des Nachts durch mehrere Pflegekräfte ist so zu verstehen, daß wenigstens bei einer Verrichtung tagsüber und des nachts neben einer professionellen mindestens eine weitere Pflegekraft, die nicht bei einem Pflegedienst beschäftigt sein muß (z. B. Angehörige), tätig werden muß. Durch diese Feststellung soll erreicht werden, daß nicht mehrere Pflegekräfte eines Pflegedienstes (§ 71 SGB XI) hier tätig werden müssen.

Zusätzlich muß ständige Hilfe bei der hauswirtschaftlichen Versorgung erforderlich sein. Es ist zu dokumentieren, wie hoch der durch die Grundpflege entstehende geschätzte Zeitaufwand ist.

6.1.2 Besonderheiten bei vollstationärer Pflege

Bei einem Wechsel von häuslicher in vollstationäre Pflege behält der Pflegebedürftige die ihm zuerkannte Pflegestufe, es sei denn, daß nach einem erneuten Begutachtungsauftrag eine davon abweichende Pflegestufe festgestellt wird.

Die Erforderlichkeit von stationärer Pflege kann im Einzelfall im Rahmen eines Besuchs geprüft werden, um das häusliche Umfeld erfassen zu können. Bei anerkannter Pflegestufe III entfällt diese Prüfung. Verfügt der Antragsteller zum Zeitpunkt der Begutachtung nicht mehr über eine eigene Wohnung, so ist für die Bemessung des zeitlichen Mindestaufwandes bezüglich des festgestellten Hilfebedarfs durch Laienpfleger von einer durchschnittlichen häuslichen Wohnsituation auszugehen (vgl. zur Beschreibung der durchschnittlichen häuslichen Wohnsituation Punkt 2.4).

6.1.3 Begutachtung in vollstationären Einrichtungen der Behindertenhilfe

In vollstationären Einrichtungen der Behindertenhilfe gibt es folgende wesentliche Besonderheiten:

– Wird ein Antrag auf Leistungen nach § 43 a SGB XI gestellt, hat der Gutachter nur festzustellen, ob eine erhebliche Pflegebedürftigkeit, d. h. mindestens Pflegestufe I, besteht oder nicht; eine weitergehende Differenzierung nach Pflegestufen entfällt.

In diesen Einrichtungen stehen nicht die Pflege nach SGB XI, sondern die Maßnahmen der Eingliederungshilfe im Vordergrund. Daher sind in diesem Zusammenhang die Fähigkeiten in bezug auf die Aktivitäten des täglichen Lebens (Pkt. 3.4 des Formulargutachtens für Antragsteller aus dem häuslichen und stationären Bereich) sowie die „Empfehlungen an die Pflegekassen/individueller Pflegeplan" (Pkt. 7 des letztgenannten Formulargutachtens) irrelevant; es wird eine verkürzte Fassung des verbindlich vorgeschriebenen Formulargutachtens verwendet (s. Anhang 3).

- Werden auch Leistungen der häuslichen Pflege beantragt, erfolgt eine vollständige Begutachtung.

6.2 Prognose über die weitere Entwicklung der Pflegebedürftigkeit

Der Gutachter hat hier die weitere voraussichtliche Entwicklung der Pflegebedürftigkeit abzuschätzen und zu dokumentieren. Kann durch zumutbare kurative, pflegerische oder rehabilitative Maßnahmen sowie durch den Einsatz von Pflege-/Hilfsmitteln oder durch eine Verbesserung des Wohnumfeldes der Hilfebedarf gemindert werden, ist dies bei der Prognose mit anzugeben.

6.3 Ist die häusliche Pflege in geeigneter Weise sichergestellt?

Diese Fragestellung ist grundsätzlich bei beantragter Geldleistung zu beantworten. Ein festgestelltes Defizit der häuslichen Pflege ist zu begründen. Werden Defizite in der professionellen Pflege festgestellt, so sind diese unter Punkt 8 des Formulargutachtens zu vermerken. Anzeichen von Mißhandlungen des Antragstellers sind dort gleichfalls zu dokumentieren.

Der Gutachter hat sich zu orientieren
- an der Situation des Pflegebedürftigen,
- an den Belastungen und der Belastbarkeit der Pflegeperson,
- am sozialen Umfeld der konkreten Pflegesituation,
- an der Wohnsituation einschließlich möglicher Wohnumfeldverbesserungen des Antragstellers.

Der Gutachter hat sich vor Augen zu führen, daß er in diesem Punkt häufig tiefgreifend in familiäre Strukturen eingreift. Grundsätzlich hat die häusliche Pflege nach dem Willen des Gesetzgebers Vorrang vor jeglicher stationärer Pflege. Der Vorrang häuslicher Pflege hat dort seine Grenzen, wo, bedingt durch die familiären und sozialen Verhältnisse, eine angemessene Versorgung und Betreuung im häuslichen Bereich nicht sichergestellt ist.

Wird festgestellt, daß die häusliche Pflege auch bei Realisierung der im Gutachten (Abschnitte 7 und 8) gegebenen Empfehlungen nicht in geeigneter Weise sichergestellt werden kann, so ist darauf hinzuwirken, daß professionelle häusliche Pflege in Anspruch genommen wird. Hierbei kommen entweder die kombinierte Geld- und Sachleistung oder die alleinige Sachleistung in Betracht. Der Pflegebedürftige kann sich auch für die teilstationäre oder vollstationäre Pflege entscheiden.

Da derartige Empfehlungen auch weitreichende Konsequenzen für den Pflegebedürftigen in Form des Entzugs der gewohnten Geldleistung und für die Pflegeperson in Form versagter Rentenversicherungsansprüche haben, ist mit solchen Vorschlägen behutsam umzugehen.

Materialien

6.4 Ist vollstationäre Pflege erforderlich?

Die Erforderlichkeit ist nur dann zu prüfen und zu begründen, wenn ein Antrag auf vollstationäre Pflegeleistung gestellt wurde und Pflegebedürftigkeit i. S. des SGB XI vorliegt. Bei Versicherten, die bereits vor dem 01.04.1996 in einer vollstationären Pflegeeinrichtung lebten, wird die Notwendigkeit der vollstationären Pflege unterstellt. Liegt Schwerstpflegebedürftigkeit (Stufe III) vor, wird die Erforderlichkeit von vollstationärer Pflege wegen der Art, Häufigkeit und des zeitlichen Umfangs des Hilfebedarfs gleichfalls unterstellt.

Vollstationäre Pflege kann insbesondere erforderlich sein bei
- Fehlen einer Pflegeperson,
- fehlender Pflegebereitschaft möglicher Pflegepersonen,
- drohender oder bereits eingetretener Überforderung von Pflegepersonen,
- drohender oder bereits eingetretener Verwahrlosung des Pflegebedürftigen,
- Eigen- und Fremdgefährdungstendenzen des Pflegebedürftigen,
- räumlichen Gegebenheiten im häuslichen Bereich, die keine häusliche Pflege ermöglichen und durch Maßnahmen zur Verbesserung des individuellen Wohnumfeldes (§ 40 Abs. 4 SGB XI) nicht verbessert werden können.

Das Kriterium des Fehlens einer Pflegeperson bzw. der fehlenden Pflegebereitschaft möglicher Pflegepersonen sollte erst dann als erfüllt betrachtet werden, nachdem der Antragsteller auf die Möglichkeit, ambulante Pflege, teilstationäre oder Kurzzeitpflege in Anspruch nehmen zu können, hingewiesen wurde.

Eine Überforderung von Pflegepersonen entsteht aus unterschiedlichen Gründen, wie z. B.:
- Die Pflegepersonen sind selbst betagt oder gesundheitlich beeinträchtigt.
- Die Entfernung zwischen dem Wohn- und Pflegeort ist zu groß.
- Die psychische Belastung, die durch eine Pflegesituation entsteht, wird individuell unterschiedlich verarbeitet. Manche Personen geraten bereits bei geringem Pflegeaufwand in eine Überforderungssituation und sind deshalb zur Übernahme der Pflege nicht in der Lage.

Droht ein pflegerisches Defizit durch Überforderung der Pflegeperson, so gilt das Kriterium als erfüllt. Dabei ist zu berücksichtigen, daß eine absehbar zeitlich befristete Überforderungssituation der Pflegeperson u. U. durch Kurzzeitpflege oder teilstationäre Pflege des Pflegebedürftigen behoben werden kann.

Soziale Isolation kann Verwahrlosungstendenzen begünstigen. Anzeichen dafür können u. a. sein

- die Vernachlässigung der Körperpflege,
- unregelmäßige und nicht ausreichende Einnahme von Mahlzeiten,
- die Vernachlässigung des Haushaltes.

Diese Situation kann auftreten, obgleich die Durchführung der hierfür notwendigen Verrichtungen vom körperlichen Funktionszustand her möglich wäre.

Eine Eigengefährdung kann vorliegen, wenn der Betroffene nicht oder nicht rechtzeitig im Falle des eintretenden akuten Hilfebedarfs Hilfe herbeiholen kann (z. B. bei therapieresistenten Anfallsleiden). Eine Eigengefährdung kann auch dann vorliegen, wenn der Betroffene hochgradig verwirrt oder antriebsarm ist, den Realitätsbezug verloren hat, schwer depressiv herabgestimmt ist oder Suizidtendenzen vorliegen. Eigengefährdung kann mit Fremdgefährdung einhergehen. Insbesondere liegt Fremdgefährdung vor, wenn der Antragsteller die Übersicht im Umgang mit Strom, Gas und Wasser verloren hat. Für eine solche Eigengefährdung müssen konkrete Hinweise vorliegen.

Räumliche Gegebenheiten im häuslichen Bereich, die ein wesentliches Hindernis für die häusliche Pflege darstellen können, sind z. B. die Lage von Toiletten und Bad außerhalb der Wohnung, die fehlende Rollstuhlgängigkeit der Wohnung (z. B. infolge zu schmaler Türen von Küche, Bad und WC). Liegt eine entsprechende Situation vor, sollte zunächst geprüft werden, ob durch Maßnahmen zur Verbesserung des individuellen häuslichen Wohnumfeldes die wesentlichen Hindernisse für die ambulante Pflege zu beseitigen sind und damit vollstationäre Pflege vermeidbar ist.

6.5 Liegen Hinweise auf folgende Ursachen der Pflegebedürftigkeit vor?

Liegen Hinweise dafür vor, daß die Pflegebedürftigkeit durch Unfallfolgen, Berufserkrankungen oder Versorgungsleiden hervorgerufen wurde, ist dies anzugeben.

6.6 Stimmt der unter 1.4 angegebene Pflegeaufwand mit dem festgestellten Hilfebedarf überein?

Der Gutachter hat an dieser Stelle die vom Antragsteller bzw. der Pflegeperson geltend gemachten Pflegezeiten zu überprüfen und, ausgehend vom festgestellten Hilfebedarf, eine eigenständige Bewertung des wöchentlichen Pflegeaufwandes vorzunehmen.

Materialien

7. Empfehlungen an die Pflegekasse/individueller Pflegeplan

Diese Empfehlungen gründen sich auf die im Gutachten dokumentierten Erhebungen, insbesondere zu den funktionellen Einschränkungen, zur Versorgungssituation und zu den Fähigkeiten in bezug auf die Aktivitäten des täglichen Lebens (ATL).

Hier sind nur über die derzeitige Versorgungssituation hinausgehend

- Vorschläge für Maßnahmen zur Prävention und zur Rehabilitation,
- Empfehlungen zu notwendigen Hilfsmitteln (§ 33 SGB V), Pflegehilfsmitteln und technischen Hilfen (§ 40 SGB XI),
- Vorschläge zur Verbesserung des individuellen Wohnumfeldes (§ 40 Abs. 4 SGB XI),
- Vorschläge über Art und Umfang der im Bereich der pflegerischen Leistungen im Einzelfall erforderlichen Hilfen

zu dokumentieren. Dabei sind die in den Pflegebedürftigkeits-Richtlinien festgelegten Ziele der Pflege der Ausgangspunkt. Empfehlungen an Pflegekassen zur Ergänzung der derzeitigen Versorgungssituation sind insbesondere dann erforderlich, wenn

- Sachleistungen beantragt bzw. gewünscht werden,
- die häusliche Pflege nicht ausreichend sichergestellt ist,
- Leistungen sowohl in der häuslichen Umgebung als auch in Einrichtungen erbracht werden sollen.

Diese Empfehlungen richten sich an die Pflegekasse, aber auch an andere Sozialleistungsträger sowie an Leistungserbringer.

7.1 Maßnahmen zur Rehabilitation

Pflegebedürftigkeit ist regelmäßig kein unveränderbarer Zustand, sondern ein Prozeß, der durch präventive, therapeutische bzw. rehabilitative Maßnahmen und durch aktivierende Pflege beeinflußbar ist.

Mit dem Pflege-Versicherungsgesetz ist die Notwendigkeit rehabilitativere Maßnahmen bei drohender und bestehender Pflegebedürftigkeit hervorgehoben werden. Daher sind in jedem Einzelfalle im Rahmen der Begutachtung der Pflegebedürftigkeit die Möglichkeiten zur Rehabilitation zu prüfen.

Ziele der Rehabilitation

Ziel der Rehabilitation bei diesem Personenkreis ist es, durch die Wiedergewinnung, Verbesserung oder den Erhalt einer möglichst weitgehenden

Selbständigkeit des Antragstellers bei den Verrichtungen des täglichen Lebens
- die drohende Pflegebedürftigkeit zu vermeiden,
- eine bestehende Pflegebedürftigkeit zu beseitigen,
- eine bestehende Pflegebedürftigkeit zu mindern oder einer Verschlimmerung entgegenzuwirken.

Dabei kann es sowohl um die Reduktion des Hilfsbedarfs innerhalb der festgestellten Pflegestufe als auch um eine Verringerung des Pflegebedarfs zu einer niedrigeren Stufe gehen.

Indikationen für Rehabilitationsmaßnahmen

Auf dieser Grundlage liegt die Indikation für Rehabilitationsmaßnahmen dann vor, wenn
- eine Rehabilitationsbedürftigkeit und
- eine Rehabilitationsfähigkeit bestehen und
- die vorgeschlagenen Maßnahmen zumutbar sind.

Rehabilitationsbedürftigkeit und Rehabilitationsfähigkeit liegen dann vor, wenn ein Erfolg von Rehabilitationsmaßnahmen im Sinne der Vermeidung von Schädigung (Impairment) und/oder Fähigkeitsstörung (Disability) in einem absehbaren Zeitraum konkret voraussehbar ist und bei dem betroffenen Antragsteller die psychischen und somatischen Fähigkeiten zur Mitwirkung bei den vorgeschlagenen Rehabilitationsmaßnahmen gegeben sind. Dabei ist zu berücksichtigen, daß auch bei psychisch Kranken sowie geistig, seelisch und körperlich Behinderten geeignete Rehabilitationsmaßnahmen in Betracht kommen.

Ist der Gutachter vom voraussichtlichen Erfolg der Rehabilitationsmaßnahmen überzeugt, sollte er den Antragsteller zur Teilnahme motivieren, ggf. unter Beteiligung der Pflegeperson, Angehörigen und des behandelnden Arztes. Dabei ist die Eigenverantwortlichkeit des Antragstellers zu betonen (§ 6 SGB XI). Ohne dessen Mitwirkung ist jegliche Rehabilitationsmaßnahme nicht erfolgversprechend.

Versorgungsstrukturen

Bei der konkret zu formulierenden Empfehlung zu Maßnahmen der Rehabilitation ist das gesamte gestufte Versorgungssystem (ambulant, teilstationär, stationär) aller in Betracht kommenden Leistungsträger (z. B. Krankenkassen, Rentenversicherungsträger, Sozialhilfeträger) zu berücksichtigen. Es gelten die Prinzipien der Vorrangigkeit „ambulant am Wohnort oder ambulant am Kurort", „ambulant vor teilstationär", „teilstationär vor vollstationär".

Die voraussichtliche Dauer der Maßnahmen und deren Prognose sind im Gutachten festzuhalten und ggf. Teilziele zu definieren, deren Erreichen durch Wiederholungsbegutachtungen zu überprüfen ist. In Zweifelsfällen ist ein zeitlich befristeter Rehabilitationsversuch zu empfehlen.

Das Angebot zur Rehabilitation ist regional unterschiedlich. Der Gutachter soll notwendige Rehabilitationsmaßnahmen auch dann erwähnen, wenn er weiß, daß diese Möglichkeiten konkret in zumutbarer Entfernung nicht gegeben sind. Es gehört auch zu den Aufgaben des MDK-Gutachters, im Einzelfall auf eventuelle Versorgungsdefizite aufmerksam zu machen. Somit ist es unerläßlich, daß der Gutachter über die regionalen Versorgungsstrukturen informiert ist.

Für die o. g. Rehabilitationsmaßnahmen ergibt sich die Leistungszuständigkeit der Krankenkassen, sobald es sich um Leistungen im Rahmen des SGB V handelt.

7.2 Verbesserung/Veränderung der Pflegehilfsmittel-/Hilfsmittelversorgung

Die Ausführungen zu den Punkten 7.2 – 7.4.3 beziehen sich ausschließlich auf die Begutachtung im häuslichen Bereich.

In jedem Einzelfall ist die Möglichkeit der Verbesserung der Versorgung im häuslichen Bereich zu prüfen. Ausgehend von der derzeitigen Versorgung (Punkt 1.3 des Gutachtens) sind differenzierte Empfehlungen abzugeben. Dazu sollten Art und Zweck der vorgeschlagenen Versorgung an dieser Stelle detailliert dokumentiert werden.

Pflege-/Hilfsmittel dienen der Erleichterung der Pflege und der Linderung der Beschwerden sowie der Ermöglichung einer selbständigeren Lebensführung, der Sicherung der Krankenbehandlung, dem Ausgleich bzw. der Verringerung von Behinderungen.

Als Pflege-/Hilfsmittel gelten Produkte, wenn sie nicht nach jeweils gültigem Standard als Gebrauchsgegenstände des täglichen Lebens oder als Ausstattungsgegenstände einer behindertengerechten Wohnung eingestuft werden können (vgl. auch § 40 Abs. 1 – 4 SGB XI). Das Pflege-/Hilfsmittelverzeichnis ist maßgebend.

Wird ein vorhandenes Pflege-/Hilfsmittel, das unter Pkt. 1.3 des Gutachtens beschrieben wurde, nicht oder nur unzureichend genutzt, ist zu prüfen, ob es der Pflegebedürftige bedienen kann, und wenn nicht, ob eine Ausbildung im Gebrauch erforderlich ist oder eventuell Änderungen oder Anpassungen erforderlich sind.

7.3 Technische Hilfen und bauliche Maßnahmen zur Anpassung des Wohnumfeldes

(Einzelheiten ergeben sich aus dem gemeinsamen Rundschreiben der Spitzenverbände der Pflegekassen zu den Maßnahmen zur Verbesserung des individuellen Wohnumfeldes des Pflegebedürftigen nach § 40 Abs. 4 SGB XI vom 28.10.1996.)

Hierbei handelt es sich um von der Pflegekasse bezuschußte Maßnahmen, die mit wesentlichen Eingriffen in die Bausubstanz verbunden sind, bzw. um Ein- und Umbau von Mobiliar, damit der Pflegebedürftige mit einem geringeren Hilfebedarf in seinem Umfeld verbleiben kann.

Es kommen z. B. in Frage:

Bad: Unterfahrbares Waschbecken, verstellbare Spiegel, behindertengerechte Toilette, behindertengerechter Umbau von Dusche oder Wanne.

Türen: verbreitern, Schwellen beseitigen, Türgriffe tiefer setzen, automatische Türöffnung anbringen.

Treppen: Wandlifter, fest installierte Rampen

Küche: Unterfahrbarkeit der Arbeitsplatte, Höhenverstellbarkeit der Schränke, Wasseranschlüsse/Armaturen.

Sonstige Maßnahmen, die den Pflegebedürftigen bei den Verrichtungen des täglichen Lebens unterstützen und eine eigenständige Übernahme der Verrichtungen zum Ziel haben.

7.4 Art und Umfang von Pflegeleistungen

Hier sind durch den Gutachter unter Berücksichtigung der ATL notwendige Pflegeleistungen sachlich aufzuzeigen.

7.4.1 Unterstützung/Veränderung in bezug auf Antragsteller/Pflegeperson im Hinblick auf Art und Umfang der Pflege

Der Gutachter hat hier konkrete Maßnahmen vorzuschlagen (z. B. aktivierende Pflege).

7.4.2 Entlastung in bezug auf Antragsteller/Pflegeperson

Droht eine Pflegesituation aufgrund aktueller Überlastungen der Betroffenen zu entgleisen, können hier Vorschläge zu einer kurz- oder mittelfristigen Entlastung gemacht werden.

7.4.3 Beratung in bezug auf Antragsteller/Pflegeperson

Ist während des Besuchs eine Unkenntnis in bezug auf pflegeerleichternde Maßnahmen und in bezug auf die Ausführung von Pflege-

Materialien

maßnahmen erkennbar, soll der Gutachter an dieser Stelle des Gutachtens der Pflegekasse entsprechende Hinweise geben und diese Maßnahmen vor Ort beratend einbringen.

7.4.4 Vorschläge zur Versorgung in der stationären Pflegeeinrichtung

Die Begutachtung hat die individuelle pflegerische „Ist-Situation" mit allgemeinen Standards pflegerischer Praxis abzugleichen. Dabei ist von aktivierender Pflege auszugehen.

Empfehlungen zur Veränderung der pflegerischen Situation des Antragstellers können sich sowohl auf organisatorische (z. B. Gestaltung des Tagesablaufes, Essenszeiten, Weckzeiten), räumliche (z. B. Anordnung des Bettes und der Möbel im Zimmer) und inhaltliche (z. B. Prinzip der aktivierenden Pflege) Aspekte beziehen als auch auf den Bereich der „allgemeinen Pflegeleistungen" bezüglich einzelner pflegerischer Verrichtungen, aber auch auf bestimmte Personengruppen (z. B. Altersverwirrte, Hemiplegiker, Inkontinente).

Diese Empfehlungen sollten dem räumlichen und organisatorischen Gesamtverbund, in dem die Pflege des Antragstellers stattfindet, Rechnung tragen. Sie haben auch die individuellen Wünsche des Pflegebedürftigen zu berücksichtigen.

7.5 Mögliche kurative Defizite

An dieser Stelle sind offensichtliche therapeutische Unterversorgungen aufzuzeigen. Ggf. ist mit Einwilligung des Antragstellers, Bevollmächtigten oder Betreuers Kontakt zum Hausarzt oder zu anderen Therapeuten aufzunehmen. Ist z. B. bei einem Parkinsonkranken mit erheblicher Symptomatik keinerlei medikamentöse Therapie vorgenommen worden, sollte ein Therapieversuch mittels der üblichen Medikation bzw. anderer Maßnahmen initiiert werden.

Ist nach gutachterlicher Würdigung ein Hilfebedarf im Sinne des SGB XI aufgrund dieser kurativen Defizite (mit)verursacht, ist in einem angemessenen Zeitraum eine Nachbegutachtung erforderlich. Die Pflegestufe ist nach dem aktuellen und individuellen Hilfebedarf festzustellen.

Bei fehlender Bereitschaft des Antragstellers zur Mitwirkung ist auf die Mitwirkungspflicht hinzuweisen und beratend auf die notwendige Therapie hinzuwirken; allerdings ist bei Verweigerung der Medikamenteneinnahme oder sonstiger therapeutischer Maßnahmen wegen Nebenwirkungen die Zumutbarkeit zu berücksichtigen und mit Einwilligung des Antragstellers, Bevollmächtigten oder Betreuers mit dem behandelnden Arzt Rücksprache zu nehmen. Auch hier ist nach dem aktuellen Hilfebedarf einzustufen.

8. Zusätzliche Empfehlungen/Bemerkungen

Reichen die im Gutachtenformular vorgesehenen Zeilen zur Beschreibung von Zuständen u. a. dem Umfang nach nicht aus, so können unter diesem Punkt mit entsprechenden Verweisungen Ergänzungen vorgenommen werden. Außerdem können auch bei durchgeführter Sachleistung eventuell vorgefundene Defizite der professionellen Fachpflege vermerkt werden.

9. Empfehlung zum Termin der Wiederholungsbegutachtung

Der hier anzugebende Termin der Wiederholungsbegutachtung muß im inneren Bezug zur im Pkt. 6.2 im Gutachten angegebenen Prognose stehen.

Die Begutachtung des Pflegebedürftigen ist in angemessenen Abständen zu wiederholen. Diese richten sich neben der Prognose auch nach zu erwartenden Veränderungen in der Pflege- und Betreuungssituation. Ebenfalls sind die Empfehlungen im Gutachten zu Maßnahmen der Rehabilitation sowie zur Art und zum Umfang der Pflegeleistung zu berücksichtigen. Auch bei Kindern sind solche Nachbegutachtungen sinnvoll. Nach diesen Kriterien ist der Zeitpunkt einer Wiederholungsbegutachtung abhängig vom Einzelfall zu empfehlen.

10. Beteiligte Gutachter

Die im gutachterlichen Verfahren beteiligten Ärzte, Pflegefachkräfte und ggf. andere Fachkräfte sind hier zu benennen, um die gutachterliche Verantwortung für die Einschätzung der Pflegebedürftigkeit bzw. Feststellung der Pflegestufe aufzuzeigen.

Materialien

E Qualitätssicherungsverfahren

Mit dem Ziel, bis zum Inkrafttreten eigenständiger am aktuellen Erkenntnisstand des Qualitätsmanagements auszurichtender Richtlinien nach § 53 a Nr. 4 SGB XI eine einheitliche Begutachtungspraxis der Medizinischen Dienste/Sonderdienste gemäß dieser Begutachtungs-Richtlinien zu gewährleisten, sind in den Medizinischen Diensten/Sonderdiensten interne Qualitätssicherungsmaßnahmen durchzuführen. Zur Begleitung dieser Qualitätssicherungsmaßnahmen wird sowohl innerhalb der Medizinischen Dienste/Sonderdienste als auch MDK-übergreifend ein abgestimmtes Prüfverfahren der Qualitätssicherung eingeführt. MDK-interne und MDK-übergreifende Qualitätssicherung werden nach gleichen Prüfkriterien durchgeführt und durch ein abgestimmtes Konzept miteinander verknüpft. Der Schwerpunkt des Prüfansatzes liegt auf der MDK-internen Qualitätssicherung, deren einheitliche Umsetzung durch eine ergänzende MDK-übergreifende Qualitätssicherung überprüft wird.

MDK-interne Qualitätsprüfung

Für die MDK-interne Qualitätssicherung ist in jedem MDK eine Arbeitsgruppe zu bilden, die sich aus der Begutachtung besonders qualifizierten Ärzten und Pflegefachkräften zusammensetzt.

Aufgaben der MDK-internen Qualitätsprüfung:
- Vierteljährliche Qualitätsprüfung von 1 % aller erstellten Pflegebedürftigkeits-Gutachten, mindestens aber 50 Gutachten (s. Anmerkungen, 1), aus dem ambulanten und stationären Bereich.
- Vierteljährliche Übermittlung eines Berichtes an die Arbeitsgruppe auf Bundesebene über die MDK-interne Qualitätssicherung der Pflegebegutachtung.
- Vierteljährliche Übermittlung von 30 (15, s. Anmerkungen, 2) Gutachten an die MDK-übergreifende Arbeitsgruppe „Qualitätssicherung Pflegebedürftigkeit", wechselweise aus dem ambulanten oder stationären Bereich. Im ersten und dritten Quartal sind Gutachten aus dem ambulanten, im zweiten und vierten Quartal Gutachten aus dem stationären Bereich weiterzuleiten (s. Anmerkungen, 3). Dabei handelt es sich um Gutachten, die die MDK-interne Qualitätssicherung durchlaufen. Das Ergebnis der MDK-internen Qualitätsprüfung der einzelnen Gutachten ist der Arbeitsgruppe auf Bundesebene zuzuleiten.

MDK-übergreifende Qualitätsprüfung

Auf der Bundesebene wird eine Arbeitsgruppe „Qualitätssicherung Pflegebedürftigkeit" unter der Leitung des MDS eingerichtet, die sich aus Leitern der entsprechenden Arbeitsgruppe aus den MDK, Vertretern des MDS und der Spitzenverbände der Pflegekassen zusammensetzt.

Aufgaben der MDK-übergreifenden Arbeitsgruppe

- Festlegung von inhaltlichen Schwerpunkten und einheitlichen Prüfkriterien für die interne und MDK-übergreifende bundesweite Qualitätsprüfung der Pflegebegutachtung bis 31. März 1997. Diese sind für alle Beteiligten verbindlich.
- Festlegung einer einheitlichen Methodik zur Auswahl der zu prüfenden Pflegegutachten sowohl MDK-intern als auch MDK-übergreifend bis 31. März 1997. Diese ist für alle Beteiligten verbindlich.
- Auswertung der vierteljährlich an die Arbeitsgruppe „Qualitätssicherung Pflegebedürftigkeit" zu erstattenden Berichte der internen Qualitätssicherung der einzelnen MDK.
- Halbjährliche Prüfung der von den einzelnen MDK der Arbeitsgruppe „Qualitätssicherung Pflegebedürftigkeit" vierteljährlich übermittelten Pflegegutachten und Erstellung eines Berichts über das Ergebnis dieser Prüfung (s. Anmerkungen, 4, 5).

Über die durchgeführten internen und MDK-übergreifenden Qualitätssicherungsmaßnahmen wird von der bundesweiten Arbeitsgruppe ein zusammenfassender Jahresbericht abgegeben. Dieser ist bis Ende Februar des Folgejahres zu erstatten.

Konzeption für die Fortbildung

Die MDK-Gemeinschaft legt unter Leitung des MDS in Abstimmung mit den Spitzenverbänden der Pflegekassen bis zum 31.03.1997 eine Fortbildungskonzeption (Multiplikatoren-Seminare) vor.

In dieser sind Ziele, Qualifikation der Lehrenden, Verfahrensweise, Inhalte und Praxisbezüge (z. B. anhand typischer Fallbeispiele) festgelegt. Hierbei sollen insbesondere geriatrische, gerontopsychiatrische sowie pädiatrische Aspekte berücksichtigt werden.

Materialien

Anmerkungen

1 Quellenangabe: Datensammlung für die Kalkulation der Kosten und des Arbeitszeitbedarfs im Haushalt. Hrsg. vom Kuratorium für Technik und Bauwesen in der Landwirtschaft e. V. Darmstadt-Kranichstein. KTBL Schriftvertrieb im Landsverlag GmbH, Münster-Hiltrup, 4. Auflage, 1991.

2 MDK Bremen, Hamburg, Saarland.

3 Protokollnotiz 1:

Im Jahre 1997 werden insgesamt 60 (30, lt. Anmerkung 2) amb. und 60 (30, lt. Anmerkung 2) stat. Pflegegutachten in die MDK-übergreifende Qualitätssicherung einbezogen. Durch diese Feststellung wird auch im Jahre 1997 eine auf Jahresbasis vollständige MDK-übergreifende Qualitätsprüfung sichergestellt. Im Jahre 1997 werden in zwei Prüfverfahren jeweils 30 (15, lt. Anmerkung 2) amb. und 30 (15, lt. Anmerkung 2) stat. Pflegegutachten aus jedem MDK in die MDK-übergreifende Qualitätssicherung einbezogen, mit dem Ergebnis, daß für die Startphase eine höhere Prüfungsdichte erreicht wird.

4 Protokollnotiz 2:

Im Jahre 1997 werden zwei bundesweite Prüfverfahren durchgeführt. Die Festlegung der Prüftermine erfolgt in Abhängigkeit vom Inkrafttreten der Begutachtungs-Richtlinien.

5 Protokollnotiz 3:

Für das Jahr 1998 ist vom MDS/Lenkungsgremium und den Spitzenverbänden der Pflegekassen unter Beteiligung des BMA anhand der Begutachtungsergebnisse des vierten Quartals 1997 gemeinsam festzulegen, ob zusätzlich zu den zwei vorgeschriebenen bundesweiten Qualitätsprüfungsverfahren ein drittes Prüfverfahren durchgeführt wird. Hierfür ist statt des vorgesehenen halbjährlichen ein viermonatiger Rhythmus festzulegen.

> **Begutachtungsrichtlinien**

F Anhang

Der Anhang ist Bestandteil der Begutachtungs-Richtlinien.

Anhang 1
Orientierungswerte zur Pflegezeitbemessung für die in § 14 SGB XI genannten Verrichtungen der Grundpflege

Die Beschlußfassung sowie die Genehmigung bzw. Zustimmung der im folgenden aufgeführten Orientierungswerte zur Pflegezeitbemessung für die in § 14 SGB XI genannten Verrichtungen der Grundpflege (Zeitkorridore) sind bis zum 31.12.1999 befristet.

Für die Feststellung der Pflegebedürftigkeit und die Zuordnung zu einer Pflegestufe ist allein der im Einzelfall bestehende individuelle Hilfebedarf des Versicherten maßgeblich. Insofern können und sollen die Zeitkorridore für die Begutachtung nach dem SGB XI nur Anhaltsgrößen im Sinne eines Orientierungsrahmens liefern. Sie sind damit für den Gutachter ein Instrument zur Feststellung des individuellen Hilfebedarfs.

Dies bedeutet:

1. Die Zeitkorridore enthalten keine verbindlichen Vorgaben. Sie haben nur Leitfunktion.
2. Die Zeitkorridore entbinden den Gutachter nicht davon, in jedem Einzelfall den Zeitaufwand für den Hilfebedarf bei der Grundpflege des Versicherten entsprechend der individuellen Situation des Einzelfalles festzustellen. Unzulässig wären beispielsweise eine schematische und von den Besonderheiten des Einzelfalles losgelöste Festsetzung stets des unteren oder des oberen oder eines arithmetisch gemittelten Zeitwertes.
3. Die Zeitkorridore enthalten keine Vorgaben für die personelle Besetzung von ambulanten, teil- oder vollstationären Pflegeeinrichtungen und lassen keine Rückschlüsse hierauf zu. Sie haben Bedeutung nur für die Feststellung der Leistungsvoraussetzungen der Pflegeversicherung. Die personelle Besetzung von Einrichtungen betrifft demgegenüber die Leistungserbringung,
– die bei häuslicher und teilstationärer Pflege die familiäre, nachbarschaftliche oder sonstige ehrenamtliche Pflege und Betreuung ergänzt,

Materialien

- die bei vollstationärer Pflege nach der Art (z. B. Hilfe bei anderen als den in § 14 Abs. 4 SGB XI genannten Verrichtungen) oder dem Umfang der Leistung über den Rahmen der Pflegeversicherung hinaus geht.

Rückschlüsse auf die personelle Besetzung von Einrichtungen verbieten sich auch deshalb, weil der Zeitaufwand gemäß § 15 Abs. 3 SGB XI bezogen auf Familienangehörige oder andere nicht als Pflegekraft ausgebildete Pflegepersonen ermittelt wird, in Einrichtungen aber hauptberuflich tätige Kräfte arbeiten.

Die Höhe des Zeitaufwandes für die geleisteten Hilfen kann unabhängig von den o. a. Hilfeformen unterschiedlich ausfallen. So können die Hilfen im Sinne einer aktivierenden Pflege bei den Verrichtungen einen höheren Zeitaufwand erfordern als die teilweise oder vollständige Übernahme der Verrichtung durch die Pflegeperson. Bei der Festlegung der Zeitkorridore wurde von einer vollständigen Übernahme der Verrichtungen durch eine Laienpflegekraft ausgegangen. Liegt ein bei der Begutachtung des Einzelfalles festgestellter Zeitaufwand für eine Verrichtung der Grundpflege innerhalb des dafür maßgeblichen Zeitkorridors, bedarf diese Feststellung keiner Begründung im einzelnen. Es reicht aus, wenn der Gutachter bei der abschließenden Bewertung des Hilfebedarfs (Pkt. 5) die Gründe für seine Feststellung zusammenfassend beschreibt. Dabei würdigt er insbesondere

- andere Hilfsformen als die vollständige Übernahme,
- die in dem jeweiligen Einzelfall vorhandenen allgemeinen und besonderen Erschwernis- und Erleichterungsfaktoren.

Soweit sich im Rahmen der Begutachtung Abweichungen von den Zeitkorridoren ergeben, sind die Abweichungen im einzelnen zu begründen. Die Individualität der einzelnen Pflegesituation hat zur Folge, daß insbesondere der vom Gutachter festgestellte Zeitaufwand häufig nur durch eine Begründung transparent und für die Pflegekasse nachvollziehbar wird. In der Begründung sollte insbesondere darauf eingegangen werden,

- bei welchen Verrichtungen im einzelnen welche Hilfen benötigt werden, und zwar sollte dabei über die Hilfen bei den in § 14 Abs. 4 SGB XI genannten Verrichtungen des täglichen Lebens hinaus differenziert werden, z. B. statt „Waschen" genauer „Waschen der Füße oder Beine",
- welche Formen der Hilfe geleistet werden (Unterstützung bzw. teilweise oder vollständige Übernahme, Beaufsichtigung und Anleitung),
- wie hoch der Zeitaufwand für die einzelnen Hilfeleistungen ist,
- in welchem Umfang ggf. aktivierend gepflegt wird.

Die maßgebliche Bedeutung der individuellen Pflegesituation bleibt auch bei der Einführung von Zeitkorridoren uneingeschränkt erhalten. Die

Besonderheiten des jeweils zu begutachtenden Einzelfalles müssen herausgearbeitet und dokumentiert werden, damit die Individualität der Pflegesituation für die Qualitätssicherung der Begutachtung selbst, für die Bescheidung des Versichertenantrages und eine eventuelle gerichtliche Überprüfung deutlich werden. Hierzu ist die Anlage zum Gutachten zur Feststellung der Pflegebedürftigkeit gemäß SGB XI (Anhang 2) zu verwenden.

Für den Personenkreis der psychisch Kranken und der geistig Behinderten kommen vorrangig die Hilfeleistungen Beaufsichtigung und Anleitung zur Anwendung, die bei der Festlegung der Zeitkorridore nicht zugrunde gelegt worden sind. Abweichungen von den Zeitkorridoren, hin zu einem höheren Zeitaufwand für die Beaufsichtigung und Anleitung sind zu erwarten und müssen entsprechend begründet werden (s. 6. Besonderheiten der Ermittlung des Hilfebedarfes bei Personen mit psychischen Erkrankungen und/oder geistigen Behinderungen"). Dennoch kann der in jedem Einzelfall jeweils individuell festzustellende Zeitaufwand für Beaufsichtigung und Anleitung zumindest bei einzelnen Verrichtungen innerhalb der Zeitkorridore liegen.

Die von den Gutachtern zu erstellenden Begründungen sind wesentlicher Bestandteil des Gutachterauftrages. Sozialmedizinische und pflegerische Erkenntnisse sollen in gleicher Weise einfließen. Neben der besseren Bewertung des Einzelfalles haben die Begründungen das Ziel, längerfristig die Grundlage für eine Weiterentwicklung der Begutachtungs-Richtlinien aus medizinischer und pflegerischer Sicht zu legen und die Diskussion der Begutachtungsergebnisse mit der Medizin und den Pflegewissenschaften zu erleichtern.

Der Hilfebedarf ist für jede Verrichtung der Grundpflege stets in vollen Minutenwerten anzugeben.

Fallen bestimmte, in der Regel täglich erforderliche Verrichtungen der Körperpflege im Einzelfall nicht jeden Tag an, so muß dennoch bei der Bemessung des zeitlichen Gesamtpflegeaufwandes der wöchentliche Zeitaufwand z. B. für Duschen/Baden auf den Durchschnittswert pro Tag umgerechnet (d. h. wöchentlicher Zeitaufwand dividiert durch 7) und berücksichtigt werden.

In der Regel nicht täglich anfallende Maßnahmen, z. B. im Bereich der Körperpflege, das Fuß- und Fingernägelschneiden oder das Haarewaschen bleiben außer Betracht.

Allgemeine Erschwernisfaktoren

Die nachfolgend beispielhaft aufgeführten Faktoren können die Durchführung der Pflege bei der Mehrzahl der gesetzlich definierten Verrichtungen erschweren bzw. verlängern:

Materialien

- Körpergewicht über 80 kg
- Kontrakturen / Einsteifung großer Gelenke
- hochgradige Spastik
- Hemiplegien oder Paraparesen
- einschließende unkontrollierte Bewegungen
- Fehlstellungen der Extremitäten
- eingeschränkte Belastbarkeit infolge schwerer kardiopulmonaler Dekompensation mit Orthopnoe und ausgeprägter zentraler und peripherer Zyanose sowie peripheren Ödemen
- Abwehrverhalten mit Behinderung der Übernahme (z. B. bei geistigen Behinderungen / psychischen Erkrankungen)
- stark eingeschränkte Sinneswahrnehmung (Hören, Sehen)
- starke therapieresistente Schmerzen
- pflegebehindernde räumliche Verhältnisse
- zeitaufwendiger Hilfsmitteleinsatz (z. B. bei fahrbaren Liftern / Decken-, Wand-Liftern)

Es genügt hier die einmalige explizite Begründung des Mehraufwandes.

Allgemeine erleichternde Faktoren

Die nachfolgend beispielhaft aufgeführten Faktoren können die Durchführung der Pflege bei der Mehrzahl der gesetzlich definierten Verrichtungen erleichtern bzw. verkürzen:

- Körpergewicht unter 40 kg
- pflegeerleichternde räumliche Verhältnisse
- Hilfsmitteleinsatz

Es genügt hier die einmalige explizite Begründung des Minderaufwandes.

Wenn der Pflegende während des gesamten Vorganges einer Verrichtung zur Anleitung unmittelbar beim Pflegebedürftigen verbleiben muß, ist der gesamte Zeitraum dieser „Beaufsichtigung" im Sinne einer vollen Übernahme seitens des Gutachters zu berücksichtigen.

Bei den allgemeinen Erschwernis- oder erleichternden Faktoren ist davon auszugehen, daß diese auf den überwiegenden Teil der Verrichtungen Einfluß haben, während sich spezielle Erschwernis- bzw. erleichternde Faktoren auf eine bestimmte Verrichtung beziehen.

Nachfolgend werden die in § 14 Abs. 4 SGB XI genannten gewöhnlichen und regelmäßig wiederkehrenden Verrichtungen aus dem Bereich der Grundpflege aufgeführt und mit Zeitkorridoren versehen.

Die Vor- und Nachbereitung zu den Verrichtungen stellt eine Hilfeleistung im Sinne des SGB XI dar und ist bei den Zeitorientierungswerten berücksichtigt.

5.1 Körperpflege

Die Hautpflege ist als integraler Bestandteil der Körperpflege bei den jeweiligen Zeitorientierungswerten berücksichtigt.

1. Waschen
- → Ganzkörperwäsche: (GK): ....20 bis 25 Min.
- → Teilwäsche Oberkörper: (OK): ....8 bis 10 Min.
- → Teilwäsche Unterkörper: (UK): ....12 bis 15 Min.
- → Teilwäsche Hände/Gesicht: (H/G) ....1 bis 2 Min.

Die Durchführung einer Intimhygiene zum Beispiel nach dem Toilettengang ist im Rahmen der Blasen- und Darmentleerung entsprechend zu berücksichtigen und anzuführen.

2. Duschen
- → Duschen: ....15 bis 20 Min.

Hilfestellung beim Betreten der Duschtasse, bzw. beim Umsetzen des Pflegebedürftigen zum Beispiel auf einen Duschstuhl, ist im Bereich der Mobilität „Stehen" zu berücksichtigen.

Wenn bei dieser Verrichtung nur Teilhilfen (Abtrocknen / Teilwaschungen) anfallen, kann der Zeitorientierungswert nur anteilig berücksichtigt werden.

3. Baden
- → Baden: ....20 bis 25 Min.

Eine Hilfestellung beim Einsteigen in die Badewanne ist im Bereich der Mobilität „Stehen" zu berücksichtigen.

Wenn bei dieser Verrichtung nur Teilhilfen (Abtrocknen / Teilwaschungen) anfallen, kann der Zeitorientierungswert nur anteilig berücksichtigt werden.

4. Zahnpflege
- → Zahnpflege: ....5 Min.

Soweit nur Mundpflege erforderlich ist, kann der Zeitorientierungswert nur anteilig berücksichtigt werden.

5. Kämmen
- → Kämmen: ....1 bis 3 Min.

Materialien

---

6. Rasieren

→ Rasieren: .... 5 bis 10 Min.

7. Darm- und Blasenentleerung

Nicht zu berücksichtigen ist unter diesen Verrichtungen die eventuell eingeschränkte Gehfähigkeit beim Aufsuchen und Verlassen der Toilette. Kann der Pflegebedürftige die Toilette nur deshalb nicht alleine aufsuchen, ist dies unter „Gehen" im Bereich der Mobilität festzustellen und zeitlich zu bewerten.

Spezielle pflegeerschwerende Faktoren: massive chronische Diarrhöe, Erforderlichkeit der mechanischen Harnlösung oder der digitalen Enddarmentleerung.

→ Wasserlassen (Intimhygiene,
  Reinigen der Toilette bzw. des Umfeldes): .... 2 bis 3 Min.

→ Stuhlgang (Intimhygiene, Reinigen der
  Toilette bzw. des Umfeldes): .... 3 bis 6 Min.

→ Richten der Bekleidung: .... insgesamt 2 Min.

Wechseln von Windeln (Intimhygiene, Entsorgung)

→ nach Wasserlassen: .... 4 bis 6 Min.

→ nach Stuhlgang: .... 7 bis 10 Min.

→ Wechsel kleiner Vorlagen: .... 1 bis 2 Min.

Beachte: Der im Rahmen eines Toilettentrainings erforderliche Windelwechsel ist von seinem zeitlichen Aufwand her in der Regel sehr viel geringer ausgeprägt als ein üblicher Windelwechsel, dem eine unkontrollierte und ungeregelte Harnblasen- und Darmentleerung zugrunde liegt.

→ Wechseln/Entleeren des Urinbeutels: .... 2 bis 3 Min.

→ Wechseln/Entleeren des Stomabeutels: .... 3 bis 4 Min.

5.2 Ernährung

8. Mundgerechtes Zubereiten der Nahrung

Hierzu zählen nicht das Kochen oder das Eindecken des Tisches. Die Zubereitung von Diäten ist nicht hier, sondern unter der lfd. Nr. 17 „Kochen" zu berücksichtigen.

→ mundgerechte Zubereitung einer Hauptmahlzeit
  (einschließlich des Bereitstellen eines Getränkes): je 2 bis 3 Min.

Soweit nur eine Zwischenmahlzeit oder ein Getränk zubereitet oder bereitgestellt werden, kann der Zeitorientierungswert nur anteilig berücksichtigt werden.

Begutachtungsrichtlinien

9. Aufnahme der Nahrung

Spezielle pflegeerschwerende Faktoren: Schluckstörungen / Störungen der Mundmotorik, Atemstörungen.

→ Essen von Hauptmahlzeiten einschließlich
 Trinken (max. 3 Hauptmahlzeiten pro Tag): .... je 15 bis 20 Min.

Verabreichung von Sonderkost (mittels Schwerkraft/Pumpe inklusive des Reinigens des verwendeten Mehrfachsystems bei Komplerternährung): 15 bis 20 Min. pro Tag, da hier nicht portionsweise verabreicht wird.

Soweit nur eine Zwischenmahlzeit bzw. ein Getränk eingenommen wird, kann der Zeitorientierungswert nur anteilig berücksichtigt werden.

5.3 Mobilität

10. Selbständiges Aufstehen und Zubettgehen
Umlagern

Der durch das Umlagern tagsüber und/oder nachts anfallende Pflegeaufwand nach Häufigkeit und Zeit wird als integraler Bestandteil der Grundpflege betrachtet und entsprechend berücksichtigt. Dabei wird so verfahren, daß ein alleiniges Umlagern (ohne Zusammenhang mit den Verrichtungen der Grundpflege) der Verrichtung „Aufstehen/Zubettgehen" zugeordnet und entsprechend dort im Formulargutachten dokumentiert wird. Fällt das Umlagern in Verbindung mit den Verrichtungen an, so erfolgt die Zuordnung und Dokumentation sowie die zeitliche Berücksichtigung bei der jeweiligen Verrichtung.

Der Transfer auf einen Rollstuhl/Toilettenstuhl ist nicht beim Aufstehen und Zubettgehen mit zu berücksichtigen, sondern beim Hilfebedarf des „Stehens".

Spezieller pflegeerschwerender Faktor: Dekubitus

→ einfache Hilfe zum Aufstehen/zu Bett gehen: .... je 1 bis 2 Min.
→ Umlagern: .... 2 bis 3 Min.

11. An- und Auskleiden

Bei der Feststellung des Zeitaufwandes für das An- und Ablegen von Prothesen, Korsetts und Stützstrümpfen hat der Gutachter aufgrund einer eigenen Inaugenscheinnahme den Zeitaufwand individuell zu messen.

Das komplette An- und Auskleiden betrifft sowohl den Ober- als auch den Unterkörper. Daneben kommen aber auch Teilbekleidungen und Teilentkleidungen sowohl des Ober- als auch des Unterkörpers vor und müssen gesondert berücksichtigt werden.

Materialien

Spezieller pflegeerleichternder Faktor: Optimal behinderungsadaptierte Kleidung

→ Ankleiden gesamt: (GK): ....8 bis 10 Min.
→ Ankleiden Oberkörper/Unterkörper (TK): ....5 bis 6 Min.
→ Entkleiden gesamt (GE): ....4 bis 6 Min.
→ Entkleiden Oberkörper/Unterkörper (TE): ....2 bis 3 Min.

12. Gehen

Die Vorgabe von orientierenden Zeitwerten ist aufgrund der unterschiedlichen Wegstrecken, die seitens des Pflegebedürftigen im Rahmen der gesetzlich definierten Verrichtungen zu bewältigen sind, nicht möglich.

Zur Ermittlung des zeitlichen Hilfebedarfs vgl. S. 535 lfd. Nr. 12.

13. Stehen

Notwendige Hilfestellungen beim Stehen sind im Hinblick auf die Durchführung der gesetzlich vorgegebenen Verrichtungen im Rahmen aller anfallenden notwendigen Handlungen zeitlich berücksichtigt (s. aber auch lfd. Nr. 15).

Zu werten im Bereich des „Stehens" sind jedoch notwendige Transfers, z. B. auf einen Rollstuhl und/oder einen Toilettenstuhl, in eine Badewanne oder Duschtasse.

→ Transfer auf den bzw. vom Rollstuhl /
Toilettenstuhl /Toilette in die bzw. aus der
Badewanne / Duschtasse: ....je 1 Min.

14. Treppensteigen

Keine andere Verrichtung im Bereich der Grundpflege ist so abhängig vom individuellen Wohnbereich des Antragstellers wie das Treppensteigen. Aus diesem Grund ist die Vorgabe eines Zeitorientierungswerts nicht möglich.

Zur Ermittlung des zeitlichen Hilfebedarfs vgl. S. 535f. lfd. Nr. 14.

Bei Begutachtungen in stationären Einrichtungen kann ein Hilfebedarf beim Treppensteigen wegen der Vorgabe der „durchschnittlichen häuslichen Wohnsituation" nicht gewertet werden (siehe aber auch lfd. Nr. 15).

15. Verlassen und Wiederaufsuchen der Wohnung

Die Vorgabe von Zeitorientierungswerten ist nicht möglich.

Zur Ermittlung des zeitlichen Hilfebedarfs vgl. S. 536f. lfd. Nr. 15.

Anhang 2

Formulargutachten für Antragsteller aus dem häuslichen Bereich und aus vollstationären Pflegeeinrichtungen (einschließlich Anlage zum Gutachten zur Feststellung der Pflegebedürftigkeit gemäß SGB XI)

Materialien

Begutachtungsrichtlinien

| Versicherter: | Geb. Datum: | Gutachten vom: | **Seite 2** |

VERSORGUNGSSITUATION UND PFLEGEBEGRÜNDENDE VORGESCHICHTE
nach Angaben der/des: _____

1. Derzeitige Versorgung/Betreuung

1.1 Ärztliche Betreuung:
Hausbesuche/Praxisbesuche: _____

Medikamentöse Versorgung: _____

1.2 Heilmittelversorgung / häusliche Krankenpflege
- ☐ Krankengymnastik
- ☐ Ergotherapie
- ☐ Logopädie
- ☐ Behandlungspflege
- ☐ Grundpflege
- ☐ Sonstiges: _____

1.3 Versorgung mit Hilfsmitteln/technischen Hilfen/Verbrauchsgütern:
Vorhandene Hilfsmittel?

Welche Verrichtungen sind hierdurch kompensiert?

Ungenutzte Hilfsmittel?

1.4 Umfang der pflegerischen Versorgung

☐ Pflege durch Angehörige/Bekannte	x tgl. wöchentl.	fallweise	rund um die Uhr
☐ Pflege durch Pflegeeinrichtung			
– ambulanter Pflegedienst	x tgl. wöchentl.	fallweise	
– Tagespflege/Nachtpflege	x wöchentl.	fallweise	
– Kurzzeitpflege		fallweise	
☐ Pflege in vollstationärer Pflegeeinrichtung			

Wöchentlicher Pflegeaufwand der Pflegeperson/-en

A Name, Vorname:

| Pflegeleistung/Woche: | ☐ unter 14 Std. | ☐ 14 bis unter 21 Std. | ☐ 21 bis unter 28 Std. | ☐ mind. 28 Std. |

B Name, Vorname:

| Pflegeleistung/Woche: | ☐ unter 14 Std. | ☐ 14 bis unter 21 Std. | ☐ 21 bis unter 28 Std. | ☐ mind. 28 Std. |

C Name, Vorname:

| Pflegeleistung/Woche: | ☐ unter 14 Std. | ☐ 14 bis unter 21 Std. | ☐ 21 bis unter 28 Std. | ☐ mind. 28 Std. |

D Name, Vorname:

| Pflegeleistung/Woche: | ☐ unter 14 Std. | ☐ 14 bis unter 21 Std. | ☐ 21 bis unter 28 Std. | ☐ mind. 28 Std. |

▨ ambulante Pflege   ▨ vollstationäre Pflege

Materialien

| Versicherter: | Geb. Datum: | Gutachten vom: | Seite 3 |

1.5 Pflegerelevante Aspekte der ambulanten Betreuungssituation
- Versicherte(r) alleinlebend ☐ ja ☐ nein
- Tagesstrukturierende Einrichtung ☐
- Sonstiges: ☐

1.6 Pflegerelevante Aspekte der Wohnsituation

2. Pflegebegründende Vorgeschichte

Seit wann ist die selbständige Lebensführung eingeschränkt? _____

GUTACHTERLICHE BEFUNDE UND STELLUNGNAHME

3. Würdigung vorliegender Fremdbefunde:

4. Erhobene pflegebegründende Befunde:

4.1 Allgemeinbefund ☐ gut ☐ mäßig ☐ deutlich reduziert

4.2 Funktionelle Einschränkungen

4.2.1 des Stütz- und Bewegungsapparats ☐ keine ☐ mäßig ☐ schwer ☐ Funktionsausfall

4.2.2 der inneren Organe ☐ keine ☐ mäßig ☐ schwer ☐ Funktionsausfall

▭ ambulante Pflege ▬ vollstationäre Pflege

Begutachtungsrichtlinien

| Versicherter: | Geb. Datum: | Gutachten vom: | **Seite 4** |

4.2.3
der Sinnesorgane   ☐ keine   ☐ mäßig   ☐ schwer   ☐ Funktionsausfall

4.2.4
des ZNS und der Psyche   ☐ keine   ☐ mäßig   ☐ schwer   ☐ Funktionsausfall

Desorientierung: ☐ keine ☐ zum Ort ☐ zur Zeit ☐ zur eigenen Person

Bewußtseinslage: ☐ wach ☐ schläfrig ☐ benommen ☐ somnolent ☐ komatös

4.2.5 Pflegebegründende Diagnose/-n:
_____ ICD ☐☐☐☐
_____ ICD ☐☐☐☐

Weitere Diagnosen: _____

4.3 Fähigkeiten in bezug auf die Aktivitäten des täglichen Lebens

4.3.1 Vitale Funktionen aufrechterhalten   ☐ selbständig   ☐ bedingt selbständig   ☐ teilweise unselbständig   ☐ unselbständig

4.3.2 Sich situativ anpassen können   ☐ selbständig   ☐ bedingt selbständig   ☐ teilweise unselbständig   ☐ unselbständig

4.3.3 Für Sicherheit sorgen können   ☐ selbständig   ☐ bedingt selbständig   ☐ teilweise unselbständig   ☐ unselbständig

4.3.4 Sich bewegen können   ☐ selbständig   ☐ bedingt selbständig   ☐ teilweise unselbständig   ☐ unselbständig

▨ ambulante Pflege   ▓ vollstationäre Pflege

Materialien

| Versicherter: | Geb. Datum: | Gutachten vom: | Seite 5 |

4.3.5 Sich sauberhalten und kleiden können ☐ selbständig ☐ bedingt selbständig ☐ teilweise unselbständig ☐ unselbständig

4.3.6 Essen und trinken können ☐ selbständig ☐ bedingt selbständig ☐ teilweise unselbständig ☐ unselbständig

4.3.7 Ausscheiden können ☐ selbständig ☐ bedingt selbständig ☐ teilweise unselbständig ☐ unselbständig

4.3.8 Sich beschäftigen können ☐ selbständig ☐ bedingt selbständig ☐ teilweise unselbständig ☐ unselbständig

4.3.9 Kommunizieren können ☐ selbständig ☐ bedingt selbständig ☐ teilweise unselbständig ☐ unselbständig

4.3.10 Ruhen und schlafen können ☐ selbständig ☐ bedingt selbständig ☐ teilweise unselbständig ☐ unselbständig

4.3.11 Soziale Bereiche des Lebens sichern können ☐ selbständig ☐ bedingt selbständig ☐ teilweise unselbständig ☐ unselbständig

5. Bestimmung der Pflegebedürftigkeit

Hilfebedarf in Form der Unterstützung, teilweisen oder vollständigen Übernahme, Beaufsichtigung oder Anleitung

5.1 Körperpflege täglich beim
☐ Waschen
☐ Duschen/Baden
☐ Zahnpflegen
☐ Kämmen/Rasieren
☐ Darm/Blase entleeren

wie oft am Tag _____
Zeitaufwand _____

5.2 Ernährung täglich bei der
☐ mundgerecht. Zubereitung
☐ Nahrungsaufnahme

wie oft am Tag _____
Zeitaufwand _____

5.3 Mobilität täglich beim
☐ Aufstehen/Zubettgehen
☐ An-/Auskleiden
☐ Stehen
☐ Gehen
☐ Treppensteigen
☐ Verlassen/Wiederaufsuchen der Wohnung/Einrichtung

wie oft am Tag _____
Zeitaufwand _____

▢ ambulante Pflege   ▣ vollstationäre Pflege

Begutachtungsrichtlinien

| Versicherter: | Geb. Datum: | Gutachten vom: | Seite 6 |

5.4 Hauswirtsch. Versorgung   wöchentlich beim
- ☐ Einkaufen
- ☐ Kochen
- ☐ Reinigen der Wohnung
- ☐ Spülen
- ☐ Beheizen der Wohnung
- ☐ Wechseln/Waschen der Wäsche/Kleidung

wie oft in der Woche _____

Zeitaufwand _____

Bemerkungen*): _____

*) insbes. für Kinder und psychisch Kranke/geistig Behinderte

6. Ergebnis der Prüfung des Vorliegens von Pflegebedürftigkeit

6.1 Liegt Pflegebedürftigkeit gemäß SGB XI vor?   ☐ ja   ☐ nein

Wenn nein, Begründung: _____

Wenn nein, sind präventive Maßnahmen zur Vermeidung einer drohenden Pflegebedürftigkeit angezeigt?   ☐ ja

welche: _____

| ☐ Pflegestufe I | ☐ Pflegestufe II | ☐ Pflegestufe III | seit wann? |

Begründung: _____

Liegt ein außergewöhnlich hoher Pflegeaufwand vor (§ 36 Abs. 4 bzw. § 43 Abs. 2 SGB XI)?   ☐ ja   ☐ nein

Begründung: _____

6.2 Prognose über die Entwicklung der Pflegebedürftigkeit

_____

6.3 Ist die häusliche Pflege in geeigneter Weise sichergestellt?   ☐ ja   ☐ nein

Wenn nein, Erläuterung: _____

6.4 Ist vollstationäre Pflege erforderlich?   ☐ ja   ☐ nein

Erläuterung: _____

6.5 Liegen Hinweise auf folgende Ursachen der Pflegebedürftigkeit vor?

☐ Unfall   ☐ Berufserkrankung   ☐ Versorgungsleiden   ☐ nein

▇ ambulante Pflege   ▇ vollstationäre Pflege

Materialien

| Versicherter: | Geb. Datum: | Gutachten vom: | **Seite 7** |

6.6 Stimmt der unter 1.4 angegebene Pflegeaufwand mit dem festgestellten Hilfebedarf überein? ☐ ja ☐ nein

Erläuterung:

---

7. Empfehlungen an die Pflegekasse/individueller Pflegeplan

7.1 Maßnahmen zur Rehabilitation nicht erforderlich ☐
- Krankengymnastik, welche: _____ ☐
- Ergotherapie, welche: _____ ☐
- Logopädie, welche: _____ ☐
- Sonstige Maßnahmen, welche: _____ ☐

Erläuterung:

7.2 Verbesserung/Veränderung der Pflegehilfsmittel-/Hilfsmittelversorgung: nicht erforderlich ☐

Pflege-/Hilfsmittel zur
- Körperpflege und Hygiene, welche: _____ ☐
- Ernährung, welche: _____ ☐
- Mobilität innerhalb und außerhalb der Wohnung, welche: _____ ☐
- Erleichterung der Pflege für die Pflegeperson, welche: _____ ☐
- Sonstige Hilfsmittel, welche: _____ ☐

Erläuterung:

7.3 Technische Hilfen und bauliche Maßnahmen zur Anpassung des Wohnumfeldes: nicht erforderlich ☐
erforderlich ☐

Erläuterung:

7.4 Art und Umfang von Pflegeleistungen

7.4.1 Unterstützung/Veränderung in bezug auf Antragsteller/Pflegeperson im Hinblick auf Art und Umfang der Pflege nicht erforderlich ☐
- Hauswirtschaftl. Bereich, welcher: _____ ☐
- Grundpflege, welche: _____ ☐
- Behandlungspflege, welche: _____ ☐
- Sonstige Leistungen, welche: _____ ☐

Erläuterung:

☐ ambulante Pflege ☐ vollstationäre Pflege

Begutachtungsrichtlinien

| Versicherter: | Geb. Datum: | Gutachten vom: | **Seite 8** |

7.4.2 Entlastung in bezug auf Antragsteller/Pflegeperson   nicht erforderlich ☐
durch:
- Tages-/Nachtpflege, welche: _____ ☐
- Kurzzeitpflege, welche: _____ ☐
- vollstationäre Pflege: _____ ☐
- Sonstige Betreuungsformen, welche: _____ ☐
- Erläuterung:

7.4.3 Beratung in bezug auf Antragsteller/Pflegepersonal   nicht erforderlich ☐
durch:
- Pflegedienst/-einrichtung, welche: _____ ☐
- Pflegekurs/Anleitung, welche(r): _____ ☐
- HWV/Essen auf Rädern: _____ ☐
- Sonstige Beratungsformen, welche: _____ ☐
- Erläuterung:

7.4.4 Vorschläge zur Versorgung in der stationären Pflegeeinrichtung: nicht erforderlich ☐
- Grundpflegerische Leistungen, welche: _____ ☐
- individuelle Ausstattung mit Pflegehilfsmitteln/Hilfsmitteln,
  welchen: _____ ☐
- Gestaltung des Tagesablaufes, wie: _____ ☐
- Sonstiges, was: _____ ☐
- Erläuterung:

7.5 Mögliche kurative Defizite

8. Zusätzliche Empfehlungen/Bemerkungen

9. Empfehlung zum Termin der Wiederholungsbegutachtung: _____

10. Beteiligte Gutachter:

_____
Unterschriften   Datum   Stempel

▨ ambulante Pflege   ▬ vollstationäre Pflege

Materialien

Anlage zum Gutachten zur Feststellung der Pflegebedürftigkeit gemäß SGB XI

Versicherter: .... Geb.Datum: .... Gutachten vom: ....

5. Bestimmung der Pflegebedürftigkeit

Liegen <u>allgemeine</u> erleichternde und/oder erschwerende Faktoren vor?   ja ☐   nein ☐
(falls ja, Begründung)

....
....
....

5.1 Körperpflege

Hilfebedarf beim/bei der:	nein	ja	Form der Hilfe[1]					Häufigkeit		Zeitaufwand pro Tag (Min.)
								täglich	wöchentlich	
Waschen										
- Ganzkörperwäsche (GK)			U	TÜ	VÜ	B	A			
- Teilwäsche Oberkörper (OK)			U	TÜ	VÜ	B	A			
- Teilwäsche Unterkörper (UK)			U	TÜ	VÜ	B	A			
- Teilwäsche Hände/Gesicht (H/G)			U	TÜ	VÜ	B	A			

Summe ☐ Minuten

Liegen <u>spezielle</u> erleichternde und/oder erschwerende Faktoren vor?   ja ☐   nein ☐
(falls ja, Begründung)

....

Erläuterungen:

....
....
....

Duschen			U	TÜ	VÜ	B	A			
Baden			U	TÜ	VÜ	B	A			

Summe ☐ Minuten

Liegen <u>spezielle</u> erleichternde und/oder erschwerende Faktoren vor?   ja ☐   nein ☐
(falls ja, Begründung)

....

Erläuterungen:

....
....
....

---

[1] U = Unterstützung; TÜ = teilweise Übernahme; VÜ = vollständige Übernahme; B = Beaufsichtigung; A = Anleitung.
Zutreffendes bitte ankreuzen.

Begutachtungsrichtlinien

Versicherter: .... Geb.Datum: .... Gutachten vom: ....

Hilfebedarf beim/bei der:	nein	ja	Form der Hilfe [1]			Häufigkeit		Zeitaufwand
						täglich	wöchentlich	pro Tag (Min.)
Zahnpflege			U	TÜ	VÜ	B	A	

Liegen spezielle erleichternde und/oder erschwerende Faktoren vor?   ja ☐   nein ☐
(falls ja, Begründung)
....

Erläuterungen:
....

Kämmen			U	TÜ	VÜ	B	A	
Rasieren			U	TÜ	VÜ	B	A	

                                                                                                             Summe ☐ Minuten

Liegen spezielle erleichternde und/oder erschwerende Faktoren vor?   ja ☐   nein ☐
(falls ja, Begründung)
....

Erläuterungen:
....

Darm- u. Blasenentleerung								
- Wasserlassen			U	TÜ	VÜ	B	A	
- Stuhlgang			U	TÜ	VÜ	B	A	
- Richten der Bekleidung			U	TÜ	VÜ	B	A	
- Wechseln v. Windeln - nach Wasserlassen			U	TÜ	VÜ	B	A	
- Wechseln v. Windeln - nach Stuhlgang			U	TÜ	VÜ	B	A	
- Wechseln kleiner Vorlagen			U	TÜ	VÜ	B	A	
- Wechseln/Entleeren des Urinbeutels			U	TÜ	VÜ	B	A	
- Wechseln/Entleeren des Stomabeutels			U	TÜ	VÜ	B	A	

                                                                             Summe ☐ Minuten

Liegen spezielle erleichternde und/oder erschwerende Faktoren vor?   ja ☐   nein ☐
(falls ja, Begründung)
....

Erläuterungen:
....

---

[1] U = Unterstützung; TÜ = teilweise Übernahme; VÜ = vollständige Übernahme; B = Beaufsichtigung; A = Anleitung.
Zutreffendes bitte ankreuzen.

Materialien

Versicherter: .... Geb.Datum: .... Gutachten vom: ....

5.2 Ernährung

Hilfebedarf beim/bei der:	nein	ja	Form der Hilfe[1]					Häufigkeit		Zeitaufwand
								täglich	wöchentlich	pro Tag (Min.)
Mundgerechten Zubereitung			U	TÜ	VÜ	B	A			

Liegen <u>spezielle</u> erleichternde und/oder erschwerende Faktoren vor?   ja ☐   nein ☐
(falls ja, Begründung)

....

Erläuterungen:

....
....
....

Aufnahme der Nahrung										
- oral			U	TÜ	VÜ	B	A			
- Sondenkost			U	TÜ	VÜ	B	A			

                                                           Summe [_____] Minuten

Liegen <u>spezielle</u> erleichternde und/oder erschwerende Faktoren vor?   ja ☐   nein ☐
(falls ja, Begründung)

....

Erläuterungen:

....
....
....

5.3 Mobilität

Aufstehen/Zu-Bett-Gehen										
- Aufstehen/Zu-Bett-Gehen			U	TÜ	VÜ	B	A			
- Umlagern			U	TÜ	VÜ	B	A			

                                                           Summe [_____] Minuten

Liegen <u>spezielle</u> erleichternde und/oder erschwerende Faktoren vor?   ja ☐   nein ☐
(falls ja, Begründung)

....

Erläuterungen:

....
....
....

---

[1] U = Unterstützung; TÜ = teilweise Übernahme; VÜ = vollständige Übernahme; B = Beaufsichtigung; A = Anleitung.
Zutreffendes bitte ankreuzen.

Begutachtungsrichtlinien

Versicherter: .... Geb.Datum: .... Gutachten vom: ....

Hilfebedarf beim:	nein	ja	Form der Hilfe[1]	Häufigkeit		Zeitaufwand
				täglich	wöchentlich	pro Tag (Min.)
An-/Auskleiden						
- Ankleiden gesamt (GK)			U TÜ VÜ B A			
- Ankleiden Ober-/Unterkörper (TK)			U TÜ VÜ B A			
- Entkleiden gesamt (GE)			U TÜ VÜ B A			
- Entkleiden Ober-/Unterkörper (TE)			U TÜ VÜ B A			

Summe _____ Minuten

Liegen <u>spezielle</u> erleichternde und/oder erschwerende Faktoren vor?   ja ☐   nein ☐
(falls ja, Begründung)
....

Erläuterungen:
....
....

Gehen			U TÜ VÜ B A			

Liegen <u>spezielle</u> erleichternde und/oder erschwerende Faktoren vor?   ja ☐   nein ☐
(falls ja, Begründung)
....

Erläuterungen:
....
....

Stehen (Transfer)			U TÜ VÜ B A			

Liegen <u>spezielle</u> erleichternde und/oder erschwerende Faktoren vor?   ja ☐   nein ☐
(falls ja, Begründung)
....

Erläuterungen:
....
....

Treppensteigen			U TÜ VÜ B A			

Liegen <u>spezielle</u> erleichternde und/oder erschwerende Faktoren vor?   ja ☐   nein ☐
(falls ja, Begründung)
....

Erläuterungen:
....
....

---

[1] U = Unterstützung; TÜ = teilweise Übernahme; VÜ = vollständige Übernahme; B = Beaufsichtigung; A = Anleitung.
Zutreffendes bitte ankreuzen.

Materialien

Versicherter: .... Geb.Datum: .... Gutachten vom: ....

Hilfebedarf beim:	nein	ja	Form der Hilfe[1]	Häufigkeit		Zeitaufwand
				täglich	wöchentlich	pro Tag (Min.)
Verlassen/Wiederaufsuchen der Wohnung/ Pflegeeinrichtung			U TÜ VÜ B A			

Liegen spezielle erleichternde und/oder erschwerende Faktoren vor?   ja ☐   nein ☐
(falls ja, Begründung)

....

Erläuterungen:

....

Gesamtsumme Zeitaufwand 5.1 - 5.3 [   ] Minuten

5.4 Hauswirtschaftliche Versorgung

Wöchentlicher Hilfebedarf beim:	nein	ja	Häufigkeit
- Einkaufen			
- Kochen			
- Reinigen der Wohnung			
- Spülen			
- Wechseln/Waschen der Kleidung und Wäsche			
- Beheizen der Wohnung			

Gesamtsumme Zeitaufwand 5.4 [   ] Minuten

Zusätzliche Erläuterungen zum Hilfebedarf

....

Besteht ein nächtlicher Grundpflegebedarf?   ja ☐   nein ☐
(falls ja, Angabe von Art und Umfang)

....

---

[1] U = Unterstützung; TÜ = teilweise Übernahme; VÜ = vollständige Übernahme; B = Beaufsichtigung; A = Anleitung.
Zutreffendes bitte ankreuzen.

Anhang 3

Formulargutachten

für Antragsteller

in vollstationären Einrichtungen der Behindertenhilfe

Materialien

Medizinischer Dienst
der Krankenversicherung

**Gutachten in Behinderteneinrichtungen
zur Feststellung der Pflegebedürftigkeit gemäß SGB XI**

Pflegekasse: (Name)
           (Adresse)   (IK)

Versicherter: Geschl.: ☐ männl. ☐ weibl.

(Name, Vorname)
(Straße)   Geb.Datum:
(PLZ, Ort)   Telefon:

ggf.davon abweichender derzeitiger Aufenthaltsort

(Straße)
(PLZ, Ort)   Telefon:
wohnhaft bei:

behandelnder Arzt: (Name, Facharzt für ..., Adresse, Tel.Nr.)

vollstationäre Einrichtung der Behindertenhilfe:

Name:	Straße:	Ort:	Tel.-Nr.:

Untersuchung am: .... um .... Uhr, durch: ....

MDK-Beratungsstelle: ....

VERSORGUNGSSITUATION UND PFLEGEBEGRÜNDENDE VORGESCHICHTE

nach Angaben der/des: ....

1. Derzeitige Versorgung/Betreuung

1.1 Ärztliche Betreuung:
Hausbesuche/Praxisbesuche: ....
....
Medikamentöse Versorgung: ....
....

1.2 Heilmittelversorgung / häusliche Krankenpflege
☐ Krankengymnastik   ☐ Behandlungspflege
☐ Ergotherapie   ☐ Grundpflege
☐ Logopädie   ☐ Sonstiges: ....
....

1.3 Versorgung mit Hilfsmitteln/technischen Hilfen/Verbrauchsgütern:
Vorhandene Hilfsmittel?
....
....

Ungenutzte Hilfsmittel?
....

Begutachtungsrichtlinien

2. Pflegebegründende Vorgeschichte ....
....
....
....
....

Seit wann ist die selbständige Lebensführung eingeschränkt?..........................

GUTACHTERLICHE BEFUNDE UND STELLUNGNAHME

3. Würdigung vorliegender Fremdbefunde:
....
....
....
....

4. Erhobene pflegebegründende Befunde:

4.1 Allgemeinbefund: ☐ gut   ☐ mäßig   ☐ deutlich reduziert
....
....

4.2 Funktionelle Einschränkungen

4.2.1
des Stütz- und Bewegungsapparats   ☐ keine   ☐ mäßig   ☐ schwer   ☐ Funktionsausfall
....
....
....
....

4.2.2
der inneren Organe   ☐ keine   ☐ mäßig   ☐ schwer   ☐ Funktionsausfall
....
....
....

4.2.3
der Sinnesorgane   ☐ keine   ☐ mäßig   ☐ schwer   ☐ Funktionsausfall
....
....
....

Materialien

4.2.4
des ZNS und der Psyche ☐ keine   ☐ mäßig   ☐ schwer   ☐ Funktionsausfall

....
....
....
....
....

Desorientierung: ☐ keine   ☐ zum Ort   ☐ zur Zeit   ☐ zur eigenen Person

Bewußtseinslage: ☐ wach   ☐ schläfrig   ☐ benommen   ☐ somnolent   ☐ komatös

4.2.5   Pflegebegründende Diagnose/-n:

.... ICD ☐☐☐☐☐
.... ICD ☐☐☐☐☐

Weitere Diagnosen:..
....
....

5. Bestimmung der Pflegebedürftigkeit

Hilfebedarf in Form der Unterstützung, teilweisen oder vollständigen Übernahme, Beaufsichtigung oder Anleitung

5.1 Körperpflege	täglich beim	☐ Waschen ☐ Duschen/Baden ☐ Zahnpflegen ☐ Kämmen/Rasieren ☐ Darm-/Blasenentleeren	wie oft am Tag .... Zeitaufwand..................
5.2 Ernährung	täglich bei der	☐ mundgerecht. Zubereitung ☐ Nahrungsaufnahme	wie oft am Tag .... Zeitaufwand..................
5.3 Mobilität	täglich beim	☐ Aufstehen/Zubettgehen ☐ An-/Auskleiden ☐ Stehen ☐ Gehen ☐ Treppensteigen ☐ Verlassen/Wiederaufsuchen der Wohnung/Einrichtung	wie oft am Tag .... Zeitaufwand..................
5.4 Hauswirtsch. Versorgung	wöchentlich beim	☐ Einkaufen ☐ Kochen ☐ Reinigen der Wohnung ☐ Spülen ☐ Beheizen der Wohnung ☐ Wechseln/Waschen der Wäsche/Kleidung	wie oft in der Woche .... Zeitaufwand..................

Bemerkungen*):
....
....

*) insbes. für Kinder und pychisch Kranke/geistig Behinderte

580

Begutachtungsrichtlinien

6. Ergebnis der Prüfung des Vorliegens von Pflegebedürftigkeit

6.1 Liegt Pflegebedürftigkeit gemäß SGB XI vor? ☐ ja , seit wann? [ ]   ☐ nein

Begründung:..
....
....
....

6.2 Prognose über die Entwicklung der Pflegebedürftigkeit
....
....
....

7. Zusätzliche Empfehlungen/Bemerkungen
....
....
....
....
....
....
....
....

8. Empfehlung zum Termin der Wiederholungsbegutachtung: ....

9. Beteiligte Gutachter: ....
....

Unterschriften   Datum   Stempel

Materialien

Anlage:
Gutachten zur Feststellung der Pflegebedürftigkeit gemäß SGB XI.

Anlage 3
Mini-Mental State Examination (MMSE)

Punkte

I. Orientierung

1. Datum .... 1 / 0
2. Jahr .... 1 / 0
3. Jahreszeit .... 1 / 0
4. Wochentag .... 1 / 0
5. Monat .... 1 / 0
6. Bundesland .... 1 / 0
7. Landeskreis/Stadt .... 1 / 0
8. Stadt/Stadtteil .... 1 / 0
9. Krankenhaus .... 1 / 0
10. Station/Stockwerk .... 1 / 0

II. Merkfähigkeit

11. Apfel .... 1 / 0
12. Pfennig .... 1 / 0
13. Tisch .... 1 / 0

III. Aufmerksamkeit und Rechenfertigkeit

14. < 93 > .... 1 / 0
15. < 86 > .... 1 / 0
16. < 79 > .... 1 / 0
17. < 72 > .... 1 / 0
18. < 65 > .... 1 / 0
19. alternativ: „Stuhl"
    rückwärts buchstabieren Lhuts 5/4/3/2/1/0

IV. Erinnerungsfähigkeit

20. Apfel .... 1 / 0
21. Pfennig .... 1 / 0

22. Tisch .... 1 / 0

V. Sprache

23. Armbanduhr benennen .... 1 / 0
24. Bleistift benennen .... 1 / 0
25. Nachsprechen des Satzes
 „kein wenn und oder aber" (max. 3 Wdh.) .... 1 / 0
26. Kommandos befolgen:
 - Nehmen Sie bitte das Papier in die Hand .... 1 / 0
 - Falten Sie es in der Mitte .... 1 / 0
 - Lassen Sie es auf den Boden fallen .... 1 / 0
27. Schriftliche Anweisungen befolgen „Augen zu" ...... 1 / 0
28. Schreiben Sie bitte irgendeinen Satz .... 1 / 0
29. Fünfecke nachzeichnen .... 1 / 0

Summe: .... _____

Augen zu

Anleitung zur Durchführung der Mini-Mental State Examination

(1-5)

Zuerst nach dem Datum fragen, dann gezielt nach den noch fehlenden Punkten (z. B. „Können Sie mir auch sagen, welche Jahreszeit jetzt ist?).

(6-10)

Zuerst nach dem Namen der Klinik fragen, dann nach Station/Stockwerk, Stadt/Stadtteil usw. fragen. In Großstädten sollte nicht nach Stadt und Landkreis, sondern nach Stadt und Stadtteil gefragt werden. Gefragt

Materialien

wird in jedem Fall nach dem aktuellen Aufenthaltsort und nicht nach dem Wohnort.

(11-13)

Der Untersuchte muß zuerst gefragt werden, ob er mit einem kleinen Gedächtnistest einverstanden ist. Er wird darauf hingewiesen, daß er sich 3 Begriffe merken soll. Die Begriffe langsam und deutlich – im Abstand von jeweils ca. 1 Sekunde – nennen. Direkt danach die 3 Begriffe wiederholen lassen, der erste Versuch bestimmt die Punktzahl. Ggf. wiederholen, bis der Untersuchte alle 3 Begriffe gelernt hat. Die Anzahl der notwendigen Versuche zählen und notieren (max. 6 Versuche zulässig). Wenn nicht alle 3 Begriffe gelernt wurden, kann der Gedächtnistest nicht durchgeführt werden.

(14-18)

Beginnend bei 100 muß fünfmal jeweils 7 subtrahiert werden. Jeden einzelnen Rechenschritt unabhängig vom vorangehenden bewerten, damit ein Fehler nicht mehrfach bestraft wird. Alternativ (z. B. wenn der Untersuchte nicht rechnen kann oder will) kann in Ausnahmefällen das Wort „Stuhl" rückwärts buchstabiert werden. Das Wort sollte zunächst vorwärts buchstabiert und wenn nötig korrigiert werden. Die Punktzahl ergibt sich dann aus der Anzahl der Buchstaben, die in der richtigen Reihenfolge genannt werden (z. B. „Lhtus" = 3 Punkte).

(19-21)

Der Untersuchte muß die 3 Begriffe nennen, die er sich merken sollte.

(22-23)

Eine Uhr und ein Stift werden gezeigt, der Untersuchte muß diese richtig benennen.

(24)

Der Satz muß unmittelbar nachgesprochen werden, nur 1 Versuch ist erlaubt. Es ist nicht zulässig, die Redewendung „Kein wenn und aber" zu benutzen.

(25-27)

Der Untersuchte erhält ein Blatt Papier, der dreistufige Befehl wird nur einmal erteilt. 1 Punkt für jeden Teil, der korrekt befolgt wird.

(28)

Die Buchstaben („Augen zu") müssen so groß sein, daß sie auch bei eingeschränktem Visus noch lesbar sind. 1 Punkt wird nur dann gegeben, wenn die Augen wirklich geschlossen sind.

(29)

Es darf kein Satz diktiert werden, die Ausführung muß spontan erfolgen. Der Satz muß Subjekt und Prädikat enthalten und sinnvoll sein. Korrekte Grammatik und Interpunktion ist nicht gefordert. Das Schreiben von Namen und Anschrift ist nicht ausreichend.

(30)

Auf einem Blatt Papier sind 2 sich überschneidende Fünfecke dargestellt, der Untersuchte soll diese so exakt wie möglich abzeichnen. Alle 10 Ecken müssen wiedergegeben sein und 2 davon sich überschneiden, nur dann wird 1 Punkt gegeben.

Materialien

3) Richtlinien

der Spitzenverbände der Pflegekassen
zur Anwendung der Härtefallregelungen
(Härtefall-Richtlinien - HRi)
in der Fassung vom 3. Juli 1996*)

Der AOK-Bundesverband, Bonn

der BKK-Bundesverband, Essen

der IKK-Bundesverband, Bergisch-Gladbach

die See-Krankenkasse, Hamburg

der Bundesverband der landwirtschaftl. Krankenkassen, Kassel

die Bundesknappschaft, Bochum

der Verband der Angestelltenkrankenkassen e. V., Siegburg und

der AEV - Arbeiter-Ersatzkassen-Verband e. V., Siegburg

handelnd als Spitzenverbände der Pflegekassen

haben unter Beteiligung des Medizinischen Dienstes der Spitzenverbände der Krankenkassen

aufgrund des § 17 SGB XI in Verbindung mit § 213 SGB V

am 10. 7. 1995 sowie der Ergänzungsbeschlüsse vom 19. 10. 1995 und 3. 7. 1996 gemeinsam und einheitlich die nachstehenden Richtlinien zur Anwendung der Härtefallregelungen (Härtefall-Richtlinien – HRi) beschlossen.

---

*) Die Härtefall-Richtlinien sind vom Bundesministerium für Arbeit und Sozialordnung gemäß § 17 Abs. 2 SGB XI mit Schreiben vom 15. Juli 1996 – Va2-43371/1 – genehmigt worden.

1. Allgemeines

Die Richtlinien bestimmen in Ergänzung der Pflegebedürftigkeits-Richtlinien gemäß § 17 Abs. 1 SGB XI die Merkmale zur Annahme eines Härtefalles (§§ 36 Abs. 4, 43 Abs. 3 SGB X) sowie das Verfahren zur Feststellung eines Härtefalles.

Sie sind für die Pflegekassen (§ 46 SGB XI) sowie für den Medizinischen Dienst der Krankenversicherung (MDK) verbindlich (§§ 213 SGB V, 53 a SGB X). Regionale Abweichungen sind nicht zulässig.

2. Anwendungsbereich

Die Härtefallregelungen im Sinne dieser Richtlinien finden Anwendung, soweit bei Versicherten mit einem Hilfebedarf der Pflegestufe III Leistungsanträge auf die häusliche Pflegehilfe nach § 36 SGB XI, die Kombinationsleistung nach § 36 SGB XI oder die vollstationäre Pflege nach § 43 SGB XI gerichtet sind.

3. Verfahren zur Feststellung eines Härtefalles

Der MDK stellt entsprechend den nachstehenden Merkmalen (Ziffer 4) aufgrund konkreter Tatsachen nachvollziehbar fest, ob ein außergewöhnlich hoher bzw. intensiver Pflegeaufwand vorliegt und dokumentiert dies im Gutachten zur Feststellung der Pflegebedürftigkeit gemäß SGB XI.

Die Entscheidung, ob ein Härtefall vorliegt, trifft die Pflegekasse auf der Grundlage des Gutachtens des MDK.

4. Merkmale für einen außergewöhnlich hohen Pflegeaufwand

Der Pflegeaufwand wird bestimmt durch die Art, die Dauer und den Rhythmus der erforderlichen Pflegemaßnahmen. Dieser kann sich aufgrund der individuellen Situation des Pflegebedürftigen als außergewöhnlich hoch bzw. intensiv darstellen, wenn die täglich durchzuführenden Pflegemaßnahmen das übliche Maß der Grundversorgung im Sinne von Ziffer 4.1.3 der Pflegebedürftigkeits-Richtlinien qualitativ und quantitativ weit übersteigen.

Das ist der Fall, wenn

– die Grundpflege für den Pflegebedürftigen auch des Nachts nur von mehreren Pflegekräften gemeinsam (zeitgleich) erbracht werden kann

Materialien

oder

- Hilfe bei der Körperpflege, der Ernährung oder der Mobilität mindestens 7 Stunden täglich, davon wenigstens 2 Stunden in der Nacht, erforderlich ist.

Zusätzlich muß ständige Hilfe bei der hauswirtschaftlichen Versorgung erforderlich sein.

Ein solch außergewöhnlich hoher bzw. intensiver Pflegeaufwand kann insbesondere bei folgenden Krankheitsbildern vorliegen:

- Krebserkrankungen im Endstadium
- AIDS-Erkrankungen im Endstadium
- hohe Querschnittslähmung und Tetraplegie
- Enzephalomyelitis disseminata im Endstadium
- Apallisches Syndrom
- schwere Ausprägung der Demenz
- bei schweren Fehlbildungssyndromen und Fehlbildungen im Säuglings- und Kleinkindalter
- schwerste neurologische Defektsyndrome nach Schädelhirnverletzungen
- Endstadium der Mukoviszidose

Gemeinsame Empfehlung zum Inhalt der Rahmenverträge

4) Gemeinsame Empfehlung gemäß § 75 Abs. 5 SGB XI zum Inhalt der Rahmenverträge nach § 75 Abs. 2 SGB XI zur ambulanten pflegerischen Versorgung vom 2. Februar 1995

zwischen

den Spitzenverbänden der Pflegekassen

- AOK-Bundesverband, Bonn,
- BKK-Bundesverband, Essen,
- IKK-Bundesverband, Bergisch Gladbach,
- See-Krankenkasse, Hamburg,
- Bundesverband der landwirtschaftlichen Krankenkassen, Kassel,
- Bundesknappschaft, Bochum,
- Verband der Angestellten-Krankenkassen e.V., Siegburg,
- AEV – Arbeiter-Ersatzkassen-Verband e.V., Siegburg,

unter Beteiligung des Medizinischen Dienstes der Spitzenverbände der Krankenkassen e.V., Essen

Gemeinsame Empfehlung gemäß § 75 Abs. 5 SGB XI zum Inhalt der Rahmenverträge nach § 75 Abs. 1 SGB XI zur teilstationären Pflege (Tages- und Nachtpflege)

zwischen

den Spitzenverbänden der Pflegekassen

- AOK-Bundesverband, Bonn,
- BKK-Bundesverband, Essen,
- IKK-Bundesverband, Bergisch Gladbach,
- See-Krankenkasse, Hamburg,
- Bundesverband der landwirtschaftlichen Krankenkassen, Kassel,
- Bundesknappschaft, Bochum,
- Verband der Angestellten-Krankenkassen e.V., Siegburg,
- AEV – Arbeiter-Ersatzkassen-Verband e.V., Siegburg,

Gemeinsame Empfehlung gemäß § 75 Abs. 5 SGB XI zum Inhalt der Rahmenverträge nach § 75 Abs. 1 SGB XI zur Kurzzeitpflege vom 25. November 1996

zwischen

den Spitzenverbänden der Pflegekassen

- AOK-Bundesverband, Bonn,
- BKK-Bundesverband, Essen,
- IKK-Bundesverband, Bergisch Gladbach,
- See-Krankenkasse, Hamburg,
- Bundesverband der landwirtschaftlichen Krankenkassen, Kassel,
- Bundesknappschaft, Bochum,
- Verband der Angestellten-Krankenkassen e.V., Siegburg,
- AEV – Arbeiter-Ersatzkassen-Verband e.V., Siegburg,

Gemeinsame Empfehlung gemäß § 75 Abs. 5 SGB XI zum Inhalt der Rahmenverträge nach § 75 Abs. 1 SGB XI zur vollstationären Pflege vom 25. November 1996

zwischen

den Spitzenverbänden der Pflegekassen

- AOK-Bundesverband, Bonn,
- BKK-Bundesverband, Essen,
- IKK-Bundesverband, Bergisch Gladbach,
- See-Krankenkasse, Hamburg,
- Bundesverband der landwirtschaftlichen Krankenkassen, Kassel,
- Bundesknappschaft, Bochum,
- Verband der Angestellten-Krankenkassen e.V., Siegburg,
- AEV – Arbeiter-Ersatzkassen-Verband e.V., Siegburg,

Materialien

Ambulant	Teilstationär	Kurzzeitpflege	Vollstationär
und	und	und	und
der Bundesarbeitsgemeinschaft der überörtlichen Träger der Sozialhilfe, Karlsruhe,	der Bundesarbeitsgemeinschaft der überörtlichen Träger der Sozialhilfe, Karlsruhe,	der Bundesarbeitsgemeinschaft der überörtlichen Träger der Sozialhilfe, Karlsruhe,	der Bundesarbeitsgemeinschaft der überörtlichen Träger der Sozialhilfe, Karlsruhe,
der Bundesvereinigung der kommunalen Spitzenverbände, Köln, und	der Bundesvereinigung der kommunalen Spitzenverbände, Köln, und	der Bundesvereinigung der kommunalen Spitzenverbände, Köln, und	der Bundesvereinigung der kommunalen Spitzenverbände, Köln, und
den Vereinigungen der Träger der Pflegeeinrichtungen (im folgenden Pflegedienste genannt) auf Bundesebene	den Vereinigungen der Träger der Pflegeeinrichtungen (im folgenden Pflegeeinrichtungen genannt) auf Bundesebene	den Vereinigungen der Träger der Pflegeeinrichtungen (im folgenden Pflegeeinrichtungen genannt) auf Bundesebene	den Vereinigungen der Träger der Pflegeeinrichtungen (im folgenden Pflegeeinrichtungen genannt) auf Bundesebene
– Arbeiterwohlfahrt Bundesverband e.V., Bonn,	– Arbeiterwohlfahrt Bundesverband e.V., Bonn,	– Arbeiterwohlfahrt Bundesverband e.V., Bonn,	– Arbeiterwohlfahrt Bundesverband e.V., Bonn,
– Deutscher Caritasverband e.V., Freiburg,	– Deutscher Caritasverband e.V., Freiburg,	– Deutscher Caritasverband e.V., Freiburg,	– Deutscher Caritasverband e.V., Freiburg,
– Deutscher Paritätischer Wohlfahrtsverband Gesamtverband e.V., Frankfurt a. M.,	– Deutscher Paritätischer Wohlfahrtsverband Gesamtverband e.V., Frankfurt a. M.,	– Deutscher Paritätischer Wohlfahrtsverband Gesamtverband e.V., Frankfurt a. M.,	– Deutscher Paritätischer Wohlfahrtsverband Gesamtverband e.V., Frankfurt a. M.,
– Deutsches Rotes Kreuz e.V., Bonn,	– Deutsches Rotes Kreuz e.V., Bonn,	– Deutsches Rotes Kreuz e.V., Bonn,	– Deutsches Rotes Kreuz e.V., Bonn,
– Diakonisches Werk der Evangelischen Kirche in Deutschland e.V., Stuttgart,	– Diakonisches Werk der Evangelischen Kirche in Deutschland e.V., Stuttgart,	– Diakonisches Werk der Evangelischen Kirche in Deutschland e.V., Stuttgart,	– Diakonisches Werk der Evangelischen Kirche in Deutschland e.V., Stuttgart,
– Zentralwohlfahrtsstelle der Juden in Deutschland e.V., Frankfurt a. M.,	– Zentralwohlfahrtsstelle der Juden in Deutschland e.V., Frankfurt a. M.,	– Zentralwohlfahrtsstelle der Juden in Deutschland e.V., Frankfurt a. M.,	– Zentralwohlfahrtsstelle der Juden in Deutschland e.V., Frankfurt a. M.,
– Bundesverband Privater Alten- und Pflegeheime und Sozialer Dienste e.V., Bonn	– Arbeitsgemeinschaft Hauskrankenpflege e.V., Bremerhaven,	– Arbeitsgemeinschaft Hauskrankenpflege e.V., Bremerhaven,	– Verband Deutscher Alten- und Behindertenhilfe e.V., Essen
– Arbeitgeberverband ambulanter Pflegedienste e.V., Hannover	– Berufsverband Hauskrankenpflege in Deutschland e.V., Hannover,	– Berufsverband Hauskrankenpflege in Deutschland e.V., Hannover,	– Bundesverband Privater Alten- und Pflegeheime und sozialer Dienste e.V., Bonn
– Arbeitsgemeinschaft Privater Heime e. V., Bundesverband			– Arbeitgeberverband ambulanter Pflegedienste e.V., Hannover,

Gemeinsame Empfehlung zum Inhalt der Rahmenverträge

- Arbeitsgemeinschaft Hauskrankenpflege e.V., Bremerhaven,
- Berufsverband Hauskrankenpflege in Deutschland e.V., Hannover,
- Bundesarbeitsgemeinschaft Hauskrankenpflege e.V., Berlin
- Bundesarbeitsgemeinschaft Ambulante Dienste e.V., Essen,
- Verband Deutscher Alten- und Behindertenhilfe e.V., Essen,

Präambel

Zur Sicherstellung der ambulanten pflegerischen Versorgung im Rahmen der sozialen Pflegeversicherung empfehlen die Partner dieser Empfehlung den Vertragspartnern beim Abschluß § 75 Abs. 1 SGB XI auf Landesebene nach folgenden Grundsätzen zu verfahren und die folgenden Einzelheiten zu beachten.

- Bundesverband Ambulante Dienste e.V., Essen,
- Verband Deutscher Alten- und Behindertenhilfe e.V., Essen,
- Bundesverband Privater Alten- und Pflegeheime und sozialer Dienste e.V., Bonn,
- Bundesarbeitsgemeinschaft Hauskrankenpflege e.V., Berlin.

Präambel

Zur Sicherstellung der teilstationären Pflege (Tages- und Nachtpflege) im Rahmen der sozialen Pflegeversicherung empfehlen die Partner dieser Empfehlung den Vertragspartnern gemäß § 75 Abs. 1 SGB XI auf Landesebene nach folgenden Grundsätzen zu verfahren und die folgenden Einzelheiten zu beachten. **Für den Bereich der Behindertenhilfe findet diese Empfehlungsvereinbarung keine Anwendung.**

- Arbeitgeberverband ambulanter Pflegedienste e.V., Hannover,
- Bundesverband Ambulante Dienste e.V., Essen,
- Verband Deutscher Alten- und Behindertenhilfe e.V., Essen,
- Bundesverband Privater Alten- und Pflegeheime und sozialer Dienste e.V., Bonn,
- Arbeitsgemeinschaft Privater Heime e.V., Bundesgeschäftsstelle, Bonn
- Bundesarbeitsgemeinschaft Hauskrankenpflege e.V., Berlin.

Präambel

Zur Sicherstellung der Kurzzeitpflege im Rahmen der sozialen Pflegeversicherung empfehlen die Partner dieser Empfehlung den Vertragspartnern beim Abschluß § 75 Abs. 1 SGB XI auf Landesebene nach folgenden Grundsätzen zu verfahren und die folgenden Einzelheiten zu beachten. **Für den Bereich der Behindertenhilfe findet diese Empfehlungsvereinbarung keine Anwendung.**

- Arbeitsgemeinschaft Privater Heime e.V., Bundesgeschäftsstelle, Bonn

Präambel

Zur Sicherstellung der vollstationären Pflege im Rahmen der sozialen Pflegeversicherung empfehlen die Partner dieser Empfehlung den Vertragspartnern beim Abschluß § 75 Abs. 1 SGB XI auf Landesebene nach folgenden Grundsätzen zu verfahren und die folgenden Einzelheiten zu beachten. **Für den Bereich der Behindertenhilfe findet diese Empfehlungsvereinbarung keine Anwendung.**

Materialien

Ambulant

Abschnitt I

Inhalt der Pflegeleistungen – gemäß § 75 Abs. 2 Nr. 1 SGB XI

§ 1 Inhalt der *ambulanten* Pflegeleistungen

(1) Inhalt der Pflegeleistungen sind **im Rahmen der Grundpflege und hauswirtschaftlichen Versorgung** die im Einzelfall erforderlichen Tätigkeiten zur Unterstützung, zur teilweisen oder zur vollständigen Übernahme der Verrichtungen im Ablauf des täglichen Lebens oder zur Beaufsichtigung oder Anleitung mit dem Ziel der eigenständigen Übernahme dieser Verrichtungen in der anerkannten Pflegestufe. **Im Rahmen der Pflege sind die Angehörigen/die pflegende Bezugsperson zu beraten und anzuleiten. Die Hilfen bei den Verrichtungen der Körperpflege, der Ernährung und Mobi-

Teilstationär

Abschnitt I

Inhalt der Pflegeleistungen sowie *Abgrenzung zwischen den allgemeinen Pflegeleistungen, den Leistungen bei Unterkunft und Verpflegung und den Zusatzleistungen* gemäß § 75 Abs. 2 Nr. 1 SGB XI

§ 1 Inhalt der allgemeinen Pflegeleistungen

(1) Inhalt der Pflegeleistungen sind die im Einzelfall erforderlichen Hilfen zur Unterstützung, zur teilweisen oder zur vollständigen Übernahme der Aktivitäten im Ablauf des täglichen Lebens oder zur Beaufsichtigung oder Anleitung mit dem Ziel der eigenständigen Durchführung der Aktivitäten. **Die Hilfen sollen diejenigen Maßnahmen enthalten, die Pflegebedürftigkeit mindern sowie eine Verschlimmerung der Pflegebedürftigkeit und der Entstehung von Sekundärerkrankungen vorbeugen.**

Kurzzeitpflege

Abschnitt I

Inhalt der Pflegeleistungen sowie Abgrenzung zwischen den allgemeinen Pflegeleistungen, den Leistungen bei Unterkunft und Verpflegung und den Zusatzleistungen – gemäß § 75 Abs. 2 Nr. 1 SGB XI

§ 1 Inhalt der allgemeinen Pflegeleistungen

(1) Inhalt der Pflegeleistungen sind die im Einzelfall erforderlichen Hilfen zur Unterstützung, zur teilweisen oder zur vollständigen Übernahme der Aktivitäten im Ablauf des täglichen Lebens oder zur Beaufsichtigung oder Anleitung mit dem Ziel der eigenständigen Durchführung der Aktivitäten. **Die Hilfen sollen diejenigen Maßnahmen enthalten, die Pflegebedürftigkeit mindern sowie eine Verschlimmerung der Pflegebedürftigkeit und der Entstehung von Sekundärerkrankungen vorbeugen.**

Vollstationär

Abschnitt I

Inhalt der Pflegeleistungen sowie Abgrenzung zwischen den allgemeinen Pflegeleistungen, den Leistungen bei Unterkunft und Verpflegung und den Zusatzleistungen – gemäß § 75 Abs. 2 Nr. 1 SGB XI

§ 1 Inhalt der allgemeinen Pflegeleistungen

(1) Inhalt der Pflegeleistungen sind die im Einzelfall erforderlichen Hilfen zur Unterstützung, zur teilweisen oder zur vollständigen Übernahme der Aktivitäten im Ablauf des täglichen Lebens oder zur Beaufsichtigung oder Anleitung mit dem Ziel der eigenständigen Durchführung der Aktivitäten. **Die Hilfen sollen diejenigen Maßnahmen enthalten, die Pflegebedürftigkeit mindern sowie eine Verschlimmerung der Pflegebedürftigkeit und der Entstehung von Sekundärerkrankungen vorbeugen.**

Gemeinsame Empfehlung zum Inhalt der Rahmenverträge

lität dienen zugleich dem Ziel der Vorbeugung von Sekundärerkrankungen.

(2) Leistungen der gesetzlichen Krankenversicherung, bei denen insbesondere die gesetzlichen Voraussetzungen des § 37 SGB V erfüllt sind, sind nicht Inhalt der Leistungen nach dem SGB XI.

(3) Die Durchführung und Organisation der Pflege gemäß dem allgemeinen Stand der medizinisch-pflegerischen Erkenntnisse, die Einbeziehung aktivierender Pflege und die Qualitätsvereinbarung nach § 80 SGB XI sind Bestandteil der Pflegeleistungen.

(4) Zu den Pflegeleistungen gehören je nach Einzelfall Hilfen bei den nachfolgenden Verrichtungen:

Körperpflege

Ziele der Körperpflege

Die körperliche Pflege orientiert sich an den persönlichen Gewohnheiten des Pflegebedürftigen. Die Intimsphäre ist zu schützen **und ist mit dem Pflegebedürftigen und seinem sozialen Umfeld abzustimmen.** Die Pflegekraft

Hilfen bei der Körperpflege

Ziele der Körperpflege

Die körperliche Pflege orientiert sich an den persönlichen Gewohnheiten des Pflegebedürftigen. Die Intimsphäre ist zu schützen. Die Pflegekraft unterstützt den selbstverständlichen Umgang mit dem Thema »Ausscheiden/Ausscheidungen«.

(2) Die Durchführung und Organisation der Pflege richten sich nach dem allgemeinen Stand der medizinisch-pflegerischen Erkenntnisse. Die Pflegeleistungen sind in Form der aktivierenden Pflege unter Beachtung der Qualitätsvereinbarung nach § 80 SGB XI zu erbringen.

(3) Zu den allgemeinen Pflegeleistungen gehören je nach Einzelfall folgende Hilfen:

Hilfen bei der Körperpflege

Ziele der Körperpflege

Die körperliche Pflege orientiert sich an den persönlichen Gewohnheiten des Pflegebedürftigen. Die Intimsphäre ist zu schützen. Die Pflegekraft unterstützt den selbstverständlichen Umgang mit dem Thema »Ausscheiden/Ausscheidungen«.

(2) Die Durchführung und Organisation der Pflege richten sich nach dem allgemeinen Stand der medizinisch-pflegerischen Erkenntnisse. Die Pflegeleistungen sind in Form der aktivierenden Pflege unter Beachtung der Qualitätsvereinbarung nach § 80 SGB XI zu erbringen.

(3) Zu den allgemeinen Pflegeleistungen gehören je nach Einzelfall folgende Hilfen:

Materialien

Ambulant

unterstützt den selbstverständlichen Umgang mit dem Thema »Ausscheiden/Ausscheidungen«.

Die Körperpflege umfaßt im einzelnen:

- das Waschen, Duschen und Baden, dies beinhaltet ggf. auch den Einsatz von Hilfsmitteln, den Transport zur Waschgelegenheit, das Schneiden von Fingernägeln, bei Bedarf Kontaktherstellung für die Fußpflege, das Haarewaschen und -trocknen, ggf. Kontaktherstellung zum/zur Friseur/in, Hautpflege,
- die Zahnpflege, diese umfaßt insbesondere das Zähneputzen, die Prothesenversorgung, die Mundhygiene,
- das Kämmen, einschl. Herrichten der Tagesfrisur,
- das Rasieren, einschl. der Gesichtspflege,
- Darm- oder Blasenentleerung, einschließlich der Pflege bei der Katheter- und Urinalversorgung sowie Pflege bei der physiologischen Blasen- und Darmentleerung, Teilwaschen einschließlich der Hautpflege, ggf. Wechseln der Wäsche. Bei Ausscheidungsproblemen regt die Pflegekraft eine ärztliche Abklärung an.

Teilstationär

Die Körperpflege umfaßt:

- Das Waschen, Duschen und Baden;

  dies beinhaltet ggf. auch den Einsatz von Hilfsmitteln, den Transport zur Waschgelegenheit, das Schneiden von Fingernägeln, das Haarewaschen und -trocknen, Hautpflege, **Pneumonie- und Dekubitusprophylaxe** sowie bei Bedarf Kontaktherstellung für die Fußpflege und zum/zur Friseur/in,
- die Zahnpflege;

  diese umfaßt insbesondere das Zähneputzen, die Prothesenversorgung, die Mundhygiene, Soor- und Parodontitisprophylaxe,
- das Kämmen;

  einschl. Herrichten der Tagesfrisur,
- das Rasieren;

  einschl. der Gesichtspflege,
- Darm- oder Blasenentleerung, einschl. der Pflege bei der Katheter- und Urinalversorgung sowie Pflege bei der physiologischen Blasen- und Darmentleerung, **Kontinenztraining, Obstipationsprophylaxe**, Teilwaschen einschl. der Hautpflege, ggf. Wechseln der Wäsche.

Kurzzeitpflege

Die Körperpflege umfaßt:

- das Waschen, Duschen und Baden;

  dies beinhaltet ggf. auch den Einsatz von Hilfsmitteln, den Transport zur Waschgelegenheit, das Schneiden von Fingernägeln, das Haarewaschen und -trocknen, Hautpflege, **Pneumonie- und Dekubitusprophylaxe** sowie bei Bedarf Kontaktherstellung für die Fußpflege und zum/zur Friseur/in,
- die Zahnpflege;

  diese umfaßt insbesondere das Zähneputzen, die Prothesenversorgung, die Mundhygiene, Soor- und Parodontitisprophylaxe,
- das Kämmen;

  einschl. Herrichten der Tagesfrisur,
- das Rasieren;

  einschl. der Gesichtspflege,
- Darm- oder Blasenentleerung, einschl. der Pflege bei der Katheter- und Urinalversorgung sowie Pflege bei der physiologischen Blasen- und Darmentleerung, **Kontinenztraining, Obstipationsprophylaxe**, Teilwaschen einschl. der Hautpflege, ggf. Wechseln der Wäsche.

Vollstationär

Die Körperpflege umfaßt:

- das Waschen, Duschen und Baden; dies beinhaltet ggf. auch den Einsatz von Hilfsmitteln, den Transport zur Waschgelegenheit, das Schneiden von Fingernägeln, das Haarewaschen und -trocknen, Hautpflege, **Pneumonie- und Dekubitusprophylaxe** sowie bei Bedarf Kontaktherstellung für die Fußpflege und zum/zur Friseur/in,
- die Zahnpflege; diese umfaßt insbesondere das Zähneputzen, die Prothesenversorgung, die Mundhygiene, Soor- und Parodontitisprophylaxe,
- das Kämmen; einschl. Herrichten der Tagesfrisur,
- das Rasieren; einschl. der Gesichtspflege,
- Darm- oder Blasenentleerung; einschl. der Pflege bei der Katheter- und Urinalversorgung sowie Pflege bei der physiologischen Blasen- und Darmentleerung, **Kontinenztraining, Obstipationsprophylaxe**, Teilwaschen einschl. der Hautpflege, ggf. Wechseln der Wäsche. Bei Ausscheidungsproblemen regt die Pflegekraft eine ärztliche Abklärung an.

Gemeinsame Empfehlung zum Inhalt der Rahmenverträge

Ernährung

Ziele der Ernährung

Im Rahmen der Planung von Mahlzeiten und der Hilfen bei der Nahrungszubereitung ist eine ausgewogene Ernährung anzustreben. Der Einsatz von speziellen Hilfsmitteln ist zu fördern und zu ihrem Gebrauch ist anzuleiten. **Der Pflegebedürftige ist bei der Essens- und Getränkeauswahl, der Zubereitung und Darreichung sowie bei Problemen der Nahrungsaufnahme zu beraten.** Bei Nahrungsverweigerung ist ein differenzierter Umgang mit den zugrunde liegenden Problemen erforderlich.

Die Ernährung umfaßt:

– das mundgerechte Zubereiten der Nahrung sowie die Unterstützung bei der Aufnahme der Nahrung; hierzu gehören alle Tätigkeiten, die der unmittelbaren Vorbereitung dienen und die die Aufnahme von fester und flüssiger Nahrung ermöglichen, z. B. portionsgerechte Vorgabe, Umgang mit Besteck,

Wechseln der Wäsche. Bei Ausscheidungsproblemen regt die Pflegekraft eine ärztliche Abklärung an.

Hilfen bei der Ernährung

Ziele der Ernährung

Eine ausgewogene Ernährung **(einschl. notwendiger Diätkost)** ist anzustreben. Der Pflegebedürftige ist bei der Essens- und Getränkeauswahl sowie bei Problemen der Nahrungsaufnahme zu beraten. Zur selbständigen Nahrungsaufnahme ist der Einsatz von speziellen Hilfsmitteln zu fördern und zu ihrem Gebrauch anzuleiten. Bei Nahrungsverweigerung ist in differenzierter Umgang mit den zugrunde liegenden Problemen erforderlich.

Die Ernährung umfaßt:

– Das mundgerechte Zubereiten der Nahrung sowie die Unterstützung bei der Aufnahme der Nahrung; hierzu gehören alle Tätigkeiten, die der unmittelbaren Vorbereitung dienen und die die Aufnahme von fester und flüssiger Nahrung ermöglichen, z. B. portionsgerechte Vorgabe, Umgang mit Besteck,

Ausscheidungsproblemen regt die Pflegekraft eine ärztliche Abklärung an.

Hilfen bei der Ernährung

Ziele der Ernährung

Eine ausgewogene Ernährung **(einschl. notwendiger Diätkost)** ist anzustreben. Der Pflegebedürftige ist bei der Essens- und Getränkeauswahl sowie bei Problemen der Nahrungsaufnahme zu beraten. Zur selbständigen Nahrungsaufnahme ist der Einsatz von speziellen Hilfsmitteln zu fördern und zu ihrem Gebrauch anzuleiten. Bei Nahrungsverweigerung ist in differenzierter Umgang mit den zugrunde liegenden Problemen erforderlich.

Die Ernährung umfaßt:

– das mundgerechte Zubereiten der Nahrung sowie die Unterstützung bei der Aufnahme der Nahrung; hierzu gehören alle Tätigkeiten, die der unmittelbaren Vorbereitung dienen und die die Aufnahme von fester und flüssiger Nahrung ermöglichen, z. B. portionsgerechte Vorgabe, Umgang mit Besteck,

Materialien

Ambulant	Teilstationär	Kurzzeitpflege	Vollstationär
– Hygienemaßnahmen wie z. B. Mundpflege, Händewaschen, Säubern/Wechseln der Kleidung.	– Hygienemaßnahmen wie z. B. Mundpflege, Händewaschen, Säubern/Wechseln der Kleidung.	– Hygienemaßnahmen wie z. B. Mundpflege, Händewaschen, Säubern/Wechseln der Kleidung.	– Hygienemaßnahmen wie z. B. Mundpflege, Händewaschen, Säubern/Wechseln der Kleidung.
Mobilität	**Hilfen bei der Mobilität**	**Hilfen bei der Mobilität**	**Hilfen bei der Mobilität**
Ziele der Mobilität	**Ziele der Mobilität**	**Ziele der Mobilität**	**Ziele der Mobilität**
Ziel der Mobilität ist u.a. die Förderung der Beweglichkeit **in der häuslichen Umgebung. Dazu gehört auch die Förderung einer sicheren Umgebung durch eine regelmäßige Überprüfung des Wohnumfeldes in bezug auf erforderliche Veränderungen (z. B. Haltegriffe) und eine gezielte Beobachtung des Pflegebedürftigen in seiner Umgebung. Unter dem Sicherheitsaspekt ist ggf. eine Beratung über Vorkehrungen für Notfälle und ihren Einsatz (z. B. Notrufsystem, Schlüsseldepot) erforderlich.** Die Anwendung angemessener Hilfsmittel erleichtert den Umgang mit Bewegungsdefiziten.	Ziel der Mobilität ist u.a. die Förderung der Beweglichkeit, **der Abbau überschießenden Bewegungsdrangs sowie der Schutz vor Selbst- und Fremdgefährdung.** Die Anwendung angemessener Hilfsmittel dient dem Ausgleich von Bewegungsdefiziten.	Ziel der Mobilität ist u.a. die Förderung der Beweglichkeit, **der Abbau überschießenden Bewegungsdrangs sowie der Schutz vor Selbst- und Fremdgefährdung.** Die Anwendung angemessener Hilfsmittel dient dem Ausgleich von Bewegungsdefiziten.	Ziel der Mobilität ist u.a. die Förderung der Beweglichkeit, **der Abbau überschießenden Bewegungsdrangs sowie der Schutz vor Selbst- und Fremdgefährdung.** Die Anwendung angemessener Hilfsmittel dient dem Ausgleich von Bewegungsdefiziten.
Beim Aufstehen und Zubettgehen sind Schlafgewohnheiten, Ruhebedürfnisse und evtl. Störungen angemessen zu berücksichtigen. **Das gewohnte Bett ist entsprechend den Bedürfnissen des Pflegebedürftigen solange wie möglich zu erhalten.** Die	Beim Zubettgehen und Aufstehen sind Schlafgewohnheiten und Ruhebedürfnisse angemessen zu berücksichtigen **und störende Einflüsse möglichst zu reduzieren oder zu beseitigen.**	Beim Zubettgehen und Aufstehen sind Schlafgewohnheiten und Ruhebedürfnisse angemessen zu berücksichtigen **und störende Einflüsse möglichst zu reduzieren oder zu beseitigen.**	Beim Zubettgehen und Aufstehen sind Schlafgewohnheiten und Ruhebedürfnisse angemessen zu berücksichtigen **und störende Einflüsse möglichst zu reduzieren oder zu beseitigen.**
	Die Mobilität umfaßt:	Die Mobilität umfaßt:	Die Mobilität umfaßt:
	– Das Aufstehen und Zubettgehen sowie das Betten und Lagern; das Aufstehen und Zubettgehen beinhaltet auch Hilfestellung beim An- und Ablegen von Körperersatzstücken wie Prothesen. Das Betten und Lagern umfaßt alle Maßnahmen, die dem Pflegebedürftigen das körper- und situationsgerechte Liegen und Sitzen ermöglichen, Sekundärer-	– das Aufstehen und Zubettgehen sowie das Betten und Lagern; das Aufstehen und Zubettgehen beinhaltet auch Hilfestellung beim An- und Ablegen von Körperersatzstücken wie Prothesen. Das Betten und Lagern umfaßt alle Maßnahmen, die dem Pflegebedürftigen das körper- und situationsgerechte Liegen und Sitzen ermöglichen, Sekundärer-	– das Aufstehen und Zubettgehen sowie das Betten und Lagern; das Aufstehen und Zubettgehen beinhaltet auch Hilfestellung beim An- und Ablegen von Körperersatzstücken wie Prothesen. Das Betten und Lagern umfaßt alle Maßnahmen, die dem Pflegebedürftigen das körper- und situationsgerechte Liegen und Sitzen ermöglichen, Sekundärer-

Angehörigen sind auf fachgerechte und schlafstörungsarme Lagerung hinzuweisen.

Die Mobilität umfaßt:

- das Aufstehen und Zubettgehen sowie das Betten und Lagern; das Aufstehen und Zubettgehen beinhaltet auch Hilfestellung beim An- und Ablegen von Körperersatzstücken wie Prothesen. Das Betten umfaßt die Beurteilung für die sachgerechte Ausstattung des Bettes mit zusätzlichen Gegenständen und Lagerungshilfen; das Lagern umfaßt alle Maßnahmen, die dem Pflegebedürftigen das körper- und situationsgerechte Liegen und Sitzen **innerhalb/außerhalb des Bettes** ermöglichen. Sekundärerkrankungen wie Kontraktur vorbeugen und Selbständigkeit unterstützen.

- das Gehen, Stehen, Treppensteigen; **diese umfassen das Bewegen im Zusammenhang mit den Verrichtungen im Bereich der Körperpflege, der Ernährung und der hauswirtschaftlichen Versorgung.** Dazu gehört beispielsweise die Ermunterung und Hilfestellung bei bettlägerigen oder auf den Rollstuhl angewiesenen Pflegekrankungen wie Kontraktur vorbeugen und Selbständigkeit unterstützen. Dazu gehört auch der Gebrauch sachgerechter Lagerungshilfen und sonstiger Hilfsmittel,

- das Gehen, Stehen, Treppensteigen;

  dazu gehört beispielsweise die Ermunterung und Hilfestellung bei bettlägerigen oder auf den Rollstuhl angewiesenen Pflegebedürftigen zum Aufstehen und sich zu bewegen, z. B. im Zimmer, in den Gemeinschaftsräumen und im Außengelände,

- das Verlassen und Wiederaufsuchen der **Pflegeeinrichtung;**

  dabei sind solche Verrichtungen außerhalb der Pflegeeinrichtung zu unterstützen, die für die Aufrechterhaltung der Lebensführung notwendig sind und das persönliche Erscheinen des Pflegebedürftigen erfordern (z. B. Organisieren und Planen des Zahnarztbesuches);

- das An- und Auskleiden; dies umfaßt auch ein An- und Auszichtraining.

Materialien

Ambulant	Teilstationär	Kurzzeitpflege	Vollstationär

bedürftigen zum Aufstehen und sich zu bewegen,
– das Verlassen und Wiederaufsuchen der **Wohnung;** dabei sind solche Verrichtungen außerhalb der Wohnung zu unterstützen, die für die Aufrechterhaltung der Lebensführung zu Hause **unumgänglich** sind und das persönliche Erscheinen des Pflegebedürftigen erfordern (z. B. organisieren und planen des Zahnarztbesuches),
– das An- und Auskleiden; **dies umfaßt auch die Auswahl der Kleidung gemeinsam mit dem Pflegebedürftigen** sowie ggf. ein An- und Ausziehtraining.

Hauswirtschaftliche Versorgung

Ziel der hauswirtschaftlichen Versorgung ist die Förderung der Fähigkeit zur Selbstversorgung in einer hygienegerechten Umgebung.

Die hauswirtschaftliche Versorgung umfaßt:

– das Einkaufen der Gegenstände des täglichen Bedarfs,
– das Kochen, einschließlich der Vor- und Zubereitung der Bestandteile der Mahlzeiten,

Gemeinsame Empfehlung zum Inhalt der Rahmenverträge

- das Reinigen der Wohnung in bezug auf den allgemein üblichen Lebensbereich des Pflegebedürftigen,
- das Spülen, einschließlich der Reinigung des Spülbereichs,
- das Wechseln und Waschen der Wäsche und Kleidung; dies beinhaltet die Pflege der Wäsche und Kleidung,
- das Beheizen der Wohnung, einschließlich der Beschaffung und Entsorgung des Heizmaterials in der häuslichen Umgebung

(4) Soziale Betreuung

Durch Leistungen der sozialen Betreuung soll die Pflegeeinrichtung für die Pflegebedürftigen einen Lebensraum gestalten, der ihnen die Führung eines selbständigen und selbstbestimmten Lebens ermöglicht sowie zur Teilnahme am Leben in der Gemeinschaft innerhalb und außerhalb der Einrichtung beiträgt. Hilfebedarf bei der persönlichen Lebensführung und bei der Gestaltung des Alltages nach eigenen Vorstellungen soll durch Leistungen der sozialen Betreuung ausgeglichen werden, soweit dies nicht durch das soziale Umfeld (z. B. Angehörige und Betreuer) geschehen kann.

(4) Soziale Betreuung

Durch Leistungen der sozialen Betreuung soll die Pflegeeinrichtung für die Pflegebedürftigen einen Lebensraum gestalten, der ihnen die Führung eines selbständigen und selbstbestimmten Lebens ermöglicht sowie zur Teilnahme am Leben in der Gemeinschaft innerhalb und außerhalb der Einrichtung beiträgt. Hilfebedarf bei der persönlichen Lebensführung und bei der Gestaltung des Alltages nach eigenen Vorstellungen soll durch Leistungen der sozialen Betreuung ausgeglichen werden, soweit dies nicht durch das soziale Umfeld (z. B. Angehörige und Betreuer) geschehen kann.

(4) Soziale Betreuung

Durch Leistungen der sozialen Betreuung soll die Pflegeeinrichtung für die Pflegebedürftigen einen Lebensraum gestalten, der ihnen die Führung eines selbständigen und selbstbestimmten Lebens ermöglicht sowie zur Teilnahme am Leben in der Gemeinschaft innerhalb und außerhalb der Einrichtung beiträgt. Hilfebedarf bei der persönlichen Lebensführung und bei der Gestaltung des Alltages nach eigenen Vorstellungen soll durch Leistungen der sozialen Betreuung ausgeglichen werden, soweit dies nicht durch das soziale Umfeld (z. B. Angehörige und Betreuer) geschehen kann.

Materialien

Ambulant	Teilstationär	Kurzzeitpflege	Vollstationär
	Ziel ist es insbesondere, Vereinsamung, Apathie, Depression und Immobilität zu vermeiden und dadurch einer Verschlimmerung der Pflegebedürftigkeit vorzubeugen beziehungsweise die bestehende Pflegebedürftigkeit zu mindern. In diesem Sinne dienen die Leistungen im Rahmen der sozialen Betreuung der Orientierung zur Zeit, zum Ort, zur Person, der Gestaltung des persönlichen Alltags und einem Leben in der Gemeinschaft, der Bewältigung von Lebenskrisen und der Begleitung Sterbender sowie der Unterstützung bei der Erledigung persönlicher Angelegenheiten. (5) Behandlungspflege Neben den pflegebedingten Leistungen und der sozialen Betreuung erbringen die Pflegeeinrichtungen in der Zeit vom 01.07.1996 bis zum 31.12.1999 die bisherigen Leistungen der medizinischen Behandlungspflege weiter, soweit sie nicht vom behandelnden Arzt selbst erbracht werden (§ 43 Abs. 2 und 3 SGB XI). Die Leistungen der medizinischen Behandlungspflege werden im Rahmen der ärztlichen Behandlung	Ziel ist es insbesondere, Vereinsamung, Apathie, Depression und Immobilität zu vermeiden und dadurch einer Verschlimmerung der Pflegebedürftigkeit vorzubeugen beziehungsweise die bestehende Pflegebedürftigkeit zu mindern. In diesem Sinne dienen die Leistungen im Rahmen der sozialen Betreuung der Orientierung zur Zeit, zum Ort, zur Person, der Gestaltung des persönlichen Alltags und einem Leben in der Gemeinschaft, der Bewältigung von Lebenskrisen und der Begleitung Sterbender sowie der Unterstützung bei der Erledigung persönlicher Angelegenheiten. (5) Behandlungspflege Neben den pflegebedingten Leistungen und der sozialen Betreuung erbringen die Pflegeeinrichtungen in der Zeit vom 1. Juli 1996 bis zum 31. Dezember 1999 die bisherigen Leistungen der medizinischen Behandlungspflege weiter, soweit sie nicht vom behandelnden Arzt selbst erbracht werden (§ 43 Abs. 2 und 3 SGB XI). Die Leistungen der medizinischen Behandlungspflege werden im Rahmen der ärztlichen Behandlung	Ziel ist es insbesondere, Vereinsamung, Apathie, Depression und Immobilität zu vermeiden und dadurch einer Verschlimmerung der Pflegebedürftigkeit vorzubeugen beziehungsweise die bestehende Pflegebedürftigkeit zu mindern. In diesem Sinne dienen die Leistungen im Rahmen der sozialen Betreuung der Orientierung zur Zeit, zum Ort, zur Person, der Gestaltung des persönlichen Alltags und einem Leben in der Gemeinschaft, der Bewältigung von Lebenskrisen und der Begleitung Sterbender sowie der Unterstützung bei der Erledigung persönlicher Angelegenheiten. (5) Behandlungspflege Neben den pflegebedingten Leistungen und erbringen die Pflegeeinrichtungen in der Zeit vom 1. Juli 1996 bis zum 31. Dezember 1999 die bisherigen Leistungen der medizinischen Behandlungspflege weiter, soweit sie nicht vom behandelnden Arzt selbst erbracht werden (§ 43 Abs. 2 und 3 SGB XI). Die Leistungen der medizinischen Behandlungspflege werden im Rahmen der ärztlichen Behandlung

entsprechend der ärztlichen Anordnung erbracht. Die ärztliche Anordnung und die Durchführung sind in der Pflegedokumentation festzuhalten.

(6) Der pflegebedingte Mehraufwand in der Hauswirtschaft ist in der Aufteilung in § 6 Abs. 1 Satz 2 mit berücksichtigt.

(7) Teilstationäre Pflegeeinrichtungen haben im Rahmen ihres Leistungsangebotes auch die notwendige und angemessene Beförderung des Pflegebedürftigen von der Wohnung zur Einrichtung der Tages- und Nachtpflege und zurück sicherzustellen, soweit sie nicht von Angehörigen durchgeführt wird.

entsprechend der ärztlichen Anordnung erbracht. Die ärztliche Anordnung und die Durchführung sind in der Pflegedokumentation festzuhalten.

(6) Der pflegebedingte Mehraufwand in der Hauswirtschaft ist in der Aufteilung in § 6 Abs. 1 Satz 2 mit berücksichtigt.

§ 2 Unterkunft und Verpflegung

(1) Die Unterkunft und Verpflegung umfassen die Leistungen, die den Aufenthalt des Pflegebedürftigen in einer Pflegeeinrichtung ermöglichen, soweit sie nicht den allgemeinen Pflegeleistungen, den Zusatzleistungen sowie den Aufwendungen für Investitionen nach § 82 Abs. 2 SGB XI zuzuordnen sind. Dabei umfaßt die Verpflegung die im Rahmen einer ausgewogenen

entsprechend der ärztlichen Anordnung erbracht. Die ärztliche Anordnung und die Durchführung sind in der Pflegedokumentation festzuhalten.

(6) Der pflegebedingte Mehraufwand in der Hauswirtschaft ist in der Aufteilung in § 6 Abs. 1 Satz 2 berücksichtigt.

§ 2 Unterkunft und Verpflegung

(1) Die Unterkunft und Verpflegung umfassen die Leistungen, die den Aufenthalt des Pflegebedürftigen in einer Pflegeeinrichtung ermöglichen, soweit sie nicht den allgemeinen Pflegeleistungen, den Zusatzleistungen sowie den Aufwendungen für Investitionen nach § 82 Abs. 2 SGB XI zuzuordnen sind. Dabei umfaßt die Verpflegung die im Rahmen einer ausgewogenen

Materialien

Ambulant	Teilstationär	Kurzzeitpflege	Vollstationär
	und pflegegerechten Ernährung notwendigen Getränke und Speisen. Unterkunft und Verpflegung umfaßt insbesondere: – Ver- und Entsorgung; hierzu zählt z. B. die Versorgung mit bzw. Entsorgung von Wasser und Strom sowie Abfall. – Reinigung; dies umfaßt die Reinigung des Wohnraumes und der Gemeinschaftsräume (Sichtreinigung, Unterhaltsreinigung, Grundreinigung) und der übrigen Räume. – Wartung und Unterhaltung; dies umfaßt die Wartung und Unterhaltung der Gebäude, Einrichtung und Ausstattung, technischen Anlagen und Außenanlagen – Wäscheversorgung; die Wäscheversorgung umfaßt die Bereitstellung, Instandhaltung und Reinigung der von der Einrichtung zur Verfügung gestellten Wäsche. – Speise- und Getränkeversorgung; dies umfaßt die Zubereitung und Bereitstellung von Speisen und Getränken i. d. R. im Speisesaal oder Gemeinschaftsraum.	und pflegegerechten Ernährung notwendigen Getränke und Speisen. (2) Unterkunft und Verpflegung umfaßt insbesondere: – Ver- und Entsorgung; hierzu zählt z. B. die Versorgung mit bzw. Entsorgung von Wasser und Strom sowie Abfall. – Reinigung; dies umfaßt die Reinigung des Wohnraumes und der Gemeinschaftsräume (Sichtreinigung, Unterhaltsreinigung, Grundreinigung) und der übrigen Räume. – Wartung und Unterhaltung; dies umfaßt die Wartung und Unterhaltung der Gebäude, Einrichtung und Ausstattung, technischen Anlagen und Außenanlagen – Wäscheversorgung; die Wäscheversorgung umfaßt die Bereitstellung, Instandhaltung und Reinigung der von der Einrichtung zur Verfügung gestellten Wäsche. – Speise- und Getränkeversorgung; dies umfaßt die Zubereitung und Bereitstellung von Speisen und Getränken i.d.R. im Speisesaal oder Gemeinschaftsraum.	und pflegegerechten Ernährung notwendigen Getränke und Speisen. (2) Unterkunft und Verpflegung umfaßt insbesondere: – Ver- und Entsorgung; hierzu zählt z. B. die Versorgung mit bzw. Entsorgung von Wasser und Strom sowie Abfall. – Reinigung; dies umfaßt die Reinigung des Wohnraumes und der Gemeinschaftsräume (Sichtreinigung, Unterhaltsreinigung, Grundreinigung) und der übrigen Räume. – Wartung und Unterhaltung; dies umfaßt die Wartung und Unterhaltung der Gebäude, Einrichtung und Ausstattung, technischen Anlagen und Außenanlagen – Wäscheversorgung; die Wäscheversorgung umfaßt die Bereitstellung, Instandhaltung und Reinigung der von der Einrichtung zur Verfügung gestellten Wäsche sowie das maschinelle Waschen und Bügeln der persönlichen Wäsche und Kleidung. – Speise- und Getränkeversorgung;

Gemeinsame Empfehlung zum Inhalt der Rahmenverträge

§ 2 Formen der Hilfe

(1) Gegenstand der Unterstützung ist die Hilfe,

- der der Pflegebedürftige braucht, um seine Fähigkeiten bei den

- Gemeinschaftsveranstaltungen; dies umfaßt den Aufwand für Veranstaltungen zur Förderung des Gemeinschaftslebens, nicht jedoch die Organisation zur Durchführung oder Teilnahme von/an Gemeinschaftsveranstaltungen (s. allgemeine Pflegeleistungen).

§ 3 Zusatzleistungen

Zum Inhalt der Zusatzleistungen zählen insbesondere die über den üblichen Standard einer Einrichtung liegende(n) Ausstattung oder Angebote, z. B.

- besondere Ausstattung des Wohn- und Gemeinschaftsbereiches,
- weitergehende Leistungen bei Unterkunft und Verpflegung, soweit nicht pflegebedingt notwendig.

§ 4 Formen der Hilfe

(1) Gegenstand der Unterstützung ist die Hilfe,

- der der Pflegebedürftige braucht, um seine Fähigkeiten bei den

- Gemeinschaftsveranstaltungen; dies umfaßt den Aufwand für Veranstaltungen zur Förderung des Gemeinschaftslebens, nicht jedoch die Organisation zur Durchführung oder Teilnahme von/an Gemeinschaftsveranstaltungen (s. allgemeine Pflegeleistungen).

§ 3 Zusatzleistungen

Zusatzleistungen sind die über das Maß des Notwendigen gemäß §§ 1 bis 2 hinausgehenden Leistungen der Pflege und Unterkunft und Verpflegung, die durch den Pflegebedürftigen individuell wählbar und mit ihm zu vereinbaren sind.

§ 4 Formen der Hilfe

(1) Gegenstand der Unterstützung ist die Hilfe,

- der der Pflegebedürftige braucht, um seine Fähigkeiten bei den

dies umfaßt die Zubereitung und Bereitstellung von Speisen und Getränken.

- Gemeinschaftsveranstaltungen; dies umfaßt den Aufwand für Veranstaltungen zur Förderung des Gemeinschaftslebens, nicht jedoch die Organisation zur Durchführung oder Teilnahme von/an Gemeinschaftsveranstaltungen (s. allgemeine Pflegeleistungen).

§ 3 Zusatzleistungen

Zusatzleistungen sind die über das Maß des Notwendigen gemäß §§ 1 bis 2 hinausgehenden Leistungen der Pflege und Unterkunft und Verpflegung, die durch den Pflegebedürftigen individuell wählbar und mit ihm zu vereinbaren sind.

§ 4 Formen der Hilfe

(1) Gegenstand der Unterstützung ist die Hilfe,

- der der Pflegebedürftige braucht, um seine Fähigkeiten bei den

Materialien

Ambulant

Verrichtungen des täglichen Lebens zu erhalten oder diese Fähigkeiten (wieder) zu erlernen, damit ein möglichst eigenständiges Leben führen kann,

– die der Pflegebedürftige bei den Verrichtungen benötigt, die er nicht oder nur noch teilweise selber erledigen kann.

Dabei soll die Hilfe auch zur richtigen Nutzung der dem Pflegebedürftigen überlassenen Pflegehilfsmittel anleiten. Zur Unterstützung gehören ferner solche Tätigkeiten der Pflegekraft, durch die notwendige Maßnahmen so gestützt werden, daß bereits erreichte Eigenständigkeit gesichert wird oder lebenserhaltende Funktionen aufrechterhalten werden.

(2) Bei der vollständigen Übernahme der Verrichtungen handelt es sich um die unmittelbare Erledigung der Verrichtungen des täglichen Lebens durch die Pflegekraft. Eine teilweise Übernahme bedeutet, daß die Pflegekraft die Durchführung von Einzelhandlungen im Ablauf der Verrichtungen nach § 1 gewährleisten muß.

(3) Beaufsichtigung und Anleitung zielen darauf ab, daß die täglichen Verrichtungen in sinnvoller Weise

Teilstationär

Aktivitäten des täglichen Lebens zu erhalten oder diese Fähigkeiten (wieder) zu erlernen, damit er ein möglichst eigenständiges Leben führen kann,

– die der Pflegebedürftige bei den Aktivitäten benötigt, die er nicht oder nur noch teilweise selber erledigen kann.

Dabei soll die Hilfe auch zur richtigen Nutzung der dem Pflegebedürftigen überlassenen Pflegehilfsmittel anleiten. **Diese Hilfe ersetzt nicht die Unterweisung des Pflegehilfsmittellieferanten in den Gebrauch des Pflegehilfsmittels.** Zur Unterstützung gehören ferner solche Tätigkeiten der Pflegekraft, durch die notwendige Maßnahmen so gestützt werden, daß bereits erreichte Eigenständigkeit gesichert wird oder lebenserhaltende Funktionen aufrechterhalten werden.

(2) Bei der vollständigen Übernahme der Verrichtungen handelt es sich um die unmittelbare Erledigung der Verrichtungen des täglichen Lebens durch die Pflegekraft. Eine teilweise Übernahme bedeutet, daß die Pflegekraft die Durchführung von Einzelhandlungen im Ablauf der Verrichtungen des täglichen Lebens gewährleisten muß.

Kurzzeitpflege

Aktivitäten des täglichen Lebens zu erhalten oder diese Fähigkeiten (wieder) zu erlernen, damit er ein möglichst eigenständiges Leben führen kann,

– die der Pflegebedürftige bei den Aktivitäten benötigt, die er nicht oder nur noch teilweise selber erledigen kann.

Dabei soll die Hilfe auch zur richtigen Nutzung der dem Pflegebedürftigen überlassenen Pflegehilfsmittel anleiten. **Diese Hilfe ersetzt nicht die Unterweisung des Pflegehilfsmittellieferanten in den Gebrauch des Pflegehilfsmittels.** Zur Unterstützung gehören ferner solche Tätigkeiten der Pflegekraft, durch die notwendige Maßnahmen so gestützt werden, daß bereits erreichte Eigenständigkeit gesichert wird oder lebenserhaltende Funktionen aufrechterhalten werden.

(2) Bei der vollständigen Übernahme der Verrichtungen handelt es sich um die unmittelbare Erledigung der Verrichtungen des täglichen Lebens durch die Pflegekraft. Eine teilweise Übernahme bedeutet, daß die Pflegekraft die Durchführung von Einzelhandlungen im Ablauf der Verrichtungen des täglichen Lebens gewährleisten muß.

Vollstationär

Aktivitäten des täglichen Lebens zu erhalten oder diese Fähigkeiten (wieder) zu erlernen, damit er ein möglichst eigenständiges Leben führen kann,

– die der Pflegebedürftige bei den Aktivitäten benötigt, die er nicht oder nur noch teilweise selber erledigen kann.

Dabei soll die Hilfe auch zur richtigen Nutzung der dem Pflegebedürftigen überlassenen Pflegehilfsmittel anleiten. **Diese Hilfe ersetzt nicht die Unterweisung des Pflegehilfsmittellieferanten in den Gebrauch des Pflegehilfsmittels.** Zur Unterstützung gehören ferner solche Tätigkeiten der Pflegekraft, durch die notwendige Maßnahmen so gestützt werden, daß bereits erreichte Eigenständigkeit gesichert wird oder lebenserhaltende Funktionen aufrechterhalten werden.

(2) Bei der vollständigen Übernahme der Verrichtungen handelt es sich um die unmittelbare Erledigung der Verrichtungen des täglichen Lebens durch die Pflegekraft. Eine teilweise Übernahme bedeutet, daß die Pflegekraft die Durchführung von Einzelhandlungen im Ablauf der Aktivitäten des täglichen Lebens gewährleisten muß.

Gemeinsame Empfehlung zum Inhalt der Rahmenverträge

vom Pflegebedürftigen selbst durchgeführt und Eigen- oder Fremdgefährdungen z. B. durch unsachgemäßen Umgang mit Strom, Wasser oder offenem Feuer vermieden werden. Zur Anleitung gehört auch die Förderung der körperlichen, psychischen und geistigen Fähigkeiten zur selbständigen Ausübung der Verrichtungen des täglichen Lebens. Beaufsichtigung oder Anleitung kommen insbesondere bei psychisch Kranken sowie geistig und seelisch Behinderten in Betracht.

(4) Die Form des Hilfebedarfs orientiert sich an dem häuslichen und sozialen Umfeld des Pflegebedürftigen. Dabei sind seine angemessenen Wünsche und Kommunikationsbedürfnisse zu berücksichtigen.

§ 3 Pflegehilfsmittel und technische Hilfen

Zum Erhalt und zur Förderung einer selbständigen Lebensführung des Pflegebedürftigen sind Pflegehilfsmittel gezielt einzusetzen und zu ihrem Gebrauch ist anzuleiten.

(3) Beaufsichtigung und Anleitung zielen darauf ab, daß die täglichen Verrichtungen in sinnvoller Weise vom Pflegebedürftigen selbst durchgeführt und Eigen- oder Fremdgefährdungen z. B. durch unsachgemäßen Umgang mit Strom, Wasser oder offenem Feuer vermieden werden. Zur Anleitung gehört auch die Förderung der körperlichen, psychischen und geistigen Fähigkeiten zur selbständigen Ausübung der Verrichtungen des täglichen Lebens. Beaufsichtigung oder Anleitung kommen insbesondere bei psychisch Kranken sowie geistig und seelisch Behinderten in Betracht.

(4) Therapieinhalte und Anregungen von anderen an der Betreuung des Pflegebedürftigen Beteiligten, z. B. Ärzte und Physiotherapeuten, sind bei der Durchführung der Pflege angemessen zu berücksichtigen.

§ 5 Pflegehilfsmittel und technische Hilfen

Zum Erhalt und zur Förderung einer selbständigen Lebensführung **sowie zur Erleichterung der Pflege und Linderung der Beschwerden des Pflegebedürftigen sind**

(3) Beaufsichtigung und Anleitung zielen darauf ab, daß die täglichen Verrichtungen in sinnvoller Weise vom Pflegebedürftigen selbst durchgeführt und Eigen- oder Fremdgefährdungen z. B. durch unsachgemäßen Umgang mit Strom, Wasser oder offenem Feuer vermieden werden. Zur Anleitung gehört auch die Förderung der körperlichen, psychischen und geistigen Fähigkeiten zur selbständigen Ausübung der Verrichtungen des täglichen Lebens. Beaufsichtigung oder Anleitung kommen insbesondere bei psychisch Kranken sowie geistig und seelisch Behinderten in Betracht.

(4) Therapieinhalte und Anregungen von anderen an der Betreuung des Pflegebedürftigen Beteiligten, z. B. Ärzte und Physiotherapeuten, sind bei der Durchführung der Pflege angemessen zu berücksichtigen.

§ 5 Pflegehilfsmittel und technische Hilfen

Zum Erhalt und zur Förderung einer selbständigen Lebensführung **sowie zur Erleichterung der Pflege und Linderung der Beschwerden des Pflegebedürftigen sind**

Materialien

Ambulant

Stellt der Pflegedienst bei der Pflege fest, daß Pflegehilfsmittel oder technische Hilfen erforderlich sind, informiert er hierüber die Pflegekasse, die das Weitere veranlaßt. Bei der Auswahl sonstiger geeigneter Hilfsmittel ist der Pflegebedürftige zu beraten.

§ 4 Pflegeeinsätze bei Pflegegeldleistung

(1) Die Pflegedienste führen Pflegeeinsätze nach § 37 Abs. 3 SGB XI durch. Der Pflegebedürftige beauftragt hiermit einen Pflegedienst seiner Wahl.

(2) Diese Pflegeeinsätze dienen der Entlastung der pflegenden Familienangehörigen oder sonstiger Pflegepersonen und der Sicherung der Qualität der häuslichen Pflege. Bei diesen Pflegeeinsätzen sollen auch Beratung sowie Hilfestellung bei den pflegerischen Problemen geleistet werden.

(3) Die gegenüber den Pflegebedürftigen geltend zu machenden Vergütungen für diese Pflegeeinsätze dürfen die mit den Pflegekassen dafür vereinbarten Sätze nicht überschreiten.

Teilstationär

Pflegehilfsmittel gezielt einzusetzen, und zu ihrem Gebrauch ist anzuleiten. Stellt die Pflegekraft bei der Pflege fest, daß Pflegehilfsmittel oder technische Hilfen erforderlich sind, **veranlaßt sie die notwendigen Schritte.** Bei der Auswahl sonstiger geeigneter Hilfsmittel ist der Pflegebedürftige zu beraten.

Kurzzeitpflege

Pflegehilfsmittel gezielt einzusetzen, und zu ihrem Gebrauch ist anzuleiten. Stellt die Pflegekraft bei der Pflege fest, daß Pflegehilfsmittel oder technische Hilfen erforderlich sind, **veranlaßt sie die notwendigen Schritte.** Bei der Auswahl sonstiger geeigneter Hilfsmittel ist der Pflegebedürftige zu beraten.

Vollstationär

Pflegehilfsmittel gezielt einzusetzen, und zu ihrem Gebrauch ist anzuleiten. Stellt die Pflegekraft bei der Pflege fest, daß Pflegehilfsmittel oder technische Hilfen erforderlich sind, **veranlaßt sie die notwendigen Schritte.** Bei der Auswahl sonstiger geeigneter Hilfsmittel ist der Pflegebedürftige zu beraten.

(4) Für evtl. Mitteilungen des Pflegedienstes an die Pflegekasse über das Ergebnis des Pflegeeinsatzes gilt § 10 entsprechend.

§ 6 Abgrenzung der allgemeinen Pflegeleistungen von Unterkunft und Verpflegung sowie Zusatzleistungen

(1) Zu den allgemeinen Pflegeleistungen gehören die in § 1 aufgeführten Hilfen. Weiterhin sind zu den Leistungen nach Satz 1 die ausschließlich mit den allgemeinen Pflegeleistungen und der Unterkunft und Verpflegung im Zusammenhang stehenden Aufwendungen zu 50 % zuzurechnen, soweit sie entstehen in den Bereichen

- Betriebsverwaltung,
- Steuern, Abgaben, Versicherung,
- Energieaufwand,
- Wasserver- und -entsorgung,
- Abfallentsorgung,
- Wäschepflege,
- Gebäudereinigung.

(2) Zur Unterkunft und Verpflegung gehören die in § 2 genannten Leistungen.

§ 6 Abgrenzung der allgemeinen Pflegeleistungen von Unterkunft und Verpflegung sowie Zusatzleistungen

(1) Zu den allgemeinen Pflegeleistungen gehören die in § 1 aufgeführten Hilfen. Weiterhin ist zu den Leistungen nach Satz 1 der ausschließlich mit den allgemeinen Pflegeleistungen und der Unterkunft und Verpflegung im Zusammenhang stehende Aufwand zu 50% zuzurechnen, soweit er entsteht in den Bereichen

- Betriebsverwaltung,
- Steuern, Abgaben, Versicherung,
- Energieaufwand,
- Wasserver- und -entsorgung,
- Abfallentsorgung,
- Wäschepflege,
- Gebäudereinigung.

(2) Zur Unterkunft und Verpflegung gehören die in § 2 genannten Leistungen. Vom Aufwand nach Abs.

§ 6 Abgrenzung der allgemeinen Pflegeleistungen von Unterkunft und Verpflegung sowie Zusatzleistungen

(1) Zu den allgemeinen Pflegeleistungen gehören die in § 1 aufgeführten Hilfen. Weiterhin ist zu den Leistungen nach Satz 1 der ausschließlich mit den allgemeinen Pflegeleistungen und der Unterkunft und Verpflegung im Zusammenhang stehende Aufwand zu 50% zuzurechnen, soweit er entsteht in den Bereichen

- Betriebsverwaltung,
- Steuern, Abgaben, Versicherung,
- Energieaufwand,
- Wasserver- und -entsorgung,
- Abfallentsorgung,
- Wäschepflege,
- Gebäudereinigung.

(2) Zur Unterkunft und Verpflegung gehören die in § 2 genannten Leistungen.

Materialien

Ambulant	Teilstationär	Kurzzeitpflege	Vollstationär
	Von dem Aufwand nach Abs. 1 Satz 2 ist 50 % dem Bereich Unterkunft und Verpflegung zuzuordnen. (3) Der den Leistungen nach §§ 1 und 2 zuzurechnende Aufwand darf keinen Anteil für Zusatzleistungen enthalten. Zusatzleistungen sind ausschließlich individuell vom Pflegebedürftigen wählbare zusätzliche Leistungen sowie die Leistungen, die über die allgemein üblichen Leistungen für Unterkunft und Verpflegung hinausgehen. Sie sind zwischen dem Pflegebedürftigen und der Pflegeeinrichtung schriftlich zu vereinbaren. Die von der Pflegeeinrichtung angebotenen Zusatzleistungen und die Leistungsbedingungen sind den Landesverbänden der Pflegekassen und den zuständigen Trägern der Sozialhilfe vorab mitzuteilen. Die Pflegeeinrichtung hat sicherzustellen, daß die Zusatzleistungen die notwendigen teilstationären Leistungen nicht beeinträchtigen.	1 Satz 2 ist 50% dem Bereich Unterkunft und Verpflegung zuzuordnen. (3) Der den Leistungen nach §§ 1 und 2 zuzurechnende Aufwand darf keinen Anteil für Zusatzleistungen enthalten. Zusatzleistungen sind ausschließlich individuell vom Pflegebedürftigen wählbare zusätzliche Leistungen sowie die Leistungen, die über die allgemein üblichen Leistungen für Unterkunft und Verpflegung hinausgehen. Sie sind zwischen dem Pflegebedürftigen und der Pflegeeinrichtung schriftlich zu vereinbaren. (4) Die von der Pflegeeinrichtung angebotenen Zusatzleistungen und die Leistungsbedingungen sind den Landesverbänden der Pflegekassen und den zuständigen Trägern der Sozialhilfe vorab mitzuteilen. Die Pflegeeinrichtung hat sicherzustellen, daß die Zusatzleistungen die notwendigen Leistungen der Kurzzeitpflege nicht beeinträchtigen.	Von dem Aufwand nach Abs. 1 Satz 2 ist 50% dem Bereich Unterkunft und Verpflegung zuzuordnen. (3) Der den Leistungen nach §§ 1 und 2 zuzurechnende Aufwand darf keinen Anteil für Zusatzleistungen enthalten. Zusatzleistungen sind ausschließlich individuell vom Pflegebedürftigen wählbare zusätzliche Leistungen sowie die Leistungen, die über die allgemein üblichen Leistungen für Unterkunft und Verpflegung hinausgehen. Sie sind zwischen dem Pflegebedürftigen und der Pflegeeinrichtung schriftlich zu vereinbaren. (4) Die von der Pflegeeinrichtung angebotenen Zusatzleistungen und die Leistungsbedingungen sind den Landesverbänden der Pflegekassen und den zuständigen Trägern der Sozialhilfe vorab mitzuteilen. Die Pflegeeinrichtung hat sicherzustellen, daß die Zusatzleistungen die notwendigen Leistungen der vollstationären Pflege nicht beeinträchtigen.

Gemeinsame Empfehlung zum Inhalt der Rahmenverträge

Abschnitt II

Allgemeine Bedingungen der Pflege einschließlich der Kostenübernahme, der Abrechnung der Entgelte und der hierzu erforderlichen Bescheinigungen und Berichte – gemäß § 75 Abs. 2 Nr. 2 SGB XI

§ 5 Bewilligung der Leistung

(1) Versicherte erhalten die Leistungen der Pflegeversicherung auf Antrag bei der zuständigen Pflegekasse, die schriftliche Begutachtung durch den Medizinischen Dienst der Krankenversicherung veranlaßt unverzüglich die Begutachtung durch den Medizinischen Dienst der Krankenversicherung mit dem Ziel, den Abschluß des Begutachtungsverfahrens innerhalb von acht Wochen zu erreichen. Nach Eingang des Gutachtens des Medizinischen Dienstes teilt die Pflegekasse dem Versicherten unverzüglich ihre Entscheidung über das Vorliegen von Pflegebedürftigkeit, die Zuordnung zu einer Pflegestufe und Angaben zur Höhe des Leistungsan-

Abschnitt II

Allgemeine Bedingungen der Pflege einschl. der Kostenübernahme, der Abrechnung der Entgelte und der hierzu erforderlichen Bescheinigungen und Berichte gemäß § 75 Abs. 2 Nr. 2 SGB XI

§ 7 Bewilligung der Leistung

(1) Grundlage für die Inanspruchnahme der Leistungen der teilstationären Pflege zu Lasten der Pflegekassen ist die schriftliche Mitteilung der Pflegekasse über das Vorliegen von Pflegebedürftigkeit, die Zuordnung zu einer Pflegestufe und **Angaben zur Höhe des Leistungsanspruchs** auf der Grundlage der Begutachtung des Medizinischen Dienstes der Krankenversicherung. **Die Pflegeeinrichtung unterrichtet unverzüglich die zuständige Pflegekasse über die Aufnahme und Entlassung des Pflegebedürftigen.**

(2) Die Pflegekasse weist im Rahmen ihrer Auskunfts- und Bera-

Abschnitt II

Allgemeine Bedingungen der Pflege einschl. der Kostenübernahme, der Abrechnung der Entgelte und der hierzu erforderlichen Bescheinigungen und Berichte – gemäß § 75 Abs. 2 Nr. 2 SGB XI

§ 7 Bewilligung der Leistung

(1) Versicherte erhalten die Leistungen der Pflegeversicherung auf Antrag bei der zuständigen Pflegekasse. Grundlage für die Leistung der Kurzzeitpflege zu Lasten der Pflegekasse ist die schriftliche Mitteilung der Pflegekasse, daß die Voraussetzungen zur Inanspruchnahme der Kurzzeitpflege erfüllt sind. **Die Pflegeeinrichtung unterrichtet unverzüglich die zuständige Pflegeeinrichtung über die Aufnahme und Entlassung des Pflegebedürftigen.**

(2) Die Pflegekasse weist im Rahmen ihrer Auskunfts- und Beratungspflichten den Versicherten auf evtl. weitergehende Leistungs-

Abschnitt II

Allgemeine Bedingungen der Pflege einschl. der Kostenübernahme, der Abrechnung der Entgelte und der hierzu erforderlichen Bescheinigungen und Berichte – gemäß § 75 Abs. 2 Nr. 2 SGB XI

§ 7 Bewilligung der Leistung

(1) Versicherte erhalten die Leistungen der Pflegeversicherung auf Antrag bei der zuständigen Pflegekasse. Grundlage für die Leistung der vollstationären Pflege zu Lasten der Pflegekasse ist die schriftliche Mitteilung der Pflegekasse über die Erfüllung der Voraussetzungen des Anspruchs auf Pflege in einer vollstationären Einrichtung sowie über die Zuordnung zu einer Pflegestufe.

(2) Die Pflegekasse weist im Rahmen ihrer Auskunfts- und Beratungspflichten den Versicherten auf evtl. weitergehende Leistungspflichten, u.a. des Trägers der Sozialhilfe, hin. Sofern der Versi-

Materialien

Ambulant

spruchs auf der Grundlage der Begutachtung des Medizinischen Dienstes der Krankenversicherung schriftlich mit.

(2) Die Pflegekasse weist im Rahmen ihrer Auskunfts- und Beratungspflichten den Versicherten auf evtl. weitergehende Leistungspflichten, u.a. des Trägers der Sozialhilfe hin. Sofern der Versicherte zustimmt, gibt die Pflegekasse dem Träger der Sozialhilfe von dem Leistungsantrag Kenntnis.

§ 6 Wahl des Pflegedienstes

(1) Der Pflegebedürftige ist in der Wahl des Pflegedienstes frei. **Wählt er einen Pflegedienst außerhalb des örtlichen Einzugsbereiches seines Wohn- bzw. Aufenthaltsortes, trägt er die evtl. entstehenden Mehrkosten.**

(2) Der Pflegebedürftige informiert den Pflegedienst über seinen Leistungsanspruch gegenüber der Pflegekasse.

(3) **Bei dem Erstbesuch im Sinne der Vereinbarung nach § 80 Abs. 1 SGB XI wird mit dem Pflegebedürftigen, seinen pflegenden Angehörigen und/oder sonstigen**

Teilstationär

tungspflichten den Versicherten auf evtl. weitergehende Leistungspflichten, u. a. des Trägers der Sozialhilfe, hin. Sofern der Versicherte zustimmt, gibt die Pflegekasse dem Träger der Sozialhilfe unverzüglich von dem Leistungsantrag Kenntnis.

§ 8 Wahl der Pflegeeinrichtung

(1) Der Pflegebedürftige ist in der Wahl der Pflegeeinrichtung frei.

(2) Der Pflegebedürftige informiert die Pflegeeinrichtung über seinen Leistungsanspruch gegenüber der Pflegekasse.

(3) **Zur Ermittlung des Hilfebedarfs des Pflegebedürftigen ist gem. der Vereinbarung nach § 80 SGB XI zu verfahren. Dabei sind im Rahmen der teilstationären Pflege die Möglichkeiten der aktivierenden Pflege und die beim Pflegebedürftigen vorhandenen Ressourcen und Probleme zur Einbeziehung in den Pfle-**

Kurzzeitpflege

pflichten, u.a. des Trägers der Sozialhilfe, hin. Sofern der Versicherte zustimmt, gibt die Pflegekasse dem Träger der Sozialhilfe unverzüglich von dem Leistungsantrag Kenntnis.

§ 8 Wahl der Pflegeeinrichtung

(1) Der Pflegebedürftige ist in der Wahl der Pflegeeinrichtung frei.

(2) Der Pflegebedürftige informiert die Pflegeeinrichtung über seinen Leistungsanspruch gegenüber der Pflegekasse.

(3) **Zur Ermittlung des Hilfebedarfs des Pflegebedürftigen ist gem. der Vereinbarung nach § 80 SGB XI zu verfahren. Dabei sind im Rahmen der Pflege in der Kurzzeitpflegeeinrichtung die Möglichkeiten der aktivierenden Pflege und die beim Pflegebedürftigen vorhandenen Ressourcen und Probleme zur Einbezie-**

Vollstationär

cherte zustimmt, gibt die Pflegekasse dem Träger der Sozialhilfe unverzüglich von dem Leistungsantrag Kenntnis.

§ 8 Wahl der Pflegeeinrichtung

(1) Der Pflegebedürftige ist in der Wahl der Pflegeeinrichtung frei.

(2) **Die Pflegeeinrichtung unterrichtet unverzüglich die zuständige Pflegekasse über die Aufnahme und Entlassung des Pflegebedürftigen. Die zuständige Pflegekasse informiert die Pflegeeinrichtung unverzüglich über ihre Leistungszuständigkeit.**

(3) Zur Ermittlung des Hilfebedarfs des Pflegebedürftigen ist gem. der Vereinbarung nach § 80 SGB XI zu verfahren.

Pflegepersonen die konkrete Pflegeplanung abgestimmt. Dabei soll auch geprüft werden, ob Pflegehilfsmittel oder die Anpassung des Wohnraumes erforderlich sind. Gegebenenfalls informiert der Pflegedienst die Pflegekasse entsprechend.

(4) Schließen der Pflegedienst und der Pflegebedürftige einen schriftlichen Pflegevertrag, sind darin die Einzelheiten der Leistungserbringung aufzunehmen. Die Vorschriften des SGB XI und der hierzu abgeschlossenen Vereinbarungen sowie die Entscheidungen der Pflegekasse sind dem Vertrag zugrunde zu legen.

geprozeß herauszuarbeiten. Dabei ist unter Einbeziehung der Angehörigen die häusliche Pflege und die teilstationäre Pflege sinnvoll aufeinander abzustimmen. Angemessene Wünsche sind zu berücksichtigen.

(4) Schließen die Pflegeeinrichtung und der Pflegebedürftige einen schriftlichen Pflegevertrag, sind darin die Einzelheiten der Leistungserbringung **(einzelne Leistungsarten und die dazu vereinbarte Entgelte)** aufzunehmen. Die Vorschriften des SGB XI und der hierzu abgeschlossenen Vereinbarungen sowie die Entscheidungen der Pflegekasse sind dem Vertrag zugrunde zu legen. **In den Vereinbarungen ist den besonderen Schutzbedürfnissen der Pflegebedürftigen Rechnung zu tragen.**

hung in den Pflegeprozeß herauszuarbeiten. Dabei ist unter Einbeziehung der Angehörigen die häusliche Pflege und die Kurzzeitpflege sinnvoll aufeinander abzustimmen. Angemessene Wünsche sind zu berücksichtigen.

(4) Schließen die Pflegeeinrichtung und der Pflegebedürftige einen schriftlichen Pflegevertrag, sind darin die Einzelheiten der Leistungserbringung **(einzelne Leistungsarten und die dazu vereinbarten Entgelte)** aufzunehmen. Die Vorschriften des SGB XI und der hierzu abgeschlossenen Vereinbarungen sowie die Entscheidungen der Pflegekasse sind dem Vertrag zugrunde zu legen. **In den Vereinbarungen ist den besonderen Schutzbedürfnissen der Pflegebedürftigen Rechnung zu tragen.**

§ 9 Heimvertrag

(1) Die Pflegeeinrichtung schließt mit dem Pflegebedürftigen einen Heimvertrag gem. §§ 4 ff. Heimgesetz. Der Heimvertrag gewährleistet, daß die in den Verträgen und Empfehlungen nach dem siebten und achten Kapitel des SGB XI zur Umsetzung des Sicherstellungsauftrages der Pflegekassen nach § 69

Materialien

Ambulant	Teilstationär	Kurzzeitpflege	Vollstationär

Ambulant

§ 7 Organisatorische Voraussetzungen

Der Pflegedienst hat folgende organisatorische Voraussetzungen zu erfüllen:

a) Anzeige der Aufnahme der Tätigkeit bei den zuständigen Behörden,
b) Mitgliedschaft in der zuständigen Berufsgenossenschaft,
c) ausreichende Versicherung über eine Betriebs-/Berufshaftpflichtversicherung für Personen-, Sach- und Vermögensschäden,
d) polizeiliches Führungszeugnis für die verantwortliche Pflegefachkraft.

§ 8 Qualitätsmaßstäbe

Die vom Pflegedienst zu erbringenden Pflegeleistungen sind auf der Grundlage der Grundsätze und Maßstäbe für die Qualität und Qua-

Teilstationär

§ 9 Organisatorische Voraussetzungen

Die Pflegeeinrichtung hat folgende organisatorische Voraussetzungen zu erfüllen:

a) die Anzeige der Aufnahme der Tätigkeit bei den zuständigen Behörden,
b) die Mitgliedschaft in der zuständigen Berufsgenossenschaft,
c) die ausreichende Versicherung über eine Betriebs-/Berufshaftpflichtversicherung für Personen-, Sach- und Vermögensschäden,
d) ein polizeiliches Führungszeugnis für die verantwortliche Pflegefachkraft.

§ 10 Qualitätsmaßstäbe

Die von der Pflegeeinrichtung zu erbringenden Pflegeleistungen sind auf der Grundlage der Grundsätze und Maßstäbe für die Qualität und

Kurzzeitpflege

§ 9 Organisatorische Voraussetzungen

Die Pflegeeinrichtung hat folgende organisatorische Voraussetzungen zu erfüllen:

a) die Anzeige der Aufnahme der Tätigkeit bei den zuständigen Behörden,
b) die Mitgliedschaft in der zuständigen Berufsgenossenschaft,
c) die ausreichende Versicherung über eine Betriebs-/Berufshaftpflichtversicherung für Personen-, Sach- und Vermögensschäden,
d) ein polizeiliches Führungszeugnis für die verantwortliche Pflegefachkraft.

§ 10 Qualitätsmaßstäbe

Die von der Pflegeeinrichtung zu erbringenden Pflegeleistungen sind auf der Grundlage der Grundsätze und Maßstäbe für die Qualität und

Vollstationär

SGB XI getroffenen Regelungen nicht eingeschränkt werden.

(2) Die Pflegeeinrichtung legt den Landesverbänden der Pflegekassen die Muster ihrer Heimverträge nach Abs. 1 vor.

§ 10 Organisatorische Voraussetzungen

Die Pflegeeinrichtung hat folgende organisatorische Voraussetzungen zu erfüllen:

a) die Anzeige der Aufnahme der Tätigkeit bei den zuständigen Behörden,
b) die Mitgliedschaft in der zuständigen Berufsgenossenschaft,
c) die ausreichende Versicherung über eine Betriebs-/Berufshaftpflichtversicherung für Personen-, Sach- und Vermögensschäden,
d) ein polizeiliches Führungszeugnis für die verantwortliche Pflegefachkraft.

§ 11 Qualitätsmaßstäbe

Die von der Pflegeeinrichtung zu erbringenden Pflegeleistungen sind auf der Grundlage der Grundsätze und Maßstäbe für die Qualität und

Gemeinsame Empfehlung zum Inhalt der Rahmenverträge

litätssicherung nach § 80 SGB XI zu erbringen.

§ 9 Leistungsfähigkeit

(1) **Innerhalb ihres Einzugsbereiches** sind die Pflegedienste **im Rahmen ihrer personellen Möglichkeiten verpflichtet,** die Pflegebedürftigen zu versorgen, die die Pflegeleistungen dieser Einrichtung in Anspruch nehmen wollen. Im Rahmen des Versorgungsauftrages hat jeder Pflegedienst die individuelle Versorgung der Pflegebedürftigen mit Pflegeleistungen an sieben Tagen in der Woche, bei Tag und Nacht, einschließlich an Sonn- und Feiertagen, zu gewährleisten. **Dies kann in Kooperation mit anderen Einrichtungen geschehen.**

(2) Pflegedienste, die Leistungen nach diesem Vertrag in Kooperation mit anderen Einrichtungen erbringen, schließen mit ihrem Kooperationspartner einen Kooperationsvertrag ab. Dieser ist den Landesverbänden der Pflegekassen unverzüglich vorzulegen.

(3) Die fachliche Verantwortung für die Leistungserbringung des

die Qualitätssicherung einschl. **des Verfahrens** zur Durchführung von Qualitätsprüfungen nach § 80 SGB XI für die Tages- und Nachtpflege zu erbringen.

§ 11 Leistungsfähigkeit

(1) Die Pflegeeinrichtung ist verpflichtet, die Pflegebedürftigen entsprechend dem Versorgungsauftrag zu versorgen, die die Pflegeleistungen dieser Einrichtung in Anspruch nehmen wollen. **Die Verpflichtung nach Satz 1 besteht nicht, wenn die Leistungskapazität der Einrichtung erschöpft ist oder die besondere – von der Einrichtung betreute – Zielgruppe einer Aufnahme entgegensteht.** Einrichtungen der Tages- und Nachtpflege erbringen entsprechend dem individuellen Pflegebedarf Pflegeleistungen **innerhalb der im Versorgungsvertrag festgelegten Öffnungszeiten.** Dabei ist die Pflege und Versorgung an mindestens 5 Tagen in der Woche jeweils mindestens 6 Stunden in der Tagespflege und an jeweils mindestens 12 Stunden in der Nachtpflege täglich zu gewährleisten. **Dies kann in Kooperation mit anderen Einrichtungen geschehen.**

Qualitätssicherung einschließlich **des Verfahrens zur Durchführung von Qualitätsprüfungen** nach § 80 SGB XI in der Kurzzeitpflege zu erbringen.

§ 11 Leistungsfähigkeit

(1) Die Pflegeeinrichtung ist verpflichtet, die Pflegebedürftigen entsprechend dem Versorgungsauftrag zu versorgen, die die Leistungen der Kurzzeitpflege in Anspruch nehmen wollen. Einrichtungen der Kurzzeitpflege erbringen entsprechend dem individuellen Pflegebedarf Leistungen bei Tag und Nacht einschließlich an Sonn- und Feiertagen. **Die Verpflichtung nach Satz 1 besteht nicht, wenn entsprechend dem Versorgungsauftrag die Leistungskapazität der Einrichtung erschöpft ist oder die besondere – von der Einrichtung betreute – Zielgruppe einer Aufnahme entgegensteht.**

(2) Pflegeeinrichtungen, die Leistungen nach diesem Vertrag in Kooperation mit anderen Einrichtungen erbringen, schließen mit ihrem Kooperationspartner einen Kooperationsvertrag ab. Kooperationsverträge, **die sich auf Pflegeleistungen nach Abschnitt 1**

die Qualitätssicherung einschließlich **des Verfahrens zur Durchführung von Qualitätsprüfungen** nach § 80 SGB XI in der vollstationären Pflege zu erbringen.

§ 12 Leistungsfähigkeit

(1) Die Pflegeeinrichtung ist verpflichtet, die Pflegebedürftigen entsprechend dem Versorgungsauftrag zu versorgen, die die Leistungen dieser Einrichtung in Anspruch nehmen wollen. Einrichtungen der vollstationären Pflege erbringen entsprechend dem individuellen Pflegebedarf Leistungen bei Tag und Nacht, einschließlich an Sonn- und Feiertagen. **Die Verpflichtung nach Satz 1 besteht nicht, wenn entsprechend dem Versorgungsauftrag die Leistungskapazität der Einrichtung erschöpft ist oder die besondere – von der Einrichtung betreute – Zielgruppe einer Aufnahme entgegensteht.**

(2) Pflegeeinrichtungen, die Leistungen nach diesem Vertrag in Kooperation mit anderen Einrichtungen erbringen, schließen mit ihrem Kooperationspartner einen Kooperationsvertrag ab. Kooperationsverträge, **die sich auf Pflege-**

Materialien

Ambulant	Teilstationär	Kurzzeitpflege	Vollstationär
Kooperationspartners trägt gegenüber den Pflegebedürftigen und den Pflegekassen der zugelassene Pflegedienst. **Dieser rechnet auch die vom Kooperationspartner erbrachten Leistungen mit den Pflegekassen ab.**	(2) **Die Pflegeeinrichtungen haben im Rahmen ihres Leistungsangebotes auch die notwendige und angemessene Beförderung des Pflegebedürftigen von der Wohnung zur Einrichtung der Tages- und Nachtpflege und zurück sicherzustellen, soweit sie nicht von Angehörigen durchgeführt wird.** (3) Pflegeeinrichtungen, die Leistungen nach diesem Vertrag in Kooperation mit anderen Einrichtungen erbringen, schließen mit ihrem Kooperationspartner einen Kooperationsvertrag ab. Kooperationsverträge, **die sich auf Pflegeleistungen nach Abschnitt I beziehen,** sind den Landesverbänden der Pflegekassen unverzüglich vorzulegen; **Rechte und Pflichten im Rahmen der Vergütungsverhandlungen bleiben davon unberührt.** (4) Die fachliche Verantwortung für die Leistungserbringung des Kooperationspartners trägt gegenüber den Pflegebedürftigen und den Pflegekassen die zugelassene Pflegeeinrichtung.	**beziehen**, sind den Landesverbänden der Pflegekassen unverzüglich vorzulegen; **Rechte und Pflichten im Rahmen der Vergütungsverhandlungen bleiben davon unberührt.** (3) Die fachliche Verantwortung für die Leistungserbringung des Kooperationspartners trägt gegenüber den Pflegebedürftigen und den Pflegekassen die zugelassene Pflegeeinrichtung.	**leistungen nach Abschnitt I beziehen,** sind den Landesverbänden der Pflegekassen unverzüglich vorzulegen; **Rechte und Pflichten im Rahmen der Vergütungsverhandlungen bleiben davon unberührt.** (3) Die fachliche Verantwortung für die Leistungserbringung des Kooperationspartners trägt gegenüber den Pflegebedürftigen und den Pflegekassen die beauftragte Pflegeeinrichtung.

Gemeinsame Empfehlung zum Inhalt der Rahmenverträge

§ 10 Mitteilungen

Der Pflegedienst teilt im Einvernehmen mit dem Pflegebedürftigen der zuständigen Pflegekasse mit, wenn nach seiner Einschätzung

- Maßnahmen der Prävention angezeigt erscheinen,
- die Einleitung medizinischer Rehabilitationsmaßnahmen erforderlich ist,
- der/die Pflegezustand/-situation des Pflegebedürftigen sich verändert (Wechsel der Pflegestufe),
- **der Einsatz von Pflegehilfsmitteln notwendig ist,**
- **eine Anpassung des Wohnraumes erforderlich wird.**

§ 11 Wirksamkeit und Wirtschaftlichkeit

Die Pflegeleistungen müssen wirksam und wirtschaftlich sein. Sie dürfen das Maß des Notwendigen nicht übersteigen. Leistungen, die diese Voraussetzungen nicht erfüllen, können Pflegebedürftige nicht beanspruchen und die Pflegedienste nicht zu Lasten der sozialen Pflegeversicherung bewirken.

§ 12 Mitteilungen

Die Pflegeeinrichtung teilt im Einvernehmen mit dem Pflegebedürftigen der zuständigen Pflegekasse mit, wenn nach Einschätzung der Einrichtung

- Maßnahmen der Prävention angezeigt erscheinen,
- die Einleitung medizinischer Rehabilitationsmaßnahmen erforderlich ist,
- der/die Pflegezustand/-situation des Pflegebedürftigen sich verändert (Wechsel der Pflegestufe),
- **der Einsatz von Pflegehilfsmitteln notwendig ist.**

§ 13 Wirksamkeit und Wirtschaftlichkeit

Die Leistungen der Pflegeeinrichtung müssen wirksam und wirtschaftlich sein. Leistungen, die diese Voraussetzungen nicht erfüllen sowie das Maß des Notwendigen übersteigen, können Pflegebedürftige nicht beanspruchen und die Pflegeeinrichtung nicht zu Lasten der sozialen Pflegeversicherung bewirken. **Zusatzleistungen bleiben unberührt.**

§ 12 Mitteilungen

Die Pflegeeinrichtung teilt im Einvernehmen mit dem Pflegebedürftigen der zuständigen Pflegekasse mit, wenn nach ihrer Einschätzung

- Maßnahmen der Prävention angezeigt erscheinen,
- die Einleitung medizinischer Rehabilitationsmaßnahmen erforderlich ist,
- der/die Pflegezustand/-situation des Pflegebedürftigen sich verändert (Wechsel der Pflegestufe/Pflegekasse),
- **der Einsatz von Pflegehilfsmitteln notwendig ist.**

§ 13 Mitteilungen

Die Pflegeeinrichtung teilt im Einvernehmen mit dem Pflegebedürftigen der zuständigen Pflegekasse mit, wenn nach ihrer Einschätzung nach

- Maßnahmen der Prävention angezeigt erscheinen,
- die Einleitung medizinischer Rehabilitationsmaßnahmen erforderlich ist,
- der/die Pflegezustand/-situation des Pflegebedürftigen sich verändert (Wechsel der Pflegestufe/Pflegekasse).

§ 14 Wirksamkeit und Wirtschaftlichkeit

Die Leistungen der Pflegeeinrichtung müssen wirksam und wirtschaftlich sein. Leistungen, die diese Voraussetzungen nicht erfüllen sowie das Maß des Notwendigen übersteigen, können Pflegebedürftige nicht beanspruchen und die Pflegeeinrichtungen nicht zu Lasten der sozialen Pflegeversicherung bewirken. **Zusatzleistungen bleiben unberührt.**

Materialien

Ambulant

§ 12 Dokumentation der Pflege

Der Pflegedienst hat auf der Grundlage der Qualitätsvereinbarung nach § 80 SGB XI ein geeignetes Pflegedokumentationssystem vorzuhalten. Die Pflegedokumentation ist sachgerecht und kontinuierlich zu führen und beinhaltet u.a.

- die Pflegeanamnese,
- die Pflegeplanung,
- den Pflegebericht,
- Angaben über den Einsatz von Pflegehilfsmitteln,
- Angaben über durchgeführte Pflegeleistungen.

Aus den Unterlagen der Pflegedokumentation muß jederzeit der aktuelle Verlauf und Stand des Pflegeprozesses ablesbar sein.

Teilstationär

§ 14 Dokumentation der Pflege

(1) die Pflegeeinrichtung hat auf der Grundlage der Qualitätsvereinbarung nach § 80 SGB XI ein geeignetes Pflegedokumentationssystem vorzuhalten. Die Pflegedokumentation ist sachgerecht und kontinuierlich zu führen und beinhaltet u. a.

- die Pflegeanamnese,
- die Pflegeplanung,
- den Pflegebericht,
- Angaben über den Einsatz von Pflegehilfsmitteln,
- Angaben über durchgeführte Pflegeleistungen (Leistungsnachweis).

Aus den Unterlagen der Pflegedokumentation muß jederzeit der aktuelle Verlauf und Stand des Pflegeprozesses ablesbar sein.

(2) **Der Träger der Pflegeeinrichtung hat Aufzeichnungen nach Abs. 1 fünf Jahre nach Ablauf des Kalenderjahres der Leistungserbringung aufzubewahren.**

Kurzzeitpflege

§ 14 Dokumentation der Pflege

(1) die Pflegeeinrichtung hat auf der Grundlage der Qualitätsvereinbarung nach § 80 SGB XI ein geeignetes Pflegedokumentationssystem vorzuhalten. Die Pflegedokumentation ist sachgerecht und kontinuierlich zu führen und beinhaltet u.a.

- die Pflegeanamnese,
- die Pflegeplanung,
- den Pflegebericht,
- Angaben über den Einsatz von Pflegehilfsmitteln,
- Angaben über durchgeführte Pflegeleistungen (Leistungsnachweis).

Aus den Unterlagen der Pflegedokumentation muß jederzeit der aktuelle Verlauf und Stand des Pflegeprozesses ablesbar sein.

(2) **Der Träger der Pflegeeinrichtung hat Aufzeichnungen nach Abs. 1 fünf Jahre nach Ablauf des Kalenderjahres der Leistungserbringung aufzubewahren.**

Vollstationär

§ 15 Dokumentation der Pflege

(1) Die Pflegeeinrichtung hat auf der Grundlage der Qualitätsvereinbarung nach § 80 SGB XI ein geeignetes Pflegedokumentationssystem vorzuhalten. Die Pflegedokumentation ist sachgerecht und kontinuierlich zu führen und beinhaltet u.a.:

- die Pflegeanamnese,
- die Pflegeplanung,
- den Pflegebericht,
- Angaben über den Einsatz von Pflegehilfsmitteln,
- Angaben über durchgeführte Pflegeleistungen (Leistungsnachweis).

Aus den Unterlagen der Pflegedokumentation muß jederzeit der aktuelle Verlauf und Stand des Pflegeprozesses ablesbar sein.

Gemeinsame Empfehlung zum Inhalt der Rahmenverträge

§ 13 Leistungsnachweis

(1) Der Pflegedienst hat die von ihm erbrachten Pflegeleistungen in einem Leistungsnachweis aufzuzeigen. Dieser beinhaltet:

- Bundeseinheitliches Kennzeichen der Einrichtung,
- Versichertennummer des Pflegebedürftigen,
- Name des Pflegebedürftigen,
- Art und Menge der Leistung,
- Tagesdatum **und -zeit** der Leistungserbringung.

(2) Die vom Pflegedienst durchgeführten Leistungen sind täglich im Leistungsnachweis einzutragen, von der Pflegekraft abzuzeichnen und **durch den Pflegebedürftigen/Angehörigen zeitnah zu bestätigen.**

§ 14 Abrechnungsverfahren

(1) Zur Abrechnung von Pflegeleistungen mit der Pflegekasse ist der Pflegedienst berechtigt, den der Versicherte für die Durchführung der Pflege beauftragt hat. Sofern

§ 15 Leistungsnachweis

(1) Die Pflegeeinrichtung hat die von ihr erbrachten Pflegeleistungen in einem Leistungsnachweis als **Bestandteil der Pflegedokumentation** aufzuzeigen. Dieser beinhaltet:

- Bundeseinheitliches Kennzeichen der Einrichtung,
- Versichertennummer des Pflegebedürftigen,
- Name des Pflegebedürftigen,
- **Pflegeklasse/Pflegestufe des Pflegebedürftigen**
- Art und Menge der Leistung,
- Tagesdatum der Leistungserbringung, **Dauer des Aufenthaltes (z.B. ganztags/halbtags).**

(2) Die von der Pflegeeinrichtung erbrachten Leistungen sind täglich im Leistungsnachweis einzutragen und von der Pflegekraft zu bestätigen.

§ 16 Abrechnungsverfahren

(1) Zur Abrechnung von Pflegeleistungen mit der Pflegekasse ist die Pflegeeinrichtung berechtigt, den der Versicherte für die Durchführung der Pflege ausgewählt hat.

§ 15 Leistungsnachweis

(1) Die Pflegeeinrichtung hat die von ihr erbrachten Pflegeleistungen in einem Leistungsnachweis als **Bestandteil der Pflegedokumentation** aufzuzeigen. Dieser beinhaltet:

- bundeseinheitliches Kennzeichen der Einrichtung,
- Versichertennummer des Pflegebedürftigen,
- Name des Pflegebedürftigen,
- **die Pflegeklasse/Pflegestufe des Pflegebedürftigen,**
- Art und Menge der Leistung,
- Tagesdatum der Leistungserbringung.

(2) Die von der Pflegeeinrichtung erbrachten Leistungen sind täglich im Leistungsnachweis einzutragen und von der Pflegekraft zu bestätigen.

§ 16 Abrechnungsverfahren

(1) Zur Abrechnung von Pflegeleistungen mit der Pflegekasse ist die Pflegeeinrichtung berechtigt, die Pflegeeinrichtung berechtigt, den der Versicherte für die Durchführung der Pflege ausgewählt hat.

§ 16 Leistungsnachweis

(1) Die Pflegeeinrichtung hat die von ihr erbrachten Pflegeleistungen in einem Leistungsnachweis als **Bestandteil der Pflegedokumentation** aufzuzeigen. Dieser beinhaltet:

- bundeseinheitliches Kennzeichen der Einrichtung,
- Versichertennummer des Pflegebedürftigen,
- Name des Pflegebedürftigen,
- **Pflegeklasse/Pflegestufe des Pflegebedürftigen**
- Art und Menge der Leistung,
- Tagesdatum der Leistungserbringung.

(2) Die von der Pflegeeinrichtung erbrachten Leistungen sind täglich im Leistungsnachweis zu erfassen und von der Pflegekraft zu bestätigen.

§ 17 Abrechnungsverfahren

(1) Zur Abrechnung von Pflegeleistungen mit der Pflegekasse ist die Pflegeeinrichtung berechtigt, die Pflegeeinrichtung berechtigt, den der Versicherte für die Durchführung der Pflege ausgewählt hat.

Materialien

Ambulant

der Pflegedienst Kooperationspartner in die Durchführung der Pflege einbezien, können über den Pflegedienst mit der Pflegekasse abgerechnet werden.

(2) Der Pflegedienst ist verpflichtet,

a) in den Abrechnungsunterlagen die von ihm erbrachten Leistungen nach Art, Menge und Preis, einschließlich des Tagesdatums und der Zeit der Leistungserbringung, aufzuzeichnen,

b) in den Abrechnungen sein bundeseinheitliches Kennzeichen gemäß § 103 Abs. 1 SGB XI einzutragen sowie

c) die Versichertennummer des Pflegebedürftigen gemäß § 101 SGB XI anzugeben.

Diese Unterlagen sind der Pflegekasse ab 1. Januar 1996 maschinenlesbar zur Verfügung zu stellen (vgl. §§ 105 und 106 SGB XI).

(3) Mit der monatlichen Abrechnung ist der Pflegekasse der Leistungsnachweis nach § 13 über die erbrachten Pflegeleistungen einzureichen.

(4) Pflegedienste, die Leistungen für unterschiedliche Kostenträger (Krankenversicherung, Pfle-

Teilstationär

Sofern die Pflegeeinrichtung Kooperationspartner in die Durchführung der Pflege einbezien, können deren Leistungen nur über die zugelassene Pflegeeinrichtung abgerechnet werden.

(2) Die Pflegeeinrichtung ist verpflichtet,

a) in den Abrechnungsunterlagen die von ihr erbrachten Leistungen nach Art, Menge und Preis einschl. des Tagesdatums der Leistungserbringung aufzuzeichnen,

b) in den Abrechnungen ihr bundeseinheitliches Kennzeichen gemäß § 103Abs. 1 SGB XI einzutragen sowie

c) die Versichertennummer des Pflegebedürftigen gemäß § 101 SGB XI anzugeben.

(3) Mit der monatlichen Abrechnung ist auf Verlangen der Pflegekasse der Leistungsnachweis nach § 15 über die erbrachten Pflegeleistungen einzureichen.

(4) Die von den Spitzenverbänden der Pflegekassen im Einvernehmen mit den Verbänden der Leistungserbringer festgelegten Verfahren über Form und Inhalt der Abrechnungsunterlagen sowie die Einzelheiten des Datenträgeraustausches

Kurzzeitpflege

Sofern die Pflegeeinrichtung Kooperationspartner in die Durchführung der Pflege einbezien, können deren Leistungen nur über die zugelassene Pflegeeinrichtung abgerechnet werden.

(2) Die Pflegeeinrichtung ist verpflichtet,

a) in den Abrechnungsunterlagen die von ihr erbrachten Leistungen nach Art, Menge und Preis einschl. des Tagesdatums und der Leistungserbringung aufzuzeichnen,

b) in den Abrechnungen ihr bundeseinheitliches Kennzeichen gemäß § 103 Abs. 1 SGB XI einzutragen sowie

c) die Versichertennummer des Pflegebedürftigen gemäß § 101 SGB XI anzugeben.

(3) Mit der monatlichen Abrechnung ist auf Verlangen der Pflegekasse der Leistungsnachweis nach § 15 über die erbrachten Pflegeleistungen einzureichen.

(4) Die von den Spitzenverbänden der Pflegekassen im Einvernehmen mit den Verbänden der Leistungserbringer festgelegten Verfahren über Form und Inhalt der Abrechnungsunterlagen sowie die Einzelheiten des Datenträgeraustausches

Vollstationär

Sofern die Pflegeeinrichtung Kooperationspartner in die Durchführung der Pflege einbezien, können deren Leistungen nur über die zugelassene Pflegeeinrichtung abgerechnet werden.

(2) Die Pflegeeinrichtung ist verpflichtet,

a) in den Abrechnungsunterlagen **den Zeitraum der Abrechnung, die Pflegetage, ggf. Grund und Dauer der Abwesenheit und den Pflegesatz aufzuzeichnen,**

b) in den Abrechnungen ihr bundeseinheitliches Kennzeichen gemäß § 103 Abs. 1 SGB XI einzutragen sowie

c) die Versichertennummer des Pflegebedürftigen gemäß § 101 SGB XI **sowie seine Pflegeklasse** anzugeben.

(3) Mit der monatlichen Abrechnung ist auf Verlangen der Pflegekasse der Leistungsnachweis nach § 16 über die erbrachten Pflegeleistungen einzureichen.

(4) Die von den Spitzenverbänden der Pflegekassen im Einvernehmen mit den Verbänden der Leistungserbringer festgelegten Verfahren über Form und Inhalt der Abrechnungsunterlagen sowie die Einzelheiten des Datenträgeraustausches

Gemeinsame Empfehlung zum Inhalt der Rahmenverträge

geversicherung) erbringen, können diese Leistungen in einer Rechnung abrechnen. Die Leistungen sind in der Rechnung nach den Versicherungszweigen gegliedert auszuweisen.

(5) Die von den Spitzenverbänden der Pflegekassen im Einvernehmen mit den Verbänden der Leistungserbringer festgelegten Verfahren über Form und Inhalt der Abrechnungsunterlagen sowie die Einzelheiten des Datenträgeraustausches gemäß § 105 Abs. 2 SGB XI sind Teil der Rahmenverträge auf Landesebene gemäß § 75 Abs. 1 SGB XI.

(6) Zuzahlungen zu den Vertragsleistungen dürfen durch den Pflegedienst vom Pflegebedürftigen weder gefordert noch angenommen werden. § 82 Abs. 3 und 4 SGB XI bleiben unberührt.

§ 15 Zahlungsweise

(1) Die Abrechnung der Pflegeleistungen erfolgt monatlich. Die Rechnungen sind bei der Pflegekasse oder einer von ihr benannten Abrechnungsstelle einzureichen. **Die Bezahlung der Rechnungen erfolgt spätestens innerhalb von 21 Tagen nach Eingang bei der** gemäß § 105 Abs. 2 SGB XI sind Teil der Rahmenverträge auf Landesebene gemäß § 75 Abs. 1 SGB XI.

(5) Zuzahlungen zu den Vertragsleistungen dürfen durch die Pflegeeinrichtung vom Pflegebedürftigen weder gefordert noch angenommen werden. § 82 Abs. 3 und 4 SGB XI bleiben unberührt.

§ 17 Zahlungsweise

(1) Die Abrechnung der Pflegeleistungen erfolgt monatlich. Die Rechnungen sind bei der Pflegekasse oder einer von ihr benannten Abrechnungsstelle einzureichen. **Die Bezahlung der Rechnungen erfolgt spätestens innerhalb von 21 Tagen nach Eingang bei der**

gemäß § 105 Abs. 2 SGB XI sind Teil der Rahmenverträge auf Landesebene gemäß § 75 Abs. 1 SGB XI.

(5) Zuzahlungen zu den Vertragsleistungen dürfen durch die Pflegeeinrichtung vom Pflegebedürftigen weder gefordert noch angenommen werden. § 82 Abs. 3 und 4 SGB XI bleiben unberührt.

§ 18 Zahlungsweise

(1) Die Abrechnung der Pflegeleistungen erfolgt monatlich. Die Rechnungen sind bei der Pflegekasse oder einer von ihr benannten Abrechnungsstelle einzureichen. Sollten Rechnungen später als 12 Monate nach Leistungserbringung

Materialien

Ambulant

Pflegekasse oder der von der Pflegekasse benannten Abrechnungsstelle. **Bei Zahlung durch Überweisung gilt die Frist als gewahrt, wenn der Auftrag innerhalb dieser Frist dem Geldinstitut erteilt wurde.** Sollten Rechnungen später als 12 Monate nach Leistungserbringung eingereicht werden, kann die Pflegekasse die Bezahlung verweigern.

(2) Näheres zur Abrechnung und Zahlungsweise, insbesondere Zeitpunkt der Rechnungsstellung, Abweichungen bei Schlußrechnungen bei **Zahlung von Abschlägen und Verfahren bei Überschreitung der vereinbarten Fristen,** vereinbaren die Partner des Rahmenvertrages nach § 75 Abs. 1 SGB XI.

(3) Überträgt der Pflegedienst die Abrechnung einer Abrechnungsstelle, so hat er die Pflegekasse unverzüglich schriftlich zu informieren. Der Pflegekasse ist er das Ende der Abrechnung und das Name der beauftragten Abrechnungsstelle mitzuteilen. Es ist eine Erklärung des Pflegedienstes beizufügen, daß die Zahlung der Pflegekasse an die beauftragte Abrechnungsstelle mit schuldbefreiender Wirkung erfolgt. Der Pfle-

Teilstationär

Pflegekasse oder der von der Pflegekasse benannten Abrechnungsstelle unabhängig von später erhobenen Beanstandungen. **Bei Zahlung durch Überweisung gilt die Frist als gewahrt, wenn der Auftrag innerhalb dieser Frist dem Geldinstitut erteilt wurde.** Sollten Rechnungen später als 12 Monate nach Leistungserbringung eingereicht werden, kann die Pflegekasse die Bezahlung verweigern.

(2) Näheres zur Abrechnung und Zahlungsweise, (z. B. Zeitpunkt der Rechnungsstellung, Abweichungen bei Schlußrechnungen) vereinbaren die Partner des Rahmenvertrages nach § 75 Abs. 1 SGB XI.

(3) Überträgt die Pflegeeinrichtung die Abrechnung einer Abrechnungsstelle, so hat sie die Pflegekasse unverzüglich schriftlich zu informieren. Der Pflegekasse ist der Beginn und das Ende der Abrechnung und der Name der beauftragten Abrechnungsstelle mitzuteilen. Es ist eine Erklärung der Pflegeeinrichtung beizufügen, daß die Zahlung der Pflegekasse an die beauftragte Abrechnungsstelle mit schuldbefreiender Wirkung erfolgt. Die Pflegeeinrichtung

Kurzzeitpflege

Pflegekasse oder der von der Pflegekasse benannten Abrechnungsstelle unabhängig von später erhobenen Beanstandungen. **Bei Zahlung durch Überweisung gilt die Frist als gewahrt, wenn der Auftrag innerhalb dieser Frist dem Geldinstitut erteilt wurde.** Sollten Rechnungen später als 12 Monate nach Leistungserbringung eingereicht werden, kann die Pflegekasse die Bezahlung verweigern.

(2) Näheres zur Abrechnung und Zahlungsweise, (z. B. Zeitpunkt der Rechnungsstellung, Abweichungen bei Schlußrechnungen) vereinbaren die Partner des Rahmenvertrages nach § 75 Abs. 1 SGB XI.

(3) Überträgt die Pflegeeinrichtung die Abrechnung einer Abrechnungsstelle, so hat sie die Pflegekasse unverzüglich schriftlich zu informieren. Der Pflegekasse ist der Beginn und das Ende der Abrechnung und der Name der beauftragten Abrechnungsstelle mitzuteilen. Es ist eine Erklärung der Pflegeeinrichtung beizufügen, daß die Zahlung der Pflegekasse an die beauftragte Abrechnungsstelle mit schuldbefreiender Wirkung erfolgt. Die Pflegeeinrichtung ist verpflichtet, selbst dafür zu sor-

Vollstationär

eingereicht werden, kann die Pflegekasse die Bezahlung verweigern.

(2) Überträgt die Pflegeeinrichtung die Abrechnung einer Abrechnungsstelle, so hat sie die Pflegekasse unverzüglich schriftlich zu informieren. Der Pflegekasse ist der Beginn und das Ende der Abrechnung und der Name der beauftragten Abrechnungsstelle mitzuteilen. Es ist eine Erklärung der Pflegeeinrichtung beizufügen, daß die Zahlung der Pflegekasse an die beauftragte Abrechnungsstelle mit schuldbefreiender Wirkung erfolgt. Die Pflegeeinrichtung ist verpflichtet, selbst dafür zu sorgen, daß mit dem der Pflegekasse mitgeteilten Ende der Abrechnung keine diesen Zeitpunkt überschreitende Inkassovollmacht oder Abtretungserklärung zugunsten der Pflegekasse gemeldeten Abrechnungsstelle mehr besteht.

(3) Sofern die Rechnungslegung einer Abrechnungsstelle gemäß Abs. 3 übertragen werden soll, ist der Auftragnehmer unter besonderer Berücksichtigung der von ihm getroffenen technischen und organisatorischen Maßnahmen zur Sicherstellung der Maßgaben dieses Vertrages und des § 6 Abs. 1 Bundesdatenschutzgesetz durch

Gemeinsame Empfehlung zum Inhalt der Rahmenverträge

gedienst ist verpflichtet, selbst dafür zu sorgen, daß mit dem der Pflegekasse mitgeteilten Ende der Abrechnung keine diesen Zeitpunkt überschreitende Inkassovollmacht oder Abtretungserklärung zugunsten der der Pflegekasse gemeldeten Abrechnungsstelle mehr besteht.

(4) Sofern die Rechnungslegung der Abrechnungsstelle gemäß Abs. 3 übertragen werden soll, ist der Auftragnehmer unter besonderer Berücksichtigung der von ihm getroffenen technischen und organisatorischen Maßnahmen zur Sicherstellung der Maßgaben dieses Vertrages und des § 6 Abs. 1 Bundesdatenschutzgesetz durch den Leistungserbringer auszuwählen. Die getroffene Vereinbarung über Datenschutz und Datensicherung beim Auftragnehmer (Abrechnungsstelle) ist der Pflegekasse vorzulegen.

(5) Wurden Leistungen entgegen geltendem Recht bzw. der vertraglichen Grundlagen erbracht oder tatsächlich nicht erbrachte Leistungen mit der Pflegekasse abgerechnet, ist der Pflegedienst verpflichtet, den entstandenen Schaden zu ersetzen.

ist verpflichtet, selbst dafür zu sorgen, daß mit dem der Pflegekasse mitgeteilten Ende der Abrechnung keine diesen Zeitpunkt überschreitende Inkassovollmacht oder Abtretungserklärung zugunsten der der Pflegekasse gemeldeten Abrechnungsstelle mehr besteht.

(4) Sofern die Rechnungslegung der Abrechnungsstelle gemäß Abs. 3 übertragen werden soll, ist der Auftragnehmer unter besonderer Berücksichtigung der von ihm getroffenen technischen und organisatorischen Maßnahmen zur Sicherstellung der Maßgaben dieses Vertrages und des §§ 6 Abs. 1 Bundesdatenschutzgesetz durch den Leistungserbringer auszuwählen. Die getroffene Vereinbarung über Datenschutz und Datensicherung beim Auftragnehmer (Abrechnungsstelle) ist der Pflegekasse vorzulegen.

(5) Wurden Leistungen entgegen geltendem Recht bzw. der vertraglichen Grundlagen erbracht oder tatsächlich nicht erbrachte Leistungen mit der Pflegekasse abgerechnet, **kann dies die Kündigung des Versorgungsvertrages nach sich ziehen.** Der Träger der Pflegeeinrichtung ist verpflichtet, **den von ihm zu vertretenden** Schaden zu ersetzen.

gen, daß mit dem der Pflegekasse mitgeteilten Ende der Abrechnung keine diesen Zeitpunkt überschreitende Inkassovollmacht oder Abtretungserklärung zugunsten der Pflegekasse gemeldeten Abrechnungsstelle mehr besteht.

(4) Sofern die Rechnungslegung der Abrechnungsstelle gemäß Abs. 3 übertragen werden soll, ist der Auftragnehmer unter besonderer Berücksichtigung der von ihm getroffenen technischen und organisatorischen Maßnahmen zur Sicherstellung der Maßgaben dieses Vertrages und des § 6 Abs. 1 Bundesdatenschutzgesetz durch den Leistungserbringer auszuwählen. Die getroffene Vereinbarung über Datenschutz und Datensicherung beim Auftragnehmer (Abrechnungsstelle) ist der Pflegekasse vorzulegen.

(5) Wurden Leistungen entgegen geltendem Recht bzw. der vertraglichen Grundlagen erbracht oder tatsächlich nicht erbrachte Leistungen mit der Pflegekasse abgerechnet, **kann dies die Kündigung des Versorgungsvertrages nach sich ziehen.** Der Träger der Pflegeeinrichtung ist verpflichtet, **den von ihm zu vertretenden** Schaden zu ersetzen.

den Leistungserbringer auszuwählen. Die getroffene Vereinbarung über Datenschutz und Datensicherung beim Auftragnehmer (Abrechnungsstelle) ist der Pflegekasse vorzulegen.

(4) Wurden Leistungen entgegen geltendem Recht bzw. der vertraglichen Grundlagen erbracht oder tatsächlich nicht erbrachte Leistungen mit der Pflegekasse abgerechnet, **kann dies die Kündigung des Versorgungsvertrages nach sich ziehen.** Der Träger der Pflegeeinrichtung ist verpflichtet, **den von ihm zu vertretenden** Schaden zu ersetzen.

Materialien

Ambulant

§ 16 Beanstandungen

Beanstandungen müssen innerhalb von sechs Monaten nach Rechnungseingang erhoben werden.

§ 17 Datenschutz

Die Versicherten- und Leistungsdaten der vertraglich erbrachten Pflegeleistungen dürfen nur im Rahmen der in § 104 SGB XI genannten Zwecke verarbeitet und genutzt werden. Der Pflegedienst verpflichtet sich, den Schutz der personenbezogenen Daten sicherzustellen. Der Pflegedienst unterliegt hinsichtlich der Person des Pflegebedürftigen der Schweigepflicht, ausgenommen hiervon sind Angaben gegenüber der leistungspflichtigen Pflegekasse und dem Medizinischen Dienst der Krankenversicherung, soweit sie zur Erfüllung der gesetzlichen Aufgaben erforderlich sind. Der Pflegedienst hat seine Mitarbeiter zur Beachtung der Schweigepflicht sowie der Datenschutzbestimmungen zu verpflichten. Die §§ 35, 37 SGB I sowie §§ 67 bis 85 SGB X bleiben unberührt.

Teilstationär

§ 18 Beanstandungen

Beanstandungen müssen innerhalb von sechs Monaten nach Rechnungseingang erhoben werden.

§ 19 Datenschutz

Die Versicherten- und Leistungsdaten der vertraglich erbrachten Pflegeleistungen dürfen nur im Rahmen der in § 104 SGB XI genannten Zwecke verarbeitet und genutzt werden. Die Pflegeeinrichtung verpflichtet sich, den Schutz der personenbezogenen Daten sicherzustellen. Die Pflegeeinrichtung unterliegt hinsichtlich der Person des Pflegebedürftigen der Schweigepflicht, ausgenommen hiervon sind Angaben gegenüber der leistungspflichtigen Pflegekasse und dem Medizinischen Dienst der Krankenversicherung, soweit sie zur Erfüllung der gesetzlichen Aufgaben erforderlich sind. Die Pflegeeinrichtung hat ihre Mitarbeiter zur Beachtung der Schweigepflicht sowie der Datenschutzbestimmungen zu verpflichten. Die §§ 35, 37 SGB I sowie §§ 67-85 SGB X bleiben unberührt.

Kurzzeitpflege

§ 18 Beanstandungen

Beanstandungen müssen innerhalb von sechs Monaten nach Rechnungseingang erhoben werden.

§ 19 Datenschutz

Die Versicherten- und Leistungsdaten der vertraglich erbrachten Pflegeleistungen dürfen nur im Rahmen der in § 104 SGB XI genannten Zwecke verarbeitet und genutzt werden. Die Pflegeeinrichtung verpflichtet sich, den Schutz der personenbezogenen Daten sicherzustellen. Die Pflegeeinrichtung unterliegt hinsichtlich der Person des Pflegebedürftigen der Schweigepflicht, ausgenommen hiervon sind Angaben gegenüber der leistungspflichtigen Pflegekasse und dem Medizinischen Dienst der Krankenversicherung, soweit sie zur Erfüllung der gesetzlichen Aufgaben erforderlich sind. Die Pflegeeinrichtung hat ihre Mitarbeiter zur Beachtung der Schweigepflicht sowie der Datenschutzbestimmungen zu verpflichten. Die §§ 35, 37 SGB I sowie §§ 67-85 SGB X bleiben unberührt.

Vollstationär

§ 19 Beanstandungen

Beanstandungen müssen innerhalb von sechs Monaten nach Rechnungseingang erhoben werden.

§ 20 Datenschutz

Die Versicherten- und Leistungsdaten der vertraglich erbrachten Pflegeleistungen dürfen nur im Rahmen der in § 104 SGB XI genannten Zwecke verarbeitet und genutzt werden. Die Pflegeeinrichtung verpflichtet sich, den Schutz der personenbezogenen Daten sicherzustellen. Die Pflegeeinrichtung unterliegt hinsichtlich der Person des Pflegebedürftigen der Schweigepflicht, ausgenommen hiervon sind Angaben gegenüber der leistungspflichtigen Pflegekasse und dem Medizinischen Dienst der Krankenversicherung, soweit sie zur Erfüllung der gesetzlichen Aufgaben erforderlich sind. Die Pflegeeinrichtung hat ihre Mitarbeiter zur Beachtung der Schweigepflicht sowie der Datenschutzbestimmungen zu verpflichten. Die §§ 35, 37 SGB I sowie §§ 67 bis 85 SGB X bleiben unberührt.

Abschnitt III

Maßstäbe und Grundsätze für eine wirtschaftliche und leistungsbezogene, am Versorgungsauftrag orientierte personelle Ausstattung der Pflegeeinrichtungen – nach § 75 Abs. 2 Nr. 3 SGB XI

§ 18 Sicherstellung der Leistungen, Qualifikation des Personals

(1) Die personelle Ausstattung ambulanter Pflegeeinrichtungen muß eine bedarfsgerechte, gleichmäßige sowie fachlich qualifizierte, dem allgemein anerkannten Stand der medizinisch-pflegerischen Erkenntnisse entsprechende Pflege **und hauswirtschaftliche** Versorgung der Pflegebedürftigen auf der Grundlage der Qualitätsvereinbarung nach § 80 SGB XI gewährleisten.

(2) Der Träger des Pflegedienstes regelt im Rahmen seiner Organisationsgewalt die Verantwortungsbereiche und sorgt für eine sachgerechte Aufbau- und Ablauforganisa-

Abschnitt III

Maßstäbe und Grundsätze für eine wirtschaftliche und leistungsbezogene, am Versorgungsauftrag orientierte personelle Ausstattung der Pflegeeinrichtungen nach § 75 Abs. 2 Nr. 3 SGB XI

§ 20 Sicherstellung der Leistungen, Qualifikation des Personals

(1) Die personelle Ausstattung teilstationärer Pflegeeinrichtungen (Tages- und Nachtpflege) muß eine bedarfsgerechte, gleichmäßige sowie fachlich qualifizierte, dem allgemein anerkannten Stand der medizinisch-pflegerischen Erkenntnisse entsprechende Pflege der Pflegebedürftigen auf der Grundlage der Qualitätsvereinbarung nach § 80 SGB XI gewährleisten.

(2) Der Träger der Pflegeeinrichtung regelt im Rahmen seiner Organisationsgewalt die Verantwortungsbereiche und sorgt für eine sachgerechte Aufbau- und Ablauforganisation. Der Anteil der

Abschnitt III

Maßstäbe und Grundsätze für eine wirtschaftliche und leistungsbezogene, am Versorgungsauftrag orientierte personelle Ausstattung der Pflegeeinrichtung – nach § 75 Abs. 2 Nr. 3 SGB XI

§ 20 Sicherstellung der Leistungen, Qualifikation des Personals

(1) Die personelle Ausstattung der Pflegeeinrichtungen muß eine bedarfsgerechte, gleichmäßige sowie fachlich qualifizierte, dem allgemein anerkannten Stand der medizinisch-pflegerischen Erkenntnisse entsprechende Pflege der Pflegebedürftigen auf der Grundlage der Qualitätsvereinbarung nach § 80 SGB XI gewährleisten.

(2) Der Träger der Pflegeeinrichtung regelt im Rahmen seiner Organisationsgewalt die Verantwortungsbereiche und sorgt für eine sachgerechte Aufbau- und Ablauforganisation. Der Anteil der Pflegeleistungen, durch gering-

Abschnitt III

Maßstäbe und Grundsätze für eine wirtschaftliche und leistungsbezogene, am Versorgungsauftrag orientierte personelle Ausstattung der Pflegeeinrichtungen nach § 75 Abs. 2 Nr. 3 SGB XI

§ 21 Sicherstellung der Leistungen, Qualifikation des Personals

(1) Die personelle Ausstattung der Pflegeeinrichtungen muß **unbeschadet aufsichtsrechtlicher Regelungen** eine bedarfsgerechte, gleichmäßige sowie fachlich qualifizierte, dem allgemein anerkannten Stand der medizinisch-pflegerischen Erkenntnisse entsprechende Pflege der Pflegebedürftigen auf der Grundlage der Qualitätsvereinbarung nach § 80 SGB XI gewährleisten.

(2) Der Träger der Pflegeeinrichtung regelt im Rahmen seiner Organisationsgewalt die Verantwortungsbereiche und sorgt für eine sachgerechte Aufbau- und

Materialien

Ambulant

tion. Der Anteil der Pflegeleistungen, der durch geringfügig Beschäftigte erbracht wird, sollte dabei 20% möglichst nicht übersteigen.

(3) Die fachliche Qualifikation des Personals richtet sich nach den Regelungen der Qualitätsvereinbarung nach § 80 SGB XI. **Dabei sind beim Pflegebedürftigen und seinen Pflegepersonen**

– die Fähigkeit zur selbständigen Ausführung der Verrichtungen **oder zur selbständigen Unterstützung oder Beaufsichtigung der Ausführung** der Verrichtungen,
– die **Versorgungsbedingungen** und Risikopotentiale

zu berücksichtigen. Beim Einsatz von Pflegehilfskräften ist zudem sicherzustellen, daß Pflegefachkräfte die fachliche Überprüfung des Pflegebedarfs, die Anleitung der Hilfskräfte und die Kontrolle der geleisteten Arbeit gewährleisten.

(4) Der Träger des Pflegedienstes weist den Landesverbänden der Pflegekassen die fachliche Qualifikation der verantwortlichen Pflegefachkraft und ihrer Stellvertretung nach.

Teilstationär

Pflegeleistungen, der durch geringfügig Beschäftigte erbracht wird, sollte dabei 20 % möglichst nicht übersteigen.

(3) Die **Bereitstellung** und die fachliche Qualifikation des Personals richten sich nach den Regelungen der Qualitätsvereinbarung gemäß § 80 SGB XI. Beim Einsatz des Personals sind

– die Fähigkeiten des Pflegebedürftigen zur selbständigen Ausführung der Aktivitäten des täglichen Lebens,
– **die Notwendigkeit zur Unterstützung, zur teilweisen oder vollständigen Übernahme oder zur Beaufsichtigung bei der Durchführung der Aktivitäten des täglichen Lebens sowie**
– die Risikopotentiale bei den Pflegebedürftigen

zu berücksichtigen.

Beim Einsatz von Pflegehilfskräften ist zudem sicherzustellen, daß Pflegefachkräfte die fachliche Überprüfung des Pflegebedarfs, die Anleitung der Hilfskräfte und die Kontrolle der geleisteten Arbeit gewährleisten.

(4) Der Träger der Pflegeeinrichtung weist den Landesverbänden

Kurzzeitpflege

fügig Beschäftigte erbracht wird, sollte dabei 20% möglichst nicht übersteigen.

(3) Die **Bereitstellung** und die fachliche Qualifikation des Personals richten sich nach den Regelungen der Qualitätsvereinbarung gemäß § 80 SGB XI. Beim Einsatz des Personals sind

– die Fähigkeiten des Pflegebedürftigen zur selbständigen Durchführung der Aktivitäten des täglichen Lebens,
– **die Notwendigkeit zur Unterstützung, zur teilweisen oder vollständigen Übernahme oder zur Beaufsichtigung bei der Durchführung der Aktivitäten des täglichen Lebens sowie**
– die Risikopotentiale bei den Pflegebedürftigen

zu berücksichtigen.

Beim Einsatz von Pflegehilfskräften ist zudem sicherzustellen, daß Pflegefachkräfte die fachliche Überprüfung des Pflegebedarfs, die Anleitung der Hilfskräfte und die Kontrolle der geleisteten Arbeit gewährleisten.

(4) Der Träger der Pflegeeinrichtung weist den Landesverbänden der Pflegekassen die fachliche

Vollstationär

Ablauforganisation. Der Anteil der Pflegeleistungen, der durch geringfügig Beschäftigte erbracht wird, sollte dabei 20% möglichst nicht übersteigen.

(3) **Die Bereitstellung und die** fachliche Qualifikation des Personals richten sich nach den Regelungen der Qualitätsvereinbarung gemäß § 80 SGB XI. Beim Einsatz des Personals sind

– die Fähigkeiten des Pflegebedürftigen zur selbständigen Durchführung der Aktivitäten des täglichen Lebens,
– **die Notwendigkeit zur Unterstützung, zur teilweisen oder vollständigen Übernahme oder zur Beaufsichtigung bei der Durchführung der Aktivitäten des täglichen Lebens sowie**
– die Risikopotentiale bei den Pflegebedürftigen

zu berücksichtigen.

Beim Einsatz von Pflegehilfskräften ist zudem sicherzustellen, daß Pflegefachkräfte die fachliche Überprüfung des Pflegebedarfs, die Anleitung der Hilfskräfte und die Kontrolle der geleisteten Arbeit gewährleisten.

Gemeinsame Empfehlung zum Inhalt der Rahmenverträge

(5) Änderungen des Hilfeangebots des Pflegedienstes sind den Pflegekassen mitzuteilen.

§ 19 Arbeitshilfen

Der Pflegedienst hat seinen Mitarbeitern im erforderlichen Umfang Arbeitshilfen bereitzustellen, um eine qualifizierte, bedarfsgerechte und wirtschaftliche Versorgung zu gewährleisten.

§ 20 Nachweis des Personaleinsatzes

Die **kurz- und langfristigen Personaleinsatzpläne** sind nachvollziehbar zu dokumentieren. Bei der **Einsatzplanung** des Personals sind
- die Arbeitszeit des Personals unter Berücksichtigung von Zeiten für Fortbildung und Teambesprechungen sowie die Ausfallzeiten insbesondere durch Krankheit und Urlaub,

der fachliche Qualifikation der verantwortlichen Pflegefachkraft und ihrer Stellvertretung nach.

(5) Änderungen des Hilfeangebots der Pflegeeinrichtung sind den Pflegekassen mitzuteilen.

§ 21 Arbeitshilfen

Die Pflegeeinrichtung hat ihren Mitarbeitern im erforderlichen Umfang Arbeitshilfen bereitzustellen, um eine qualifizierte, bedarfsgerechte und wirtschaftliche Versorgung der Pflegebedürftigen zu gewährleisten.

§ 22 Nachweis des Personaleinsatzes

Die Dienstpläne sind nachvollziehbar zu dokumentieren. Bei der Einsatzplanung des Personals sind
- die Arbeitszeit des Personals unter Berücksichtigung von Zeiten für Fortbildung und Teambesprechungen sowie die Ausfallzeiten insbesondere durch Krankheit und Urlaub,

Qualifikation der verantwortlichen Pflegefachkraft und ihrer Stellvertretung nach.

(5) Änderungen des Hilfeangebots der Pflegeeinrichtung sind den Pflegekassen mitzuteilen.

§ 21 Arbeitshilfen

Die Pflegeeinrichtung hat ihren Mitarbeitern im erforderlichen Umfang Arbeitshilfen bereitzustellen, um eine qualifizierte, bedarfsgerechte und wirtschaftliche Versorgung der Pflegebedürftigen zu gewährleisten.

§ 22 Nachweis des Personaleinsatzes

Die Dienstpläne sind nachvollziehbar zu dokumentieren. Bei der Dienstplanung des Personals sind
- die Arbeitszeit des Personals unter Berücksichtigung von Zeiten für Fortbildung und Teambesprechungen sowie die Ausfallzeiten insbesondere durch Krankheit und Urlaub,

(4) Der Träger der Pflegeeinrichtung weist den Landesverbänden der Pflegekassen die fachliche Qualifikation der verantwortlichen Pflegefachkraft und ihrer Stellvertretung nach.

(5) Änderungen des Hilfeangebots der Pflegeeinrichtung sind den Pflegekassen mitzuteilen.

§ 22 Arbeitshilfen

Die Pflegeeinrichtung hat ihren Mitarbeitern im erforderlichen Umfang Arbeitshilfen bereitzustellen, um eine qualifizierte, bedarfsgerechte und wirtschaftliche Versorgung der Pflegebedürftigen zu gewährleisten.

§ 23 Nachweis des Personaleinsatzes

Die Dienstpläne sind nachvollziehbar zu dokumentieren. Bei der Dienstplanung des Personals sind
- die Arbeitszeit des Personals unter Berücksichtigung von Zeiten für Fortbildung und Teambesprechungen sowie die Ausfallzeiten insbesondere durch Krankheit und Urlaub,

Materialien

Ambulant	Teilstationär	Kurzzeitpflege	Vollstationär
– die Zeiten, die für die Versorgung der Pflegebedürftigen im Einzelfall einschließlich der dazu gehörenden Maßnahmen erforderlich sind, – leitende, administrative und organisatorische Aufgaben sowie – die im Rahmen der Kooperation auf regionaler Ebene wahrzunehmenden Aufgaben des Pflegedienstes angemessen zu berücksichtigen.	– die Zeiten, die für die Versorgung der Pflegebedürftigen im Einzelfall einschließlich der dazu gehörenden Maßnahmen erforderlich sind, – die im Rahmen der Kooperation auf regionaler Ebene **des §§ 8 SGB XI** wahrzunehmenden Aufgaben der Pflegeeinrichtung, – leitende, administrative und organisatorische Aufgaben angemessen zu berücksichtigen.	– die Zeiten, die für die Versorgung der Pflegebedürftigen im Einzelfall einschließlich der dazu gehörenden Maßnahmen erforderlich sind, – die im Rahmen der Kooperation auf regionaler Ebene **des § 8 SGB XI** wahrzunehmenden Aufgaben der Pflegeeinrichtung, – leitende, administrative und organisatorische Aufgaben angemessen zu berücksichtigen.	– die Zeiten, die für die Versorgung der Pflegebedürftigen im Einzelfall einschließlich der dazu gehörenden Maßnahmen erforderlich sind, – die im Rahmen der Kooperation auf regionaler Ebene **im Sinne des § 8 SGB XI** wahrzunehmenden Aufgaben der Pflegeeinrichtung, – leitende, administrative und organisatorische Aufgaben angemessen zu berücksichtigen.
Abschnitt IV Überprüfung der Notwendigkeit und Dauer der Pflege – nach § 75 Abs. 2 Nr. 4 SGB XI	**Abschnitt IV** Überprüfung der Notwendigkeit und Dauer der Pflege nach § 75 Abs. 2 Nr. 4 SGB XI	**Abschnitt IV** Überprüfung der Notwendigkeit und Dauer der Pflege – nach § 75 Abs. 2 Nr. 4 SGB XI	**Abschnitt IV** Überprüfung der Notwendigkeit und Dauer der Pflege – nach § 75 Abs. 2 Nr. 4 SGB XI
§ 21 Prüfung durch die Pflegekassen Der Pflegekasse obliegt die Überprüfung der leistungsrechtlichen Voraussetzungen der Pflegebedürftigkeit. Besteht aus Sicht der Pflegekasse in Einzelfällen Anlaß, die Notwendigkeit und Dauer der Pflege zu überprüfen, so kann die Pflegekasse vor Beauftragung des	**§ 23 Prüfung durch die Pflegekassen** Der Pflegekasse obliegt die Überprüfung der leistungsrechtlichen Voraussetzungen der Pflegebedürftigkeit. Besteht aus Sicht der Pflegekasse in Einzelfällen Anlaß, die Notwendigkeit und Dauer der Pflege zu überprüfen, so kann die Pflegekasse vor Beauftragung des	**§ 23 Prüfung durch die Pflegekassen** Der Pflegekasse obliegt die Überprüfung der leistungsrechtlichen Voraussetzungen der Pflegebedürftigkeit. Besteht aus Sicht der Pflegekasse in Einzelfällen Anlaß, die Notwendigkeit und Dauer der Pflege zu überprüfen, so kann die Pflegekasse vor Beauftragung des	**§ 24 Prüfung durch die Pflegekassen** Der Pflegekasse obliegt die Überprüfung der leistungsrechtlichen Voraussetzungen der Pflegebedürftigkeit. Besteht aus Sicht der Pflegekasse in Einzelfällen Anlaß, die Notwendigkeit und Dauer der Pflege zu überprüfen, so kann die Pflegekasse vor Beauftragung des

Gemeinsame Empfehlung zum Inhalt der Rahmenverträge

Medizinisches Dienstes der Krankenversicherung unter Angabe des Überprüfungsanlasses eine kurze Stellungnahme des Pflegedienstes zur Frage der Pflegebedürftigkeit anfordern.

§ 22 Prüfung durch den Medizinischen Dienst der Krankenversicherung

(1) Zur Überprüfung der Pflegebedürftigkeit ist der Medizinische Dienst der Krankenversicherung berechtigt, Auskünfte und Unterlagen über Art, Umfang und Dauer der Hilfebedürftigkeit sowie über Pflegeziele und Pflegemaßnahmen mit Einwilligung des Versicherten einzuholen.

(2) Bestehen aus Sicht des Medizinischen Dienstes der Krankenversicherung Bedenken gegen den Fortbestand der leistungsrechtlichen Voraussetzungen bezüglich der Notwendigkeit und Dauer der Pflegebedürftigkeit, so sollten diese gegenüber der verantwortlichen Pflegefachkraft bzw. dem Träger des Pflegedienstes dargelegt und mit diesen erörtert werden.

Medizinisches Dienstes der Krankenversicherung unter Angabe des Überprüfungsanlasses eine kurze Stellungnahme der Pflegeeinrichtung zur Frage der Pflegesituation des Pflegebedürftigen **unter Einwilligung des Pflegebedürftigen** anfordern.

§ 24 Prüfung durch den Medizinischen Dienst der Krankenversicherung

(1) Zur Überprüfung der Pflegebedürftigkeit ist der Medizinische Dienst der Krankenversicherung berechtigt, Auskünfte und Unterlagen über Art, Umfang und Dauer der Hilfebedürftigkeit sowie über Pflegeziele und Pflegemaßnahmen mit Einwilligung des Versicherten einzuholen.

(2) Bestehen aus Sicht des Medizinischen Dienstes der Krankenversicherung Bedenken gegen den Fortbestand der leistungsrechtlichen Voraussetzungen bezüglich der Notwendigkeit und Dauer der Pflege, so sollten diese gegenüber der verantwortlichen Pflegefachkraft bzw. dem Träger der Pflegeeinrichtung dargelegt und mit diesen erörtert werden.

Medizinisches Dienstes der Krankenversicherung unter Angabe des Überprüfungsanlasses eine kurze Stellungnahme der Pflegeeinrichtung zur Frage der Pflegesituation des Pflegebedürftigen **unter Einwilligung des Pflegebedürftigen** anfordern.

§ 24 Prüfung durch den Medizinischen Dienst der Krankenversicherung

(1) Zur Überprüfung der Pflegebedürftigkeit ist der Medizinische Dienst der Krankenversicherung berechtigt, Auskünfte und Unterlagen über Art, Umfang und Dauer der Hilfebedürftigkeit sowie über Pflegeziele und Pflegemaßnahmen mit Einwilligung des Versicherten einzuholen.

(2) Bestehen aus Sicht des Medizinischen Dienstes der Krankenversicherung Bedenken gegen den Fortbestand der leistungsrechtlichen Voraussetzungen bezüglich der Notwendigkeit und Dauer der Pflege, so sollten diese gegenüber der verantwortlichen Pflegefachkraft bzw. dem Träger der Pflegeeinrichtung dargelegt und mit diesen erörtert werden.

Medizinisches Dienstes der Krankenversicherung, unter Angabe des Überprüfungsanlasses, eine kurze Stellungnahme der Pflegeeinrichtung zur Frage der Pflegesituation des Pflegebedürftigen **unter Einwilligung des Pflegebedürftigen** anfordern.

§ 25 Prüfung durch den Medizinischen Dienst der Krankenversicherung

(1) Zur Überprüfung der Pflegebedürftigkeit ist der Medizinische Dienst der Krankenversicherung berechtigt, Auskünfte und Unterlagen über Art, Umfang und Dauer der Hilfebedürftigkeit sowie über Pflegeziele und Pflegemaßnahmen mit Einwilligung des Versicherten einzuholen.

(2) Bestehen aus Sicht des Medizinischen Dienstes der Krankenversicherung Bedenken gegen den Fortbestand der leistungsrechtlichen Voraussetzungen bezüglich der Notwendigkeit und Dauer der Pflege, so sollten diese gegenüber der verantwortlichen Pflegefachkraft bzw. dem Träger der Pflegeeinrichtung dargelegt und mit diesen erörtert werden.

Materialien

Ambulant

§ 23 Information

(1) Der Pflegedienst wird über das Ergebnis der Begutachtung und die daraus resultierende Entscheidung der Pflegekasse informiert.

(2) Sofern sich nach Einschätzung des Pflegedienstes die Pflegebedürftigkeit des betreuten Versicherten geändert hat (insbesondere hinsichtlich der Stufe der Pflegebedürftigkeit) und/oder aus sonstigen Gründen eine Änderung der bisher gewährten Versorgungsleistungen notwendig erscheint, weist er die Pflegekasse darauf hin. Die Pflegekasse leitet dann umgehend eine Prüfung nach § 18 SGB XI ein.

Teilstationär

§ 25 Information

(1) Die Pflegeeinrichtung wird über das Ergebnis der Überprüfung nach § 23 und die daraus resultierende Entscheidung der Pflegekasse informiert.

(2) Sofern sich nach Einschätzung der Pflegeeinrichtung die Pflegebedürftigkeit des betreuten Versicherten geändert hat (insbesondere hinsichtlich der Stufe der Pflegebedürftigkeit) und/oder aus sonstigen Gründen eine Änderung der bisher gewährten Versorgungsleistungen notwendig erscheint, weist sie im Einvernehmen mit dem Pflegebedürftigen die Pflegekasse darauf hin. Die Pflegekasse leitet dann umgehend eine Prüfung nach § 18 SGB XI ein.

Kurzzeitpflege

§ 25 Information

(1) Die Pflegeeinrichtung wird über das Ergebnis der Überprüfung nach § 23 und die daraus resultierende Entscheidung der Pflegekasse informiert.

(2) Sofern sich nach Einschätzung der Pflegeeinrichtung die Pflegebedürftigkeit des betreuten Versicherten geändert hat (insbesondere hinsichtlich der Stufe der Pflegebedürftigkeit) und/oder aus sonstigen Gründen eine Änderung der bisher gewährten Versorgungsleistungen notwendig erscheint, weist sie im Einvernehmen mit dem Pflegebedürftigen die Pflegekasse darauf hin. Die Pflegekasse leitet dann umgehend eine Prüfung nach § 18 SGB XI ein.

Vollstationär

§ 26 Information

(1) Die Pflegeeinrichtung wird über das Ergebnis der Überprüfung nach § 24 und die daraus resultierende Entscheidung der Pflegekasse informiert.

(2) Sofern sich nach Einschätzung der Pflegeeinrichtung die Pflegebedürftigkeit des betreuten Versicherten geändert hat (insbesondere hinsichtlich der Stufe der Pflegebedürftigkeit/Pflegekasse) und/oder aus sonstigen Gründen eine Änderung der bisher gewährten Versorgungsleistungen notwendig erscheint, weist sie im Einvernehmen mit dem Pflegebedürftigen die Pflegekasse darauf hin. Die Pflegekasse leitet dann umgehend eine Prüfung nach § 18 SGB XI ein.

Abschnitt V

Pflegevergütung bei vorübergehender Abwesenheit des Pflegebedürftigen aus der Pflegeeinrichtung nach § 75 Abs. 2 Nr. 5 SGB XI

§ 26 Abwesenheit des Pflegebedürftigen

Hierzu geben die Vereinbarungspartner auf Bundesebene keine Empfehlung ab.

Abschnitt V

Pflegevergütung bei vorübergehender Abwesenheit des Pflegebedürftigen aus der Pflegeeinrichtung – nach § 75 Abs. 2 Nr. 5 SGB XI

§ 26 Abwesenheit des Pflegebedürftigen

Hierzu geben die Vereinbarungspartner auf Bundesebene keine Empfehlung ab.

Abschnitt V

Pflegevergütung bei vorübergehender Abwesenheit des Pflegebedürftigen aus der Pflegeeinrichtung – nach § 75 Abs. 2 Nr. 5 SGB XI

§ 27 Abwesenheit des Pflegebedürftigen

Unter dem Gesichtspunkt der Regelung des Art. 49a des 1. SGB XI ÄndG, wonach das am 30. Juni 1996 geltende Heimentgelt bis längstens zum 31. Dezember 1997 weitergilt, gelten auch entsprechende Regelungen mit Stichtag vom 30. Juni 1996 in Bezug auf die Vergütung bei Abwesenheit weiter.

Materialien

Ambulant	Teilstationär	Kurzzeitpflege	Vollstationär
Abschnitt V	**Abschnitt VI**	**Abschnitt VI**	**Abschnitt VI**
Zugang des Medizinischen Dienstes und sonstiger von den Pflegekassen beauftragter Prüfer zu den Pflegeeinrichtungen – nach § 75 Abs. 2 Nr. 6 SGB XI	Zugang des Medizinischen Dienstes und sonstiger von den Pflegekassen beauftragter Prüfer zu den Pflegeeinrichtungen nach § 75 Abs. 2 Nr. 6 SGB XI	Zugang des Medizinischen Dienstes und sonstiger von den Pflegekassen beauftragter Prüfer zu den Pflegeeinrichtungen – nach § 75 Abs. 2 Nr. 6 SGB XI	Zugang des Medizinischen Dienstes und sonstiger von den Pflegekassen beauftragter Prüfer zu den Pflegeeinrichtungen – nach § 75 Abs. 2 Nr. 6 SGB XI
§ 24 Zugang	**§ 27 Zugang**	**§ 27 Zugang**	**§ 28 Zugang**
Zur Überprüfung der Erfüllung ihrer gesetzlichen und vertraglichen Verpflichtung ist dem Medizinischen Dienst der Krankenversicherung oder einem sonstigen von den Pflegekassen beauftragten Prüfer nach vorheriger Terminvereinbarung der Zugang zu den Pflegediensten zu gewähren. Der Pflegedienst kann von den zur Prüfung berechtigten Personen die Vorlage einer entsprechenden Legitimation verlangen.	Zur Überprüfung der Erfüllung der gesetzlichen und vertraglichen Verpflichtung der Pflegeeinrichtung ist dem Medizinischen Dienst der Krankenversicherung oder einem sonstigen von den Pflegekassen beauftragten Prüfer nach vorheriger Terminvereinbarung der Zugang zu der Pflegeeinrichtung zu gewähren. Die Pflegeeinrichtung kann von den zur Prüfung berechtigten Personen die Vorlage einer entsprechenden Legitimation verlangen.	Zur Überprüfung der Erfüllung der gesetzlichen und vertraglichen Verpflichtung der Pflegeeinrichtung ist dem Medizinischen Dienst der Krankenversicherung oder einem sonstigen von den Pflegekassen beauftragten Prüfer nach vorheriger Terminvereinbarung der Zugang zu der Pflegeeinrichtung zu gewähren. Soweit die Räume einem Hausrecht der Bewohner unterliegen, bedarf der Zugang ihrer vorherigen Zustimmung. Die Pflegeeinrichtung kann von den zur Prüfung berechtigten Personen die Vorlage einer entsprechenden Legitimation verlangen.	Zur Überprüfung der Erfüllung der gesetzlichen und vertraglichen Verpflichtung der Pflegeeinrichtung ist dem Medizinischen Dienst der Krankenversicherung oder einem sonstigen von den Pflegekassen beauftragten Prüfer nach vorheriger Terminvereinbarung der Zugang zu der Pflegeeinrichtung zu gewähren. Soweit die Räume einem Hausrecht der Bewohner unterliegen, bedarf der Zugang ihrer vorherigen Zustimmung. Die Pflegeeinrichtung kann von den zur Prüfung berechtigten Personen die Vorlage einer entsprechenden Legitimation verlangen.

Gemeinsame Empfehlung zum Inhalt der Rahmenverträge

§ 25 Mitwirkung des Pflegedienstes

Die Prüfung findet in Gegenwart des oder der Leiter/in des Pflegedienstes oder einer von diesem/dieser beauftragten Person statt. Der Pflegedienst stellt die Voraussetzungen hierfür sicher.

Abschnitt VI

Verfahrens- und Prüfungsgrundsätze für Wirtschaftlichkeitsprüfungen einschließlich der Verteilung der Prüfungskosten – nach § 75 Abs. 2 Nr. 7 SGB XI

§ 26 Voraussetzungen zur Durchführung einer Wirtschaftlichkeitsprüfung

(1) Die Landesverbände der Pflegekassen können die Wirtschaftlichkeit und Wirksamkeit der Pflegeleistungen durch Sachverständige gemäß § 79 SGB XI überprüfen lassen. Sofern Anhaltspunkte dafür vorliegen, daß ein Pflegedienst die

§ 28 Mitwirkung der Pflegeeinrichtung

Die Prüfung findet in Gegenwart des oder der Leiter/in der Pflegeeinrichtung oder einer von diesem/dieser beauftragten Person statt. Die Pflegeeinrichtung stellt die Voraussetzungen hierfür sicher.

Abschnitt VII

Verfahrens- und Prüfungsgrundsätze für Wirtschaftlichkeitsprüfungen einschl. der Verteilung der Prüfungskosten nach § 75 Abs. 2 Nr. 7 SGB XI

§ 29 Voraussetzungen zur Durchführung einer Wirtschaftlichkeitsprüfung

(1) Die Landesverbände der Pflegekassen können die Wirtschaftlichkeit und Wirksamkeit der Pflegeleistungen durch Sachverständige gemäß § 79 SGB XI überprüfen lassen. Sofern Anhaltspunkte dafür vorliegen, daß eine Pflegeeinrich-

§ 29 Mitwirkung der Pflegeeinrichtung

Die Prüfung findet in Gegenwart des oder der Leiter/in der Pflegeeinrichtung oder einer von diesem/dieser beauftragten Person statt. Die Pflegeeinrichtung stellt die Voraussetzungen hierfür sicher.

Abschnitt VII

Verfahrens- und Prüfungsgrundsätze für Wirtschaftlichkeitsprüfungen einschl. der Verteilung der Prüfungskosten – nach § 75 Abs. 2 Nr. 7 SGB XI

§ 30 Voraussetzungen zur Durchführung einer Wirtschaftlichkeitsprüfung

(1) Die Landesverbände der Pflegekassen können die Wirtschaftlichkeit und Wirksamkeit der Pflegeleistungen durch Sachverständige gemäß § 79 SGB XI überprüfen lassen. Sofern Anhaltspunkte dafür vorliegen, daß eine Pflegeeinrich-

Materialien

Ambulant

Anforderungen zur Erbringung einer leistungsfähigen und wirtschaftlichen Versorgung nicht oder nicht mehr erfüllt, sind die Landesverbände der Pflegekassen zur Einleitung einer Wirtschaftlichkeitsprüfung verpflichtet.

(2) Der Träger des Pflegedienstes ist vor Bestellung des Sachverständigen unter Angabe der Gründe der Prüfung zu hören.

§ 27 Bestellung und Beauftragung des Sachverständigen

(1) Die Landesverbände der Pflegekassen bestellen den Sachverständigen im Einvernehmen mit dem Träger des Pflegedienstes bzw. dem Verband, dem der Träger angehört. Kommt innerhalb einer Frist von 10 Werktagen keine Einigung zustande, können die Landesverbände der Pflegekassen die Sachverständigen alleine bestellen.

(2) Der Auftrag ist gegenüber dem Sachverständigen im Einvernehmen mit dem Träger des Pflegedienstes bzw. dem Verband, dem der Träger des Pflegedienstes angehört, schriftlich zu erteilen. Sofern Absatz 1 Satz 2 Anwendung

Teilstationär

tung die Anforderungen zur Erbringung einer leistungsfähigen und wirtschaftlichen Versorgung nicht oder nicht mehr erfüllt, sind die Landesverbände der Pflegekassen zur Einleitung einer Wirtschaftlichkeitsprüfung verpflichtet.

(2) Der Träger der Pflegeeinrichtung ist vor Bestellung des Sachverständigen unter Angabe der Gründe der Prüfung zu hören.

§ 30 Bestellung und Beauftragung des Sachverständigen

(1) Die Landesverbände der Pflegekassen bestellen den Sachverständigen im Einvernehmen mit dem Träger der Pflegeeinrichtung bzw. dem Verband, dem der Träger angehört. Kommt innerhalb einer Frist von 10 Werktagen nach Anhörung gemäß § 29 Abs. 2 keine Einigung zustande, können die Landesverbände der Pflegekassen den Sachverständigen alleine bestellen.

(2) Der Auftrag ist gegenüber dem Sachverständigen im Einvernehmen mit dem Träger der Pflegeeinrichtung bzw. dem Verband, dem der Träger der Pflegeeinrichtung

Kurzzeitpflege

tung die Anforderungen zur Erbringung einer leistungsfähigen und wirtschaftlichen Versorgung nicht oder nicht mehr erfüllt, sind die Landesverbände der Pflegekassen zur Einleitung einer Wirtschaftlichkeitsprüfung verpflichtet.

(2) Der Träger der Pflegeeinrichtung ist vor Bestellung des Sachverständigen unter Angabe der Gründe der Prüfung zu hören.

§ 30 Bestellung und Beauftragung des Sachverständigen

(1) Die Landesverbände der Pflegekassen bestellen den Sachverständigen im Einvernehmen mit dem Träger der Pflegeeinrichtung bzw. dem Verband, dem der Träger angehört. Kommt innerhalb einer Frist von 10 Werktagen nach Anhörung gemäß § 29 Abs. 2 keine Einigung zustande, können die Landesverbände der Pflegekassen den Sachverständigen alleine bestellen.

(2) Der Auftrag ist gegenüber dem Sachverständigen im Einvernehmen mit dem Träger der Pflegeeinrichtung bzw. dem Verband, dem der Träger der Pflegeeinrichtung

Vollstationär

tung die Anforderungen zur Erbringung einer leistungsfähigen und wirtschaftlichen Versorgung nicht oder nicht mehr erfüllt, sind die Landesverbände der Pflegekassen zur Einleitung einer Wirtschaftlichkeitsprüfung verpflichtet.

(2) Der Träger der Pflegeeinrichtung ist vor Bestellung des Sachverständigen unter Angabe der Gründe der Prüfung zu hören.

§ 31 Bestellung und Beauftragung des Sachverständigen

(1) Die Landesverbände der Pflegekassen bestellen den Sachverständigen im Einvernehmen mit dem Träger der Pflegeeinrichtung bzw. dem Verband, dem der Träger angehört. Kommt innerhalb einer Frist von 10 Werktagen nach Anhörung gemäß § 30 Abs. 2 keine Einigung zustande, können die Landesverbände der Pflegekassen den Sachverständigen alleine bestellen.

(2) Der Auftrag ist gegenüber dem Sachverständigen im Einvernehmen mit dem Träger der Pflegeeinrichtung bzw. dem Verband, dem der Träger der Pflegeeinrichtung

Gemeinsame Empfehlung zum Inhalt der Rahmenverträge

findet, ist der Auftrag von den Landesverbänden der Pflegekassen zu erteilen. Im Auftrag sind das Prüfungsziel, der Prüfungsgegenstand (vgl. § 28) und der Prüfungszeitraum zu konkretisieren.

(3) Der Sachverständige muß gewährleisten, daß die Prüfungsabwicklung eine hinreichend gründliche Aufklärung der prüfungsrelevanten Sachverhalte zur Abgabe eines sicheren Urteils ermöglicht. Die Erteilung von Unteraufträgen bedarf der Zustimmung der Auftraggeber.

§ 28 Prüfungsziel, Prüfungsgegenstand

(1) Prüfungsziel ist die Klärung der Wirtschaftlichkeit und Wirksamkeit der Pflegeleistungen.

(2) Gegenstand der Prüfungen sind die Sachverhalte, bei denen Anhaltspunkte hinsichtlich eines Verstoßes gegen die Anforderungen des § 72 Abs. 3 Satz 1 SGB XI bestehen.

(3) Der Prüfungsauftrag kann sich auf Teile eines Prüfungsgegenstandes, auf einen Prüfungsgegenstand oder auf mehrere Prüfungsgegen-

angehört, schriftlich zu erteilen. Sofern Abs. 1 Satz 2 Anwendung findet, ist der Auftrag von den Landesverbänden der Pflegekasse zu erteilen. Im Auftrag sind das Prüfungsziel, der Prüfungsgegenstand (vgl. § 29) und der Prüfungszeitraum zu konkretisieren.

(3) Der Sachverständige muß gewährleisten, daß die Prüfungsabwicklung eine hinreichend gründliche Aufklärung der prüfungsrelevanten Sachverhalte zur Abgabe eines sicheren Urteils ermöglicht. Die Erteilung von Unteraufträgen bedarf der Zustimmung der Auftraggeber.

§ 31 Prüfungsziel, Prüfungsgegenstand

(1) Prüfungsziel ist die Klärung der Wirtschaftlichkeit und Wirksamkeit der Pflegeleistungen.

(2) Gegenstand der Prüfungen sind die Sachverhalte, bei denen Anhaltspunkte hinsichtlich eines Verstoßes gegen die Anforderungen des § 72 Abs. 3 Satz 1 SGB XI bestehen.

(3) Der Prüfungsauftrag kann sich auf Teile eines Prüfungsgegenstandes, auf einen Prüfungsgegenstand

angehört, schriftlich zu erteilen. Sofern Abs. 1 Satz 2 Anwendung findet, ist der Auftrag von den Landesverbänden der Pflegekassen zu erteilen. Im Auftrag sind das Prüfungsziel, der Prüfungsgegenstand (vgl. § 32) und der Prüfungszeitraum zu konkretisieren.

(3) Der Sachverständige muß gewährleisten, daß die Prüfungsabwicklung eine hinreichend gründliche Aufklärung der prüfungsrelevanten Sachverhalte zur Abgabe eines sicheren Urteils ermöglicht. Die Erteilung von Unteraufträgen bedarf der Zustimmung der Auftraggeber.

§ 32 Prüfungsziel, Prüfungsgegenstand

(1) Prüfungsziel ist die Klärung der Wirtschaftlichkeit und Wirksamkeit der Pflegeleistungen.

(2) Gegenstand der Prüfungen sind die Sachverhalte, bei denen Anhaltspunkte hinsichtlich eines Verstoßes gegen die Anforderungen des § 72 Abs. 3 Satz 1 SGB XI bestehen.

(3) Der Prüfungsauftrag kann sich auf Teile eines Prüfungsgegenstandes, auf einen Prüfungsgegenstand

Materialien

Ambulant

ständeerstrecken; er kann sich ferner auf Teile des Pflegedienstes oder auf den Pflegedienst insgesamt beziehen.

§ 29 Abwicklung der Prüfung

(1) Ausgangspunkt der Prüfung ist der im Versorgungsvertrag beschriebene Versorgungsauftrag des Pflegedienstes.

(2) Der Träger des Pflegedienstes hat den Sachverständigen die für die Prüfung erforderlichen Unterlagen vorzulegen. Einzelheiten zur Abwicklung der Prüfung sind zwischen dem Sachverständigen und dem Träger des Pflegedienstes abzusprechen. Zur notwendigen Einbeziehung der Pflegebedürftigen in die Prüfung ist deren Einverständnis einzuholen.

(3) Der Träger des Pflegedienstes benennt dem Sachverständigen für die zu prüfenden Bereiche Personen, die ihm und seinem Beauftragten auf Verlangen die für die Prüfung notwendigen Unterlagen vorlegen und Auskünfte erteilen.

(4) Die an der Prüfung Beteiligten sind nach Maßgabe der gesetzlichen Bestimmungen zur Ver-

Teilstationär

oder auf mehrere Prüfungsgegenstände erstrecken; er kann sich ferner auf Teile der Pflegeeinrichtung oder auf die Pflegeeinrichtung insgesamt beziehen.

§ 32 Abwicklung der Prüfung

(1) Ausgangspunkt der Prüfung ist der im Versorgungsvertrag beschriebene Versorgungsauftrag der Pflegeeinrichtung.

(2) Der Träger der Pflegeeinrichtung hat den Sachverständigen die für die Prüfung erforderlichen Unterlagen vorzulegen. Einzelheiten zur Abwicklung der Prüfung sind zwischen dem Sachverständigen und dem Träger der Pflegeeinrichtung abzusprechen. Zur notwendigen Einbeziehung der Pflegebedürftigen in die Prüfung ist deren Einverständnis einzuholen.

(3) Der Träger der Pflegeeinrichtung benennt dem Sachverständigen für die zu prüfenden Bereiche Personen, die ihm und seinem Beauftragten auf Verlangen die für die Prüfung notwendigen Unterlagen vorlegen und Auskünfte erteilen.

Kurzzeitpflege

oder auf mehrere Prüfungsgegenstände erstrecken; er kann sich ferner auf Teile der Pflegeeinrichtung oder auf die Pflegeeinrichtung insgesamt beziehen.

§ 32 Abwicklung der Prüfung

(1) Ausgangspunkt der Prüfung ist der im Versorgungsvertrag beschriebene Versorgungsauftrag der Pflegeeinrichtung.

(2) Der Träger der Pflegeeinrichtung hat den Sachverständigen die für die Prüfung erforderlichen Unterlagen vorzulegen. Einzelheiten zur Abwicklung der Prüfung sind zwischen dem Sachverständigen und dem Träger der Pflegeeinrichtung abzusprechen. Zur notwendigen Einbeziehung der Pflegebedürftigen in die Prüfung ist deren Einverständnis einzuholen.

(3) Der Träger der Pflegeeinrichtung benennt dem Sachverständigen für die zu prüfenden Bereiche Personen, die ihm und seinem Beauftragten auf Verlangen die für die Prüfung notwendigen Unterlagen vorlegen und Auskünfte erteilen.

Vollstationär

oder auf mehrere Prüfungsgegenstände erstrecken; er kann sich ferner auf Teile der Pflegeeinrichtung oder auf die Pflegeeinrichtung insgesamt beziehen.

§ 33 Abwicklung der Prüfung

(1) Ausgangspunkt der Prüfung ist der im Versorgungsvertrag beschriebene Versorgungsauftrag der Pflegeeinrichtung.

(2) Der Träger der Pflegeeinrichtung hat den Sachverständigen die für die Prüfung erforderlichen Unterlagen vorzulegen. Einzelheiten zur Abwicklung der Prüfung sind zwischen dem Sachverständigen und dem Träger der Pflegeeinrichtung abzusprechen. Zur notwendigen Einbeziehung der Pflegebedürftigen in die Prüfung ist deren Einverständnis einzuholen.

(3) Der Träger der Pflegeeinrichtung benennt dem Sachverständigen für die zu prüfenden Bereiche Personen, die ihm und seinem Beauftragten auf Verlangen die für die Prüfung notwendigen Unterlagen vorlegen und Auskünfte erteilen.

Gemeinsame Empfehlung zum Inhalt der Rahmenverträge

schwiegenheit verpflichtet und haben die Datenschutzbestimmungen einzuhalten.

(5) Vor Abschluß der Prüfung findet grundsätzlich ein Abschlußgespräch zwischen dem Träger des Pflegedienstes, dem Sachverständigen und den Landesverbänden der Pflegekassen statt.

§ 30 Prüfungsbericht

(1) Über die durchgeführte Prüfung ist ein Prüfungsbericht zu erstellen. Dieser hat zu beinhalten

- den Prüfungsauftrag,
- die Vorgehensweise bei der Prüfung,
- die Einzelergebnisse der Prüfung bezogen auf die Prüfungsgegenstände, die Gesamtbeurteilung,
- die Empfehlung zur Umsetzung der Prüfungsfeststellungen.

Diese Empfehlungen schließen die kurz-, mittel- und langfristige Realisierung der Prüfungsergebnisse einschließlich der Auswirkungen auf den Personal- und Sachaufwand.

(4) Die an der Prüfung Beteiligten sind nach Maßgabe der gesetzlichen Bestimmungen zur Verschwiegenheit verpflichtet und haben die Datenschutzbestimmungen einzuhalten.

(5) Vor Abschluß der Prüfung findet grundsätzlich ein Abschlußgespräch zwischen dem Träger der Pflegeeinrichtung, **ggf. dem Träger der Pflegeverband, dem Träger der Pflegeeinrichtung angehört,** dem Sachverständigen und den Landesverbänden der Pflegekassen statt.

§ 33 Prüfungsbericht

(1) Über die durchgeführte Prüfung ist ein Prüfungsbericht zu erstellen. Dieser hat zu beinhalten

- den Prüfungsauftrag,
- die Vorgehensweise bei der Prüfung,
- die Einzelergebnisse der Prüfung bezogen auf die Prüfungsgegenstände,
- die Gesamtbeurteilung,
- die Empfehlung zur Umsetzung der Prüfungsfeststellungen.

Diese Empfehlungen schließen die kurz-, mittel- und langfristige Realisierung der Prüfungsergebnisse einschl. der Auswirkungen auf den

(4) Die an der Prüfung Beteiligten sind nach Maßgabe der gesetzlichen Bestimmungen zur Verschwiegenheit verpflichtet und haben die Datenschutzbestimmungen einzuhalten.

(5) Vor Abschluß der Prüfung findet grundsätzlich ein Abschlußgespräch zwischen dem Träger der Pflegeeinrichtung, **ggf. dem Träger der Pflegeverband, dem Träger der Pflegeeinrichtung angehört,** dem Sachverständigen und den Landesverbänden der Pflegekassen statt.

§ 34 Prüfungsbericht

(1) Über die durchgeführte Prüfung ist ein Prüfungsbericht zu erstellen. Dieser hat zu beinhalten

- den Prüfungsauftrag,
- die Vorgehensweise bei der Prüfung,
- die Einzelergebnisse der Prüfung bezogen auf die Prüfungsgegenstände,
- die Gesamtbeurteilung,
- die Empfehlung zur Umsetzung der Prüfungsfeststellungen.

Diese Empfehlungen schließen die kurz-, mittel- und langfristige Realisierung der Prüfungsergebnisse einschl. der Auswirkungen auf den

Materialien

Ambulant	Teilstationär	Kurzzeitpflege	Vollstationär
wand sowie auf das Leistungsgeschehen des Pflegedienstes mit ein.	Personal- und Sachaufwand sowie auf das Leistungsgeschehen der Pflegeeinrichtung mit ein.	Personal- und Sachaufwand sowie auf das Leistungsgeschehen der Pflegeeinrichtung mit ein.	Personal- und Sachaufwand sowie auf das Leistungsgeschehen der Pflegeeinrichtung mit ein.
Unterschiedliche Auffassungen, die im Abschlußgespräch nicht ausgeräumt werden konnten, sind im Prüfungsbericht darzustellen.	Unterschiedliche Auffassungen, die im Abschlußgespräch nicht ausgeräumt werden konnten, sind im Prüfungsbericht darzustellen.	Unterschiedliche Auffassungen, die im Abschlußgespräch nicht ausgeräumt werden konnten, sind im Prüfungsbericht darzustellen.	Unterschiedliche Auffassungen, die im Abschlußgespräch nicht ausgeräumt werden konnten, sind im Prüfungsbericht darzustellen.
(2) Der Prüfungsbericht ist innerhalb der im Prüfungsauftrag vereinbarten Frist nach Abschluß der Prüfung zu erstellen und den Landesverbänden der Pflegekassen sowie dem Träger des Pflegedienstes zuzuleiten.	(2) Der Prüfungsbericht ist innerhalb der im Prüfungsauftrag vereinbarten Frist nach Abschluß der Prüfung zu erstellen und den Landesverbänden der Pflegekassen sowie dem Träger der Pflegeeinrichtung zuzuleiten.	(2) Der Prüfungsbericht ist innerhalb der im Prüfungsauftrag vereinbarten Frist nach Abschluß der Prüfung zu erstellen und den Landesverbänden der Pflegekassen sowie dem Träger der Pflegeeinrichtung zuzuleiten.	(2) Der Prüfungsbericht ist innerhalb der im Prüfungsauftrag vereinbarten Frist nach Abschluß der Prüfung zu erstellen und den Landesverbänden der Pflegekassen sowie dem Träger der Pflegeeinrichtung zuzuleiten.
(3) Ohne Zustimmung des Trägers des Pflegedienstes darf der Prüfungsbericht über den Kreis der unmittelbar beteiligten und betroffenen Organisationen hinaus nicht an Dritte weitergegeben werden.	(3) Ohne Zustimmung des Trägers der Pflegeeinrichtung darf der Prüfungsbericht über den Kreis der unmittelbar beteiligten und betroffenen Organisationen hinaus nicht an Dritte weitergegeben werden.	(3) Ohne Zustimmung des Trägers der Pflegeeinrichtung darf der Prüfungsbericht über den Kreis der unmittelbar beteiligten und betroffenen Organisationen hinaus nicht an Dritte weitergegeben werden.	(3) Ohne Zustimmung des Trägers der Pflegeeinrichtung darf der Prüfungsbericht über den Kreis der unmittelbar beteiligten und betroffenen Organisationen hinaus nicht an Dritte weitergegeben werden.
§ 31 Prüfungskosten	**§ 34 Prüfungskosten**	**§ 34 Prüfungskosten**	**§ 35 Prüfungskosten**
Die Kosten der Wirtschaftlichkeitsprüfung tragen der Träger des Pflegedienstes und die Landesverbände der Pflegekassen, deren Versicherte der Pflegedienst versorgt, zu gleichen Teilen. Dies ist bei den Vergütungsverhandlungen zu berücksichtigen. Bestellen die Landesverbände der Pflegekassen den Sachverständigen alleine (§ 27 Abs. 1 Satz 2), tragen sie die	Die Kosten der Wirtschaftlichkeitsprüfung tragen der Träger der Pflegeeinrichtung und die Landesverbände der Pflegekassen, deren Versicherte die Pflegeeinrichtung versorgt, zu gleichen Teilen. Dies ist bei den Vergütungsverhandlungen zu berücksichtigen. Bestellen die Landesverbände der Pflegekassen den Sachverständigen alleine	Die Kosten der Wirtschaftlichkeitsprüfung tragen der Träger der Pflegeeinrichtung und die Landesverbände der Pflegekassen, deren Versicherte die Pflegeeinrichtung versorgt, zu gleichen Teilen. Dies ist bei den Vergütungsverhandlungen zu berücksichtigen. Bestellen die Landesverbände der Pflegekassen den Sachverständigen alleine	Die Kosten der Wirtschaftlichkeitsprüfung tragen der Träger der Pflegeeinrichtung und die Landesverbände der Pflegekassen, deren Versicherte die Pflegeeinrichtung versorgt, jeweils zur Hälfte. Dies ist bei den Vergütungsverhandlungen zu berücksichtigen. **Soweit die Prüfung gem. § 30 Abs. 1 Satz 1 durchgeführt wird**

Gemeinsame Empfehlung zum Inhalt der Rahmenverträge

Kosten der Wirtschaftlichkeitsprüfung.

§ 32 Prüfungsergebnis

Das Prüfungsergebnis ist, sofern nicht **eine Kündigung des Versorgungsvertrages die Folge ist**, bei der nächstmöglichen Vergütungsvereinbarung zu berücksichtigen.

Abschnitt VII

Grundsätze zur Festlegung der örtlichen oder regionalen Einzugsbereiche der Pflegeeinrichtungen, um Pflegeleistungen ohne lange Wege möglichst orts- und bürgernah anzubieten - nach 75 Abs. 2 Nr. 8 SGB XI

§ 33 Zielsetzung

Zur Verwirklichung des Sicherstellungsauftrages sind in den Versorgungsverträgen nach § 72 Abs. 2 SGB XI mit ambulanten Pflegeeinrichtungen gemäß § 72 Abs. 3 SGB XI die örtlichen Einzugsbereiche so festzulegen, daß eine orts- und

(§ 30 Abs. 1 Satz 2), tragen sie die Kosten der Wirtschaftlichkeitsprüfung.

§ 35 Prüfungsergebnis

Das Prüfungsergebnis ist in der nächstmöglichen Pflegesatzvereinbarung zu berücksichtigen.

(§ 30 Abs. 1 Satz 2), tragen sie die Kosten der Wirtschaftlichkeitsprüfung.

§ 35 Prüfungsergebnis

Das Prüfungsergebnis ist in der nächstmöglichen Vergütungsvereinbarung zu berücksichtigen.

und die Landesverbände der Pflegekassen den Sachverständigen alleine bestellen (§ 31 Abs. 1) tragen sie die Kosten der Wirtschaftlichkeitsprüfung.

§ 36 Prüfungsergebnis

Das Prüfergebnis ist in der nächstmöglichen Vergütungsvereinbarung zu berücksichtigen.

Materialien

| Ambulant | Teilstationär | Kurzzeitpflege | Vollstationär |

bürgernahe sowie wirtschaftliche Versorgung durch Vermeidung langer Wege gewährleistet wird.

§ 34 Einzugsbereich

(1) Grundlage für die Festlegung der örtlichen Einzugsbereiche für die ambulante pflegerische Versorgung ist die kreisfreie Stadt oder der Landkreis. Für die Festlegung von Einzugsbereichen können kreisfreie Städte und angrenzende Landkreise sowie mehrere Landkreise zusammengefaßt werden, um eine bedarfsgerechte und wirtschaftliche Versorgung anzubieten; dabei sind beispielsweise die Besiedlungsdichte, Altersstruktur, Topographie, soziale Infrastruktur und Landespflegeplanung sowie bestehende Versorgungsstrukturen zu berücksichtigen.

(2) Bei der Abgrenzung der Einzugsbereiche der Pflegedienste sollen auch die Einzugsbereiche angrenzender Bundesländer berücksichtigt werden.

§ 35 Anpassung

Bei einer Änderung der Raumordnung oder Landesplanung – insbesondere der Abgrenzung der kreis-

Gemeinsame Empfehlung zum Inhalt der Rahmenverträge

freien Städte oder der Landkreise – in einem Bundesland sind die Einzugsbereiche der Pflegedienste entsprechend anzupassen.

Abschnitt VIII

§ 36 Inkrafttreten, Kündigung

(1) Die Empfehlung tritt am 1. April 1995 in Kraft

(2) Sie kann durch die Partner der Empfehlung mit einer Frist von einem Jahr zum Jahresende gekündigt werden. Für den Fall der Kündigung verpflichten sich die Partner der Empfehlung unverzüglich in Verhandlungen über eine neue Empfehlung einzutreten.

Bonn, Essen, Bergisch Gladbach, Hamburg, Kassel, Bochum, Siegburg, Karlsruhe, Köln, Düsseldorf, Freiburg, Frankfurt a. M., Stuttgart, Hannover, Bremerhaven, Berlin

Unterschriften

Abschnitt VIII

§ 36 Inkrafttreten, Kündigung

(1) Die Empfehlung tritt am 1. 4. 1995 in der Fassung vom 25. 11. 1996 in Kraft und endet am 31. 12. 1997.

(2) Die Partner der Empfehlung verpflichten sich in 1997 in Verhandlungen über eine neue Empfehlung einzutreten, um rechtzeitig zum 1. 1. 1998 neue Empfehlungen zu vereinbaren. Dies gilt auch, wenn Rechtsänderungen auf die Inhalte dieser Empfehlung einwirken.

Bonn, Essen, Bergisch Gladbach, Hamburg, Kassel, Bochum, Siegburg, Karlsruhe, Köln, Düsseldorf, Freiburg, Frankfurt a. M., Stuttgart, Bremerhaven, Hannover, Berlin

Unterschriften

Abschnitt VII

§ 36 Inkrafttreten, Kündigung

(1) Die Empfehlung tritt am 1.April 1995 in der Fassung vom 25. November 1996 in Kraft und endet am 31.Dezember 1997.

(2) Die Partner der Empfehlung verpflichten sich in 1997 in Verhandlungen über eine neue Empfehlung einzutreten, um rechtzeitig zum 1. Januar 1998 neue Empfehlungen zu vereinbaren. Dies gilt auch, wenn Rechtsänderungen auf die Inhalte dieser Empfehlung einwirken.

Bonn, Essen, Bergisch Gladbach, Hamburg, Kassel, Bochum, Siegburg, Karlsruhe, Köln, Düsseldorf, Freiburg, Frankfurt a. M., Stuttgart, Bremerhaven, Hannover, Berlin

Unterschriften

Abschnitt VIII

§ 37 Inkrafttreten, Kündigung

(1) **Die Empfehlung tritt am 1. Juli 1996 in der Fassung vom 25. November 1996 in Kraft und endet am 31. Dezember 1997.**

(2) Die Partner der Empfehlung verpflichten sich 1997 in Verhandlungen über eine neue Empfehlung einzutreten, um rechtzeitig zum 1. Januar 1998 neue Empfehlungen über eine neue Empfehlung zu vereinbaren. Dies gilt auch, wenn Rechtsänderungen auf die Inhalte dieser Empfehlung einwirken.

Bonn, Essen, Bergisch Gladbach, Hamburg, Kassel, Bochum, Siegburg, Karlsruhe, Köln, Freiburg, Frankfurt a. M., Stuttgart

Unterschriften

5) Rahmenvertrag für den Bereich vollstationäre Pflege gemäß § 75 Abs. 2 SGB XI (Bayern)

Inhaltsverzeichnis

Abschnitt I

Inhalt der Pflegeleistungen sowie Abgrenzung zwischen den allgemeinen Pflegeleistungen, den Leistungen bei Unterkunft und Verpflegung und den Zusatzleistungen gem. § 75 Abs. 2 Nr. 1 SGB XI

- § 1 Inhalt der Pflegeleistungen
- § 2 Unterkunft und Verpflegung
- § 3 Zusatzleistungen
- § 4 Formen der Hilfe
- § 5 Hilfsmittel und technische Hilfen
- § 6 Abgrenzung der allgemeinen Pflegeleistungen von Unterkunft und Verpflegung sowie Zusatzleistungen

Abschnitt II

Allgemeine Bedingungen der Pflege einschl. der Kostenübernahme, der Abrechnung der Entgelte und der hierzu erforderlichen Bescheinigungen und Berichte gem. § 75 Abs. 2 Nr. 2 SGB XI

- § 7 Bewilligung der Leistung, Wahl der Pflegeeinrichtung
- § 8 Heimvertrag
- § 9 Qualitätsmaßstäbe
- § 10 Leistungsfähigkeit
- § 11 Mitteilungen, Meldepflichten

- § 12 Dokumentation der Pflege
- § 13 Abrechnungsverfahren
- § 14 Zahlungsweise, Zahlungsfristen, Beanstandungen
- § 15 Vertragsverstöße
- § 16 Datenschutz

Abschnitt III
Regelung bei vorübergehender Abwesenheit (Krankenhausaufenthalt, Beurlaubung) des Pflegebedürftigen nach § 75 Abs. 2 Nr. SGB XI

- § 17 Regelung bei vorübergehender Abwesenheit

Abschnitt IV
Maßstäbe und Grundsätze für eine wirtschaftliche und leistungsbezogene, am Versorgungsauftrag orientierte personelle Ausstattung der Pflegeeinrichtungen nach § 75 Abs. 2 Nr. 3 SGB XI

- § 18 Sicherstellung der Leistungen, Qualifikation des Personals
- § 19 Arbeitshilfen
- § 20 Nachweis des Personaleinsatzes

Abschnitt V
Überprüfung der Notwendigkeit und Dauer der Pflege gemäß § 75 Abs. 2 Nr. 4 SGB XI

- § 21 Prüfung durch die Pflegekassen
- § 22 Prüfung durch den Medizinischen Dienst der Krankenversicherung
- § 23 Information

Abschnitt VI
Zugang des Medizinischen Dienstes und sonstiger von den Pflegekassen beauftragter Prüfer zu den Pflegeeinrichtungen nach § 75 Abs. 2 Nr. 6 SGB XI

- § 24 Zugang
- § 25 Mitwirkung der Pflegeeinrichtung

Materialien

Abschnitt VII
Verfahren und Prüfungsgrundsätze für Wirtschaftlichkeitsprüfungen einschließlich der Verteilung der Prüfungskosten nach § 75 Abs. 2 Nr. 7 SGB XI

- § 26 Voraussetzungen zur Durchführung einer Wirtschaftlichkeitsprüfung
- § 27 Bestellung und Beauftragung des Sachverständigen
- § 28 Prüfungsziel, Prüfungsgegenstand
- § 29 Abwicklung der Prüfung
- § 30 Prüfungsbericht
- § 31 Prüfungskosten
- § 32 Prüfungsergebnis

Abschnitt VIII
Zugang zu den Pflegeeinrichtungen zur Überprüfung der Qualität

- § 33 Qualitätsprüfung

Abschnitt IX
Schlußbestimmungen

- § 34 Inkrafttreten, Kündigung
- § 35 Salvatorische Klausel

Abschnitt I
Inhalt der Pflegeleistungen sowie Abgrenzung zwischen den allgemeinen Pflegeleistungen, den Leistungen bei Unterkunft und Verpflegung und den Zusatzleistungen gem. § 75 Abs. 2 Nr. 1 SGB XI

§ 1 Inhalt der Pflegeleistungen

(1) Inhalt der Pflegeleistungen sind die im Einzelfall erforderlichen Hilfen zur Unterstützung, zur teilweisen oder zur vollständigen Übernahme der Verrichtungen im Ablauf des täglichen Lebens oder zur Beaufsichtigung oder Anleitung mit dem Ziel der eigenständigen Übernahme dieser Verrichtungen. Die Hilfen sollen die Maßnahmen enthalten, die Pflegebedürftigkeit mindern sowie einer Verschlimmerung der Pflegebedürftigkeit und der Entstehung von Sekundärerkrankungen vorbeugen.

(2) Die Durchführung und Organisation der Pflege richten sich nach dem allgemein anerkannten Stand der medizinisch-pflegerischen Erkenntnisse. Die Pflegeleistungen sind in Form der aktivierenden Pflege unter Beachtung der Qualitätsvereinbarung nach § 80 SGB XI zu erbringen.

(3) Zu den allgemeinen Pflegeleistungen gehören im Rahmen des durch § 29 SGB XI vorgegebenen Leistungsumfangs je nach Einzelfall folgende Hilfen:

a) Hilfen bei der Körperpflege

    Ziele der Körperpflege

    Die körperliche Pflege orientiert sich an den persönlichen Gewohnheiten des Pflegebedürftigen. Die Intimsphäre ist zu schützen. Die Pflegekraft unterstützt den selbstverständlichen Umgang mit dem Thema Ausscheiden/Ausscheidungen.

Die Körperpflege umfaßt

- das Waschen, Duschen und Baden;

    dies beinhaltet ggf. auch den Einsatz von Hilfsmitteln, den Transport zur Waschgelegenheit, das Schneiden von Fingernägeln, das Haarewaschen und -trocknen, Hautpflege, Pneumonie- und Dekubitusprophylaxe sowie bei Bedarf Kontaktherstellung für die Fußpflege und zum/zur Friseur/in

Materialien

- die Zahnpflege;
  diese umfaßt insbesondere das Zähneputzen, die Prothesenversorgung, die Mundhygiene, Soor- und Parotitisprophylaxe
- das Kämmen einschl. Herrichten der Tagesfrisur
- das Rasieren; einschl. der Gesichtspflege
- Darm- oder Blasenentleerung, einschl. der Pflege bei der Katheter- und Urinalversorgung sowie Pflege bei der physiologischen Blasen- und Darmentleerung, Kontinenztraining, Obstipationsprophylaxe, Teilwaschen einschl. der Hautpflege, ggf. Wechseln der Wäsche

b) Hilfen bei der Ernährung

Ziele der Ernährung

Eine ausgewogenen Ernährung einschließlich notwendiger Diätkost ist anzustreben. Der Pflegebedürftige ist bei der Essen- und Getränkeauswahl sowie bei Problemen der Nahrungsaufnahme zu beraten. Zur selbständigen Nahrungsaufnahme ist der Einsatz von speziellen Hilfsmitteln zu fördern und zu ihrem Gebrauch anzuleiten. Bei Nahrungsverweigerung ist ein differenzierter Umgang mit den zugrunde liegenden Problemen erforderlich.

Die Ernährung umfaßt:

- das mundgerechte Zubereiten der Nahrung sowie die Unterstützung bei der Aufnahme von Nahrung und Getränken; hierzu gehören alle Tätigkeiten, die der unmittelbaren Vorbereitung dienen und die die Aufnahme von fester und flüssiger Nahrung ermöglichen, z. B. portionsgerechte Vorgabe, Umgang mit Besteck
- Hygienemaßnahmen wie z. B. Mundpflege, Händewaschen, Säubern/ Wechseln der Kleidung

c) Hilfen bei der Mobilität

Ziele der Mobilität

Ziel der Mobilität ist u. a. die Förderung der Beweglichkeit, der Abbau von überschießendem Bewegungsdrang sowie der Schutz vor Selbst- und Fremdgefährdung. Die Anwendung angemessener Hilfsmittel dient dem Ausgleich von Bewegungsdefiziten.

Beim Aufstehen und Zubettgehen sind Schlafgewohnheiten und Ruhebedürfnisse angemessen zu berücksichtigen. Störende Einflüsse während der Schlaf- bzw. Ruhezeiten sind möglichst zu vermeiden.

Die Mobilität umfaßt

- das Aufstehen und Zubettgehen sowie das Betten und Lagern; das Aufstehen und Zubettgehen beinhaltet auch Hilfestellung beim An-

und Ablegen von Körperersatzstücken wie Prothesen. Das Betten und Lagern umfaßt alle Maßnahmen, die dem Pflegebedürftigen das körper- und situationsgerechte Liegen und Sitzen ermöglichen, Sekundärerkrankungen wie Kontraktur vorbeugen und Selbständigkeit unterstützen. Dazu gehört auch der Gebrauch sachgerechter Lagerungshilfen und sonstiger Hilfsmittel;

- das An- und Auskleiden;

  dies umfaßt auch ein An- und Ausziehtraining

- das Gehen, Stehen, Treppensteigen;

  dazu gehört beispielsweise die Ermunterung und Hilfestellung bei bettlägerigen oder auf den Rollstuhl angewiesenen Pflegebedürftigen zum Aufstehen und sich bewegen, z. B. im Zimmer, in den Gemeinschaftsräumen und im Außengelände

- das Verlassen und Wiederaufsuchen der Pflegeeinrichtung;

  dabei sind solche Verrichtungen außerhalb der Pflegeeinrichtung zu unterstützen, die für die Aufrechterhaltung der Lebensführung notwendig sind und das persönliche Erscheinen des Pflegebedürftigen erfordern (z. B. Organisieren und Planen des Zahnarztbesuches).

d) Hilfen bei der persönlichen Lebensführung

Ziel der Hilfe ist, dem Pflegebedürftigen trotz des durch die Pflegebedürftigkeit bedingten Hilfebedarfs die Führung eines selbständigen und selbstbestimmten Lebens in der Einrichtung zu ermöglichen, das der Würde des Menschen entspricht. Dieser Hilfebedarf bei der persönlichen Lebensführung wird ausgeglichen, soweit dies nicht durch das soziale Umfeld geschehen kann, z. B. durch Angehörige und Betreuer.

Ziel der Hilfen ist es insbesondere, Vereinsamung, Apathie, Depression und Immobilität zu vermeiden und dadurch einer Verschlimmerung der Pflegebedürftigkeit vorzubeugen bzw. die bestehende Pflegebedürftigkeit zu mindern.

In diesem Sinne dienen Hilfen bei der persönlichen Lebensführung der Orientierung zur Zeit, zum Ort und zur Person, zur Gestaltung des persönlichen Alltags und einem Leben in der Gemeinschaft, der Bewältigung von Lebenskrisen und der Begleitung Sterbender und ihrer Angehörigen sowie der Unterstützung bei der Erledigung persönlicher Angelegenheiten.

e) Leistungen der sozialen Betreuung

Das Ziel der sozialen Betreuung ist die Sicherung der persönlichen Lebensgestaltung in der Pflegeeinrichtung, welche an der Erhaltung der

Selbständigkeit des Pflegebedürftigen orientiert ist, soziale Integration anstrebt und die jeweiligen Aktivierungspotentiale ausschöpft.

Hierzu zählen insbesondere die Beratung und Erhebung der Sozialanamnese zur Vorbereitung des Einzugs, Beratung in persönlichen Angelegenheiten, bei Behörden- und Ämterkontakten (z. B. Organisieren und Planen der Ämterbesuche). Ferner umfaßt die soziale Betreuung im Einzelfall die Koordination der Kontakte zu Angehörigen und gesetzlichen Betreuern, die gemeinwesenorientierte Vernetzung der Einrichtung, Koordinationsaufgaben zu korrespondierenden Diensten und Institutionen, die Begleitung ehrenamtlicher Helfer sowie die Erschließung wirtschaftlicher Hilfen.

f) Leistungen der medizinischen Behandlungspflege

Neben den pflegebedingten Leistungen und der sozialen Betreuung erbringen die Pflegeeinrichtungen in der Zeit vom 01.07.1996 bis zum 31.12.1999 die bisherigen Leistungen der medizinischen Behandlungspflege weiter, soweit sie nicht vom behandelnden Arzt selbst erbracht werden (§ 43 Abs. 2 und 3 SGB XI).

Die Leistungen der medizinischen Behandlungspflege werden im Rahmen der ärztlichen Behandlung entsprechend der ärztlichen Anordnung erbracht. Die ärztliche Anordnung und die Durchführung sind in der Pflegedokumentation festzuhalten.

§ 2 Unterkunft und Verpflegung

(1) Zur Unterkunft und Verpflegung gehören alle Leistungen, die den Aufenthalt des Pflegebedürftigen in einer Pflegeeinrichtung ermöglichen, soweit sie nicht den allgemeinen Pflegeleistungen, den Zusatzleistungen sowie den Aufwendungen für Investitionen nach § 82 Abs. 2 SGB XI zuzuordnen sind. Dabei umfaßt die Verpflegung die im Rahmen einer ausgewogenen und pflegegerechten Ernährung notwendigen Getränke und Speisen sowie notwendige Diätkost.

(2) Unterkunft und Verpflegung umfassen insbesondere:

- Ver- und Entsorgung

  Hierzu zählt z. B. die Versorgung mit Wasser und Strom sowie die Entsorgung von Abwasser und Abfall.

- Reinigung

  Dies umfaßt die Reinigung des Wohnraums und der Gemeinschaftsräume und der übrigen Räume (Sichtreinigung, Unterhaltsreinigung, Grundreinigung).

- Wartung und Unterhaltung

    Dies umfaßt die Wartung und Unterhaltung der Gebäude, der Einrichtungen und Ausstattungen, der technischen Anlagen und der Außenanlagen.

- Wäscheversorgung

    Die Wäscheversorgung umfaßt die Bereitstellung, Instandhaltung und Reinigung der von der Einrichtung zur Verfügung gestellten Lagerungshilfsmittel und Wäsche sowie das maschinelle Waschen und Bügeln bzw. Zusammenlegen der persönlichen Wäsche und Kleidung.

- Speise- und Getränkeversorgung

    Dies umfaßt die Zubereitung und die Bereitstellung von Speisen und Getränken.

- Gemeinschaftsveranstaltungen

    Dies umfaßt den angemessenen Aufwand für Veranstaltungen zur Förderung des Gemeinschaftslebens, nicht jedoch die Organisation zur Durchführung oder Teilnahme von/an Gemeinschaftsveranstaltungen (siehe allgemeine Pflegeleistungen).

§ 3 Zusatzleistungen

(1) Zusatzleistungen sind die über das Maß des Notwendigen gemäß §§ 1 und 2 dieses Rahmenvertrages hinausgehenden Leistungen der Pflege und Unterkunft und Verpflegung, die durch den Pflegebedürftigen individuell wählbar und mit ihm gemäß § 88 Abs. 2 Ziffer 2 SGB XI schriftlich zu vereinbaren sind.

a) Pflegerisch-betreuende Leistungen

    Bei den im Tagesablauf anfallenden gewöhnlichen und wiederkehrenden Verrichtungen kommen Zusatzleistungen regelmäßig nicht in Betracht, da die durch den Pflegesatz abgedeckte Grundpflege alle pflegerischen Maßnahmen umfaßt, die unter Berücksichtigung von Art und Umfang der Pflegebedürftigkeit erforderlich sind. Eine auf den individuellen Pflegebedürftigen bezogene, sein Wohlbefinden fördernde geistige und kulturelle Betreuung gehört zum Maß der notwendigen pflegerischen Betreuung, die mit dem Pflegesatz abgegolten ist und daher nicht gesondert berechnet werden darf.

b) Unterkunft und Verpflegung

    Leistungen, die für die Unterbringung und Verpflegung des Pflegebedürftigen nach Art und Schwere seiner Pflegebedürftigkeit erforderlich sind, können keine Zusatzleistung sein. Hierzu zählen auch Leistungen, die nicht bei allen Heimbewohnern anfallen wie etwa eine medizinisch indizierte besondere Diätkost. Als Zusatzleistungen können in Betracht kommen: eine vom Versicherten gewünschte Einzelbelegung von Räumen, die wegen ihrer Größe auch zum Aufenthalt von 2 Personen geeignet sind oder besonders große bzw. besonders aufwendig ausgestattete Räume sowie das Angebot eines Gourmetessens.

(2) Die von der Pflegeeinrichtung angebotenen Zusatzleistungen und deren Leistungsbedingungen sind den Landesverbänden der Pflegekassen und dem jeweils zuständigen Sozialhilfeträger vor Leistungsbeginn schriftlich mitzuteilen. Die Pflegeeinrichtung hat sicherzustellen, daß die Zusatzleistungen die notwendigen Leistungen der vollstationären Pflege gem. §§ 1 und 2 dieses Rahmenvertrages nicht beeinträchtigen.

§ 4 Formen der Hilfe

(1) Gegenstand der Unterstützung ist die Hilfe,
- die der Pflegebedürftige braucht, um seine Fähigkeiten bei den Verrichtungen des täglichen Lebens zu erhalten oder diese Fähigkeiten (wieder) zu erlernen, damit er ein möglichst eigenständiges Leben führen kann,
- die der Pflegebedürftige bei den Verrichtungen benötigt, die er nicht oder nur noch teilweise selber erledigen kann.

Dabei soll die Hilfe auch zur richtigen Nutzung der dem Pflegebedürftigen überlassenen Pflegehilfsmittel anleiten. Diese Hilfe ersetzt nicht die Unterweisung des Lieferanten in den Gebrauch des Pflegehilfsmittels. Zur Unterstützung gehören ferner solche Tätigkeiten der Pflegekraft, durch die notwendige Maßnahmen so gestützt werden, daß bereits erreichte Eigenständigkeit gesichert wird oder lebenserhaltende Funktionen aufrechterhalten werden.

(2) Bei der vollständigen Übernahme der Verrichtungen handelt es sich um die unmittelbare Erledigung der Verrichtungen des täglichen Lebens durch die Pflegekraft. Eine teilweise Übernahme bedeutet, daß die Pflegekraft die Durchführung von Einzelhandlungen im Ablauf der Verrichtungen nach § 1 dieses Rahmenvertrages gewährleisten muß.

(3) Beaufsichtigung und Anleitung zielen darauf ab, daß die täglichen Verrichtungen in sinnvoller Weise vom Pflegebedürftigen selbst durchgeführt und Eigen- oder Fremdgefährdungen z. B. durch unsachgemäßen Umgang mit Strom, Wasser oder offenem Feuer vermieden werden. Zur Anleitung gehört auch die Förderung der körperlichen, psychischen und geistigen Fähigkeiten zur selbständigen Ausübung der Verrichtungen des

täglichen Lebens. Beaufsichtigung oder Anleitung kommen insbesondere bei psychisch Kranken sowie geistig und seelisch Behinderten in Betracht.

(4) Therapieinhalte und Anregungen von anderen an der Betreuung des Pflegebedürftigen Beteiligten, z. B. Ärzte und Physiotherapeuten, sind bei der Durchführung der Pflege angemessen zu berücksichtigen.

§ 5 Hilfsmittel und technische Hilfen

(1) Zum Erhalt und zur Förderung einer selbständigen Lebensführung sowie zur Erleichterung der Pflege und Linderung der Beschwerden des Pflegebedürftigen sind Hilfsmittel gezielt einzusetzen und zu ihrem Gebrauch ist anzuleiten. Stellt die Pflegekraft bei der Pflege fest, daß Hilfsmittel oder technische Hilfen erforderlich sind, veranlaßt sie die notwendigen Schritte. Bei der Auswahl sonstiger geeigneter Hilfsmittel ist der Pflegebedürftige zu beraten.

(2) Die Pflegeeinrichtung ist verpflichtet, die in der Anlage 1 aufgeführten Hilfsmittel im erforderlichen Umfang vorzuhalten und den Pflegebedürftigen zur Verfügung zu stellen. Dies schließt nicht aus, daß im Rahmen eines besonders vereinbarten weitergehenden Versorgungsauftrages die Einrichtung auch darüber hinausgehende Hilfsmittel vorzuhalten hat.

§ 6 Abgrenzung der allgemeinen Pflegeleistungen von Unterkunft und Verpflegung sowie Zusatzleistungen

(1) Zu den allgemeinen Pflegeleistungen gehören die in § 1 dieses Rahmenvertrages aufgeführten Hilfen. Weiterhin sind zu den Leistungen nach Satz 1 die ausschließlich mit den allgemeinen Pflegeleistungen und der Unterkunft und Verpflegung im Zusammenhang stehenden Aufwendungen zu 50 % zuzurechnen, soweit sie entstehen in den Bereichen

- Betriebsverwaltung
- Steuern, Abgaben, Versicherung
- Energieaufwand
- Wasserver- und -entsorgung
- Abfallentsorgung
- Wäscheversorgung
- Gebäudereinigung

(2) Zur Unterkunft und Verpflegung gehören die in § 2 dieses Rahmenvertrages genannten Leistungen. Vom Aufwand nach Absatz 1 Satz 2 sind

Materialien

50 % dem Bereich Unterkunft und Verpflegung zuzuordnen. Damit ist auch der pflegebedingte Mehraufwand in der Hauswirtschaft berücksichtigt.

(3) Der den Leistungen nach §§ 1 und 2 dieses Rahmenvertrages zuzurechnende Aufwand darf keinen Anteil für Zusatzleistungen enthalten.

Abschnitt II
Allgemeine Bedingungen der Pflege einschl. der Kostenübernahme, der Abrechnung der Entgelte und der hierzu erforderlichen Bescheinigungen und Berichte gem. § 75 Abs. 2 Nr. 2 SGB XI

§ 7 Bewilligung der Leistung, Wahl der Pflegeeinrichtung

(1) Versicherte erhalten die Leistungen der Pflegeversicherung auf Antrag bei der zuständigen Pflegekasse. Grundlage für die Leistung der vollstationären Pflege zu Lasten der Pflegekasse ist für den Pflegebedürftigen die schriftliche Mitteilung der Pflegekasse über die Erfüllung der Voraussetzungen des Anspruchs auf Pflege in einer vollstationären Einrichtung sowie über die Zuordnung zu einer Pflegeklasse nach § 84 Abs. 2 SGB XI.

(2) Die Pflegeeinrichtung unterstützt den Pflegebedürftigen bei der Antragstellung und im weiteren Verfahren im erforderlichen Umfang.

§ 8 Heimvertrag

(1) Die Pflegeeinrichtung schließt mit dem Pflegebedürftigen einen Heimvertrag gemäß § 4 e Heimgesetz. Der Heimvertrag gewährleistet, daß die in den Verträgen nach dem siebten und achten Kapitel des SGB XI zur Umsetzung des Sicherstellungsauftrages der Pflegekassen nach § 69 SGB XI getroffenen Regelungen nicht eingeschränkt werden.

(2) Die Pflegeeinrichtung legt der Arbeitsgemeinschaft der Landesverbände der Pflegekassen die Muster ihrer verwendeten Heimverträge nach Abs. 1 vor. Änderungen in diesen Heimverträgen sind der Arbeitsgemeinschaft der Landesverbände der Pflegekassen mitzuteilen.

§ 9 Qualitätsmaßstäbe

Die von der Pflegeeinrichtung zu erbringenden Pflegeleistungen nach §§ 1 bis 4 dieses Rahmenvertrages sind auf der Grundlage der Grundsätze und Maßstäbe für die Qualität und Qualitätssicherung einschließlich des Verfahrens zur Durchführung von Qualitätsprüfungen nach § 80 SGB XI in der vollstationären Pflege in der jeweils gültigen Fassung zu erbringen (Anlage 2).

§ 10 Leistungsfähigkeit

Die Pflegeeinrichtung ist verpflichtet, im Rahmen ihrer Kapazitäten die Pflegebedürftigen entsprechend dem Versorgungsauftrag aufzunehmen und zu versorgen, die die Pflegeleistungen dieser Einrichtung in Anspruch nehmen wollen. Einrichtungen der vollstationären Pflege erbringen, entsprechend dem individuellen Pflegebedarf, Pflegeleistungen sowie deren Sicherstellung bei Tag und Nacht einschließlich an Sonn- und Feiertagen. Satz 1 gilt auch, soweit eine Begutachtung durch den Medizinischen Dienst der Krankenversicherung noch aussteht und unabhängig davon, welcher Pflegestufe der Pflegebedürftige zugeordnet ist.

§ 11 Mitteilungen, Meldepflichten

(1) Die Pflegeeinrichtung teilt der zuständigen Pflegekasse mit dem entsprechenden Formblatt (Anlage 3) mit, wenn nach ihrer Einschätzung Maßnahmen der Prävention angezeigt erscheinen oder die Einleitung medizinischer Rehabilitationsmaßnahmen erforderlich ist.

(2) Die Pflegeeinrichtung unterrichtet die zuständige Pflegekasse unverzüglich über die Aufnahme und Entlassung des Pflegebedürftigen.

(3) Die zuständige Pflegekasse informiert die Pflegeeinrichtung unverzüglich schriftlich über ihre Leistungszuständigkeit sowie über die festgestellte Pflegestufe, sobald ihr gegenüber der Pflegebedürftige erklärt hat, welche Pflegeeinrichtung er wählt.

§ 12 Dokumentation der Pflege

(1) Die Pflegeeinrichtung hat auf der Grundlage der Qualitätsvereinbarung nach § 80 SGB XI ein geeignetes Pflegedokumentationssystem vorzuhalten. Die Pflegedokumentation ist sachgerecht und kontinuierlich zu führen und beinhaltet u. a.

- die Pflegeanamnese,

Materialien

- die Pflegeplanung,
- den Pflegebericht,
- Angaben über den Einsatz von Pflegehilfsmitteln,
- Angaben über durchgeführte Pflegeleistungen (Leistungsnachweis).

(2) Aus den Unterlagen der Pflegedokumentation muß jederzeit der lückenlose Verlauf und der Stand des Pflegeprozesses ablesbar sein.

(3) Die Pflegeeinrichtung hat Aufzeichnungen nach Abs. 1 fünf Jahre nach Ablauf des Kalenderjahres, in dem die Leistung erbracht wurde, aufzubewahren.

§ 13 Abrechnungsverfahren

(1) Die Pflegeeinrichtung ist verpflichtet,

- in den Abrechnungsunterlagen den Zeitraum der Abrechnung, die Pflegetage und den Pflegesatz aufzuzeichnen,
- in den Abrechnungen ihr bundeseinheitliches Kennzeichen gem. § 103 Abs. 1 SGB XI einzutragen sowie
- die Versichertennummer des Pflegebedürftigen gem. § 101 SGB XI, seinen Namen und seine Pflegeklasse anzugeben.

(2) Die von den Spitzenverbänden der Pflegekassen im Einvernehmen mit den Verbänden der Leistungserbringer festgelegten Verfahren über Form und Inhalt der Abrechnungsunterlagen sowie die Einzelheiten des Datenträgeraustausches gemäß § 105 Absatz 2 SGB XI sind Teil dieses Rahmenvertrags.

(3) Zuzahlungen zu den vereinbarten Pflegesätzen sowie zu den Entgelten für Unterkunft und Verpflegung dürfen durch die Pflegeeinrichtung vom Pflegebedürftigen oder einem Dritten weder gefordert noch angenommen werden. § 82 Abs. 3 und 4 SGB XI bleibt unberührt.

§ 14 Zahlungsweise, Zahlungsfristen, Beanstandungen

(1) Die Abrechnung der Pflegeleistungen erfolgt monatlich. Die Rechnungen sind bei der Pflegekasse oder einer von ihr benannten Abrechnungsstelle einzureichen.

(2) Der dem pflegebedürftigen Heimbewohner zustehende Leistungsbetrag ist von seiner Pflegekasse mit befreiender Wirkung unmittelbar an die Pflegeeinrichtung zu zahlen. Maßgebend für die Höhe des zu zahlenden Leistungsbetrages ist der Leistungsbescheid der Pflegekasse, unabhängig

davon, ob der Bescheid bestandskräftig ist oder nicht. Unberührt bleiben Nachberechnungen aufgrund geänderter Leistungsbescheide. Die von den Pflegekassen zu zahlenden Leistungsbeträge werden zum 15. eines jeden Monats fällig.

(3) Überträgt die Pflegeeinrichtung die Abrechnung einer Abrechnungsstelle, so hat sie die Pflegekasse unverzüglich schriftlich zu informieren. Der Pflegekasse ist der Beginn und das Ende der Abrechnung und der Name der beauftragten Abrechnungsstelle mitzuteilen. Es ist eine Erklärung der Pflegeeinrichtung beizufügen, daß die Zahlung der Pflegekasse an die beauftragte Abrechnungsstelle mit schuldbefreiender Wirkung erfolgt. Die Pflegeeinrichtung ist verpflichtet, selbst dafür zu sorgen, daß mit dem der Pflegekasse mitgeteilten Ende der Abrechnung keine diesen Zeitpunkt überschreitende Inkassovollmacht oder Abtretungserklärung zugunsten der der Pflegekasse gemeldeten Abrechnungsstelle mehr besteht. Forderungen gegenüber den Pflegekassen können ohne deren Zustimmung nicht an Dritte abgetreten werden.

(4) Sofern die Rechnungslegung einer Abrechnungsstelle gemäß Abs. 3 übertragen werden soll, ist der Auftragnehmer unter besonderer Berücksichtigung der von ihm getroffenen technischen und organisatorischen Maßnahmen zur Sicherstellung der Maßgaben dieses Vertrages und des § 6 Abs. 1 Bundesdatenschutzgesetz durch den Leistungserbringer auszuwählen. Die getroffene Vereinbarung über Datenschutz und Datensicherung beim Auftragnehmer (Abrechnungsstelle) ist der Pflegekasse vorzulegen.

(5) Nachträgliche Beanstandungen der Abrechnung der Pflegeeinrichtung bzw. der beauftragten Abrechnungsstelle müssen innerhalb von sechs Monaten nach Rechnungseingang bei den Pflegekassen von diesen bei den Pflegeeinrichtungen erhoben und begründet werden.

§ 15 Vertragsverstöße

(1) Beachtet die Pflegeeinrichtung ihre gesetzlichen sowie die sich aus diesem Vertrag ergebenden Pflichten nicht, oder handelt sie entgegen den vertraglichen Bestimmungen, so kann dieses Verhalten abgemahnt werden, bevor eine Kündigung ausgesprochen wird.

(2) Bei schweren Verstößen oder nach erfolgloser Abmahnung können die Landesverbände der Pflegekassen den Versorgungsvertrag gem. § 74 Abs. 2 SGB XI ohne Einhaltung einer Kündigungsfrist kündigen. In der Regel sind der Pflegeeinrichtung die Verstöße vorher schriftlich mitzuteilen und Gelegenheit zur Stellungnahme innerhalb von zwei Wochen zu geben. Die Anhörung entfällt bei Gefährdung von pflegebedürftigen Personen in der Einrichtung.

(3) Unabhängig von den Regelungen im jeweiligen Versorgungsvertrag gelten als schwere Verstöße insbesondere

- die nicht oder nicht im erforderlichen Umfang im Einzelfall tatsächlich zur Verfügung gestellten allgemeinen Pflegeleistungen im Sinne der §§ 1 bis 4 dieses Rahmenvertrages,
- die Abrechnung nicht erbrachter Leistungen,
- die Forderung bzw. Annahme von Zahlungen oder Zuzahlungen von den Versicherten für von der Pflegekasse genehmigten Leistungen entgegen § 3 Abs. 1 dieses Rahmenvertrages.

(4) Wurden Leistungen entgegen geltendem Recht bzw. diesem Vertrag erbracht oder Leistungen ohne entsprechende Gegenleistungen mit der Pflegekasse abgerechnet, ist der Vertragspartner verpflichtet, den entstandenen Schaden zu ersetzen.

§ 16 Datenschutz

Die Versicherten- und Leistungsdaten der vertraglich erbrachten Pflegeleistungen dürfen nur im Rahmen der in § 104 SGB XI genannten Zwecke verarbeitet und genutzt werden. Die Pflegeeinrichtung verpflichtet sich, den Schutz der personenbezogenen Daten sicherzustellen. Die Pflegeeinrichtung unterliegt hinsichtlich der Person des Pflegebedürftigen dem Sozialgeheimnis nach § 35 SGB I und § 67 SGB X. Ausgenommen hiervon sind Angaben gegenüber der leistungspflichtigen Pflegekasse und dem Medizinischen Dienst der Krankenversicherung, soweit sie zur Erfüllung der gesetzlichen Aufgaben erforderlich sind. Die Pflegeeinrichtung hat ihre Mitarbeiter zur Beachtung der Schweigepflicht sowie der Datenschutzbestimmungen zu verpflichten. Die §§ 35, 37 SGB I sowie §§ 67–85 SGB X bleiben unberührt.

Abschnitt III
Regelung bei vorübergehender Abwesenheit (Krankenhausaufenthalt, Beurlaubung) des Pflegebedürftigen nach § 75 Abs. 2 Nr. 5 SGB XI

§ 17 Regelung bei vorübergehender Abwesenheit

(1) Bei einer vorübergehenden Abwesenheit eines Heimbewohners bis zu 60 Tagen wird vom ersten Tag der Abwesenheit an ein Abschlag vorgenommen. Voraussetzung für die Zahlung der Platzfreihaltegebühr ist die tatsächliche Freihaltung des Pflegeplatzes.

(2) Solange das Heimentgelt noch nicht in die Bestandteile Unterkunft und Verpflegung, Pflege- und Investitionskosten aufgeteilt ist, beträgt der Abschlag 20 % des Tagessatzes.

(3) Nach der Aufteilung werden 20 % des Pflegeanteils und 20 % von Unterkunft und Verpflegung in Abzug gebracht. Die gesondert berechenbaren Investitionsaufwendungen sind nicht Bestandteil dieser Regelung.

(4) Bei der Berechnung der Platzfreihaltegebühr wird der Tag an dem der Bewohner die Einrichtung verläßt wie ein Abwesenheitstag, der Tag an dem der Bewohner wieder in die Einrichtung kommt wie ein Anwesenheitstag berechnet.

Abschnitt IV
Maßstäbe und Grundsätze für eine wirtschaftliche und leistungsbezogene, am Versorgungsauftrag orientierte personelle Ausstattung der Pflegeeinrichtungen nach § 75 Abs. 2 Nr. 3 SGB XI

§ 18 Sicherstellung der Leistungen, Qualifikation des Personals

(1) Die personelle Ausstattung der Pflegeeinrichtungen muß unbeschadet aufsichtsrechtlicher Regelungen eine bedarfsgerechte, gleichmäßige sowie fachlich qualifizierte, dem allgemein anerkannten Stand der medizinisch-pflegerischen Erkenntnisse entsprechende Pflege der Pflegebedürftigen auf der Grundlage der Qualitätsvereinbarung nach § 80 SGB XI unter Berücksichtigung des § 84 SGB XI gewährleisten.

(2) Der Träger der Pflegeeinrichtung regelt im Rahmen seiner Organisationsgewalt die Verantwortungsbereiche und sorgt für eine sachgerechte Aufbau- und Ablauforganisation. Der Anteil der Pflegeleistungen, der durch geringfügig Beschäftigte erbracht wird, sollte dabei 20 % möglichst nicht übersteigen.

(3) Die Bereitstellung und fachliche Qualifikation des Personals richten sich unter anderem nach den Regelungen der Qualitätsvereinbarung gemäß § 80 SGB XI, sowie nach dem Heimgesetz und seinen Ausführungsregelungen.

Beim Einsatz des Personals sind

- die Fähigkeiten der Pflegebedürftigen zur selbständigen Durchführung der Verrichtungen des täglichen Lebens,
- die Arbeitszeit des Personals unter Berücksichtigung von Zeiten für Fortbildung und Teambesprechungen sowie die Ausfallzeiten, insbesondere durch Krankheit und Urlaub,
- die Zeiten, die für die Versorgung der Pflegebedürftigen im Einzelfall einschließlich der dazu gehörenden Maßnahmen erforderlich sind,
- die im Rahmen der Kooperation auf regionaler Ebene im Sinne des § 80 SGB XI wahrzunehmenden Aufgaben der Pflegeeinrichtungen,
- leitende, administrative und organisatorische Aufgaben angemessen,
- die Notwendigkeit zur Unterstützung, zur teilweisen oder vollständigen Übernahme oder zur Beaufsichtigung bei der Durchführung der Verrichtungen des täglichen Lebens sowie
- die Risikopotentiale bei den Pflegebedürftigen

zu berücksichtigen.

Beim Einsatz von Pflegehilfskräften ist zudem sicherzustellen, daß Pflegefachkräfte die fachliche Überprüfung des Pflegebedarfs, die Anleitung der Hilfskräfte und die Kontrolle der geleisteten Arbeit gewährleisten.

(4) Die Pflegeeinrichtung ist verpflichtet, personelle Änderungen, die die verantwortliche Pflegefachkraft betreffen, unverzüglich den Landesverbänden der Pflegekassen oder von ihnen beauftragten Mitgliedskassen mitzuteilen. Dies gilt insbesondere für die Fälle der Abberufung, der Vertretung sowie des Wechsels der verantwortlichen Pflegefachkraft. Bei einem zeitlich begrenzten Ausfall der verantwortlichen Pflegefachkraft (z. B. durch Krankheit oder Urlaub) ist die Vertretung durch eine andere ausgebildete Pflegefachkraft zu gewährleisten. In den Fällen des Wechsels und der Vertretung der verantwortlichen Pflegefachkraft weist die Pflegeeinrichtung den Landesverbänden der Pflegekassen die fachliche Qualifikation der Neu-

oder Ersatzkraft nach. Eine Verletzung dieser Verpflichtung gilt als wichtiger Kündigungsgrund im Sinne des § 74 Abs. 2 SGB XI.

§ 19 Arbeitshilfen

Die Pflegeeinrichtung hat ihren Mitarbeitern im erforderlichen Umfang Arbeitshilfen/Arbeitsmitteln bereitzustellen, um eine qualifizierte, bedarfsgerechte und wirtschaftliche Versorgung der Pflegebedürftigen zu gewährleisten.

§ 20 Nachweis des Personaleinsatzes

Die Dienstpläne sind nachvollziehbar zu dokumentieren.

Abschnitt V
Überprüfung der Notwendigkeit und Dauer der Pflege gemäß § 75 Abs. 2 Nr. 4 SGB XI

§ 21 Prüfung durch die Pflegekassen

(1) Der Medizinische Dienst der Krankenversicherung stellt durch geeignete organisatorische Maßnahmen sicher, daß eine zeitnahe Begutachtung und Einstufungsempfehlung des Pflegebedürftigen erfolgen kann.

(2) Die Pflegekasse kann die Notwendigkeit und die Dauer der Pflege im Einzelfall durch den Medizinischen Dienst der Krankenkassen prüfen lassen. Dabei gewährt die Pflegeeinrichtung dem MDK die notwendige Unterstützung.

(3) Die Überprüfung sollte grundsätzlich durch einen persönlichen Besuch bei dem Pflegebedürftigen erfolgen. In Ausnahmefällen kann die Überprüfung auch anhand der Pflegedokumentation und anderer geeigneter Unterlagen erfolgen. Die Anforderung und Verwendung dieser Unterlagen darf ausschließlich durch Ärzte und Pflegekräfte des MDK erfolgen. Dritte dürfen keinen Zugang zu den Unterlagen erhalten.

Materialien

§ 22 Prüfung durch den Medizinischen Dienst der Krankenversicherung

(1) Zur Überprüfung der Pflegebedürftigkeit ist der Medizinische Dienst der Krankenversicherung berechtigt, Auskünfte und Unterlagen über Art, Umfang und Dauer der Hilfebedürftigkeit sowie über Pflegeziele und Pflegemaßnahmen mit Einwilligung des Versicherten bei der Pflegeeinrichtung einzuholen. Die Überprüfung, zumindest die Untersuchung des Pflegebedürftigen, findet in Gegenwart der verantwortlichen Pflegefachkraft oder einer von ihr beauftragten anderen Pflegefachkraft der Pflegeeinrichtung statt. Die Pflegeeinrichtung stellt die Voraussetzungen dafür sicher.

(2) Bedenken des Medizinischen Dienstes der Krankenversicherung gegen den Fortbestand der leistungsrechtlichen Voraussetzungen bezüglich der Notwendigkeit und Dauer der Pflegebedürftigkeit teilt dieser im Rahmen seines Gutachtens der Pflegekasse mit. Die Pflegekasse und der MDK sollen die Bedenken der Pflegeeinrichtung darlegen.

§ 23 Information

(1) Die Pflegeeinrichtung wird über das Ergebnis der Überprüfung nach § 21 dieses Rahmenvertrages und die daraus resultierende Entscheidung der Pflegekasse unverzüglich informiert.

(2) Sofern sich nach Einschätzung der Pflegeeinrichtung die Pflegebedürftigkeit des betreuten Versicherten geändert hat und/oder aus sonstigen Gründen eine Änderung der bisher gewährten Versorgungsleistungen notwendig erscheint, kann die Pflegeeinrichtung die Pflegekasse darauf hinweisen.

Abschnitt VI
Zugang des Medizinischen Dienstes und sonstiger von den Pflegekassen beauftragter Prüfer zu den Pflegeeinrichtungen nach § 75 Abs. 2 Nr. 6 SGB XI

§ 24 Zugang

(1) Prüfern, die zur Überprüfung der Notwendigkeit und Dauer der Pflege sowie für Wirtschaftlichkeitsprüfungen nach den Abschnitten V und VII dieser Vereinbarung in einer Pflegeeinrichtung berechtigt sind, ist nach vorheriger Terminvereinbarung der Zugang zu der Pflegeeinrichtung zu gewähren.

Die Pflegeeinrichtung kann von den zur Prüfung berechtigten Personen die Vorlage einer entsprechenden Legitimation verlangen.

(2) Soweit die Räume, die der Prüfer zu betreten hat, einem Hausrecht der Bewohner unterliegen, bedarf der Zugang ihrer vorherigen Zustimmung.

(3) Die Regelungen des § 33 dieses Rahmenvertrages bleiben hiervon unberührt.

§ 25 Mitwirkung der Pflegeeinrichtung

Die Prüfung findet in Gegenwart des oder der Leiter/in der Pflegeeinrichtung oder einer von diesem/dieser beauftragten Person statt. Die Pflegeeinrichtung stellt die Voraussetzungen hierfür sicher.

Abschnitt VII
Verfahren und Prüfungsgrundsätze für Wirtschaftlichkeitsprüfungen einschl. der Verteilung der Prüfungskosten nach § 75 Abs. 2 Nr. 7 SGB XI

§ 26 Voraussetzungen zur Durchführung einer Wirtschaftlichkeitsprüfung

(1) Die Landesverbände der Pflegekassen können die Wirtschaftlichkeit und Wirksamkeit der Pflegeleistungen durch Sachverständige gemäß § 79 SGB XI überprüfen lassen. Sofern begründete Anhaltspunkte dafür vorliegen, daß eine Pflegeeinrichtung die Anforderungen zur Erbringung einer leistungsfähigen und wirtschaftlichen Versorgung nicht oder nicht mehr erfüllt, sind die Landesverbände der Pflegekassen zur Einleitung einer Wirtschaftlichkeitsprüfung verpflichtet.

(2) Der Träger der Pflegeeinrichtung ist vor Bestellung des Sachverständigen zur beabsichtigten Prüfung unter Angabe der Gründe der Prüfung zu hören.

§ 27 Bestellung und Beauftragung des Sachverständigen

(1) Die Landesverbände der Pflegekassen bestellen den Sachverständigen im Einvernehmen mit dem Träger der Pflegeeinrichtung bzw. dem Verband, dem der Träger angehört. Kommt innerhalb einer Frist von 14 Kalen-

Materialien

dertagen nach Anhörung gemäß § 26 Abs. 2 dieses Rahmenvertrages keine Einigung zustande, können die Landesverbände der Pflegekassen den Sachverständigen alleine bestellen.

(2) Der Auftrag ist dem bestellten Sachverständigen im Einvernehmen mit dem Träger der Pflegeeinrichtung bzw. dem Verband, dem der Träger der Pflegeeinrichtung angehört, schriftlich zu erteilen. Kommt innerhalb einer Frist von 14 Kalendertagen nach Anhörung gemäß § 26 Abs. 2 dieses Rahmenvertrages keine Einigung zustande, ist der Auftrag von den Landesverbänden der Pflegekassen zu erteilen. Im Auftrag sind das Prüfungsziel, der Prüfungsgegenstand (vgl. § 28 dieses Rahmenvertrages) und der Prüfungszeitraum zu konkretisieren. Der Träger der Pflegeeinrichtung erhält eine Ausfertigung des Auftrages.

(3) Der Sachverständige muß gewährleisten, daß die Prüfungsabwicklung eine hinreichend gründliche Aufklärung der prüfungsrelevanten Sachverhalte zur Abgabe eines sicheren Urteils ermöglicht. Die Erteilung von Unteraufträgen bedarf der Zustimmung der Auftraggeber.

§ 28 Prüfungsziel, Prüfungsgegenstand

(1) Ausgangspunkt der Prüfung ist der im Versorgungsvertrag beschriebene Versorgungsauftrag der Pflegeeinrichtung.

(2) Prüfungsziel ist die Klärung der Wirtschaftlichkeit und Wirksamkeit der Pflegeleistungen.

(3) Gegenstand der Prüfungen nach § 26 Abs. 1 Satz 2 dieses Rahmenvertrages sind insbesondere die Sachverhalte, bei denen Anhaltspunkte hinsichtlich eines Verstoßes gegen die Anforderungen des § 72 Abs. 3 Satz 1 SGB XI bestehen.

(4) Der Prüfungsauftrag kann sich auf Teile eines Prüfungsgegenstandes, auf einen Prüfungsgegenstand oder auf mehrere Prüfungsgegenstände erstrecken; er kann sich ferner auf Teile der Pflegeeinrichtung oder auf die Pflegeeinrichtung insgesamt beziehen.

§ 29 Abwicklung der Prüfung

(1) Der Träger der Pflegeeinrichtung hat dem Sachverständigen die für die Prüfung erforderlichen Unterlagen vorzulegen. Einzelheiten zur Abwicklung der Prüfung sind zwischen dem Sachverständigen und dem Träger der Pflegeeinrichtung abzusprechen. Zur notwendigen Einbeziehung der Pflegebedürftigen in die Prüfung ist deren Einverständnis einzuholen.

(2) Der Träger der Pflegeeinrichtung benennt dem Sachverständigen für die zu prüfenden Bereiche Personen, die ihm und seinen Beauftragten auf Verlangen die für die Prüfung notwendigen Unterlagen vorlegen und Auskünfte erteilen.

(3) Die an der Prüfung Beteiligten sind nach Maßgabe der gesetzlichen Bestimmungen zur Verschwiegenheit verpflichtet und haben die Datenschutzbestimmungen einzuhalten.

(4) Vor Abschluß der Prüfung findet grundsätzlich ein Abschlußgespräch zwischen dem Träger der Pflegeeinrichtung, ggf. dem Verband, dem der Träger der Pflegeeinrichtung angehört, dem Sachverständigen und den Landesverbänden der Pflegekassen statt.

§ 30 Prüfungsbericht

(1) Über die durchgeführte Prüfung ist ein Prüfungsbericht zu erstellen. Dieser hat zu beinhalten:

- den Prüfungsauftrag,
- die Vorgehensweise bei der Prüfung,
- die Einzelergebnisse der Prüfung bezogen auf die Prüfungsgegenstände,
- die Gesamtbeurteilung,
- die Empfehlungen zur Umsetzung der Prüfungsfeststellungen.

Diese Empfehlungen schließen die kurz-, mittel- und langfristige Realisierung der Prüfungsergebnisse einschl. der Auswirkungen auf den Personal- und Sachaufwand sowie auf das Leistungsgeschehen der Pflegeeinrichtung mit ein.

Unterschiedliche Auffassungen, die im Abschlußgespräch nicht ausgeräumt werden konnten, sind im Prüfungsbericht darzustellen.

(2) Der Prüfungsbericht ist innerhalb der im Prüfungsauftrag vereinbarten Frist nach Abschluß der Prüfung zu erstellen und den Landesverbänden der Pflegekassen sowie dem Träger der Pflegeeinrichtung zuzuleiten.

(3) Der Prüfbericht und die bei der Prüfung gewonnenen Daten dürfen nur im Rahmen des Prüfungszweckes und der gesetzlichen Aufgabenerfüllung verwendet werden.

§ 31 Prüfungskosten

(1) Die Kosten der Wirtschaftlichkeitsprüfung tragen der Träger der Pflegeeinrichtung und die Landesverbände der Pflegekassen jeweils zur Hälfte. Dies ist bei den Vergütungsverhandlungen zu berücksichtigen.

(2) Die Kosten der Wirtschaftlichkeitsprüfung tragen die Landesverbände der Pflegekassen alleine, soweit sie den Sachverständigen gemäß § 27 Abs. 2 Satz 2 dieses Rahmenvertrages alleine beauftragen.

§ 32 Prüfungsergebnis

Das Prüfungsergebnis ist in der nächst möglichen Vergütungsvereinbarung zu berücksichtigen.

Abschnitt VIII
Zugang zu den Pflegeeinrichtungen zur Überprüfung der Qualität

§ 33 Qualitätsprüfung

(1) Das Verfahren zur Durchführung von Qualitätsprüfungen richtet sich nach den „Gemeinsamen Grundsätzen und Maßstäben zur Qualität und Qualitätssicherung in der stationären Pflege sowie für das Verfahren zur Durchführung von Qualitätsprüfungen nach § 80 SGB XI." Die Prüfungen erstrecken sich auf die Qualität der Pflege, der Versorgungsabläufe und der Pflegeergebnisse.

(2) Der MDK oder die von den Landesverbänden der Pflegekassen bestellten Sachverständigen überprüfen die Qualität der Pflegeeinrichtungen. Dem Träger der Pflegeeinrichtung und der Vereinigung, der der Träger angehört, teilen die Landesverbände der Pflegekassen die Durchführung, den Gegenstand, den Umfang sowie den Zeitpunkt der Prüfung mit.

(3) Sofern einer Pflegekasse begründete Anhaltspunkte vorliegen, daß eine Einrichtung die Anforderungen der Qualitätsvereinbarung nicht erfüllt, sind die Pflegekassen berechtigt, die Qualität der vereinbarten Leistungen auch außerhalb der regelmäßigen Prüfungen durch den MDK oder einen von den Landesverbänden der Pflegekassen bestellten Sachverständigen zu prüfen. Die Pflegeeinrichtungen garantieren in diesem Zusammenhang den Zugang der Prüfer für einen unangemeldeten Besuch.

(4) Die in § 12 dieses Rahmenvertrages genannten Unterlagen sind auf Anforderung unverzüglich den Pflegekassen vorzulegen.

(5) Vor Abschluß des Prüfungsverfahrens findet ein Abschlußgespräch zwischen den Beteiligten statt (Prüfer, Träger der Pflegeeinrichtung, ggf. Verband, dem der Träger angehört). Über die Qualitätsprüfung ist von dem Prüfer ein Bericht zu erstellen, in dem der Gegenstand und das Ergebnis der

Prüfung sowie notwendige Maßnahmen zur Beseitigung von Qualitätsdefiziten aufgezeigt werden.

(6) Die anläßlich der Prüfung gewonnenen Daten dürfen nur im Rahmen des Prüfungszweckes und der gesetzlichen Aufgabenerfüllung verwendet werden.

Abschnitt XI
Schlußbestimmungen

§ 34 Inkrafttreten, Kündigung

(1) Der Rahmenvertrag nach § 75 SGB XI tritt am 1. Oktober 1998 in Kraft.

(2) Er kann von jedem Vertragspartner mit einer Frist von einem Jahr zum Jahresende gekündigt werden. Die Kündigung kann nur mittels eingeschriebenem Brief durch die Landesverbände der Pflegekassen gemeinsam oder durch die Vereinigungen der Leistungserbringer erfolgen.

(3) Der Rahmenvertrag nach § 75 SGB XI gilt nach Kündigung solange weiter, bis ein neuer Rahmenvertrag vereinbart ist. Die Vertragspartner verpflichten sich im Falle der Kündigung unverzüglich in Verhandlungen über einen neuen Rahmenvertrag einzutreten.

§ 35 Salvatorische Klausel

Sollten einzelne Regelungen dieses Vertrages ganz oder teilweise unwirksam sein oder werden, so berührt dies die Gültigkeit der übrigen Regelungen nicht. Die Vertragsparteien verpflichten sich, die unwirksame Regelung durch eine rechtlich zulässige Regelung zu ersetzen, die dem Sinn und Zweck am nächsten kommt. Gleiches gilt, wenn eine Regelung undurchführbar ist.

Anlagen:

Anlage 1   Verzeichnis der vorzuhaltenden Hilfsmittel

Anlage 2   Gemeinsame Grundsätze und Maßstäbe zur Qualität und Qualitätssicherung einschließlich des Verfahrens zur Durchführung von Qualitätsprüfungen in der vollstationären Pflege (hier abgedruckt auf Seite 675 ff.)

Anlage 3   Änderungsmitteilung

Materialien

Protokollnotiz

zu § 2 Abs. 1 und § 3 Abs. 1 Buchstabe b des Rahmenvertrages gemäß § 75 SGB XI

Unter notwendige Diätkost fallen nicht die darüber hinausgehenden Sachkosten für Sondennahrung und medizinisch indizierte Spezialdiäten. Soweit sich eine Änderung der gesetzlichen bzw. vertraglichen Grundlagen außerhalb der Pflegeversicherung ergibt, erklären sich die Vertragsparteien bereit, den Rahmenvertrag anzupassen.

Protokollnotiz

zu § 17 des Rahmenvertrages gemäß § 75 SGB XI

Bis 31. Dezember 1998 gilt bei vorübergehender Abwesenheit des Pflegebedürftigen die bisherige Regelung, wie sie in den Umsetzungshinweisen zur 2. Stufe der Pflegeversicherung beschrieben ist, weiter.

Protokollnotiz

des Verbandes der privaten Krankenversicherung e. V. zum Rahmenvertrag gemäß § 75 SGB XI

1. Bei Versicherten in der privaten Pflegeversicherung, bei denen gem. § 23 Abs. 1 Satz 3 SGB XI an die Stelle der Sachleistung die Kostenerstattung in gleicher Höhe tritt, rechnet die Pflegeeinrichtung, die der Versicherte mit der Durchführung beauftragt hat, die Pflegeleistung mit dem Versicherten selbst ab.

2. Die Befugnisse, die der Vertrag dem medizinischen Dienst der Krankenkassen einräumt, werden auch dem ärztlichen Dienst der privaten Pflegeversicherung eingeräumt.

Anlage 1 zum Rahmenvertrag gem. § 75 SGB XI
Liste der in stationären Pflegeeinrichtungen vorzuhaltenden Hilfsmittel

Absauggeräte (Produktgruppe 01)
- Sekret-Absauggeräte, netzabhängig[1]
- Sekret-Absauggeräte, netzunabhängig[1]
- Sekret-Absauggeräte, mit Inhalator, netzabhängig[1]
- Sekret-Absauggeräte, mit Inhalator, netzunabhängig[1]

Adaptionshilfen (Gruppe 02)
- Eß-/Trinkhilfen
- Rutschfeste Unterlagen
- Halter/Halterungen/Greifhilfen fest inst. mit Gebäude/Mobiliar verbunden

Badehilfen (Gruppe 04)
- Badewannenlifter
- Duschhilfen
- Badewanneneinsätze
- Sicherheitsgriffe/Aufrichthilfen im Einzelfall muß Anpassung möglich sein ... sofern keine Behinderung persönliche Hilfsgeräte erfordern

Gehhilfen (Gruppe 10)
- Gehgestelle
- Gehwagen
- Gehübungsgeräte[2]
- Hand- und Gehstöcke[2]
- fahrbare Gehhilfen[2]

Materialien

Hilfsmittel gegen Dekubitus (Gruppe 11)
- Sitzhilfen zur Vorbeugung
- Liegehilfen zur Vorbeugung

Krankenfahrzeuge (Gruppe 18)
- Zimmerrollstuhl (ähnl. Toilettensitz)
- Toilettenstuhl flexibel
- Duschrollstuhl

Krankenpflegeartikel (Gruppe 19) siehe Gruppe 50
- Steckbecken
- Bettschutzeinlagen
- Einmalhandschuhe
- Zusätze

Lagerungshilfen (Gruppe 20)
- Lagerungskeile

Meßgeräte für Körperzustände/-funktionen (Gruppe 21)
- Blutdruck
- Blutzucker
- Personenwaage

Mobilitätshilfen (Gruppe 22)
- Umsetz- und Hebehilfen
- Aufstehhilfen[3]
- Lifter (aus dem Sessel)
- Rampensysteme (Schwellenhindernisse überwinden)
- Zusätze[3]

Toilettenhilfen (Gruppe 33)
- Toilettenaufstehhilfen, montiert

Pflegehilfsmittel (Gruppe 50) siehe Gruppe 19
- Pflegebetten
- Pflegebettenzubehör
- Bettzusatzeinrichtungen für Pflegeerleichterung
- Spezielle Pflegebettische

Pflegehilfsmittel zur Körperpflege/Hygiene (Gruppe 51)
- technische Produkte zur Hygiene im Bett (z. B. Haare waschen)
- technische Waschsysteme

Pflegehilfsmittel zur selbständigen Lebensführung/Mobilität (Gruppe 52)
- Notrufsysteme

Pflegehilfsmittel zur Linderung der Beschwerden (Gruppe 53)
- Lagerungsrollen

Zum Verbrauch bestimmte Pflegehilfsmittel (Gruppe 54)
- Saugende Bettschutzeinlagen

Materialien

- Schutzbekleidung
- Sonstige zum Verbrauch bestimmte Pflegehilfsmittel

Die Parteien sind sich einig, daß ein Anspruch auf individuelle Versorgung mit Hilfsmitteln i. S. und nach den Voraussetzungen des SGB V oder nach den Vertragsbedingungen der PKV (u. a. bei medizinischer Indikation) auch bei den in stationären Pflegeeinrichtungen lebenden Versicherten besteht.

[1]) Grundausstattung (1 Gerät pro Station) ist vom Heim vorzuhalten; im übrigen – soweit individuell angepaßt und auf Dauer notwendig – Kostentragung durch KV

[2]) Grundausstattung ist vom Heim vorzuhalten; im übrigen – soweit individuell angepaßt und auf Dauer notwendig - Kostentragung durch KV

[3]) Grundsätzlich vom Heim vorzuhalten; Kostentragung durch KV, soweit individuelle Anfertigung für Versicherten nötig.

6) Musterversorgungsvertrag nach § 72 SGB XI (vollstationäre Pflege) zwischen dem

Name des Trägers der Pflegeeinrichtung

und den

Name der Landesverbände der Pflegekassen

im Einvernehmen mit dem

Name des (über-)örtlichen Trägers der Sozialhilfe

für

Name des Pflegeheims

(Stand: 24. Juni 1996)

§ 1 Allgemeine Grundsätze

(1) Dieser Vertrag regelt die Versorgung von versicherten Pflegebedürftigen durch die Name der Einrichtung (im folgenden Pflegeheim genannt).

(2) Für die Dauer der Gültigkeit dieses Vertrages wird das Pflegeheim zur Versorgung Pflegebedürftiger zugelassen und damit verpflichtet, vollstationäre Leistungen zu erbringen und die Unterkunft und Verpflegung Pflegebedürftiger sicherzustellen.

(3) Die Pflegekassen sind verpflichtet, die Pflegeleistungen des Pflegeheimes nach Maßgabe der auf Grundlage des Achten Kapitels des SGB XI abgeschlossenen Vergütungsvereinbarung zu vergüten.

(4) Der Vertrag ist für das Pflegeheim und für alle Pflegekassen im Inland unmittelbar verbindlich.

(5) Eine Belegungsgarantie für das Pflegeheim ist mit dem Abschluß dieses Vertrages nicht verbunden.

Materialien

§ 2 Wirtschaftliche Selbständigkeit der Einrichtung

(1) Das Pflegeheim stellt seine wirtschaftliche Selbständigkeit im Sinne des § 71 Abs. 2 SGB XI auf Dauer sicher.

(2) Das Pflegeheim gilt als wirtschaftlich selbständig, soweit und solange es ausschließlich Leistungen nach dem SGB XI erbringt. Bei einem darüber hinausgehenden Leistungsangebot des Einrichtungsträgers ist diese Voraussetzung erfüllt, wenn die Finanzierungskreise und -verantwortlichkeiten sowie die Rechnungslegung des Pflegeheims klar und eindeutig von den übrigen Betriebsbereichen des Einrichtungsträgers abgegrenzt sind. Das Pflegeheim gewährleistet eine doppelte Buchführung nach handelsrechtlichen Grundsätzen.

(3) Betriebsänderungen, die Auswirkungen auf die wirtschaftliche Selbständigkeit des Pflegeheims haben können, teilt das Pflegeheim den Landesverbänden der Pflegekassen unverzüglich mit.

§ 3 Pflegefachkraft

(1) Das Pflegeheim stellt die pflegerische Versorgung der Pflegebedürftigen unter ständiger Verantwortung einer ausgebildeten Pflegefachkraft im Sinne des § 71 Abs. 2 SGB XI auf Dauer sicher. Bei einem zeitlich begrenzten Ausfall der verantwortlichen Pflegefachkraft (z. B. durch Krankheit oder Urlaub) ist die Vertretung durch eine andere ausgebildete Pflegefachkraft zu gewährleisten.

(2) Das Pflegeheim ist verpflichtet, personelle Änderungen, die die verantwortliche Pflegefachkraft betreffen, unverzüglich den Landesverbänden der Pflegekassen mitzuteilen. Dies gilt insbesondere für die Fälle der Abberufung, der Vertretung sowie des Wechsels der verantwortlichen Pflegefachkraft. In den Fällen des Wechsels und der Vertretung der verantwortlichen Pflegefachkraft weist das Pflegeheim den Landesverbänden der Pflegekassen die fachliche Qualifikation der Neu- oder Ersatzkraft nach.

§ 4 Versorgungsauftrag

(1) Das Pflegeheim ist verpflichtet, alle für die Versorgung Pflegebedürftiger nach Art und Schwere ihrer Pflegebedürftigkeit erforderlichen Leistungen der Pflege nach § 43 SGB XI sowie für Unterkunft und Verpflegung nach § 87 SGB XI zu erbringen. Dabei ist zu gewährleisten, daß Leistungen, die aus besonderen medizinischen oder pflegerischen Gründen erforderlich sind, zur Verfügung gestellt werden. Nähere Einzelheiten zu den Leistungen sind im Rahmenvertrag nach § 75 Abs. 1 SGB XI geregelt (vgl. § 7).

(2) Das Pflegeheim hat die individuelle Versorgung von Pflegebedürftigen mit Leistungen nach Abs. 1 zu jeder Zeit, bei Tag und bei Nacht einschließlich an Sonn- und Feiertagen sicherzustellen.

(3) Im Rahmen seiner Kapazität darf das Pflegeheim die pflegerische Versorgung versicherter Pflegebedürftiger nicht ablehnen. Die dem Vertrag zugrunde gelegte Konzeption des Pflegeheims ist zu berücksichtigen. Eine Beschränkung des Angebots auf Leistungen für Pflegebedürftige bestimmter Pflegestufen oder bestimmter pflegerischer Diagnosen ist unzulässig.

(4) Das Pflegeheim verpflichtet sich, ganzjährig … Plätze für vollstationäre Pflege zur Verfügung zu stellen.

§ 5 Wirksamkeit und Wirtschaftlichkeit

(1) Das Pflegeheim stellt eine wirksame und wirtschaftliche Leistungserbringung sicher. Die Pflegeleistungen dürfen das Maß des Notwendigen nicht übersteigen und sind als wirksam anzusehen, wenn durch sie das Pflegeziel erreicht wird. Leistungen, die diese Voraussetzungen nicht erfüllen, können Pflegebedürftige nicht beanspruchen und das Pflegeheim nicht zu Lasten der sozialen Pflegeversicherung bewirken.

(2) Die Landesverbände der Pflegekassen können die Wirtschaftlichkeit und Wirksamkeit der Pflegeleistungen prüfen lassen. Sofern Anhaltspunkte dafür vorliegen, daß das Pflegeheim die Anforderungen zur Erbringung einer leistungsfähigen und wirtschaftlichen Versorgung nicht oder nicht mehr erfüllt, sind die Landesverbände der Pflegekassen zur Einleitung einer Wirtschaftlichkeitsprüfung berechtigt. Näheres zur Durchführung der Wirtschaftlichkeitsprüfungen regelt der Rahmenvertrag nach § 7.

§ 6 Qualitätssicherung

(1) Die Grundsätze und Maßstäbe für die Qualität und Qualitätssicherung sowie für das Verfahren zur Durchführung von Qualitätsprüfungen nach § 80 SGB XI sind bindend.

(2) Der Träger des Pflegeheims ist dafür verantwortlich daß Maßnahmen zur internen Sicherung der Struktur-, Prozeß- und Ergebnisqualität festgelegt und durchgeführt werden. Er soll sich an Maßnahmen der externen Qualitätssicherung beteiligen.

(3) Wesentliche Inhalte der Struktur-, Prozeß- und Ergebnisqualität sind:

– die Pflegebedürftigen werden unter ständiger Verantwortung einer ausgebildeten Pflegefachkraft gepflegt (§ 71 Abs. 2 SGB XI, Pkt. 3.1.1.2 der Qualitätsmaßstäbe nach Abs. 1).

– eine qualifizierte ganzheitliche Pflege erfordert eine entsprechende Pflegeanamnese und -planung sowie die Koordinierung, Ausführung und Dokumentation des Pflegeprozesses.

Materialien

- Pflegeeinrichtungen, die Leistungen nach diesem Vertrag in Kooperation mit anderen Einrichtungen erbringen, schließen mit ihrem Kooperationspartner einen Kooperationsvertrag ab. Kooperationsverträge, die sich auf Pflegeleistungen nach Abschnitt I der Gemeinsamen Empfehlung gem. § 75 Abs. 5 SGB XI zum Inhalt der Rahmenverträge nach § 75 Abs. 1 SGB XI beziehen, sind den Landesverbänden der Pflegekassen unverzüglich vorzulegen.
- Die fachliche Verantwortung für die Leistungserbringung des Kooperationspartners trägt gegenüber den Pflegebedürftigen und den Pflegekassen die beauftragende Pflegeeinrichtung.
- Qualitätssicherung umfaßt auch die Festlegung von Maßnahmen zur internen Sicherung der Struktur-, Prozeß- und Ergebnisqualität sowie die Erarbeitung gemeinsamer Standards für die gesamte Pflegeeinrichtung durch das Pflegeteam.

(4) Die Pflegekassen und ihre Landesverbände könne die vollstationäre Einrichtung jederzeit aufsuchen, wobei ein Vertreter des Heimbeirats bzw. der Heimfürsprecher sowie der Heimleiter oder ein von ihm beauftragter Mitarbeiter anwesend sein sollte.

(5) Wird von einer Pflegekasse die Notwendigkeit einer Qualitätsprüfung als gegeben angesehen, ist über die Landesverbände der Pflegekassen eine Prüfung gemäß § 80 Abs. 2 SGB XI einzuleiten.

§ 7 Rahmenvertrag

Der zwischen ... und ... abgeschlossene Rahmenvertrag gemäß § 75 Abs. 1 SGB XI in der geltenden Fassung ist bindend.

§ 8 Vergütung

(1) Die Vergütung der erbrachten Leistungen der vollstationären Pflege nach § 43 SGB XI richtet sich nach einer gesonderten Vereinbarung zwischen den Vertragsparteien gemäß §§ 84, 85, 86 SGB XI. Zu vereinbaren sind Pflegesätze für die allgemeinen Pflegeleistungen, die medizinische Behandlungspflege und soziale Betreuung nach § 84 SGB XI sowie Entgelte für Unterkunft und Verpflegung nach § 87 SGB XI.

(2) Zuzahlung zu den vereinbarten Pflegesätzen und Entgelten darf das Pflegeheim von den Pflegebedürftigen weder fordern noch annehmen. Zusatzleistungen nach § 88 SGB XI bleiben von dieser Regelung unberührt.

(3) Sofern das Pflegeheim auf eine vertragliche Regelung der Pflegevergütung gemäß § 84 ff. SGB XI verzichtet, hat es dies sechs Monate vor Ablauf der bestehenden Preisvereinbarung einem Landesverband der Pflegekassen schriftlich mitzuteilen. Gleichzeitig weist das Pflegeheim die

Pflegebedürftigen und ihre Angehörigen auf die Rechtsfolgen des § 91 Abs. 2 SGB XI hin.

§ 9 Abrechnung

(1) Die Abrechnung der Leistungen richtet sich nach den im Rahmenvertrag nach § 75 Abs. 1 SGB XI festgelegten Abrechnungs- und Zahlungsmodalitäten (vgl. § 7).

(2) Die für die Abrechnung der Leistungen erforderlichen Unterlagen werden durch das Pflegeheim I die (Name der) Abrechnungsstelle bei der zuständigen Pflegekasse/der von ihr benannten Abrechnungsstelle eingereicht.

§ 10 Strukturerhebungsbogen

(1) Der von dem Pflegeheim ausgefüllte Strukturerhebungsbogen bildet eine Grundlage dieses Vertrages.

(2) Veränderungen innerhalb des Pflegeheims, die den Inhalt des Versorgungsvertrages sowie die im Rahmenvertrag nach § 75 Abs. 2 SGB XI niedergelegten Meldetatbestände berühren, sind unverzüglich mitzuteilen. Eine Verletzung dieser Verpflichtungen kann von der Pflegekasse als Kündigungsgrund im Sinne des § 74 Abs. 2 SGB XI geltend gemacht werden.

§ 11 Datenschutz

Die Versicherten- und Leistungsdaten der vertraglich erbrachten Pflegeleistungen dürfen nur im Rahmen der in § 104 SGB XI genannten Zwecke sowie für Zwecke der Statistik in dem zulässigen Rahmen nach § 109 SGB XI verarbeitet und genutzt werden. Das Pflegeheim verpflichtet sich, den Schutz der personenbezogenen Daten sicherzustellen. Die §§ 35 und 37 SGB I sowie §§ 67–85a SGB X sind zu beachten. Das Pflegeheim unterliegt hinsichtlich der Person des Pflegebedürftigen der Schweigepflicht, ausgenommen hiervon sind Angaben gegenüber der leistungspflichtigen Pflegekasse und dem Medizinischen Dienst der Krankenversicherung, soweit sie zur Erfüllung der gesetzlichen Aufgaben erforderlich sind. Das Pflegeheim hat seine Mitarbeiter zur Beachtung der Schweigepflicht sowie der Datenschutzbestimmungen zu verpflichten.

§ 12 Vermittlungsverbot

Die Annahme von Pflegeaufträgen und deren Weitergabe (Vermittlung) an Dritte seitens des Pflegeheims gegen Entgelt oder zur Erlangung geldwerter Vorteile ist unzulässig. Vermittlung im Sinne dieser Vorschrift ist auch die regelmäßige Weitergabe von in eigenem Namen angenommenen

Pflegeaufträgen an Dritte gegen Kostenerstattung. Verstöße gegen die Sätze 1 und 2 gelten als wichtiger Kündigungsgrund im Sinne von § 74 Abs. 2 SGB XI.

§ 13 Kündigung, Vertragsänderungen

(1) Für die Kündigung des Vertrages gilt § 74 SGB XI.

(2) Vertragsveränderungen bedürfen der Schriftform.

§ 14 Inkrafttreten

Dieser Vertrag tritt am ... in Kraft.

Ort, Datum

Träger der Pflegeeinrichtung

Landesverbände der Pflegekassen

Der Sozialhilfeträger erklärt sein Einvernehmen zu dem vorstehenden Versorgungsvertrag.

Gemeinsame Grundsätze zur Qualität und Qualitätssicherung

7.)

Gemeinsame Grundsätze und Maßstäbe zur Qualität und Qualitätssicherung einschl. des Verfahrens zur Durchführung von Qualitätsprüfungen nach § 80 SGB XI in der ambulanten Pflege vom 10. Juli 1995 in der Fassung vom 31. Mai 1996

(BAnz. 1996 Nr. 152a S. 3)

der Spitzenverbände der Pflegekassen

- AOK-Bundesverband, Bonn
- BKK-Bundesverband, Essen
- IKK-Bundesverband, Bergisch Gladbach
- See-Krankenkasse, Hamburg
- Bundesverband der landwirtschaftlichen Krankenkassen, Kassel
- Bundesknappschaft, Bochum
- Verband der Angestellten-Krankenkassen e.V., Siegburg
- AEV – Arbeiter-Ersatzkassen-Verband e.V., Siegburg

Gemeinsame Grundsätze und Maßstäbe zur Qualität und Qualitätssicherung einschl. des Verfahrens zur Durchführung von Qualitätsprüfungen nach § 80 SGB XI in der teilstationären Pflege (Tages- und Nachtpflege) vom 18. August 1995 in der Fassung vom 31. Mai 1996

(BAnz. 1996 Nr. 152a S. 7)

der Spitzenverbände der Pflegekassen

- AOK-Bundesverband, Bonn
- BKK-Bundesverband, Essen
- IKK-Bundesverband, Bergisch Gladbach
- See-Krankenkasse, Hamburg
- Bundesverband der landwirtschaftlichen Krankenkassen, Kassel
- Bundesknappschaft, Bochum
- Verband der Angestellten-Krankenkassen e.V., Siegburg

Gemeinsame Grundsätze und Maßstäbe zur Qualität und Qualitätssicherung einschl. des Verfahrens zur Durchführung von Qualitätsprüfungen nach § 80 SGB XI in der Kurzzeitpflege vom 18. August 1995 in der Fassung vom 31. Mai 1996

(BAnz. 1996 Nr. 152a S. 11)

der Spitzenverbände der Pflegekassen

- AOK-Bundesverband, Bonn
- BKK-Bundesverband, Essen
- IKK-Bundesverband, Bergisch Gladbach
- See-Krankenkasse, Hamburg
- Bundesverband der landwirtschaftlichen Krankenkassen, Kassel
- Bundesknappschaft, Bochum
- Verband der Angestellten-Krankenkassen e.V., Siegburg
- AEV – Arbeiter-Ersatzkassen-Verband e.V., Siegburg

Gemeinsame Grundsätze und Maßstäbe zur Qualität und Qualitätssicherung einschließlich des Verfahrens zur Durchführung von Qualitätsprüfungen nach § 80 SGB XI in der vollstationären Pflegeeinrichtungen vom 21. Oktober 1996

(BAnz. 1996 Nr. 213 S. 120)

der Vereinigungen der Träger der vollstationären Pflegeeinrichtungen auf Bundesebene,

- Arbeiterwohlfahrt Bundesverband e.V., Bonn
- Deutscher Caritasverband e.V., Freiburg
- Deutscher Paritätischer Wohlfahrtsverband Gesamtverband e.V., Frankfurt a. M.
- Deutsches Rotes Kreuz e.V., Bonn
- Diakonisches Werk der Evangelischen Kirche in Deutschland e.V., Stuttgart

675

Materialien

Ambulant

und

der Bundesarbeitsgemeinschaft der überörtlichen Träger der Sozialhilfe, Karlsruhe

der Bundesvereinigung der kommunalen Spitzenverbände, Köln

und

den Vereinigungen der Träger der Pflegeeinrichtungen (im folgenden Pflegedienste genannt) auf Bundesebene,

- Arbeiterwohlfahrt Bundesverband e.V., Bonn
- Deutscher Caritasverband e.V., Freiburg
- Deutscher Paritätischer Wohlfahrtsverband Gesamtverband e.V., Frankfurt a. M.
- Deutsches Rotes Kreuz e.V., Bonn
- Diakonisches Werk der Evangelischen Kirche in Deutschland e.V., Stuttgart
- Bundesverband privater Alten- und Pflegeheime und sozialer Dienste e.V., Bonn
- Arbeitsgemeinschaft ambulanter Pflegedienste e.V., Hannover
- Arbeitsgemeinschaft Hauskrankenpflege e.V., Bremerhaven

Teilstationär

- AEV – Arbeiter-Ersatzkassen-Verband e.V., Siegburg

und

der Bundesarbeitsgemeinschaft der überörtlichen Träger der Sozialhilfe, Karlsruhe

der Bundesvereinigung der kommunalen Spitzenverbände, Köln

und

den Vereinigungen der Träger der Pflegeeinrichtungen (im folgenden teilstationäre Pflegeeinrichtungen genannt) auf Bundesebene

- Arbeiterwohlfahrt Bundesverband e.V., Bonn
- Deutscher Caritasverband e.V., Freiburg
- Deutscher Paritätischer Wohlfahrtsverband Gesamtverband e.V., Frankfurt a. M.
- Deutsches Rotes Kreuz e.V., Bonn
- Diakonisches Werk der Evangelischen Kirche in Deutschland e.V., Stuttgart
- Arbeitsgemeinschaft Hauskrankenpflege e.V., Bremerhaven
- Berufsverband Hauskrankenpflege in Deutschland e.V., Hannover
- Bundesverband Ambulante Dienste e.V., Essen

Kurzzeitpflege

und

der Bundesarbeitsgemeinschaft der überörtlichen Träger der Sozialhilfe, Karlsruhe

der Bundesvereinigung der kommunalen Spitzenverbände, Köln

und

den Vereinigungen der Träger der Pflegeeinrichtungen (im folgenden Kurzzeit- Pflegeeinrichtungen genannt) auf Bundesebene,

- Arbeiterwohlfahrt Bundesverband e.V., Bonn
- Deutscher Caritasverband e.V., Freiburg
- Deutscher Paritätischer Wohlfahrtsverband Gesamtverband e.V., Frankfurt a. M.
- Deutsches Rotes Kreuz e.V., Bonn
- Diakonisches Werk der Evangelischen Kirche in Deutschland e.V., Stuttgart
- Zentralwohlfahrtsstelle der Juden in Deutschland e.V., Frankfurt a. M.
- Arbeitsgemeinschaft Hauskrankenpflege e.V., Bremerhaven
- Berufsverband Hauskrankenpflege in Deutschland e.V., Hannover

Vollstationär

- Zentralwohlfahrtsstelle der Juden in Deutschland e.V., Frankfurt a. M.
- Verband Deutscher Alten- und Behindertenhilfe e.V., Essen
- Bundesverband Privater Alten- und Pflegeheime und soziale Dienste e.V., Bonn
- Arbeitsgemeinschaft privater Heime e.V., Bonn

der Bundesarbeitsgemeinschaft der überörtlichen Träger der Sozialhilfe, Karlsruhe

der Bundesvereinigung der kommunalen Spitzenverbände, Köln, sowie

der Spitzenverbände der Pflegekassen

- AOK-Bundesverband, Bonn
- BKK-Bundesverband, Essen
- IKK-Bundesverband, Bergisch Gladbach
- See-Krankenkasse, Hamburg
- Bundesverband der landwirtschaftlichen Krankenkassen, Kassel
- Bundesknappschaft, Bochum
- Verband der Angestellten-Krankenkassen e.V., Siegburg
- AEV – Arbeiter-Ersatzkassen-Verband e. V., Siegburg

Gemeinsame Grundsätze zur Qualität und Qualitätssicherung

- Berufsverband Hauskrankenpflege in Deutschland e.V., Hannover
- Bundesarbeitsgemeinschaft Hauskrankenpflege e.V., Berlin
- Bundesverband Ambulante Dienste e.V., Essen
- Verband Deutscher Alten- und Behindertenhilfe e.V., Essen
- Verband Deutscher Alten- und Behindertenhilfe e.V., Essen
- Bundesverband Privater Alten- und Pflegeheime und sozialer Dienste e.V., Bonn
- Bundesarbeitsgemeinschaft Hauskrankenpflege e.V., Berlin
- Arbeitgeberverband Ambulanter Pflegedienste e.V., Hannover
- Bundesverband Ambulante Dienste e.V., Essen
- Verband Deutscher Alten- und Behindertenhilfe e.V., Essen
- Bundesverband Privater Alten- und Pflegeheime und sozialer Dienste e.V., Bonn
- Arbeitsgemeinschaft privater Heime e.V., Bonn
- Bundesarbeitsgemeinschaft Hauskrankenpflege e.V., Berlin

Präambel

Zur Sicherstellung einer qualifizierten ambulanten Versorgung im Rahmen der sozialen Pflegeversicherung haben die Spitzenverbände der Pflegekassen die Bundesarbeitsgemeinschaft der überörtlichen Träger der Sozialhilfe, die Bundesvereinigung der Kommunalen Spitzenverbände sowie die Vereinigungen der Träger der Pflegeeinrichtungen auf Bundesebene in enger Zusammenarbeit mit dem Medizinischen Dienst der Spitzenverbände der Krankenkassen sowie den Verbänden der Pflegeberufe und den Verbänden der Behinderten die nachstehenden Grundsätze und Maßstäbe für die

Präambel

Zur Sicherstellung einer qualifizierten teilstationären Pflege (Tages- und Nachtpflege) im Rahmen der sozialen Pflegeversicherung haben die Spitzenverbände der Pflegekassen, die Bundesarbeitsgemeinschaft der überörtlichen Träger der Sozialhilfe, die Bundesvereinigung der Kommunalen Spitzenverbände sowie die Vereinigungen der Träger der Pflegeeinrichtungen auf Bundesebene in enger Zusammenarbeit mit dem Medizinischen Dienst der Spitzenverbände der Krankenkassen sowie den Verbänden der Pflegeberufe und den Verbänden der Behinderten die nachstehenden Grundsätze und Maß-

Präambel

Zur Sicherstellung einer qualifizierten Kurzzeitpflege im Rahmen der sozialen Pflegeversicherung haben die Spitzenverbände der Pflegekassen, die Bundesarbeitsgemeinschaft der überörtlichen Träger der Sozialhilfe, die Bundesvereinigung der Kommunalen Spitzenverbände sowie die Vereinigungen der Träger der Pflegeeinrichtungen auf Bundesebene in enger Zusammenarbeit mit dem Medizinischen Dienst der Spitzenverbände der Krankenkassen sowie den Verbänden der Pflegeberufe und den Verbänden der Behinderten die nachstehenden Grundsätze und Maßstäbe für die Qualität und die Qua-

Präambel

Zur Sicherstellung einer qualifizierten vollstationären **ganzheitlichen** Pflege und Versorgung haben die Vereinigungen der Träger der vollstationären Pflegeeinrichtungen auf Bundesebene, die Bundesarbeitsgemeinschaft der überörtlichen Träger der Sozialhilfe, die Bundesvereinigung der kommunalen Spitzenverbände der Pflegekassen in enger Zusammenarbeit mit dem Medizinischen Dienst der Spitzenverbände der Krankenkassen sowie den Verbänden der Pflegeberufe und den Verbänden der Behinderten die nachstehenden Grundsätze und Maßstäbe für die Qualität und die Qualitätssicherung

Materialien

Ambulant	Teilstationär	Kurzzeitpflege	Vollstationär

Ambulant

Qualität und die Qualitätssicherung sowie das Verfahren zur Durchführung von Qualitätsprüfungen vereinbart. Sie sind für alle Pflegekassen und deren Verbände sowie für die zugelassenen Pflegeeinrichtungen unmittelbar verbindlich (§ 80 Abs. 1 SGB XI) und sind bei allen weiteren Vereinbarungen nach dem SGB XI zwischen den Vertragsparteien heranzuziehen.

Diese Vereinbarung gilt nicht für die Pflege von Behinderten durch die besonderen Dienste und Einrichtungen der Behindertenhilfe.

Soweit Pflege auf der Grundlage des SGB XI erbracht wird, werden die dafür geltenden Qualitätsmaßstäbe gesondert vereinbart.

Diese Vereinbarung gilt nicht für die Qualität und Qualitätssicherung einschließlich des Verfahrens zur Durchführung von Qualitätsprüfungen nach § 80 SGB XI im Bereich der teilstationären Pflege, der Kurzzeitpflege sowie der vollstationären Pflege.

Teilstationär

stäbe für die Qualität und die Qualitätssicherung sowie das Verfahren zur Durchführung von Qualitätsprüfungen vereinbart. Sie sind für alle Pflegekassen und deren Verbände sowie für die zugelassenen Pflegeeinrichtungen unmittelbar verbindlich (§ 80 Abs. 1 SGB XI) und sind bei allen weiteren Vereinbarungen nach dem SGB XI zwischen den Vertragsparteien heranzuziehen.

Diese Vereinbarung gilt nicht für die Pflege von Behinderten durch die besonderen Dienste und Einrichtungen der Behindertenhilfe.

Soweit Pflege auf der Grundlage des SGB XI erbracht wird, werden die dafür geltenden Qualitätsmaßstäbe gesondert vereinbart.

Kurzzeitpflege

litätssicherung sowie das Verfahren zur Durchführung von Qualitätsprüfungen vereinbart. Sie sind für alle Pflegekassen und deren Verbände sowie für die zugelassenen Pflegeeinrichtungen unmittelbar verbindlich (§ 80 Abs. 1 SGB XI) und sind bei allen weiteren Vereinbarungen nach dem SGB XI zwischen den Vertragsparteien heranzuziehen.

Diese Vereinbarung gilt nicht für die Pflege von Behinderten durch die besonderen Dienste und Einrichtungen der Behindertenhilfe.

Soweit Pflege auf der Grundlage des SGB XI erbracht wird, werden die dafür geltenden Qualitätsmaßstäbe gesondert vereinbart.

Vollstationär

sowie das Verfahren zur Durchführung von Qualitätsprüfungen vereinbart. **Die Partner dieser Vereinbarung sind sich darin einig, daß die Sicherstellung einer ganzheitlichen Pflege und Versorgung die Verantwortung aller Beteiligten erfordert.**

Die Vereinbarung ist für alle Pflegekassen und deren Verbände sowie für die zugelassenen vollstationären Pflegeeinrichtungen unmittelbar verbindlich (§ 80 Abs. 1 SGB XI) und ist bei allen weiteren Vereinbarungen nach dem SGB XI zwischen den Vertragsparteien heranzuziehen.

Für die Pflege von Behinderten in den Einrichtungen der Behindertenhilfe gilt diese Vereinbarung nicht. Soweit in solchen Einrichtungen Pflege erbracht wird, **sollen** die dafür geltenden Qualitätsmaßstäbe gesondert vereinbart werden.

Gemeinsame Grundsätze zur Qualität und Qualitätssicherung

1. Grundsätze

1.1 Ziel

Ambulante Pflege nach dem Pflege-Versicherungsgesetz soll

- im Einzelfall fachlich kompetente und bedarfsgerechte Pflege nach den allgemein anerkannten pflegewissenschaftlichen Erkenntnissen zu wirtschaftlich vertretbaren Bedingungen gewährleisten,
- durch Information und Austausch eine partnerschaftliche Zusammenarbeit aller Beteiligten ermöglichen,
- eine Vertrauensbasis zwischen Pflegebedürftigen und Leistungserbringern schaffen,
- flexibel auf die Notwendigkeiten des Einzelfalles reagieren,
- die individuelle Lebenssituation und die Selbstversorgungskompetenz des Pflegebedürftigen respektieren und fördern.

Dabei ist die Verzahnung mit anderen Leistungen der Gesundheitssicherung, der Alten- und Behindertenhilfe zu berücksichtigen.

1. Grundsätze

1.1 Ziel

Teilstationäre Pflege nach dem Pflege-Versicherungsgesetz soll

- im Einzelfall fachlich kompetente und bedarfsgerechte Pflege nach den allgemein anerkannten pflegewissenschaftlichen Erkenntnissen zu wirtschaftlich vertretbaren Bedingungen gewährleisten,
- durch Information und Austausch eine partnerschaftliche Zusammenarbeit aller Beteiligten ermöglichen,
- eine Vertrauensbasis zwischen Pflegebedürftigen und Leistungserbringern schaffen,
- **auf aktivierende Pflege ausgerichtet sein,**
- flexibel auf die Notwendigkeiten des Einzelfalles reagieren,
- **die Erhaltung oder Wiedergewinnung einer möglichst selbständigen Lebensführung fördern unter Berücksichtigung der individuellen Lebenssituation und der Biographie des Pflegebedürftigen,**

1. Grundsätze

1.1 Ziel

Kurzzeitpflege nach dem Pflege-Versicherungsgesetz soll insbesondere

- **zur Aufrechterhaltung der häuslichen Pflege beitragen, wenn häusliche Pflege oder teilstationäre Pflege vorübergehend nicht möglich oder ausreichend ist,**
- **für den Pflegebedürftigen den Übergang aus der stationären Behandlung in die häusliche Pflege erleichtern und ermöglichen,**
- im Einzelfall fachlich kompetente und bedarfsgerechte Pflege nach den allgemein anerkannten pflegewissenschaftlichen Erkenntnissen zu wirtschaftlich vertretbaren Bedingungen gewährleisten,
- durch Information und Austausch eine partnerschaftliche Zusammenarbeit aller Beteiligten ermöglichen,
- eine Vertrauensbasis zwischen Pflegebedürftigen und Leistungserbringern schaffen,
- **auf aktivierende Pflege ausgerichtet sein,**

1. Grundsätze

1.1 Ziele

Vollstationäre Pflegeeinrichtungen erbringen Leistungen auf der Basis der folgenden Ziele:

- Die Pflege und Versorgung der Bewohner in einer vollstationären Pflegeeinrichtung wird auf Dauer sichergestellt, wenn häusliche oder teilstationäre Pflege nicht möglich ist oder wegen der Besonderheiten der einzelnen Lebenssituation des Bewohners nicht in Betracht kommt.
- Die Pflege und Versorgung in einer vollstationären Pflegeeinrichtung orientiert sich an einer menschenwürdigen Lebensqualität und Zufriedenheit des Bewohners. Unter besonderer Berücksichtigung der Biographie und bisherigen Lebensgewohnheiten **trägt sie zur Befriedigung der körperlichen, geistigen, sozialen und seelischen Bedürfnisse des Bewohners bei und bietet Hilfestellung bei der Bewältigung von Lebenskrisen.**
- Die Erhaltung und Wiedergewinnung einer möglichst selbständigen Lebensführung bei allen

Materialien

Ambulant	Teilstationär	Kurzzeitpflege	Vollstationär
	– **zur Aufrechterhaltung der häuslichen Pflege beitragen,** – **die pflegenden Angehörigen unterstützen und entlasten.** Dabei ist die Verzahnung mit anderen Leistungen der Gesundheitssicherung, **insbesondere der Rehabilitation** sowie der Alten- und Behindertenhilfe sicherzustellen.	– flexibel auf die Notwendigkeiten des Einzelfalles reagieren, – **die Erhaltung oder Wiedergewinnung einer möglichst selbständigen Lebensführung fördern unter Berücksichtigung der individuellen Lebenssituation und der Biographie des Pflegebedürftigen,** – **die pflegenden Angehörigen unterstützen und entlasten.** Dabei ist die Verzahnung mit anderen Leistungen der Gesundheitssicherung, **insbesondere der Rehabilitation**, der ärztlichen Versorgung sowie der Alten- und Behindertenhilfe sicherzustellen.	Aktivitäten des täglichen Lebens des Bewohners ist anzustreben. Soweit es die individuelle Pflegesituation und das soziale Umfeld zulassen, ist die Rückkehr in eine eigene Häuslichkeit zu fördern. – **Die Tages- und Nachtstrukturierung wird bewohnerorientiert ausgerichtet. Die Gestaltung eines vom Bewohner als sinnvoll erlebten Alltags sowie die Teilnahme am sozialen und kulturellen Leben sind zu ermöglichen. Die Bewohner werden bei der Wahrnehmung ihrer Wahl- und Mitsprachemöglichkeiten unterstützt.** – Auf eine Vertrauensbeziehung zwischen dem Bewohner und den an der Pflege und Versorgung Beteiligten wird hingearbeitet. – **Die an der Pflege und Versorgung Beteiligten arbeiten partnerschaftlich zusammen. Hierzu gehört ein regelmäßiger Informations- und Erfahrungsaustausch. Mit dem Heimbeirat wird eng zusammengearbeitet.** – Die Pflege und Versorgung wird bedarfsgerecht und flexibel an Veränderungen der Pflegesitua-

Gemeinsame Grundsätze zur Qualität und Qualitätssicherung

1.2 Ebenen der Qualität

Pflegequalität umfaßt die Struktur-, Prozeß- und Ergebnisqualität.

Strukturqualität

Die Strukturqualität stellt sich in den Rahmenbedingungen des Leistungserbringungsprozesses dar. Hierunter ist insbesondere die personelle und sachliche Ausstattung des Pflegedienstes zu subsumieren.

Prozeßqualität

Prozeßqualität bezieht sich auf den Pflege- und Versorgungsablauf. Es geht dabei u. a. um Fragen der Pflegeanamnese und -planung, die Ausführung sowie die Dokumentation des Pflegeprozesses.

Ergebnisqualität

Ergebnisqualität ist als Zielerreichungsgrad der pflegerischen Maßnahmen zu verstehen.

1.2 Ebenen der Qualität

Pflegequalität umfaßt die Struktur-, Prozeß- und Ergebnisqualität.

Strukturqualität

Die Strukturqualität stellt sich in den Rahmenbedingungen des Leistungsprozesses dar. Hierunter ist insbesondere die personelle und sachliche Ausstattung der Pflegeeinrichtung zu subsumieren.

Prozeßqualität

Prozeßqualität bezieht sich auf den Pflege- und Versorgungsablauf. Es geht dabei u. a. um Fragen der Pflegeanamnese und -planung, die Ausführung sowie die Dokumentation des Pflegeprozesses.

Ergebnisqualität

Ergebnisqualität ist als Zielerreichungsgrad der pflegerischen Maßnahmen zu verstehen. Zu vergli-

tion angepaßt. **Dabei soll ein Zimmerwechsel möglichst vermieden werden.**
– Die Pflege wird fachlich kompetent nach den allgemein anerkannten pflegewissenschaftlichen Erkenntnissen, bedarfsgerecht und wirtschaftlich erbracht.

1.2 Ebene der Qualität

Die Qualität umfaßt die Struktur-, Prozeß- und Ergebnisqualität.

Strukturqualität

Die Strukturqualität stellt sich in den Rahmenbedingungen des Leistungsprozesses dar. Hierunter ist insbesondere die personelle, räumliche und sachliche Ausstattung der vollstationären Pflegeeinrichtung zu subsumieren.

Prozeßqualität

Prozeßqualität bezieht sich auf den **ganzheitlichen** Pflege- und Versorgungsablauf **sowie die Unterkunft**. Es geht dabei u. a. um die Pflegeanamnese und -planung, die Koordinierung und Ausführung der Leistungen sowie die Dokumentation des Pflegeprozesses.

Ergebnisqualität

Die Ergebnisqualität ist als Zielerreichungsgrad der Maßnahmen im

Materialien

Ambulant

nahmen zu verstehen. Zu vergleichen sind das angestrebte Pflegeziel mit dem tatsächlich erreichten Zustand unter Berücksichtigung des Befindens und der Zufriedenheit des Pflegebedürftigen.

1.3 Qualitätssicherung

1.3.1 Maßnahmen der Qualitätssicherung und ihre institutionelle Verankerung können höchst unterschiedlich gestaltet werden. Je nach Standort sind hier Maßnahmen der internen und externen Qualitätssicherung zu unterscheiden.

1.3.1.1 Die interne Qualitätssicherung bezieht sich auf jede Einrichtung und jeden Dienst. Jeder Pflegedienst ist für die Qualität der Leistungen, die er den Versicherten gegenüber erbringt, verantwortlich.

1.3.1.2 Bei der externen Qualitätssicherung handelt es sich um unterschiedliche Formen von Beratung und Außenkontrolle, sei dies im Rahmen rechtlicher Verpflichtungen oder freiwilliger Prüfung.

1.3.2 Verfahren und Methoden zur Qualitätssicherung unterscheiden sich in zentrale und dezentrale.

Teilstationär

nahmen zu verstehen. Zu vergleichen sind das angestrebte Pflegeziel mit dem tatsächlich erreichten Zustand unter Berücksichtigung des Befindens und der Zufriedenheit des Pflegebedürftigen.

1.3 Qualitätssicherung

1.3.1 Maßnahmen der Qualitätssicherung und ihre institutionelle Verankerung können höchst unterschiedlich gestaltet werden. Je nach Standort sind hier Maßnahmen der internen und externen Qualitätssicherung zu unterscheiden.

1.3.1.1 Die interne Qualitätssicherung bezieht sich auf jede Einrichtung und umfaßt die diesbezüglichen Maßnahmen der Pflegeeinrichtung zur Qualitätssicherung. Jede Pflegeeinrichtung ist für die Qualität der Leistungen, die sie den Versicherten gegenüber erbringt, verantwortlich.

1.3.1.2 Bei der externen Qualitätssicherung handelt es sich um unterschiedliche Formen von Beratung und Außenkontrolle, sei dies im Rahmen rechtlicher Verpflichtungen oder freiwilliger Prüfung.

Kurzzeitpflege

chen sind das angestrebte Pflegeziel mit dem tatsächlich erreichten Zustand unter Berücksichtigung des Befindens und der Zufriedenheit des Pflegebedürftigen.

1.3 Qualitätssicherung

1.3.1 Maßnahmen der Qualitätssicherung und ihre institutionelle Verankerung können höchst unterschiedlich gestaltet werden. Je nach Standort sind hier Maßnahmen der internen und externen Qualitätssicherung zu unterscheiden.

1.3.1.1 Die interne Qualitätssicherung bezieht sich auf jede Einrichtung und umfaßt die diesbezüglichen Maßnahmen der Pflegeeinrichtung zur Qualitätssicherung. Jede Pflegeeinrichtung ist für die Qualität der Leistungen, die sie den Versicherten gegenüber erbringt, verantwortlich.

1.3.1.2 Bei der externen Qualitätssicherung handelt es sich um unterschiedliche Formen von Beratung und Außenkontrolle, sei dies im Rahmen rechtlicher Verpflichtungen oder freiwilliger Prüfung.

Vollstationär

Rahmen des ganzheitlichen Pflege- und Versorgungsablaufs zu verstehen. Zu vergleichen sind die angestrebten Ziele mit dem tatsächlich erreichten Zustand unter Berücksichtigung des Befindens und der Zufriedenheit des Bewohners.

1.3 Qualitätssicherung

1.3.1 Interne und externe Qualitätssicherung

Maßnahmen der Qualitätssicherung und ihre institutionelle Verankerung können unterschiedlich gestaltet werden. Es sind hier Maßnahmen der internen und externen Qualitätssicherung zu unterscheiden.

Die interne Qualitätssicherung bezieht sich auf jede Einrichtung und umfaßt die diesbezüglichen Maßnahmen der vollstationären Pflegeeinrichtung zur Qualitätssicherung. Jede Pflegeeinrichtung ist für die Qualität ihrer Leistungen verantwortlich.

Bei der externen Qualitätssicherung handelt es sich um unterschiedliche Formen von Beratung und Außenkontrolle, sei dies im Rahmen rechtlicher Verpflichtungen oder freiwilliger Prüfung.

Gemeinsame Grundsätze zur Qualität und Qualitätssicherung

1.3.2.1 Zentrale Methoden zeichnen sich in der Regel durch ein wissenschaftlich fundiertes Instrumentarium aus, das die Art und Weise der Durchführung von Pflege anhand von Standards und Kriterien vorgibt.

1.3.2.2 Dezentrale Methoden der Qualitätssicherung sehen die Anpassung und Umsetzung von Standards und Kriterien pflegerischer Arbeit und ihre Kontrolle durch die beruflichen Akteure vor Ort selbst vor.

2. Leistungserbringer

Leistungserbringer für die ambulante Pflege sind
- Pflegedienste freigemeinnütziger Träger,
- Pflegedienste privater Träger,
- Pflegedienste öffentlicher Träger.

In den weiteren Ausführungen werden die Leistungserbringer einheitlich als »Pflegedienste« bezeichnet.

1.3.2 Verfahren und Methoden zur Qualitätssicherung unterscheiden sich in zentrale und dezentrale.

1.3.2.1 Zentrale Methoden zeichnen sich in der Regel durch ein wissenschaftlich fundiertes Instrumentarium aus, das die Art und Weise der Durchführung von Pflege anhand von Standards und Kriterien vorgibt.

1.3.2.2 Dezentrale Methoden der Qualitätssicherung sehen die Anpassung und Umsetzung von Standards und Kriterien pflegerischer Arbeit und ihre Kontrolle durch die beruflichen Akteure vor Ort selbst vor.

2. Leistungserbringer

Leistungserbringer für die teilstationäre Pflege (Tages- und Nachtpflege) sind:
- Pflegeeinrichtungen freigemeinnütziger Träger,
- Pflegeeinrichtungen privater Träger,
- Pflegeeinrichtungen öffentlicher Träger.

Teilstationäre Pflegeeinrichtungen im Sinne dieser Grundsätze und

1.3.2 Zentrale und dezentrale Methoden

Verfahren und Methoden zur Qualitätssicherung unterscheiden sich in zentrale und dezentrale.

Zentrale Methoden zeichnen sich in der Regel durch ein wissenschaftlich fundiertes Instrumentarium aus, das die Art und Weise der Durchführung der Leistungen anhand von Standards und Kriterien vorgibt.

Dezentrale Methoden sehen die Anpassung und Umsetzung von Standards und Kriterien pflegerischer Arbeit und ihre Kontrolle durch die beruflichen Akteure vor Ort selbst vor.

2. Leistungserbringer

Leistungserbringer für die vollstationäre Pflege sind:
- vollstationäre Pflegeeinrichtungen freigemeinnütziger Träger
- vollstationäre Pflegeeinrichtungen privater Träger
- vollstationäre Pflegeeinrichtungen öffentlicher Träger

Vollstationäre Pflegeeinrichtungen im Sinne dieser Grundsätze und Maßstäbe sind – unabhängig von

Leistungserbringer für die Kurzzeitpflege sind:
- Pflegeeinrichtungen freigemeinnütziger Träger,
- Pflegeeinrichtungen privater Träger,
- Pflegeeinrichtungen öffentlicher Träger.

Kurzzeit-Pflegeeinrichtungen im Sinne dieser Grundsätze und Maßstäbe sind – unabhängig von der Trägerschaft – selbständig wirt-

Materialien

Ambulant

Pflegedienste im Sinne dieser Grundsätze und Maßstäbe sind – unabhängig von der Trägerschaft – selbständig wirtschaftende Einrichtungen, die unter **fachlicher** Verantwortung einer ausgebildeten Pflegekraft Pflegebedürftige in **ihrer Wohnung** geplant pflegen **und hauswirtschaftlich** versorgen.

3. Qualitätsmaßstäbe

3.1 Strukturqualität

3.1.1 **Struktureller Rahmen der Pflegedienstes**

3.1.1.1 Der Pflegedienst ist eine auf Dauer angelegte organisatorische Zusammenfassung von Personen und Sachmitteln, die unabhängig vom Bestand ihrer Mitarbeiter in der Lage sein muß, eine ausreichende, gleichmäßige und konstante pflegerische Versorgung eines wechselnden Kreises von Pflegebedürftigen in ihrem Einzugsgebiet zu gewährleisten.

Der Pflegedienst erbringt entsprechend dem individuellen Pflegebedarf Pflegeleistungen bei Tag und Nacht einschl. an Sonn- und Feiertagen. **Der Pflegedienst muß über eigene Geschäftsräume verfügen**

Teilstationär

Maßstäbe sind – unabhängig von der Trägerschaft – selbständig wirtschaftende Einrichtungen, die unter ständiger Verantwortung einer ausgebildeten Pflegefachkraft Pflegebedürftige geplant pflegen und versorgen.

3. Qualitätsmaßstäbe

3.1 Strukturqualität

3.1.1 **Struktureller Rahmen der Pflegeeinrichtung**

3.1.1.1 Die teilstationäre Pflegeeinrichtung ist eine auf Dauer angelegte organisatorische Zusammenfassung von Personen und Sachmitteln, die in der Lage sein muß, eine ausreichende, gleichmäßige und konstante Pflege und Versorgung eines wechselnden Kreises von Pflegebedürftigen zu gewährleisten. **Teilstationäre Pflegeeinrichtungen können sowohl als Solitäreinrichtungen bestehen wie auch räumlich und organisatorisch mit anderen Einrichtungen verbunden sein.**

3.1.1.2 Einrichtungen der Tages- und Nachtpflege erbringen entspre-

Kurzzeitpflege

schaftende Einrichtungen, die unter ständiger Verantwortung einer ausgebildeten Pflegefachkraft Pflegebedürftige geplant pflegen und versorgen.

3. Qualitätsmaßstäbe

3.1 Strukturqualität

3.1.1 **Struktureller Rahmen der Pflegeeinrichtung**

3.1.1.1 Die Kurzzeit-Pflegeeinrichtung ist eine auf Dauer angelegte organisatorische Zusammenfassung von Personen und Sachmitteln, die in der Lage sein muß, eine ausreichende, gleichmäßige und konstante Pflege und Versorgung eines wechselnden Kreises von Pflegebedürftigen zu gewährleisten. **Kurzzeit-Pflegeeinrichtungen können sowohl Solitäreinrichtungen wie auch räumlich und organisatorisch mit anderen Einrichtungen verbunden sein.**

3.1.1.2 Einrichtungen der Kurzzeitpflege erbringen entsprechend dem individuellen Pflegebedarf

Vollstationär

der Trägerschaft – selbständig wirtschaftende Einrichtungen, **in denen pflegebedürftige Personen auf Dauer wohnen und unter** ständiger Verantwortung einer ausgebildeten Pflegefachkraft **ganzheitlich** und geplant gepflegt werden.

3. Qualitätsmaßstäbe

3.1 Strukturqualität

3.1.1 **Struktureller Rahmen der vollstationären Pflegeeinrichtung**

3.1.1.1 Pflegeeinrichtungen als Organisation

Die vollstationäre Pflegeeinrichtung ist eine auf Dauer angelegte organisatorische Zusammenfassung von Personen und Sachmitteln, die in der Lage sein muß, eine ganzheitliche Pflege und Versorgung **der Bewohner** zu gewährleisten.

3.1.1.2 Verantwortliche Pflegefachkraft

Die von der vollstationären Pflegeeinrichtung angebotenen Pflegeleistungen sind unter ständiger Verantwortung einer ausgebildeten

Gemeinsame Grundsätze zur Qualität und Qualitätssicherung

und ständig erreichbar sein. **Kooperationen in der Region können gebildet werden.**

3.1.1.2 Die vom Pflegedienst angebotene ambulante Pflege ist unter ständiger Verantwortung einer ausgebildeten Pflegefachkraft durchzuführen.

Pflege unter ständiger Verantwortung einer ausgebildeten Pflegefachkraft bedeutet daher, daß diese u.a. verantwortlich ist für

- die fachliche Planung der Pflegeprozesse,
- die fachgerechte Führung der Pflegedokumentation,
- die an dem individuellen Pflegebedarf orientierte **Einsatzplanung der Pflegekräfte,**
- **die fachliche Leitung der** Dienstbesprechungen innerhalb des Pflegedienstes.

Der Träger des Pflegedienstes stellt sicher, daß bei Ausfall (z. B. durch Verhinderung, Krankheit oder Urlaub) der verantwortlichen Pflegefachkraft die Vertretung durch eine Pflegefachkraft mit der Qualifikation nach 3.1.2.1 gewährleistet ist. **Diese sollte in der Regel sozialversicherungspflichtig beschäftigt sein.**

chend dem individuellen Pflegebedarf Pflegeleistungen innerhalb der im Versorgungsvertrag festgelegten Öffnungszeiten. Dabei ist die Pflege und Versorgung in der Tagespflege an mindestens 5 Tagen in der Woche jeweils mindestens 6 Stunden und in der Nachtpflege jeweils mindestens 12 Stunden täglich zu gewährleisten.

3.1.1.3 Teilstationäre Pflegeeinrichtungen haben im Rahmen ihres Leistungsangebots auch die notwendige und angemessene Beförderung des Pflegebedürftigen von der Wohnung zur Einrichtung der Tages- und Nachtpflege und zurück sicherzustellen, soweit sie nicht von Angehörigen durchgeführt werden kann.

3.1.1.4 Die von der Pflegeeinrichtung angebotene teilstationäre Pflege (Tages- und Nachtpflege) ist unter ständiger Verantwortung einer ausgebildeten Pflegefachkraft durchzuführen.

Pflege unter ständiger Verantwortung einer ausgebildeten Pflegefachkraft bedeutet, daß diese u. a. verantwortlich ist für

- die fachliche Planung der Pflegeprozesse,

Pflegeleistungen bei Tag und Nacht einschließlich an Sonn- und Feiertagen.

3.1.1.3 Die von der Pflegeeinrichtung angebotene Kurzzeitpflege ist unter ständiger Verantwortung einer ausgebildeten Pflegefachkraft durchzuführen.

Pflege unter ständiger Verantwortung einer ausgebildeten Pflegefachkraft bedeutet, daß diese u.a. verantwortlich ist für

- die fachliche Planung der Pflegeprozesse,
- die fachgerechte Führung der Pflegedokumentation,
- die an dem individuellen Pflegebedarf orientierte Dienstplanung,
- die Durchführung von Dienstbesprechungen im Pflegebereich.

Der Träger der Pflegeeinrichtung stellt sicher, daß bei Ausfall (z. B. durch Verhinderung, Krankheit oder Urlaub) der verantwortlichen Pflegefachkraft die Vertretung durch eine Pflegefachkraft mit der Qualifikation nach 3.1.3.1 gewährleistet ist.

3.1.1.4 Der Träger der Pflegeeinrichtung ist verpflichtet, die fachliche Qualität der Leitung und der Mitarbeiter durch berufsbezogene Fort- und Weiterbildung sicherzu-

Pflegefachkraft (vgl. 3.1.2) durchzuführen.

Pflege unter ständiger Verantwortung einer ausgebildeten Pflegefachkraft bedeutet, daß diese **auf der Basis der unter 1.1 genannten Ziele** u.a. verantwortlich ist für:

- **die Anwendung der beschriebenen Qualitätsmaßstäbe im Pflegebereich**
- die fachliche Planung der Pflegeprozesse
- die fachgerechte Führung der Pflegedokumentation
- die an dem Pflegebedarf orientierte Dienstplanung der Pflegekräfte
- die **regelmäßige** Durchführung der Dienstbesprechungen innerhalb des Pflegebereichs.

Der Träger der vollstationären Pflegeeinrichtung stellt sicher, daß bei Ausfall der verantwortlichen Pflegefachkraft (z. B. durch Verhinderung, Krankheit oder Urlaub) die Vertretung durch eine Pflegefachkraft mit der Qualifikation nach 3.1.2.1 gewährleistet ist.

3.1.1.3 Fort- und Weiterbildung

Der Träger der vollstationären Pflegeeinrichtung ist verpflichtet, die fachliche Qualifikation der Leitung

Materialien

Ambulant

3.1.1.3 Der Träger des Pflegedienstes ist verpflichtet, die fachliche Führung der Leitung und der Mitarbeiter durch bedarfsbezogene Fort- und Weiterbildung sicherzustellen. Ihr Fachwissen ist ständig zu aktualisieren, fachbezogene Fachliteratur ist vorzuhalten.

3.1.2 Voraussetzungen für die Übernahme der Tätigkeit als verantwortliche Pflegefachkraft

3.1.2.1 Die fachlichen Voraussetzungen als verantwortliche Pflegefachkraft erfüllen Personen, die

a) die Erlaubnis zur Führung der Berufsbezeichnung »Krankenschwester« oder »Krankenpfleger«, oder »Kinderkrankenschwester« oder »Kinderkrankenpfleger« – entsprechend den gesetzlichen Bestimmungen in der jeweils gültigen Fassung – besitzen,

b) die Erlaubnis zur Führung der Berufsbezeichnung »Altenpflegerin« oder »Altenpfleger« mit staatlicher Anerkennung – aufgrund einer landesrechtlichen Regelung – besitzen,

3.1.2.2 Die Eignung zur Übernahme der ständigen Verantwortung ist ferner davon abhängig, daß

Teilstationär

- die fachgerechte Führung der Pflegedokumentationen,
- die an dem individuellen Pflegebedarf orientierte Dienstplanung,
- die Durchführung von Dienstbesprechungen im Pflegebereich.

Der Träger der Pflegeeinrichtung stellt sicher, daß bei Ausfall (z. B. durch Verhinderung, Krankheit oder Urlaub) der verantwortlichen Pflegefachkraft die Vertretung durch eine Pflegefachkraft mit der Qualifikation nach 3.1.1.3 gewährleistet ist.

3.1.1.5 Der Träger der Pflegeeinrichtung ist verpflichtet, die fachliche Qualität der Leitung und der Mitarbeiter durch berufsbezogene Fort- und Weiterbildung sicherzustellen. Deren Fachwissen ist regelmäßig zu aktualisieren; Fachliteratur ist vorzuhalten.

3.1.3 Voraussetzungen für die Übernahme der Tätigkeit als verantwortliche Pflegefachkraft

3.1.3.1 Die fachlichen Voraussetzungen als verantwortliche Pflegefachkraft erfüllen Personen, die

a) die Erlaubnis zur Führung der Berufsbezeichnung »Krankenschwester« oder »Krankenpfleger«, oder »Kinderkran-

Kurzzeitpflege

stellen. Deren Fachwissen ist regelmäßig zu aktualisieren; Fachliteratur ist vorzuhalten.

3.1.3 Voraussetzungen für die Übernahme der Tätigkeit als verantwortliche Pflegefachkraft

3.1.3.1 Die fachlichen Voraussetzungen als verantwortliche Pflegefachkraft erfüllen Personen, die

a) die Erlaubnis zur Führung der Berufsbezeichnung »Krankenschwester« oder »Krankenpfleger« oder »Kinderkrankenschwester« oder »Kinderkrankenpfleger« – entsprechend den gesetzlichen Bestimmungen in der jeweils gültigen Fassung – besitzen,

b) die Erlaubnis zur Führung der Berufsbezeichnung »Altenpflegerin« oder »Altenpfleger« mit staatlicher Anerkennung – aufgrund einer landesrechtlichen Regelung – besitzen,

3.1.3.2 Die Eignung zur Übernahme der ständigen Verantwortung ist ferner davon abhängig, daß

a) innerhalb der letzten fünf Jahre mindestens zwei Jahre ein unter 3.1.3.1 genannter Beruf hauptberuflich ausgeübt wurde.

b) der Abschluß einer Weiterbildungsmaßnahme für leitende

Vollstationär

und der Mitarbeiter durch **funktions- und aufgabenbezogene** Fort- und Weiterbildung sicherzustellen. Ihr Fachwissen ist regelmäßig zu aktualisieren, Fachliteratur ist **zugänglich** vorzuhalten.

3.1.2 Voraussetzungen für die Übernahme der Tätigkeit als verantwortliche Pflegefachkraft

3.1.2.1 Pflegefachkraft

Die fachlichen Voraussetzungen als verantwortliche Pflegefachkraft im Sinne des Pflege-Versicherungsgesetzes erfüllen Personen, die

a) die Erlaubnis zur Führung der Berufsbezeichnung »Krankenschwester/Krankenpfleger« oder »Kinderkrankenschwester/Kinderkrankenpfleger« – entsprechend den gesetzlichen Bestimmungen in der jeweils gültigen Fassung – besitzen,

b) die Erlaubnis zur Führung der Berufsbezeichnung »Altenpflegerin/Altenpfleger« staatlicher Anerkennung – aufgrund einer landesrechtlichen Regelung – besitzen.

3.1.2.2 Weitere Eignungen

Die Eignung zur Übernahme der ständigen Verantwortung ist ferner davon abhängig, daß

Gemeinsame Grundsätze zur Qualität und Qualitätssicherung

a) innerhalb der letzten fünf Jahre mindestens zwei Jahre ein unter 3.1.2.1 genannter Beruf hauptberuflich ausgeübt wurde und

b) der Abschluß einer Weiterbildungsmaßnahme für leitende Funktionen mit einer Mindeststundenanzahl von 460 Stunden vorliegt. Verantwortliche Pflegefachkräfte, die über eine entsprechende Weiterbildung nicht verfügen, müssen im Rahmen einer Übergangsfrist von sieben Jahren nach Abschluß der Vereinbarung diese Qualifikation erworben haben. Bei Vorliegen langjähriger Berufstätigkeit in dieser Funktion und einschlägiger Fortbildung können auf begründeten Antrag des Trägers innerhalb dieser Frist im Einzelfall von den Vertragspartnern nach § 72 Abs. 2 SGB XI Ausnahmen zugelassen werden;

oder

der Abschluß einer Ausbildung im Pflegemanagement an einer Fachhochschule oder Universität vorliegt.

3.1.3.3 Die verantwortliche Pflegefachkraft muß in dieser Funktion in einem sozialversicherungspflichtigen Beschäftigungsverhältnis tätig sein, soweit sie nicht Inhaberin der Pflegeeinrichtung ist. Die Voraussetzungen des Satzes 1 sind auch erfüllt, sofern die verantwortliche Pflegefachkraft Eigentümerin oder Gesellschafterin der Pflegeeinrichtung ist und die Tätigkeitsschwerpunkte der Pflegedienstleitung sich auf die jeweilige Pflegeeinrichtung beziehen. Ausgenommen von dieser Regelung sind Mitglieder geistlicher Genossenschaften, Diakonissen und Kirchenbeamte.

kenpfleger« – entsprechend den gesetzlichen Bestimmungen in der jeweils gültigen Fassung – besitzen,

b) die Erlaubnis zur Führung der Berufsbezeichnung »Altenpflegerin« oder »Altenpfleger« mit staatlicher Anerkennung – aufgrund einer landesrechtlichen Regelung – besitzen.

3.1.3.2 Die Eignung zur Übernahme der ständigen Verantwortung ist ferner davon abhängig, daß innerhalb der letzten fünf Jahre mindestens zwei Jahre in unter 3.1.3.1 genannter Beruf hauptberuflich ausgeübt wurde.

3.1.3.3 Die verantwortliche Pflegefachkraft muß in dieser Funktion in einem sozialversicherungspflichtigen Beschäftigungsverhältnis tätig sein, soweit sie nicht Inhaberin der Pflegeeinrichtung ist. Die Voraussetzungen des Satzes 1 sind auch erfüllt, sofern die verantwortliche Pflegefachkraft Eigentümerin oder Gesellschafterin der Pflegeeinrichtung ist und die Tätigkeitsschwerpunkte der Pflegedienstleitung sich auf die jeweilige Pflegeeinrichtung beziehen. Ausgenommen von dieser Regelung sind Mitglieder geistlicher Genossenschaften, Diakonissen und Kirchenbeamte.

a) innerhalb der letzten fünf Jahre mindestens zwei Jahre ein unter 3.1.2.1 genannter Beruf hauptberuflich, davon in der Regel mindestens ein Jahr im ambulanten Bereich, ausgeübt wurde und

b) der Abschluß einer Weiterbildungsmaßnahme für leitende Funktionen mit einer Mindeststundenanzahl von 460 Stunden vorliegt. Verantwortliche Pflegefachkräfte, die über eine entsprechende Weiterbildung nicht verfügen, müssen im Rahmen einer Übergangsfrist von sieben Jahren nach Abschluß der Vereinbarung diese Qualifikation erworben haben. Bei Vorliegen langjähriger Berufstätigkeit in dieser Funktion und einschlägiger Fortbildung können auf begründeten Antrag des Trägers innerhalb dieser Frist im Einzelfall von den Vertragspartnern nach § 72 Abs. 2 SGB XI Ausnahmen zugelassen werden, oder der Abschluß einer Ausbildung im Pflegemanagement an einer Fachhochschule oder Universität vorliegt.

3.1.2.3 Die verantwortliche Pflegefachkraft muß in dieser Funktion

Ambulant

In einem sozialversicherungspflichtigen Beschäftigungsverhältnis tätig sein. Die Voraussetzungen des Satzes 1 sind auch erfüllt, sofern die verantwortliche Pflegefachkraft Eigentümerin oder Gesellschafterin des Pflegedienstes ist und der Tätigkeitsschwerpunkt der Pflegedienstleitung sich auf den jeweiligen Pflegedienst bezieht.

Ausgenommen von dieser Regelung sind Mitglieder geistlicher Genossenschaften, Diakonissen und Kirchenbeamte.

3.1.3 Pflegekräfte

3.1.3.1 Der Pflegedienst hat unter Berücksichtigung von Punkt 3.1.4 nach den individuellen Erfordernissen der Pflegebedürftigen auch bei Ausfall (z. B. durch Verhinderung, Krankheit oder Urlaub) – entsprechend den jeweiligen pflegerischen Leistungen – geeignete Kräfte vorzuhalten.

Geeignete Kräfte im Rahmen der häuslichen Pflegehilfe sind entsprechend ihrer fachlichen Qualifikation einzusetzen.

Teilstationär

3.1.4 Pflegekräfte

3.1.4.1 Die Pflegeeinrichtung hat unter Berücksichtigung von Punkt 3.1.5 zur Erfüllung der individuellen Erfordernisse des Pflegebedürftigen im Rahmen der Pflege und Versorgung geeignete Kräfte entsprechend ihrer fachlichen Qualifikation bereitzustellen.

3.1.4.2 Zu den geeigneten Kräften gehören insbesondere:
– Krankenschwestern/Krankenpfleger,

Kurzzeitpflege

Gesellschafterin der Pflegeeinrichtung ist und die Tätigkeitsschwerpunkte der Pflegedienstleitung sich auf die jeweilige Pflegeeinrichtung beziehen. Ausgenommen von dieser Regelung sind Mitglieder geistlicher Genossenschaften, Diakonissen und Kirchenbeamte.

3.1.4 Pflegekräfte

3.1.4.1 Die Pflegeeinrichtung hat unter Berücksichtigung von Punkt 3.1.5 zur Erfüllung der individuellen Erfordernisse des Pflegebedürftigen im Rahmen der Pflege und Versorgung geeignete Kräfte entsprechend ihrer fachlichen Qualifikation bereitzustellen.

3.1.4.2 Zu den geeigneten Kräften gehören insbesondere:
– Krankenschwestern/Krankenpfleger,

Vollstationär

3.1.2.3 Hauptberufliche Beschäftigung

Die verantwortliche Pflegefachkraft muß in dieser Funktion in einem sozialversicherungspflichtigen Beschäftigungsverhältnis tätig sein, soweit sie nicht Inhaber der vollstationären Pflegeeinrichtung ist. Die Voraussetzungen des Satzes 1 sind auch erfüllt, sofern die verantwortliche Pflegefachkraft Eigentümer oder Gesellschafter der Pflegeeinrichtung ist und der Tätigkeitsschwerpunkte der Pflegedienstleitung sich auf die jeweilige Pflegeeinrichtung beziehen. Ausgenommen von der Regelung sind Mitglieder der geistlichen Genossenschaften, Diakonissen und Kirchenbeamte.

3.1.3 Geeignete Kräfte

Die vollstationäre Pflegeeinrichtung hat unter Berücksichtigung von Punkt 3.1.6 zur Erfüllung der individuellen Erfordernisse des Bewohners im Rahmen der Pflege und Versorgung geeignete Kräfte entsprechend ihrer fachlichen Qualifikation bereitzustellen.

Hilfskräfte und angelernte Kräfte werden nur unter der fachlichen Anleitung einer Fachkraft tätig.

Gemeinsame Grundsätze zur Qualität und Qualitätssicherung

3.1.3.2 Zu den geeigneten Kräften gehören insbesondere:

- Krankenschwestern/Krankenpfleger,
- Kinderkrankenschwestern/Kinderkrankenpfleger,
- staatlich anerkannte Altenpflegerinnen/Altenpfleger,
- staatlich anerkannte Familienpflegerinnen/Familienpfleger
- Krankenpflegehelferinnen/Krankenpflegehelfer,
- staatlich anerkannte Altenpflegehelferinnen/Altenpflegehelfer,
- **Haus- und Familienpflegehelferinnen und -helfer,**
- Hauswirtschafterinnen/Hauswirtschafter,
- Fachhauswirtschafterinnen/Fachhauswirtschafter,
- Dorfhelferinnen/Dorfhelfer,
- **Familienbetreuerinnen/Familienbetreuer.**

Hilfskräfte und angelernte Kräfte werden unter der fachlichen Anleitung der Fachkraft tätig.

- Kinderkrankenschwestern/Kinderkrankenpfleger,
- staatlich anerkannte Altenpflegerinnen/Altenpfleger,
- Krankenpflegehelferinnen/Krankenpflegehelfer,
- staatlich anerkannte Altenpflegehelferinnen/Altenpflegehelfer
- staatlich anerkannte Familienpflegerinnen/Familienpfleger
- Hauswirtschafterinnen/Hauswirtschafter,
- Fachhauswirtschafterinnen/Fachhauswirtschafter,
- staatlich anerkannte Dorfhelferinnen/Dorfhelfer.

Sonstige Kräfte werden unter der fachlichen Anleitung der Fachkraft tätig.

3.1.2 Räumliche Voraussetzungen

3.1.2.1 Die Einrichtungen der Tages- und Nachtpflege müssen folgende Voraussetzungen erfüllen:

- Kinderkrankenschwestern/Kinderkrankenpfleger,
- staatlich anerkannte Altenpflegerinnen/Altenpfleger,
- Krankenpflegehelferinnen/Krankenpflegehelfer,
- staatlich anerkannte Altenpflegehelferinnen/Altenpflegehelfer
- staatlich anerkannte Familienpflegerinnen/Familienpfleger
- Hauswirtschafterinnen/Hauswirtschafter,
- Fachhauswirtschafterinnen/Fachhauswirtschafter,
- staatlich anerkannte Dorfhelferinnen/Dorfhelfer.

Sonstige Kräfte werden unter der fachlichen Anleitung der Fachkraft tätig.

3.1.2 Räumliche Voraussetzungen

3.1.2.1 Die Einrichtungen der Kurzzeitpflege müssen folgende Voraussetzungen erfüllen:

3.1.4 Räumliche Voraussetzungen

Dem Wunsch des Bewohners nach Wohnen in einem Einzel- oder Doppelzimmer soll Rechnung getragen werden. Das

Materialien

Ambulant

Teilstationär

- beschilderte, sicher zu erreichende und alten- und behindertengerechte Zugänge zu der Pflegeeinrichtung,
- direkte Zufahrt für Fahrzeuge,
- alten- und behindertengerechte Ausstattung,
- ein angemessenes Raumangebot einschl. Ruhe- und Gemeinschaftsräume, um den Versorgungsauftrag erfüllen zu können (bisherige im Bereich der Sozialhilfe bestehende Regelungen und Vereinbarungen gelten als angemessen).

Tagespflegeeinrichtungen müssen ferner folgende Voraussetzungen erfüllen:

- eine Bewegungsmöglichkeit im Freien,
- eine Möglichkeit zur Erbringung von Heilmitteln.

3.1.1.2 Ruheräume sind so zu gestalten, daß die individuellen Bedürfnisse der Pflegebedürftigen Berücksichtigung finden.

Die Unterbringung in der Nachtpflege ist in Ein- bzw. Zweibettzimmern anzustreben.

Kurzzeitpflege

- beschilderte, sicher zu erreichende und alten- und behindertengerechte Zugänge zu der Pflegeeinrichtung,
- direkte Zufahrt für Fahrzeuge,
- alten- und behindertengerechte Ausstattung,
- ein angemessenes Raumangebot einschl. Gemeinschaftsräume, um den Versorgungsauftrag erfüllen zu können (bisherige im Bereich der Sozialhilfe bestehende Regelungen und Vereinbarungen gelten als angemessen).

Kurzzeit-Pflegeeinrichtungen müssen ferner folgende Voraussetzungen erfüllen:

- eine Bewegungsmöglichkeit im Freien,
- eine Möglichkeit zur Erbringung von Heilmitteln.

3.1.2.2 Die Räume, die dem Pflegebedürftigen zur Verfügung stehen, sind so zu gestalten, daß die individuellen Bedürfnisse, **die pflegerischen Erfordernisse und die Anforderungen an eine wohnliche Umgebung des Pflegebedürftigen Berücksichtigung finden. Der kurzzeitigen Aufnahme und einem wechselnden Personenkreis ist dabei Rechnung zu tragen.**

Vollstationär

Wohnen im Einzelzimmer ist anzustreben.

Die Wohnräume der Bewohner sind so zu gestalten, daß sie den angemessenen individuellen Wünschen und Bedürfnissen **nach Privatheit und Wohnlichkeit** entsprechen. **Die Aufstellung eigener Möbel und die Mitnahme persönlicher Dinge, insbesondere eigener Wäsche, ist möglich.**

Außerdem sollen den Bewohnern

- beschilderte, sicher zu erreichende sowie alten- und behindertengerechte Zugänge zu der Pflegeeinrichtung,
- eine direkte Zufahrt für Fahrzeuge,
- eine alten- und behindertengerechte Ausstattung,
- sowie ein angemessenes Angebot an Gemeinschafts- und **Therapieräumen**

zur Verfügung stehen.

3.1.5 Weitere Voraussetzungen

Der Träger der Einrichtung stellt die fachliche Qualität der hauswirtschaftlichen Versorgung sicher.

Allgemein anerkannte Hygienestandards werden beachtet, ohne daß der wohnliche Charakter beeinträchtigt wird.

Gemeinsame Grundsätze zur Qualität und Qualitätssicherung

3.1.4 Kooperationen mit anderen *ambulanten pflegerischen und hauswirtschaftlichen Diensten*

Zugelassene Pflegedienste können **mit anderen pflegerischen und hauswirtschaftlichen Diensten kooperieren.** Die Kooperation dient der Ergänzung/Erweiterung des Leistungsangebotes des Pflegedienstes. Soweit ein Pflegedienst die Leistungen anderer Pflegedienste in Anspruch nimmt, bleibt die Verantwortung für die Leistungen und Qualität bei dem zugelassenen Pflegedienst bestehen.

3.2 Prozeßqualität

Zur Durchführung einer qualifizierten ambulanten Versorgung hat der Pflegedienst folgende Voraussetzungen zu erfüllen:

Die Aufnahme in Ein- bzw. Zweibettzimmern ist anzustreben.

3.1.5 Kooperationen mit anderen Leistungserbringern

Zur Erfüllung ihres Versorgungsauftrages können zugelassene Pflegeeinrichtungen mit anderen Leistungserbringern kooperieren. Die Kooperation kann auch der Ergänzung/Erweiterung des Leistungsangebotes der Pflegeeinrichtung dienen, **insbesondere zur Rehabilitation.** Soweit eine Pflegeeinrichtung die Leistungen Dritter in Anspruch nimmt, bleibt die Verantwortung für Leistungen im Rahmen seines Versorgungsauftrages und die Qualität der Leistungen bei der zugelassenen Pflegeeinrichtung bestehen.

3.2 Prozeßqualität

Zur Durchführung einer qualifizierten Pflege hat die Pflegeeinrichtung folgende Voraussetzungen zu erfüllen:

Ein altersgerechtes, abwechslungsreiches und vielseitiges Speiseangebot einschließlich des Angebots an individuell geeigneter Diätkost wird zur Verfügung gestellt. Die Essenszeiten sind flexibel gestaltet.

3.1.6 Kooperationen mit anderen Leistungserbringern

Zur Erfüllung ihres Versorgungsauftrages können zugelassene vollstationäre Pflegeeinrichtungen mit anderen Leistungserbringern kooperieren. **Bei pflegerischen Leistungen darf nur mit zugelassenen Leistungserbringern (§ 72 SGB XI) kooperiert werden.** Soweit eine Pflegeeinrichtung Leistungen Dritter in Anspruch nimmt, bleibt die Verantwortung für die Leistungen und die Qualität bei der auftraggebenden Pflegeeinrichtung bestehen.

3.2 Prozeßqualität

Im Rahmen der Prozeßqualität hat die vollstationäre Pflegeeinrichtung zur Durchführung einer qualifizierten **ganzheitlichen** Pflege und **Versorgung** folgende Voraussetzungen zu erfüllen:

Materialien

Ambulant

3.2.1 Schriftliche Vorstellung des Pflegedienstes und Darlegung des Hilfsangebotes

Hierin könnten u.a. Informationen enthalten sein über

- das vorgehaltene Leistungsangebot,
- die Form und Durchführung der Leistungserbringung,
- das Pflegekonzept,
- die personelle Ausstattung,
- die **Verfügbarkeit** bzw. Erreichbarkeit des Pflegedienstes,
- Art und Form der Kooperation mit anderen Diensten,
- Wahrnehmung und Beratungsfunktionen,
- Beteiligung an Qualitätssicherungsmaßnahmen.

Teilstationär

3.2.1 Darstellung der Pflegeeinrichtung

Die Pflegeeinrichtung stellt ihre Leistungen schriftlich dar.

Diese Information kann Angaben enthalten über:

- das vorgehaltene Leistungsangebot im Bereich der Tages- und Nachtpflege,
- die Form und Durchführung der Leistungserbringung **auch hinsichtlich Maßnahmen aktivierender Pflege,**
- das Pflegekonzept,
- die personelle Ausstattung,
- die Öffnungszeiten der Pflegeeinrichtung,
- die Lage sowie die Erreichbarkeit der Einrichtung,
- Art und Form der Kooperation mit anderen Leistungserbringern, **wie z. B. die Durchführung von Rehabilitationsmaßnahmen,**
- Wahrnehmung von Beratungsfunktionen,
- Beteiligung an Qualitätssicherungsmaßnahmen sowie
- die zu zahlenden Entgelte für die Leistungsangebote.

Kurzzeitpflege

3.2.1 Darstellung der Pflegeeinrichtung

Die Pflegeeinrichtung stellt ihre Leistungen schriftlich dar.

Diese Information kann Angaben enthalten über:

- das vorgehaltene Leistungsangebot im Bereich der Kurzzeitpflege,
- die Form und Durchführung der Leistungserbringung **auch hinsichtlich Maßnahmen aktivierender Pflege,**
- das Pflegekonzept,
- die personelle Ausstattung,
- die Lage sowie die Erreichbarkeit der Einrichtung,
- Art und Form der Kooperation mit anderen Leistungserbringern, **wie z. B. die Durchführung von Rehabilitationsmaßnahmen,**
- Wahrnehmung von Beratungsfunktionen,
- Beteiligung an Qualitätssicherungsmaßnahmen sowie
- die zu zahlenden Entgelte für die Leistungsangebote.

Vollstationär

3.2.1 Darstellung der vollstationären Pflegeeinrichtung

Die vollstationäre Pflegeeinrichtung stellt ihre Leistungen schriftlich dar. Diese Information hat insbesondere Angaben zu enthalten über:

- das vorgehaltene Leistungsangebot und die dafür zu zahlenden Preise
- das Pflegekonzept
- die **räumliche** und personelle Ausstattung
- Beratungsangebote
- Beteiligung an Qualitätssicherungsmaßnahmen.

Zur Information eines Bewerbers gehört auch der bei Vertragsabschluß in Frage kommende Heimvertrag mit seinen Nebenbestimmungen (siehe auch § 4 Abs. 4, § 4e HeimG).

Gemeinsame Grundsätze zur Qualität und Qualitätssicherung

3.2.2 Pflegeprozeß

3.2.2.1 Erstbesuch/Anamnese

Der Pflegedienst führt zur Feststellung des Hilfebedarfs und der häuslichen Pflegesituation einen Erstbesuch beim Pflegebedürftigen durch. Dabei sind die Möglichkeiten der aktivierenden Pflege und die beim Pflegebedürftigen vorhandenen Ressourcen und Fähigkeiten zur Einbeziehung in den Pflegeprozeß herauszuarbeiten. Soweit der vom Medizinischen Dienst der Krankenversicherung empfohlene Pflegeplan vorliegt, ist dieser beim Erstbesuch heranzuziehen. Der Pflegebedürftige, seine Angehörigen und andere an der Pflege Beteiligte sind einzubeziehen.

Der Pflegedienst stellt fest, welche Leistungen innerhalb des Pflegeprozesses durch den Pflegebedürftigen, **Angehörige**, den Pflegedienst oder andere Pflegepersonen erbracht werden können. Den angemessenen Wünschen des Pflegebedürftigen ist dabei Rechnung zu tragen.

Darüber hinaus ist die soziale und kulturelle Integration des Pflegebedürftigen in das gesellschaftliche Umfeld zu beachten.

3.2.2 Pflegeprozeß

3.2.2.1 Die Pflegeeinrichtung führt ein/e Aufnahmegespräch/Anamnese durch. Soweit der vom Medizinischen Dienst der Krankenversicherung empfohlene Pflegeplan vorliegt, ist dieser heranzuziehen.

Dabei sind im Rahmen der Pflege die Möglichkeiten der aktivierenden Pflege und die beim Pflegebedürftigen vorhandenen Ressourcen und Fähigkeiten zur Einbeziehung in den Pflegeprozeß herauszuarbeiten. Der Pflegebedürftige, seine Angehörigen und andere an der Pflege Beteiligte sind einzubeziehen.

Dabei ist festzustellen, welche Leistungen im Rahmen des Pflegeprozesses durch den Pflegebedürftigen, die Pflegeeinrichtung oder andere an der Pflege beteiligte Personen erbracht werden können. Den angemessenen Wünschen des Pflegebedürftigen ist dabei Rechnung zu tragen.

Darüber hinaus ist die soziale und kulturelle Integration des Pflegebedürftigen in das gesellschaftliche Umfeld zu beachten.

3.2.2 Pflegeprozeß

3.2.2.1 Die Pflegeeinrichtung führt ein/e Aufnahmegespräch/Anamnese durch. Soweit der vom Medizinischen Dienst der Krankenversicherung empfohlene Pflegeplan vorliegt, ist dieser heranzuziehen.

Dabei sind im Rahmen der Pflege die Möglichkeiten der aktivierenden Pflege und die beim Pflegebedürftigen vorhandenen Ressourcen und Fähigkeiten zur Einbeziehung in den Pflegeprozeß herauszuarbeiten. Der Pflegebedürftige, seine Angehörigen und andere an der Pflege Beteiligte sind einzubeziehen.

Dabei ist festzustellen, welche Leistungen im Rahmen des Pflegeprozesses durch den Pflegebedürftigen, die Pflegeeinrichtung oder andere an der Pflege beteiligte Personen erbracht werden können. Den angemessenen Wünschen des Pflegebedürftigen ist dabei Rechnung zu tragen.

Darüber hinaus ist die soziale und kulturelle Integration des Pflegebedürftigen in das gesellschaftliche Umfeld zu beachten.

Erfolgt die Kurzzeitpflege aufgrund einer kurzfristig erheblichen Verschlimmerung der Pflegebedürftig-

3.2.2 Pflegekonzeption

Die vollstationäre Pflegeeinrichtung verfügt über eine dem allgemeinen Stand der pflegewissenschaftlichen Erkenntnisse entsprechende Pflegekonzeption, die auf die Aktivitäten und existentiellen Erfahrungen des täglichen Lebens und die individuelle Situation des Bewohners aufbaut.

3.2.2.2 Vorbereitung des Einzugs

Der Umzug in die Einrichtung wird mit dem zukünftigen Bewohner und seinen Angehörigen vorbereitet. Hierzu soll ein Besuch in der eigenen Häuslichkeit oder im Krankenhaus durchgeführt werden. Dabei sind u.a. der Hilfebedarf, die gewünschten bzw. notwendigen Versorgungsleistungen und die individuellen Gewohnheiten des zukünftigen Bewohners zu besprechen. Über die Mitnahme persönlicher Dinge wird der zukünftige Bewohner beraten.

Soweit die Notwendigkeit des Einsatzes von Pflegehilfsmitteln festgestellt wird, informiert die Pflege-

Materialien

Ambulant

Soweit sich die Notwendigkeit des Einsatzes von Pflegehilfsmitteln und der Anpassung des Wohnraumes ergibt, informiert der Pflegedienst hierüber die Pflegekasse, die das Weitere veranlaßt.

3.2.2.2 Pflegeplanung

Der Pflegedienst fertigt aufgrund der durch den Erstbesuch gewonnenen Erkenntnisse eine Pflegeplanung. **Darin ist die Aufteilung der Leistungserbringung auf die an der Pflege Beteiligten aufzuführen.**

Die Pflegeplanung muß der Entwicklung des Pflegeprozesses entsprechend kontinuierlich aktualisiert werden.

Teilstationär

einrichtung mit Zustimmung des Pflegebedürftigen hierüber die Angehörigen und/oder die Pflegekasse.

3.2.2.2 Die Pflegeeinrichtung fertigt aufgrund der durch das Aufnahmegespräch bzw. die Anamnese gewonnen Erkenntnisse eine Pflegeplanung an. Dabei ist die Abgrenzung der Leistungserbringung zu Leistungen anderer an der Pflege Beteiligter aufzuführen.

Die Pflegeplanung muß der Entwicklung des Pflegeprozesses entsprechend kontinuierlich aktualisiert werden.

Kurzzeitpflege

keit oder im Anschluß an eine stationäre Behandlung, ist der individuelle Pflegeprozeß darauf auszurichten, einen erneuten stationären **Aufenthalt zu vermeiden und den Übergang in die häusliche Pflege zu ermöglichen.**

Soweit die Notwendigkeit des Einsatzes von Pflegehilfsmitteln festgestellt wird, informiert die Pflegeeinrichtung mit Zustimmung des Pflegebedürftigen hierüber die Angehörigen und/oder die Pflegekasse.

3.2.2.2 Die Pflegeeinrichtung fertigt aufgrund der durch das Aufnahmegespräch bzw. die Anamnese gewonnen Erkenntnisse eine Pflegeplanung an. Dabei ist die Abgrenzung der Leistungserbringung zu Leistungen anderer an der Pflege Beteiligter aufzuführen.

Die Pflegeplanung muß der Entwicklung des Pflegeprozesses entsprechend kontinuierlich aktualisiert werden **und die Versorgung im Anschluß an den Kurzzeitpflegeaufenthalt berücksichtigen.**

Vollstationär

3.2.2.3 Pflegeplanung

Für jeden Bewohner ist eine **individuelle** Pflegeplanung unter Einbezug der Informationen des Bewohners, der Angehörigen oder anderer an der Pflege Beteiligten durchzuführen. Die Empfehlungen des Medizinischen Dienstes der Krankenversicherung (MDK) nach § 18 Abs. 5 SGB XI werden berücksichtigt. Die Möglichkeiten der aktivierenden Pflege und die beim Bewohner vorhandenen Ressourcen und Fähigkeiten zur Einbeziehung in den Pflegeprozeß sind heranzuarbeiten **und die Pflegeziele festzulegen.** Den individuellen Wünschen und Bedürfnissen des Bewohners ist dabei Rechnung zu tragen.

Gemeinsame Grundsätze zur Qualität und Qualitätssicherung

3.2.3 Pflegedokumentation

Der Pflegedienst hat ein geeignetes Pflegedokumentationssystem vorzuhalten. Die Pflegedokumentation ist sachgerecht und kontinuierlich zu führen. **Sie ist beim Pflegebedürftigen aufzubewahren. Soweit eine sichere Aufbewahrung beim Pflegebedürftigen ausnahmsweise nicht möglich ist, ist die Pflegedokumentation beim Pflegedienst zu führen.**

Zwischen den an der Pflege Beteiligten soll ein regelmäßiger Informationsaustausch stattfinden. Innerhalb des Pflegedienstes finden regelmäßige Dienstbesprechungen statt.

3.2.3 Pflegedokumentation

Die Pflegeeinrichtung hat ein geeignetes Pflegedokumentationssystem vorzuhalten. Die Pflegedokumentation ist sachgerecht und kontinuierlich durchzuführen.

3.2.3 Pflegedokumentation

Die Pflegeeinrichtung hat ein geeignetes Pflegedokumentationssystem vorzuhalten. Die Pflegedokumentation ist sachgerecht und kontinuierlich durchzuführen.

Die individuelle Pflegeplanung muß der Entwicklung des Pflegeprozesses entsprechend kontinuierlich aktualisiert werden. **Dazu gehört auch eine geeignete Pflegedokumentation. Pflegerische Leistungen sind mit hauswirtschaftlichen sowie anderen Versorgungsbereichen abzustimmen.**

Die soziale und kulturelle Integration des Bewohners in das gesellschaftliche Umfeld wird bei der Festlegung der Pflegeziele berücksichtigt. **Die Gemeinschaft unter den Bewohnern wird ermöglicht und gefördert.**

3.2.3 Pflegedokumentation

Die vollstationäre Pflegeeinrichtung hat eine geeignete Pflegedokumentation sachgerecht und kontinuierlich zu führen, **aus der heraus das Leistungsgeschehen und der Pflegeprozeß abzuleiten sind. Die Dokumentation ist mindestens fünf Jahre nach Ablauf des Kalenderjahres der Leistungserbringung aufzubewahren.**

Materialien

Ambulant

3.2.4 Pflegeteams

Durch die Bildung überschaubarer Pflegeteams ist größtmögliche Kontinuität sicherzustellen, **damit pflege- und betreuungsbedürftige Menschen von möglichst wenigen Personen betreut werden.** Die Einsatzorganisation von Pflegekräften wird orientiert an dem individuellen Pflegebedarf von der verantwortlichen Pflegefachkraft vorgenommen. **Diese hat dafür Sorge zu tragen, daß die Pflegeeinsätze zeitlich nach den angemessenen Wünschen des Pflegebedürftigen festgelegt werden und einer ausreichenden und zweckmäßigen Versorgung entsprechen.**

3.2.5 Beratung der Angehörigen

Im Rahmen der pflegerischen Versorgung werden Angehörige vom Pflegedienst beraten **und in gesundheitsfördernden und -sichernden Arbeits- bzw. Pflegetechniken unterstützt.**

3.2.6 Zusammenarbeit mit weiteren Institutionen

Im Rahmen einer qualitativen Pflege haben die Pflegedienste zur Vernetzung mit weiteren Institutionen zusammenzuarbeiten. Hierzu zählen insbesondere:

Teilstationär

3.2.4 Pflegeteams

Durch die Bildung überschaubarer Pflegeteams ist bei der Betreuung Pflegebedürftiger größtmögliche Kontinuität sicherzustellen. Die Dienstplanung wird orientiert an dem individuellen Pflegebedarf von der verantwortlichen Pflegefachkraft vorgenommen. Dazu ist ein regelmäßiger Informationsaustausch durchzuführen.

3.2.5 Beratung der Angehörigen

Im Rahmen der pflegerischen Versorgung werden Angehörige von der Pflegeeinrichtung beraten.

3.2.6 Zusammenarbeit mit weiteren Institutionen

Im Rahmen einer qualitativen Pflege hat die Pflegeeinrichtung mit weiteren Institutionen zusammenzuarbeiten. Hierzu zählen insbesondere:

Kurzzeitpflege

3.2.4 Pflegeteams

Durch die Bildung überschaubarer Pflegeteams ist bei der Betreuung Pflegebedürftiger größtmögliche Kontinuität sicherzustellen. Die Dienstplanung wird orientiert an der individuellen Pflegebedarf von der verantwortlichen Pflegefachkraft vorgenommen. Dazu ist ein regelmäßiger Informationsaustausch durchzuführen.

3.2.5 Beratung der Angehörigen

Im Rahmen der pflegerischen Versorgung werden Angehörige von der Pflegeeinrichtung beraten.

3.2.6 Zusammenarbeit mit weiteren Institutionen

Im Rahmen einer qualitativen Pflege hat die Pflegeeinrichtung mit weiteren Institutionen zusammenzuarbeiten. Hierzu zählen insbesondere:

Vollstationär

3.2.4 Pflegeteams

Durch die Bildung überschaubarer Pflegeteams ist größtmögliche personelle Kontinuität sicherzustellen.

3.2.5 Dienstplanung

Die Dienstplanung wird bewohnerorientiert **nach den Notwendigkeiten einer ausreichenden und zweckmäßigen Pflege** von der verantwortlichen Pflegefachkraft vorgenommen. **Die Koordination mit anderen an der Versorgung beteiligten Beschäftigten der Einrichtung wird von dem Träger der Einrichtung sichergestellt.** Dazu ist ein regelmäßiger Informationsaustausch in Form von Dienstbesprechungen durchzuführen.

3.2.6 Einbeziehung der Angehörigen

Die vollstationäre Pflegeeinrichtung fördert den Kontakt des Bewohners zu den ihm nahestehenden Personen.

3.2.7 Vernetzung mit weiteren Institutionen

Im Rahmen einer ganzheitlichen Pflege und Versorgung soll die vollstationäre Pflegeeinrichtung zur Vernetzung mit weiteren Institutionen zusammenarbeiten.

Gemeinsame Grundsätze zur Qualität und Qualitätssicherung

– der behandelnde Arzt und
– andere ambulante Dienste und stationäre/teilstationäre Einrichtungen.

Nach Möglichkeit sollen Selbsthilfegruppen in die Zusammenarbeit einbezogen werden.

3.3 Ergebnisqualität

3.3.1 Das Ergebnis des Pflegeprozesses ist anhand der festgelegten Pflegeziele regelmäßig zu überprüfen. Hierbei ist insbesondere darauf abzustellen, inwieweit die Ziele aktivierender Pflege sowie die angemessenen Wünsche des Betroffenen im Pflegeprozeß Berücksichtigung gefunden haben.

– der behandelnde Arzt,
– andere ambulante, teilstationäre und stationäre Pflegeeinrichtungen,
– Krankenhäuser und
– Leistungserbringer im Rahmen ambulanter Rehabilitationsmaßnahmen (vgl. 3.1.5).

3.3 Ergebnisqualität

3.3.1 Das Ergebnis des Pflegeprozesses ist anhand der festgelegten Pflegeziele regelmäßig zu überprüfen. Hierbei ist insbesondere darauf abzustellen, inwieweit die Ziele aktivierender Pflege sowie die angemessenen Wünsche des Pflegebedürftigen im Pflegeprozeß Berücksichtigung gefunden haben.

– der behandelnde Arzt,
– andere ambulante, teilstationäre und stationäre Pflegeeinrichtungen,
– Krankenhäuser und
– Leistungserbringer im Rahmen ambulanter Rehabilitationsmaßnahmen (vgl. 3.1.5).

3.3 Ergebnisqualität

3.3.1 Das Ergebnis des Pflegeprozesses ist anhand der festgelegten Pflegeziele zum Abschluß des Aufenthalts in der Pflegeeinrichtung zu überprüfen. Hierbei ist insbesondere darauf abzustellen, inwieweit die Ziele aktivierender Pflege sowie die angemessenen Wünsche des Pflegebedürftigen im Pflegeprozeß Berücksichtigung gefunden haben.

Hierzu zählen insbesondere:
– **die Sozialleistungsträger,**
– **der MDK,**
– der behandelnde Arzt,
– ambulante Pflegedienste, teilstationäre Einrichtungen, **Kurzzeitpflegeeinrichtungen,**
– Krankenhäuser und
– Leistungserbringer im Rahmen ambulanter Rehabilitationsmaßnahmen.

Die vollstationäre Pflegeeinrichtung fördert die soziale Integration des Bewohners in das örtliche Gemeinwesen.

Sie unterstützt den Bewohner bei Bedarf bei der Inanspruchnahme ärztlicher therapeutischer oder rehabilitativer Maßnahmen auch außerhalb der Pflegeeinrichtung.

3.3 Ergebnisprüfung

3.3.1 Ergebnisprüfung

Das Ergebnis der Pflege und Versorgung ist regelmäßig zu überprüfen. Hierbei ist insbesondere darauf abzustellen, inwieweit aktivierende Pflege zielorientiert durchgeführt worden ist sowie die individuellen Wünsche und Bedürfnisse des Bewohners Berücksichtigung gefunden haben.

Materialien

Ambulant

Das Ergebnis der Überprüfung ist mit den an der Pflege Beteiligten und dem Pflegebedürftigen zu erörtern und in der Pflegedokumentation festzuhalten. **Dabei ist auch die Pflegebereitschaft der Angehörigen und anderer Pflegepersonen zu berücksichtigen.**

3.3.2 In jedem Fall ist Stellung zu nehmen zu

- der Erhaltung vorhandener Selbstversorgungsfähigkeiten und Reaktivierung solcher, die verlorengegangen sind,
- der Pflege **verbaler und nonverbaler** Kommunikation und Verbesserung soweit möglich,
- der Unterstützung **räumlicher, zeitlicher und situativer** Orientierung,
- dem Abbau von Ängsten,
- der Überwindung von Antriebsschwächen bzw. das Auffangen überschießender Reaktionen,
- **der Berücksichtigung der angemessenen Wünsche des Pflegebedürftigen,**
- **der Pflegebereitschaft der Angehörigen und anderer Pflegepersonen.**

Teilstationär

Das Ergebnis der Überprüfung ist mit den an der Pflege Beteiligten und dem Pflegebedürftigen zu erörtern und in der Pflegedokumentation festzuhalten.

3.3.2 In jedem Fall ist Stellung zu nehmen zu

- der Erhaltung und Verbesserung vorhandener Selbstversorgungsfähigkeiten und Reaktivierung solcher, die verlorengegangen sind,
- der Erhaltung und Verbesserung der Kommunikationsfähigkeit,
- der Unterstützung der allgemeinen Orientierungsfähigkeit.

Darüber hinaus ist ggf. Stellung zu nehmen zu dem Abbau von Ängsten, der Überwindung von Antriebsschwächen sowie der Bewältigung von Überreaktionen.

Kurzzeitpflege

Das Ergebnis der Überprüfung ist mit den an der Pflege Beteiligten und dem Pflegebedürftigen zu erörtern und in der Pflegedokumentation festzuhalten.

3.3.2 In jedem Fall ist Stellung zu nehmen zu

- der Erhaltung und Verbesserung vorhandener Selbstversorgungsfähigkeiten und Reaktivierung solcher, die verlorengegangen sind,
- der Erhaltung und Verbesserung der Kommunikationsfähigkeit,
- der Unterstützung der allgemeinen Orientierungsfähigkeit.

Darüber hinaus ist ggf. Stellung zu nehmen zu dem Abbau von Ängsten, der Überwindung von Antriebsschwächen sowie der Bewältigung von Überreaktionen.

Vollstationär

Das Ergebnis der Überprüfung ist mit den an der Pflege und Versorgung Beteiligten und dem Bewohner, **auf seinen Wunsch unter Beteiligung der ihm nahestehenden Personen,** zu erörtern und zu dokumentieren

3.3.2 Inhalt der Ergebnisprüfung

In jedem Fall ist Stellung zu nehmen zu

- der Erhaltung vorhandener Selbstversorgungsfähigkeiten und Reaktivierung solcher, die verlorengegangen sind,
- der Erhaltung und Verbesserung der Kommunikationsfähigkeit,
- der Unterstützung der allgemeinen Orientierungsfähigkeit,
- **der Bewältigung von Krisensituationen,**
- **der Ermöglichung der Teilhabe am sozialen Umfeld und der Wahl- und Mitspracherechte sowie**
- dem Grad der Zufriedenheit des Bewohners.

Gemeinsame Grundsätze zur Qualität und Qualitätssicherung

4. Maßnahmen des Pflegedienstes zur Qualitätssicherung

4.1 Der Träger des Pflegedienstes ist dafür verantwortlich, daß Maßnahmen zur internen Sicherung der Struktur-, Prozeß- und Ergebnisqualität festgelegt und durchgeführt werden. Er soll sich an Maßnahmen der externen Qualitätssicherung beteiligen.

Für die Qualitätssicherung werden geeignete Maßnahmen ausgewählt. Diese können u. a. sein:
- die Einrichtung von Qualitätszirkeln,
- die Einsetzung eines Qualitätsbeauftragten,
- die Mitwirkung an Qualitätskonferenzen,
- die Mitwirkung an Assessmentrunden,
- die Entwicklung und Weiterentwicklung von Pflegestandards.

Die Durchführung der Qualitätssicherung wird vom Pflegedienst dokumentiert.

4.2 Die Pflegedienste haben die Durchführung von und die Beteiligung an Qualitätssicherungsmaßnahmen auf Anforderung der Landesverbände der Pflegekassen nachzuweisen.

4. Maßnahmen der Pflegeeinrichtung zur Qualitätssicherung

4.1 Der Träger der Pflegeeinrichtung ist dafür verantwortlich, daß Maßnahmen zur internen Sicherung der Struktur-, Prozeß- und Ergebnisqualität festgelegt und durchgeführt werden. Er soll sich an Maßnahmen der externen Qualitätssicherung beteiligen.

Qualitätssicherungsmaßnahmen können u. a. sein:
- die Einrichtung von Qualitätszirkeln,
- die Einsetzung eines Qualitätsbeauftragten,
- die Mitwirkung an Qualitätskonferenzen,
- die Mitwirkung an Assessmentrunden,
- die Entwicklung und Weiterentwicklung von Pflegestandards.

4.2 Die Pflegeeinrichtungen haben die Durchführung von und die Beteiligung an Qualitätssicherungsmaßnahmen zu dokumentieren und auf Anforderung der Landesverbände der Pflegekassen nachzuweisen.

4. Maßnahmen der vollstationären Pflegeeinrichtung zur Qualitätssicherung

4.1 Geeignete Maßnahmen zur Qualitätssicherung

Der Träger der vollstationären Pflegeeinrichtung ist dafür verantwortlich, daß Maßnahmen zur internen Sicherung der Struktur-, Prozeß- und Ergebnisqualität festgelegt und durchgeführt werden. **Er veranlaßt die Anwendung und Optimierung anerkannter Verfahrensstandards in der Pflege und Versorgung.**

Der Träger soll sich ferner an Maßnahmen der externen Qualitätssicherung beteiligen.

Maßnahmen der externen und internen Qualitätssicherung können sein:
- die Einrichtung von Qualitätszirkeln,
- die Einsetzung eines Qualitätsbeauftragten,
- die Mitwirkung an Qualitätskonferenzen,
- die Mitwirkung an Assessmentrunden,

Materialien

Ambulant	Teilstationär	Kurzzeitpflege	Vollstationär
desverbände der Pflegekassen nachzuweisen.			– die Entwicklung und Weiterentwicklung von Verfahrensstandards für die Pflege und Versorgung.
			4.2 Nachweis
			Die vollstationäre Pflegeeinrichtung hat die Durchführung von und die Beteiligung an Qualitätssicherungsmaßnahmen zu dokumentieren und auf Anforderung der Landesverbände der Pflegekassen nachzuweisen.
			5. Gemeinsame Konsultation
			Zwischen den Pflegekassen, ihren Landesverbänden und dem Träger der Pflegeeinrichtung können Konsultationen über Qualitätsfragen vereinbart werden. Dabei soll ein Vertreter des Heimbeirates oder der Heimfürsprecher beteiligt werden.
5. Verfahren zur Durchführung von Qualitätsprüfungen	**5. Verfahren zur Durchführung von Qualitätsprüfungen**	**5. Verfahren zur Durchführung von Qualitätsprüfungen**	**6. Verfahren zur Durchführung von Qualitätsprüfungen**
			6.1 Notwendigkeit und Mitteilung einer Qualitätsprüfung
5.1 Wird von einer Pflegekasse die Notwendigkeit einer Qualitätsprüfung als gegeben angesehen, ist	5.1 Wird von einer Pflegekasse die Notwendigkeit einer Qualitätsprüfung als gegeben angesehen, ist	5.1 Wird von einer Pflegekasse die Notwendigkeit einer Qualitätsprüfung als gegeben angesehen, ist	Wird von einer Pflegekasse die Notwendigkeit einer Qualitätsprü-

Gemeinsame Grundsätze zur Qualität und Qualitätssicherung

über die Landesverbände der Pflegekassen eine Prüfung einzuleiten.

5.2 Dem Träger des Pflegedienstes und der Vereinigung, der der Träger angehört, ist die Durchführung, der Gegenstand, der Umfang sowie der Zeitpunkt der Prüfung mitzuteilen.

5.3 Zur Durchführung der Qualitätsprüfung ist dem Medizinischen Dienst der Krankenversicherung oder dem bestellten Sachverständigen innerhalb der Geschäftszeiten Zugang zur Pflegeeinrichtung zu gewähren.

5.4 Vom Träger der Pflegeeinrichtung oder dessen Beauftragten sind dem Prüfer auf Verlangen die für die Qualitätsprüfung notwendigen Unterlagen vorzulegen und Auskünfte zu erteilen.

5.5 Grundlage der Prüfung bilden u. a. die Pflegedokumentationsunterlagen (vgl. Punkt 3.3).

5.6 Über die Qualitätsprüfung ist ein Bericht zu erstellen, in dem der Gegenstand der Prüfung und das Ergebnis der Prüfung sowie notwendige Maßnahmen zur Beseitigung von Qualitätsdefiziten aufgezeigt werden. Der Bericht geht innerhalb von sechs Wochen nach Abschluß der Prüfung dem Träger über die Landesverbände der Pflegekassen eine Prüfung einzuleiten.

5.2 Die Landesverbände der Pflegekassen teilen dem Träger der Pflegeeinrichtung und der Vereinigung, der der Träger angehört, die Durchführung, den Gegenstand, den Umfang sowie den Zeitpunkt der Prüfung mit.

5.3 Zur Durchführung der Qualitätsprüfung ist dem Medizinischen Dienst der Krankenversicherung oder dem bestellten Sachverständigen innerhalb der Geschäftszeiten Zugang zur Pflegeeinrichtung zu gewähren.

5.4 Vom Träger der Pflegeeinrichtung oder dessen Beauftragten sind dem Prüfer auf Verlangen die für die Qualitätsprüfung notwendigen Unterlagen vorzulegen und Auskünfte zu erteilen.

5.5 Grundlage der Prüfung bilden u. a. die Pflegedokumentationsunterlagen (vgl. Punkt 3.2.3).

5.6 Über die Qualitätsprüfung ist ein Bericht zu erstellen, in dem der Gegenstand der Prüfung und das Ergebnis der Prüfung sowie notwendige Maßnahmen zur Beseitigung von Qualitätsdefiziten aufgezeigt werden. Der Bericht geht innerhalb von sechs Wochen nach fung als gegeben angesehen, ist über die Landesverbände der Pflegekassen eine Prüfung einzuleiten.

Dem Träger der vollstationären Pflegeeinrichtung und der Vereinigung, der der Träger angehört, teilen die Landesverbände der Pflegekassen die Durchführung, den Gegenstand, den Umfang sowie den Zeitpunkt der Prüfung mit.

Zur Durchführung der Qualitätsprüfung ist dem Medizinischen Dienst der Krankenversicherung oder den von den Landesverbänden der Pflegekassen bestellten Sachverständigen Zugang zu gewähren.

6.2 Auskunftspflicht und Grundlage der Prüfung

Vom Träger der Pflegeeinrichtung oder dessen Beauftragten sind dem Prüfer auf Verlangen die für die Qualitätsprüfung notwendigen Unterlagen vorzulegen und Auskünfte zu erteilen.

Grundlage der Prüfung bilden u.a. die Pflegedokumentation.

6.3 Ergebnis der Prüfung

Über die Qualitätsprüfung ist ein Bericht zu erstellen, in dem der Gegenstand der Prüfung und das Ergebnis der Prüfung sowie notwendige Maßnahmen zur Beseiti-

Materialien

Ambulant

des Pflegedienstes, der Vereinigung, der der Träger angehört, zu.

6. Inkrafttreten, Kündigung

6.1 Die Vereinbarung tritt am 1. April 1995 in Kraft.

6.2 Die Vereinbarung kann von jedem Vereinbarungspartner mit einer Frist von einem Jahr zum Jahresende, frühestens aber zum **31. Dezember 1998** gekündigt werden.

Für den Fall der Kündigung verpflichten sich die Vereinbarungspartner, unverzüglich in Verhandlungen über eine neue Vereinbarung einzutreten.

Siegburg, den 31. Mai 1996

Unterschriften
(wurde 1998 von einem Verband gekündigt)

Teilstationär

Abschluß der Prüfung dem Träger der Pflegeeinrichtung, der Vereinigung, der der Träger angehört, und den Landesverbänden der Pflegekassen zu.

6. Inkrafttreten, Kündigung

6.1 Die Vereinbarung tritt am 1.4.1995 in Kraft.

6.2 Sie kann von jedem Vereinbarungspartner mit einer Frist von einem Jahr zum Jahresende, frühestens aber zum 31. 12. 1997, gekündigt werden.

Für den Fall der Kündigung verpflichten sich die Vereinbarungspartner unverzüglich in Verhandlungen über eine neue Vereinbarung einzutreten.

Siegburg, den 31. Mai 1996

Unterschriften

Kurzzeitpflege

Abschluß der Prüfung dem Träger der Pflegeeinrichtung, der Vereinigung, der der Träger angehört, und den Landesverbänden der Pflegekassen zu.

6. Inkrafttreten, Kündigung

6.1 Die Vereinbarung tritt am 1. April 1995 in Kraft.

6.2 Sie kann von jedem Vereinbarungspartner mit einer Frist von einem Jahr zum Jahresende, frühestens aber zum 31. Dezember 1997, gekündigt werden.

Für den Fall der Kündigung verpflichten sich die Vereinbarungspartner unverzüglich in Verhandlungen über eine neue Vereinbarung einzutreten.

Siegburg, den 31. Mai 1996

Unterschriften

Vollstationär

gung von Qualitätsdefiziten aufgezeigt werden. Der Bericht geht innerhalb von sechs Wochen nach Abschluß der Prüfung dem Träger der Pflegeeinrichtung, der Vereinigung, der der Träger angehört, und den Landesverbänden der Pflegekassen zu.

7. Inkrafttreten, Kündigung

Die Vereinbarung tritt am 1. Juli 1996 in Kraft.

Sie kann von jedem Vereinbarungspartner mit einer Frist von einem Jahr zum Jahresende, frühestens aber zum **31. Dezember 1999**, gekündigt werden. Für den Fall der Kündigung verpflichten sich die Vereinbarungspartner unverzüglich in Verhandlungen über eine neue Vereinbarung einzutreten.

Bonn, den 21. Oktober 1996

Unterschriften
(wurde 1998 von einem Verband gekündigt)

8) Pflegehilfsmittelverzeichnis
vom 10. Juli 1995
in der Fassung vom 14. März 1996

Pflegehilfsmittel zur Erleichterung der Pflege

Pflegebetten
- Pflegebetten, manuell verstellbar
- Pflegebetten, motorisch verstellbar
- Kinder-/Kleinwüchsigenbett

Pflegebettenzubehör
- Bettverlängerungen
- Bettverkürzungen
- Bettgalgen
- Aufrichthilfen
- Seitengitter
- Fixierbandagen

Bettzurichtungen zur Pflegeerleichterung
- Einlegerahmen
- Rückenstützen, manuell verstellbar
- Rückenstützen, motorisch verstellbar

Spezielle Pflegebettische
- Pflegebettische
- Bettnachtschränke mit verstellbarer Tischplatte

Pflegeliegestühle
- Mehrfunktionsliegestühle, manuell verstellbar

Materialien

Pflegehilfsmittel zur Körperpflege/Hygiene

Produkte zur Hygiene im Bett
- Bettpfannen
- Urinflaschen
- Urinschiffchen
- Saugende Bettschutzeinlagen, wiederverwendbar
- Urinflaschenhalter

Waschsysteme
- Kopfwaschsysteme
- Ganzkörperwaschsysteme
- Duschwagen

Pflegehilfsmittel zur selbständigen Lebensführung/Mobilität

Notrufsysteme
- Hausnotrufsysteme, Solitärgeräte
- Hausnotrufsysteme, angeschlossen an Zentrale

Pflegehilfsmittel zur Linderung von Beschwerden

Lagerungsrollen
- Lagerungsrollen
- Lagerungshalbrollen

Zum Verbrauch bestimmte Pflegehilfsmittel

Saugende Bettschutzeinlagen
- Saugende Bettschutzeinlagen, Einmalgebrauch, verschiedene Größen

Schutzbekleidung
- Fingerlinge
- Einmalhandschuhe
- Mundschutz
- Schutzschürzen

Sonstige zum Verbrauch bestimmte Pflegehilfsmittel
- Desinfektionsmittel

Materialien

9) Gemeinsame Empfehlungen zu den Maßnahmen zur Verbesserung des individuellen Wohnumfeldes des Pflegebedürftigen nach § 40 Abs. 4 SGB XI

des AOK-Bundesverbandes, Bonn
des Bundesverbandes der Betriebskrankenkassen, Essen
des IKK-Bundesverbandes, Bergisch Gladbach
der See-Krankenkasse, Hamburg
des Bundesverbandes der landwirtschaftlichen Krankenkassen, Kassel
der Bundesknappschaft, Bochum
des AEV - Arbeiter-Ersatzkassen-Verbandes e. V., Siegburg
des Verbandes der Angestelltenkrankenkassen e. V., Siegburg

vom 10. Juli 1995

Allgemeines

Die Pflegekassen können nach § 40 Abs. 4 SGB XI subsidiär finanzielle Zuschüsse für Maßnahmen zur Verbesserung des individuellen Wohnumfeldes des Pflegebedürftigen gewähren, wenn dadurch im Einzelfall die häusliche Pflege ermöglicht oder erheblich erleichtert oder eine möglichst selbständige Lebensführung des Pflegebedürftigen wiederhergestellt wird. Die Spitzenverbände der Pflegekassen haben in ihrem Gemeinsamen Rundschreiben zu den leistungsrechtlichen Vorschriften des PflegeVG vom 26. 09. 1994 erste Umsetzungsempfehlungen gegeben.

In diesem Papier werden die Aussagen des Gemeinsamen Rundschreibens um weitere Empfehlungen ergänzt und mit einem Katalog möglicher wohnumfeldverbessernder Maßnahmen zu einer Arbeitshilfe zusammengefaßt. Bei dem Katalog handelt es sich um eine Aufzählung, die weder abschließend noch anspruchsbegründend ist. Die Entscheidung über die Zuschußgewährung ist im Einzelfall vor dem Hintergrund der individuellen Wohnsituation zu treffen.

Inhaltsverzeichnis

I. Umsetzungsempfehlungen
1. Leistungsvoraussetzungen
2. Leistungsinhalt
3. Wohnung/Haushalt
4. Maßnahme
5. Zuschußhöhe
   5.1 Eigenanteil des Pflegebedürftigen
   5.2 Höhe des Eigenanteils
   5.3 Maßgebliche Bruttoeinnahmen zum Lebensunterhalt
   5.4 Berücksichtigungsfähige Kosten
   5.5 Umbaumaßnahmen in Wohnungen, in denen mehrere Pflegebedürftige wohnen
6. Zuständigkeitsabgrenzung zu anderen Leistungsträgern
   6.1 Allgemeines
   6.2 Vorrangige Leistungszuständigkeit der Pflegekasse
   6.3 Vorrangige Leistungszuständigkeit anderer Träger
7. Verfahren
   7.1 Antragstellung
   7.2 Beratung
   7.3 Notwendigkeit und Wirtschaftlichkeit der Maßnahme

II. Katalog möglicher wohnumfeldverbessernder Maßnahmen
1. Grundsätzliches
2. Maßnahmen außerhalb der Wohnung/Eingangsbereich
3. Maßnahmen innerhalb der Wohnung
   3.1 Mögliche Maßnahmen im gesamten Wohnungsbereich
   3.2 Spezielle Maßnahmen in besonderen Wohnbereichen

Materialien

I. Umsetzungsempfehlungen

§ 40 Abs. 4 SGB XI

Die Pflegekassen können subsidiär finanzielle Zuschüsse für Maßnahmen zur Verbesserung des individuellen Wohnumfeldes des Pflegebedürftigen gewähren, beispielsweise für technische Hilfen im Haushalt, wenn dadurch im Einzelfall die häusliche Pflege ermöglicht oder erheblich erleichtert oder eine möglichst selbständige Lebensführung des Pflegebedürftigen wiederhergestellt wird. Die Höhe der Zuschüsse ist unter Berücksichtigung der Kosten der Maßnahme sowie eines angemessenen Eigenanteils in Abhängigkeit von dem Einkommen des Pflegebedürftigen zu bemessen. Die Zuschüsse dürfen einen Betrag von 5.000 Deutsche Mark je Maßnahme nicht übersteigen.

§ 78 Abs. 2 Satz 1 SGB XI

Die Spitzenverbände der Pflegekassen regeln mit Wirkung für ihre Mitglieder das Nähere zur Bemessung der Zuschüsse für Maßnahmen zur Verbesserung des individuellen Wohnumfeldes der Pflegebedürftigen nach § 40 Abs. 4 Satz 2.

1. Leistungsvoraussetzungen

Finanzielle Zuschüsse für Maßnahmen zur Verbesserung des individuellen Wohnumfeldes des Pflegebedürftigen können gewährt werden, wenn dadurch im Einzelfall

– die häusliche Pflege überhaupt erst möglich wird,
– die häusliche Pflege erheblich erleichtert und damit eine Überforderung der Leistungskraft des Pflegebedürftigen und der Pflegekraft verhindert wird oder
– eine möglichst selbständige Lebensführung des Pflegebedürftigen wiederhergestellt, also die Abhängigkeit von der Pflegekraft verringert wird.

2. Leistungsinhalt

(1) Bis zu einem Betrag von 5.000 DM je Maßnahme können die Pflegekassen im Rahmen ihres Ermessens Zuschüsse gewähren. Hierbei handelt es sich um

– Maßnahmen, die mit wesentlichen Eingriffen in die Bausubstanz verbunden sind (z. B. Türverbreiterung, festinstallierte Rampen und

Treppenlifter, Herstellung von hygienischen Einrichtungen, wie Erstellung von Wasseranschlüssen, individuelle Liftsysteme im Bad, nicht jedoch serienmäßig hergestellte Lifter, die lediglich mit Dübeln verankert werden)

– Ein- und Umbau von Mobiliar, das entsprechend den Erfordernissen der Pflegesituation individuell hergestellt oder umgestaltet wird (z. B. motorisch betriebene Absenkung von Küchenhängeschränken, Austausch der Badewanne durch eine Dusche).

(2) Eine Maßnahme zur Verbesserung des individuellen Wohnumfeldes des Pflegebedürftigen liegt auch vor, wenn den Besonderheiten des Einzelfalles durch einen Umzug in eine den Anforderungen des Pflegebedürftigen entsprechende Wohnung (z. B. Umzug aus einer Obergeschoß- in eine Parterrewohnung) Rechnung getragen werden kann. In diesem Fall kann die Pflegekasse die Umzugskosten bezuschussen. Sofern noch Anpassungen in der neuen Wohnung erforderlich sind, können neben den Umzugskosten weitere Aufwendungen für eine Wohnumfeldverbesserung bezuschußt werden. Dabei darf allerdings der Zuschuß für den Umzug und die Wohnumfeldverbesserung insgesamt den Betrag von 5.000 DM nicht überschreiten.

(3) Da es sich bei den Maßnahmen zur Verbesserung des individuellen Wohnumfeldes um eine Zuschußleistung handelt, ist der Antragsteller mit der Bewilligung darauf hinzuweisen, daß die sich im Zusammenhang mit dieser Maßnahme ergebenden mietrechtlichen Fragen in eigener Verantwortlichkeit zu regeln sind. Im Rahmen ihrer Aufklärungs- und Beratungspflicht nach §§ 7, 31 SGB XI sollten hier die Pflegekassen tätig werden (z. B. durch Einschaltung des sozialen Dienstes der Krankenkasse/Pflegekasse).

3. Wohnung / Haushalt

(1) Maßnahmen zur Verbesserung des individuellen Wohnumfeldes kommen in der Wohnung des Pflegebedürftigen oder in dem Haushalt, in den er aufgenommen wurde, in Betracht. Entscheidend ist, daß es sich um den auf Dauer angelegten, unmittelbaren Lebensmittelpunkt des Pflegebedürftigen handelt. In Alten- und Pflegeheimen sowie Wohneinrichtungen, die vom Vermieter gewerbsmäßig nur an Pflegebedürftige vermietet werden, liegt eine Wohnung/ein Haushalt in diesem Sinne nicht vor.

(2) Maßnahmen im Sinne von § 40 Abs. 4 SGB XI kommen grundsätzlich nur in vorhandenem Wohnraum in Frage. Im Einzelfall können auch Maßnahmen, die im Zusammenhang mit der Herstellung neuen Wohnraums realisiert werden, bezuschußt werden, wenn

Materialien

- zum Zeitpunkt der Herstellung des Wohnraums bereits feststeht, daß ein Pflegebedürftiger den Wohnraum zukünftig nutzen wird und der Wohnraum auf die individuellen Anforderungen des Bewohners zugeschnitten wird und
- der Pflegebedürftige in seinem bisherigen Wohnraum nicht verbleiben kann (Beispiel: Es ist die Aufnahme in einem anderen Haushalt erforderlich, weil dort durch ständige Anwesenheit einer Pflegeperson die Pflege sichergestellt werden kann; die Aufnahme in diesem Haushalt erfordert jedoch zunächst die Schaffung von geeignetem Wohnraum. z. B. durch Ausbau des Dachgeschosses oder Anbaumaßnahmen) oder
- ein den Anforderungen gerechter Umbau des vorhandenen Wohnraums technisch nicht möglich oder im Vergleich zur Schaffung geeigneten neuen Wohnraums unwirtschaftlich ist.

(3) Wird die wohnumfeldverbessernde Maßnahme im Zusammenhang mit der Herstellung neuen Wohnraums durchgeführt, sind hinsichtlich der Zuschußbemessung die durch die Maßnahme entstandenen Mehrkosten zu berücksichtigen (z. B. Mehrkosten durch Einbau breiterer als den DIN-Normen entsprechender Türen, Einbau einer bodengleichen Dusche anstelle einer Duschwanne). In der Regel werden sich die Mehrkosten auf die Materialkosten erstrecken. Mehrkosten beim Arbeitslohn und sonstigen Dienstleistungen können nur berücksichtigt werden, wenn sie eindeutig auf die wohnumfeldverbessernde Maßnahme zurückzuführen sind.

4. Maßnahme

(1) Die Pflegekasse kann je Maßnahme einen Zuschuß bis zu einem Betrag von 5.000 DM gewähren. Dabei sind alle Maßnahmen, die zum Zeitpunkt der Zuschußgewährung (und damit auf der Grundlage des zu diesem Zeitpunkt bestehenden Hilfebedarfs) zur Wohnumfeldverbesserung erforderlich sind, als eine Verbesserungsmaßnahme zu werten. Dies gilt auch dann, wenn die Verbesserungsmaßnahmen in Einzelschritten verwirklicht werden. So stellt z. B. bei der Befahrbarmachung der Wohnung für den Rollstuhl nicht jede einzelne Verbreiterung einer Tür eine Maßnahme im Sinne dieser Vorschrift dar, sondern die Türverbreiterungen und die Entfernung von Türschwellen insgesamt.

(2) Ändert sich die Pflegesituation und werden weitere Maßnahmen zur Wohnumfeldverbesserung erforderlich, handelt es sich erneut um eine Maßnahme im Sinne von § 40 Abs. 4 SGB XI, so daß ein weiterer Zuschuß bis zu einem Betrag von 5.000 DM gewährt werden kann.

Beispiel:

In dem Wohnumfeld eines auf einen Rollstuhl angewiesenen Pflegebedürftigen, der von seiner Ehefrau gepflegt wird, ist der Einbau von festinstallierten Rampen, die Verbreiterung der Türen und die Anpassung der Höhe von Einrichtungsgegenständen erforderlich. Diese Wohnumfeldverbesserungen sind als eine Maßnahme im Sinne des § 40 Abs. 4 SGB XI zu werten und mit maximal 5.000 DM zu bezuschussen.

Aufgrund der wegen zunehmenden Alters eingeschränkten Hilfestellungen der Ehefrau und weiterer Einschränkungen der Mobilität des Pflegebedürftigen ist zu einem späteren Zeitpunkt die Benutzung der vorhandenen Badewanne nicht mehr möglich. Durch den Einbau einer bodengleichen Dusche kann die Pflege weiterhin im häuslichen Bereich sichergestellt werden. Hier sind durch die veränderte Pflegesituation weitere wohnumfeldverbessernde Maßnahmen erforderlich geworden, die erneut mit maximal 5.000 DM bezuschußt werden können.

5. Zuschußhöhe

Bei der Bemessung des Zuschusses, dessen Höhe auf 5.000 DM je Maßnahme begrenzt ist, sind die Gegebenheiten im Einzelfall zu berücksichtigen. Die Höhe des Zuschusses richtet sich dabei nach den Kosten der Maßnahme und der Einkommenssituation des Pflegebedürftigen. Aus Steuerungsgründen ist ein angemessener Eigenanteil des Versicherten vorgesehen.

5.1 Eigenanteil des Pflegebedürftigen

Zu den Maßnahmen zur Verbesserung des individuellen Wohnumfeldes hat der Versicherte einen angemessenen Eigenanteil zu entrichten. Die Höhe des Eigenanteils ist abhängig von den beiden Faktoren

– Kosten der Maßnahme

  und

– Einkommen des Pflegebedürftigen.

Nach § 78 Abs. 2 Satz 1 SGB XI regeln die Spitzenverbände der Pflegekassen mit Wirkung für ihre Mitglieder das Nähere zur Bemessung der Zuschüsse für Maßnahmen zur Verbesserung des individuellen Wohnumfeldes des Pflegebedürftigen nach § 40 Abs. 4 Satz 2 SGB XI. Die folgenden Ausführungen gelten als Bestandteil dieser Regelungen. Sie sollen eine gleichmäßige Bemessung der Zuschüsse gewährleisten.

Materialien

5.2 Höhe des Eigenanteils

Der Pflegebedürftige trägt als Eigenanteil 10 v. H. der Kosten der Maßnahme, jedoch höchstens 50 v. H. seiner monatlichen Bruttoeinnahmen zum Lebensunterhalt. Hat der Pflegebedürftige keine eigenen Einnahmen zum Lebensunterhalt, entfällt für ihn ein Eigenanteil.

Beispiel:

Kosten der Maßnahme	=	4.900 DM
Monatliche Bruttoeinnahmen zum Lebensunterhalt des Pflegebedürftigen	=	900 DM
Eigenanteil	=	450 DM
Zuschuß der Pflegekasse	=	4.450 DM

5.3 Maßgebliche Bruttoeinnahmen zum Lebensunterhalt

(1) Zur Definition des Begriffes „Bruttoeinnahmen zum Lebensunterhalt" gelten die Kommentierungen der Spitzenverbände der Krankenkassen in ihrem Gemeinsamen Rundschreiben vom 29. März 1995 zu den Einnahmen zum Lebensunterhalt und Gesamteinkommen.

(2) Bei der Festsetzung des Eigenanteils ist im allgemeinen von den Bruttoeinnahmen zum Lebensunterhalt des Monats auszugehen, der dem Monat vorangeht, in dem der Antrag auf Zuschüsse nach § 40 Abs. 4 SGB XI gestellt wird. Führt die Berücksichtigung nur eines Monats zu Ergebnissen, die nicht den tatsächlichen Verhältnissen entsprechen (z. B. Teilentgeltzahlungszeitraum), so ist für die Beurteilung ein längerer Zeitraum (z. B. drei Monate) heranzuziehen.

(3) Sollte sich das Einkommen im Zeitraum zwischen dem Leistungsantrag und der Durchführung der Maßnahme ändern, kann die Pflegekasse auf Antrag des Versicherten den Eigenanteil neu festsetzen.

(4) Die Festsetzung des Eigenanteils nach § 40 Abs. 4 Satz 2 SGB XI ist ein eigenständiger, von den Härtefallregelungen nach § 40 Abs. 3 Satz 5 SGB XI und §§ 61, 62 SGB V unabhängiger, Verwaltungsakt. Deshalb sind bei der Festsetzung des Eigenanteils nur die Bruttoeinnahmen zum Lebensunterhalt des Pflegebedürftigen zu berücksichtigen. Etwaige Einnahmen weiterer Familienangehöriger im gleichen Haushalt sind unbeachtlich. Andererseits werden von den Bruttoeinnahmen zum Lebensunterhalt des Pflegebedürftigen auch keine Abschläge für Familienangehörige vorgenommen.

Maßnahmen zur Wohnumfeldverbesserung

5.4 Berücksichtigungsfähige Kosten

(1) Bei der Zuschußgewährung sind als Kosten der Maßnahme Aufwendungen für

- Vorbereitungshandlungen (siehe Nr. 7.2, Abs. 3),
- Materialkosten (auch bei Ausführung durch Nichtfachkräfte),
- Arbeitslohn und ggf.
- Gebühren (z. B. für Genehmigungen)

zu berücksichtigen. Wurde die Maßnahme von Angehörigen, Nachbarn oder Bekannten ausgeführt, sind die tatsächlichen Aufwendungen (z. B. Fahrkosten, Verdienstausfall) zu berücksichtigen.

(2) Belaufen sich die Kosten der Maßnahme zur Verbesserung des individuellen Wohnumfeldes auf mehr als 5.000 DM, wird der überschießende Betrag bei der Ermittlung des Eigenanteils berücksichtigt.

	Beispiel 1	**Beispiel 2**	**Beispiel 3**
Kosten der Maßnahme	6.200 DM	5.200 DM	6.200 DM
Monatliche Bruttoeinnahme zum Lebensunterhalt des Pflegebedürftigen	2.000 DM	800 DM	6.000 DM
Eigenanteil	1.200 DM	400 DM	1.200 DM
Zuschuß der Pflegekasse	5.000 DM	4.800 DM	5.000 DM

5.5 Umbaumaßnahmen in Wohnungen, in denen mehrere Pflegebedürftige wohnen

(1) Auch wenn einen bauliche Maßnahme zugleich mehreren Pflegebedürftigen, die das Wohnumfeld gemeinsam bewohnen, dient, bleibt der Zuschuß nach § 40 Abs. 4 SGB XI auf 5.000 DM begrenzt (z. B. Türenverbreiterungen für zwei Rollstuhlfahrer). In diesen Fällen sind bei der Bemessung der Höchstgrenze des Eigenanteils die Bruttoeinnahmen zum Lebensunterhalt der Pflegebedürftigen nicht zu addieren. Maßgebend sind jeweils die niedrigsten Bruttoeinnahmen.

(2) Sind zeitgleich durchgeführte Maßnahmen zur Verbesserung des individuellen Wohnumfeldes mehreren Pflegebedürftigen jeweils individuell zuzuordnen, kann der Zuschuß nach § 40 Abs. 4 SGB XI mehrmals gezahlt werden (z. B. Türverbreiterungen für einen Rollstuhlfahrer und Handläufe für einen Gehbehinderten). Entsprechend der Zuschußfestsetzung ist auch die Bemessung des Eigenanteils dann für jeden Pflegebedürftigen individuell vorzunehmen.

Materialien

6. Zuständigkeitsabgrenzung zu anderen Leistungsträgern

6.1 Allgemeines

Die Pflegekassen können subsidiär (nachrangig) Zuschüsse für Maßnahmen zur Verbesserung des individuellen Wohnumfeldes gewähren. D. h., Leistungen der Pflegekassen kommen nur dann in Betracht, wenn kein anderer Leistungsträger vorrangig verpflichtet ist.

6.2 Vorrangige Leistungszuständigkeit der Pflegekasse

(1) Im Rahmen der Wiedereingliederungshilfe für Behinderte wird nach § 40 Abs. 1 Nr. 6 a BSHG Hilfe bei der Beschaffung und Erhaltung einer Wohnung, die den besonderen Bedürfnissen des Behinderten entspricht, gewährt. Dies gilt auch für die Altenhilfe im Sinne von § 75 Abs. 2 BSHG. Beschädigte und Hinterbliebene erhalten im Rahmen der Kriegsopferfürsorge (vgl. §§ 25 ff. BVG) unter den Voraussetzungen des § 27 c BVG Wohnungshilfe.

(2) Diesen fürsorgerischen, von einer Bedürftigkeitsprüfung abhängigen Sozialleistungen gehen die Leistungen der Pflegeversicherung vor. Der Anspruch auf diese Leistungen bleibt von den Leistungen der Pflegekasse jedoch unberührt, soweit die Leistungen der Pflegekasse den Bedarf im Einzelfall nicht abdecken (vgl. § 13 Abs. 3 Satz 2 SGB XI). Die Pflegekasse hat in diesen Fällen die Pflegebedürftigen auf die ggf. bestehenden weitergehenden Ansprüche nach dem BSHG bzw. BVG hinzuweisen und entsprechende Anträge durch Weiterleitung der vorhandenen Unterlagen (z. B. Stellungnahme des MDK, Kostenvoranschläge, Bescheinigung über den Zuschuß der Pflegekasse) an die zuständigen Leistungsträger zu unterstützen.

6.3 Vorrangige Leistungszuständigkeit anderer Träger

(1) Die Unfallversicherungsträger gewähren als ergänzende Leistungen zur Heilbehandlung bzw. Berufshilfe nach §§ 556 Abs. 1, 569 a Nr. 5 RVO sowie § 1 Abs. 2 RehaAnglG in Verbindung mit § 3 Abs. 1 BeKV Wohnungshilfe, wenn sie wegen der Folgen eines Arbeitsunfalls erforderlich sind. Diese Leistung ist gegenüber den Zuschüssen der Pflegekasse zur Verbesserung des individuellen Wohnumfeldes des Pflegebedürftigen vorrangig (vgl. § 13 Abs. 1 Nr. 2 SGB XI).

(2) Die Hauptfürsorgestellen und die örtlichen Fürsorgestellen können im Rahmen ihrer Zuständigkeit für die begleitende Hilfe im Arbeits- und Berufsleben Geldleistungen zur Beschaffung, Ausstattung und Erhaltung einer Wohnung, die den besonderen Bedürfnissen des Schwerbehinderten entspricht, gewähren (vgl. § 31 Abs. 3 Satz 1 Nr. 1 Buchstabe d SchwbG). Darüber hinaus können sie im Rahmen der nachgehenden Hilfe im Arbeits-

leben Leistungen zur Beschaffung, Ausstattung und Erhaltung einer behindertengerechten Wohnung gewähren (vgl. § 17 Abs. 1 Satz 1 Nr. 1 Buchstabe d in Verbindung mit § 22 Schwerbehinderten-Ausgleichsabgabeverordnung - SchwbAV). Diese Leistungen gehen den Leistungen der Pflegeversicherung vor, so daß grundsätzlich bei berufstätigen Pflegebedürftigen, die schwerbehindert im Sinne von § 1 SchbG (Grad der Behinderung mindestens 50) sind, Zuschüsse zu Wohnumfeldverbesserungsmaßnahmen durch die Pflegekassen nicht in Betracht kommen.

7. Verfahren

7.1 Antragstellung

(1) Zuschüsse zu Maßnahmen der Wohnumfeldverbesserung sind grundsätzlich vor Beginn der Maßnahme mit einem Kostenvoranschlag bei der Pflegekasse zu beantragen (vgl. § 33 Abs. 1 Satz 1 SGB XI, § 19 Satz 1 SGB IV).

(2) Der Medizinische Dienst der Krankenversicherung (MDK) hat in dem im Rahmen des Verfahrens zur Feststellung der Pflegebedürftigkeit anzufertigenden Gutachten (siehe Anlage zu den Richtlinien der Spitzenverbände der Pflegekassen nach § 17 SGB XI) Empfehlungen an die Pflegekasse über die notwendige Versorgung mit technischen Hilfsmitteln und baulichen Maßnahmen zur Anpassung des Wohnumfeldes auszusprechen (vgl. auch Punkt 7.3 de Begutachtungsanleitung "Pflegebedürftigkeit gemäß SGB XI"). Die Empfehlung gilt als Antrag auf Leistungsgewährung, sofern der Versicherte nichts Gegenteiliges erklärt. Dies gilt auch, wenn im Rahmen der professionellen Pflegeeinsätze nach § 37 Abs. 3 SGB XI wohnumfeldverbessernde Maßnahmen angeregt werden.

7.2 Beratung

(1) Die Pflegekassen sind verpflichtet, die Pflegebedürftigen hinsichtlich der Bezuschussung von wohnumfeldverbessernden Maßnahmen zu beraten (vgl. § 7 Abs. 2 SGB XI). Diese Beratung umfaßt neben den allgemeinen Leistungsvoraussetzungen auch die individuelle Beratung über in Frage kommende Maßnahmen. Als Orientierungshilfe dient der Katalog möglicher Maßnahmen in Abschnitt II.

(2) Bei der Beratung über die in Frage kommenden Maßnahmen steht die Zielsetzung im Vordergrund, den Wohnraum so anzupassen, daß er den individuellen Bedürfnissen des Pflegebedürftigen gerecht wird. Dabei ist vor dem Hintergrund des Wirtschaftlichkeitsgebots (vgl. § 29 SGB XI) und der begrenzten Zuschußmöglichkeit – auch im Interesse der Pflegebedürf-

tigen – zu prüfen, ob anstelle von Baumaßnahmen oder der beantragten Maßnahmen einfachere Lösungen in Betracht kommen.

(3) Die Beratung ist abzugrenzen von den Vorbereitungshandlungen in bezug auf die konkrete Maßnahme. Vorbereitungshandlungen in diesem Sinne sind z. B. das Erstellen eines Gutachtens über mögliche bauliche Maßnahmen (z. B. in bezug auf die Statik), das Stellen von Bauanträgen oder die Bauüberwachung. Aufwendungen für diese Handlungen werden ggf. als Kosten der Maßnahme bei der Festsetzung des Zuschusses berücksichtigt (siehe Nr. 5.4 Abs. 1).

7.3 Notwendigkeit und Wirtschaftlichkeit der Maßnahme

Die Pflegekasse überprüft in Zusammenarbeit mit einer beauftragen Pflegefachkraft oder dem MDK, die erforderlichenfalls andere Fachkräfte als externe Gutachter hinzuziehen (vgl. Punkt 5.5 der Pflegebedürftigkeits-Richtlinien), ob durch die beantragte Maßnahme im Einzelfall die häusliche Pflege ermöglicht oder erheblich erleichtert oder eine möglichst selbständige Lebensführung des Pflegebedürftigen wiederhergestellt werden kann, sofern diese Prüfung nicht bereits im Rahmen der Beratung im Vorfeld des Leistungsantrags erfolgte (siehe Nr. 7.2). Stellt sich im Rahmen dieser Prüfung heraus, daß es eine einfachere und effektivere Lösung gibt, hat die Pflegekasse entsprechende Empfehlungen zu geben.

II. Katalog möglicher wohnumfeldverbessernder Maßnahmen

1. Grundsätzliches

Die Zuschußgewährung nach § 40 Abs. 4 SGB XI setzt voraus, daß die geplante Maßnahme die häusliche Pflege ermöglicht oder erheblich erleichtert oder eine möglichst selbständige Lebensführung des Pflegebedürftigen wiederhergestellt wird. Von diesen zuschußfähigen Maßnahmen sind reine Modernisierungsmaßnahmen oder Maßnahmen, mit denen eine allgemeine standardmäßige Ausstattung der Wohnung erreicht wird, abzugrenzen, wenn diese nicht in direktem Zusammenhang mit der Pflegebedürftigkeit stehen. So ist z. B. der Einbau eines nicht vorhandenen Bades grundsätzlich eine allgemeine standardmäßige Ausstattung der Wohnung; ist der pflegebedürftige Bewohner jedoch nicht mehr in der Lage, die bisherige Waschmöglichkeit (z. B. das Etagenbad) zu benutzen und kann durch den Einbau des Bades verhindert werden, daß der Pflegebedürftige seine Wohnung aufgeben muß, handelt es sich um eine Maßnahme i. S. von § 40 Abs. 4 SGB XI.

Insbesondere folgende Maßnahmen sind keine Maßnahmen im Sinne von § 40 Abs. 4 SGB XI:

– Ausstattung der Wohnung mit einem Telefon, einem Kühlschrank, einer Waschmaschine,
– Verbesserung der Wärmedämmung und des Schallschutzes,
– Reparatur schadhafter Treppenstufen,
– Brandschutzmaßnahmen,
– Sicherungsmaßnahmen (z. B. Einbruchschutz),
– Herstellung einer funktionsfähigen Beleuchtung im Eingangsbereich/Treppenhaus,
– Austausch der Heizungsanlage, Warmwasseraufbereitung,
– Schönheitsreparaturen (Anstreichen, Tapezieren von Wänden und Decken, Ersetzen von Oberbelägen),
– Beseitigung von Feuchtigkeitsschäden,
– allgemeine Modernisierungsmaßnahmen.

In dem folgenden Katalog sind mögliche Maßnahmen aufgelistet, deren Leistungsvoraussetzungen nach den o. g. Grundsätzen in jedem Einzelfall zu überprüfen sind.

Materialien

2. Maßnahmen außerhalb der Wohnung / Eingangsbereich

Außerhalb der Wohnung ist die Beschaffenheit des Treppenhauses bzw. des Eingangsbereichs in bezug auf das Verlassen und Wiederaufsuchen der Wohnung (vgl. § 14 Abs. 4 Nr. 3 SGB XI) entscheidend für eine mögliche selbständige Lebensführung des Pflegebedürftigen. Es kommen deshalb insbesondere folgende Maßnahmen im Treppenhaus / Eingangsbereich in Frage:

Ausstattungs- elemente	*Mögliche Veränderungen*
Aufzug	*Anpassung an die Bedürfnisse eines Rollstuhlfahrers: Ebenerdiger Zugang, Vergrößerung der Türen, Schalterleiste in Greifhöhe*
	Installation von Haltestangen, Schaffung von Sitzplätzen
Briefkasten	*Absenkung des Briefkastens auf Greifhöhe (z. B. bei Rollstuhlfahrer)*
Orientierungshilfen	*Schaffung von Orientierungshilfen für Sehbehinderte, z. B. ertastbare Hinweise auf die jeweilige Etage*
Treppe	*Installation von gut zu umfassenden und ausreichend langen Handläufen auf beiden Seiten*
	Verhinderung der Stolpergefahr durch farbige Stufenmarkierungen an den Vorderkanten
	Installation von festinstallierten Rampen und Treppenlifter
Türen, Türanschläge und Schwellen	*Türvergrößerung, Abbau von Türschwellen, Installation von Türen mit pneumatischem Türantrieb oder ähnlichem.*

Weitergehende Maßnahmen außerhalb des Eingangsbereichs / Treppenhauses, z. B. Schaffung eines behindertengerechten Parkplatzes, Markierung und Pflasterung der Zugangswege oder allgemeine Verkehrssicherungsmaßnahmen sind keine Maßnahmen i. S. des § 40 Abs. 4 SGB XI.

Maßnahmen zur Wohnumfeldverbesserung

3. Maßnahmen innerhalb der Wohnung

3.1 Mögliche Maßnahmen im gesamten Wohnungsbereich

Ausstattungs-elemente	*Mögliche Veränderungen*
Bewegungsfläche	*Umbaumaßnahmen zur Schaffung ausreichender Bewegungsfläche, z. B. durch Installation der Waschmaschine in der Küche anstatt im Bad (Aufwendungen für Verlegung der Wasser- und Stromanschlüsse)*
Bodenbelag	*Beseitigung von Stolperquellen, Rutsch- und Sturzgefahren*
Heizung	*Installation von z. B. elektrischen Heizgeräten anstelle von Öl-, Gas-, Kohle- oder Holzöfen (wenn dadurch der Hilfebedarf bei der Beschaffung von Heizmaterial kompensiert wird)*
Lichtschalter / Steckdosen / Heizungsventile	*Installation der Lichtschalter / Steckdosen / Heizungsventile in Greifhöhe Ertastbare Heizungsventile für Sehbehinderte*
Reorganisation der Wohnung	*Anpassung der Wohnungsaufteilung (ggf. geplant für jüngere Bewohner, Ehepaare) auf veränderte Anforderungen (alt, allein, gebrechlich) durch Umnutzung von Räumen*
	Stockwerktausch (insbesondere in Einfamilien-häusern ist häufig das Bad und das Schlafzimmer in oberen Etagen eingerichtet)
Türen, Türanschläge und Schwellen	*Türvergrößerung, Abbau von Türschwellen Veränderung der Türanschläge, wenn sich dadurch der Zugang zu einzelnen Wohnungsbereichen erleichtern oder die Bewegungsfläche vergrößern läßt*
Fenster	*Absenkung der Fenstergriffe*

Materialien

3.2 Spezielle Maßnahmen in besonderen Wohnbereichen

Küche

Ausstattungselemente	*Mögliche Veränderungen*
Armaturen	*Installation von Armaturen mit verlängertem Hebel oder Schlaufe, Schlauchbrause*
	Installation von Warmwassergeräten, wenn kein fließend warmes Wasser vorhanden ist und aufgrund der Pflegebedürftigkeit Warmwasserquellen im Haus nicht erreicht oder das warme Wasser nicht – wie bisher – aufbereitet werden kann
Bodenbelag	*Verwendung von rutschhemmendem Belag*
Kücheneinrichtung	*Veränderung der Höhe von z. B. Herd, Kühlschrank, Arbeitsplatte, Spüle als Sitzarbeitsplatz*
	Schaffung einer mit dem Rollstuhl unterfahrbaren Kücheneinrichtung
	Absenkung von Küchenoberschränken (ggf. maschinelle Absenkvorrichtung)
	Schaffung von herausfahrbaren Unterschränken (ggf. durch Einhängekörbe)

Bad und WC

Ausstattungselemente	*Mögliche Veränderungen*
Einbau eines fehlenden Bades / WC	
	Umgestaltung der Wohnung und Einbau eines nicht vorhandenen Bades / WC
Anpassung eines vorhandenen Bades / WC:	
Armaturen	*Installation von Armaturen mit verlängertem Hebel oder Schlaufe, Schlauchbrause*
	Installation von Warmwassergeräten, wenn kein fließend warmes Wasser vorhanden ist und aufgrund der Pflegebedürftigkeit Warmwasserquellen im Haus nicht erreicht oder das warme Wasser nicht – wie bisher – aufbereitet werden kann

Maßnahmen zur Wohnumfeldverbesserung

Ausstattungselemente	Mögliche Veränderungen
Badewanne	Badewanneneinstiegshilfen, die mit wesentlichen Eingriffen in die Bausubstanz verbunden sind
Bodenbelag	Verwendung von rutschhemmendem Bodenbelag
	Schaffung rutschhemmender Bodenbeläge in der Dusche
Duschplatz	Einbau einer Dusche, wenn der Einstieg in eine Badewanne auch mit Hilfsmitteln nicht mehr ohne fremde Hilfe möglich ist
	Herstellung eines bodengleichen Zugangs zur Dusche
Einrichtungsgegenstände	Anpassung der Höhe
Toilette	Anpassung der Sitzhöhe des Klosettbeckens durch Einbau eines Sockels
Waschtisch	Anpassung der Höhe des Waschtisches (ggf. Einbau eines höhenverstellbaren Waschtisches) zur Benutzung im Sitzen bzw. im Rollstuhl

Schlafzimmer

Ausstattungselemente	Mögliche Veränderungen
Bettzugang	Umbaumaßnahmen zur Schaffung eines freien Zugangs zum Bett
Bodenbelag	Verwendung von rutschhemmendem Bodenbelag
Lichtschalter / Steckdosen	Installation von Lichtschaltern und Steckdosen, die vom Bett aus zu erreichen sind

Materialien

10)

Pflegetagebuch

Datum:

Hilfebedarf bei: **Zeitaufwand in Minuten:** **Art der Hilfe:**

Körperpflege	früh	mittags	abends	nachts	mit U.	volle/ teilw. Ü.	unter A.	gesamt pro Tag
Ganzkörperwäsche								
Teilwäsche Oberkörper								
Teilwäsche Unterkörper								
Teilwäsche Hände/Gesicht								
Duschen								
Baden								
Zahnpflege								
Kämmen								
Rasieren								
Wasserlassen (mit anschließender Intimhygiene, Reinigen der Toilette)								
Stuhlgang (mit anschließender Intimhygiene, Reinigen der Toilette)								
Richten der Kleidung								
Wechseln von Windeln nach Wasserlassen (mit Intimhygiene u. Entsorgung)								
Wechseln von Windeln nach Stuhlgang (mit Intimhygiene u. Entsorgung)								
Wechseln kleiner Vorlagen								
Wechseln oder Entleeren des Urinbeutels bzw. Nachtstuhl o. Bettschüssel								
Wechseln oder Entleeren des Stomabeutels								
Ernährung								
Mundgerechte Zubereitung einer Hauptmahlzeit								
Nahrungsaufnahme (3 Hauptmahlzeiten)								
Zwischenmahlzeit								
Verabreichen von Sondenkost								

Fortsetzung der Tabelle auf der nächsten Seite.

Beratungsprojekt **PFLEGE** der Hans-Weinberger-Akademie

Pflegetagebuch

*Testvordruck aus dem PFLEGETAGEBUCH
für Pflegebedürftige und Angehörige mit wichtigen Tips und
Informationen zu Einstufung, Widerspruch und Leistungen
bei der Pflegeversicherung.
6. aktualisierte Auflage,
Verlag der Hans-Weinberger-Akademie,
Industriestraße 31, 81245 München, Fax 089-86 30 09-18.*

Mobilität	früh	mittags	abends	nachts	mit U.	volle/ teilw. Ü.	unter A.	gesamt pro Tag
Aufstehen/Zubettgehen (einfache Hilfe)								
Umlagern								
Ankleiden gesamt								
Ankleiden Ober-/Unterkörper								
Entkleiden gesamt								
Entkleiden Ober-/Unterkörper								
Gehen (bezüglich einer Verrichtung)								
Stehen (z.B. Transfer von Toilettenstuhl, Rollstuhl, Toilette oder Dusche)								
Treppensteigen (innerhalb der Wohnung)								
Verlassen/Wiederaufsuchen der Wohnung (z.B. Arztbesuch, Ämter etc.)								
Hauswirtschaftliche Versorgung								
Einkaufen								
Kochen								
Reinigen der Wohnung								
Spülen								
Wechseln/Waschen der Wäsche und Kleidung								
Beheizen der Wohnung								
Besonderes heute:								

mit U. = bei der Verrichtung ist die **Unterstützung** der Pflegeperson nötig
volle / teilw. Ü. = die Verrichtung muß von der Pflegeperson **voll oder teilweise übernommen** werden
unter A. = der Pflegebedürftige kann die Verrichtung unter **Beaufsichtigung** oder **Anleitung** der Pflegeperson selbst durchführen (z.B. bei Personen mit psychischen Erkrankungen häufig der Fall)

Beratungsprojekt **PFLEGE** der Hans-Weinberger-Akademie

Materialien

11) Bundessozialgericht, Urteil vom 19. 2. 1998

Az.: B 3 P 5/97 R

Leitsätze:

- Bei an Stoffwechselstörungen leidenden Personen ist die Hilfeleistung zur Einhaltung einer strengen Diät dem hauswirtschaftlichen Bereich zuzuordnen, § 14 Abs. 4 SGB XI. Diese Hilfeleistung dient nur dazu, die Verträglichkeit der Nahrung sicherzustellen, was ihre Einbeziehung in die Grundpflege ausschließt.
- Krankheitsbedingter Pflegeaufwand, selbst wenn er medizinisch notwendig ist, ist grds. nicht bei der Bemessung des Pflegebedarfs zu berücksichtigen.
- Die Begrenzung des für die Feststellung von Pflegebedürftigkeit und die Zuordnung zu den Pflegestufen maßgebenden Hilfebedarfs auf die im Katalog des § 14 Abs. 4 SGB XI aufgeführten Verrichtungen ist nicht verfassungswidrig.

Zum Sachverhalt:

Die Ende März 1981 geborene Klägerin leidet aufgrund eines genetischen Defekts seit ihrer Geburt an der Stoffwechselerkrankung Phenylketonurie (PKU). Die Erkrankung macht die Einhaltung einer strengen Diät sowie eine ständige Medikamentenversorgung erforderlich. Die Klägerin beantragte im Dezember 1994, ihr wegen der erforderlichen Hilfeleistungen, die überwiegend von ihrer Mutter erbracht werden, Pflegegeld zu gewähren. Der Antrag wurde von der Beklagten abgelehnt (Bescheid vom 11. Mai 1995). Widerspruch (Widerspruchsbescheid vom 12. September 1995) und Klage blieben erfolglos (Urteil des Sozialgerichts <SG> vom 14. März 1996). Das Landessozialgericht (LSG) hat die Berufung zurückgewiesen (Urteil vom 13. Mai 1997): Der Pflegebedarf der Klägerin bestehe ausschließlich in der Berechnung und Gabe der notwendigen Medikamente auf der Basis der Nahrungsmittel, die nach genau bestimmten Bestandteilen eingenommen werden müßten. Hierdurch werde ein Hilfebedarf im Bereich der Grundpflege i. S. des § 14 Abs. 4 Ziff. 1 bis 3 Sozialgesetzbuch Elftes Buch (SGB XI) nicht ausgelöst; der gesetzlich relevante Hilfebedarf bestehe ausschließlich im Bereich der hauswirtschaftlichen Versorgung. Die Verabreichung der Medikamente, die die Klägerin zur Aufrechterhaltung eines ordnungsgemäßen Stoffwechsels benötige, sei der sog. einfachen Behandlungspflege zuzuordnen. Diese sei bei der Feststellung des Pflegebedarfs nur zu berücksichtigen, wenn sie im zeitlichen Zusammenhang mit Verrichtungen der Grundpflege oder hauswirtschaftlichen Versorgung erbracht werde, um diese unmittelbar ausführen zu können. Das sei bei der Gabe von Medikamenten zur Regelung des Phenylalaninhaushaltes nicht der Fall.

Mit der vom LSG zugelassenen Revision rügt die Klägerin eine Verletzung der §§ 14, 15 SGB XI. Das LSG habe zu Unrecht den hohen Pflegebedarf der Klägerin ausschließlich dem Bereich der hauswirtschaftlichen Versorgung zugeordnet und wegen des Fehlens eines Hilfebedarfs im Bereich der Grundpflege einen Leistungsanspruch der Klägerin verneint. Bei einem behinderten Kind müsse der gesamte pflegerische Mehraufwand im Vergleich mit einem gesunden gleichaltrigen Kind berücksichtigt werden, ohne nach Grundpflege und hauswirtschaftlicher Versorgung zu differenzieren. Zudem sei der Umfang des durch Anleitung, Betreuung und Beaufsichtigung der Klägerin erforderlichen Pflegeaufwands vom LSG fehlerhaft festgestellt worden. Hierfür sei es erforderlich gewesen, einen Sachverständigen mit der Ermittlung des Hilfebedarfs zu beauftragen, was das LSG abgelehnt habe.

Aus den Gründen:

Die Revision der Klägerin ist nicht begründet. Das LSG hat zu Recht entschieden, daß der Klägerin ein Anspruch auf Pflegeleistungen aus der sozialen Pflegeversicherung nicht zusteht.

Der Anspruch auf Pflegegeld, den die Klägerin seit dem Inkrafttreten des Leistungsrechts der Pflegeversicherung am 1. April 1995 (Art. 68 Abs. 2 des Gesetzes zur sozialen Absicherung des Risikos der Pflegebedürftigkeit »Pflege-Versicherungsgesetz« – PflegeVG –) geltend macht, setzt gemäß § 37 Abs. 1 SGB XI voraus, daß Pflegebedürftigkeit i. S. des § 14 SGB XI vorliegt. Ferner muß nach § 15 Abs. 1 Satz 1 Nr. 1 SGB XI für die Pflegestufe I ein Mindestmaß an Hilfebedarf bei der Grundpflege bestehen, dessen Vorliegen das LSG zutreffend verneint hat.

1. Nach § 14 Abs. 1 SGB XI sind pflegebedürftig i. S. des SGB XI solche Personen, die wegen einer körperlichen, geistigen oder seelischen Krankheit oder Behinderung für die gewöhnlichen und regelmäßig wiederkehrenden Verrichtungen im Ablauf des täglichen Lebens auf Dauer zumin-

dest in erheblichem Maße der Hilfe bedürfen. Zu berücksichtigen ist hierbei ausschließlich der Umfang des Pflegebedarfs bei den gewöhnlich und regelmäßig wiederkehrenden Verrichtungen, die Abs. 4 der Vorschrift in die Bereiche Körperpflege, Ernährung und Mobilität sowie den Bereich der hauswirtschaftlichen Versorgung aufteilt. Der nach den insoweit nicht mit Verfahrensrügen angegriffenen Feststellungen des LSG bei der Klägerin bestehende Hilfebedarf ist ausschließlich dem Bereich der hauswirtschaftlichen Versorgung zuzuordnen. Dies gilt insbesondere für alle Maßnahmen, die der Beschaffung und Zubereitung der für die Diät der Klägerin benötigten Lebensmittel dienen.

Im Bereich der Ernährung unterschiedet § 14 Abs. 4 SGB XI zwischen der mundgerechten Zubereitung oder der Aufnahme der Nahrung einerseits, wobei ein Hilfebedarf bei diesen Verrichtungen der Grundpflege nach den Nrn. 1 bis 3 zuzuordnen ist, sowie dem Einkaufen und Kochen andererseits, das dem Bereich der hauswirtschaftlichen Versorgung zugewiesen ist (Nr. 4). Die Vorschrift differenziert damit allein nach dem äußeren Ablauf der Verrichtungen; sie knüpft nicht an das mit der Verrichtung angestrebte Ziel an. Bezogen auf den allerdings existenznotwendigen Lebensbereich Ernährung bedeutet dies, daß nicht umfassend alle Maßnahmen einzubeziehen sind, die im konkreten Einzelfall im weitesten Sinn dem Ernährungsvorgang zugeordnet werden können. Zur Grundpflege gehört nach § 14 Abs. 4 Nr. 3 SGB XI vielmehr nur die Hilfe bei der Nahrungsaufnahme selbst sowie die letzte Vorbereitungsmaßnahme, soweit eine solche nach der Fertigstellung der Mahlzeit krankheits- oder behinderungsbedingt erforderlich wird (BT-Drucks 12/5262, S. 96, 97. Wilde in: Hauck/Wilde, SGB XI, § 14 RdNr 34b).

Dies schließt bei an Stoffwechselstörungen leidenden Personen die Einbeziehung solcher Hilfen in die Grundpflege aus, die nur dazu dienen, die Verträglichkeit der Nahrung sicherzustellen – etwa durch Kontrollmaßnahmen oder durch Zuführung von Arzneimitteln, wenn derartige Maßnahmen nicht zwangsläufig im Zusammenhang mit den im Katalog aufgeführten Verrichtungen der Grundpflege vorgenommen werden müssen. Der Senat folgt nicht der Auffassung des SG Hamburg (Urteil vom 27. Juni 1996, Breith. 1997, 134), wonach bei einem an juvenilem Diabetes leidenden Kind das Berechnen, Zusammenstellen und Abwiegen der Mahlzeiten zum „mundgerechten Zubereiten" der Nahrung gehört, weil dem Diabetiker eine Mahlzeit nur dann „munden" könne, wenn sie mit Hilfe aufwendiger Vorbereitungen genau berechnet und zubereitet sei, andernfalls werde er durch die Nahrung in Lebensgefahr gebracht. Diese Auslegung wird den Vorgaben des Gesetzes nicht gerecht, weil sie sich von dem äußeren Ablauf der Pflegemaßnahmen löst und statt dessen auf die individuelle Bedeutung einzelner Hilfeleistungen abstellt.

Bundessozialgericht, Urteil vom 19. 2. 1998

In den Richtlinien der Spitzenverbände der Pflegekassen über die Abgrenzung der Merkmale der Pflegebedürftigkeit und der Pflegestufen sowie zum Verfahren der Feststellung der Pflegebedürftigkeit »Pflegebedürftigkeits-Richtlinien – PflRl –« (Ziff 3, 4) sind die Vorgaben des Gesetzes in bezug auf den Lebensbereich Ernährung zutreffend erläutert. Danach zählt die gesamte Vorbereitung der Nahrungsaufnahme nicht zur Grundpflege, sondern zum Bereich der hauswirtschaftlichen Versorgung. Das im Gesetz ausdrücklich erwähnte Einkaufen umfaßt z. B. auch den Überblick, welche Lebensmittel wo eingekauft werden müssen, sowie die Kenntnis der Genieß- bzw. Haltbarkeit von Lebensmitteln; zum ebenfalls erwähnten Kochen gehört auch das Vor- und Zubereiten der Bestandteile der Mahlzeiten. Die PflRl gehen zutreffend davon aus, daß der Begriff „Kochen" den gesamten Vorgang der Nahrungszubereitung umfaßt. Hierzu zählen somit auch Vorbereitungsmaßnahmen wie die Erstellung eines Speiseplans unter Berücksichtigung individueller, unter Umständen auch krankheitsbedingter Besonderheiten. Daraus folgt, daß auch die Tätigkeiten des Berechnens, Abwiegens und der Zusammenstellung der Speisen zur Herstellung der für die Klägerin erforderlichen Diät einschließlich der hierfür unter Umständen erforderlichen Anleitung zur Nahrungszubereitung zählt und damit der Verrichtung „Kochen" im Bereich der hauswirtschaftlichen Versorgung zuzuordnen ist (aA Wilde, a.a.O. allerdings ohne Begründung). Nach den Feststellungen des LSG bedarf die Klägerin dagegen bei der Nahrungsaufnahme selbst keiner Hilfe; eine mundgerechte Zubereitung ist nicht erforderlich.

2. Die Versorgung der Klägerin mit Medikamenten, die nicht notwendig mit der Verrichtung „Nahrungsaufnahme" verbunden ist, zählt ebenfalls nicht zur Grundpflege. Der Einwand der Klägerin, die von ihrer Mutter geleistete Betreuung zur Vermeidung der verhängnisvollen Auswirkungen der PKU sei für sie von elementarer Bedeutung und müsse deshalb der Grundpflege gleichgestellt werden, ist allerdings nachvollziehbar.

a) Die volle Einbeziehung krankheitsspezifischer Pflegemaßnahmen (das sind Hilfeleistungen, die nur durch eine bestimmte Erkrankung verursacht werden) in die Bemessung des Pflegebedarfs entspräche durchaus einem Ziel, das der Gesetzgeber als wesentlichen Grund für die Einführung von Leistungen bei Pflegebedürftigkeit genannt hatte, nämlich durch die Förderung der Bereitschaft zur häuslichen Pflege die kostenintensive stationäre Pflege zurückzudrängen (BT-Drucks 11/2237, S. 148 und 182 in Bezug auf die Einführung der §§ 53 ff Sozialgesetzbuch Fünftes Buch <SGB V>; BT-Drucks 12/5262, S. 61 ff in bezug auf die Einführung des SGB XI). Nach der Begründung des Gesetzentwurfs soll insbesondere § 1 Abs. 4 SGB XI verdeutlichen, daß die Aufgabe der Pflegeversicherung gerade darin besteht, denjenigen Pflegebedürftigen Hilfen zur Verfügung zu stellen, die aufgrund des Ausmaßes ihrer Pflegebedürftigkeit in einer Weise belastet sind, daß ein Eintreten der Solidargemeinschaft notwendig wird, um eine Überforderung der Leistungskraft des Pflegebedürftigen und seiner Familie zu verhindern (BT-Drucks 12/5262, S. 89). Orientiert man sich bei der Auslegung des § 14 SGB XI an dieser Zielrichtung, so liegt es nahe, solche Hilfeleistungen nicht unberücksichtigt zu lassen, die sich auf den Grad der Belastung der Angehörigen durch Pflegemaßnahmen in erheblichem Maße auswirken und die zugleich für die existentielle Lebensführung des Pflegebedürftigen unverzichtbar sind. Hierzu zählen krankheitsspezifische Pflegemaßnahmen (sog. Behandlungspflege) vor allem dann, wenn es um Hilfen bei sog. Vitalfunktionen geht.

b) Für eine umfassende Berücksichtigung der Behandlungspflege spricht auch der Gesichtspunkt der nahtlosen Verknüpfung von gesetzlicher Kranken- und Pflegeversicherung. Die genannten, für die Existenz des Hilfebedürftigen unverzichtbaren Maßnahmen werden nämlich bei einer Versorgung im häuslichen Umfeld regelmäßig nicht im Rahmen der häuslichen Krankenpflege von der gesetzlichen Krankenversicherung geleistet. Denn der Anspruch auf häusliche Krankenpflege und damit auch auf Behandlungspflege nach § 37 Abs. 1 SGB V besteht nach § 37 Abs. 3 SGB V nicht soweit die erforderlichen Maßnahmen von einer im Haushalt lebenden Person erbracht werden können. Krankheitsspezifische Pflegemaßnahmen, die von Familienangehörigen geleistet werden können, zählen danach im Grundsatz nicht zu den Aufgaben der Krankenversicherung. Diese wird durch die familiäre Hilfe entlastet, derer sich auch die Pflegeversicherung bedient. Deren Ziel, nämlich die Förderung der häuslichen Pflegebereitschaft durch Schaffung finanzieller Anreize zur Vermeidung wesentlich kostenintensiverer stationärer Pflege, ist nur zu erreichen, wenn der Pflegebedürftige dem Grunde nach – entweder aus der Kranken- oder der Pflegeversicherung – die Leistungen beanspruchen kann, die er zur elementaren Lebensführung benötigt. Die Gesetzesbegründung erweckt zu Unrecht den Anschein, als sei die Behandlungspflege voll durch die Krankenversicherung gewährleistet. Der Ausschluß des Anspruchs auf Behandlungspflege im Bereich der gesetzlichen Krankenversicherung gerade bei einer Versorgung im häuslichen Bereich wurde nicht erwähnt. Die Krankenversicherung entlastet sich auf diese Weise durch die Leitungen pflegender Angehöriger, so daß dies konsequenterweise zumindest bei der Bemessung des für den Leistungsanspruch in der Pflegeversicherung maßgebenden Pflegebedarfs berücksichtigt werden mußte.

c) Für diese Auslegung und damit für eine Einbeziehung krankheitsspezifischer Pflegemaßnahmen in die Bemessung des Pflegebedarfs sprechen ferner die im Gesetzentwurf zu § 15 Abs. 1 SGB XI (§ 13 Abs. 1 des Entwurfs) aufgeführten Beispiele, mit deren Hilfe die Umsetzung der in § 14 und § 15 Abs. 1 SGB XI enthaltenen Definitionen auf konkrete Lebenssachverhalte verdeutlicht werden sollte (BT-Drucks 12/5262, S. 98 zu § 13 Abs. 1 Nr. 3 des Entwurfs). Als Beispiel für die Pflegestufe III wird ein Zustand bei einer nicht mehr behandlungsfähigen Krebserkrankung genannt, der lebenswichtige Funktionen wie Atmung, Kreislauf und Stoffwechsel gefährde und einen Hilfebedarf in nahezu allen Bereichen der Körperpflege, der Mobilität und Ernährung verursache. Die Pflege sei in diesen Fällen „rund um die Uhr" notwendig, „um z. B. bei Atemnot oder Erbrechen zu jeder Zeit Hilfe leisten zu können" (BT-Drucks, a.a.O.). Bei dieser Begründung wird zwar verkannt, daß auch die Linderung von Beschwerden Krankenbehandlung und nicht bloße Pflege sein kann; die Zielrichtung, auch krankenpflegerische Hilfeleistungen miteinzubeziehen wird jedoch hinreichend deutlich.

d) Weder die Gesetzesmaterialien noch die genannten, die Ziele der Pflegeversicherung allgemein beschreibenden Einweisungsvorschriften erlauben indessen eine Ergänzung der ausschließlich verrichtungsbezogenen Bemessung des Pflegebedarfs, wie sie § 14 SGB XI in seinen Abs. 1 und 4 vorschreibt. Dem steht der abschließend formulierte und – wie die Entstehungsgeschichte des Gesetzes ergibt – abschließend verstandene Katalog der für die Einstufung maßgebenden Kriterien entgegen. Allerdings sind die im Verlaufe des Gesetzgebungsverfahrens abgegebenen Meinungsäußerungen nicht immer widerspruchsfrei und konsequent gewesen. So läßt das im Gesetzentwurf (BT-Drucks 12/5262, S. 98 zu § 13 Abs. 1 Nr. 3 des Entwurfs) genannte Beispiel einer Alzheimer-Erkrankung mit einem umfassenden Aufsichtsbedarf für die Einstufung in die Pflegestufe III nicht ausschließen, daß der Aufsichtsbedarf losgelöst von den Verrichtungen der Grundpflege als Pflegeleistung berücksichtigt worden ist. Diese Äußerung kann aber nicht zum Anlaß genommen werden, auf einen generellen Willen des Gesetzgebers zu schließen, entgegen der schließlich verabschiedeten Gesetzesfassung krankheitsbedingten Pflegebedarf jedweder Art neben der Grundpflege und der hauswirtschaftlichen Versorgung zu berücksichtigen, also eine unbewußte Regelungslücke anzunehmen, die durch eine erweiternde Gesetzesauslegung zu füllen wäre. Die damit einhergehende Leistungsausweitung liegt auf der Hand, und es kann schwerlich davon ausgegangen werden, der Gesetzgeber hätte sie trotz des von vornherein vorgesehenen engen Finanzrahmens beabsichtigt oder sogar schon einkalkuliert. Für eine Leistungsausweitung bedarf es eines klaren gesetzgeberischen Willens, der erkennen läßt, daß auch die finanziellen Folgen berücksichtigt wurden und die Deckung des notwendigen Finanzbedarfs sichergestellt ist. Daraus folgt, daß krankheitsbedingter Pflegeaufwand, selbst wenn er medizinisch notwendig ist, nicht in jedem Fall bei der Bemessung des Pflegebedarfs zu berücksichtigen ist. Auch die Bedeutung einer Maßnahme für den Hilfebedürftigen und die damit einhergehende Bela-

Materialien

stung für die Pflegeperson lassen es nicht zu, die Anordnung des Gesetzes, daß nur auf bestimmte Verrichtungen im Bereich der Grundpflege abzustellen ist, zu übergehen.

e) Der generelle Ausschluß jedweder krankheitsspezifischer Maßnahmen aus dem berücksichtigungsfähigen Pflegebedarfs allein unter dem Aspekt, daß es sich um der Krankenversicherung zuzuordnende Behandlungspflege handele wie dies in Ziff. 3.5.1 der PflRi vorgesehen ist, findet allerdings im Gesetz ebenfalls keine Grundlage. Das Gesetz läßt schon in keiner Weise erkennen, welche Hilfeleistungen im einzelnen als Behandlungspflege anzusehen wären. Der Inhalt des Begriffs Behandlungspflege ist weder aus dem SGB XI noch aus dem SGB V zu erschließen. Auch ein Rückgriff auf das medizinisch-pflegewissenschaftliche Schrifttum sowie die Rechtsprechung oder Kommentarliteratur zur häuslichen Krankenpflege ist nicht geeignet, den Begriff „Behandlungspflege" inhaltlich eindeutig festzulegen und damit ein brauchbares Abgrenzungskriterium zu liefern. Es besteht, wie insbesondere Vogel/Schaaf (SGB 1997, 560, 562 ff) deutlich gemacht haben, kein Konsens darüber, welche Maßnahmen dem Begriff der Behandlungspflege im einzelnen zuzuordnen sind.

Das SGB XI erwähnt den Begriff „Behandlungspflege" lediglich in § 12 Abs. 2 Satz 2 SGB XI bei der Beschreibung der Aufgaben der Pflegekassen. Danach sind die Pflegekassen verpflichtet, insbesondere sicherzustellen, daß im Einzelfall ärztliche Behandlung, Behandlungspflege, rehabilitative Maßnahmen, Grundpflege und hauswirtschaftliche Versorgung nahtlos und störungsfrei ineinandergreifen. In diesem Zusammenhang kann sich Behandlungspflege jedoch nur auf die nach § 37 SGB V von den Krankenkassen tatsächlich zu leistende Behandlungspflege als Bestandteil der häuslichen Krankenpflege beziehen. Die von Familienangehörigen und – nach § 37 Abs. 3 SGB V – deshalb gerade nicht von den Krankenkassen zu leistende Behandlungspflege kann vom Koodinierungsauftrag der Pflegekassen nicht erfaßt werden. Nichts anderes gilt für die Beschreibung von „Art und Umfang der Leistungen" der Pflegeversicherung in der Begründung zu § 4 SGB XI (BT-Drucks 12/5262, S. 90), wo es heißt: „Die Behandlungspflege hat insbesondere medizinische Hilfeleistungen wie Injektionen, Verbandswechsel oder Verabreichung von Medikamenten zum Gegenstand und ist keine Leistung die Pflegeversicherung; sie wird weiterhin im Rahmen der gesetzlichen Krankenversicherung erbracht." Diese Darstellung macht deutlich, daß im Gesetzgebungsverfahren nur undeutliche Vorstellungen darüber entwickelt wurden, welche Maßnahmen im einzelnen zur Behandlungspflege zählen und zur fortbestehenden Leistungspflicht der gesetzlichen Krankenversicherung gehören sollen. Dies wird vor allem am Beispiel der Sondenernährung deutlich, die nach pflegewissenschaftlichem Verständnis eindeutig als Maßnahme der besonderen Behandlungspflege zu werten ist, weil sie ständiger ärztlicher Kontrolle bedarf und wegen der mit ihr verbundenen Risiken im Regelfall nur von geschultem Pflegepersonal erbracht werden darf (vgl. Vogel/Schaaf, a.a.O. S. 566; ferner Igl/Welti. VSSR 1995, 117, 136). Gleichwohl soll nach der Begründung des Gesetzentwurfs gerade die Sondenernährung im Rahmen der Nahrungsaufnahme zur Grundpflege zählen (BT-Drucks 12/5262, S. 97 zu § 12 Abs. 4 des Entwurfs).

Im sozialrechtlichen Schrifttum werden dem Begriff Behandlungspflege Hilfeleistungen zugeordnet, die einen Bezug zu Krankheiten oder Krankheitsbehandlungen haben und die typischerweise nicht von einem Arzt, sondern von Vertretern medizinischer Hilfsberufe oder auch von Laien erbracht werden. Genannt werden etwa: Verabreichen von Medikamenten, Injektionen, Anlegen von Verbänden, Spülungen, Einreibungen, Unterstützung bei Inhalationen, Katheterisierung, Einläufe, Dekubitusversorgung. Teilweise beschränken sich Autoren jedoch auf spezielle Einzelmaßnahmen der genannten Art, sondern führen ganze Tätigkeitsbereiche mit eher unklaren Konturen auf wie Krisenintervention, Feststellung und Beobachten des jeweiligen Krankenstandes und der Krankheitsentwicklung, Sicherung des notwendigen Patientenbeitrags zur ärztlichen Therapie oder die Kontrolle der Wirkungen und Nebenwirkungen von Medikamenten (So: Gerlach in: Hauck/Haines, SGB V-Komm, § 37 RdNr. 23).

Auch die Rechtsprechung hat den Begriff Behandlungspflege nicht immer einheitlich verwendet. Er existiert im Gesetz zwar erst seit dem Inkrafttreten des SGB V (dort § 37). Als Bestandteil der häuslichen Krankenpflege nach § 185 Reichsversicherungsverordnung hat sich die Rechtsprechung jedoch schon früher mit ihm auseinandergesetzt. Vorausgesetzt wurde stets, daß es sich um Maßnahmen handelte, die Bestandteil der ärztlichen Heilbehandlung waren und in diese eingebunden, also vom behandelnden Arzt verordnet waren (vgl. BSGE Bd. 50, S. 73, 76 = SozR 2200 § 185 Nr. 4; Urteil vom 11. Oktober 1979, 3 RK 72/78 = USK 79162; Urteil vom 21. Oktober 1980, 3 RK 33/79 = USK 80211; BSGE Bd. 63, S. 140, 142 = SozR 2200 § 185 Nr. 5). Diese Voraussetzung verbinden Igl/Welti VSSR 1995, 117, 136) mit der Forderung, daß der Arzt die Maßnahme auch fortlaufend überwachen und der Pflegekraft ggf. am Therapieziel orientierte Handlungsanweisungen geben müsse, um von Behandlungspflege sprechen zu können. Den PflRi liegt offensichtlich ein ganz anderes Verständnis des Begriffs Behandlungspflege zugrunde. Danach sollen ohne weiteres auch solche Hilfeleistungen einbezogen und damit aus der Bemessung des Pflegebedarfs generell ausgeschlossen werden, die unabhängig von einer ärztlichen Behandlung und ohne konkrete Einwirkung eines Arztes von Personen ohne spezielle pflegerische Qualifikation erbracht werden, soweit sie einen Bezug zur Heilbehandlung haben. Hierfür bietet das Gesetz, wie dargelegt, keine Grundlage.

f) Eine sachgerechte Gesetzesauslegung erlaubt vielmehr, auch Maßnahmen der Behandlungspflege im weitesten Sinne bei der Ermittlung des Pflegebedarfs zu berücksichtigen. Der Senat hat bereits mit Urteil vom 17. April 1996 (3 RK 28/95. SozR 3-2500 § 53 Nr. 10) entschieden, daß krankheitsspezifische Pflegemaßnahmen, insbesondere wenn sie zur Aufrechterhaltung von Grundfunktionen erforderlich sind i. S. der §§ 53 ff SGB V a. F. zur Grundpflege zählen, soweit sie im zeitlichen Zusammenhang mit den sog. Katalogtätigkeiten erforderlich werden und nicht die Fachkunde eines Gesundheitsberufs erfordern, sondern auch von pflegenden Angehörigen erbracht werden können. Diese Aussage trifft im Grundsatz auch auf die Bemessung des Pflegebedarfs nach den §§ 14, 15 SGB XI zu. § 14 SGB XI stellt bei der Beschreibung der Voraussetzungen für die Annahme von Pflegebedürftigkeit nur darauf ab, ob bei den in Abs. 4 dieser Vorschrift aufgeführten Verrichtungen im Ablauf des täglichen Lebens überhaupt Hilfebedarf besteht, ohne nach dessen Ursache nach der Art der benötigten Hilfeleistungen und deren finaler Ausrichtung zu differenzieren. Das Gesetz setzt gerade voraus, daß der Hilfebedarf krankheits- oder behinderungsbedingt ist.

g) Die Begrenzung des für die Feststellung von Pflegebedürftigkeit und die Zuordnung zu den Pflegestufen maßgebenden Hilfsbedarfs auf die im Katalog des § 14 Abs. 4 SGB XI im einzelnen aufgeführten Verrichtungen ist nicht verfassungswidrig. Von Verfassungs wegen besteht kein Recht auf den Bezug bestimmter Sozialleistungen; eine Ausnahme stellt lediglich der durch Art. 1 Abs. 1, 2 Abs. 2. 20 Grundgesetz (GG) gewährleistete Anspruch auf das Existenzminimum (vgl. BVerfGE Bd. 82, S. 60, 80 und 364, 368) dar, den die Sozialhilfe sicherstellt. Als Prüfungsmaßstab kommt daher allein Art. 3 Abs 1 GG in Betracht, der in diesem Zusammenhang lediglich willkürliche Unterscheidungen des Gesetzgebers verbietet. Das ist hier nicht der Fall.

Zwar werden durch die Begrenzung des maßgebenden Hilfebedarfs solche Pflegebedürftigen von Leistungen der Pflegeversicherung ausgeschlossen, bei denen auf anderen als den in § 14 Abs 4 SGB XI aufgeführten Gebieten ein Hilfebedarf besteht. Auch richtet sich die Ausgrenzung nicht nach dem Schweregrad der Betroffenheit des zu Pflegenden bzw. der Pflegeperson. Die Pflegeversicherung ist jedoch bewußt nicht als umfassende Absicherung des Pflegerisikos konzipiert worden, die bei jeder Form eines Pflegebedarfs Leistungen vorsieht. Dies wird im Hinblick auf die Leistungen bei häuslicher Pflege insbesondere aus § 4 Abs 2 Satz 1 SGB XI deutlich: Die Vorschrift stellt klar, daß die Pflegeversicherung keine Vollversorgung der Pflegebedürftigen sicherstellt, wie dies im Grundsatz in bezug auf die Gesundheitsversorgung in der gesetzlichen Krankenversicherung gewährleistet ist. Die Leistungen bei häuslicher und teilstationärer Pflege haben gegenüber der fortbestehenden Notwendigkeit von Pflegeleistungen durch Familienangehörige, Nachbarn oder sonstige ehrenamtliche Pflegekräfte nur ergänzende Funktion. Das SGB XI begrenzt nicht nur den Leistungsumfang der Höhe nach unabhängig vom individuellen Bedarf, wie sich im einzelnen aus den §§ 36 ff SGB XI ergibt, sondern durch die Vorgaben der §§ 14, 15 SGB XI auch den Kreis der leistungsberechtigten Personen. Der Katalog des § 14 Abs 4 SGB XI orientiert sich allein am Tagesablauf eines Gesunden. Das Abstellen auf den hierbei auftretenden Hilfebedarf erfaßt vornehmlich die Pflegesituationen bei der Gebrechlichkeitspflege. Nur atypische Hilfeleistungen, wie sie insbesondere bei der Versorgung von chronisch Kranken und Behinderten anfallen, werden durch die Begrenzung der für die Bemessung des Pflegebedarfs ausschlaggebenden Verrichtungen auf die in § 14 Abs 4 SGB XI aufgeführten zwangsläufig weitgehend ausgeschlossen.

Die Begrenzung des durch die Pflegeversicherung abgedeckten Risikos muß jedoch als gerechtfertigt angesehen werden, weil ihr eine Beschränkung der Abgabenhöhe entspricht. Angesichts des begrenzten Finanzbudgets, das für die Pflegeversicherung zur Verfügung gestellt werden konnte, war eine umfassende Versorgung von Pflegefällen aus der Sicht des Gesetzgebers allein aus der Pflegeversicherung nicht durchführbar. Die Belastbarkeit der Sozialversicherungs-Beitragszahler, insbesondere der Arbeitgeber, mit zusätzlichen Zahlungspflichten zur Abdeckung eines Risikos, das der einzelne zuvor (mit Ausnahme der Vorbereitungsphase vom 1. Januar 1989 bis 31. März 1995 in Gestalt der §§ 53 ff SGB V a. F.) vollständig aus eigenen Mitteln zu tragen hatte, ist im Gesetzgebungsverfahren eingehend diskutiert worden (vgl. BT-Drucks 12/5262, S. 85 ff, 175 ff: vgl. auch Schmähl, Finanzierung sozialer Sicherung unter veränderten gesellschaftlichen und ökonomischen Bedingungen. SozVers 1994, 169 = ZfS 1994, 241; ders. Zur Finanzierung einer Pflegeversicherung in Deutschland, DRV 1993, 358). Im Gegensatz zu allen anderen Zweigen der Sozialversicherung wurde der Beitragssatz im Gesetz selbst festgeschrieben (zunächst auf 1 vH, ab 1. Juli 1996 auf 1,7 vH, vgl. § 55 Abs 1 SGB XI). Der Gesetzgeber hat auch an anderer Stelle im Gesetz deutlich gemacht, daß er der dauerhaften Finanzierbarkeit von Pflegeleistungen zu vertretbaren Beitragssätzen überragende Bedeutung einräumt (§ 70 SGB XI »Grundsatz der Beitragsstabilität«, vgl. BT-Drucks 12/5262, S. 133 zu § 79 des Entwurfs).

Die Orientierung der Leistungsvoraussetzungen (auch) an finanziellen Vorgaben kann grundsätzlich nicht als sachwidrig angesehen werden, zumal das Pflegerisiko in erheblichem Umfang auch von anderen Sozialleistungssystemen, etwa der gesetzlichen Unfallversicherung und der sozialen Entschädigung abgedeckt wird. Die von der Pflegeversicherung nicht erfaßten Bereiche des Pflegerisikos fallen schließlich in den Verantwortungsbereich der Sozialhilfe, wenn der einzelne nicht in der Lage ist, die für die Pflegemaßnahmen erforderlichen Aufwendungen aus eigenen Mitteln aufzubringen. Zwar ist durch das PflegeVG mit § 68a Bundessozialhilfegesetz (BSHG) eine Bindung der Sozialhilfsträger an die Entscheidungen der Pflegekassen eingeführt worden; diese geht jedoch nur so weit, wie die Entscheidung der Pflegekasse auf Tatsachen beruht, die auch im Rahmen der Entscheidung über die sozialhilferechtliche Hilfe zur Pflege zu berücksichtigen sind (vgl. hierzu im einzelnen Schellhorn/Jirasek/Seipp BSHG 15. Aufl. 1997, § 68a RdNm 3 ff).

3. Nach allem besteht bei der Klägerin nur bei der hauswirtschaftlichen Versorgung ein relevanter Hilfebedarf, der über das bei Kindern übliche Normalmaß erheblich hinausgeht. Dies kann allein Pflegebedürftigkeit nicht begründen, weil § 15 Abs 1 Satz 1 Nr 1 SGB XI für die Zuordnung zur Pflegestufe I in erster Linie einen Mindestbedarf an Grundpflege fordert, der durch einen erhöhten Bedarf bei der hauswirtschaftlichen Versorgung nicht kompensiert werden kann. Auf die Revisionsrüge, der Bedarf an hauswirtschaftlicher Versorgung sei verfahrensfehlerhaft festgestellt worden, kommt es danach nicht an.

Die Unterscheidung zwischen einem Hilfsbedarf bei der Grundpflege und einem solchen der hauswirtschaftlichen Versorgung ist ebenfalls sachgerecht und begegnet keinen verfassungsrechtlichen Bedenken. Die Notwendigkeit einer Hilfe bei der Aufrechterhaltung einer selbständigen Haushaltsführung stellt den geringsten Grad und bei einer altersbedingten Hilfsbedürftigkeit typischerweise die erste Stufe dar. Der Pflegebedarf muß nach dem Gesetz aber zumindest „erheblich" sein. Auch bei Kindern besteht für einen Verzicht auf das Erfordernis eines Hilfebedarfs bei der Grundpflege (§ 15 Abs 1 Satz 1 Nr 1 SGB XI), wie es die Klägerin fordert, keine Grundlage. Eine solche kann insbesondere nicht in § 15 Abs 2 SGB XI gesehen werden, wonach bei Kindern für die Zuordnung zu den Pflegestufen der zusätzliche Hilfsbedarf gegenüber einem gesunden gleichaltrigen Kind maßgebend ist. Hieraus kann nicht der Schluß gezogen werden, bei Kindern sei der gesamte Mehrbedarf, unabhängig von seiner Zuordnung zur Grundpflege oder hauswirtschaftlichen Versorgung maßgebend. Mit der Regelung in Abs 2 sollte, anknüpfend an die Rechtsprechung des Bundessozialgericht (BSG) zur Feststellung von Schwerpflegebedürftigkeit bei Kindern nach den §§ 53 ff SGB V a. F. (BSG SozR 3-2500 § 53 Nrn 7 und 8) lediglich klargestellt werden, daß „der natürliche, altersentsprechende Pflegebedarf von Kindern" unberücksichtigt bleibt und allein auf den das altersübliche Maß übersteigenden Aufwand abzustellen ist (BT-Drucks 12/5262. S. 98 zu § 13 Abs 2 des Entwurfs). Eine Aufhebung der für die Bemessung des Pflegebedarfs grundlegenden Unterscheidung zwischen Grundpflege und hauswirtschaftlichem Bedarf war dagegen nicht beabsichtigt. Hiergegen spricht auch nicht, daß sich die Vergleichsgröße „gesundes, altersentsprechend entwickeltes Kind" beim hauswirtschaftlichen Bedarf dahingehend auswirken kann, daß hauswirtschaftliche Verrichtungen im durchschnittlichen Ausmaß bei Kindern bis zu dem Alter, in dem sie sich üblicherweise an den hauswirtschaftlichen Verrichtungen beteiligen, gar nicht berücksichtigt werden können und für die Zuordnung zu den Pflegestufen bei Kindern dann nur der Aufwand bei der Grundpflege maßgebend wäre. Dies führt nicht zu einer Ungleichbehandlung von pflegebedürftigen Kindern gegenüber pflegebedürftigen Erwachsenen. Denn die Nichtberücksichtigung des hauswirtschaftlichen Bereichs beruht auf dem Umstand, daß die Defizite in diesem Bereich bei Kindern im allgemeinen nicht, wie es § 14 Abs 1 SGB XI voraussetzt, krankheits- oder behinderungsbedingt sind. Fällt dagegen bei Kindern krankheits- oder behinderungsbedingt ein Mehraufwand bei der hauswirtschaftlichen Verrichtungen gegenüber der Versorgung gesunder Kinder an, so ist dieser auch zu berücksichtigen, allerdings nach § 15 Abs 1 SGB XI generell nur neben einem Mindestbedarf an grundpflegerischer Leistungen, an denen es hier fehlt.

Die Kostenentschädigung ergibt sich aus § 193 Sozialgerichtsgesetz.

Materialien

12) Koalitionsvereinbarung

zwischen der Sozialdemokratischen Partei
Deutschlands und Bündnis 90 / Die Grünen
v. 21. 10. 1998 (Auszug)

...

7. Pflegeversicherung stabilisieren

Angesichts der Veränderungen im Altersaufbau unserer Gesellschaft ist für die neue Bundesregierung die Sicherung einer menschenwürdigen und ganzheitlichen Pflege ein wichtiges Zukunftsthema. Die neue Bundesregierung setzt sich zum Ziel, die Qualität der Pflege und Betreuung zu erhalten und angesichts begrenzter Finanzspielräume weiter zu verbessern.

Dazu werden folgende Maßnahmen ergriffen:

- die Rücklage der Pflegeversicherung wird vorrangig für die dauerhafte Stabilisierung des Beitragssatzes verwandt. Die Bildung eines Teilkapitalstocks wird angestrebt;
- die bereits in der 13. Wahlperiode vereinbarten maßvollen Leistungsverbesserungen werden umgesetzt; zugleich wird geprüft, wie die Betreuung Demenzkranker bei der Feststellung der Pflegebedürftigkeit und ob „Arbeitgebermodelle" berücksichtigt werden können;
- die vorhandene sozialrechtliche Abgrenzung und Aufgabenteilung zwischen der Pflegeversicherung einerseits und der Krankenversicherung bzw. dem Sozialhilferecht andererseits werden überprüft und gegebenenfalls neu geregelt;
- die Finanzierung der medizinischen Behandlungspflege durch die Krankenversicherung wird angestrebt.

...

2. Politik für ältere Menschen

Die Veränderung im Altersaufbau der Bevölkerung erfordert ein Umdenken in Politik, Wirtschaft und Gesellschaft. Die neue Bundesregierung will dafür sorgen, daß die Chancen des längeren Lebens genutzt werden.

Die Gesellschaft kann auf das Engagement und die Erfahrung der Älteren nicht verzichten. Bei den Älteren gibt es ein hohes soziales, kulturelles,

Koalitionsvereinbarung

politisches, sportliches und nachberufliches Engagement. Dieses Engagement werden wir verstärkt fördern. Dabei geht es z.B. um Wissensvermittlung, um praktische Nachbarschaftshilfe und um Hilfe für die Mitmenschen. Selbsthilfe-Netzwerke, auch zwischen Alt und Jung, werden wir unterstützen.

Wir werden die Renten dauerhaft sichern und für eine eigenständige Alterssicherung der Frauen sorgen.

Wir werden die Bedingungen für die Pflege älterer Menschen verbessern. Im Interesse der Pflegebedürftigen und der Pflegenden wird die Einführung einer bundeseinheitlichen Regelung einer qualifizierten Altenpflegeausbildung vorangetrieben. Langfristiges Ziel ist es, die Ausbildung in den Pflegeberufen auf eine gemeinsame Grundlage zu stellen und durch die Schaffung von gleichen Voraussetzungen und Rahmenbedingungen für alle Pflegeberufe weiterzuentwickeln.

Wir werden das Heimgesetz novellieren, verbunden mit der Aktualisierung der Rechtsverordnungen und einer Anpassung von Qualitätsstandards.

Das Betreuungsrecht soll novelliert werden, um dem sozialpflegerischen Schwerpunkt von Betreuungsverhältnissen besser gerecht zu werden.

Notizen

Notizen

Notizen

Notizen

Notizen